CAPITALISMO, SOCIALISMO E DEMOCRACIA

Copyright da tradução e desta edição © 2022 by Edipro Edições Profissionais Ltda.

Título original: *Capitalism, Socialism and Democracy*. Publicado originalmente em 1942 nos Estados Unidos pela Harper & Brothers. Traduzido com base na 2ª edição.

Todos os direitos reservados. Nenhuma parte deste livro poderá ser reproduzida ou transmitida de qualquer forma ou por quaisquer meios, eletrônicos ou mecânicos, incluindo fotocópia, gravação ou qualquer sistema de armazenamento e recuperação de informações, sem permissão por escrito do editor.

Grafia conforme o novo Acordo Ortográfico da Língua Portuguesa.

1ª edição, 2022.

Editores: Jair Lot Vieira e Maíra Lot Vieira Micales
Coordenação editorial: Fernanda Godoy Tarcinalli
Produção editorial: Carla Bettelli
Edição de textos: Marta Almeida de Sá
Assistente editorial: Thiago Santos
Preparação de texto: Thiago de Christo
Revisão: Marta Almeida de Sá
Diagramação: Estúdio Design do Livro
Capa: Túlio Cerquize

Dados Internacionais de Catalogação na Publicação (CIP)
(Câmara Brasileira do Livro, SP, Brasil)

Schumpeter, Joseph Alois, 1883-1950.

    Capitalismo, socialismo e democracia / Joseph Alois Schumpeter ; tradução e notas de Daniel Moreira Miranda. – São Paulo : Edipro, 2022.

    Título original: *Capitalism, Socialism and Democracy*
    ISBN 978-65-5660-079-6 (impresso)
    ISBN 978-65-5660-080-2 (e-pub)

    1. Capitalismo 2. Democracia 3. Socialismo I. Título.

22-100510   CDD-335

Índice para catálogo sistemático:
1. Socialismo : Economia 335

Cibele Maria Dias - Bibliotecária - CRB-8/9427

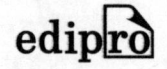

edipro

São Paulo: (11) 3107-7050 • Bauru: (14) 3234-4121
www.edipro.com.br • edipro@edipro.com.br
@editoraedipro   @editoraedipro

O livro é a porta que se abre para a realização do homem.
Jair Lot Vieira

JOSEPH SCHUMPETER

CAPITALISMO, SOCIALISMO E DEMOCRACIA

Tradução
DANIEL MOREIRA MIRANDA

edipro

SUMÁRIO

PREFÁCIO DA SEGUNDA EDIÇÃO 9
PREFÁCIO DA PRIMEIRA EDIÇÃO 13

PARTE I: A DOUTRINA DE MARX 17
    Prólogo 19
    I. Marx, o profeta 20
    II. Marx, o sociólogo 24
    III. Marx, o economista 37
    IV. Marx, o professor 63

PARTE II: O CAPITALISMO PODE SOBREVIVER? 79
    Prólogo 81
    V. A taxa de crescimento da produção total 82
    VI. Capitalismo plausível 91
    VII. O processo de destruição criativa 100
    VIII. As práticas monopolistas 106
    IX. Período de defeso 128
    X. O desaparecimento da oportunidade de investimento 132
    XI. A civilização do capitalismo 144
    XII. Muros em ruínas 154
        1. A obsolescência da função empresarial 154
        2. A destruição dos estratos protetores 158
        3. A destruição do quadro institucional da sociedade
            capitalista 164
    XIII. Aumento da hostilidade 167
        1. A atmosfera social do capitalismo 167
        2. A sociologia do intelectual 170
    XIV. Decomposição 181

PARTE III: O SOCIALISMO PODE FUNCIONAR? 191
   XV. Esclarecimentos 193
   XVI. O projeto socialista 198
   XVII. Comparação entre projetos 215
      1. Um ponto preliminar 215
      2. Uma discussão sobre eficiência comparativa 216
      3. A defesa da superioridade do projeto socialista 222
   XVIII. O elemento humano 228
      Uma advertência 228
      1. A relatividade histórica do argumento 229
      2. Sobre semideuses e arcanjos 231
      3. O problema da gestão burocrática 234
      4. Poupança e disciplina 239
      5. Disciplina autoritária no socialismo: a lição da Rússia 242
   XIX. Transição 249
      1. Dois problemas distintos 249
      2. Socialização em estado de maturidade 251
      3. Socialização em estado de imaturidade 254
      4. Política socialista antes do ato de adoção: o exemplo inglês 260

PARTE IV: SOCIALISMO E DEMOCRACIA 265
   XX. A configuração do problema 267
      1. A ditadura do proletariado 267
      2. A história dos partidos socialistas 269
      3. Um experimento mental 273
      4. Em busca de uma definição 276
   XXI. A doutrina clássica da democracia 283
      1. O bem comum e a vontade do povo 283
      2. A vontade do povo e a vontade individual 286
      3. A natureza humana na política 290
      4. Razões para a sobrevivência da doutrina clássica 300
   XXII. Outra teoria da democracia 304
      1. Competição por liderança política 304
      2. A aplicação do princípio 309
   XXIII. Conclusão 320
      1. Algumas implicações da análise anterior 320

    2. Condições para o êxito do método democrático 326
    3. Democracia na ordem socialista 334

PARTE V: UM ESBOÇO HISTÓRICO DOS PARTIDOS SOCIALISTAS.......... 343
   Prólogo 345
   XXIV. A menoridade 346
   XXV. A situação enfrentada por Marx 352
   XXVI. De 1875 a 1914 361
      1. Acontecimentos ingleses e o espírito do fabianismo 361
      2. A Suécia e a Rússia 367
      3. Os grupos socialistas nos Estados Unidos 373
      4. O caso francês: análise do sindicalismo 380
      5. O partido e o revisionismo alemães: os socialistas
         austríacos 385
      6. A Segunda Internacional 395
   XXVII. Da Primeira à Segunda Guerra Mundial 397
      1. O "gran rifiuto" (a grande recusa) 397
      2. Os efeitos da Primeira Guerra Mundial sobre o destino
         dos partidos socialistas da Europa 400
      3. O comunismo e o elemento russo 404
      4. Administrando o capitalismo? 410
      5. A guerra atual e o futuro dos partidos socialistas 420
   XXVIII. As consequências da Segunda Guerra Mundial 423
      Mundus regitur parva sapientia (O mundo é governado
      por uma exígua sabedoria) 423
      1. A Inglaterra e o socialismo ortodoxo 424
      2. As possibilidades econômicas dos Estados Unidos 428
      3. O imperialismo e o comunismo russos 447

ÍNDICE 457

PREFÁCIO DA SEGUNDA EDIÇÃO

Esta edição reproduz o livro de 1942 sem qualquer alteração, exceto pela adição de um novo capítulo. A razão pela qual me abstive de realizar alterações, até mesmo em frases que estavam indicadas de forma clara em várias passagens, é que, em assuntos como os tratados neste livro, é impossível alterar frases sem também alterar o significado delas ou ao menos incorrer na suspeita de tê-lo feito. E atribuo alguma importância ao fato de que nem os acontecimentos dos últimos quatro anos nem as críticas oferecidas nas revisões afetaram meus diagnósticos e prognósticos, que, pelo contrário, parecem plenamente confirmados pelos novos fatos que me foram apresentados. O único objetivo do novo capítulo é desenvolver, à luz desses novos fatos, certos pontos do texto antigo, em particular no Capítulo XIX, Seção 4, e Capítulo XXVII, Seção 5, e mostrar como a situação atual se encaixa na filosofia da história esboçada neste livro. Neste prefácio, indicarei algumas críticas, ou melhor, tipos de críticas feitas ao livro — não necessariamente de forma impressa. Faço isso porque espero que as respostas que tenho a oferecer possam ser úteis para os leitores e não porque eu precise reparar qualquer falha em relação à recepção do livro. Pelo contrário, quero aproveitar esta oportunidade para expressar minha gratidão aos críticos por sua invariável cortesia e bondade e aos seus tradutores a sete idiomas estrangeiros por seus generosos esforços.

Em primeiro lugar, quero mencionar duas críticas de natureza profissional. Um eminente economista de reputação internacional expressou discordância de minha proposição, segundo a qual, como parte do processo social descrito neste livro, há uma tendência de longo prazo para que os lucros desapareçam. A atividade comercial, disse ele, sempre imporá seu preço. Não acredito que haja diferença real entre nós, apenas usamos o termo "lucro" em sentidos diferentes. Essa atividade comercial, ainda necessária a uma economia assentada em rotina estável, sem dúvida terá de produzir seus rendimentos, assim como qualquer outra atividade relacionada à administração de uma empresa. Mas incluo esse rendimento nos salários da administração para destacar e enfatizar o que acredito ser a fonte fundamental do ganho industrial, os lucros que a ordem capitalista concede à introdução exitosa de novos bens, ou novos métodos de produção, ou novas formas de organização. Não vejo como seria possível negar que a história industrial confirma de maneira convincente a importância desse elemento de rendimento capitalista.

E afirmo que, com a crescente mecanização do "progresso" industrial (trabalho em equipe nos departamentos de pesquisa, etc.), esse elemento, e com ele o pilar mais importante da posição econômica da classe capitalista, está fadado a desmoronar com o tempo.

A crítica mais frequente de que tenho notícia ao argumento puramente econômico deste livro — às vezes chegando à objeção queixosa — foi, no entanto, dirigida ao que muitos leitores consideram ser uma defesa das práticas monopolistas. Sim, eu acredito que grande parte do que se fala hoje sobre monopólio, bem como tudo que se fala atualmente sobre os terríveis efeitos da poupança, não passa de ideologia radical sem fundamento factual. Em outras ocasiões, me expressei de maneira mais enfática sobre o tema, especialmente em relação às "políticas", em vigor ou propostas, que se baseiam nessa ideologia. Mas aqui, por questão de dever profissional, quero apenas afirmar que tudo que o leitor encontrará neste livro sobre monopólio reduz-se, em última análise, às seguintes proposições, que, acredito, nenhum economista competente pode refutar.

1. A teoria clássica da fixação monopolista de preços (a teoria de Cournot-Marshall) não é completamente inútil, especialmente quando revisada para lidar não apenas com a maximização instantânea dos ganhos monopolistas, mas também com essa maximização ao longo do tempo. Mas ela trabalha com premissas tão restritivas que impossibilitam sua aplicação direta à realidade. Em particular, não pode ser usada para o que está sendo utilizada no ensino atual, ou seja, para realizar uma comparação entre a maneira como uma economia puramente competitiva funciona e a forma como isso se dá em uma economia que contém muitos elementos de monopólio. A principal razão para isso é que a teoria assume certas condições de demanda e custo, as mesmas para o caso competitivo e monopolista, quando é da essência das grandes empresas modernas que suas condições de demanda e custo sejam, para grandes quantidades de produção, muito mais favoráveis — inevitavelmente — do que as condições de demanda e custo que existiriam nas mesmas indústrias em um regime de concorrência perfeita.

2. A teoria econômica atual é quase totalmente apenas uma teoria da administração de um determinado aparato industrial. Mas muito mais importante do que a maneira como o capitalismo administra certas estruturas industriais é a maneira como as cria (ver capítulos VII e VIII). E nesse processo de criação entra necessariamente o elemento do monopólio. Isso dá uma aparência completamente diferente ao problema do monopólio e aos métodos legislativos e administrativos de lidar com ele.

3. Enfim, os economistas que vociferam contra os cartéis e outros métodos de autogoverno industrial muitas vezes nada afirmam que seja errado

por si só. Mas eles deixam de fora as restrições necessárias. E deixá-las de fora não é apresentar toda a verdade. Há outras proposições a mencionar, mas me abstenho delas para recorrer a uma segunda classe de objeções.

Pensei que havia tomado todo o cuidado para deixar bem claro que este não é um livro político e que eu não queria advogar nada. No entanto, para minha surpresa, foi imputada a mim — mais de uma vez, embora, até onde sei, não em forma impressa — a intenção de "advogar o coletivismo estrangeiro". Menciono esse fato não por seu conteúdo, mas para observar outra objeção que se esconde por trás dele. Se eu não estava advogando o coletivismo, estrangeiro ou doméstico, ou de fato qualquer outra coisa, por que então escrevi o livro? Não seria totalmente inútil elaborar inferências a partir de fatos observados sem chegar a recomendações práticas? Eu me sentia intrigado sempre que encontrava essa objeção — é um sintoma sutil de uma atitude que explica muito da vida moderna. Sempre planejamos muito e pensamos muito pouco. Ficamos ressentidos quando somos instados a pensar e odiamos argumentos desconhecidos que não correspondam ao que acreditamos ou ao que gostaríamos de acreditar. Adentramos nosso futuro da mesma forma como entramos na guerra, de olhos vendados. Isso é precisamente o que eu queria oferecer ao leitor. Queria fazê-lo pensar. E, para tanto, julguei essencial não desviar sua atenção por meio de discussões sobre o que "deveria ser feito sobre algo", pois isso acabaria absorvendo todo o seu interesse. A análise tem uma tarefa específica, e eu queria me manter firme nessa tarefa, embora esteja plenamente ciente do fato de que essa determinação me custaria grande parte da resposta que algumas poucas páginas de conclusões práticas teriam evocado.

Isso, por fim, leva à acusação de "derrotismo". Nego que esse termo seja aplicável a uma análise. O derrotismo denota um certo estado psíquico que tem significado apenas em referência à ação. Os fatos em si mesmos e as inferências efetuadas sobre eles nunca podem ser derrotistas ou o oposto, seja lá isso o que for. A notícia de que um determinado navio está afundando não pode ser chamada de derrotista. Apenas o espírito com que é recebida pode ser derrotista: a tripulação pode se sentar e beber, porém, também pode correr à casa das máquinas. Se os homens simplesmente negam a notícia, ainda que esta tenha sido verificada, então eles são escapistas. Além disso, mesmo que minhas afirmações relativas às tendências fossem mais do que apenas previsões, ainda assim, não abarcariam sugestões derrotistas. Que homem normal se recusará a defender sua vida apenas porque está convencido de que cedo ou tarde irá morrer de qualquer maneira? Isso se aplica aos dois grupos de onde partiu a acusação: os patronos da empresa privada e os patronos do socialismo democrático. Ambos ganham se conseguirem enxergar de forma mais clara que a usual a natureza da situação social em que estão destinados a agir.

A apresentação franca de fatos abomináveis nunca foi mais necessária do que é hoje, pois parece que transformamos o escapismo em um sistema de pensamento. Esse é tanto o meu motivo quanto minha desculpa para escrever o novo capítulo. Os fatos e as inferências que nele apresento não são certamente agradáveis nem confortáveis, mas também não são derrotistas. Derrotista é aquele que, mesmo apoiando o cristianismo e todos os outros valores de nossa civilização, ainda assim, se recusa a manifestar-se em sua defesa — não importando se ele aceita a derrota deles como uma conclusão inevitável ou se tem ilusões com esperanças fúteis. Pois essa é uma daquelas situações em que o otimismo não passa de uma forma de deserção.

Joseph A. Schumpeter
Taconic, Connecticut
julho de 1946

PREFÁCIO DA PRIMEIRA EDIÇÃO

Este livro é o resultado de um esforço para amalgamar, de forma coerente, a maior parte de quase quarenta anos de pensamentos, observações e pesquisas sobre o socialismo. A questão da democracia abriu seu caminho à força até o lugar que agora ocupa neste livro porque notei ser impossível afirmar minha opinião sobre a relação entre a ordem socialista da sociedade e o método democrático de governo sem uma análise bastante extensa deste último.

Minha tarefa acabou sendo mais difícil do que imaginei no início. Parte do material heterogêneo que precisei reunir reflete as visões e experiências de um indivíduo que, em várias fases de sua vida, teve mais oportunidade de observação do que costumam ter os não socialistas e que reagiu de uma maneira não convencional ao que viu. Eu não queria destruir os traços dessas reações: grande parte do interesse que este livro poderia atrair seria perdida se eu tentasse amenizá-los.

Além disso, esse material também refletia os esforços analíticos de um indivíduo que, embora honestamente sempre tentasse sondar abaixo da superfície, nunca fez das questões do socialismo o principal tema de sua pesquisa profissional e, portanto, tem muito mais a dizer sobre alguns tópicos do que sobre outros. Para não dar a impressão de que meu objetivo era escrever um tratado bem equilibrado, achei melhor agrupar meu material em torno de cinco temas centrais. É claro que há associações e conexões entre eles, e espero ter alcançado algo como uma unidade sistemática de apresentação. Mas, em essência, eles são — embora não independentes — partes quase independentes de análise.

A primeira parte resume, de forma não técnica, o que tenho a dizer — e o que, na verdade, venho ensinando há algumas décadas — sobre a doutrina de Marx. Prefaciar uma discussão sobre os principais problemas do socialismo pela exposição do Evangelho seria algo natural para um marxista. Mas qual seria o propósito dessa exposição no salão de um edifício construído por alguém que não é marxista? Está ali para testemunhar a crença deste não marxista na importância única dessa mensagem; uma importância que independe totalmente de sua aceitação ou rejeição. Mas tal exposição dificultaria a leitura. E, nas outras partes do livro, não usei nenhuma ferramenta marxiana. Embora os resultados deste livro sejam comparados várias vezes aos princípios do único grande pensador socialista, os leitores que não se interessam pelo marxismo podem, portanto, começar a leitura pela Parte II.

Na segunda parte — "O capitalismo pode sobreviver?" —, tentei mostrar que é inevitável que uma forma socialista de sociedade surja de uma decomposição igualmente inevitável da sociedade capitalista. Muitos leitores se perguntarão por que imaginei que uma análise tão trabalhosa e complexa seria necessária para estabelecer o que está rapidamente se tornando a opinião geral, mesmo entre os conservadores. A razão é a seguinte: ainda que a maioria de nós concorde com o resultado, não concorda com a natureza do processo que está matando o capitalismo nem com o significado exato que deve ser dado à palavra "inevitável". Acreditando que a maioria dos argumentos oferecidos — tanto em linhas marxianas quanto em linhas mais populares — está errada, considerei ser meu dever realizar um esforço considerável junto com o leitor para chegarmos à minha conclusão paradoxal: o capitalismo está morrendo por suas próprias conquistas.

Tendo visto, como imagino que veremos, que o socialismo é uma proposição prática que pode ser implantada de *forma imediata* em consequência da atual guerra, vamos, na terceira parte — "O socialismo pode dar certo?" —, examinar um grande número de problemas que influenciam as condições nas quais espera-se que a ordem socialista possa se tornar um êxito econômico. Essa parte é a que mais se aproxima de um tratamento equilibrado de seus diversos temas, incluindo os problemas "de transição". O amor e o ódio embaçaram tanto os resultados dos trabalhos sérios que foram realizados até agora nessa questão — embora poucos — que até mesmo a mera reafirmação de opiniões amplamente aceitas em algumas passagens do livro me parecem justificadas.

A quarta parte — "Socialismo e democracia" — é uma contribuição à controvérsia que vem se instalando neste país já há algum tempo. No entanto, é preciso notar que se trata somente de uma questão de princípios nesta parte. Fatos e comentários relevantes ao assunto estão espalhados por todo o livro, em particular nas partes III e V.

A quinta parte é apenas aquilo que pretende ser: um esboço. Mais do que nas outras partes, procurei me limitar ao que eu tinha a dizer baseado em observações pessoais e pesquisas muito fragmentárias. Portanto, o material dessa parte é, sem dúvida, lamentavelmente incompleto. Mas o que há ali está vivo.

Nenhuma parte do conteúdo deste livro foi anteriormente publicada. Um rascunho inicial do argumento da Parte II, no entanto, forneceu as bases para uma palestra ministrada na *Graduate School* do Departamento de Agricultura dos Estados Unidos em 18 de janeiro de 1936, tendo sido mimeografado por essa instituição. Gostaria de agradecer ao senhor A. C. Edwards, presidente do Comitê de Organização, pela permissão para incluir uma versão ampliada neste livro.

Joseph A. Schumpeter
Taconic, Connecticut
março de 1942

PARTE I
A DOUTRINA DE MARX

PRÓLOGO

A maior parte das criações do intelecto ou da imaginação desaparece para sempre depois de um tempo que varia entre uma hora e uma geração. Algumas, porém, não desaparecem. Embora sejam eclipsadas, retornam novamente; e voltam não como elementos irreconhecíveis de uma herança cultural, mas em sua própria roupagem, com suas cicatrizes pessoais, que podem ser vistas e tocadas. A essas podemos muito bem chamar de grandes — não é desvantagem dessa definição unir a grandeza à vitalidade. Tomada nesse sentido, esta é, sem dúvida, a palavra que se aplica à mensagem de Marx. Mas há uma vantagem adicional em definir a grandeza por seus ressurgimentos: ela se torna, desse modo, independente de nosso amor ou ódio. Não precisamos acreditar que uma grande realização deva necessariamente ser uma fonte de luz ou perfeita em suas configurações ou nos detalhes fundamentais. Pelo contrário, podemos acreditar que seja um poder das trevas; podemos considerá-la fundamentalmente errada ou dela discordar em muitos pontos. No caso do sistema marxiano, tal julgamento adverso ou mesmo a refutação correta, por seu próprio fracasso em ferir fatalmente, só serve para provar a força da estrutura.

Os últimos vinte anos testemunharam um ressurgimento marxiano bastante interessante. Não é surpreendente que as ideias do grande mestre do credo socialista tenham atingido a maturidade na Rússia soviética. E é característico de tais processos de canonização que, entre o verdadeiro significado da mensagem de Marx e a prática e ideologia bolchevique, exista, no mínimo, um abismo tão grande quanto havia entre a religião dos humildes galileus e a prática e a ideologia dos príncipes da Igreja ou dos senhores da guerra da Idade Média.

Há, porém, outro ressurgimento menos fácil de ser explicado — o renascimento marxiano nos Estados Unidos. Esse fenômeno é tão interessante porque, até a década de 1920, não havia corrente marxiana importante no movimento trabalhista americano nem no pensamento intelectual americano. O marxismo que sempre foi superficial, insignificante e desacreditado. Além disso, o ressurgimento do tipo bolchevista não produziu nenhum surto semelhante naqueles países que, anteriormente, estiveram mais mergulhados na marxologia. Em especial a Alemanha, que, entre todos os países, tinha uma tradição marxiana mais forte, manteve viva uma pequena seita ortodoxa durante a expansão socialista do pós-guerra tal como havia feito durante a depressão anterior. Contudo, os líderes do pensamento socialista (não apenas os aliados ao

Partido Social-Democrata, mas também os que foram muito além de seu conservadorismo cauteloso em questões práticas) se mostraram pouco dispostos a voltar aos velhos princípios e, enquanto veneravam a divindade, tiveram a cautela de mantê-la distante e de pensar sobre as questões econômicas exatamente como os outros economistas. Fora da Rússia, portanto, o fenômeno americano é único. Não estamos preocupados com suas causas. Mas vale a pena examinar os contornos e o significado da mensagem que tantos americanos aceitaram como sua.[1]

I. MARX, O PROFETA

Não foi por deslize que se permitiu a intromissão de uma analogia do mundo da religião no título deste capítulo. Há mais do que analogia. Em um sentido importante, o marxismo *é* uma religião. Ao crente apresenta, em primeiro lugar, um sistema de fins últimos que incorporam o sentido da vida e são padrões absolutos pelos quais julgar eventos e ações; e, em segundo lugar, serve de guia para esses fins, que implicam um plano de salvação e a indicação do mal do qual a humanidade, ou uma parte escolhida, deve ser salva. Podemos detalhar ainda mais: o socialismo marxista pertence àquele subgrupo que promete o paraíso no lado de cá do túmulo. Acredito que a formulação dessas características por um hierólogo ofereceria classificações e comentários que, possivelmente, aprofundariam muito mais a essência sociológica do marxismo do que qualquer coisa que um mero economista possa dizer.

O ponto menos importante sobre isso é que explica o êxito do marxismo.[2] A realização puramente científica, mesmo que fosse muito mais perfeita que no caso de Marx, nunca teria atingido a imortalidade, no sentido histórico,

---

[1]. As referências aos textos de Marx serão limitadas ao mínimo, e nenhuma informação sobre sua vida será dada. Isso parece desnecessário porque um leitor que desejar uma lista de seus textos e um esboço geral de sua vida encontrará tudo o que precisa para os propósitos deste livro em qualquer dicionário, mas especialmente na *Encyclopedia Britannica* (Enciclopédia Britânica) ou na *Encyclopaedia of the Social Sciences* (Enciclopédia das Ciências Sociais). Um estudo sobre Marx deve ser iniciado pelo primeiro volume de *Das Kapital* (O capital) (primeira tradução em inglês por Samuel Moore e Edward Aveling, editado por Friedrich Engels, 1886). Apesar de uma enorme quantidade de trabalhos mais recentes, ainda acho que a melhor biografia sobre Marx é a de F. Mehring, pelo menos do ponto de vista do leitor comum.

[2]. A qualidade religiosa do marxismo também explica uma atitude característica do marxista ortodoxo em relação aos seus opositores. Para este, assim como para qualquer fanático religioso, o oponente, além de estar errado, está pecando. A dissidência é reprovada não só do ponto de vista intelectual, mas também pelo aspecto moral. Não pode haver nenhuma desculpa, pois a mensagem já foi revelada.

como a dele. Nem seu arsenal de *slogans* partidários teria conseguido isso. Parte de seu êxito, embora uma parte muito pequena, é de fato atribuível ao enorme número de frases incendiárias, de acusações apaixonadas e gesticulações coléricas, prontas para serem usadas em qualquer palanque que ele colocasse à disposição de seu rebanho. Tudo o que precisamos dizer sobre esse aspecto da questão é que essa munição serviu e está servindo muito bem ao seu propósito; sua produção, no entanto, tinha um ponto negativo: a fim de forjar essas armas para a arena da disputa social, Marx precisava, ocasionalmente, desviar as opiniões que logicamente decorreriam de seu sistema — ou desviar-se delas. No entanto, se Marx não tivesse sido mais do que um fornecedor de frases feitas, ele já estaria morto. A humanidade não é grata por esse tipo de serviço e esquece rapidamente os nomes das pessoas que escrevem os libretos de suas óperas políticas.

Mas ele foi um profeta; e para entendermos a natureza dessa conquista devemos colocá-la no cenário de seu próprio tempo. Era o zênite das realizações burguesas e o nadir da civilização burguesa, período do materialismo mecanicista, de um meio cultural que ainda não mostrava nenhum sinal de que uma nova arte e um novo modo de vida estavam em seu ventre, e que se entregava à mais repulsiva banalidade. A crença em qualquer significado real sumia rapidamente de todas as classes da sociedade, e, com ela, se apagava o único raio de luz (exceto pelo que podia se obter da postura de Rochdale[3] e das caixas econômicas) do mundo dos trabalhadores, enquanto os intelectuais se declaravam extremamente satisfeitos com a *Lógica* de Mill[4] e a Lei dos Pobres.[5]

Ora, para milhões de corações humanos, a mensagem marxiana do paraíso terrestre do socialismo significava um novo raio de luz e um novo sentido para a vida. Se quiser, chame a religião marxista de falsificação ou de caricatura da fé — há muito a ser dito sobre tal opinião —, mas não negligencie ou deixe de admirar a grandeza da realização. Não importa que quase todos esses milhões fossem incapazes de entender e apreciar o verdadeiro significado da mensagem.

---

3. A Sociedade equitativa dos pioneiros de Rochdale foi uma cooperativa de consumo. Fundada em 1844, na Grã-Bretanha, tornou-se um exemplo a ser seguido e formulou os "princípios de Rochdale" que, no futuro, se tornariam princípios corporativos mantidos pela Aliança Cooperativa Internacional. (N.T.)

4. John Stuart Mill (1806-1873), filósofo e economista britânico. Sua obra *Sistema de lógica dedutiva e indutiva* foi publicada em 1843. (N.T.)

5. *Poor Laws*, em inglês. Sistema de ajuda aos pobres da Inglaterra e do País de Gales que foi implantado já no século XVI. O sistema divide-se em dois períodos, a antiga lei de ajuda aos pobres, a saber, as leis promulgadas durante o reinado de Elizabeth I (1558-1603), e a nova lei de ajuda, promulgada em 1834. O sistema foi abolido em 1948 por ato parlamentar do Reino Unido. (N.T.)

Esse é o destino de todas as mensagens. O importante é que a mensagem foi construída e transmitida de forma a ser aceitável para a mente positivista da época — que era essencialmente burguesa, sem dúvida, mas não há paradoxo em dizer que o marxismo é, em sua essência, um produto da mente burguesa. Isso foi feito ao se conseguir, por um lado, formular com força insuperável aquele sentimento de ser negado e maltratado que é a atitude terapêutica da maioria fracassada, e, por outro lado, proclamar que a libertação socialista desses males era uma certeza baseada em provas racionais.

Observe como uma inigualável arte consegue, aqui, entrelaçar esses desejos extrarracionais — que a religião desvanecida deixou correrem soltos como cães sem dono — e as inelutáveis tendências racionalistas e materialistas da época, que não tolerariam qualquer credo que não tivesse conotação científica ou pseudocientífica. Pregar o objetivo teria sido ineficaz; analisar um processo social teria interessado apenas a algumas centenas de especialistas. Entretanto, pregar com as vestes da análise e analisar visando às necessidades genuínas foi o que conquistou a adesão apaixonada e deu ao marxista aquela vantagem suprema que consiste na convicção de que aquilo que somos e representamos não pode ser derrotado e, ao final, sairá vitorioso. Isso, é óbvio, não alquebra a realização. A força pessoal e o impulso da profecia funcionam independentemente do conteúdo do credo. Nenhuma nova vida e nenhum novo sentido para a vida podem ser efetivamente revelados sem eles. Mas isso não nos interessa aqui.

Algo deve ser dito sobre a persuasão e a exatidão na tentativa de Marx de provar a inevitabilidade do objetivo socialista. Entretanto, basta uma observação sobre o que chamei anteriormente de sua formulação dos sentimentos da maioria fracassada. Não era, naturalmente, uma formulação verdadeira dos sentimentos reais, conscientes ou inconscientes. Em vez disso, poderíamos chamá-la de uma tentativa de substituir os sentimentos reais por uma revelação, verdadeira ou falsa, da lógica da evolução social. Ao fazer isso e ao atribuir, de forma bastante irrealista, às massas seu próprio xibolete de "consciência de classe", ele sem dúvida falsificou a verdadeira psicologia do operário (centralizada no desejo de se tornar um pequeno burguês e ser elevado a esse *status* com a ajuda da força política), e, na medida em que seus ensinamentos passaram a produzir efeitos, ele também expandiu-a e tornou-a nobre. Ele não derramou lágrimas sentimentais sobre a beleza da ideia socialista. Essa é uma de suas alegações de superioridade em relação aos que ele chamava de socialistas utópicos. Tampouco louvou os operários como heróis da labuta diária como o burguês ama fazer quando treme por seus dividendos. Ele se mantinha totalmente livre de qualquer propensão — tão patente em alguns de seus seguidores mais fracos — a bajular os trabalhadores. Provavelmente, tinha uma percepção clara do que são as massas e mantinha seu olhar muito acima delas em direção aos objetivos sociais, indo muito além do que pensavam ou desejavam. Além disso, ele nunca ensinou quaisquer ideais como se fossem seus; não conhecia esse tipo de vaidade. Como todo verdadeiro profeta que se mostra como o humilde porta-voz de sua divindade, Marx fingiu não pretender mais do que falar sobre a lógica do processo dialético da história. Em tudo isso há uma dignidade que compensa muitas mesquinharias e vulgaridades com as quais, em seu trabalho e em sua vida, essa dignidade formou uma aliança tão estranha.

Por fim, há outro ponto que não deve passar em branco. Pessoalmente, Marx era culto demais para se associar àqueles professores vulgares do socialismo que eram incapazes de reconhecer um templo quando viam um. Ele era perfeitamente capaz de entender uma civilização e o teor "relativamente absoluto" de seus valores, por mais distante que se sentisse dela. Nesse sentido, não há melhor testemunho de sua mente ampla do que o *Manifesto do Partido comunista*,[6] que é um brilhante relato[7] das conquistas do capitalismo; e mesmo ao anunciar sua sentença de morte futura, Marx nunca deixou de reconhecer sua necessidade histórica. Essa atitude, é claro, implica muitas coisas que o próprio Marx não estaria disposto a aceitar. Mas, sem dúvida, nela se via fortalecido e a aceitava de maneira mais fácil por causa da percepção da lógica orgânica das coisas, à qual sua teoria da história dá uma expressão específica. Para ele, as coisas sociais possuíam uma ordem, e, por mais que, em certos momentos de sua vida, ele tivesse sido um conspirador de botequim, seu verdadeiro eu desprezava esse tipo de coisa. Para Marx, o socialismo não era uma obsessão que apaga todas as outras cores da vida e cria um ódio ou desprezo insalubre e estúpido por outras civilizações. E há, em mais de um

---

6. Marx, Karl; Engels, Friedrich. *Manifesto do Partido Comunista*. São Paulo: Edipro, 2015. (N.E.)

7. Isso pode parecer um exagero. Vamos, então, citar a autorizada tradução inglesa: "A burguesia (...) foi a primeira a mostrar o que a atividade humana é capaz de realizar. Criou maravilhas que superam em muito as pirâmides do Egito, os aquedutos romanos e as catedrais góticas (...) A burguesia (...) atrai todas as nações (...) para a civilização. (...) Ela criou cidades enormes (...) e assim livrou uma parte considerável da população da idiotia [sic!] da vida rural (...) A burguesia, durante seu governo de escassos cem anos, criou forças produtivas mais abrangentes e mais colossais do que todas as gerações anteriores juntas.".
Observe que todas as conquistas referidas são atribuídas *apenas à burguesia*, que é mais do que muitos economistas burgueses diriam. Isso é tudo o que eu quis dizer com a passagem acima — o que é surpreendentemente diferente das opiniões atuais do marxismo vulgarizado ou dos conceitos de Veblen (Thorstein Bunde Veblen, 1857-1929, economista e sociólogo americano. [N.T.]) utilizados pelo moderno radical não marxista. Deixe-me deixar bastante claro: nada mais do que isso está implícito em tudo que eu disser na segunda parte sobre o desempenho do capitalismo.

sentido, justificação para o título reivindicado para o seu tipo de pensamento e de vontade socialistas, unidos em virtude de sua posição fundamental: o socialismo científico.

II. MARX, O SOCIÓLOGO

Faremos agora algo que, para os fiéis, é muito censurável. Eles naturalmente se ressentem de qualquer análise fria em relação ao que, para eles, é a própria fonte da verdade. Uma das coisas que mais os desagradam é quando dividimos a obra de Marx em partes para discuti-las uma a uma. Eles diriam que o ato em si mostra a incapacidade dos burgueses de compreender o resplandecente todo, cujas partes se complementam e explicam umas às outras, de modo que o seu verdadeiro significado se perderia assim que qualquer parte ou aspecto fosse considerado de forma isolada. Não temos escolha, no entanto. Ao cometer o crime e, em seguida, ocupar-me do Marx sociólogo logo depois do profeta, não quero negar nem a presença de uma unidade de visão social que consiga oferecer certa medida de unidade analítica — e, ainda mais, uma aparência de unidade à obra de Marx — nem o fato de que cada parte dela, por mais intrinsecamente independente que seja, foi relacionada pelo autor a todas as outras partes. Entretanto, ainda resta suficiente independência em todas as províncias de seu vasto reino para que o estudioso aceite os frutos de seus trabalhos em uma delas e, ao mesmo tempo, rejeite os de outras. Muito do *glamour* da fé se perde nesse processo, mas ganha-se algo ao resgatar verdades importantes e estimulantes que são muito mais valiosas por si só do que seriam se ligadas a destroços sem valor.

Isso se aplica, a princípio, à filosofia de Marx, que podemos tirar de nosso caminho de uma vez por todas. Por sua educação alemã e por seu espírito especulativo, ele tinha conhecimentos fundamentais completos e um interesse apaixonado pela filosofia. A filosofia pura de estilo alemão foi seu ponto de partida e o amor de sua juventude. Por um tempo, ele imaginou que essa fosse sua verdadeira vocação. Era neo-hegeliano, o que significa que, embora aceitasse atitudes e métodos fundamentais do mestre, ele e seu grupo eliminaram as interpretações conservadoras dadas à filosofia de Hegel por muitos de seus adeptos e as substituíram por outras opostas. Esse contexto filosófico aparece em todos os seus textos sempre que surge uma oportunidade. Não é à toa que seus leitores alemães e russos, por terem inclinação de espírito e educação similares, se atenham sobretudo a esse elemento, tornando-o a chave principal do sistema.

Vejo isso como um erro e uma injustiça à capacidade científica de Marx. Ele guardou seu antigo amor por toda a vida. Gostava de certas analogias formais que podem ser encontradas entre os seus argumentos e os de Hegel. Gostava de atestar seu hegelianismo e usar a fraseologia hegeliana. Mas isso é tudo. Em nenhum texto ele trocou a ciência positiva pela metafísica. E diz mesmo isso no prefácio à segunda edição do primeiro volume de *Das Kapital* [O capital]; e pode-se provar que o que diz é verdade e nenhuma autoilusão pela análise de seu argumento, que em todos os textos repousa sobre fatos sociais, e das verdadeiras fontes de suas proposições, já que nenhuma delas deriva do domínio da filosofia. Naturalmente, aqueles comentaristas ou críticos que iniciavam pelo lado filosófico não eram capazes de fazer o mesmo, pois não tinham conhecimentos suficientes sobre as ciências sociais envolvidas. Além disso, a propensão do construtor de sistemas filosóficos os tornava avessos a qualquer interpretação que não tivesse origem em algum princípio filosófico. Assim, eles enxergavam filosofia até mesmo nas declarações mais pragmáticas sobre a experiência econômica, desviando, dessa forma, a discussão para o caminho errado, enganando amigos e inimigos.

Marx, o sociólogo, utilizou em sua tarefa uma ferramenta intelectual que consistia principalmente em seu vasto domínio dos fatos históricos e contemporâneos. Seu conhecimento destes últimos sempre foi um pouco antiquado, pois, sendo ele mais um homem de livros, os materiais fundamentais, distintos do material dos jornais, sempre o alcançavam com um certo atraso. Mas quase nenhuma obra histórica de seu tempo que tivesse alguma importância geral lhe escapou — mesmo que isso tenha ocorrido com grande parte da literatura monográfica. Embora não possamos exaltar a completude de suas informações nesse campo tanto quanto a sua erudição no campo da teoria econômica, ele ainda foi capaz de exemplificar suas visões sociais não apenas por meio de grandes quadros históricos, mas também com a análise de muitos detalhes, a maioria dos quais, em relação à confiabilidade, estava mais acima do que abaixo dos padrões de outros sociólogos de seu tempo. Ele atingia esses fatos com um olhar que perfurava as irregularidades aleatórias da superfície e chegava à lógica grandiosa das coisas históricas. Nisso não havia apenas paixão. Não havia apenas um impulso analítico. Ambos estavam ali. E o resultado de sua tentativa de formular essa lógica, chamada de *interpretação econômica da história*,[8] é, sem dúvida, uma das maiores conquistas

---

8. Publicada pela primeira vez no ataque contundente à *Philosophie de la Misère* de Proudhon, intitulado *Das Elend der Philosophie*, de 1847. Outra versão foi incluída no *Manifesto do partido comunista*, de 1848. (Pierre-Joseph Proudhon, 1809-1865, filósofo francês, publicou *Sistemas de*

individuais da sociologia até hoje. Diante dela torna-se insignificante saber se essa conquista é inteiramente original e até que ponto é preciso dar crédito aos seus antecessores alemães e franceses.

A interpretação econômica da história *não* significa que os homens sejam, consciente ou inconscientemente, de forma total ou parcial, movidos por motivos econômicos. Pelo contrário, a explicação do papel e do mecanismo dos motivos não econômicos e a análise da forma como a realidade social se espelha na psique individual são elementos essenciais da teoria e uma de suas contribuições mais significativas. Marx não sustentava que religiões, as metafísicas, as escolas de arte, as ideias éticas e as vontades políticas fossem redutíveis a *motivos* econômicos ou não tivessem importância. Ele tentou apenas desvendar as *condições* econômicas que as moldavam e que explicassem sua ascensão e queda. Todos os fatos e argumentos de Max Weber[9] se encaixam perfeitamente no sistema de Marx. Os grupos e as classes sociais, bem como as formas pelas quais esses grupos ou classes explicam a si mesmos sua própria existência, sua localização e seu comportamento, eram, naturalmente, o que mais o interessava. Ele derramou toda a sua ira sobre os historiadores que tomavam essas atitudes e suas verbalizações (as ideologias ou, como Pareto[10] teria dito, *derivações*) ao pé da letra e que tentavam interpretar a realidade social por meio delas. Mas se as ideias ou os valores não eram para ele a principal força motora do processo social, também não eram mera fumaça. Se me permitem usar a analogia, eles tinham na máquina social a função das correias de transmissão. Não temos espaço para discorrer sobre o interessante desenvolvimento pós-guerra desses princípios, o que nos ofereceria a melhor forma para explicar o tema, a saber, a *sociologia do conhecimento*.[11] No entanto, era necessário dizer isso, pois Marx tem sido constantemente mal compreendido a esse respeito. Até mesmo o amigo Engels, diante do túmulo de Marx, definiu a teoria em questão como se significasse, precisamente, que indivíduos e grupos são influenciados principalmente por motivos econômicos, o que, em alguns aspectos importantes, é errado e, quanto ao resto, lamentavelmente trivial.

---

contradições econômicas ou filosofia da miséria em 1846; Marx respondeu a este com sua publicação de 1847, *Miséria da filosofia*. [N.T.])

9. Refere-se às investigações de Weber sobre a sociologia das religiões e particularmente ao seu famoso estudo *Die protestantische Ethik und der Geist des Kapitalismus* (Max Weber, *A ética protestante e o espírito do capitalismo*. São Paulo: Edipro, 2020.), republicado em suas obras coletadas.

10. Vilfredo Pareto (1848-1923), cientista político e economista italiano. (N.T.)

11. A palavra alemã é *Wissenssoziologie*, e os melhores nomes a mencionar são os de Max Scheler e Karl Mannheim. O artigo deste último sobre o assunto no *Handwörterbuch der Soziologie* (Dicionário alemão de sociologia) pode servir de introdução.

Já que estamos nesse assunto, podemos também defender Marx contra outro mal-entendido: a interpretação *econômica* da história tem sido muitas vezes chamada de interpretação *materialista*. Foi chamada assim pelo próprio Marx. Essa frase aumentou muito sua popularidade entre algumas pessoas e, entre outras, sua impopularidade. Entretanto, ela não tem nenhum sentido. A filosofia de Marx não é mais materialista do que a de Hegel, e sua teoria da história não é mais materialista do que qualquer outra tentativa de explicar o processo histórico comandado pela ciência empírica. É preciso deixar claro que isso é logicamente compatível com qualquer crença metafísica ou religiosa — exatamente como o é qualquer imagem física do mundo. A própria teologia medieval oferece métodos pelos quais é possível estabelecer essa compatibilidade.[12]

O que a teoria realmente diz pode ser colocado em duas proposições. (1) As formas ou as condições de produção determinam fundamentalmente as estruturas sociais, que, por sua vez, geram atitudes, ações e civilizações. Marx exemplifica isso pela famosa afirmação de que o "moinho de mão" cria as sociedades feudais, e o "moinho a vapor", as capitalistas. A proposição enfatiza perigosamente o elemento tecnológico, mas pode ser aceita quando entendemos que a tecnologia sozinha não é tudo. Simplificando um pouco e reconhecendo que, ao fazê-lo, perdemos muito do significado, podemos dizer que é nosso trabalho diário que forma nossas mentes, e que é nossa localização dentro do processo produtivo que determina a visão que temos das coisas — ou o lado das coisas que vemos — e o espaço social disponível que está sob o comando de cada um de nós. (2) As formas de produção em si têm uma lógica própria; ou seja, mudam de acordo com as necessidades inerentes a elas, de modo que produzem, por si mesmas, suas sucessoras. Para ilustrar com o mesmo exemplo de Marx: o sistema caracterizado pelo "moinho de mão" cria uma situação econômica e social em que a adoção do método mecânico de moagem torna-se uma necessidade prática que indivíduos ou grupos são impotentes para alterar. O surgimento e o funcionamento do "moinho a vapor", por sua vez, criam novas funções sociais e locais, novos grupos e visões que se desenvolvem e interagem de forma a superar sua própria moldura. Aqui, então, temos o propulsor responsável, em primeiro lugar, pelas mudanças econômicas e, em consequência disso, por quaisquer outras mudanças sociais, um propulsor cuja ação em si não requer nenhum impulso externo a ele.

Ambas as proposições contêm, sem dúvida, muitas verdades e são, como veremos diversas vezes neste livro, hipóteses de trabalho inestimáveis. A maioria

---

12. Conheci vários radicais católicos, um padre entre eles, todos devotos, que adotavam essa visão e de fato se declaravam marxistas em tudo, exceto em questões relacionadas à sua fé.

das objeções atuais é um completo fracasso, todas aquelas, por exemplo, que, em refutação, apontam para a influência de fatores éticos ou religiosos, ou a já levantada por Eduard Bernstein,[13] o qual, com deliciosa simplicidade, afirma que "os homens têm cabeça" e podem, portanto, agir como quiserem. Depois do que foi dito aqui, não é necessário insistir na fraqueza desses argumentos: é claro que os homens "escolhem" seu modo de agir, que não é diretamente imposto pelos dados objetivos do ambiente; mas fazem isso em relação a posicionamentos, opiniões e propensões que não formam outro conjunto de dados independente, conquanto eles próprios moldados pelo conjunto objetivo.

Podemos nos perguntar, porém, se a interpretação econômica da história é mais do que uma aproximação conveniente que, segundo se espera, deve funcionar menos satisfatoriamente em alguns casos e mais em outros. Uma restrição óbvia ocorre já no início. Estruturas sociais, tipos e atitudes são moedas que não se fundem prontamente. Uma vez formadas, elas persistem, possivelmente por séculos, e, como diferentes estruturas e tipos exibem diferentes graus dessa capacidade de sobrevivência, quase sempre descobrimos que o comportamento real dos grupos e das nações se afasta, mais ou menos, do que esperaríamos que ocorresse se tentássemos inferi-lo das formas dominantes do processo produtivo. Embora isso seja de aplicação geral, é mais claramente notado quando uma estrutura extremamente durável se transfere fisicamente de um país para outro. A situação social criada na Sicília pela conquista normanda servirá de exemplo. Embora Marx não tenha ignorado esses fatos, não percebeu todas as suas implicações.

Um caso conexo possui um sentido mais ominoso. Veja o surgimento da propriedade de tipo feudal no reino dos francos durante os séculos VI e VII. Esse foi certamente um evento extremamente importante que deu forma à estrutura da sociedade por muitas eras e também *influenciou as condições de produção, incluindo as necessidades e a tecnologia*. Mas sua explicação mais simples pode ser encontrada no papel das famílias e dos indivíduos que, anteriormente, haviam assumido a liderança militar e que (embora mantendo essa função) tornaram-se proprietários feudais após a conquista definitiva do novo território. Isso não se encaixa bem no esquema de Marx e poderia facilmente ser interpretado de modo a apontar para uma direção diferente. Fatos dessa natureza também podem, sem dúvida, ser abarcados por meio de hipóteses auxiliares, mas a necessidade de inserir tais hipóteses costuma ser o início do fim de uma teoria.

---

13. Eduard Bernstein, 1850-1932, político alemão. Fundador do socialismo evolutivo e do revisionismo e combatido pelos socialistas revolucionários. (N.T.)

Muitas outras dificuldades que surgem durante as tentativas de interpretação histórica por meio do esquema marxiano poderiam ser resolvidas ao se admitir alguma medida de interação entre a esfera de produção e as outras esferas da vida social.[14] Mas o *glamour* da verdade fundamental que o cerca depende precisamente da rigidez e da *simplicidade* da relação unidiretiva que afirma. Se isso for questionado, a interpretação econômica da história terá que tomar seu lugar entre outras proposições similares — como uma das muitas verdades parciais — ou então dar lugar a outra que realmente detenha uma verdade mais fundamental. No entanto, não ficam prejudicadas sua posição como conquista nem sua utilidade como hipótese de trabalho.

Para os fiéis, naturalmente, é simplesmente a chave-mestra de todos os segredos da história humana. E se às vezes nos sentimos inclinados a sorrir ante as suas aplicações bastante ingênuas, devemos nos lembrar que tipo de argumentos a interpretação econômica da história substituiu. Até a irmã aleijada da interpretação econômica da história, a *teoria marxiana das classes sociais*, pode ser vista sob uma luz mais favorável logo que temos isso em mente.

Além disso, ela representa, em primeiro lugar, uma contribuição importante que devemos registrar. Os economistas têm sido estranhamente lentos em reconhecer o fenômeno das classes sociais. Claro que eles sempre classificaram os agentes cuja interação produziu os processos com os quais lidavam. Mas essas classes eram simplesmente conjuntos de indivíduos que exibiam alguma característica comum: assim, algumas pessoas eram classificadas como proprietários ou trabalhadores porque possuíam terras ou vendiam os serviços de seu trabalho. As classes sociais, no entanto, não são criaturas do observador que as classifica, são entidades vivas que existem como tal. E sua existência implica consequências que são completamente não aproveitadas por um esquema que enxerga a sociedade como se fosse um conjunto amorfo de indivíduos ou famílias. A importância precisa do fenômeno das classes sociais para a pesquisa no campo da teoria econômica pura é um tema aberto a questionamentos. Sua grande importância para muitas aplicações práticas e para todos os aspectos mais amplos do processo social em geral é inquestionável.

Grosso modo, podemos dizer que as classes sociais foram introduzidas na famosa declaração contida no *Manifesto do partido comunista*, que diz que a história da sociedade é a história da luta de classes. Isso, obviamente, eleva a afirmação ao seu ponto máximo. Entretanto, mesmo que a rebaixemos para

---

14. Engels, mais tarde, admitiu isso livremente. Plekhanov foi ainda mais longe nessa mesma direção. (Georgi Valentinovich Plekhanov, 1856-1918, revolucionário e teórico marxista. Fundador do movimento social-democrata na Rússia. [N.T.])

a afirmação de que os eventos históricos podem muitas vezes ser interpretados em termos de interesses e atitudes de classes e de que as estruturas de classe existentes são sempre um fator importante na interpretação histórica, ainda sobrará muito para nos dar o direito de falar de uma concepção quase tão valiosa quanto a própria interpretação econômica da história.

Claramente, o êxito da trilha aberta pelo princípio da luta de classes depende da validade da teoria de classes específica que adotamos. Nossa imagem da história e de todas as nossas interpretações dos padrões culturais e do mecanismo da mudança social difere de acordo com nossas escolhas; poderíamos, por exemplo, escolher a teoria racial das classes e, como Gobineau,[15] reduzir a história humana à história da luta das raças ou, então, escolher a teoria da divisão do trabalho das classes à moda de Schmoller[16] ou de Durkheim[17] e transformar os antagonismos de classe em antagonismos entre os interesses de grupos profissionais. Além do mais, o leque de possíveis diferenças de análise não está confinado ao problema da natureza das classes. Qualquer que seja a visão adotada, interpretações diferentes resultarão das diferentes definições de interesse de classe[18] e das diferentes opiniões sobre como se manifesta a ação de classe. O assunto é, ainda hoje, um foco de preconceitos, e mal chegou à sua fase científica.

Curiosamente, pelo que sabemos, Marx nunca elaborou de modo sistemático algo que claramente era um dos pivôs de seu pensamento. É possível que ele tenha adiado a tarefa até que fosse tarde demais, justamente porque seu pensamento funcionava tanto em termos de conceitos de classe que talvez ele não tenha considerado necessário preocupar-se com nenhum tipo de declaração definitiva. É igualmente possível que algumas questões sobre o tema tenham permanecido sem solução em sua própria mente, e que o caminho para uma teoria completa das classes tenha sido impedido por certas dificuldades que ele havia criado para si mesmo ao insistir em uma concepção puramente econômica e sobressimplificada do fenômeno. Ele próprio e seus discípulos ofereceram aplicações dessa teoria ainda pouco desenvolvida a padrões

---

15. Joseph Arthur de Gobineau (1816-1882), diplomata e filósofo francês. Foi um importante teórico do racialismo. (N.T.)

16. Gustav von Schmoller (1838-1917), líder da geração "jovem" da escola histórica alemã de economia. (N.T.)

17. David Émile Durkheim (1858-1917), sociólogo e filósofo francês. (N.T.)

18. O leitor perceberá que as opiniões sobre o que são classes e sobre o motivo de sua existência não determinam de forma exclusiva quais são os interesses dessas classes e como cada classe agirá sobre o que "ela" — seus líderes, por exemplo, ou seus membros em geral — considera ou sente, a longo ou a curto prazo, errônea ou corretamente, que seja seu(s) interesse(s). O problema do interesse de grupo é espinhoso e cheio de armadilhas próprias, independentemente da natureza dos grupos em estudo.

particulares dos quais sua *História das lutas de classe na França* é um ótimo exemplo.[19] Para além disso, não se alcançou nenhum progresso real. A teoria de seu principal colaborador, Engels, era sobre a divisão do trabalho e essencialmente não marxiana em suas implicações. Tirando isso, temos apenas apartes e impressões imediatas — algumas delas de força e brilho impressionantes — espalhadas por todos os textos do mestre, particularmente em *Das Kapital* [O capital] e no *Manifesto do partido comunista*.

A tarefa de juntar esses fragmentos é delicada e não pode ser realizada aqui. A ideia básica, entretanto, é bastante clara. O princípio da estratificação consiste na propriedade (*ownership*, em inglês), ou na exclusão da propriedade, dos meios de produção, tais como fábricas, máquinas, matérias-primas e bens de consumo, que entram no orçamento do operário. Temos assim, fundamentalmente, apenas duas classes, a dos proprietários ou capitalistas e a dos que nada têm e que são obrigados a vender seu trabalho, a classe trabalhadora ou proletariado. É claro que não é negada a existência de grupos intermediários, como aqueles formados por agricultores ou artesãos — que empregam mão de obra, mas também realizam trabalho manual —, por comerciários e por profissionais liberais; mas estes são tratados como anomalias que tendem a desaparecer no decorrer do processo capitalista. As duas classes fundamentais são, em virtude da lógica de suas posições e independentemente de qualquer vontade individual, essencialmente antagônicas. As desavenças internas de cada classe e as colisões entre subgrupos ocorrem e podem até ter importância historicamente decisiva, mas, em última análise, essas desavenças ou colisões são incidentais. O único antagonismo que não é incidental, mas inerente ao desenho básico da sociedade capitalista, baseia-se no controle privado sobre os meios de produção: a própria natureza da relação entre a classe capitalista e o proletariado é o conflito, ou seja, a guerra de classes.

Conforme veremos, Marx tenta mostrar como, nessa guerra de classes, os capitalistas se destroem uns aos outros e, ao final, acabam também por arruinar o sistema capitalista. Tenta ainda explicar como a propriedade do capital leva a mais acumulação. Mas esse tipo de raciocínio, bem como a própria definição que torna a propriedade de algo a característica essencial de uma classe social, só serve para aumentar a importância da questão da "acumulação primitiva", ou seja, da questão de como os capitalistas se tornaram capitalistas ou

---

19. Outro exemplo é a teoria socialista do imperialismo, que será comentada adiante. A interessante tentativa de O. Bauer de interpretar os antagonismos entre as várias raças que habitavam o Império Austro-Húngaro em termos da luta de classes entre capitalistas e trabalhadores, *Die Nationalitätenfrage* (A questão da nacionalidade), de 1905, também merece ser mencionada, embora a habilidade do analista só sirva para mostrar a inadequação da ferramenta.

como adquiriram o estoque de bens que, segundo a doutrina marxiana, lhes seria necessário para permitir o início da exploração. Nessa questão, Marx é muito menos explícito.[20] Rejeita com desprezo o conto infantil (*Kinderfibel*) burguês segundo o qual algumas pessoas, e não outras, se tornaram — e todos os dias ainda estão se tornando — capitalistas por meio de sua inteligência superior e energia para trabalhar e economizar. Ele fez bem ao zombar desse conto dos bons moços, pois recorrer à gargalhada grosseira é, sem dúvida, uma excelente maneira de se livrar de uma verdade incômoda, como todo político sabe. Qualquer um que observar os fatos históricos e contemporâneos sem preconceitos notará que esse conto infantil, mesmo longe de apresentar toda a verdade, revela grande parte dela. Inteligência e energia acima do normal são responsáveis pelo êxito industrial — e, especialmente, pela *criação* de posições industriais — em nove de cada dez casos. E precisamente nas fases iniciais do capitalismo e de toda carreira industrial individual a poupança foi, e é, um elemento importante do processo, embora não exatamente da forma explicada pela economia clássica. É verdade que normalmente não se atinge o *status* de capitalista (empregador industrial) poupando sua remuneração ou salário para poder equipar uma fábrica com os fundos assim obtidos. A maior parte da acumulação origina-se dos lucros e, portanto, pressupõe lucros — e aí está o melhor argumento para distinguirmos entre poupança e acumulação. Os meios necessários para iniciar uma empresa costumam ser tomados emprestados da poupança de outras pessoas — cuja presença em várias pequenas parcelas é fácil de explicar — ou dos depósitos que os bancos criam para o uso do futuro empresário. No entanto, este último poupa como regra: a função de sua poupança é desvinculá-lo da necessidade de se submeter à labuta incessante para ganhar o pão de cada dia e oferecer-lhe espaço para olhar ao seu redor, desenvolver seus planos e garantir cooperação. Do ponto de vista da teoria econômica, portanto, Marx acertou — ainda que tenha exagerado — quando negou à poupança o papel que os autores clássicos lhe atribuíram. Mas errou na conclusão que tirou disso. E a gargalhada grosseira é menos justificável do que seria se a teoria clássica estivesse correta.[21]

---

20. Ver *Das Kapital* (*O Capital*), vol. I, cap. XXVI: "O segredo da acumulação primitiva".

21. Não me aprofundarei no fato — embora eu deva mencioná-lo — de que mesmo a teoria clássica não está tão errada quanto Marx pretendia. "Poupar", no sentido mais literal, tem sido, especialmente nas fases iniciais do capitalismo, um método importante de "acumulação original". Além disso, havia outro método que, embora semelhante, não era idêntico. Muitas fábricas, nos séculos XVII e XVIII, eram apenas um galpão erguido pelo trabalho das mãos de um único homem, e exigiam apenas o equipamento mais simples para seu funcionamento. Nesses casos, o trabalho manual do futuro capitalista somado a uma pequena poupança era tudo de que se necessitava — e inteligência, é claro.

A gargalhada grosseira, no entanto, funcionou e ajudou a abrir caminho para a teoria alternativa de Marx da acumulação primitiva. Mas essa teoria alternativa não é tão clara quanto gostaríamos que fosse. A opressão forçada — o roubo — das massas, facilitando sua espoliação, e os resultados do saque, por sua vez, facilitando a opressão, isso tudo, é claro, estava certo e coadunava de forma admirável com as ideias comuns entre todos os tipos de intelectuais, mais ainda em nossos dias do que na época de Marx. Porém, evidentemente, isso não resolve o problema todo, não explica como algumas pessoas adquiriram o poder de oprimir e roubar. A literatura popular não se preocupa com isso. Não penso em abordar a questão pelos textos de John Reed.[22] Estamos lidando com Marx.

Aqui, pelo menos, a aparência de uma solução é oferecida pelo caráter histórico de todas as principais teorias de Marx. Para ele, é essencial para a *lógica* do capitalismo, não sendo apenas um fato, que ele tenha surgido a partir do estágio feudal da sociedade. É claro que a mesma questão sobre as causas e o mecanismo da estratificação social surge nesse caso. Marx, porém, aceitou de maneira substancial a ideia burguesa de que o feudalismo foi o reinado de força[23] no qual a opressão e a exploração das massas já eram fatos consumados. A teoria de classe, concebida principalmente para as condições da sociedade capitalista, foi estendida à sua antecessora feudal — assim como o foi grande parte do aparato conceitual da teoria econômica do capitalismo[24] —, e alguns dos problemas mais espinhosos foram deixados no complexo feudal para que pudessem reaparecer já resolvidos, na forma de dados, na análise do capitalismo. O explorador feudal foi simplesmente substituído pelo explorador capitalista. Nos casos em que os senhores feudais realmente se transformaram em donos de indústrias, bastaria isso para resolver o que restava do problema. As evidências históricas dão um certo apoio a esse ponto de vista: muitos senhores feudais, especialmente na Alemanha, de fato construíram e dirigiram fábricas, muitas vezes com os meios financeiros obtidos de suas

---

22. John Silas Reed (1887-1920), jornalista e ativista americano. Publicou, em 1919, *Os dez dias que abalaram o mundo*, em que, como testemunha, conta os acontecimentos da tomada de poder dos bolcheviques durante a Revolução de Outubro. (N.T.)

23. Muitos autores socialistas, além de Marx, demonstravam essa confiança acrítica no valor explicativo do elemento força e do controle sobre os meios físicos com os quais a força é exercida. Ferdinand Lassalle, por exemplo, tem pouco mais que canhões e baionetas para oferecer como explicação da autoridade governamental. Muito me admira notar que tantas pessoas sejam cegas para a fraqueza de tal sociologia e para o fato de que seria obviamente muito mais verdadeiro dizer que o poder leva ao controle sobre canhões (e homens dispostos a usá-los) e não que o controle sobre canhões gere o poder.

24. Isso constitui uma das afinidades das lições de Marx com a lição de K. Rodbertus.

rendas feudais e com o trabalho da população rural (às vezes, de seus servos, mas não necessariamente).[25] Em todos os outros casos, o material disponível para preencher a lacuna é claramente inferior. A única maneira sincera de expressar a situação é que, do ponto de vista marxiano, não há explicação satisfatória, ou seja, não há nenhuma explicação sem que se recorra a elementos não marxianos que possam provocar conclusões não marxianas.[26]

Isso, no entanto, vicia a teoria em suas fontes históricas e lógicas. Já que a maioria dos métodos de acumulação primitiva também explica a acumulação posterior — a acumulação primitiva, por assim dizer, continua durante toda a era capitalista —, não é possível dizer que a teoria das classes sociais de Marx esteja totalmente correta, *exceto* pelas dificuldades relativas aos processos do passado distante. Mas talvez seja supérfluo insistir nas deficiências de uma teoria que não é capaz, nem mesmo nos casos mais favoráveis, de aproximar-se do cerne do fenômeno que pretende explicar, e que nunca deveria ter sido levada a sério. Esses exemplos são encontrados principalmente na época da evolução capitalista, cujo caráter deriva do predomínio da empresa de médio porte dirigida por seus proprietários. Além do alcance desse tipo, embora as posições de classe, na maioria dos casos, refletissem posições econômicas mais ou menos correspondentes, elas costumam ser mais a causa do que a consequência desta última: o êxito empresarial não é, obviamente, o único caminho para a eminência social e, somente nos locais onde o é, a propriedade dos meios de produção pode causalmente determinar a posição de um grupo na estrutura social. Mesmo assim, aceitar essa propriedade como elemento definidor é tão razoável quanto afirmar que um soldado é um homem que, por acaso, tem uma arma. Essa divisão impermeável entre pessoas que (juntamente com seus descendentes) deveriam ser capitalistas de uma vez por todas e outras que (juntamente com seus descendentes) deveriam ser proletárias de uma vez por todas não é apenas, como tem sido frequentemente apontado, completamente irrealista, mas deixa de lado a questão mais importante sobre

---

25. W. Sombart, na primeira edição de sua *Theorie des modernen Kapitalismus*, tentou aproveitar ao máximo esses casos. Mas a tentativa de basear a acumulação primitiva somente na acumulação da renda da terra se mostrou desanimadora, como o próprio Sombart acabou finalmente reconhecendo. (Werner Sombart [1863-1941], economista e sociólogo alemão. Sua obra máxima, *Der moderne Kapitalismus* [O capitalismo moderno], foi publicada em três volumes entre 1902 e 1927 [N.T.])

26. Isso é verdade mesmo se admitirmos a maior extensão de roubo que se é possível realizar sem invadir a esfera do folclore intelectual. O roubo, na verdade, fez parte da construção do capital comercial em muitos períodos e lugares. Tanto a riqueza fenícia quanto a inglesa oferecem exemplos bem conhecidos. Entretanto, mesmo assim, a explicação marxiana é inadequada porque, em última análise, o roubo executado com êxito se apoia na superioridade pessoal dos ladrões. E, assim que se admite isso, uma teoria muito diferente da estratificação social insinua-se a si mesma.

as classes sociais — a ascensão e a queda de famílias individuais que, de forma incessante, entram e saem de seus estratos superiores. Esses fatos são todos óbvios e indiscutíveis. Se eles não surgem na tela marxiana, a razão só pode estar em suas implicações não marxistas.

Contudo, não é supérfluo considerar o papel que essa teoria desempenha dentro da estrutura de Marx e nos perguntar a qual intenção analítica — independentemente do uso que tenha para o agitador — ele quis que ela servisse.

Por um lado, devemos lembrar que, para Marx, a *teoria das classes sociais* e a *interpretação econômica da história* não eram o que são para nós, isto é, duas doutrinas independentes. Para Marx, a primeira completa a segunda de forma específica e, portanto, restringe — torna mais definido — o *modus operandi* das condições ou formas de produção. Estas determinam a estrutura social e, por meio da estrutura social, todas as manifestações da civilização e toda a marcha da história cultural e política. Mas a estrutura social é, em todos os períodos não socialistas, definida em termos de classes — aquelas duas classes — que são tanto as verdadeiras *dramatis personae* quanto as únicas criaturas *imediatas* da lógica do sistema de produção capitalista (que, por meio delas, tudo afeta). Isso explica por que Marx foi obrigado a tornar suas classes fenômenos puramente econômicos, e até mesmo fenômenos que eram econômicos em um sentido muito restrito: excluiu-se, assim, de uma visão mais aprofundada. Ocorre que, desde o ponto exato do sistema analítico em que os colocou, ele não tinha mais escolha a não ser proceder dessa maneira.

Por outro lado, Marx queria definir o capitalismo por meio da mesma característica que também define sua divisão de classes. Basta uma pequena reflexão para convencer o leitor de que isso não é algo necessário nem natural. Na verdade, foi uma manobra ousada de estratégia analítica que ligou o destino do fenômeno de classe com o destino do capitalismo de tal forma que o socialismo, que na realidade não tem nada a ver com a presença ou ausência de classes sociais, tornou-se, por definição, o único tipo possível de sociedade sem classes, com exceção dos grupos primitivos. Essa engenhosa tautologia não seria possível com quaisquer outras definições de classes *e* de capitalismo senão as escolhidas por Marx, quais sejam, as definições que levam à questão da propriedade privada dos meios de produção. Portanto, era preciso que existissem apenas duas classes sociais, proprietários e não proprietários, e então todos os outros princípios de divisão, alguns deles muito mais plausíveis, deveriam ser severamente abandonados, ou desconsiderados, ou reduzidos.

O exagero da definitividade e da importância da linha divisória entre a classe capitalista, naquele sentido, e o proletariado só foi superado pelo exagero do antagonismo entre eles. Para qualquer espírito não deformado pelo hábito de dedilhar o rosário marxiano, deve ser algo óbvio que a relação entre as classes é, em tempos normais, principalmente de cooperação, e que qualquer teoria contrária, *para* que seja verificada, deve se basear em muitos casos patológicos. Na vida social, o antagonismo e a colaboração são, naturalmente, onipresentes e, de fato, inseparáveis, exceto nos casos mais raros. Mas me sinto quase tentado a dizer que o antigo ponto de vista da harmonia continha menos absurdos, embora também estivesse repleto deles, do que a construção marxiana do intransponível abismo entre os proprietários das ferramentas e os seus usuários. Mais uma vez, no entanto, ele não teve escolha, não porque desejasse obter resultados revolucionários — que poderiam muito bem ser deduzidos de dezenas de outros possíveis sistemas —, mas por causa das exigências de sua própria análise. *Se* a luta de classes era o objeto da história e também o meio de se chegar à aurora socialista, e *se* era preciso existir apenas aquelas duas classes, então a relação entre elas deveria ser antagônica por princípio; caso contrário, a força de seu sistema de dinâmica social teria sido perdida.

Ora, embora Marx *defina* o capitalismo sociologicamente, ou seja, pela instituição do controle privado sobre os meios de produção, a *mecânica* da sociedade capitalista é fornecida por sua teoria econômica. Essa teoria econômica serve para mostrar como os dados sociológicos incorporados em conceitos como classe, interesse de classe, comportamento de classe, trocas entre classes agem por meio de valores econômicos, lucros, salários, investimentos, etc., e como geram, precisamente, o processo econômico que eventualmente destruirá seu próprio quadro institucional e, ao mesmo tempo, criará as condições para o surgimento de outro mundo social. Essa teoria específica das classes sociais é a ferramenta analítica que, ao vincular a interpretação econômica da história aos conceitos da economia do lucro, leva todos os fenômenos para o mesmo foco. Não é, portanto, simplesmente a teoria de um fenômeno individual que pretende explicar apenas esse fenômeno e nada mais. Tem uma função orgânica que, para o sistema marxiano, é realmente muito mais importante do que a medida de êxito com que resolve seu problema imediato. Essa função deve ser vista se quisermos entender como um analista com a autoridade de Marx foi capaz de suportar suas deficiências.

Há, e sempre houve, alguns entusiastas que admiram a teoria marxiana das classes sociais como tal. Contudo, muito mais compreensíveis são os sentimentos de todos aqueles que admiram a força e a grandeza dessa síntese como um todo a ponto de estarem prontos para tolerar quase todas as deficiências de suas partes componentes. Tentaremos avaliar esse tema mais adiante (no Capítulo IV). Mas primeiro precisamos entender como a mecânica econômica de Marx se isenta da tarefa que lhe é imposta por seu plano geral.

III. MARX, O ECONOMISTA

Como teórico da economia, Marx era, antes de tudo, um homem muito erudito. Pode parecer estranho que eu considere necessário oferecer tal destaque a esse elemento no caso de um autor a quem chamei de gênio e profeta. No entanto, é importante apreciar esse fato. Gênios e profetas não costumam se destacar no aprendizado profissional, e sua originalidade, quando existe, muitas vezes é devida precisamente ao fato de não se destacarem. Mas nada na economia de Marx pode ser imputado à falta de estudos ou de conhecimento da técnica da análise teórica. Ele era um leitor voraz e um trabalhador incansável. Deixou de ver apenas algumas poucas contribuições importantes. E digeria tudo o que lia, se debatendo com todos os fatos ou argumentos minuciosamente, de forma muito incomum para alguém cujo olhar habitualmente abarcava civilizações e acontecimentos seculares em sua integralidade. Criticando e rejeitando, aceitando e coordenando, sempre mergulhava profundamente em todos os temas. A prova disso está em sua obra *Teorias da mais-valia*, que é um monumento de ardor teórico. Esse esforço incessante para aprender e dominar o que havia para dominar contribuiu para libertá-lo de preconceitos e objetivos extracientíficos, embora ele certamente trabalhasse a fim de assegurar uma visão definitiva. Para seu poderoso intelecto, o interesse no problema como um problema era primordial, mesmo contra sua vontade; e por mais que possa ter torcido a importância de seus *resultados* finais, quando trabalhava, estava principalmente preocupado em aguçar as ferramentas de análise oferecidas pela ciência de sua época para resolver as dificuldades lógicas e edificar sobre a fundação assim construída uma teoria que, por sua natureza e intenção, era verdadeiramente científica, quaisquer que fossem suas deficiências.

É fácil ver por que amigos e inimigos devem ter entendido mal a natureza de sua atuação no campo puramente econômico. Para os amigos, ele era tão mais do que um mero teórico profissional que, na opinião deles, parecia quase uma blasfêmia dar muito destaque a esse aspecto de seu trabalho. Os inimigos, que se ressentiam de suas atitudes e da determinação de seu argumento teórico, achavam quase impossível admitir que, em algumas partes de sua obra, ele fez exatamente o tipo de coisa que eles tanto valorizavam quando apresentado por outras mãos. Além disso, nas páginas de Marx, o metal frio da teoria econômica está imerso em tal riqueza de frases fumegantes que adquire uma temperatura que não lhe é natural. Quem dá de ombros ao direito de Marx ser considerado um analista no sentido científico pensa, naturalmente, nessas frases e não no pensamento, na linguagem apaixonada e na fulgurante acusação de "exploração" e "imiserização" (essa é provavelmente a melhor maneira de traduzir a palavra *Verelendung*, que é tão ruim em alemão quanto o monstro criado em inglês [*immiserization*]. É certo que todas essas coisas e muitas outras, como suas insinuações rancorosas ou seu comentário vulgar sobre a senhora Orkney,[27] são partes importantes do espetáculo, foram importantes para o próprio Marx e o são tanto para os fiéis quanto para os incrédulos. Explicam, em parte, por que muitas pessoas insistem em ver nos teoremas de Marx algo a mais e até mesmo fundamentalmente diferente das proposições análogas de seu mestre. Elas, no entanto, não afetam a natureza de sua análise.

Então Marx tinha um mestre? Sim. A verdadeira compreensão de sua economia começa com o reconhecimento de que, como teórico, era pupilo de Ricardo.[28] Ele foi seu pupilo não só no sentido de que seu próprio argumento evidentemente parte das proposições de Ricardo, mas também no sentido muito mais significativo de ter aprendido a arte de teorizar com Ricardo. Sempre usou as ferramentas de Ricardo, e todo problema teórico se apresentava a ele na forma de dificuldades que lhe surgiam de seu profundo estudo da obra de Ricardo e das sugestões para estudos posteriores que dela colhia. O próprio Marx reconhecia grande parte disso, embora, é claro, não admitisse que sua atitude em relação a Ricardo fosse a de um pupilo típico que vai até o professor, o ouve falar várias vezes em frases quase sucessivas sobre o excesso de população e sobre a população excessiva e, mais uma vez, sobre a mecanização que leva a um excesso populacional e depois vai para casa e tenta resolver o problema. Assim, talvez seja compreensível que ambas as partes da controvérsia sobre Marx se mostrassem avessas a admitir isso.

A influência de Ricardo não foi a única inspiração da economia de Marx; também a influência de Quesnay,[29] de quem Marx derivou seu conceito fundamental sobre o processo econômico como um todo, precisa ser mencionada em um esboço como este. Embora o grupo de autores ingleses que entre 1800 e 1840 tentou desenvolver a teoria do valor-trabalho possa ter oferecido muitas sugestões e detalhes, isso, para nossos fins, está permeado pela referência à corrente ricardiana de pensamento. Vários autores, com alguns dos quais Marx foi indelicado em proporção inversa à distância que o separava deles e cujo trabalho era, em muitos pontos, paralelo ao seu (Sismondi, Rodbertus,

---

27. Amiga de Guilherme III, um rei que, apesar de ser tão impopular em sua época, tornou-se um ídolo da burguesia inglesa.
28. David Ricardo (1772-1823), economista e político britânico. (N.T.)
29. François Quesnay (1694-1774), médico e economista francês da escola dos fisiocratas. (N.T.)

John Stuart Mill),³⁰ devem ser deixados de fora, assim como tudo que não se refira diretamente ao argumento principal — por exemplo, a atuação claramente fraca de Marx no campo da moeda, no qual ele não conseguiu atingir o padrão ricardiano.

Façamos agora um esboço desesperadamente resumido do argumento marxiano, inevitavelmente injusto, de diversas formas, à estrutura de *Das Kapital* [O capital], que, parcialmente inacabado, parcialmente abatido por um ataque bem-sucedido, ainda estende a poderosa silhueta de seus edifícios diante de nós!

1. Marx uniu-se ao grupo ordinário de teóricos de sua época, e também aos de um período posterior, ao tornar uma teoria do valor a pedra fundamental de sua estrutura teórica. Sua teoria do valor é a ricardiana. Creio que o professor Taussig,³¹ uma autoridade ilustre, tenha discordado disso e tenha sempre destacado as diferenças entre elas. Há muita diferença na redação, no método de dedução e nas implicações sociológicas, mas não há nenhuma no teorema em si, o único ponto que importa para o teórico de hoje.³² Tanto Ricardo quanto Marx dizem que o valor de toda mercadoria é (em equilíbrio e concorrência perfeitos) proporcional à quantidade de trabalho contida nela, desde que esse trabalho esteja de acordo com o padrão de eficiência da produção (a "quantidade de trabalho socialmente necessária"). Ambos medem essa quantidade em horas de trabalho e utilizam o mesmo método para reduzir diferentes qualidades de trabalho a um único padrão. Ambos enfrentam as dificuldades limiares naturalmente ligadas a essa abordagem da mesma forma (ou seja, Marx as enfrenta da forma como

---

30. Jean Charles Léonard Simonde de Sismondi (1773-1842), historiador e economista suíço, chamado de socialista utópico. Johann Karl Rodbertus (1805-1875), economista e socialista alemão (N.T.)

31. Frank William Taussig (1859-1940), economista americano. (N.T.)

32. No entanto, podemos questionar se isso é tudo o que importava para o próprio Marx. Ele tinha a mesma ilusão de Aristóteles, a saber, que esse valor, embora seja um fator na determinação dos preços relativos, ainda assim é algo diferente, e existe independentemente dos preços relativos ou das relações de troca. A proposição de que o valor de uma mercadoria é a quantidade de trabalho nela incorporada não significa nada além disso. Assim, *há* uma diferença entre Ricardo e Marx, já que os valores de Ricardo são simplesmente valores de troca ou preços relativos. Vale a pena mencionar isso porque, se pudéssemos aceitar essa visão de valor, grande parte de sua teoria que nos parece insustentável ou mesmo sem sentido deixaria de ser. Claro que não podemos aceitá-la. A situação também não seria melhorada se, seguindo alguns marxólogos, considerarmos que, independentemente de uma "substância" distinta ou não, os valores de quantidade de trabalho de Marx são meramente destinados a servir como ferramentas para explicar a divisão da renda social total em renda de trabalho e renda de capital (e, assim, a teoria dos preços relativos individuais fica sendo uma questão secundária). Pois, como veremos adiante, a teoria do valor de Marx também fracassa nessa tarefa (caso possamos separar essa tarefa da questão dos preços individuais).

havia aprendido a fazer com Ricardo). Nenhum dos dois tem nada de útil a dizer sobre o monopólio ou o que agora chamamos de competição imperfeita. Ambos respondem aos críticos por meio dos mesmos argumentos. Os argumentos de Marx são apenas menos educados, mais prolixos e mais "filosóficos", no pior sentido dessa palavra.

Todos sabem que essa teoria do valor é insatisfatória. Na prolongada discussão sobre o tema, a razão não está toda de um lado, e muitos argumentos ruins têm sido usados por seus oponentes. O ponto essencial não é se o trabalho é a verdadeira "fonte" ou "causa" do valor econômico. Essa questão pode ser de interesse primário para os filósofos sociais que dela querem deduzir reivindicações éticas ao produto, e o próprio Marx, naturalmente, não era indiferente a esse aspecto do problema. Para a economia como uma ciência positiva, no entanto, que precisa descrever ou explicar processos reais, é muito mais importante entender como a teoria do valor-trabalho funciona como uma ferramenta de análise; o verdadeiro problema é que ela faz isso muito mal.

Para começar, a teoria não funciona fora do caso da concorrência perfeita. Ademais, mesmo com a concorrência perfeita, nunca funciona *bem*, exceto quando o trabalho é o único fator de produção e, além disso, apenas quando é de um só tipo.[33] Se uma dessas duas condições não for cumprida, será necessário a introdução de hipóteses adicionais e, assim, as dificuldades analíticas aumentarão até se tornarem incontroláveis. O raciocínio nas linhas da teoria do valor-trabalho é, portanto, o raciocínio em um caso muito especial sem importância prática, embora algo possa ser dito a seu favor se for interpretado no sentido de uma aproximação grosseira às tendências históricas dos valores relativos. A teoria que a substituiu — em sua forma mais antiga e agora

---

33. A necessidade da segunda suposição é particularmente prejudicial. A teoria do valor-trabalho pode ser capaz de lidar com diferenças na qualidade do trabalho que se devem à formação (habilidade adquirida): a cota adequada do trabalho que entra no processo de formação teria, então, que ser adicionada a cada hora de trabalho qualificado para que pudéssemos, sem abandonar o escopo do princípio, calcular a hora de trabalho realizado por um operário qualificado por meio de um determinado múltiplo de uma hora de trabalho não qualificado. Mas esse método não serve para o caso de diferenças "naturais" na qualidade do trabalho devido a diferenças de inteligência, força de vontade, força física ou agilidade. Em seguida, é preciso recorrer à diferença de valor das horas respectivamente trabalhadas pelos operários naturalmente inferiores e naturalmente superiores — um valor que não é explicado pelo princípio da quantidade de trabalho. Na verdade, Ricardo faz precisamente isto: ele simplesmente diz que essas qualidades diferentes serão, de alguma forma, colocadas em sua relação correta pelo jogo do mecanismo de mercado, de modo que podemos, afinal, falar de uma hora de trabalho realizado pelo operário A como equivalente a um múltiplo definitivo do trabalho realizado pelo operário B. Mas ele ignora completamente que, ao argumentar dessa forma, apela para outro princípio de avaliação e realmente abandona o princípio da quantidade de trabalho que, portanto, fracassa, já de saída, em seu próprio recinto, e antes que tenha a chance de fracassar devido à presença de outros fatores além do trabalho.

ultrapassada, conhecida como *teoria da utilidade marginal* — pode reivindicar superioridade em muitos pontos, mas o verdadeiro argumento a seu favor é que ela é muito mais geral e se aplica igualmente bem, por um lado, aos casos de monopólio e competição imperfeita e, por outro lado, à presença de outros fatores e de trabalho de muitos tipos e qualidades diferentes. Ainda, se introduzirmos nessa teoria as hipóteses restritivas mencionadas, teremos como consequência lógica a proporcionalidade entre valor e quantidade de trabalho aplicados.[34] Deve estar claro, portanto, não só que era perfeitamente absurdo para os marxistas questionar, como tentaram fazer no início, a validade da teoria marginal do valor (que era a que lhes confrontava), mas também que é incorreto dizer que a teoria do valor-trabalho está "errada". De qualquer forma, está morta e enterrada.

2. Embora nem Ricardo nem Marx pareçam estar plenamente cientes de todas as fraquezas da posição em que se colocaram ao adotar esse ponto de partida, eles perceberam algumas delas de forma bastante clara. Em particular, ambos enfrentaram o problema de eliminar o elemento chamado de *serviços dos agentes naturais*, que simplesmente perde seu devido lugar no processo de produção e distribuição em uma teoria do valor dependente apenas da quantidade de trabalho. A conhecida teoria ricardiana da renda da terra é essencialmente uma tentativa de realizar essa eliminação, a teoria marxiana é outra. No momento em que tivermos um aparato analítico que trate a renda de forma tão natural quanto os salários, toda a dificuldade desaparecerá. Portanto, nada mais precisa ser dito sobre os méritos ou deméritos intrínsecos da teoria da renda absoluta de Marx, em oposição à teoria da renda diferencial, ou sobre sua relação com a de Rodbertus.

Mas, ainda que deixemos isso de lado, nos resta a dificuldade decorrente da presença de capital em um estoque de meios de produção com o qual esses mesmos meios também são produzidos. Para Ricardo, a questão era muito simples: na famosa Seção IV do primeiro capítulo de seus *Princípios*, ele introduz e aceita como fato, sem tentar questioná-lo, que, onde bens de capital como fábricas, maquinário e matérias-primas são usados na produção de uma mercadoria, essa mercadoria será vendida a um preço que oferecerá um retorno líquido ao proprietário desses bens de capital. Ele percebeu que esse fato

---

34. Na verdade, segue-se da teoria da utilidade marginal do valor que, para existir equilíbrio, cada fator deve estar distribuído entre os usos produtivos possíveis a ele de tal forma que a última unidade alocada a qualquer uso produza o mesmo valor que a última unidade alocada a cada um dos demais usos. Se não houver outros fatores, exceto o trabalho de um único tipo e qualidade, isso obviamente significa que os valores relativos ou os preços de todas as mercadorias devem ser proporcionais ao número de homens-hora contido nelas, desde que haja concorrência e mobilidade perfeitas.

tem algo a ver com o período de tempo que se passa entre o investimento e o surgimento de produtos vendáveis e que, sempre que esses períodos não forem os mesmos para todas as indústrias, isso irá impor desvios de proporcionalidade dos valores reais destes em relação aos homens-hora "contidos" neles — incluindo os homens-hora que entraram na produção dos próprios bens de capital. Ele aponta isso de forma tão fria como se, em vez de contradizer, fosse consequência de seu teorema fundamental sobre o valor, e ele realmente não vai além disso, confinando-se a alguns problemas secundários que surgem nesse contexto e, obviamente, acreditando que sua teoria ainda descreve o determinante básico do valor.

Marx introduziu, aceitou e discutiu esse mesmo fato sem nunca lhe questionar a realidade. Ele também percebeu que o fato parecia desmentir a teoria do valor-trabalho. Entretanto, reconheceu a inadequação do tratamento dado ao problema por Ricardo e, ao aceitar o próprio problema na forma em que Ricardo o apresentou, começou a atacá-lo vigorosamente, dedicando centenas de páginas ao mesmo tema ao qual Ricardo dedicou apenas centenas de frases.

3. Ao fazê-lo, ele não só mostrou uma percepção muito mais aguçada da natureza do problema envolvido como também melhorou o aparato conceitual que recebeu. Por exemplo, Marx substituiu com bom proveito a distinção de Ricardo entre capital fixo e circulante pela diferença entre capital constante e variável (salário) e as noções rudimentares de Ricardo sobre a duração dos processos produtivos pelo conceito muito mais rigoroso de "composição orgânica do capital", que introduz a relação entre capital constante e variável. Ele também ofereceu muitas outras contribuições para a teoria do capital. No entanto, nos limitaremos agora à sua explicação sobre o retorno líquido do capital, sua *teoria da exploração*.

As massas nem sempre se sentiram frustradas e exploradas, mas os intelectuais que formularam opiniões sobre elas sempre lhes impuseram tais sentimentos sem necessariamente dizer algo preciso com isso. Marx não poderia ter prescindido de sua opinião, mesmo se quisesse. Seu mérito e sua conquista se devem ao fato de ele ter percebido a fraqueza dos vários argumentos com os quais os tutores do espírito das massas antes dele tentaram demonstrar o surgimento da exploração, os quais, até hoje, servem de material para o radical comum. Nenhum dos *slogans* usuais sobre poder de barganha e trapaça o satisfazia. O que ele queria provar era que a exploração se originava de situações individuais de forma ocasional e acidental, mas que resultava da própria lógica do sistema capitalista, de modo inevitável e bastante independente de qualquer intenção individual.

Foi assim que o fez. O cérebro, os músculos e os nervos de um trabalhador constituem, por assim dizer, um fundo ou um estoque de trabalho potencial (*Arbeitskraft*, geralmente traduzido de modo não muito satisfatório por "força de trabalho"). Marx enxerga esse fundo ou estoque como uma espécie de substância que existe em uma quantidade definida, sendo, na sociedade capitalista, uma mercadoria como qualquer outra. Podemos esclarecer a ideia para nós mesmos tomando o caso da escravidão como exemplo. Para Marx não há diferença essencial, embora existam muitas secundárias, entre o contrato de salário e a compra de um escravo — o empregador do trabalho "livre" não compra, de fato, como no caso da escravidão, os próprios trabalhadores, mas uma cota definitiva da soma total de seu trabalho potencial.

Ora, uma vez que o trabalho nesse sentido (não o *serviço* do trabalho ou o homem-hora efetivo) é uma mercadoria, a lei do valor deve ser aplicada a ele. Ou seja, em condições de equilíbrio e concorrência perfeita, deve chegar a um salário proporcional ao número de *horas* de trabalho que entrou em sua "produção". Mas que número de *horas* de trabalho deve entrar na "produção" do estoque de trabalho potencial que fica armazenado sob a pele de um operário? Bem, o número de horas de trabalho necessárias para criar, alimentar, vestir e abrigar o trabalhador.[35] Isso forma o valor desse estoque, e se ele vender parcelas dele — expressas em dias, ou semanas, ou anos —, receberá salários que correspondem ao valor do trabalho dessas parcelas, assim como um comerciante de escravos que, no equilíbrio, vende um escravo e recebe um preço proporcional ao número total dessas *horas* de trabalho. É preciso observar, mais uma vez, Marx cuidadoso, distante de todos aqueles *slogans* populares sustentados, de uma forma ou de outra, em uma ideia de mercado de trabalho capitalista em que o operário é roubado, ou enganado, ou, em sua lamentável fragilidade, simplesmente obrigado a aceitar quaisquer condições impostas a ele. A questão não é tão simples assim; ele recebe o valor total de seu potencial de trabalho.

Entretanto, uma vez que os "capitalistas" tenham adquirido esse estoque de serviços potenciais, eles podem obrigar o trabalhador a trabalhar mais horas, prestando mais serviços efetivos do que seria preciso para produzir esse estoque ou um estoque potencial. Eles podem obter, nesse sentido, mais horas efetivas de trabalho do que pagaram. Uma vez que os produtos resultantes

---

35. Essa é, com exceção da distinção entre "força de trabalho" e trabalho, a solução que S. Bailey (*A Critical Discourse on the Nature, Measure and Causes of Value*, 1825), por antecipação, considerou absurda, pois o próprio Marx não deixou de notá-la (*Das Kapital* [O capital], vol. I, cap. XIX). (Samuel Bailey, 1791-1870, filósofo e economista britânico. [N.T.])

também são vendidos a um preço proporcional aos homens-hora que entram em sua produção, há uma diferença entre os dois valores — decorrentes apenas do *modus operandi* da lei marxiana dos valores — que, necessariamente e em virtude do mecanismo dos mercados capitalistas, vai para o capitalista. Esta é a mais-valia (*Mehrwert*).[36] Ao se apropriar dela, o capitalista "explora" o trabalho, embora pague aos trabalhadores não menos do que o valor integral de seu potencial de trabalho e receba dos consumidores não mais do que o valor total dos produtos que vende. Mais uma vez, é preciso observar que não há apelo a coisas como preços desleais, restrição da produção ou trapaça nos mercados dos produtos. Marx, era natural, não pretendia negar a existência de tais práticas. Mas ele as via em sua verdadeira perspectiva e, portanto, nunca baseou nelas nenhuma conclusão fundamental.

Admiremos, de passagem, seu valor pedagógico: por mais especial e afastado de seu sentido comum que possa estar hoje o significado da palavra "exploração", por mais duvidoso que seja o apoio que tenha da lei natural e das filosofias dos catedráticos e dos autores do Iluminismo, o termo foi, apesar de tudo, recebido no âmbito da argumentação científica e, assim, serve ao propósito de confortar o discípulo que marcha para travar suas batalhas.

No que diz respeito aos méritos dessa argumentação científica, devemos distinguir com critérios dois de seus aspectos, um dos quais persiste negligenciado pelos críticos. No nível ordinário de uma teoria que trata de um processo econômico estacionário é fácil mostrar que, sob as próprias suposições de Marx, a doutrina da mais-valia é insustentável. A teoria do valor-trabalho, ainda que pudéssemos considerá-la válida para todas as outras mercadorias, nunca pode ser aplicada à mercadoria trabalho, pois isso implicaria que os operários, como as máquinas, estivessem sendo produzidos de acordo com cálculos racionais de custos. Como não o são, não há mandado para presumir que o valor da força de trabalho seja proporcional aos homens-hora que entram em sua "produção". Logicamente, Marx teria melhorado sua situação se aceitasse a *lei de ferro dos salários* de Lassalle[37] ou simplesmente argumentasse de forma malthusiana, como fez Ricardo. Mas como ele, sábio, recusou-se a fazer isso, sua teoria da exploração perdeu um de seus suportes essenciais desde o início.[38]

---

36. A taxa de mais-valia (grau de exploração) é definida como a razão entre a mais-valia e o capital variável (salário).
37. Ferdinand Lassalle (1825-1864), jurista, filósofo, socialista e ativista político alemão. (N.T.)
38. Veremos mais adiante como Marx tentou substituir esse suporte.

Além disso, é possível mostrar que o equilíbrio em concorrência perfeita não pode existir quando todos os capitalistas-empregadores obtêm ganhos de exploração. Pois, nesse caso, eles tentariam individualmente expandir a produção, e o efeito em massa disso tenderia de modo inevitável a aumentar as taxas salariais e reduzir os ganhos desse tipo a zero. Sem dúvida, seria possível melhorar um pouco o argumento se apelássemos para a teoria da concorrência imperfeita, introduzindo os atritos e as inibições institucionais inerentes ao funcionamento da concorrência, acentuando todas as possibilidades de problemas na esfera da moeda e do crédito, e assim por diante. No entanto, seria possível apresentar apenas uma argumentação moderada dessa maneira, uma que teria sido completamente desprezada por Marx.

A questão, porém, ainda guarda mais um aspecto. Precisamos apenas olhar o objetivo analítico de Marx para perceber que ele não precisava aceitar uma batalha em um terreno em que seria tão fácil vencê-lo. Isso é tão fácil apenas enquanto vemos na teoria da mais-valia nada além de uma proposição sobre processos econômicos estacionários em perfeito equilíbrio. Uma vez que Marx não pretendia analisar uma situação de equilíbrio que, segundo ele, a sociedade capitalista nunca pode alcançar — mas, pelo contrário, se debruçou sobre um processo de mudança incessante na estrutura econômica —, a crítica acima realizada não é completamente decisiva. As mais-valias podem ser impossíveis em situação de equilíbrio perfeito, mas podem estar sempre presentes porque nunca é possível estabelecer esse equilíbrio. Elas podem *tender* sempre a desaparecer e, ainda assim, sempre existir, porque são constantemente recriadas. Essa defesa não salvará a teoria do valor-trabalho, em especial quando aplicada à própria mercadoria trabalho, tampouco salvará o argumento sobre a exploração tal como está, mas nos permitirá fazer uma interpretação mais favorável sobre o resultado, apesar de que uma teoria satisfatória dessas mais-valias a despoje de sua conotação especificamente marxiana. Esse aspecto se mostra bastante importante. Ele também lança uma nova luz sobre as outras partes do aparato de análise econômica de Marx e tem êxito ao explicar por que esse aparato não ficou ferido mais fatalmente pelas críticas bem-sucedidas dirigidas contra os seus fundamentos.

4. Se, no entanto, nos mantivermos no nível em que a discussão sobre as doutrinas marxianas costuma se mover, nos aprofundaremos cada vez mais nas dificuldades, ou melhor, perceberemos o que fazem os fiéis quando tentam seguir o caminho do mestre. Para começar, a teoria da mais-valia não facilita a resolução dos problemas aludidos acima, que são criados pela discrepância entre a teoria do valor-trabalho e os fatos ordinários da realidade econômica. Pelo contrário, ela os acentua porque, segundo a teoria, o

capital constante — ou seja, o capital não ligado aos salários — não transmite ao produto mais valor do que perde em sua produção; apenas o capital ligado aos salários o faz, e os lucros obtidos devem, em consequência, variar, como ocorre entre empresas de acordo com a composição orgânica de seus capitais. Marx confia na concorrência entre os capitalistas para que ocorra a redistribuição do "volume" total da mais-valia, de modo que cada empresa obtenha lucros proporcionais ao seu capital total ou que as taxas individuais de lucros sejam iguais. Vemos prontamente que a dificuldade pertence à classe de problemas espúrios que resultam sempre das tentativas de operar uma teoria infundada,[39] e a solução, à classe dos conselhos desesperados. Marx, no entanto, acreditava não só que a solução servia para dar conta do surgimento das taxas uniformes de lucros e explicar como, por isso, os preços relativos das mercadorias se desviavam de seus valores em termos de trabalho,[40] mas também que sua teoria oferecia uma explicação de outra "lei" que ocupava uma posição importante na doutrina clássica, a saber, a afirmação de que a taxa de lucro tem uma tendência inerente a cair. De fato isso decorre de maneira bastante plausível do aumento da importância relativa da parcela constante do capital total nas indústrias de bens que incorporam salários: se a importância relativa das fábricas e dos equipamentos

---

39. Há, no entanto, um elemento nela que não é insalubre e cuja percepção, por mais fraca que seja, deve ser creditada a Marx. Não é, como acreditam ainda hoje quase todos os economistas, um fato inquestionável que os meios de produção gerem um retorno líquido em uma economia perfeitamente estacionária. Se, na prática, na maioria das vezes, parecem produzir retornos líquidos, isso pode ocorrer devido ao fato de a economia nunca se mostrar estacionária. O argumento de Marx sobre o retorno líquido do capital pode ser interpretado como uma maneira tortuosa de reconhecer esse fato.

40. A solução que deu ao problema foi incluída em manuscritos, a partir dos quais seu amigo Engels compilou o terceiro volume póstumo de *Das Kapital* [O capital]. Portanto, não temos diante de nós o que o próprio Marx poderia ter desejado dizer. Em tal circunstância, a maioria dos críticos não hesitou em condená-lo por ter, no terceiro volume, contraditado de modo categórico a doutrina do primeiro. Pelo que parece, esse veredito não se justifica. Se nos pusermos na perspectiva de Marx, como é nosso dever em questões desse tipo, não é absurdo ver a mais-valia como uma "massa" produzida pelo processo social de produção, considerada como uma unidade, e fazer com que o resto seja uma questão de distribuição dessa massa. E se isso não for absurdo, ainda assim é possível sustentar que os preços relativos das mercadorias, conforme deduzido no terceiro volume, seguem da teoria da quantidade de trabalho do primeiro volume. Portanto, não é correto afirmar, como alguns autores, desde Lexis até Cole, fizeram, que a teoria do valor de Marx está completamente apartada de sua teoria dos preços e não contribui em nada para ela. Porém Marx pouco lucra ao ser inocentado da contradição. O restante da acusação é bastante forte. A melhor contribuição para toda a questão de como os valores e os preços estão relacionados uns com os outros no sistema de Marx, que também faz referência a algumas das melhores apresentações em uma controvérsia que não pode ser chamada exatamente de fascinante, é de L. von Bortkiewicz, "Wertrechnung und Preisrechnung im Marxschen System", *Archiv für Sozialwissenschaft und Sozialpolitik*, 1907. (Ladislaus Josephovich Bortkiewicz [1868-1931], economista russo. [N.T.])

aumentar nessas indústrias, como faz ao longo da evolução capitalista, e se a taxa de mais-valia ou o grau de exploração permanecer o mesmo, então a taxa de retorno do capital total, em geral, diminuirá. Esse argumento provocou muita admiração, e é de se presumir que Marx o via com toda a satisfação que costumamos sentir quando uma de nossas teorias é capaz de explicar uma observação que não fazia parte de sua construção. Seria interessante discuti-la por seus próprios méritos e independentemente dos erros que Marx tenha cometido ao deduzi-la. Não há, entretanto, necessidade disso, pois a teoria está suficientemente condenada por suas premissas. Porém, uma proposta similar, embora não idêntica, nos oferece uma das "forças" mais importantes da dinâmica marxiana, bem como o elo entre a teoria da exploração e o capítulo seguinte da estrutura analítica de Marx, de forma geral referida como *teoria da acumulação*.

A parte principal do saque extirpado do trabalho explorado (praticamente todo ele, de acordo com alguns dos discípulos) é transformada pelos capitalistas em capital — meios de produção. Por si só e excluindo as conotações evocadas pela fraseologia de Marx, isso não é mais que a afirmação de um fato bastante familiar, normalmente descrito em termos de poupança e investimento. Para Marx, porém, esse mero fato não bastava: para que o processo capitalista se desdobrasse em uma lógica inexorável, esse fato precisava fazer parte dessa lógica, o que significa, na prática, que o fato deveria ser necessário. Também não seria satisfatório permitir que essa necessidade surgisse da psicologia social da classe capitalista, por exemplo, de uma forma semelhante à de Max Weber, que tomou as atitudes puritanas — abster-se do prazer hedonista dos lucros, é óbvio, se encaixa bem nesse padrão — e as converteu em causa determinante do comportamento capitalista. Marx não desprezava nenhum apoio que lhe parecesse ser possível derivar desse método.[41] Mas era preciso que houvesse algo mais substancial do que isso para um sistema como o dele, algo que obrigasse o capitalista a acumular independentemente de suas opiniões, e que fosse poderoso o suficiente para poder explicar esse padrão psicológico. E, felizmente, há.

Ao expor a natureza dessa compulsão para poupar, aceitarei, por conveniência, um ponto da doutrina de Marx: ou seja, assim como ele, assumirei que a poupança da classe capitalista implica, *ipso facto* (pelo próprio fato), um

---

41. Por exemplo, em uma passagem (*Das Kapital* [O capital], vol. I, p. 654 da edição Everyman) ele se supera em retórica pitoresca sobre o assunto — indo, acredito, muito além do que é apropriado para o autor da interpretação econômica da história. Acumular pode ou não ser o "Moisés e todos os profetas"(!) para a classe capitalista, e tais exageros podem ou não nos parecer ridículos. Em Marx, argumentos desse tipo e nesse estilo sugerem sempre alguma fraqueza que deve ser rastreada.

aumento correspondente do capital real.[42] Esse aumento, em primeiro lugar, ocorrerá sempre na parcela variável do capital total, no capital dos salários, mesmo que a intenção seja aumentar a parcela constante e, em especial, a parcela que Ricardo chama de capital fixo — principalmente o maquinário.

Ao discutir a teoria da exploração de Marx, indiquei que em uma economia com concorrência perfeita os ganhos de exploração induziriam os capitalistas a expandir a produção, ou tentar expandi-la, porque do ponto de vista de cada um deles isso significaria mais lucro. Para realizá-lo, precisariam acumular. Ademais, o efeito geral disso tenderia a reduzir as mais-valias por meio do aumento das taxas de salário, se não também pela queda subsequente nos preços dos produtos — um exemplo muito bom das contradições inerentes ao capitalismo que eram tão caras a Marx. E essa tendência, por si só, constituiria, também para o capitalista individual, outra razão pela qual ele deveria se sentir compelido a acumular,[43] embora, ao final, tornasse as coisas piores para a classe capitalista como um todo. Haveria, portanto, uma espécie de compulsão a acumular até mesmo em um processo estacionário que, como mencionei antes, não poderia alcançar o equilíbrio estável até que a acumulação reduzisse a mais-valia a zero e, assim, destruísse o próprio capitalismo.[44]

Contudo, há algo mais importante e muito mais convincente. Na verdade, a economia capitalista não é e não pode ser estacionária. Também não está simplesmente se expandindo de forma constante, mas sim sendo incessantemente

---

42. Para Marx, poupar ou acumular é o mesmo que converter "mais-valia em capital". Não pretendo criar nenhuma questão em relação a isso, embora as tentativas individuais de poupar não aumentem, de forma necessária e automática, o capital real. A ideia de Marx me parece estar tão mais próxima da verdade do que a ideia oposta de muitos dos meus contemporâneos que creio não valer a pena desafiar aqui.

43. É claro que se pouparia menos de uma renda menor do que de uma renda maior. Porém, mais será poupado de qualquer renda que não se espera que dure muito ou quando se espera que diminua do que seria poupado da mesma renda caso se soubesse que sua soma atual permaneceria, no mínimo, estável.

44. Marx, em certa medida, reconhece isso. Mas ele acredita que, se os salários aumentarem e, assim, interferirem na acumulação, a taxa desta última diminuirá "porque o estímulo do ganho fica diminuído" de modo que "o mecanismo do processo de produção capitalista remove os próprios obstáculos que cria temporariamente" (*Das Kapital* [O capital], vol. I, cap. XXV, seção 1). Ocorre que, é certo, essa tendência do mecanismo capitalista de se autoequilibrar certamente não está fora de discussão, e qualquer afirmação disso exigiria, no mínimo, uma qualificação cuidadosa. Mas o ponto interessante é que chamaríamos essa afirmação de completamente antimarxiana se a encontrássemos na obra de outro economista, e que, na medida em que é defensável, enfraquece muito o principal propósito do argumento de Marx. Nesse ponto, como em muitos outros, Marx exibe em um grau surpreendente os grilhões da economia burguesa de seu tempo que acreditava ter ele próprio quebrado.

revolucionada *de dentro* por novos projetos, ou seja, pela intrusão de novas mercadorias, ou novos métodos de produção, ou novas oportunidades comerciais na estrutura industrial da forma como existe em um momento qualquer. Todas as estruturas existentes e todas as condições de realização de negócios estão sempre em um processo de mudança. Toda situação sofre perturbações antes mesmo de ter tempo de se resolver. Progresso econômico, na sociedade capitalista, é o mesmo que turbulência. E, como veremos na próxima parte, nessa turbulência a competição funciona de forma completamente diferente da que funcionaria em um processo estacionário, ainda que em condições de concorrência perfeita. As possibilidades de ganhos a ser colhidos pela produção de novos itens ou pela produção de itens antigos a custos mais baixos surgem de forma reiterada e exigem novos investimentos. Esses novos produtos e novos métodos competem com os produtos e métodos antigos, não em igualdade de condições, mas com uma vantagem decisiva que pode significar a morte destes últimos. É assim que o "progresso" surge na sociedade capitalista. Para escapar da subvenção, *toda* empresa, ao final, se vê obrigada a seguir o exemplo, a investir e, para poder fazê-lo, a reinvestir parte de seus lucros, ou seja, a acumular.[45] Assim, todos acumulam.

Ora, Marx viu esse processo de mudança industrial mais claramente e percebeu sua importância fundamental mais plenamente do que qualquer outro economista de seu tempo. Isso não significa que tenha compreendido sua natureza ou analisado corretamente seu mecanismo. Sob sua análise, esse mecanismo se reduz a mera mecânica de massas de capital. Ele não tinha uma teoria empresarial adequada; e seu fracasso em distinguir empresário e capitalista, aliado a uma técnica teórica ruim, é responsável por muitos casos em que a conclusão não segue as premissas (*non sequitur*), e por muitos erros. Entretanto, a mera visão do processo era, em si, suficiente para muitos dos propósitos que Marx tinha em mente. O *non sequitur* deixa de ser uma objeção fatal quando é possível fazer com que o que não se segue do argumento de Marx decorra de outro argumento; e até mesmo os erros plenos e as interpretações equivocadas são muitas vezes redimidos pela exatidão do movimento geral do argumento no curso do qual ocorrem — em particular, podem ser inócuos para os passos seguintes da análise que, para o crítico que não aprecia essa situação paradoxal, parecem irremediavelmente condenados.

---

45. Esse não é, naturalmente, o único método de financiamento das melhorias tecnológicas. Mas é, na prática, o único método levado em consideração por Marx. Uma vez que, na verdade, é um método muito importante, podemos segui-lo nisso, embora outros métodos, em particular o de empréstimos bancários, ou seja, o da criação de depósitos, produzam consequências próprias cuja inserção seria realmente necessária para pintarmos um quadro correto do processo capitalista.

Já tivemos um exemplo disso anteriormente. Tomada como está, a teoria da mais-valia de Marx não se sustenta. Porém, como o processo capitalista produz ondas recorrentes de ganhos excedentes temporários sobre o custo — que, embora de uma forma bastante não marxiana, outras teorias podem explicar muito bem —, o próximo passo de Marx, dedicado à acumulação, não fica completamente viciado por seus deslizes anteriores. Da mesma forma, o próprio Marx não estabeleceu satisfatoriamente essa compulsão pela acumulação, que é tão essencial para o seu argumento. No entanto, não há grandes danos das deficiências de sua explicação porque, da forma aludida, podemos prontamente oferecer uma explicação mais satisfatória, na qual, entre outras coisas, a queda dos lucros se põe no lugar certo por si só. A taxa de lucro agregado sobre o capital industrial total não precisa cair no longo prazo, seja pela razão marxiana, de que o capital constante aumenta em relação ao capital variável,[46] ou por qualquer outra. Conforme vimos, basta que o lucro de cada empresa individual seja ameaçado de maneira incessante pela concorrência real ou potencial de novas mercadorias ou métodos de produção para que, mais cedo ou mais tarde, se transforme em prejuízo. Assim, temos a força motriz necessária e até mesmo algo análogo à proposição de Marx de que o capital constante não produz mais-valia — pois nenhuma reunião individual de bens de capital se mantém, para sempre, como uma fonte de ganhos excedentes — sem ter que confiar àquelas partes de seu argumento que são de validade duvidosa.

Outro exemplo é dado pelo próximo elo da cadeia de Marx, sua *teoria da concentração*, ou seja, o tratamento que deu à tendência do processo capitalista de aumentar o tamanho tanto de suas instalações industriais quanto das unidades de controle. Tudo o que ele tem a oferecer como explicação,[47] quando

---

46. Segundo Marx, os lucros também podem diminuir por outro motivo, a saber, pela queda da taxa da mais-valia. Isso pode ocorrer devido ao aumento das taxas de salários ou às reduções, impostas por lei, por exemplo, da jornada de trabalho. É possível argumentar, mesmo do ponto de vista da teoria de Marx, que isso induziria os "capitalistas" a substituir o trabalho por bens de capital que economizam mão de obra e, assim, também aumentar por algum tempo o investimento, independentemente do impacto das novas mercadorias e do progresso tecnológico. Entretanto, não poderemos nos embrenhar nessas questões. Mas podemos notar um incidente curioso. Em 1837, Nassau W. Senior publicou um panfleto, intitulado *Letters on the Factory Act*, (*Cartas sobre a lei das fábricas*), no qual tentou explicar que a redução proposta da duração da jornada de trabalho resultaria na aniquilação dos lucros da indústria algodoeira. Em *Das Kapital* (*O capital*), vol. I, cap. VII, seção 3, Marx faz acusações violentas contra aquela publicação. O argumento de Senior é, na verdade, bastante tolo. Marx, entretanto, deveria ter sido a última pessoa a dizer isso, pois o argumento concorda com a teoria da exploração por ele proposta. (Nassau William Senior, 1790-1864, advogado e economista inglês. [N.T.])

47. Ver *Das Kapital* (*O capital*), vol. I, cap. XXV, seção 2.

despojado de suas imagens, resume-se às afirmações pouco excitantes de que "a batalha da concorrência é travada pelo barateamento das mercadorias" que "depende, *ceteris paribus* (isto é, mantendo-se inalteradas todas as outras coisas), da produtividade do trabalho"; e que esta depende da escala de produção; e que "os capitais maiores derrotam os menores."[48] Isso é muito parecido com o que dizem os manuais atuais sobre o assunto, e não é algo muito profundo ou admirável em si mesmo. Em particular, é inadequado devido à ênfase exclusiva dada ao tamanho dos "capitais" individuais, enquanto, na descrição dos efeitos, Marx fica muito prejudicado por sua técnica, a qual é incapaz de lidar efetivamente com o monopólio ou o oligopólio.

No entanto, a admiração que tantos economistas de fora do rebanho professam sentir por essa teoria não é injustificada. Por um lado, ter previsto o advento das grandes empresas foi, considerando as condições da época de Marx, uma façanha por si só. Mas ele fez mais do que isso: amarrou à perfeição a concentração ao processo de acumulação, ou melhor, visualizou a primeira como parte da segunda, e não apenas como parte de seu padrão factual, mas também de sua lógica. Alguma consequências, ele percebeu corretamente — por exemplo, que "o volume crescente das massas individuais de capital se torna a base material de uma revolução ininterrupta do próprio modo de produção" —, e percebeu outras, mesmo que de maneira unilateral ou distorcida. Ele eletrificou a atmosfera em torno do fenômeno por todos os dínamos da guerra e da política de classes — o que, por si só, teria sido suficiente para elevar sua exposição muito acima dos desérticos teoremas econômicos envolvidos, particularmente para pessoas sem imaginação própria. E o mais importante de tudo foi ter sido capaz de continuar, quase por inteiro, desimpedido pela motivação inadequada dos traços individuais de seu quadro geral e por algo que, para o profissional, parece ser falta de rigor em seu argumento, pois, afinal de contas, os gigantes industriais e a situação social que criariam ainda eram coisas de um futuro provável.

5. Mais dois itens completarão este esboço: a teoria de Marx da *Verelendung* ou, para usar o equivalente inglês que me aventurei a adotar, da imiserização, e a sua *teoria* (e de Engels) *do ciclo econômico*. Na primeira, tanto a análise quanto a visão estão irremediavelmente erradas; já na segunda, ambas se mostram corretas.

Marx, sem dúvida, acreditava que, ao longo da evolução capitalista, as taxas de salário reais e o padrão de vida das massas cairiam nas camadas mais

---

48. Essa conclusão, muitas vezes chamada de teoria da expropriação, é para Marx a única base puramente econômica dessa luta pela qual os capitalistas se destroem.

bem pagas, e não melhorariam nas mais mal pagas, e que isso ocorreria não por meio de alguma circunstância acidental ou ambiental, mas em virtude da própria lógica do processo capitalista.⁴⁹ Como previsão, isso, claro, foi algo de infeliz singularidade, e marxistas de todos os tipos têm tido dificuldades para tirar o melhor proveito possível da evidência claramente adversa que os acerca. No início, e em alguns casos isolados mesmo nos nossos dias, eles mostraram uma notável tenacidade ao tentar salvar essa "lei" como uma declaração de uma tendência real confirmada pelas estatísticas de salários. Em seguida, foram feitas tentativas para dar-lhe um significado diverso, ou seja, para fazer com que se referisse não às taxas de salários reais ou à parcela absoluta que vai para a classe trabalhadora, mas à parcela relativa da renda do trabalho na renda nacional total. Embora algumas passagens em Marx de fato permitam uma interpretação nesse sentido, isso claramente viola o significado da maioria delas. Além disso, ganharíamos pouco ao aceitar essa interpretação, pois as principais conclusões de Marx pressupõem que a parcela *per capita absoluta* do trabalho deveria diminuir ou, no mínimo, não aumentar: se ele estivesse realmente pensando na parcela relativa, isso só aumentaria os seus problemas. Por fim, a proposição em si ainda estaria errada, pois a parcela relativa dos salários e vencimentos na renda total varia pouco de ano a ano e é notavelmente constante ao longo do tempo — isso, certamente, não revela nenhuma tendência de queda.

Parece, no entanto, haver outra saída para a dificuldade. É possível que não apareça uma tendência em nossas séries históricas e estatísticas — as quais, como neste caso, podem até mostrar uma tendência oposta — e, ainda assim, ela ser inerente ao sistema sob investigação, pois é passível de supressão por condições excepcionais. Essa é, de fato, a linha que a maioria dos marxistas modernos seguem. As condições excepcionais são encontradas na expansão colonial ou, de forma geral, no acesso a novos países durante o século XIX, que, segundo acreditam, tratou-se de um "período de defeso" das vítimas de exploração.⁵⁰ Na próxima parte teremos a

---

49. Há uma primeira linha de defesa que os marxistas, como a maioria dos apologistas, estão dispostos a colocar contra a intenção crítica que espreita por trás de qualquer afirmação tão clara. É a de que Marx não deixou de enxergar totalmente o outro lado da moeda e que muitas vezes "reconheceu" casos de aumento de salários e assim por diante — como de fato ninguém poderia deixar de ver —; a implicação disso é que ele teria previsto por completo o que um crítico poderia ter a dizer. Um autor assim tão prolixo, que intercala seu argumento com camadas tão ricas de análise histórica, cria naturalmente mais espaço para esse tipo de defesa do que qualquer um dos patriarcas da Igreja. Mas qual a utilidade de se "reconhecer" fatos recalcitrantes se não podem influir nas conclusões?

50. Essa ideia foi sugerida pelo próprio Marx, embora tenha sido desenvolvida pelos neomarxistas.

oportunidade de abordar esse assunto. Neste meio-tempo, notemos que os fatos oferecem algum apoio *prima facie* a esse argumento cuja lógica também é inatacável; portanto, poderia resolver a dificuldade se essa tendência tivesse bons fundamentos.

Mas o verdadeiro problema é que, nesse setor, a estrutura teórica de Marx não é nada confiável: assim como a visão, as estruturas analíticas são falhas. A base da teoria da imiserização é a teoria do "exército industrial de reserva", ou seja, do desemprego criado pela mecanização do processo de produção.[51] E a teoria do exército de reserva é, por sua vez, baseada na doutrina exposta no capítulo em que Ricardo trata do maquinário. Em nenhum outro ponto — exceto, é claro, na teoria do valor — o argumento de Marx depende tão completamente dos conceitos de Ricardo sem lhe acrescentar algo essencial.[52] Estou falando, claro, apenas da teoria pura do fenômeno. Marx acrescentou, como sempre, muitos toques menores, como a boa generalização pela qual a substituição de trabalhadores especializados por trabalhadores não especializados é agregada ao conceito de desemprego; também contribuiu com uma riqueza infinita de exemplos e fraseologia; e, o mais importante de tudo, somou o cenário impressionante, o contexto amplo de seu processo social.

Ricardo tinha, a princípio, se sentido inclinado a compartilhar esse ponto de vista, muito comum em todas as épocas, de que a introdução de máquinas no processo produtivo dificilmente deixaria de beneficiar as massas. Quando ele começou a duvidar dessa opinião, ou, seja como for, de sua validade geral, com franqueza característica, reviu sua posição. Não menos característico, recuou ao fazê-lo e, usando seu método habitual de "imaginar casos persuasivos", criou um exemplo numérico, bem conhecido por todos os economistas, para demonstrar que as coisas também poderiam caminhar para o outro lado. Não quis negar, por um lado, que estivesse provando apenas uma possibilidade — embora não improvável — ou, por outro lado, que, no final, o benefício líquido para o trabalho resultaria da mecanização por meio de seus efeitos posteriores sobre o total da produção, os preços e assim por diante.

---

51. Esse tipo de desemprego deve, naturalmente, ser diferenciado dos outros. Em particular, Marx percebe o tipo de desemprego que deve sua existência às variações cíclicas das atividades econômicas. Uma vez que os dois não são independentes, e uma vez que em seu argumento ele muitas vezes se baseia no último tipo e não no primeiro, surgem dificuldades de interpretação das quais nem todos os críticos parecem estar plenamente conscientes.

52. Isso deve ser óbvio para qualquer teórico não apenas de um estudo das *sedes materiae*, *Das Kapital* (*O capital*), vol. I, cap. XV, seções 3, 4, 5 e, especialmente, 6 (onde Marx lida com a teoria da compensação, a ser referida acima), mas também dos capítulos XXIV e XXV, onde, de forma parcialmente diferente, as mesmas coisas são repetidas e elaboradas.

Tendo em vista suas limitações, o exemplo está correto.[53] Os métodos atuais, um pouco mais refinados, apoiam seu resultado na medida em que admitem a possibilidade que ele visava estabelecer, bem como o seu oposto; vão além disso, declarando as condições formais que determinam se uma ou outra consequência se seguirá. É natural que isso seja tudo que a teoria pura pode fazer. Seriam necessários outros dados para prever o efeito real. Mas, para nosso propósito, o exemplo de Ricardo apresenta outra característica interessante. Ele imagina uma empresa que, possuindo uma determinada quantidade de capital e empregando um determinado número de operários, decide iniciar sua mecanização. Assim, um grupo de operários recebe a tarefa de construir uma máquina que, quando instalada, permitirá que a empresa dispense parte desse grupo. É possível que os lucros permaneçam os mesmos (após os ajustes da concorrência, que eliminarão quaisquer ganhos temporários), mas a receita bruta ficará reduzida pelo valor exato dos salários previamente pagos aos trabalhadores que agora foram "liberados". A ideia de Marx a respeito da substituição do capital variável (salário) pelo capital constante é quase a réplica exata dessa forma de colocar a questão. A ênfase de Ricardo no consequente excesso populacional (*redundancy of population*) é, da mesma forma, um paralelo exato da ênfase de Marx na população excedente (*surplus population*), termo que usa como alternativa a "exército industrial de reserva". A doutrina de Ricardo está sendo integralmente devorada.

Mas o que pode ser passado em revista, desde que nos limitemos aos propósitos restritos que Ricardo tinha em vista, torna-se totalmente inadequado — na verdade, a fonte de outro *non sequitur*, que, dessa vez, não se salva por uma visão correta dos resultados finais — assim que consideramos a superestrutura erigida por Marx sobre uma fundação tão fraca. Ele próprio parece ter tido esse sentimento. Pois, com uma energia um tanto desesperada, insistiu no resultado condicionalmente pessimista de seu mestre, como se o caso persuasivo deste último fosse o único possível; e, com energia ainda mais desesperada, lutou contra os autores que desenvolveram as implicações da sugestão de Ricardo de compensações que a era da máquina seria capaz de oferecer ao trabalho, mesmo quando o efeito imediato da introdução de máquinas significasse prejuízo (teoria da compensação, a aversão predileta de todos os marxistas).

Ele tinha toda razão para seguir nesse caminho, pois precisava muito de uma base firme para sua teoria do exército de reserva, que deveria servir a dois propósitos fundamentais e importantes, além de alguns menores. Primeiro,

---

53. Ou pode ser corrigido sem perder seu significado. Há alguns pontos duvidosos no argumento que provavelmente não se devem à sua técnica deplorável — que muitos economistas adorariam perpetuar.

vimos que ele privou sua doutrina da exploração do que eu chamei de suporte essencial, dada sua aversão — bastante compreensível em si — a usar da teoria malthusiana da população. Esse suporte foi substituído pelo sempre presente, porque sempre recriado,[54] exército de reserva. Em segundo lugar, a visão particularmente estreita do processo de mecanização que ele adotou foi essencial para motivar as frases retumbantes que, no capítulo XXXII do primeiro volume de *Das Kapital* [O capital], em certo sentido, constituem o final glorioso não só desse volume como também de toda a obra de Marx. Vou citá-las na íntegra — mais na íntegra do que o ponto em discussão requer — a fim de oferecer aos meus leitores um vislumbre do estilo de Marx, que explica igualmente bem o entusiasmo de alguns e o desprezo de outros. Sejam eles um aglomerado de coisas sem sentido ou o cerne da verdade profética. Aqui estão:

> De mãos dadas com essa centralização, ou essa expropriação de muitos capitalistas por poucos, desenvolve-se (...) o entrelaçamento de todas as nações na rede do mercado mundial e, com isso, o caráter internacional do regime capitalista. Com o número decrescente contínuo de magnatas do capital, que usurpam e monopolizam todas as vantagens deste processo de transformação, cresce a massa da miséria, da opressão, da servidão, da degeneração, da exploração; porém, com isso, também cresce a revolta da classe operária, uma classe de números crescentes, instruída, unida e organizada pelo próprio mecanismo do processo de produção capitalista. O monopólio do capital torna-se um entrave para o modo de produção, que germinou e floresceu com e sob ele. A centralização dos meios de produção e a socialização do trabalho finalmente atingem um ponto em que se tornam incompatíveis com o seu invólucro capitalista. O invólucro se rompe. Soa a sentença de morte da propriedade privada capitalista. Os expropriadores são expropriados.

6. A colaboração de Marx no campo dos ciclos econômicos é extremamente difícil de avaliar. A parte realmente valiosa dela consiste em dezenas de observações e comentários, a maioria deles de natureza casual, espalhados por quase todos os seus escritos, incluindo muitas de suas cartas. As tentativas de reconstrução desses fragmentos dispersos[55] de um corpo que, em nenhum lugar, se vê

---

54. É naturalmente necessário enfatizar a criação incessante. Seria bastante injusto com as palavras — ainda mais as de Marx —, bem como com o seu significado, imaginar, como fizeram alguns críticos, que ele tenha suposto que a introdução de máquinas tirava o emprego das pessoas e as deixava permanentemente desempregadas. Ele não negou a absorção, e as críticas que se baseiam na prova de que qualquer desemprego criado será sempre absorvido erra completamente do alvo.

55. *Membra disjecta*, em latim no original. (N.T.)

em carne e osso, e talvez nem sequer exista na própria mente de Marx, exceto de forma embrionária, podem, em diferentes mãos, facilmente produzir resultados diferentes e ser viciadas pela tendência compreensível que o admirador tem de, por meio de uma interpretação oportuna, creditar a Marx quase todos os resultados da pesquisa posterior, aprovada pelo próprio admirador.

O grupo ordinário de amigos e inimigos nunca percebeu, e não percebe agora, o tipo de tarefa que o comentarista enfrenta por causa da natureza caleidoscópica da contribuição de Marx a esse assunto. Vendo que Marx se pronunciou tão frequentemente sobre o assunto e que era, por óbvio, muito relevante para seu tema fundamental, tomaram como certo que deveria existir alguma teoria marxiana simples e clara sobre o ciclo que poderia fazer originar-se do resto de sua lógica relativa ao processo capitalista, tanto quanto, por exemplo, a teoria da exploração origina-se da teoria do trabalho. Assim, passaram a procurar essa teoria; e é fácil adivinhar o que aconteceu a eles.

Por um lado, Marx, sem dúvida, exalta — embora não ofereça nenhuma motivação adequada para isso — o enorme poder do capitalismo para desenvolver a capacidade de produção da sociedade. Por outro lado, ele sublinha de maneira incessante a crescente miséria das massas. Não seria a coisa mais natural do mundo concluir que as crises ou as depressões se devem ao fato de que as massas exploradas não podem comprar o que esse aparato de produção cada vez maior produz ou está pronto para produzir, e que, por isso e também por outras razões que não precisamos repetir, a taxa de lucros cai até o patamar da falência? Assim, parece que aportamos, de acordo com o elemento que queiramos salientar, nas margens da mais desprezível teoria do subconsumo ou da superprodução.

A explicação marxiana tem sido de fato classificada entre as teorias das crises alicerçadas no subconsumo.[56] Há duas circunstâncias que podem ser invocadas para oferecer apoio. Em primeiro lugar, na teoria da mais-valia, e também em outros assuntos, a afinidade das doutrinas de Marx com as de Sismondi e Rodbertus é óbvia. Esses homens defenderam o ponto de vista do

---

56. Embora essa interpretação tenha se tornado uma moda, mencionarei apenas dois autores, um dos quais é responsável por uma versão modificada dela, enquanto o outro pode testemunhar sua persistência: Tugan-Baranowsky, *Theoretische Grundlagen des Marxismus*, 1905, que, por essa razão, condenou a teoria das crises de Marx; e M. Dobb, *Political Economy and Capitalism*, 1937, que vê o tema com mais simpatia. (1. Mikhail Tugan-Baranovski [1865-1919], político, economista e historiador ucraniano. Em 1905, publicou *Fundamentos teóricos do marxismo* [*Theoretische Grundlagen des Marxismus*]. 2. Maurice Dobb [1900-1976], economista marxista britânico. Em 1937, publicou *Economia política e capitalismo* [*Political Economy and Capitalism*]. [N.T.])

subconsumo. É natural inferir que Marx também poderia ter feito o mesmo. Em segundo lugar, algumas passagens das obras de Marx, particularmente a breve exposição sobre as crises contida no *Manifesto do partido comunista*, sem dúvida, se prestam a essa interpretação, embora as declarações de Engels se prestem muito mais.[57] Mas isso não é importante, já que Marx, demostrando excelente bom senso, a repudiou.[58]

O fato é que ele não tinha uma teoria simples dos ciclos econômicos. E nenhuma poderia ser criada como sequência lógica de suas "leis" do processo capitalista. Mesmo que aceitemos sua explicação sobre a origem da mais-valia e concordemos que a acumulação, a mecanização (aumento relativo do capital constante) e a população excedente, esta última, de forma inexorável, aprofundando a miséria das massas, se conectem em um encadeamento lógico que termina na catástrofe do sistema capitalista, ainda assim, ficaríamos sem um fator que necessariamente transmita a flutuação cíclica ao processo e seja responsável por uma alternância imanente de prosperidades e depressões.[59] Sem dúvida, muitos acidentes e incidentes estão sempre à mão para deles fazermos uso e, assim, compensarmos a falta de uma explicação fundamental. Há erros de cálculo, expectativas equivocadas e outros erros, ondas de otimismo e pessimismo, excessos especulativos e reações a excessos especulativos e há a fonte inesgotável de "fatores externos". Mesmo assim, se o processo mecânico de acumulação de Marx caminha em ritmo uniforme — e não há nada que

---

57. A opinião um tanto comum de Engels sobre o assunto está mais bem articulada em seu polêmico livro intitulado *Herrn Eugen Dührings Umwälzung der Wissenschaft* (Revolução de Herr Eugen Dühring na ciência), de 1878, que se tornou uma das passagens mais citadas na literatura socialista. Apresenta ali um relato bastante descritivo da morfologia das crises que é, sem dúvida, muito bom para ser apresentado em palestras populares; é a opinião, no lugar de uma explicação, afirmando que "a expansão do mercado não pode acompanhar a expansão da produção". Além disso, faz referência e aprova a opinião de Fourier (Charles Fourier [1772-1837]. [N.T.]) transmitida pela frase autoexplicativa, *crises pléthoriques* (ou crises periódicas de superprodução [N.T.]). Não se pode negar, no entanto, que Marx escreveu parte do capítulo X e é corresponsável por todo o livro.

Observo que os poucos comentários sobre Engels contidos neste esboço são de natureza pejorativa. É algo lamentável; não se devem, porém, a qualquer intenção de menosprezar os méritos de um homem eminente como ele. Penso, no entanto, que deve ser francamente admitido que intelectualmente, e especialmente como teórico, ele estava muito abaixo de Marx. Não há nem como termos certeza de que ele sempre entendia o que Marx queria dizer. Devemos, portanto, utilizar suas interpretações com cuidado.

58. *Das Kapital* (O capital), vol. II, p. 476 da tradução inglesa de 1907. Entretanto, ver também *Theorien über den Mehrwert* (Teoria da mais-valia), vol. II, cap. III.

59. Para o leigo, o oposto parece tão óbvio que não seria fácil provar essa afirmação, mesmo que tivéssemos todo o espaço do mundo. A melhor maneira de o leitor se convencer de sua veracidade é estudar o argumento de Ricardo sobre o maquinário. O processo descrito por ele pode causar qualquer quantidade de desemprego e, ainda assim, manter-se por um período indefinido sem causar algum colapso, exceto a queda final do próprio sistema. Marx teria concordado com isso.

mostre por que não seria desse modo, em princípio —, o processo que ele descreve também *poderia* continuar a caminhar em ritmo uniforme; no que diz respeito à sua lógica, o processo ocorre essencialmente sem prosperidade e sem depressão.

É claro que isso não é necessariamente um infortúnio. Muitos outros teóricos disseram e sustentam simplesmente que as crises acontecem sempre que algo suficientemente importante dá errado. Também não era uma completa desvantagem, porque liberou Marx, de uma vez, da escravidão de seu sistema e o deixou livre para examinar os fatos sem ter que danificá-los. Portanto, ele reflete sobre uma grande variedade de elementos de maior ou menor relevância. Por exemplo, Marx usa, de forma um tanto superficial, a intervenção do dinheiro em transações de mercadorias — e nada mais — a fim de invalidar a proposição de Say[60] sobre a impossibilidade de uma superprodução geral; ou o excesso de liquidez dos mercados monetários para explicar desenvolvimentos desproporcionais nas áreas caracterizadas pelo investimento pesado em bens de capital duráveis; ou estímulos especiais, como a abertura de mercados ou o surgimento de novas necessidades sociais, a fim de motivar surtos repentinos de "acumulação". Tenta, sem muito êxito, transformar o crescimento da população em um fator produtor de flutuações.[61] Ele observa, embora não explique, que a escala de produção se expande "aos trancos" que são "o prelúdio de sua contração igualmente repentina". Ele afirma de modo apropriado que "a superficialidade da economia política se mostra no fato de ela enxergar a expansão e a contração do crédito, que é um mero sintoma das mudanças periódicas do ciclo industrial, como sua causa".[62] Ele, naturalmente, oferece uma forte contribuição ao capítulo dos incidentes e acidentes.

Tudo isso é de bom senso e está substancialmente correto. Encontramos praticamente todos os elementos que já participaram de quaisquer análises sérias sobre os ciclos econômicos, e, em geral, há poucos erros. Além disso, não se deve esquecer que a mera percepção da existência de movimentos cíclicos constituiu uma grande conquista naquela época. Muitos economistas

---

60. Jean Baptiste Say (1767-1832), economista francês. Formulador da chamada Lei de Say (Produto = Renda = Despesa). (N.T.)

61. Nisso ele também não está sozinho. No entanto, é justo esperar que ele percebesse, em algum momento, as fraquezas dessa abordagem, e é relevante notar que suas observações sobre o assunto ocorrem no terceiro volume, por isso, não podemos tomá-las como seu ponto de vista final.

62. Ver *Das Kapital* (*O capital*), vol. I, cap. XXV, seção 3. Imediatamente após essa passagem, ele dá um passo em uma direção que também é muito conhecida do estudioso das teorias modernas dos ciclos econômicos: "Os efeitos, por sua vez, se tornam causas, e os acidentes variáveis de todo o processo, *que sempre reproduz suas próprias condições*, (grifo meu) assumem a forma da periodicidade".

anteriores a Marx tiveram um vislumbre disso. Eles, entretanto, concentraram sua atenção principalmente nos colapsos espetaculares que passaram a ser chamados de "crises". E não foram capazes de enxergar essas crises em sua verdadeira luz, isto é, à luz do processo cíclico do qual são meros incidentes. Eles refletiram sobre elas sem olhar além ou abaixo delas, como infortúnios isolados que ocorrem em consequência de erros, excessos, má conduta ou do funcionamento defeituoso do mecanismo de crédito. Marx foi, creio eu, o primeiro economista a superar essa tradição e a antecipar — com exceção do complemento estatístico — a obra de Clement Juglar.[63] Embora, como vimos, não tenha oferecido uma explicação adequada para o ciclo econômico, o fenômeno estava claramente diante de seus olhos, e ele compreendeu grande parte de seu mecanismo. Também, como Juglar, ele falou sem hesitação de um ciclo de dez anos "interrompido por pequenas flutuações".[64] Ele ficou intrigado com a causa desse período e considerou a ideia de que poderia ter algo a ver com a vida útil das máquinas da indústria algodoeira. E existem muitos outros sinais de preocupação com o problema dos ciclos econômicos em oposição ao das crises. Isso é suficiente para assegurar-lhe alto posto entre os fundadores da pesquisa moderna dos ciclos.

É preciso mencionar mais um aspecto. Na maioria dos casos, Marx usou o termo crise em seu sentido comum, falando da crise de 1825 ou da crise de 1847 como fazem os outros. Mas ele também o usou em um sentido diverso. Acreditando que a evolução capitalista um dia atrapalharia o quadro institucional da sociedade capitalista, ele imaginou que, antes da ocorrência do colapso real, o capitalismo começaria a funcionar com atritos crescentes e mostraria os sintomas de sua doença fatal. Ele utilizou o mesmo termo para esta etapa, a qual deve ser naturalmente vista como um período histórico mais ou menos prolongado. E mostra uma tendência para vincular essas crises recorrentes a essa crise ímpar da ordem capitalista. Sugere até mesmo que as primeiras podem, de certa forma, ser vistas como sinais do colapso final. Uma

---

63. Clément Juglar (1819- 1905), médico e estatístico francês. Um dos primeiros a formular uma teoria sobre ciclos econômicos. (N.T.)

64. Engels foi ainda mais longe. Algumas de suas anotações para o terceiro volume de Marx revelam que ele suspeitava também da existência de uma oscilação mais prolongada. Embora estivesse inclinado a interpretar a fraqueza comparativa das prosperidades e a intensidade comparativa das depressões nas décadas de 1870 e 1880 como uma mudança estrutural, não como o efeito da fase de depressão de uma onda de longo prazo (exatamente como muitos economistas modernos fazem em relação aos acontecimentos do pós-guerra e especialmente aos da última década), é possível ver alguma antecipação da obra de Kondratiev sobre ciclos prolongados. (Nikolai Dimitrievich Kondratiev [1892-1938], economista russo. Buscou provar estatisticamente os ciclos econômicos de aproximadamente cinquenta anos de duração, isto é, as ondas longas. [N.T.].)

vez que, para muitos leitores, isso pode parecer uma pista para se chegar à teoria das crises de Marx no sentido comum, é necessário ressaltar que os fatores que, segundo Marx, serão responsáveis pelo colapso final não podem, sem uma boa dose de hipóteses adicionais, ser responsabilizados pelas depressões recorrentes,[65] e que a pista não nos leva além da proposição trivial de que a "expropriação dos expropriadores" pode ser algo mais simples em uma depressão do que em um período de prosperidade.

7. Por fim, a ideia de que a evolução capitalista irá romper — ou superar — o invólucro das instituições da sociedade capitalista (*Zusammenbruchstheorie*, a teoria da catástrofe inevitável) oferece um último exemplo da combinação entre um *non sequitur* e uma visão profunda que ajuda a salvar o resultado.

Baseada, assim como a "dedução dialética" de Marx, no crescimento da miséria e da opressão que incitará a revolta das massas, a ideia fica invalidada pelo *non sequitur*, o qual vicia o argumento que deveria demonstrar esse crescimento inevitável da miséria. Além disso, os marxistas ortodoxos começaram, já há muito tempo, a duvidar da validade da proposição de que a concentração do controle industrial é necessariamente incompatível com o "invólucro capitalista". Dentre eles, o primeiro a expressar essa dúvida por meio de um argumento bem organizado foi Rudolf Hilferding,[66, 67] um dos líderes do importante grupo de neomarxistas que na verdade se inclinava para a tese oposta, a saber, que por meio da concentração o capitalismo poderia ganhar em estabilidade.[68] Deixando para a próxima parte o que tenho a dizer sobre o assunto, afirmarei que, para mim, Hilferding parece ir longe demais, embora não haja, como veremos, nenhuma base para a crença, existente nos Estados Unidos, de que as

---

65. Para se convencer disso, o leitor precisa apenas rever a citação feita ao final do item 5. Na verdade, embora muitas vezes brinque com a ideia, Marx evita se comprometer com ela, o que é significativo porque não costuma deixar passar a oportunidade de fazer uma generalização.

66. *Das Finanzkapital* (O capital financeiro), 1910. Naturalmente, já haviam surgido muitas dúvidas baseadas em uma série de circunstâncias secundárias para mostrar que Marx havia superestimado as tendências que imaginou ter estabelecido; e que a evolução social era um processo muito mais complexo e muito menos consistente do que ele havia percebido. É suficiente mencionar E. Bernstein; ver capítulo XXVI. Contudo, a análise de Hilferding não alega circunstâncias atenuantes, mas combate essa conclusão por princípio e no próprio campo de Marx.

67. Rudolf Hilferding (1877-1941), economista marxista austríaco, teórico revisionista. (N.T.)

68. Essa proposição tem sido muitas vezes (até mesmo por seu autor) confundida com a proposta de que as flutuações econômicas tendem a se tornar mais brandas com o passar do tempo. Esse pode ou não ser o caso (o período 1929-1932 não refutaria isso), mas uma estabilidade maior do *sistema* capitalista, ou seja, um comportamento um pouco menos temperamental de nossa série histórica de preços e quantidades, não implica necessariamente (nem é necessariamente implicado por) maior estabilidade, ou seja, maior capacidade da *ordem* capitalista de resistir a ataques. Ambas as coisas estão claramente relacionadas, mas não são as mesmas.

grandes empresas "se tornam um entrave para o modo de produção", e embora a conclusão de Marx, de fato, não seja consequência de suas premissas.

No entanto, ainda que os fatos e o raciocínio de Marx fossem muito piores do que são, seu resultado poderia ser verdadeiro na medida em que simplesmente atesta que a evolução capitalista destruirá os fundamentos da sociedade capitalista. Eu acredito que seja. E não acho que estou exagerando quando chamo de profunda uma visão em que essa verdade estava, sem dúvida, revelada em 1847. Hoje, ela é uma trivialidade. O primeiro a torná-la trivial foi Gustav Schmoller. Sua Excelência, professor Von Schmoller, conselheiro privado e membro da câmara dos lordes da Prússia, não era bem um revolucionário nem muito dado ao gestual do agitador. Mas, tranquilamente, ele afirmava a mesma verdade. Também nada disse sobre o *porquê* e o *como* da afirmação.

***

Não é necessário fazer um resumo elaborado. Por mais imperfeito que seja, nosso esboço deve ser suficiente para demonstrar que, primeiro, ninguém, dentre aqueles que se preocupam com a análise puramente econômica, poderá falar de êxito total; segundo, que ninguém, dentre aqueles que se importam com construções ousadas, poderá falar de fracasso total.

No tribunal da técnica teórica, o veredito será desfavorável. A adesão a um aparato analítico que sempre foi inadequado e que, na própria época de Marx, estava rapidamente se tornando obsoleto; uma longa lista de conclusões que não se seguem das premissas ou estão completamente erradas; erros que, se corrigidos, alteram inferências essenciais, às vezes as tornam opostas — Marx, o técnico teórico, pode ser legitimamente acusado de tudo isso.

Mesmo nesse tribunal, no entanto, o veredito deverá ser pela absolvição por dois motivos.

Primeiro, embora Marx estivesse frequentemente errado — às vezes de forma irremediável —, seus críticos estavam longe de estar sempre certos. Como havia excelentes economistas entre eles, o fato deveria ser registrado em favor de Marx, sobretudo porque ele próprio não poderia enfrentar a maioria deles.

Em segundo lugar, as contribuições de Marx, tanto críticas quanto positivas, para muitos problemas individuais também deveriam ser creditadas em seu favor. Em um esboço como este, não é possível enumerá-las, muito menos fazer-lhes justiça. Mas pudemos ver algumas delas em nossa discussão sobre o tratamento de Marx aos ciclos econômicos. Também mencionei algumas que melhoraram nossa teoria da estrutura do capital físico. Os arcabouços concebidos por ele nessa área, embora não fossem irrepreensíveis, tornaram-se novamente úteis em trabalhos recentes, em que algumas passagens parecem bastante marxianas.

Mas um tribunal de apelação — embora ainda limitado a questões teóricas — poderia se sentir inclinado a modificar completamente esse veredito. Pois há uma grande conquista a ser apresentada contra as contravenções teóricas de Marx. Em meio a tudo que está errado ou chega a ser não científico em sua análise, atravessa uma ideia fundamental que não é um nem outro — a ideia de uma teoria, não apenas de um número indefinido de padrões individuais desarticulados ou da lógica das quantidades econômicas em geral, mas da sequência real desses padrões ou do processo econômico que caminha por suas próprias forças, no tempo histórico, gerando a cada instante um estado que, por si só, determinará o próximo. Assim, o autor de tantos equívocos também foi o primeiro a enxergar algo que, mesmo hoje, ainda é a teoria econômica do futuro para a qual estamos lentamente, e de forma laboriosa, acumulando pedra e argamassa, fatos estatísticos e equações funcionais.

E ele não só concebeu essa teoria como também tentou realizá-la. Todas as deficiências que desfiguram sua obra devem ser julgadas de forma diferente, tendo em vista o grande propósito a que seu argumento tentou servir, mesmo quando este não as redime totalmente, como em alguns casos. No entanto, ele obteve algo de fundamental importância para a metodologia da economia. Os economistas sempre fizeram o trabalho do historiador econômico ou usaram o trabalho histórico de outros. Contudo, os fatos da história econômica eram transferidos para um compartimento separado. Eles entravam na teoria, quando entravam, apenas como exemplo, ou possivelmente para dar validade aos resultados. Misturavam-se a ela apenas mecanicamente. Ocorre que a mistura de Marx é química; ou seja, ele os introduziu no próprio argumento que produz os resultados. Ele foi o primeiro grande economista a ver e ensinar sistematicamente como a teoria econômica pode ser transformada em análise histórica e como a narrativa histórica pode ser transformada em *história racional*.[69,70] Ele não tentou resolver o problema análogo relacionado à estatística.

---

69. Se, portanto, discípulos devotos afirmarem que ele estabeleceu o objetivo para a escola histórica de economia, essa afirmação não poderia ser facilmente descartada, embora o trabalho da escola de Schmoller fosse certamente bastante independente da sugestão de Marx. Mas se passarem a afirmar que Marx, e apenas Marx, sabia como racionalizar a história, enquanto os homens da escola histórica só sabiam descrever os fatos sem chegar ao seu significado, eles estariam arruinando seu caso. Pois aqueles homens, na verdade, sabiam analisar. Se suas generalizações eram menos abrangentes, e suas narrativas, menos seletivas, devemos elogiá-los por isso.

70. Em francês, *Histoire raisonnée*. (N.T.)

Mas, de certa forma, está implícito no outro. Isso também responde à seguinte questão: até que ponto, da forma explicada no final do capítulo anterior, a teoria econômica de Marx consegue implementar sua estrutura sociológica? Não consegue; porém, ao fracassar, cria um objetivo e um método.

IV. MARX, O PROFESSOR

Os principais componentes da estrutura de Marx estão agora diante de nós. O que dizer da imponente síntese como um todo? A questão não é ociosa. Se for verdade, é exatamente neste caso que o todo é maior do que a soma de suas partes. Além disso, a síntese pode ter arruinado o trigo ou utilizado o joio de uma tal maneira que — estando ambos presentes em quase todos os pontos — o todo pode ser mais verdadeiro ou mais falso do que qualquer parte dele tomada individualmente. Por fim, há a mensagem que se desenvolve apenas do todo. Dessa, no entanto, nada mais será dito. Cada um de nós deve estabelecer para si mesmo o seu significado.

Nossa época se revolta contra a necessidade inexorável de especialização e, portanto, clama por síntese em nenhuma outra área com tanta intensidade quanto nas ciências sociais, nas quais o elemento não profissional é tão importante.[71] Mas o sistema de Marx ilustra bem que a síntese, embora possa trazer uma nova luz, também significa novos entraves.

Vimos que no argumento marxiano a sociologia e a economia se entrecruzam. Na intenção, e até certo ponto também na prática, elas são uma só. Todos os principais conceitos e proposições são, portanto, econômicos e sociológicos e carregam o mesmo significado em ambos os planos — se é que, do nosso ponto de vista, ainda possamos falar de dois planos de argumentação. Assim, a *categoria* econômica "trabalho" e a *classe* social "proletariado" são, pelo menos em princípio, congruentes e, de fato, idênticas. Ou a distribuição funcional dos economistas — ou seja, a explicação de como surge a renda como retribuição por serviços produtivos, independentemente da classe social a que qualquer beneficiário de tal rendimento pertença — entra no sistema marxiano apenas na forma de distribuição entre classes sociais e, portanto,

---

71. O elemento não profissional está fortemente representado entre os admiradores de Marx que, indo além do comportamento do típico *economista* marxiano, ainda levam tudo o que ele escreveu ao pé da letra. Isso é muito significativo. Em todo grupo nacional de marxistas há pelo menos três leigos para cada economista formado, e mesmo esse economista, via de regra, é marxista apenas num sentido específico, conforme definido na introdução desta parte: ora em seu santuário, mas lhe dá as costas quando faz suas pesquisas.

adquire uma conotação diversa. Ou o capital no sistema marxiano é capital apenas quando está nas mãos de uma classe capitalista distinta. As mesmas coisas, quando estão nas mãos dos operários, não são capital.

Não pode haver nenhuma dúvida sobre o aumento de vitalidade que a análise recebe com isso. Os conceitos fantasmagóricos da teoria econômica começam a respirar. O teorema pálido se lança à *agmen, pulverem et clamorem*[72] (ação, poeira e clamor); sem perder sua qualidade lógica, deixa de ser uma mera proposição sobre as propriedades lógicas de um sistema de abstrações; e agora é o golpe de um pincel que está pintando a confusão selvagem da vida social. Tal análise transmite não apenas um significado mais rico do que todas as análises econômicas descrevem, mas abrange um campo muito mais amplo — atrai todo tipo de ação de classe para dentro de sua moldura, quer essa ação de classe esteja ou não em conformidade com as regras ordinárias do procedimento econômico. Guerras, revoluções, leis de todos os tipos, mudanças na estrutura dos governos, em suma, tudo que as teorias econômicas não marxianas tratam simplesmente como distúrbios externos, encontram um lugar ao lado de, digamos, investimentos em maquinário ou os contratos de trabalho — tudo é abrangido por um único esquema explicativo.

Ao mesmo tempo, tal procedimento tem suas deficiências. Os arranjos conceituais que estão sujeitos a um jugo desse tipo podem facilmente perder em eficiência tudo que ganham em vivacidade. O binômio trabalhador-proletário pode servir como um exemplo revelador, embora um tanto banal. Na teoria econômica não marxiana, toda retribuição por serviços pessoais participa da natureza de salários, seja entregue a advogados, a estrelas de cinema, executivos de empresas ou varredores de rua. Como todas essas retribuições têm muito em comum, do ponto de vista do fenômeno econômico envolvido, essa generalização não é fútil ou estéril. Pelo contrário, pode ser esclarecedora, mesmo para o aspecto sociológico das coisas. Entretanto, ao equiparar trabalho e proletariado, nós a obscurecemos; na verdade, nós a apagamos por completo de nosso quadro. Da mesma forma, um valioso teorema econômico pode, por sua metamorfose sociológica, absorver erro em vez de um significado mais rico, e vice-versa. Assim, a síntese em geral e a síntese em linhas marxianas, em particular, podem facilmente resultar tanto em uma economia quanto em uma sociologia piores.

---

72. Cícero, *De Oratore*, 1.157: (...) *in agmen, in pulverem, in clamorem* (...) ação, poeira e clamor. Cícero diz, nessa passagem, que a oratória deve sair de seu abrigo doméstico e lançar-se à ação, à poeira e ao clamor da batalha pública. (N.T.)

A síntese em geral, ou seja, a coordenação dos métodos e resultados de diferentes linhas de frente, é algo difícil, e poucos têm competência para abordá-la. Como consequência, o tema não é abordado, e, dos alunos que são ensinados a ver apenas árvores individuais, ouvimos um clamor descontente pela floresta. Eles não percebem, no entanto, que o problema se trata, em parte, de um excesso de coisas desnecessárias[73] e que a floresta sintética pode parecer estranhamente com um campo de concentração intelectual.

A síntese em linhas marxianas, ou seja, a coordenação da análise econômica e sociológica com o objetivo de sujeitar tudo a um único propósito, está, claro, particularmente apta a ter essa aparência. O propósito — a *história racional* da sociedade capitalista — é bastante elevado, mas a estrutura analítica não é. Há, de fato, uma grande união entre os eventos políticos e os teoremas econômicos; mas é uma união forçada, e nenhum dos dois é capaz de respirar. Os marxistas afirmam que seu sistema resolve todos os grandes problemas que confundem a economia não marxiana; porém, os mutila ao fazê-lo. Esse ponto exige alguma explicação.

Eu disse há pouco que a síntese de Marx abarca todos os acontecimentos históricos — como as guerras, as revoluções, as mudanças legislativas — e todas as instituições sociais — como propriedade, relações contratuais, formas de governo — que os economistas não marxianos costumam tratar como fatores perturbadores ou como dados, o que significa que eles não se propõem a explicá-los, mas apenas a analisar seus *modi operandi* e suas consequências. Esses fatores ou dados são, naturalmente, necessários para delimitar o objeto e o alcance de qualquer programa de pesquisa. Se eles nem sempre são expressamente especificados, isso acontece apenas porque se espera que todos saibam quais são. O traço peculiar do sistema marxiano é que ele submete esses acontecimentos históricos e as próprias instituições sociais ao processo explicativo da análise econômica ou, para utilizar a linguagem técnica, os trata não como dados, mas como variáveis.

Assim, as Guerras Napoleônicas, a Guerra da Crimeia, a Guerra Civil dos Estados Unidos, a Guerra Mundial de 1914, as frondas francesas, a grande Revolução Francesa, as revoluções de 1830 e 1848, o livre-comércio inglês, o movimento trabalhista como um todo, bem como qualquer uma de suas manifestações particulares, a expansão colonial, as mudanças institucionais, a política nacional e partidária de todos os períodos e países — tudo isso entra no domínio da economia marxiana, que afirma encontrar explicações teóricas em termos da guerra de classes, de tentativas de exploração e as consequentes

---

73. *Embarras de richesse*, em francês no original. (N.T.)

revoltas, de acumulação e de mudança qualitativa na estrutura do capital, de mudanças na taxa da mais-valia e da taxa de lucro. O economista não precisa mais contentar-se em oferecer apenas respostas técnicas a questões técnicas; em vez disso, ele ensina à humanidade o significado oculto de suas lutas. A "política" não é mais um fator independente que pode e deve ser abstraído em uma investigação dos fundamentos, e, quando se intromete, age de acordo com suas preferências pessoais, isto é, age como um moleque travesso que sabota uma máquina quando o engenheiro vira as costas, ou então age como *deus ex machina* em virtude da misteriosa sabedoria de uma espécie duvidosa de mamíferos chamados, com reverência, de "estadistas". Não — a própria política está determinada pela estrutura e pelo estado do processo econômico e se torna condutora de efeitos que se encontram totalmente dentro do âmbito da teoria econômica, assim como qualquer compra ou venda.

Mais uma vez, não há nada mais fácil de entender do que o fascínio exercido por uma síntese que nos ofereça apenas isso. O fascínio é particularmente compreensível nos jovens e naqueles habitantes intelectuais do nosso mundo jornalístico, aos quais os deuses parecem ter concedido o dom da juventude eterna. Ofegando impacientemente por suas realizações, desejando salvar o mundo de uma coisa ou outra, enojados com os indescritivelmente tediosos manuais técnicos, emocionalmente e intelectualmente insatisfeitos, incapazes de alcançar a síntese por seu próprio esforço, eles encontram o que almejam em Marx. Aí está a chave para todos os segredos mais íntimos, a varinha mágica que encanta tanto os grandes quanto os pequenos acontecimentos. Eles contemplam um esquema explicativo que, ao mesmo tempo, é — se me permitem recair, por um momento, no hegelianismo — o mais geral e o mais concreto. Não precisam mais se sentir fora dos grandes assuntos da vida — de repente, são capazes de não se deixar enganar pelas marionetes pomposas da política e dos negócios que nunca sabem o que está acontecendo. E quem pode culpá-los, considerando as alternativas disponíveis?

Sim, claro — mas, fora isso, eu quero saber em que consiste esse serviço da síntese marxiana. É improvável que o humilde economista que descreve a transição da Inglaterra para o livre-comércio ou as primeiras conquistas da legislação fabril inglesa se esqueça de mencionar as condições estruturais da economia inglesa que produziram essas políticas. Se deixa de mencioná-las em um curso ou manual sobre teoria pura, o faz apenas para que a análise seja mais clara e eficiente. O que o marxista tem a acrescentar é apenas a insistência no princípio e uma teoria particularmente estreita e distorcida para implementá-lo. Essa teoria produz resultados, sem dúvida, e estes são muito simples e definidos. Mas basta aplicá-la sistematicamente a casos individuais para que fiquemos extremamente cansados da ladainha interminável sobre a guerra de classes entre proprietários e não proprietários, e para que sintamos um doloroso senso de inadequação ou, pior ainda, de trivialidade: de inadequação, se não tivermos fé em seu esquema subjacente; de trivialidade, caso tenhamos.

Os marxistas costumam apontar triunfantes para o êxito do diagnóstico de Marx sobre as tendências econômicas e sociais que deveriam ser inerentes à evolução capitalista. Como vimos, há alguma justificativa para isso: mais claramente do que qualquer outro autor de sua época, Marx discerniu a tendência das grandes empresas e, não só isso, também algumas das características das situações consequentes. Vimos também que, nesse caso, a visão auxiliou a análise, sanando algumas das deficiências desta última e tornando mais verdadeiro o significado da síntese do que os próprios elementos constitutivos da análise. Mas isso é tudo. E a essa conquista deve-se contrapor a fracassada previsão do aumento da miséria, resultado conjunto da visão errada e da análise defeituosa sobre as quais basearam-se muitas especulações marxianas sobre a evolução futura dos acontecimentos sociais. Quem confia totalmente na síntese marxiana para entender as situações e os problemas presentes corre o risco de estar lamentavelmente errado.[74] De fato, parece que, hoje, é isso que muitos marxistas estão percebendo.

Em particular, não há razão para termos orgulho da forma como a síntese marxiana explica a experiência da última década. Qualquer período prolongado de depressão ou de recuperação insatisfatória irá confirmar uma previsão pessimista, exatamente como confirma a previsão de Marx. Nesse caso, uma impressão contrária é criada pelo discurso dos burgueses desanimados e dos intelectuais exaltados que, naturalmente, adquiriu um tom marxiano como reflexo de seus medos e esperanças. Mas nenhum fato real justifica algum diagnóstico marxiano em específico, muito menos uma inferência, insinuando que o que temos testemunhado não é simplesmente uma depressão, mas os sintomas de uma mudança estrutural no processo capitalista, como Marx esperava

---

74. Alguns marxistas responderiam que os economistas não marxianos não têm nada a contribuir para a compreensão de nossa época, de forma que o discípulo de Marx está em melhor situação a esse respeito. Dispensando a questão de saber se é preferível nada dizer ou dizer algo que está errado, devemos ter em mente que isso não é verdade, pois tanto os economistas quanto os sociólogos de teorias não marxianas contribuíram substancialmente, embora sobretudo em temas individuais. Essa afirmação marxista pode ainda menos ser baseada em uma comparação entre as doutrinas de Marx e as dos austríacos ou das escolas de Walras (León Walras [1834-1910]. [N.T.]) ou de Marshall (Alfred Marshall [1842-1924]. [N.T.]). Na maioria dos casos, o interesse dos membros desses grupos centrava-se completamente na teoria econômica; e, em todos os casos, principalmente nela. Não há, portanto, como mensurar suas realizações com a síntese de Marx. Só poderia ser comparada com o aparato teórico de Marx, e, nesse campo, a comparação se mostra totalmente favorável a eles.

acontecer. Pois, como será observado na próxima parte, todos os fenômenos analisados, como o desemprego acima do normal, a falta de oportunidade de investimento, a contração do valor monetário, as perdas, e assim por diante, fazem parte do conhecido padrão de períodos de depressão predominante, como as décadas de 1870 e 1880, sobre as quais Engels comentou com tanta moderação que deveria servir de exemplo aos seus seguidores fervorosos de hoje.

Dois exemplos notáveis podem exemplificar tanto os méritos quanto os deméritos da síntese marxiana considerada uma máquina de solucionar problemas.

Em primeiro lugar, consideraremos a teoria marxista do imperialismo. Todas as suas raízes podem ser encontradas na principal obra de Marx, mas ela foi desenvolvida pela escola neomarxista, que floresceu nas duas primeiras décadas deste século e, sem renunciar à comunhão com os antigos defensores da fé, como Karl Kautsky, fez muito para revisar o sistema. Viena era seu centro; Otto Bauer, Rudolf Hilferding, Max Adler eram seus líderes. No campo do imperialismo, seu trabalho foi continuado, com mudanças secundárias de ênfase, por muitos outros, dentre os quais os mais conhecidos eram Rosa Luxemburgo e Fritz Sternberg.[75] O argumento é o que descreverei a seguir.

Uma vez que, por um lado, a sociedade capitalista não pode existir e seu sistema econômico não pode funcionar sem lucros e, já que, por outro lado, os lucros estão constantemente sendo eliminados pelo próprio funcionamento desse sistema, o esforço incessante para mantê-los vivos torna-se o objetivo central da classe capitalista. A acumulação acompanhada de mudanças qualitativas na composição do capital é, como vimos, um remédio que, embora alivie momentaneamente a situação do capitalista individual, piora o problema no final. Assim, o capital, cedendo à pressão de uma taxa de lucro decrescente — ela decresce, lembremos, tanto porque o capital constante aumenta em relação ao capital variável quanto porque, se os salários tendem a subir e as horas de trabalho a diminuir, a taxa de mais-valia cai —, busca mercados em países onde ainda exista mão de obra que possa ser explorada à vontade e onde o processo de mecanização ainda não tenha avançado muito. Assim, chegamos a uma exportação de capital para países não desenvolvidos que é essencialmente uma exportação de bens de capital ou de bens de consumo para serem usados a fim de comprar trabalho ou de adquirir coisas com as quais comprar trabalho.[76]

---

75. Karl Johann Kautsky (1854-1938), filósofo tcheco-austríaco, jornalista e teórico marxista; Otto Bauer (1881-1938), social-democrata austríaco; Max Adler (1873-1937), jurista, político e filósofo social austríaco; Rosa Luxemburgo (1871-1919), filósofa e economista marxista polaco-alemã; Friedrich "Fritz" Sternberg (1895-1963), economista alemão, sociólogo e teórico marxista. (N.T.)

76. Pense em supérfluos para serem negociados com chefes em troca de escravos ou para serem negociados em bens de salário com os quais seria possível contratar mão de obra nativa. Por uma

Mas também é exportação de capital no sentido ordinário do termo, porque as mercadorias exportadas não serão pagas — pelo menos não imediatamente — por meio de bens, serviços ou dinheiro do país importador. E se transforma em colonização se, a fim de salvaguardar o investimento tanto contra a reação hostil do ambiente nativo — ou, caso prefiram, contra sua resistência à exploração — quanto contra a concorrência de outros países capitalistas, o país não desenvolvido for mantido em sujeição política. Em geral, isso é realizado por meio de força militar fornecida pelos próprios capitalistas colonizadores ou pelo seu governo de origem, que, portanto, faz jus à definição dada no *Manifesto do partido comunista*: "o governo do Estado moderno [é] (...) um comitê para administrar os negócios comuns de toda a burguesia". Naturalmente, essa força não será usada apenas para fins defensivos. Haverá conquista, atrito entre países capitalistas e guerra intestina entre burguesias rivais.

Outro elemento completa a teoria do imperialismo da forma como, hoje, é normalmente apresentada. Tendo em vista que a expansão colonial é motivada por uma queda dos lucros nos países capitalistas, ela deve ocorrer nas fases mais avançadas da evolução capitalista — os marxistas, de fato, falam do imperialismo como uma fase, de preferência a última do capitalismo. Assim, ela coincidiria com um alto grau de concentração do controle capitalista sobre a indústria e com um declínio do tipo de concorrência característica dos tempos da pequena ou média empresa. O próprio Marx não sublinhou muito a tendência resultante de restrição monopolista da produção e a consequente tendência de proteger as reservas de caça nacionais contra a intrusão de caçadores ilegais de outros países capitalistas. Talvez ele fosse um economista muito competente para confiar muito nessa linha de argumentação. Mas os neomarxistas tiraram especial proveito dela. Assim, temos não apenas mais um estímulo para a política imperialista e outra fonte de disputas imperialistas, mas também, como subproduto, a teoria de um fenômeno que não é necessariamente imperialista em si mesmo, o protecionismo moderno.

Note mais um enguiço desse processo que será muito útil à tarefa do marxista de explicar outras dificuldades. Quando os países não desenvolvidos se tornarem desenvolvidos, a exportação de capital do tipo que estamos considerando diminuirá. É possível, então, que haja um período durante o qual a

---

questão de brevidade, não levo em conta o fato de que a exportação de capital no sentido previsto, em geral, surgirá como parte do comércio total dos dois países, que também inclui transações de mercadorias sem conexão com o processo específico que temos em mente. Essas transações, naturalmente, facilitam muito a exportação de capital, mas não afetam seu princípio. Também negligenciei outros tipos de exportações de capital. A teoria em discussão não é, e não pretende ser, uma teoria geral do comércio internacional e das finanças.

metrópole e a colônia trocarão, digamos, produtos manufaturados por matérias-primas. Mas, no final, as exportações dos fabricantes também deverão diminuir e, ao mesmo tempo, a concorrência colonial se afirmará na colônia. As tentativas de retardar o advento desse estado de coisas oferecerão mais fontes de atrito — desta vez entre cada um dos velhos países capitalistas e suas colônias —, guerras por independência e assim por diante. Mas, de qualquer forma, as portas coloniais acabarão sendo fechadas ao capital doméstico, que não será mais capaz de escapar dos lucros que se extinguem em casa para pastagens mais ricas no exterior. A falta de mercados, o excesso de capacidade, a paralisação total dos negócios e, no final, a regularidade das falências nacionais e outros desastres — talvez guerras mundiais por puro desespero capitalista — podem ser previstos com segurança. A história é simples assim.

Essa teoria é um bom exemplo — talvez o melhor — da forma como a síntese marxiana tenta resolver problemas e de como ganha autoridade ao fazê-lo. Tudo parece decorrer, de forma magnífica, de duas premissas fundamentais que estão firmemente embutidas nas bases do sistema: a teoria das classes e a teoria da acumulação. Uma série de fatos vitais de nossa época parece estar perfeitamente explicada. Todo o labirinto da política internacional parece ficar esclarecido pela pincelada única e poderosa da análise. E vemos, nesse desenrolar, por que e como a ação de classe, mantendo-se intrinsecamente sempre a mesma, toma a forma de ação política ou econômica de acordo com circunstâncias que determinam apenas os métodos táticos e a fraseologia. Mantendo-se os mesmos meios e oportunidades que estão à disposição de um grupo de capitalistas, se negociar um empréstimo for mais lucrativo, este será negociado. Mantendo-se os mesmos meios e oportunidades, se a guerra for mais lucrativa, esta será realizada. Esta última alternativa tem o mesmo direito de fazer parte da teoria econômica que a primeira. Agora, até mesmo o mero protecionismo pode ser depreendido da lógica da evolução capitalista.

Além disso, essa teoria mostra, com vantagem, uma virtude que tem algo em comum com a maioria dos conceitos marxianos no campo do que é geralmente chamado de economia aplicada. Essa é a sua estreita aliança com os fatos históricos e contemporâneos. Provavelmente ninguém leu o meu resumo sem ficar impressionado com a facilidade com que exemplos históricos corroboradores se acumulavam diante dele a cada passo do argumento. Não ouviu o leitor falar da opressão do trabalho nativo dos europeus em muitas partes do mundo, daquela que os índios sul e centro-americanos sofreram nas mãos dos espanhóis, por exemplo, ou da caça e do comércio de escravos e do *coolieísmo* asiático? A exportação de capital não esteve realmente sempre presente nos países capitalistas? Não vinha essa exportação invariavelmente acompanhada por conquistas militares que serviram para subjugar os nativos e lutar contra outras potências europeias? Não teve a colonização sempre um lado militar bastante visível, mesmo quando gerenciada inteiramente por corporações empresariais como a Companhia das Índias Orientais ou a Companhia Britânica da África do Sul? Que melhor exemplo o próprio Marx poderia ter almejado do que Cecil Rhodes e a Guerra dos Bôeres? Não é bastante óbvio que as ambições coloniais foram, no mínimo, um fator importante dos distúrbios europeus a partir de meados de 1700? Quanto aos tempos atuais, quem não ouviu falar, por um lado, da "estratégia das matérias-primas" e, por outro, das repercussões na Europa do crescimento do capitalismo nativo nos trópicos? E assim por diante. Quanto ao protecionismo... bem, isso é tão simples quanto qualquer outra coisa poderia ser.

Mas é melhor termos cuidado. Uma aparente confirmação por meio de exemplos aparentemente favoráveis e que não foram analisados de forma detalhada pode ser muito enganosa. Além disso, como todo advogado e todo político sabe, o apelo vigoroso a fatos conhecidos é muito útil para estimular um júri ou um parlamento a aceitar inclusive a interpretação que se deseja lhes dar. Os marxistas têm explorado essa técnica ao máximo. Nesse caso ela é particularmente bem-sucedida, pois os fatos em questão combinam as virtudes de serem superficialmente conhecidos por todos e de serem completamente compreendidos por poucos. Na verdade, embora não possamos entrar em uma discussão detalhada aqui, basta até mesmo uma rápida reflexão para sugerir a suspeita de que "esse não é o caso".

Algumas observações serão feitas na próxima parte sobre a relação entre a burguesia e o imperialismo. Consideraremos agora a seguinte questão: se a interpretação marxiana da exportação de capital, colonização e protecionismo estivesse correta, ela também seria adequada como uma teoria de todos os fenômenos que imaginamos quando usamos aquele termo solto e mal utilizado? É claro que podemos sempre definir o termo imperialismo de forma a significar exatamente o que a interpretação marxiana implica; e podemos sempre nos declarar convencidos de que todos esses fenômenos devem ser explanáveis pela maneira marxiana. Mas então o problema do imperialismo — sempre admitindo que a teoria em si está correta — seria "resolvido" apenas no aspecto tautológico,[77] devendo-se ainda considerar se a abordagem mar-

---

77. O perigo das tautologias vazias postas sobre nós é mais bem ilustrado por meio de casos individuais. Assim, a França conquistou a Argélia, a Tunísia e o Marrocos, e a Itália conquistou a Abissínia, pela força militar e sem que houvesse interesses capitalistas significativos para pressioná-las. Na verdade, a presença de tais interesses foi um pretexto muito difícil de se estabelecer, e o desenrolar subsequente de tais interesses foi um processo lento que ocorreu, de forma insatisfatória, sob pressão do governo. Caso isso não pareça muito marxista, será respondido que medidas foram tomadas

xiana ou, nesse caso, qualquer abordagem puramente econômica produz uma solução que não seja tautológica. No entanto, não devemos nos preocupar com isso, pois perdemos o chão antes de chegarmos tão longe. À primeira vista, a teoria parece se encaixar razoavelmente bem em alguns casos. Os exemplos mais importantes são proporcionados pelas conquistas inglesas e holandesas nos trópicos. Mas outros exemplos, como a colonização da Nova Inglaterra, em nada se encaixam. E mesmo o exemplo do tipo anterior não é descrito de forma satisfatória pela teoria marxiana do imperialismo. Obviamente não bastava reconhecer o papel da atração do lucro na motivação da expansão colonial.[78] Os neomarxistas não desejavam afirmar uma platitude tão horrível como essa. Para que esses exemplos lhes fossem úteis, também seria necessário que a expansão colonial tivesse ocorrido da maneira indicada, sob pressão da acumulação sobre a taxa de lucro, daí como uma característica de um capitalismo decadente ou, seja qual for o caso, totalmente maduro. Mas o período heroico da aventura colonial foi precisamente o do capitalismo primitivo e imaturo, quando a acumulação estava em seu início e qualquer pressão — também, em especial, qualquer barreira à exploração do trabalho doméstico — era notável por sua ausência. O elemento do monopólio não estava ausente. Pelo contrário, era muito mais evidente do que hoje. Mas isso só aumenta o absurdo da construção teórica que transforma o monopólio e a conquista em características específicas do capitalismo tardio.

Além disso, a outra parte da teoria, a luta de classes, não está em melhores condições. É preciso usar antolhos para conseguir se concentrar nesse aspecto da expansão colonial que quase nunca desempenhou mais do que um papel secundário e para interpretar em termos de luta de classes um fenômeno que proporciona alguns dos casos mais marcantes de cooperação de classe. Foi tanto um movimento por salários mais altos quanto um movimento por lucros mais altos, e, a longo prazo, é certo que beneficiou (em parte por causa

---

sob pressão de interesses capitalistas potenciais ou antecipados, ou que, em última análise, algum interesse capitalista ou necessidade objetiva "deve" ter estado no fundo daquelas ações. E, então, podemos passar a buscar as evidências comprobatórias que nunca faltam por completo, uma vez que os interesses capitalistas, como qualquer outro, serão de fato afetados por quaisquer situações e as aproveitarão, e também porque as condições particulares do organismo capitalista sempre apresentarão algumas características que podem, sem absurdos, estar ligadas a essas políticas de expansão nacional. Evidentemente, apenas a convicção preconcebida e nada mais nos faz persistir em uma tarefa tão desesperada como essa; sem tal convicção, nunca nos ocorreria embarcar nela. E nós realmente não precisamos nos dar a esse trabalho; podemos muito bem dizer "isso tem de ser assim" e esquecer o assunto. Isso é o que eu queria dizer por explicação tautológica.

78. Também não é suficiente salientar o fato de que cada país realmente "explorou" suas colônias. Pois essa foi a exploração de um país como um todo por um país como um todo (de todas as classes por todas as classes) e não tem nada a ver com o tipo especificamente marxiano de exploração.

da exploração do trabalho *nativo*) mais o proletariado do que o interesse capitalista. Mas não quero enfatizar seus *efeitos*. O ponto essencial é que sua *causação* não tem muito a ver com a guerra de classes, e não mais a ver com a estrutura de classes, do que está implícita pela liderança de grupos e indivíduos que pertenciam à classe capitalista ou que a ela tenham chegado por meio da empresa colonial. Porém, se nos livrarmos dos antolhos e deixarmos de ver a colonização ou o imperialismo como um mero incidente da guerra de classes, pouco restará do assunto que seja especificamente marxista. O que Adam Smith disse bem — melhor, na verdade — sobre o tema.

Fica faltando o subproduto, a teoria neomarxiana do protecionismo moderno. A literatura clássica está cheia de invectivas contra os "interesses sinistros" — naquela época, eram sobretudo, mas nunca totalmente, os interesses agrários — que, ao clamar por proteção, cometeram o crime imperdoável contra o bem-estar público. Assim, os clássicos já tinham uma teoria causal do protecionismo — não apenas uma teoria de seus efeitos —, e se agora adicionarmos os interesses protecionistas das grandes empresas modernas, teremos ido tão longe quanto é razoável ir. Os economistas modernos simpatizantes do marxismo realmente deveriam estar mais bem informados e não dizer que, mesmo agora, seus colegas burgueses não enxergam a relação entre a tendência ao protecionismo e a tendência às grandes unidades de controle, ainda que esses colegas nem sempre acreditem ser necessário sublinhar um fato tão óbvio. Isso não quer dizer que os clássicos e seus sucessores atuais estivessem certos a respeito do protecionismo: sua interpretação foi, e é, tão unilateral quanto a de Marx, além de muitas vezes estarem errados na avaliação das consequências e dos interesses envolvidos. Há pelo menos cinquenta anos, no entanto, eles sabem tudo que os marxistas já sabiam sobre o componente monopolista do protecionismo, o que não foi difícil, considerando a trivialidade da descoberta.

E eram superiores à teoria marxista em um aspecto muito importante. Independentemente de qual fosse o valor de sua teoria econômica — talvez não fosse elevado —, eles, em geral,[79] aferraram-se a ela. Nesse caso, isso foi uma vantagem. A proposição de que muitos direitos protecionistas devem sua existência à pressão das grandes empresas que desejam usá-los com o propósito de manter os preços em seu país acima do que seriam de outra forma, possivelmente para poder vender mais barato no exterior, é uma platitude, porém correta, ainda

---

79. Nem sempre se limitavam às suas teorias econômicas. Quando não o faziam, os resultados não chegavam a ser encorajadores. Assim, os textos puramente econômicos de James Mill, embora não sejam particularmente valiosos, não podem ser simplesmente descartados como textos irremediavelmente abaixo do padrão. O verdadeiro absurdo — e um absurdo banal — está em seus artigos sobre o governo e temas correlatos.

que nenhuma tarifa tenha sido paga, totalmente, em virtude dessa causa particular. É a síntese marxiana que a torna inadequada ou errada. Se temos a ambição de simplesmente entender todas as causas e implicações do protecionismo moderno, político, social e econômico, então, ela é inadequada. Por exemplo, o apoio constante dado pelo povo americano à política protecionista, sempre que este tem a oportunidade de falar o que pensa, pode ser justificado não por algum amor às grandes empresas ou pelo domínio delas, mas pelo desejo fervoroso de construir e manter um mundo próprio e se livrar de todas as vicissitudes do restante do mundo. A síntese que ignora esses elementos do caso deixa de ser um ativo e passa a ser um passivo. Se, contudo, a nossa ambição é reduzir todas as causas e implicações do protecionismo moderno, sejam elas quais forem, ao elemento monopolista da indústria moderna como a única *causa causans* (causa real), e se, consequentemente, formularmos essa proposição, então ela se tornará errada. As grandes empresas têm sido capazes de tirar proveito do sentimento popular, e isso foi exaltado por Marx, mas é absurdo dizer que ele o tenha criado. Uma síntese que chega a — seria melhor se disséssemos "que postula" — tal resultado é pior do que nenhuma síntese.

As coisas se tornam infinitamente piores quando, indiferente aos fatos e ao bom senso, elevamos essa teoria da exportação de capital e da colonização à categoria de explicação fundamental da política internacional, que, portanto, se resolve em uma luta, por um lado, de grupos capitalistas monopolistas uns com os outros e, por outro lado, de cada um deles com seu próprio proletariado. Esse tipo de coisa pode servir bem para uma literatura partidária útil, mas, fora isso, apenas mostra que os contos de fadas não são monopólio da teoria econômica burguesa. Na verdade, muito pouca influência na política externa tem sido exercida pelas grandes empresas — ou pelas altas finanças[80] de famílias como os Fugger e os Morgan — e, na maioria dos casos em que a grande indústria como tal, ou os interesses bancários como tais, foram capazes de se afirmar, seu diletantismo ingênuo resultou em vexame. As atitudes dos grupos capitalistas em relação à política de suas nações são predominantemente de adaptação e não de causação, hoje mais do que nunca. Além disso, dependem, em um grau surpreendente, de considerações de curto prazo igualmente distantes de quaisquer planos profundamente enraizados e de quaisquer interesses de classe "objetivos" e determinados. Nesse ponto o marxismo degenera a formulação de superstições populares.[81]

---

80. *Haute finance*, em francês no original. (N.T.)

81. Essa superstição está exatamente em pé de igualdade com outra que é aceita por muitas pessoas dignas e simplórias, as quais explicam a história moderna para si mesmas com base numa hipótese

Há outros exemplos de um estado semelhante de coisas em todas as partes da estrutura marxiana. Para mencionar um, a já citada definição da natureza dos governos do *Manifesto do partido comunista* tem certamente um elemento de verdade. E, em muitos casos, essa verdade explicará as atitudes governamentais em relação às manifestações mais óbvias dos antagonismos de classe. Contudo, ainda que seja verdadeira, a teoria incorporada nessa definição é trivial. O que vale a pena pesquisar é como e por que na grande maioria dos casos a teoria ou não se conforma com os fatos ou, mesmo que esteja em conformidade, não descreve corretamente o comportamento real desses "comitês para dirigir os assuntos comuns da burguesia". Além disso, em praticamente todos os casos é possível tornar a teoria tautologicamente verdadeira. Pois não há nenhuma política, excetuando-se a de extermínio da burguesia, que não possa ser acusada de servir a algum interesse econômico ou extraeconômico burguês, de curto ou longo prazo, pelo menos no sentido de defendê-lo de coisas ainda piores. Isso, no entanto, não torna essa teoria mais valiosa. Mas voltemo-nos para o nosso segundo exemplo do poder de resolução de problemas da síntese marxiana.

A insígnia de socialismo científico que, segundo Marx, serve para distingui-lo do socialismo utópico consiste na prova de que o socialismo é inevitável independentemente da vontade ou dos desejos humanos. Como já foi dito antes, tudo isso significa que, em virtude de sua própria lógica, a evolução capitalista tende a destruir a ordem capitalista de coisas e produzir a socialista.[82] Até que ponto Marx conseguiu demonstrar a existência dessas tendências?

Quanto à tendência à autodestruição, a pergunta já foi respondida.[83] A doutrina de que a economia capitalista acabará inevitavelmente se rompendo por razões puramente econômicas não foi demonstrada por Marx, como as objeções de Hilferding seriam suficientes para mostrar. Por um lado, algumas de suas proposições sobre fatos futuros que são essenciais para o argumento ortodoxo, em especial aquele sobre o crescimento inevitável da miséria e da opressão, são insustentáveis; por outro lado, a ruptura da ordem capitalista não se

---

de que há em algum lugar um comitê de judeus extremamente sábios e malévolos que nos bastidores controlam a política internacional ou talvez toda a política. Os marxistas não são vítimas dessa superstição em particular, mas a deles não é muito melhor. É interessante registrar que, diante de qualquer uma dessas doutrinas, sempre senti muita dificuldade em responder de forma satisfatória para mim mesmo. Não apenas por causa da circunstância de que é sempre difícil demonstrar a negação de afirmações factuais. A principal dificuldade vinha do fato de que as pessoas, sem nenhum conhecimento em primeira mão sobre os assuntos internacionais e seus personagens, também não dispunham de um órgão para a percepção do absurdo.

82. Veja também Parte II, Prólogo.
83. Ver, supra, o Capítulo III, item 7.

seguiria necessariamente dessas proposições, mesmo que todas fossem verdadeiras. Entretanto, na situação, outros fatores que o processo capitalista tende a desenvolver foram vistos por Marx de maneira correta, como, conforme espero mostrar, o próprio resultado final. Em relação a este último, talvez seja necessário substituir o nexo marxista por outro, e o termo "ruptura" (*breakdown*) pode então vir a ser um equívoco, particularmente se for entendido no sentido de uma ruptura causada pela falha da máquina capitalista de produção; mas isso não afeta a essência da doutrina, por mais que possa afetar sua formulação e algumas de suas implicações.

Quanto à tendência ao socialismo, devemos primeiro perceber que esse é um problema distinto. A ordem capitalista ou qualquer outra ordem podem evidentemente romper-se — ou podem ser superadas pela evolução econômica e social — e, ainda assim, é possível que a fênix socialista não consiga erguer-se dessas cinzas. Pode haver caos e, a menos que definamos como socialismo qualquer alternativa não caótica ao capitalismo, há outras possibilidades. O tipo específico de organização social que o marxista ortodoxo médio — antes do advento do bolchevismo em todo caso — parecia prever é, certamente, apenas um dos muitos casos possíveis.

O próprio Marx, embora muito sabiamente abstendo-se de descrever a sociedade socialista em detalhes, enfatizou as condições de seu surgimento: de um lado, a presença de unidades gigantes de controle industrial — que, naturalmente, facilitariam muito a socialização — e, do outro lado, a presença de um proletariado oprimido, escravizado, explorado, mas também muito numeroso, *disciplinado*, unido e organizado. Isso sugere muito sobre a batalha final que deve ser a fase aguda da guerra secular entre as duas classes que então serão enfileiradas uma contra a outra pela última vez. Também sugere algo sobre o que se seguirá; sugere a ideia de que o proletariado como tal "tomará o poder" e, por meio de sua ditadura, porá fim à "exploração do homem pelo homem" e estabelecerá uma sociedade sem classes. Se nosso propósito fosse provar que o marxismo é um membro da família de credos milenaristas, isso seria de fato suficiente. Uma vez que estamos preocupados não com esse aspecto, mas com uma previsão científica, claramente não é suficiente. Schmoller pisava em solo muito mais firme. Pois, embora ele também tenha se recusado a se comprometer com detalhes, obviamente enxergou o processo como advindo de uma progressiva burocratização, de uma nacionalização, etc., desembocando no socialismo de Estado que, gostemos ou não, pelo menos tem um sentido definido. Assim, Marx não consegue transformar a possibilidade socialista em uma certeza, mesmo que lhe concedamos a teoria da ruptura em sua totalidade; se não a concedermos, então o fracasso se seguirá *a fortiori*.

Em nenhum caso, no entanto — aceitando o raciocínio de Marx ou de qualquer outro —, a ordem socialista ocorrerá de forma automática; mesmo que a evolução capitalista fornecesse todas as condições da maneira mais marxiana possível, ainda assim seria necessário realizar uma ação distinta para a sua concretização.[84] Isso, é claro, está de acordo com a doutrina de Marx. Sua revolução é apenas a roupagem particular com que sua imaginação gostava de vestir essa ação. A ênfase na violência talvez seja compreensível em alguém que, em seus anos de formação, tenha experimentado toda a agitação de 1848 e que, embora fosse bastante capaz de desprezar a ideologia revolucionária, nunca foi capaz de se livrar de seu estorvo. Além disso, a maior parte de seu público dificilmente estaria disposta a ouvir uma mensagem que não tivesse o toque das trombetas sagradas. Finalmente, embora ele tenha visto a possibilidade de uma transição pacífica, pelo menos para a Inglaterra, pode não ter enxergado sua probabilidade. Na época, isso não era tão fácil de se ver; e sua ideia predileta de duas classes já enfileiradas para a batalha dificultava ainda mais essa visão. Seu amigo Engels se deu ao trabalho de estudar táticas. Mas, embora a revolução possa ser relegada ao compartimento das coisas não essenciais, a necessidade de ação distinta ainda permanece.

Isso também resolveria o problema que tem dividido os discípulos: revolução ou evolução? Se bem entendi o que quis dizer Marx, a resposta não é difícil de dar. A evolução era para ele a mãe do socialismo. Ele estava muito fortemente impregnado pela lógica inerente às coisas sociais para acreditar que a revolução fosse capaz de substituir alguma parcela do trabalho da evolução. A revolução entra em seu enquadramento, no entanto. Mas só entra para ditar a conclusão de um conjunto completo de premissas. A revolução de Marx, portanto, difere por completo, em sua natureza e função, das revoluções do burguês radical e do conspirador socialista. É essencialmente uma revolução na plenitude do tempo.[85] É verdade que os discípulos que não gostam dessa conclusão, e especialmente sua aplicação ao caso russo,[86] podem apontar para muitas passagens dos livros sagrados que parecem contradizê-la. Nessas passagens, porém, o próprio Marx contradiz seu pensamento mais profundo e maduro que se manifesta inequivocamente da estrutura analítica

---

84. Ver Parte III, Capítulo V.
85. Isso deve ser anotado para referência posterior. Voltaremos muitas vezes ao assunto e, dentre outras coisas, discutiremos os critérios dessa "plenitude do tempo".
86. Karl Kautsky, no prefácio de sua *Theorien über den Mehrwert*, chegou a reivindicar a revolução de 1905 para o socialismo marxiano, embora seja patente que a fraseologia marxiana de alguns intelectuais foi tudo o que ela teve de socialista.

de *Das Kapital* [O capital] e — como deve qualquer pensamento que seja inspirado pela lógica inerente das coisas — carrega, sob o brilho fantástico de joias duvidosas, uma implicação claramente conservadora. Afinal, por que não? Nenhum argumento sério jamais apoia qualquer "ismo" de forma incondicional.[87] Dizer que Marx, despojado de suas frases, pode ser interpretado em sentido conservador é dizer, apenas, que ele pode ser levado a sério.

---

87. Esse argumento poderia ser levado muito mais longe. Em particular, não há nada especificamente socialista na teoria do valor-trabalho; isso, claro, é aceito por todos os que estão familiarizados com o desenvolvimento histórico dessa doutrina. Mas o mesmo pode ser dito (exceto, é claro, a fraseologia) sobre a teoria da exploração. Só precisamos reconhecer que a existência da mais-valia, assim denominada por Marx, é — ou pelo menos foi — uma condição necessária para o surgimento de tudo o que entendemos pelo termo civilização (que, na verdade, seria difícil negar), e é isso. É claro que não é necessário ser marxista para ser socialista; mas também não é suficiente ser marxista para ser socialista. Conclusões socialistas ou revolucionárias podem ser incluídas em qualquer teoria científica; nenhuma teoria científica as implica necessariamente. E nenhuma nos manterá no que Bernard Shaw descreve como fúria sociológica, a menos que seu autor faça um esforço incrível para nos instigar a tanto.

PARTE II
O CAPITALISMO PODE SOBREVIVER?

PRÓLOGO

O capitalismo pode sobreviver? Não, acredito que não. Entretanto, minha opinião, assim como a de todos os outros economistas que se pronunciaram sobre o assunto, é, por si só, completamente desinteressante. O que importa em qualquer tentativa de prognóstico social não é o sim ou o não que resume os fatos e os argumentos que levam à previsão, mas os próprios fatos e argumentos. Eles contêm tudo o que há de científico no resultado final. O resto não é ciência, mas, sim, profecia. A análise, seja econômica ou não, nunca gera mais do que uma afirmação sobre as tendências existentes em um modelo observável. E essas tendências nunca nos dizem o que *acontecerá* com o modelo; elas nos informam apenas o que *poderá acontecer* se continuarem a apresentar o mesmo comportamento do intervalo de tempo coberto por nossa observação e se nenhum outro fator intervier. "Inevitabilidade" ou "necessidade" não significam outra coisa senão isso.

O que se segue deve ser lido com essa ressalva. Mas há outras limitações aos nossos resultados e à confiança que neles podemos depositar. O processo da vida social é uma função de tantas variáveis, muitas das quais não são passíveis de mensuração, que mesmo o mero diagnóstico de uma determinada situação se torna uma questão duvidosa, isso sem contarmos as formidáveis fontes de erro que se abrem assim que tentamos realizar um prognóstico. Porém, não devemos exagerar essas dificuldades. Veremos que as características dominantes do quadro apoiam claramente certas inferências que, independentemente das limitações que precisem ser acrescentadas, são muito fortes para serem descartadas pelo fato de não poderem ser demonstradas no mesmo sentido de um teorema de Euclides.

Mais um ponto antes de começarmos: a tese que pretendo apresentar é a de que o desempenho presente e futuro do sistema capitalista é tal que contradiz a ideia de sua ruptura ante o peso do fracasso econômico, mas seu próprio sucesso mina as instituições sociais que o protegem, e "inevitavelmente" cria condições em que não será capaz de sobreviver e que apontam com força para o socialismo como seu herdeiro legítimo. A minha conclusão, portanto, não difere — por mais que o meu argumento possa demonstrar o contrário — da conclusão a que chegou a maioria dos autores socialistas — e, em particular, todos os marxistas. Para aceitá-la, contudo, não é preciso ser socialista. O prognóstico não implica nada sobre desejar ou não os acontecimentos que se preveem. Se um médico prevê que seu paciente morrerá em breve, isso não significa um desejo. Pode-se odiar o socialismo ou pelo menos mirá-lo com críticas frias e, ainda assim, prever seu advento. Muitos conservadores fizeram e fazem isso.

Nem é preciso aceitar essa conclusão para se qualificar como socialista. Pode-se amar o socialismo e acreditar ardentemente em sua superioridade econômica, cultural e ética e, apesar disso, acreditar ao mesmo tempo que a sociedade capitalista não abriga nenhuma tendência à autodestruição. Há, de fato, socialistas que acreditam que a ordem capitalista está ganhando força e se entrincheirando com o passar do tempo, de modo que veem seu colapso como uma esperança quimérica.

V. A TAXA DE CRESCIMENTO DA PRODUÇÃO TOTAL

O clima de hostilidade ao capitalismo, que teremos de explicar em seguida, torna muito mais difícil do que seria em outras circunstâncias formar uma opinião racional sobre sua atuação econômica e cultural. Atualmente, a disposição do espírito público em relação a ele é tão ruim que a condenação do capitalismo e de todas as suas obras acaba se tornando uma conclusão inevitável — quase uma exigência de etiqueta em quaisquer discussões. Seja qual for sua preferência política, todo autor ou orador se adéqua rapidamente a esse código e enfatiza sua atitude crítica, sua falta de "complacência", sua crença nas inadequações da realização capitalista, sua aversão aos interesses capitalistas e sua simpatia pelos anticapitalistas. Qualquer outra atitude, além de ser vista como tola, também é considerada antissocial e encarada como uma indicação de servidão imoral. Isso é, claro, perfeitamente natural. As novas religiões sociais sempre terão esse efeito. Só que isso não facilita em nada a tarefa do analista: em 300 d.C., não teria sido fácil expor as conquistas da civilização antiga a um crente fervoroso do cristianismo. Por um lado, as verdades mais óbvias são simplesmente rejeitadas de forma liminar;[88] por outro lado, as declarações falsas mais óbvias são toleradas ou aplaudidas.

Um primeiro teste de desempenho econômico é a produção total, o total de todas as mercadorias e serviços produzidos em uma unidade de tempo — um ano, ou um trimestre, ou um mês. Os economistas tentam mensurar as

---

88. Há, no entanto, outro método de lidar com a verdade óbvia, embora desconfortável, a saber, o método de zombar de sua trivialidade. Tal zombaria servirá, assim como uma refutação, pois o público médio, via de regra, desconhece por completo o fato de que ela, muitas vezes, abarca a impossibilidade de negação — um belo exemplar da psicologia social.

variações dessa quantidade por meio de índices derivados de algumas séries que representam a produção de mercadorias individuais. "A lógica rigorosa é uma mestra severa, e se a respeitássemos, nunca construiríamos nem usaríamos quaisquer índices de produção",[89] pois não só o material e a técnica da construção desses índices como também o próprio conceito de produção total de diferentes mercadorias, produzidas em proporções sempre variáveis, são questões bem discutíveis.[90] No entanto, acredito que esse artifício seja confiável o bastante e possa nos oferecer uma visão geral.

Os Estados Unidos apresentam, desde a Guerra Civil, séries individuais suficientemente boas e numerosas para justificar a construção de tal índice de produção. Se escolhermos um índice de produção total conhecido como Day-Persons,[91] constataremos que, entre 1870 e 1930, a taxa média anual de crescimento foi de 3,7%, e, no setor de manufaturados isoladamente, foi de 4,3%. Concentremo-nos no último número e tentemos entender o seu significado. Para isso, devemos primeiro aplicar uma correção: uma vez que os equipamentos duráveis da indústria estavam sempre aumentando em importância relativa, a produção disponível para consumo não pode ter crescido no mesmo ritmo da produção total. Precisamos fazer essa redução. Mas acredito que uma redução de 1,7% seja generosa;[92] assim, chegamos a uma taxa de crescimento da "produção disponível" de 2% (juros compostos) por ano.

Suponhamos agora que a máquina capitalista continue produzindo a essa taxa de crescimento por mais meio século a partir de 1928. Contra essa suposição há várias objeções que terão de ser examinadas mais adiante, mas ela não pode ser contestada afirmando-se que nos dez anos entre 1929 e 1939 o capitalismo já havia fracassado em cumprir esse padrão. Pois a depressão ocorrida entre o último trimestre de 1929 e o terceiro trimestre de 1932 não prova que uma ruptura secular tenha ocorrido no motor principal da produção capitalista porque depressões da mesma gravidade ocorrem repetidamente — cerca de uma vez a cada cinquenta e cinco anos — e porque os efeitos

---

89. A. F. Burns, *Production Trends in the United States Since 1870* (Tendências da produção nos Estados Unidos desde 1870), p. 262. (Arthur Frank Burns [1904-1987], economista americano. [N.T.])

90. Não poderemos entrar nessa questão aqui. Entretanto, falaremos um pouco sobre esse tema quando o encontrarmos novamente no próximo capítulo. Para um tratamento mais completo, veja meu livro *Business Cycles* (Ciclos econômicos), cap. IX.

91. Ver W. M. Persons, *Forecasting Business Cycles* (A previsão de ciclos econômicos), cap. XI. (Warren Milton Persons [1878-1937], economista americano. [N.T.])

92. Essa redução é, na verdade, absurdamente grande. Ver também a estimativa do professor F. C. Mill de 3,1% para o período entre 1901 e 1913 e de 3,8% para o período entre 1922 e 1939 (*Economic Tendencies in the United States* [Tendências econômicas nos Estados Unidos], 1932). (Frederick Cecil Mills [1892-1964], economista americano. [N.T.])

de uma delas — a de 1873 a 1877 — foram levados em conta na média anual de 2%. A recuperação abaixo do normal até 1935, a prosperidade abaixo do normal até 1937 e a queda depois disso podem ser facilmente explicadas pelas dificuldades inerentes à adaptação a uma nova política fiscal, a uma nova legislação trabalhista e a uma mudança geral na atitude do governo em relação à iniciativa privada; tudo isso pode, da forma que será definida mais adiante, ser distinguido do funcionamento do aparato produtivo em si.

Uma vez que os mal-entendidos neste momento seriam especialmente indesejáveis, gostaria de enfatizar que a última frase não implica, por si só, uma crítica adversa às políticas do *New Deal* ou à proposição — que acredito ser verdadeira, mas da qual não preciso agora — de que as políticas desse tipo são, a longo prazo, incompatíveis com o funcionamento efetivo do sistema de empresa privada. Tudo o que pretendo dizer agora é que uma mudança tão extensa e rápida da cena social afeta, naturalmente, o desempenho produtivo por um tempo, algo que o adepto mais fervoroso do *New Deal* deve e *também pode* admitir. Eu, por exemplo, não vejo como seria possível explicar o fato de que este país (Estados Unidos), que tinha a melhor chance de se recuperar rápido, foi precisamente aquele que passou pela recuperação mais insatisfatória. O único caso mais ou menos similar, o da França, aceita a mesma inferência. Segue-se que o curso dos acontecimentos durante a década de 1929 a 1939 não constitui *per se* uma razão válida para se recusar a ouvir o argumento em tela, que, aliás, pode, em todo caso, servir para ilustrar o significado do desempenho passado.

Bem, se a partir de 1928 a produção disponível sob as condições da ordem capitalista continuasse a se desenvolver como antes, ou seja, a uma taxa média de crescimento a longo prazo de 2% ao ano, atingiria em 1978, após cinquenta anos, um volume de aproximadamente 2,7 (2,6916) vezes o valor de 1928. A fim de traduzir isso em termos de renda real média *per capita da população*, observamos primeiro que a taxa de crescimento de nossa produção total pode ser aproximadamente equiparada à taxa de crescimento da soma total da renda monetária privada disponível para consumo,[93] corrigida pelas variações do poder aquisitivo dos consumidores. Em segundo lugar, devemos formar uma ideia sobre o aumento populacional esperado; usaremos a estimativa calculada pelo senhor Sloane, isto é, 160 milhões de pessoas em 1978. Portanto, a renda média *per capita* durante esses cinquenta anos aumentaria para um

---

93. O "consumo" inclui a aquisição de bens de consumo duráveis, como automóveis, geladeiras e residências. Não distinguimos os bens de consumo não duráveis e o que é às vezes chamado de "capital de consumo".

pouco mais do que o dobro do valor de 1928, que era de cerca de 650 dólares, ou seja, para cerca de 1.300 dólares do *poder aquisitivo* de 1928.[94] Talvez alguns leitores tenham a sensação de que se deveria adicionar uma ressalva sobre a distribuição da renda monetária total. Até cerca de quarenta anos atrás, muitos economistas, incluindo Marx, acreditavam que o processo capitalista tendia a modificar as parcelas relativas da renda nacional total, de modo que a inferência óbvia da nossa média ficaria invalidada pelo fato de os ricos ficarem mais ricos, e os pobres, mais pobres, ao menos relativamente. Mas não existe tal tendência. Independentemente do que se pense sobre as medidas estatísticas concebidas para o propósito, não há como negar o seguinte: a estrutura da pirâmide das rendas, expressa em termos monetários, não mudou muito durante o período coberto pelo nosso material — o que, para a Inglaterra, inclui todo o século XIX[95] — e a parcela relativa dos salários e vencimentos também tem se mantido substancialmente constante ao longo do tempo. Enquanto estamos discutindo o que a máquina capitalista poderia fazer se a deixássemos funcionando por si mesma, não há nenhuma razão para acreditarmos que a distribuição de renda ou a dispersão em relação à nossa média seja, em 1978, muito diferente do que foi em 1928.

Uma forma de expressar o nosso resultado é afirmar que, se, começando em 1928, o capitalismo repetisse seu desempenho passado por mais meio século, isso acabaria com tudo que, de acordo com os padrões atuais, pudesse ser chamado de pobreza, mesmo nas camadas mais baixas da população, excetuando-se apenas os casos patológicos.

Isso não é tudo. Independentemente do que o nosso índice possa ou não compreender, certamente não exagera a taxa real de crescimento. Ele não leva em conta a mercadoria chamada de *ócio voluntário*. As novas mercadorias

---

94. Ou seja, a renda real média *per capita* cresceria a uma taxa de juros compostos de 13/8%. Acontece que na Inglaterra, durante o século anterior à Primeira Guerra Mundial, a renda real *per capita* da população aumentou quase exatamente a essa taxa — ver Lord Stamp em *Wealth and Taxable Capacity* (Riqueza e capacidade tributável, livro de Josiah Charles Stamp [1880-1941], publicado em Londres, em 1922. [N.T.]). Não há como depositar muita confiança nessa coincidência, mas acredito que sirva para ilustrar que nosso cálculo simples não é absurdo. No número 241 dos *National Industrial Conference Board Studies* (Estudos do conselho da conferência da indústria nacional), tabela I, p. 6 e 7, descobrimos que a "renda nacional *per capita* realizada" corrigida pelo *Federal Reserve Bank* de Nova York e pelo índice de custo de vida do *National Industrial Conference Board* (Conselho da conferência da indústria nacional) era, em 1929, pouco mais de quatro vezes o valor de 1829 — um resultado semelhante, embora ainda aberto a dúvidas ainda mais sérias quanto à confiabilidade.

95. Ver Stamp, op. cit. O mesmo fenômeno pode ser observado em todos os países para os quais há informações estatísticas suficientes, se delas excluirmos o efeito perturbador dos ciclos formados por períodos variados que são cobertos pelo material disponível. A mensuração da distribuição de renda (ou da desigualdade das rendas) concebida por Vilfredo Pareto está aberta a objeções. Contudo, o fato em si não depende de suas deficiências.

escapam ou são representadas de maneira inadequada por um índice que, em grande parte, depende de mercadorias básicas e produtos intermediários. Pela mesma razão deixam de registrar quase por completo as melhorias relativas à qualidade, embora estas constituam, em muitas áreas, o motivo central do progresso obtido — não há como expressar adequadamente a diferença entre um automóvel de 1940 e outro de 1900 ou a extensão da queda dos preços dos carros por unidade de utilidade. Haveria maior possibilidade de se estimar quanto rende dada quantidade de matéria-prima ou de produtos semiacabados hoje e compará-las com o quanto costumavam render — embora uma barra de aço ou uma tonelada de carvão tenham qualidades físicas inalteráveis, sua eficiência econômica representa um múltiplo da eficiência de sessenta anos atrás. Mas pouco foi feito nesse sentido. Não faço ideia do que aconteceria ao nosso índice se houvesse um método para corrigi-lo por meio desses fatores e outros semelhantes. É certo, no entanto, que sua taxa percentual de mudança aumentaria e que temos aqui uma reserva com a qual proteger a estimativa adotada contra os efeitos de qualquer revisão para baixo imaginável. Além disso, mesmo que tivéssemos os meios de mensurar a mudança em eficiência tecnológica dos produtos industriais, essa medida ainda não transmitiria uma ideia adequada do que a melhoria significa para a dignidade, intensidade ou satisfação da vida humana — por tudo aquilo que os economistas de uma geração anterior reuniram sob o título *satisfação das necessidades*. E essa, afinal, é para nós a consideração relevante, o verdadeiro "resultado" da produção capitalista, a razão pela qual estamos interessados no índice de produção e nas libras e nos galões que lhe servem de insumos, que dificilmente mereceriam, por si sós, a nossa atenção.

Voltemos aos nossos 2%. Há outro ponto importante para a avaliação correta dessa cifra. Afirmei acima que, em termos gerais, as parcelas relativas da renda nacional mantiveram-se constantes de modo substancial nos últimos cem anos. Isso, no entanto, só faz sentido se as mensurarmos em dinheiro; em termos reais, as parcelas relativas mudaram substancialmente em favor dos grupos de menor renda. Isso decorre do fato de a máquina capitalista ser, antes de tudo, uma máquina de produção em massa que, inevitavelmente, também representa a produção para as massas, enquanto, subindo na escala das rendas individuais, descobrimos que uma proporção crescente é gasta em serviços pessoais e em mercadorias artesanais, cujos preços são, em grande medida, uma função das taxas de salários.

A verificação dessas afirmações é fácil. Não há dúvida de que há algumas coisas disponíveis para o operário moderno que o próprio Luís XIV adoraria ter, mas que ainda eram impossíveis — odontologia moderna, por exemplo.

No geral, porém, o orçamento existente naquela época nada tinha a realmente ganhar pelas conquistas do capitalismo. Pode-se supor que até mesmo a velocidade das viagens era um problema de pouca consideração para um cavalheiro tão nobre. A iluminação elétrica não é um grande benefício para quem tem dinheiro suficiente para comprar um número suficiente de velas e pagar criados para cuidar delas. O tecido barato, os itens baratos de algodão e *rayon*, as botas, os automóveis, etc., são as conquistas típicas da produção capitalista, e, via de regra, não as melhorias que possam significar algo para os ricos. A rainha Elizabeth tinha meias de seda. A conquista capitalista normalmente não consiste em oferecer mais meias de seda para as rainhas, mas em colocá-las ao alcance das operárias em troca de quantidades cada vez menores de trabalho.

O mesmo fato se destaca ainda mais se olharmos para essas ondas longas da atividade econômica, cuja análise revela a natureza e o mecanismo do processo capitalista melhor do que qualquer outra coisa. Cada uma delas consiste em uma "revolução industrial" e na absorção de seus efeitos. Por exemplo, podemos observar no âmbito estatístico e histórico — o fenômeno é tão claro que até mesmo nossas informações escassas são suficientes para demonstrá-lo — o surgimento de uma dessas ondas vastas no final da década de 1780, com crista por volta de 1800, movimento descendente e, em seguida, uma espécie de recuperação terminando no início da década de 1840. Essa foi a Revolução Industrial, tão cara aos autores de livros didáticos. Em seus calcanhares, no entanto, veio outra revolução, produzindo mais uma onda longa com movimento ascendente durante a década de 1840, que atingiu sua crista pouco antes de 1857 e declinou em 1897; esta foi seguida, por sua vez, por outra onda que atingiu seu ponto máximo em 1911 e agora está em declínio.[96]

Essas revoluções remodelam periodicamente a estrutura existente da indústria, introduzindo novos métodos de produção, como a fábrica mecanizada, a fábrica eletrificada, a síntese química e afins; novas mercadorias, como serviço ferroviário, automóveis, eletrodomésticos; novas formas de organização (o movimento de fusão); novas fontes de abastecimento (a lã de La Plata, o algodão americano, o cobre do Catanga); novas rotas comerciais e mercados para vender, e assim por diante. Esse processo de mudança industrial proporciona a ondulação que dita o tom geral da economia; enquanto essas coisas estão sendo iniciadas, temos gastos vigorosos e o predomínio da "prosperidade" — interrompida, sem dúvida, pelas fases negativas dos ciclos mais curtos que

---

96. Estas são as "ondas longas" que, na literatura sobre os ciclos econômicos, estão associadas ao nome de N. D. Kondratiev (Nikolai Dimitrievich Kondratiev [1892-1938], economista russo. [N.T.]).

se sobrepõem a essa ondulação —, e, enquanto essas coisas estão sendo concluídas e seus resultados se espalham, ocorre a eliminação dos elementos antiquados da estrutura industrial e o predomínio de uma "depressão". Há, assim, períodos prolongados de elevação e queda dos preços, das taxas de juros, do emprego e assim por diante, fenômenos que fazem parte do mecanismo desse processo de rejuvenescimento recorrente do aparelho produtivo.

Ora, esses resultados consistem em uma avalanche de bens de consumo que aprofunda e amplia permanentemente o fluxo de renda real, ainda que, a princípio, possam significar perturbação, perdas e desemprego. E, se verificarmos essas avalanches de bens de consumo, descobriremos que cada uma delas consiste em artigos de consumo de massa e aumenta o poder de compra do dólar do salário mais do que o de qualquer outro dólar — ou seja, que o processo capitalista, não por coincidência, mas em virtude de seu mecanismo, eleva de forma progressiva o padrão de vida das massas. Faz isso por meio de uma sequência de vicissitudes cuja gravidade é proporcional à velocidade de seu progresso. Mas o faz de forma efetiva. Um após o outro, foram sendo resolvidos, com êxito, os problemas do suprimento de mercadorias às massas,[97] à medida que eram postos ao alcance dos métodos de produção capitalista. O problema mais importante que ainda não foi resolvido, o da habitação, está próximo de uma solução por meio das casas pré-fabricadas.

E ainda assim isso não é tudo. A avaliação de uma ordem econômica seria incompleta — e, aliás, não marxista — se se detivesse na produção que é entregue pelo correspondente distribuidor econômico aos vários grupos da sociedade e deixasse de fora uma explicação (a) de todas as coisas que não são servidas diretamente por esse distribuidor, mas para as quais ele fornece os meios e a vontade política, e (b) de todas aquelas conquistas culturais que são induzidas pela mentalidade que gera. Deixando para mais tarde a explicação sobre esta última (Capítulo XI), voltaremos agora a alguns aspectos da primeira.

A técnica e a atmosfera da luta pela legislação social obscurecem fatos que seriam óbvios, a saber, por um lado, que parte dessa legislação pressupõe o êxito capitalista anterior (ou seja, riqueza que precisou ser criada antes pela empresa capitalista) e, por outro lado, que muito do que a legislação social desenvolve e generaliza já fora iniciado anteriormente pela ação do próprio estrato capitalista. Ambos os fatos devem, é claro, ser adicionados à soma

---

97. Isso, é claro, também se aplica às mercadorias agrícolas, cuja produção em massa e barata deve-se inteiramente à empresa capitalista de grande escala (ferrovias, transportes, máquinas agrícolas, fertilizantes, etc.).

total das realizações capitalistas. Ora, se o sistema seguir o mesmo caminho percorrido nos sessenta anos anteriores a 1928 e realmente atingir os 1.300 dólares *per capita da população*, será fácil ver que todos os anseios defendidos até o momento por quaisquer reformadores sociais — praticamente sem exceção, incluindo até mesmo a maior parte dos lunáticos — ou seriam atendidos automaticamente ou poderiam ser alcançados *sem interferência significativa no processo capitalista*. Uma ampla provisão para os desempregados, em especial, seria, então, um fardo tanto tolerável quanto leve. A irresponsabilidade na criação de desemprego e no financiamento do auxílio aos desempregados poderia, naturalmente, criar problemas insolúveis em qualquer momento. Entretanto, se administrada com prudência ordinária, uma despesa anual *média* de 16 bilhões para um número *médio* de 16 milhões de desempregados, incluindo dependentes (10% da população), não seria por si só um problema sério com uma renda nacional disponível de 200 bilhões de dólares (considerando o poder aquisitivo de 1928).

Devo chamar a atenção do leitor para a razão pela qual o desemprego, que, segundo a concordância geral, deve ser uma das questões mais importantes em qualquer discussão sobre o capitalismo — alguns críticos acreditam tanto nisso que baseiam sua acusação exclusivamente nesse elemento do caso —, desempenha um papel relativamente pequeno em meu argumento? Não creio que o desemprego esteja entre aqueles males que, como a pobreza, a evolução capitalista jamais seja capaz de eliminar. Também não acredito que o percentual de desemprego tenda a aumentar a longo prazo. A única série que cobre um intervalo respeitável de tempo — aproximadamente os sessenta anos anteriores à Primeira Guerra Mundial — é a que indica o percentual de desempregados dentre os trabalhadores ingleses sindicalizados. É uma série tipicamente cíclica que não exibe nenhuma tendência (senão horizontal).[98] Uma vez que isso é compreensível na teoria — não há nenhuma razão teórica para questionar essas evidências —, essas duas proposições parecem demonstradas em relação ao período pré-guerra até 1913, inclusive. No pós-guerra e na maioria dos países, o desemprego manteve-se, em geral, em um nível excepcionalmente alto, mesmo antes de 1930. Mas esse desemprego, e ainda mais o ocorrido durante a década de 1930, pode ser explicado por motivos que nada têm a ver com uma tendência de aumento a longo prazo dos percentuais de

---

98. Essa série tem sido frequentemente mapeada e analisada. Veja, por exemplo, A. C. Pigou, *Industrial Fluctuations* (Arthur Cecil Pigou [1877-1959], Flutuações industriais, 1927) ou o meu *Business Cycles* (*Ciclos econômicos*, 1939). Parece haver, para cada país, um mínimo irredutível e, sobreposto a ele, um movimento cíclico cujo componente mais forte tem um período de cerca de nove a dez anos.

desemprego por *razões inerentes ao próprio mecanismo capitalista*. Mencionei as revoluções industriais que são tão características do processo capitalista. O desemprego acima do normal é uma das características dos períodos de adaptação que se seguem à "fase de prosperidade" de cada uma delas. Observamos isso nas décadas de 1820 e 1870; o ocorrido após 1920 é simplesmente mais um desses períodos. Até agora, o fenômeno é essencialmente temporário, no sentido de que nada pode ser inferido sobre ele para o futuro. Mas houve uma série de outros fatores que tendiam a intensificá-lo: os efeitos da guerra, a desarticulação do comércio exterior, as políticas salariais, certas mudanças institucionais que inflaram as estatísticas, as políticas fiscais da Inglaterra e da Alemanha (também importantes nos Estados Unidos desde 1935) e assim por diante. Alguns desses fatores são, sem dúvida, sintomas de uma "atmosfera" na qual o capitalismo funcionará com menor eficiência. No entanto, trataremos dessa questão mais adiante.

Contudo, seja duradouro ou temporário, esteja piorando ou não, o desemprego, sem dúvida, é e sempre foi um flagelo. Na próxima parte deste livro precisaremos listar sua possível eliminação dos tópicos considerados superiores pela ordem socialista. Considero, todavia, que a verdadeira tragédia não seja o desemprego em si, mas o desemprego somado à impossibilidade de prover, de maneira adequada, as necessidades dos desempregados *sem prejudicar as condições futuras de desenvolvimento econômico*, pois, obviamente, o sofrimento e a degradação — a destruição dos valores humanos — que associamos ao desemprego, embora não o desperdício de recursos produtivos, seriam em grande parte eliminados, e o desemprego perderia praticamente todo o seu terror se a vida privada dos desempregados não fosse seriamente afetada pelo seu desemprego. É certo que no passado — digamos, aproximadamente até o final do século XIX — a ordem capitalista, além de ensejar, também era bastante incapaz de garantir essas necessidades. Mas, uma vez que pode ser capaz de garanti-las se mantiver seu desempenho passado por mais meio século, essa acusação, nesse caso, passaria ao limbo habitado pelos espectros arrependidos do trabalho infantil, da jornada de trabalho de dezesseis horas e da coabitação de cinco pessoas em um único cômodo, que é bastante apropriado enfatizar quando estamos falando sobre os custos sociais passados das realizações capitalistas, mas que não são necessariamente relevantes para o exame de alternativas para o futuro. Nossa própria época se situa em algum lugar entre as deficiências das fases anteriores da evolução capitalista e as capacidades do sistema já em plena maturidade. Neste país (Estados Unidos), pelo menos, a maior parte dessa tarefa poderia ser realizada até mesmo hoje sem impor pressão indevida sobre o sistema. As dificuldades não parecem consistir tanto na falta de um excedente suficiente para apagar os tons mais escuros do quadro: consistem, por um lado, no fato de o desemprego ter aumentado devido a políticas anticapitalistas que iam além do necessário durante a década de 1930 e, por outro lado, no fato de que a opinião pública, assim que entende seu dever na questão, passa imediatamente a insistir em métodos econômicos irracionais de ajuda financeira e em métodos frouxos e dispendiosos de administrá-los.

Grande parte do mesmo argumento se aplica às possibilidades futuras — e, em grande medida, às presentes — oferecidas pela evolução capitalista no que diz respeito aos idosos e doentes, à educação e à higiene, etc. Além disso, pode-se esperar com razão, do ponto de vista das famílias individuais, que um número cada vez maior de mercadorias deixe de pertencer à classe dos bens econômicos e passe a estar disponível praticamente até o ponto de saciedade. Isso poderia ocorrer por intermédio de um acordo entre os órgãos públicos e as empresas produtoras ou pela nacionalização ou municipalização, cujo progresso gradual seria, naturalmente, uma característica do desenvolvimento futuro até mesmo de um capitalismo livre de entraves.

VI. CAPITALISMO PLAUSÍVEL

A argumentação do capítulo anterior parece estar exposta a uma resposta tão prejudicial quanto óbvia. A taxa média de aumento da produção total disponível que se obteve durante os sessenta anos anteriores a 1928 foi projetada para o futuro. Na medida em que este era apenas um recurso para ilustrar o significado do desenvolvimento passado, não havia nada nesse procedimento que pudesse ter chocado a consciência estatística. No entanto, ao sugerir que os cinquenta anos seguintes poderiam realmente exibir uma taxa de crescimento média semelhante, cometi, ao que parece, um crime estatístico; é claro que um registro histórico da produção ao longo de qualquer período não justifica, por si só, alguma extrapolação,[99] muito menos uma extrapolação de meio século. Por isso, é necessário enfatizar novamente que a minha extrapolação

---

99. Essa proposição vale, de acordo com princípios gerais, para qualquer série *histórica*, uma vez que o próprio conceito de sequência histórica implica a ocorrência de mudanças irreversíveis na estrutura econômica, que devem afetar a lei de qualquer quantidade econômica dada. A justificativa teórica e, via de regra, o tratamento estatístico são, portanto, necessários até mesmo para as extrapolações mais modestas. Pode-se, no entanto, afirmar que nosso caso está um pouco favorecido pelo fato de que, dentro da combinação abrangente representada pelas séries de produção, as particularidades dos itens individuais, em certa medida, se cancelarão.

não pretende prever o comportamento real da produção no futuro. Além de ilustrar o significado do desempenho passado, isso apenas pode nos oferecer uma ideia quantitativa do que a máquina capitalista poderia realizar se, por mais meio século, repetisse seu desempenho passado — o que é algo muito diferente. A questão de saber se podemos esperar que isso se repita será respondida de forma bastante independente da própria extrapolação. Para isso, temos agora de iniciar uma longa e difícil investigação.

Antes de discutirmos a chance do capitalismo de repetir seu desempenho passado, devemos, evidentemente, tentar descobrir em que sentido a taxa de crescimento observada da produção realmente mede esse desempenho passado. Sem dúvida, o período relativo aos nossos dados foi de um capitalismo relativamente livre de entraves. Porém, esse fato não oferece, por si só, uma relação causal suficiente entre o desempenho e a máquina capitalista. Para acreditar que isso tenha sido mais do que uma coincidência, devemos, a princípio, nos convencer de que há uma relação de coerência entre a ordem capitalista e a taxa de crescimento observada da produção; e, em segundo lugar, de que, dada essa relação, a taxa de crescimento deveu-se, na verdade, a ela e não a condições particularmente favoráveis que nada tinham a ver com o capitalismo.

É preciso primeiro resolver essas duas questões para que a questão da "repetição do desempenho" possa surgir. O terceiro ponto, então, se reduz à questão de saber se há alguma razão para que, durante os próximos quarenta anos, a máquina capitalista deixe de funcionar como no passado.

Examinaremos cada um desses três pontos.

Nossa primeira questão pode ser reformulada da seguinte forma. Por um lado, temos um conjunto considerável de dados estatísticos que descrevem uma taxa de "progresso" que tem sido admirada até mesmo pelos espíritos mais críticos. Por outro lado, temos um conjunto de fatos sobre a estrutura do sistema econômico daquele período e sobre a forma como funcionava; a partir desses fatos, a análise destilou o que é tecnicamente chamado de "modelo" da realidade capitalista, ou seja, um quadro geral de suas características essenciais. Queremos saber se esse tipo de economia foi favorável, irrelevante ou desfavorável ao desempenho que observamos e, caso tenha sido favorável, se essas características podem, de forma razoável, oferecer uma explicação adequada para tal desempenho. Evitando, na medida do possível, os detalhes técnicos, abordaremos a questão com ajuda do bom senso.

1. Ao contrário da classe dos senhores feudais, a burguesia comercial e industrial cresceu pelo êxito nos negócios. A sociedade burguesa foi criada em um molde puramente econômico: todas as suas fundações, vigas e sinalizações são feitas de matéria econômica. O edifício está de frente para o lado

econômico da vida. Reconhecimentos e penalidades são medidos em termos pecuniários. Subir e descer significa ganhar e perder dinheiro. Isso, naturalmente, ninguém pode negar. Mas eu gostaria de acrescentar que, dentro de sua própria moldura, esse arranjo social é, ou ao menos foi, singularmente eficaz. Em parte, recorre a um padrão de motivos que é insuperável em sua simplicidade e força e, em parte, o cria. As promessas de riqueza e as ameaças de privação são cumpridas com prontidão implacável. Onde quer que o modo de vida burguês se afirme a ponto de reduzir o lume dos faróis de outros mundos sociais, essas promessas são fortes o bastante para atrair a grande maioria dos intelectos que estão acima do normal e igualar êxito ao êxito nos negócios. Elas não são oferecidas de maneira aleatória; ainda assim, encerram uma mescla suficientemente sedutora de acaso: o jogo não é como uma roleta, é mais como o pôquer. Os prêmios são destinados à habilidade, à energia e à capacidade de trabalho acima do normal; mas se houvesse uma maneira de medir essa habilidade em geral ou a realização pessoal que são parte de qualquer êxito particular, os prêmios realmente pagos provavelmente não seriam considerados proporcionais a nenhuma das duas. Prêmios espetaculares, muito maiores do que o necessário para convocar o esforço particular, são dados a uma pequena minoria de vencedores, impulsionando, de forma muito mais eficaz do que uma distribuição mais equitativa e "justa", a atividade da grande maioria dos homens de negócios, que recebe, em troca, uma compensação bastante modesta, ou nada, ou menos do que nada, e que, ainda assim, se esforçam à exaustão porque diante de seus olhos eles têm grandes prêmios e superestimam suas chances de obtê-los. Da mesma forma, as ameaças são destinadas à incompetência. Mas, embora os incompetentes e os métodos obsoletos sejam, de fato, eliminados, às vezes, muito rapidamente, às vezes, com uma defasagem, o fracasso também ameaça ou realmente alcança muitas pessoas capazes, açoitando *todos* de forma também muito mais eficaz do que ocorreria em um sistema de penas mais equitativo e mais "justo". Por fim, tanto o êxito quanto o fracasso nos negócios são conceitos perfeitamente exatos. Nenhum dos dois pode ser contestado com argumentos.

Um aspecto disso merece atenção especial tanto para referência futura quanto por sua importância para o argumento em questão. Da forma indicada e também de outras formas que serão discutidas posteriormente, o arranjo capitalista, conforme encarnado pela instituição da iniciativa privada, acorrenta a classe burguesa às suas tarefas de modo efetivo. Faz, contudo, mais do que isso. O mesmo aparato que condiciona o desempenho dos indivíduos e das famílias que, em um dado momento, formam a classe burguesa também seleciona, pelo mesmo fato, os indivíduos e as famílias que terão ascensão nessa classe ou que dela serão excluídos. Essa combinação da função condicionante e da função seletiva não é algo que ocorre de forma automática. Pelo contrário, a maioria dos métodos de seleção social, diferentemente dos "métodos" de seleção biológica, não garante o desempenho do indivíduo selecionado; e essa falha constitui um dos problemas cruciais da organização socialista que serão discutidos em outra etapa de nossa investigação. Por enquanto, basta observar que o sistema capitalista resolve muito bem esse problema: na maioria dos casos, o homem que primeiro ascende *à* classe empresarial e, em seguida, *dentro dela*, também é um homem de negócios capaz provavelmente ascenderá até o ponto máximo de suas habilidades — simplesmente porque, nesse esquema, chegar a uma posição e nela atuar bem costumam, ou costumavam, significar a mesma coisa. Esse fato, muitas vezes obscurecido pelo esforço terapêutico dos fracassados para negá-lo, é muito mais importante para uma avaliação da sociedade capitalista e de sua civilização do que qualquer coisa que possa ser retirada da teoria pura da máquina capitalista.

2. Acaso não fica invalidado tudo aquilo que nos tenta a inferir a partir do "desempenho máximo de um grupo selecionado de forma ideal" pelo fato de que esse desempenho não está voltado para o serviço social — a produção para o consumo, poderíamos dizer —, mas para o ganho de dinheiro, que visa maximizar os lucros em vez do bem-estar? Naturalmente, fora da classe burguesa, esta sempre foi a opinião popular. Os economistas, algumas vezes, a combateram e, em outras, a defenderam. Ao agir assim, contribuíram com algo muito mais valioso do que os próprios julgamentos finais a que chegavam individualmente e que, na maioria dos casos, refletiam pouco mais do que sua posição social, seus interesses e suas simpatias ou antipatias. Eles aumentaram aos poucos nosso conhecimento factual e nosso poder de análise, e, assim, as respostas a muitas perguntas que somos capazes de oferecer hoje são, sem dúvida, muito mais corretas, embora menos simples e abrangentes do que as de nossos antecessores.

Para não voltar muito no tempo, os chamados economistas clássicos[100] pensavam, todos, de forma praticamente idêntica. A maioria deles não gostava de muitos aspectos das instituições sociais de sua época nem da forma como essas instituições funcionavam. Combatiam os interesses fundiários e aprovavam as reformas sociais — a legislação fabril em particular — que,

---

100. O termo *economistas clássicos* será usado neste livro para designar os principais economistas ingleses cujas obras apareceram entre 1776 e 1848. Adam Smith, Ricardo, Malthus, Senior e John Stuart Mill são os nomes de mais destaque. É importante ter isso em mente porque um uso muito mais amplo do termo passou a ser moda.

de forma alguma, concordavam com os ditames do *laissez faire*. Eles, entretanto, estavam bastante convencidos de que, dentro do quadro institucional do capitalismo, os interesses próprios do fabricante e do comerciante engendravam o desempenho máximo pelo interesse de todos. Confrontados com o problema que estamos discutindo, eles hesitariam pouco em atribuir a taxa de crescimento observada da produção total à empresa relativamente livre de entraves e à motivação do lucro — talvez mencionassem a "legislação benéfica" como condição, mas, com isso, buscariam atingir a remoção de entraves, destacando-se a remoção ou a redução de direitos aduaneiros protecionistas durante o século XIX.

Hoje em dia é extremamente difícil fazer justiça a esses pontos de vista. Eram, naturalmente, as opiniões típicas da classe burguesa inglesa, e os antolhos burgueses se mostram evidentes em quase todas as páginas escritas pelos autores clássicos. Não menos evidentes são os antolhos de outro tipo: os clássicos raciocinavam em termos de uma situação histórica particular, idealizada por eles de forma acrítica e a partir da qual fizeram generalizações igualmente acríticas. A maioria deles, aliás, parece ter argumentado exclusivamente em termos dos interesses e problemas ingleses de sua época. Essa é a razão pela qual, em outras terras e em outros momentos, as pessoas não gostavam de suas teorias econômicas, muitas vezes, a ponto de nem mesmo se importar em entendê-las. Mas não devemos descartar seus ensinamentos por esses motivos. Um homem preconceituoso pode, ainda assim, estar falando a verdade. Proposições desenvolvidas a partir de casos específicos podem, ainda assim, ter validade geral. E os inimigos e sucessores dos clássicos somente tinham e têm antolhos e preconceitos diferentes, mas não em menor número; estudavam e estudam casos diferentes, mas não menos específicos.

Do ponto de vista do analista econômico, o principal mérito dos clássicos consiste em ter dissipado, juntamente com muitos outros erros grosseiros, a ideia ingênua de que a atividade econômica na sociedade capitalista, por se mover em torno da motivação do lucro, deve, em virtude desse fato, necessariamente ir contra os interesses dos consumidores; ou, em outras palavras, que o ganho de dinheiro necessariamente desvia a produção de seu objetivo social; ou, por fim, que os lucros privados, tanto por si sós como por meio da distorção do processo econômico que induzem, constituem sempre um prejuízo líquido para todos, exceto para aqueles que os recebem, e, portanto, constituiriam um ganho líquido a ser colhido pela socialização. Se observarmos a lógica dessas proposições e de outras similares, que nenhum economista qualificado jamais imaginaria defender, a refutação clássica pode muito bem parecer trivial. Contudo, assim que observamos todas as teorias e os *slogans* que, conscientemente ou não, elas implicam, e que nos são mais uma vez apresentados hoje, sentiremos mais respeito por sua contribuição dos clássicos. Deixe-me acrescentar de pronto que os autores clássicos também perceberam claramente, embora possam ter exagerado, o papel da poupança e da acumulação, e que vincularam a poupança à taxa de "progresso", que observavam de uma maneira fundamentalmente correta, ainda que apenas de forma aproximada. Acima de tudo, havia sabedoria prática em sua doutrina, uma visão de responsabilidade a longo prazo e um tom viril que contrastam, de maneira favorável, com a histeria moderna.

Contudo, entre a percepção de que a busca pelo lucro máximo e a luta pelo desempenho produtivo máximo não são necessariamente incompatíveis e a comprovação de que a primeira implica com certeza — ou na imensa maioria dos casos — a segunda, há um abismo muito maior do que os clássicos imaginavam. E eles nunca conseguiram conciliar esses pontos. O estudioso moderno de suas doutrinas nunca deixa de se perguntar como era possível que eles ficassem satisfeitos com seus argumentos ou confundissem esses argumentos com provas; à luz da análise posterior, a *teoria* clássica passou a ser vista como um castelo de cartas, independentemente do grau de verdade que possa ter existido em sua *visão*.[101]

3. Veremos essa análise posterior em dois passos — tomando apenas o necessário para esclarecer nosso problema. Do ponto de vista histórico, o primeiro passo nos levará até a primeira década deste século, o segundo cobrirá alguns desenvolvimentos da economia científica do pós-guerra. Francamente, não sei o quanto isso será bom para o leitor não profissional; como todos os outros ramos do conhecimento, a economia, à medida que seu maquinário analítico melhora, se afasta fatalmente daquela etapa feliz em que todos os problemas, métodos e resultados são acessíveis a qualquer pessoa instruída sem que ela necessite de nenhum estudo especializado. Farei, entretanto, o possível.

O primeiro passo pode ser associado a dois grandes nomes reverenciados até hoje por inúmeros discípulos — pelo menos por aqueles que não consideram ser de mau gosto expressar reverência por qualquer coisa ou pessoa, o que muitos deles obviamente consideram —, Alfred Marshall e Knut Wicksell.[102]

---

101. O leitor recordará a ênfase que dei à distinção entre a teoria e a visão no caso de Marx. No entanto, é sempre importante lembrar que a capacidade de ver as coisas em sua perspectiva correta pode estar, e muitas vezes está, divorciada da capacidade de raciocinar corretamente e vice-versa. É por isso que um homem pode ser um teórico muito bom e, ainda assim, dizer um absurdo absoluto sempre que confrontado com a tarefa de diagnosticar um padrão histórico concreto.

102. *Princípios de economia* de Marshall (primeira edição de 1890) e as *Palestras* de Wicksell (primeira edição sueca de 1901, tradução em inglês de 1934) têm direito ao destaque que lhes estou

Sua estrutura teórica tem pouco em comum com a dos clássicos — embora Marshall tenha feito o possível para esconder o fato —, mas conserva a proposta clássica de que, no caso de uma concorrência perfeita, o interesse do produtor pelo lucro tende a maximizar a produção. Oferece até mesmo provas quase satisfatórias. Ocorre que, ao se buscar formulá-la e prová-la de forma mais correta, a proposta perdeu grande parte de seu conteúdo — ela certamente reemerge da operação, porém reemerge emaciada, quase morta.[103] Ainda assim, pode-se mostrar, dentro das premissas gerais da análise Marshall-Wicksell, que as empresas que não podem, por sua ação individual, exercer alguma influência sobre o preço de seus produtos ou dos fatores de produção que empregam — de modo que não faria sentido vê-las lamentar pelo fato de um aumento qualquer na produção tender a diminuir o primeiro e aumentar o segundo — expandirão sua produção até chegar ao ponto em que o custo adicional para produzir outro pequeno incremento do produto (custo marginal) seja igual ao preço que podem obter por esse incremento, ou seja, produzirão o máximo que puderem sem

---

dando devido à influência que exerceram sobre muitas mentes em seus estágios formativos e porque trataram a teoria de forma completamente prática. Por razões puramente científicas, deve-se dar precedência ao trabalho de León Walras. Na América, os nomes a mencionar são J. B. Clark, Irving Fisher e F. W. Taussig. (Alfred Marshall [1842-1924], economista inglês; Knut Wicksell [1851-1926], economista sueco; León Walras [1830-1910], economista francês; John Bates Clark [1847-1938], economista americano; Irving Fisher [1867-1947], economista americano; Frank William Taussig [1859-1940], economista americano. [N.T.])

103. Adiantando-me ao argumento que será apresentado mais adiante (ver Capítulo VIII, item 6), esclarecerei brevemente a passagem acima. A análise do mecanismo da economia do lucro levou não apenas à descoberta de exceções ao princípio de que a indústria competitiva tende a maximizar a produção, mas também à descoberta de que a prova do princípio em si requer suposições que o reduzem a pouco mais do que um truísmo. Seu valor prático, no entanto, fica particularmente prejudicado pelas duas seguintes considerações:
1. O princípio, na medida em que pode ser provado, aplica-se a um estado de equilíbrio estático. A realidade capitalista é, em essência, um processo de mudança. Ao avaliar o desempenho da empresa competitiva, a questão sobre se ela tenderia ou não a maximizar a produção em uma condição estacionária perfeitamente equilibrada do processo econômico é, portanto, quase, embora não completamente, irrelevante.
2. O princípio, conforme afirma Wicksell, é o que restou de uma proposta mais ambiciosa que, embora de forma rarefeita, ainda pode ser encontrada em Marshall — o teorema de que a indústria competitiva tende a produzir um estado de máxima satisfação das necessidades. Mesmo que dispensemos as sérias objeções ao que se refere às magnitudes psíquicas não observáveis, é fácil ver esse teorema reduzido a uma trivialidade que, quaisquer que sejam os dados e, em particular, os arranjos institucionais de uma sociedade, a ação humana, na medida em que seja racional, sempre tentará tirar o proveito máximo de uma dada situação. Na verdade, o teorema se resume a uma definição da ação racional e pode, portanto, ser comparado a teoremas análogos aplicáveis, por exemplo, à sociedade socialista. Mas isso também vale para o princípio da produção máxima. Nenhum dos dois formula virtude alguma específica da empresa privada competitiva. Isso não significa que tais virtudes não existam. Significa, no entanto, que elas não são inerentes à lógica da concorrência.

incorrer em prejuízo. E é possível demonstrar que, em geral, esse é o volume de produção considerado "socialmente desejável". Em linguagem mais técnica, os preços, nesse caso e do ponto de vista da empresa individual, não são variáveis, mas parâmetros; e, nesses casos, ocorre um estado de equilíbrio no qual a produção está em seu ponto máximo e todos os fatores estão plenamente empregados. Esse caso é geralmente chamado de concorrência perfeita. Lembrando o que foi dito sobre o processo de seleção que opera em todas as empresas e em seus gestores, poderíamos, de fato, ter uma ideia muito otimista em relação aos resultados esperados de um grupo muito bem selecionado de pessoas forçadas, dentro desse modelo, pela motivação do lucro, a realizar o maior esforço possível para maximizar a produção e minimizar os custos. Em particular, pode parecer, à primeira vista, que um sistema em conformidade com esse modelo apresentaria uma notável ausência de algumas das principais fontes de desperdício social. Uma pequena reflexão é o bastante para que isso seja, na verdade, apenas uma outra maneira de afirmar o conteúdo da sentença anterior.

4. Vejamos o segundo passo. A análise de Marshall-Wicksell, é claro, não ignorou os muitos casos que não se enquadram a esse modelo. Tampouco os clássicos os ignoraram. Estes reconheciam os casos de "monopólio", e o próprio Adam Smith observou com cuidado a prevalência de mecanismos para restringir a concorrência[104] e todas as diferenças na flexibilidade dos preços resultantes. Entretanto, eles viam esses casos como exceções e, mais que isso, como exceções que poderiam e seriam eliminadas com o tempo. Algo semelhante também pode ser dito sobre Marshall. Embora ele tenha desenvolvido a teoria do monopólio de Cournot[105] e previsto as análises posteriores, chamando atenção para o fato de que a maioria das empresas possui mercados especiais próprios em que estabelece preços, em vez de simplesmente aceitá-los,[106] ele, assim como Wicksell, adequou suas conclusões gerais ao padrão da concorrência perfeita, de modo a sugerir, assim como os clássicos o fizeram, que a concorrência perfeita era a regra. Nem Marshall e Wicksell nem os clássicos viram que a concorrência perfeita é a exceção e que, mesmo que fosse a regra, haveria muito menos razão para elogios do que se poderia pensar.

---

104. De uma forma surpreendentemente parecida com as atitudes atuais, ele chegou a enfatizar a discrepância entre os interesses de cada ramo e os do público e falou sobre conchavos contra este último que, segundo imaginava, poderiam ter origem em qualquer jantar de empresários.

105. Augustin Cournot, 1938. (Antoine Augustin Cournot [1801-1877], filósofo e matemático francês. [N.T.])

106. É por isso que a teoria posterior da competição imperfeita pode ser, de forma justa, traçada até ele. Embora não a tenha elaborado, ele foi capaz de enxergar o fenômeno de forma mais correta do que a maioria dos outros que trabalharam com ela. Em particular, ele não exagerou sua importância.

Se examinarmos mais de perto as condições — nem todas explicitamente declaradas ou mesmo claramente observadas por Marshall e Wicksell — que devem ser cumpridas para se produzir uma concorrência perfeita, perceberemos de imediato que, à parte a produção agrícola em massa, não há muitos exemplos dela. Um agricultor, de fato, fornece seu algodão ou o trigo sob as seguintes condições: do seu ponto de vista, os preços dominantes do algodão ou do trigo são dados, embora muito variáveis, e, não sendo capaz de influenciá-los por sua ação individual, ele simplesmente adapta sua produção; uma vez que todos os agricultores fazem o mesmo, os preços e as quantidades serão, ao final, ajustados conforme os requerimentos da teoria da concorrência perfeita. Mas o mesmo não ocorre com muitos produtos agrícolas — com patos, salsichas, legumes e muitos laticínios, por exemplo. E, no que diz respeito a praticamente todos os produtos acabados e aos serviços da indústria e do comércio, é claro que toda mercearia, todo posto de gasolina, todo fabricante de luvas, ou creme de barbear, ou de serrotes tem um mercado pequeno e precário que tenta (deve tentar) construir e manter por meio da estratégia de preços, da estratégia da qualidade — "diferenciação de produtos" — e da publicidade. Assim, temos um modelo completamente diferente que parece não ter motivos para produzir os resultados de uma concorrência perfeita e que se encaixa com maior facilidade no esquema monopolista. Nesses casos, falamos em concorrência monopolista. Essa teoria foi uma das principais contribuições para a economia do pós-guerra.[107]

Resta uma ampla gama de produtos substancialmente homogêneos — principalmente as matérias-primas industriais e os produtos semiacabados, como lingotes de aço, cimento, os tecidos de algodão não tratado, etc. — para os quais parecem não prevalecer as condições para o surgimento da concorrência monopolista. Funciona assim mesmo. Mas, em geral, resultados semelhantes existirão nesse campo, na medida em que a maior parte dele estiver tomado por grandes empresas que, individualmente ou em conjunto, são capazes de manipular os preços, mesmo sem diferenciar os produtos — esse é o caso do oligopólio. Mais uma vez, o esquema do monopólio, devidamente adaptado, parece se encaixar muito mais nesse tipo de comportamento do que o esquema da concorrência perfeita.

Assim que a prevalência da concorrência monopolista ou do oligopólio ou das combinações dos dois é reconhecida, muitas das proposições que a

---

107. Veja, especialmente, E. H. Chamberlin, *Theory of Monopolistic Competition* (Teoria da competição monopolista), e Joan Robinson, *The Economics of Imperfect Competition* (A economia da competição imperfeita). (Edward Hastings Chamberlin [1899-1967], economista americano, publicou seu *Theory of Monopolistic Competition* em 1933; Joan Violet Robinson [1903-1983], economista britânica, publicou seu *The Economics of Imperfect Competition* em 1933. [N.T.])

geração Marshall-Wicksell de economistas costumava ensinar com a máxima confiança tornam-se inaplicáveis ou muito mais difíceis de provar. Isso se aplica, em primeiro lugar, às proposições que giram em torno do conceito fundamental de equilíbrio, ou seja, um determinado estado do organismo econômico no qual qualquer outro estado sempre estará gravitando e que tem certas propriedades simples. No caso geral do oligopólio, não há de fato nenhum equilíbrio determinado, e é possível que haja uma sequência interminável de golpes e contragolpes, um estado indefinido de guerra entre as empresas. É verdade que há muitos casos especiais em que teoricamente existe um estado de equilíbrio. Em segundo lugar, mesmo nesses casos, não só é muito mais difícil alcançar o equilíbrio do que na concorrência perfeita, e ainda mais difícil mantê-lo, mas parece provável que a competição "benéfica" do tipo clássico será substituída por uma competição "predatória" e "cruel", ou simplesmente por lutas pelo controle da esfera financeira. Essas coisas constituem muitas outras fontes de desperdício social, e há muitas outras, como os custos das campanhas publicitárias, a supressão de novos métodos de produção (a compra de patentes para não as usar) e assim por diante. E o mais importante de tudo: nas condições previstas, o equilíbrio, mesmo que tenha, ao final, sido alcançado por um método extremamente caro, não mais garantirá o pleno emprego ou a máxima produção no sentido da teoria da concorrência perfeita. O equilíbrio *pode* existir sem o pleno emprego e está *fadado* a existir, assim parece, em um nível de produção abaixo desse ponto máximo, porque a estratégia de conservação de lucros, impossível em condições de concorrência perfeita, agora não só se torna possível como passa a se impor.

Bem, será que isso não confirma o que sempre pensou o homem comum (a menos que seja um empresário) sobre a empresa privada? A análise moderna não refutou completamente a doutrina clássica e justificou a visão popular? Não é bem verdade, afinal, que há pouco paralelismo entre produzir para o lucro e produzir para o consumidor e que a iniciativa privada é pouco mais do que um mecanismo para reduzir a produção a fim de extorquir lucros que, então, são corretamente descritos como tributos e resgates?

VII. O PROCESSO DE DESTRUIÇÃO CRIATIVA

As teorias da competição monopolista e oligopolista e suas variantes populares podem, de duas formas, servir à visão de que a realidade capitalista é desfavorável ao desempenho máximo da produção. Pode-se sustentar que sempre foi assim e que toda a produção vem se expandindo apesar da sabotagem secular perpetrada pela burguesia gestora. Os defensores dessa proposição teriam de produzir evidências de que a taxa de crescimento observada pode ser explicada por uma sequência de circunstâncias favoráveis independentes do mecanismo da empresa privada e bastante fortes para superar a resistência desta última. Essa é precisamente a questão que discutiremos no Capítulo IX. No entanto, aqueles que defendem essa variante evitam, ao menos, o problema do fato histórico, o qual precisa ser enfrentado pelos defensores da proposta alternativa. Esta última afirma que, anteriormente, a realidade capitalista tendia a favorecer o rendimento produtivo máximo ou, em todo caso, um desempenho produtivo tão grande a ponto de constituir um elemento importante em qualquer avaliação séria do sistema, mas que, atualmente, a posterior disseminação de estruturas monopolistas, ao destruir a concorrência, causou a reversão dessa tendência.

Em primeiro lugar, isso envolve a criação de uma idade do ouro totalmente imaginária da concorrência perfeita que, em algum momento, se metamorfoseou de alguma forma na era monopolista, ainda que seja bastante evidente que a concorrência perfeita, nem mesmo hoje, jamais foi uma realidade. Em segundo lugar, é necessário salientar que a taxa de crescimento da produção não diminuiu a partir da década de 1890, data a partir da qual, suponho, deveríamos marcar o início da prevalência das empresas de grande porte, pelo menos na indústria manufatureira; que não há nada no comportamento da série histórica da produção total que sugira uma "quebra de tendência"; e, o mais importante de tudo, que o padrão moderno de vida das massas evoluiu durante o período relativamente livre de entraves das "grandes empresas". Se listarmos os itens que entram no orçamento do trabalhador moderno e, a partir de 1899, observarmos seus preços não em termos de dinheiro, mas em termos de horas de trabalho necessárias para comprá-los — ou seja, o valor nominal de cada ano dividido pelas taxas de salário-hora de cada ano —, ficaremos surpresos com o ritmo do progresso que, considerando a melhoria espetacular da qualidade, parece ter sido maior (e não menor) do que antes. Se nós, economistas, deixássemos de lado o mundo idealizado e nos entregássemos mais à observação dos fatos, duvidaríamos imediatamente das virtudes realistas de uma teoria que nos levasse a esperar um resultado muito diferente. E isso não é tudo. Logo que entramos nos detalhes e examinamos em que itens isolados do orçamento houve maior progresso, a pista não nos leva às portas das empresas que funcionam em condições de concorrência comparativamente livre, mas exatamente aos portões das grandes empresas — as quais, como no caso do maquinário agrícola, também explicam grande parte do progresso do setor competitivo —, fazendo surgir em nós a suspeita chocante de que a grande empresa pode ter contribuído mais para a criação desse padrão de vida do que para mantê-lo baixo.

As conclusões a que aludimos no final do capítulo anterior são, na verdade, quase totalmente falsas. No entanto, são consequências de observações e teoremas que são quase inteiramente[108] verdadeiros. Tanto os economistas quanto os autores populares, mais uma vez, aceitaram sem muita crítica alguns fragmentos da realidade que haviam conseguido compreender. Esses fragmentos em si foram compreendidos com certeza. A maior parte de suas propriedades formais foi desenvolvida corretamente. Mas nenhuma conclusão sobre a realidade capitalista como um todo se segue de tais análises fragmentárias. Se, no entanto, chegarmos a alguma conclusão, estaremos corretos somente por acaso. Isso já foi feito. E o bom acaso não aconteceu.

O ponto essencial a ser compreendido é que, ao lidar com o capitalismo, estamos lidando com um processo evolutivo. Pode parecer estranho que alguém deixe de enxergar um fato tão óbvio que, além disso, foi há muito tempo enfatizado por Karl Marx. No entanto, é negligenciado com frequência por essa análise fragmentária que produz a maior parte de nossas proposições sobre o funcionamento do capitalismo moderno. Reformulemos o ponto para verificarmos sua relevância no que se refere ao nosso problema.

O capitalismo, então, é por natureza uma forma ou um método de mudança econômica; e não só não é estacionário como nunca pode ter esse caráter. E esse caráter evolutivo do processo capitalista não resulta apenas do fato de que a vida econômica se dá em um ambiente social e natural que muda e, ao mudar, altera os dados da ação econômica; esse fato é importante, e essas mudanças (guerras, revoluções, etc.) costumam condicionar a transformação industrial, mesmo não sendo sua principal força motora. Esse caráter evolutivo também não se deve a um crescimento quase automático da população e do capital ou aos caprichos dos sistemas monetários, para os quais as mesmas coisas são verdadeiras. O impulso fundamental que põe e mantém a máquina capitalista em movimento vem dos novos bens de consumo, dos novos

---

108. Na verdade, essas observações e os teoremas não são completamente satisfatórios. As explicações habituais sobre a doutrina da concorrência imperfeita não conseguem, em particular, dar a devida atenção aos muitos e importantes casos em que, mesmo por uma questão de teoria estática, a concorrência imperfeita se aproxima dos resultados da concorrência perfeita. Há outros casos em que isso não ocorre, mas oferece compensações que, embora não insiram nenhum índice de produção, ainda contribuem para aquilo a que o índice de produção se destina, em última instância, a medir — os casos em que uma empresa defende seu mercado, estabelecendo uma reputação de qualidade e de serviços, por exemplo. No entanto, para simplificar as questões, não discordaremos dessa doutrina em seu próprio terreno.

métodos de produção ou transporte, dos novos mercados, das novas formas de organização industrial criados pela empresa capitalista.

Como vimos no capítulo anterior, os itens do orçamento do trabalhador, digamos, entre 1760 e 1940, não cresceram simplesmente ao longo de linhas invariáveis, mas passaram por um processo de mudança qualitativa. Da mesma forma, a história do aparato produtivo de uma fazenda típica, desde os primórdios da racionalização da rotação dos cultivos, da lavra e da engorda até a mecanização da atualidade — juntamente com os silos e as ferrovias — é uma história de revoluções. Isso também pode ser dito em relação à história do aparato produtivo da indústria de ferro e aço desde o forno a carvão até o tipo de forno utilizado atualmente; assim também é a história do aparato da produção de energia desde a roda de água até a moderna usina ou a história do transporte desde a diligência até o avião. A abertura de novos mercados, estrangeiros ou domésticos, e o desenvolvimento organizacional desde a oficina artesanal e da fábrica até as grandes empresas como a siderúrgica U.S. Steel ilustram o mesmo processo de mutação industrial — se me permitem usar esse termo biológico — que revoluciona de forma contínua[109] a estrutura econômica de *dentro para fora*, destruindo continuamente a antiga e criando continuamente uma nova. Esse processo de *destruição criativa* é o fato essencial do capitalismo. É nisso que consiste o capitalismo e isso é o que toda empresa capitalista tem para viver. Este fato é relevante para o nosso problema de duas maneiras.

Em primeiro lugar, uma vez que estamos lidando com um processo cujos elementos levam um tempo considerável para revelar suas verdadeiras características e efeitos finais, não há sentido em avaliar o desempenho desse processo pelo ponto de vista de um momento específico; devemos julgar seu desempenho ao longo do tempo, na medida em que se desdobra durante décadas ou séculos. Um sistema qualquer — econômico ou não —, que em *cada* determinado momento utiliza plenamente suas possibilidades com a máxima vantagem, pode, ainda assim, no longo prazo, ser inferior a um sistema que não tem o mesmo comportamento em *nenhuma* fase, porque o fato de esse último não ocorrer da mesma forma pode ser uma condição para o nível ou a velocidade do desempenho em longo prazo.

Em segundo lugar, uma vez que estamos lidando com um processo orgânico, a análise do que acontece em qualquer parte específica dele — digamos,

---

109. Essas revoluções não são completamente contínuas; elas ocorrem em investidas discretas que são separadas umas das outras por períodos de silêncio comparativo. O processo como um todo, porém, funciona de forma contínua, no sentido de que sempre há revolução ou absorção dos resultados da revolução; ambos juntos formam o que conhecemos por ciclos econômicos.

em uma empresa ou indústria individual — pode de fato esclarecer detalhes sobre o mecanismo, e nada além disso. Cada porção da estratégia econômica adquire seu verdadeiro significado apenas no contexto desse processo e dentro da situação criada por ele. Deve ser visto no papel que desempenha dentro do vendaval perene da destruição criativa; não pode ser compreendido independentemente disso nem, de fato, com base na hipótese de uma calmaria perene.

Mas é precisamente essa a hipótese adotada por economistas que, pelo ponto de vista de um momento específico, olham, por exemplo, para o comportamento de uma indústria oligopolista — uma indústria que consiste em algumas poucas grandes empresas — e observam os movimentos e contramovimentos conhecidos dentro dela que nada parecem visar senão os preços altos e as restrições à produção. Aceitam os dados da situação momentânea como se não houvesse passado ou futuro para ela e pensam que entendem o que há para ser entendido quando interpretam o comportamento dessas empresas por meio do princípio da maximização dos lucros em relação àqueles dados. A dissertação comum do teórico e o relatório habitual da comissão governamental praticamente nunca buscam compreender esse comportamento, por um lado, como resultado de acontecimentos históricos e, por outro lado, como uma tentativa de lidar com uma situação que certamente mudará a qualquer momento — essas empresas tentam ficar em pé em um terreno que lhes foge sob os pés. Em outras palavras, o problema geralmente visualizado é o de como o capitalismo administra as estruturas existentes, ao passo que o problema relevante seria entender como ele as cria e as destrói. Enquanto isso não é reconhecido, o investigador faz um trabalho sem sentido. Assim que é reconhecido, sua perspectiva sobre a prática capitalista e seus resultados sociais sofrem uma mudança considerável.[110]

A primeira ideia a ser descartada é a concepção tradicional do *modus operandi* da concorrência. Os economistas estão finalmente saindo da fase em que a concorrência de preços era tudo o que conseguiam ver. Assim que a concorrência da qualidade e a atividade comercial são admitidas nos distritos sagrados da teoria, a variável preço é destituída de sua posição dominante. No entanto, quem praticamente monopoliza a atenção deles ainda é a concorrência dentro de um modelo rígido de condições invariantes, de métodos de produção e, especialmente, de formas de organização industrial. Mas na

---

110. Deve-se entender que é apenas a nossa avaliação sobre o desempenho econômico que pode ser modificada dessa maneira, não o nosso julgamento moral. Devido à sua autonomia, a aprovação ou desaprovação moral é completamente independente de nossa avaliação sobre os resultados sociais (ou quaisquer outros), a menos que adotemos um sistema moral como o utilitarismo, que faz com que a aprovação e a desaprovação moral, por definição, dependam deles.

realidade capitalista, em oposição à sua imagem didática, não é esse tipo de concorrência que conta, mas a concorrência da nova mercadoria, da nova tecnologia, da nova fonte de abastecimento, do novo tipo de organização (a unidade de controle gigantesca, por exemplo) — uma concorrência que impõe uma vantagem decisiva de custo ou de qualidade e que atinge não as margens de lucros e a produção das empresas existentes, mas seus alicerces e sua própria existência. Esse tipo de concorrência é tão mais eficaz do que o outro quanto o é um bombardeio em comparação ao forçar de uma porta, e tão mais importante que se torna uma questão de indiferença comparativa se a concorrência, no sentido comum, funciona mais ou menos prontamente; a poderosa alavanca que no longo prazo expande a produção e reduz os preços é, em todo caso, feita de outro material.

É quase desnecessário salientar que a concorrência do tipo que agora temos em mente opera não apenas quando se faz presente, mas também quando é apenas uma ameaça permanente. Ela disciplina antes de atacar. O homem de negócios se sente em uma situação de concorrência até mesmo quando está sozinho em seu ramo ou quando, embora não esteja sozinho, ocupa uma posição em que os analistas do governo não conseguem enxergar alguma concorrência efetiva entre ele e quaisquer outras empresas do mesmo ramo ou de ramos vizinhos, e, em consequência, ao analisar a reclamação, concluem que suas queixas sobre a concorrência não passam de mero faz de conta. Em muitos casos, embora não em todos, isso irá, a longo prazo, impor comportamentos muito semelhantes aos do modelo da concorrência perfeita.

Muitos teóricos adotam o ponto de vista oposto. Será mais fácil entendê-lo por meio de um exemplo. Vamos supor que haja um certo número de varejistas em uma área que tenta melhorar sua posição relativa por meio de bons serviços e "atmosfera", mas evita a concorrência de preços e se apega aos métodos da tradição local — um quadro de rotina estagnada. À medida que outros ingressam nessa atividade comercial, o quase-equilíbrio fica, de fato, perturbado, mas de uma maneira que não beneficia seus clientes. Com a redução do espaço econômico em torno de cada uma das lojas, seus proprietários não serão mais capazes de ganhar a vida e tentarão remediar o caso aumentando os preços em um acordo tácito. Isso reduzirá ainda mais suas vendas, e, por sucessivas pirâmides, surgirá uma situação em que o aumento da oferta potencial será acompanhado pelo aumento (e não pela diminuição) dos preços e pela diminuição (não pelo aumento) das vendas.

Esses casos acontecem, e, por isso, é certo e apropriado que os verifiquemos. Mas, como mostram os exemplos práticos geralmente oferecidos, são casos marginais, encontrados principalmente nos setores mais distantes de tudo o que é mais característico da atividade capitalista.[111] Além disso, são transitórios por natureza. No caso do comércio varejista, a concorrência que importa não surge de novas lojas do mesmo tipo, mas da loja de departamentos, da rede de lojas, do comércio por correio e do supermercado que, mais cedo ou mais tarde, destruirão aquelas pirâmides.[112]

Agora, uma construção teórica que negligencia esse elemento essencial do caso negligencia, nele, tudo o que é mais tipicamente capitalista; ainda que correta em sua lógica e em seus fatos, é como Hamlet sem o príncipe dinamarquês.

VIII. AS PRÁTICAS MONOPOLISTAS

O que foi dito até aqui é realmente suficiente para que o leitor lide com a grande maioria dos casos práticos que provavelmente encontrará e perceba a inadequação da maioria das críticas à economia do lucro que, direta ou indiretamente, dependem da ausência de uma concorrência perfeita. No entanto, uma vez que o ângulo de nosso argumento sobre algumas dessas críticas talvez não seja óbvio, valerá a pena elaborá-lo um pouco para tornar alguns pontos mais explícitos.

1. Acabamos de ver que, tanto como fato quanto como ameaça, o impacto das inovações — novas tecnologias, por exemplo — sobre a estrutura existente de uma indústria reduz consideravelmente o escopo e a importância de longo prazo das práticas que, pela restrição da produção, visam à conservação de posições estabelecidas e à maximização dos lucros delas resultantes. Devemos agora reconhecer o fato de que práticas restritivas desse tipo, na medida em que sejam eficazes, adquirem um novo significado no vendaval perene da destruição criativa, um significado que não teriam em um estado estacionário ou em estado de crescimento lento e equilibrado. Em qualquer um desses casos,

---

111. Isso também é demonstrado por um teorema com que frequentemente nos encontramos em exposições da teoria da concorrência imperfeita, a saber, o teorema de que, sob condições de concorrência imperfeita, as empresas industriais e comerciais tendem a ser irracionalmente pequenas. Uma vez que a concorrência imperfeita é, ao mesmo tempo, considerada uma característica muito relevante da indústria moderna, estamos dispostos a nos perguntar em que mundo esses teóricos vivem, a menos que, como dito acima, somente levem os casos marginais em consideração.

112. A mera ameaça desse ataque não é capaz de — nas condições particulares, ambientais e pessoais do pequeno comércio varejista — exercer a influência disciplinar habitual, pois o pequeno comerciante está muito debilitado por sua estrutura de custos e, por melhor que consiga se equilibrar dentro de seus limites inescapáveis, ele nunca poderia se adaptar aos métodos de concorrentes que podem se dar ao luxo de vender pelo preço de custo.

a estratégia restritiva não produziria outro resultado senão o aumento dos lucros à custa dos compradores, exceto no caso do progresso equilibrado, em que ainda poderia ser a maneira mais fácil e eficaz de se obter os meios para financiar novos investimentos.[113] Porém, durante o processo de destruição criativa, as práticas restritivas podem contribuir bastante para estabilizar o navio e atenuar as dificuldades temporárias. Esse é, na verdade, um argumento muito comum que sempre aparece em tempos de depressão e, como todos sabem, tornou-se muito popular entre os governos e seus conselheiros econômicos — como atesta a Administração Nacional de Recuperação.[114] Embora tenha sido tão mal utilizado e aplicado de forma tão incorreta a ponto de a maioria dos economistas o desprezar entusiasticamente, os mesmos conselheiros responsáveis por isso[115] invariavelmente não conseguem enxergar a maior generalidade de sua lógica.

Praticamente todos os investimentos implicam, como um complemento necessário da ação empreendedora, certas atividades de salvaguarda, como o seguro ou a cobertura *(hedge)*. O investimento de longo prazo em condições de mudanças rápidas, especialmente em condições que mudam ou podem mudar a qualquer momento sob o impacto de novas mercadorias e tecnologias, é como atirar em um alvo não apenas indistinto como também em movimento — aos solavancos. Assim, torna-se necessário recorrer a dispositivos de proteção, como patentes, sigilo temporário dos processos ou, em alguns casos, a formalização antecipada de contratos de longo prazo. Mas esses dispositivos de proteção, que a maioria dos economistas aceita como elementos normais da gestão racional,[116] são apenas casos especiais de uma classe maior

---

113. Os teóricos costumam ver qualquer um que admita essa possibilidade como culpado de erro grave, e passam imediatamente a provar que o financiamento por empréstimo bancário ou por intermédio de poupadores privados ou, no caso da empresa pública, o financiamento com o produto de um imposto de renda é muito mais racional do que o financiamento por meio dos lucros excedentes arrecadados por meio de uma política restritiva. Para alguns modelos de comportamento, eles estão corretos. Para outros, eles estão completamente errados. Acredito que tanto o capitalismo quanto o comunismo do estilo russo pertencem à última categoria. Mas a questão é que as considerações teóricas, especialmente as considerações teóricas de curto prazo, não podem resolver, embora contribuam para a sua solução, o problema que encontraremos novamente na próxima parte.

114. *National Recovery Administration* (NRA), Administração Nacional de Recuperação. (N.T.)

115. Em particular, é fácil mostrar que, além de ser muito prejudicial, não há sentido em uma política que vise a preservar a "paridade de preços".

116. Alguns economistas, no entanto, consideram que mesmo esses mecanismos constituem obstruções ao progresso que, embora possam ser necessárias na sociedade capitalista, estariam ausentes na socialista. Há alguma verdade nisso. Mas isso não afeta a proposição de que a proteção oferecida pelas patentes, entre outras, é, nas condições de uma economia do lucro, mais um fator de estímulo que de inibição.

composta de muitos outros, que a maioria dos economistas condena, embora não difiram fundamentalmente dos aceitos por eles.

Se, por exemplo, um risco de guerra é assegurável, ninguém se opõe a que uma empresa cobre o custo desse seguro dos compradores de seus produtos. Caso não seja possível assegurar esse risco, ela não deixa de ser um elemento dos custos de longo prazo; nesse caso, uma estratégia de preços visando ao mesmo fim parecerá envolver restrições desnecessárias e produzir excesso de lucros. Da mesma forma, quando uma patente não pode ser assegurada ou se, mesmo assegurada, não oferece proteção efetiva, outros meios deverão ser usados para justificar o investimento. Entre eles há a política de preços que possibilita amortizar de maneira mais rápida do que seria sensato fazer, ou o novo investimento, para se obter um excedente de capacidade a ser usado apenas para agressão ou defesa. De novo, se os contratos de longo prazo não puderem ser celebrados com antecedência, talvez seja necessário criar outros meios para vincular os clientes potenciais à empresa de investimentos.

Ao analisar tal estratégia de negócios pelo ponto de vista de um momento específico, o economista investigativo ou o agente governamental encontra políticas de preços que lhe parecem predatórias e restrições da produção que lhe parecem sinônimo de perda de oportunidades de produzir. Ele não entende que, nas condições do vendaval perene, as restrições desse tipo são incidentes, muitas vezes incidentes inevitáveis, de um processo de expansão de longo prazo que elas mais protegem do que impedem. Isso é tão paradoxal quanto dizer que os carros são mais velozes do que seriam *porque* possuem freios.

2. Isso se destaca mais claramente no caso daqueles setores da economia que, em certo momento, por acaso, incorporam o impacto dos novos produtos e métodos sobre a estrutura industrial existente. A melhor maneira de se obter uma ideia vívida e realista da estratégia industrial é, de fato, visualizando o comportamento de novas empresas ou indústrias que introduzem novas mercadorias ou processos (como a indústria do alumínio) ou então reorganizam parte ou a integralidade de uma indústria (como, por exemplo, a antiga *Standard Oil Company*).

Como vimos, essas empresas são agressoras por natureza e empunham a arma realmente eficaz da concorrência. Sua intrusão, apenas no mais raro dos casos, deixa de melhorar a produção total em quantidade ou qualidade, seja por meio do próprio método novo — mesmo que não seja usado em nenhum momento em sua máxima extensão —, seja pela pressão que exercem sobre as empresas preexistentes. Esses agressores, no entanto, estão inseridos em um contexto tal que, para fins de ataque e defesa, também precisam vestir armaduras que não sejam o preço e a qualidade de seu produto, os quais também devem ser o tempo todo estrategicamente manipulados para dar a impressão de que não fazem nada além de restringir sua produção e manter os preços altos.

Por um lado, os planos de maior escala poderiam, em muitos casos, não ocorrer se, desde o início, não se soubesse que a concorrência será desencorajada pela exigência de um grande capital ou pela falta de experiência, ou que há meios disponíveis para desestimulá-la ou derrotá-la de modo a ganhar tempo e espaço para novos desenvolvimentos. Mesmo a conquista do controle financeiro das empresas concorrentes em posições anteriormente inatacáveis ou a obtenção de privilégios que vão contra o sentimento de *fair play* (jogo justo) do público — devolução de parte da tarifa ferroviária — são vistas sob uma nova luz, na medida em que se consideram apenas os efeitos de longo prazo sobre a produção total;[117] *talvez sejam* métodos para a remoção dos obstáculos postos no caminho do progresso pela instituição da propriedade privada. Em uma sociedade socialista, esse tempo e esse espaço não seriam menos necessários. Eles teriam de ser assegurados por ordem da autoridade central.

Por outro lado, a empresa seria, na maioria dos casos, impossível se não se soubesse desde o início da probabilidade do surgimento de situações excepcionalmente favoráveis que, se exploradas por meio da manipulação dos preços, da qualidade e da quantidade, produziriam lucros adequados para ajudá-la a sobreviver às situações excepcionalmente desfavoráveis, desde que sejam gerenciadas de forma semelhante. Mais uma vez, isso requer estratégia que, no curto prazo, costuma ser restritiva. Na maioria dos casos exitosos, a estratégia é apenas capaz de servir ao seu propósito. Em alguns casos, porém, é tão exitosa que chega a produzir lucros muito acima do necessário para estimular o investimento correspondente. Esses casos, então, são as iscas que atraem capital para rumos ainda não percorridos. Sua presença explica, em parte, como é possível que uma grande parte do mundo capitalista funcione em troca de nada: nos Estados Unidos, na metade da próspera década de 1920,

---

117. A limitação adicionada elimina, penso eu, qualquer justa causa de ofensa que a proposição acima possa causar. Se essa limitação não estiver suficientemente explícita, peço licença para repetir que, nesse caso, como deve ocorrer em todos os casos, o aspecto moral não é afetado pela argumentação econômica. Quanto ao resto, que o leitor reflita que, mesmo ao lidar com ações indubitavelmente criminosas, todos os juízes civilizados e todos os jurados civilizados levam em conta o objetivo oculto que levou ao crime, e consideram a diferença entre um ato criminoso que tem efeitos considerados socialmente desejáveis e aquele que não tem.
Outra objeção seria mais pertinente. Se uma empresa somente pode ter êxito por tais meios, isso não prova por si só a inexistência de ganhos sociais? Há um argumento muito simples que pode servir de apoio a esse ponto de vista. Mas está sujeito a uma severa condição *ceteris paribus* (mantidas inalteradas todas as outras coisas). Ou seja, vale para condições que são quase equivalentes à exclusão do processo de destruição criativa, isto é, a realidade capitalista. Refletindo melhor, vê-se que a analogia entre as práticas em discussão e as patentes é suficiente para mostrar isso.

apenas metade das empresas era administrada com prejuízo, sem lucros ou com lucros que, se tivessem sido previstos, teriam sido inadequados para justificar o esforço e as despesas envolvidos.

Nosso argumento, no entanto, vai além dos casos de novas empresas, métodos e indústrias. As empresas antigas e as indústrias consagradas, sendo atacadas diretamente ou não, continuam vivendo no vendaval perene. Durante o processo de destruição criativa surgem situações em que muitas empresas que sucumbem poderiam sobreviver de maneira vigorosa e útil se tivessem conseguido resistir a uma tempestade em particular. Além dessas crises gerais ou depressões, surgem situações locais em que a rápida mudança dos dados, que é característica desse processo, temporariamente desorganiza tanto uma indústria a ponto de lhe infligir perdas sem sentido e criar desemprego evitável. Por fim, certamente não há sentido em tentar conservar por tempo indefinido as indústrias que estão na iminência de se tornar obsoletas; faz sentido, contudo, tentar evitar que elas desabem escandalosamente e tentar transformar uma derrota, que pode se tornar um centro de efeitos depressivos cumulativos, em uma retirada ordenada. De modo análogo, é possível falar em algo semelhante a um progresso ordenado no caso de indústrias que, apesar de suas ações levianas, ainda estão ganhando, e não perdendo terreno.[118]

É óbvio que tudo isso não passa do mais trivial bom senso. Mas tem sido ignorado com uma persistência tão teimosa que chega, às vezes, a levantar dúvidas quanto à legitimidade. E se segue que — dentro do processo da destruição

---

118. Um bom exemplo ilustrativo desse ponto — na verdade, de grande parte do nosso argumento geral — é a história do pós-guerra da indústria automobilística e de *rayon*. A primeira ilustra muito bem a natureza e o valor do que podemos chamar de concorrência "editada". O tempo de bonança tinha acabado por volta de 1916. Depois, entretanto, houve uma aglomeração de empresas na indústria e, em 1925, a maioria delas já havia sido eliminada. Dessa luta feroz de vida e morte surgiram três empresas que agora representam mais de 80% das vendas totais. Elas sofrem a pressão da concorrência, pois, apesar das vantagens de uma posição já estabelecida, de uma elaborada organização de vendas e serviços e assim por diante, qualquer erro na manutenção e na melhoria da qualidade de seus produtos ou qualquer tentativa de associação monopolista permitiria a entrada de novos concorrentes. Entre si, as três empresas se comportam de forma que mais pode ser chamada de respeitosa do que de competitiva: elas se abstêm de certos mecanismos de agressão (que, por sinal, também estariam ausentes na concorrência perfeita); elas buscam se manter em um mesmo ritmo e, ao fazer isso, jogam por ganhos marginais. Isso já dura mais de quinze anos, e não é óbvio que, se as condições de uma concorrência teoricamente perfeita tivessem prevalecido durante esse período, carros melhores ou mais baratos seriam agora oferecidos ao público, ou salários maiores e empregos em maior número ou mais estáveis para os trabalhadores. A indústria de *rayon* teve seu período de bonança na década de 1920. Apresenta as características da introdução de uma mercadoria em áreas já totalmente ocupadas e as políticas que se impõem nessas condições de forma ainda mais clara do que na indústria automobilística. E há uma série de outras diferenças. Entretanto, fundamentalmente, o caso é semelhante. A expansão da quantidade e da qualidade da produção de *rayon* é conhecida por todos. No entanto, a política restritiva foi mantida durante o tempo todo dessa expansão.

criativa, cujas realidades os teóricos costumam relegar aos livros e aos cursos sobre ciclos econômicos — a auto-organização industrial tem outro lado além daquele contemplado por esses teóricos. As "restrições ao comércio" do tipo cartel, bem como aquelas que consistem apenas em acordos tácitos sobre a concorrência de preços, podem ser remédios eficazes em momentos de depressão. Quando o são, elas podem, no final, produzir não apenas uma expansão da produção total mais estável, mas também maior do que se conseguiria com um avanço completamente descontrolado e salpicado de catástrofes. Também não se pode dizer que essas catástrofes ocorrem em qualquer caso. Sabemos o que aconteceu em cada caso histórico. Temos uma ideia bastante imperfeita do que poderia ter acontecido, considerando o ritmo fantástico do processo, se tais travas estivessem completamente ausentes.

Ainda que de forma mais extensa, nosso argumento não abrange todos os casos de estratégia restritiva ou reguladora, muitos dos quais, sem dúvida, têm esse efeito prejudicial sobre o desenvolvimento de longo prazo da produção que é atribuído de forma não crítica a todos eles. E, mesmo nos casos abrangidos por nosso argumento, o efeito líquido depende das circunstâncias e da forma como a indústria se regula em cada caso. Certamente, é tão concebível que um sistema de cartel onipresente possa sabotar todo o progresso quanto que realize, com custos sociais e privados menores, todos os feitos atribuídos à concorrência perfeita. É por isso que nosso argumento não equivale a uma conjectura contrária à regulação estatal. Mostra, entretanto, que não há uma razão geral para a indiscriminada "caça aos trustes" ou para a perseguição a tudo que possa ser qualificado como restrição ao comércio. A regulação racional pelo poder público, em oposição à regulação vingativa, acaba sendo um problema extremamente delicado, cuja solução não pode ser confiada a qualquer órgão governamental, particularmente quando em pleno clamor contra as grandes empresas.[119] Mas nosso argumento, criado para refutar uma *teoria* predominante e as inferências que se faz delas sobre a relação entre o capitalismo moderno e o desenvolvimento da produção total, não produz outra coisa senão mais uma *teoria*, ou seja, mais uma perspectiva sobre os fatos e outro princípio para interpretá-los. Para nosso propósito, isso é suficiente. Quanto ao resto, os fatos em si têm a palavra.

---

119. Infelizmente essa declaração oferece um obstáculo quase tão eficaz a um acordo sobre políticas como poderia ser a mais completa negação de qualquer caso para a regulamentação. Na verdade, pode tornar a discussão amarga. Políticos, agentes públicos e economistas podem enfrentar o que posso educadamente denominar de oposição total dos "realistas econômicos". As dúvidas sobre sua competência, como as que se acumulam aos montes sobre nós, particularmente quando presenciamos o trabalho da mente legalista, são muito mais difíceis de suportar.

3. Agora falaremos um pouco sobro os preços rígidos, tema que tem recebido muita atenção ultimamente. Na verdade, o assunto é apenas um aspecto particular da questão que estamos discutindo. Definimos rigidez da seguinte maneira: um preço *é* rígido se for menos sensível às mudanças nas condições de demanda e oferta do que seria em uma concorrência perfeita.[120]

Quantitativamente e nesse sentido, o grau de rigidez depende do material e do método de medição que selecionamos e, portanto, se torna uma questão duvidosa. Mas seja qual for o material ou o método, é certo que os preços não são tão rígidos quanto parecem ser. Há muitas razões para que a mudança de preço não apareça no quadro estatístico; em outras palavras, razões para que haja muita rigidez espúria. Mencionarei apenas uma classe que está estreitamente relacionada aos fatos destacados em nossa análise.

Tenho anunciado a importância da introdução de novas mercadorias — tanto, em geral, para o processo capitalista quanto, em particular, para o seu mecanismo competitivo. Ora, uma nova mercadoria pode efetivamente derrubar a estrutura preexistente e satisfazer a uma determinada necessidade a preços muito mais baixos por unidade de serviço (o serviço de transporte, por exemplo) sem que nenhum preço registrado precise ser alterado durante esse processo; a flexibilidade em seu sentido apropriado pode vir acompanhada de rigidez em um sentido formal. Há outros casos, não desse tipo, em que a redução de preços é o único motivo para a criação de uma nova marca, enquanto a antiga é mantida com a cotação anterior — novamente uma redução de preço que não aparece no quadro estatístico. Além disso, a grande maioria dos novos bens de consumo — particularmente todos os aparelhos da vida moderna — é inicialmente introduzida de forma experimental e insatisfatória; nessa situação, nunca conseguiria conquistar seus mercados potenciais. Melhorar a qualidade dos produtos é, portanto, uma característica praticamente universal do crescimento das empresas individuais e das indústrias. Independentemente do envolvimento ou não de custos adicionais nessa melhoria, um preço constante por unidade de uma mercadoria em processo de aprimoramento não deve ser chamado de rígido sem uma investigação mais aprofundada.

---

120. Essa definição é suficiente para nossos propósitos, mas não seria satisfatória para outros. Veja o artigo de D. D. Humphrey no *Journal of Political Economy*, em outubro de 1937, e o artigo de E. S. Mason na *Review of Economic Statistics*, em maio de 1938. O professor Mason mostrou, entre outras coisas, que, ao contrário da crença generalizada, a rigidez dos preços não está aumentando ou, em todo caso, não é maior do que era quarenta anos atrás, um resultado que por si só é suficiente para invalidar algumas das implicações da atual doutrina da rigidez. (Don D. Humphrey; Edward Sagendorph Mason [1899-1992], economista americano. [N.T.])

É claro que ainda restam muitos casos de rigidez genuína de preços — de preços que se mantêm constantes como uma questão de política empresarial ou que permanecem inalterados porque é difícil mudar, digamos, um preço fixado por um cartel após laboriosas negociações. Para avaliar a influência desse fato no desenvolvimento de longo prazo da produção é necessário, antes de tudo, perceber que essa rigidez é essencialmente um fenômeno de curto prazo. Não existem grandes exemplos de rigidez de preços de longo prazo. Seja qual for a indústria manufatureira ou o grupo de artigos manufaturados de qualquer importância que optarmos por investigar ao longo de um período de tempo, descobriremos quase sempre que, no longo prazo, os preços nunca deixam de se adaptar ao progresso tecnológico — muitas vezes, reagem a isso com quedas espetaculares,[121] a menos que sejam impedidos de fazê-lo por acontecimentos e políticas monetárias ou, em alguns casos, por mudanças autônomas das taxas de salário, que, naturalmente, devem ser levadas em conta por meio de correções adequadas, assim como deve ser feito com as mudanças de qualidade dos produtos.[122] E nossa análise anterior mostra o suficiente por que razão isso deve ocorrer desse modo durante o processo da evolução capitalista.

O que a estratégia econômica em questão realmente visa — a única coisa que, em qualquer caso, pode conseguir — é evitar flutuações sazonais, aleatórias e cíclicas dos preços e movimentar-se apenas em resposta às mudanças mais fundamentais nas condições subjacentes às flutuações. Uma vez que essas mudanças mais fundamentais levam tempo para se manifestar, isso envolve uma movimentação lenta, com passos discretos — mantendo-se os preços até que surjam no horizonte novos contornos relativamente duráveis. Em linguagem técnica, essa estratégia visa mover-se ao longo de uma função escalonada que aproximará as tendências. E é a isso que, na maioria dos casos, equivale a rigidez de preços genuína e voluntária. De fato, a maioria dos

---

121. Em geral, não caem como aconteceria no caso da concorrência perfeita. Mas isso somente é verdade *ceteris paribus* (quando mantidas inalteradas todas as outras coisas), condição que retira da proposição toda a sua importância prática. Já adverti sobre isso anteriormente e devo retornar a esse tema mais adiante (no item 5).

122. Do ponto de vista do bem-estar, é apropriado adotar uma definição diferente da nossa e mensurar as mudanças de preços em termos de horas de trabalho realmente necessárias para se ganhar os dólares que comprarão quantidades específicas de bens de consumo manufaturados, levando em conta as mudanças de qualidade. Já fizemos isso durante um argumento anterior. Revela-se, então, uma adaptabilidade para a baixa de longo prazo realmente impressionante. Mudanças no nível dos preços nos apresentam um outro problema. Na medida em que refletem influências monetárias, devem ser descartadas para a maior parte dos propósitos de uma investigação sobre rigidez. Mas, na medida em que refletem o efeito combinado do aumento da eficiência em todas as linhas de produção, não devem ser eliminadas.

economistas admite isso, pelo menos por implicação. Pois, embora alguns de seus argumentos sobre a rigidez somente se mantenham verdadeiros quando o fenômeno se apresenta como de longo prazo — por exemplo, a maioria dos argumentos que sustentam que a rigidez dos preços mantém os frutos do progresso tecnológico longe dos consumidores —, na prática, eles medem e discutem principalmente a rigidez cíclica e, especialmente, o fato de que muitos preços não baixam, pelo menos não prontamente, em períodos de recessão e depressão. A verdadeira questão é, portanto, saber como essa rigidez de curto prazo[123] poderia afetar o desenvolvimento a longo prazo da produção total. Dentro dessa questão, o único ponto realmente importante é o seguinte: os preços que permanecem altos durante os períodos de recessão ou depressão influenciam, sem dúvida, a situação econômica nessas fases dos ciclos; se essa influência for muito prejudicial — tornando as coisas muito piores do que seriam no caso de perfeita flexibilidade —, a destruição causada também pode afetar a produção em períodos subsequentes de recuperação e prosperidade e, assim, reduzir de forma efetiva a taxa de crescimento da produção total a um ponto abaixo do que atingiria na ausência da rigidez. Dois argumentos foram apresentados a favor desse ponto de vista.

A fim de colocar o primeiro sob a luz mais forte possível, vamos supor que uma indústria que tenha se recusado a reduzir os preços durante a recessão continue vendendo exatamente a mesma quantidade de produtos que venderia se os tivesse reduzido. Os compradores, portanto, perdem a quantidade que a indústria lucra com a rigidez. Se esses compradores são o tipo de pessoa que gasta tudo o que pode e se a indústria ou aqueles que recebem seus retornos líquidos não gastam o incremento recebido e, em vez disso, ou os mantêm ocioso ou pagam parcelas dos empréstimos bancários, então as despesas totais da economia podem, desse modo, ser reduzidas. Se isso acontecer, outras indústrias ou empresas podem sofrer, e se, por sua vez, elas adotarem restrições, é possível que cheguemos a uma acumulação de efeitos depressivos. Em outras palavras, a rigidez pode influenciar a quantidade e a distribuição da renda nacional de modo a diminuir os saldos ou aumentar os saldos ociosos ou, se adotarmos um nome popular equivocado, a poupança. Tal caso é concebível.

---

123. Deve-se, no entanto, observar que esse curto prazo pode durar mais do que o termo "curto prazo" geralmente implica — às vezes, dez anos ou mais. Não existe um ciclo, existem muitos ciclos de duração variável. Um dos mais importantes dura em média cerca de nove anos e meio. As mudanças estruturais que requerem ajustes de preços ocorrem, nos casos importantes, em períodos que costumam ter aproximadamente essa duração. A extensão total das modificações espetaculares se revela apenas em períodos muito mais longos do que esse. Para ser justo com os preços de alumínio, *rayon* ou automóveis é preciso fazer um levantamento de um período de cerca de quarenta e cinco anos.

Mas o leitor deverá ter pouca dificuldade para conseguir compreender[124] que sua importância prática, caso exista, é muito pequena.

O segundo argumento refere-se aos efeitos desarticuladores que a rigidez de preços pode exercer se, na própria indústria particular ou em outro setor, levar a uma restrição adicional da produção, ou seja, a uma restrição maior do que a que deve necessariamente ocorrer durante uma depressão. Uma vez que o condutor mais importante desses efeitos é o aumento incidente do desemprego — a instabilidade do emprego é, na verdade, a acusação mais comumente dirigida contra a rigidez de preços — e a consequente diminuição das despesas totais, esse argumento segue, então, a mesma trilha do primeiro. Seu peso prático fica reduzido de forma considerável — embora os economistas discordem muito quanto à extensão disso — porque, nos casos mais evidentes, a rigidez de preços é motivada precisamente pela baixa sensibilidade da demanda às mudanças de preços no curto prazo, nos limites viáveis. As pessoas que, durante as depressões, se preocupam com seu futuro não poderão comprar um carro novo mesmo que o preço esteja 25% mais baixo, especialmente se a compra puder ser facilmente adiada e se a redução induzir à expectativa de novas reduções.

Independentemente disso, porém, o argumento é inconclusivo porque está novamente viciado por uma cláusula *ceteris paribus* (isto é, mantendo-se inalteradas todas as outras coisas), que é inadmissível para o nosso processo de destruição criativa. Pelo fato, tanto quanto é fato, de que a preços mais flexíveis seria possível, *ceteris paribus*, vender maiores quantidades não se segue que a produção das mercadorias em questão ou a produção total e, portanto, o emprego viessem a ser realmente maiores. Pois, na medida em que é possível supor que a recusa em baixar os preços fortalece a posição das indústrias que adotam essa política, seja aumentando sua receita ou apenas evitando o caos em seus mercados — ou seja, na medida em que essa política é mais do que apenas um erro delas —, pode-se transformar em fortalezas aquilo que, de outra forma, poderiam ser centros de devastação. Conforme já vimos sob uma óptica mais geral, a produção total e o emprego podem muito bem, com as restrições incidentes a essa política, manter-se em um nível mais elevado

---

124. O melhor método de fazer isso é averiguar cuidadosamente *todas* as hipóteses envolvidas, não apenas no caso persuasivo imaginado, de maior peso, mas também nos casos de menor peso, quando é pouco provável que ocorram na prática. Além disso, não se deve esquecer que o lucro devido à manutenção de preços elevados pode ser o meio de evitar a falência ou, pelo menos, a descontinuidade das operações: ambos os casos seriam muito mais eficientes para gerar uma "espiral viciosa" descendente do que uma possível redução das despesas totais. Veja os comentários a respeito do segundo argumento.

do que seria possível se se permitisse que a depressão causasse estragos na estrutura de preços.[125] Em outras palavras, sob as condições criadas pela evolução capitalista, a flexibilidade perfeita e universal dos preços pode, durante a depressão, desestabilizar ainda mais o sistema, em vez de estabilizá-lo, como sem dúvida aconteceria sob as condições previstas pela teoria geral. Mais uma vez isso é em grande parte reconhecido nos casos em que o economista é simpático aos interesses diretamente envolvidos, por exemplo, no caso do trabalho e da agricultura; nessas circunstâncias, ele admite prontamente que o que parece rigidez pode ser apenas uma adaptação regulada.

Talvez o leitor sinta alguma surpresa ao notar quão pouco resta de uma doutrina que teve tanta importância nos últimos anos. Para alguns, a rigidez de preços passou a ser o grande defeito da máquina capitalista e quase o fator fundamental para justificar as depressões. Mas não há nenhuma surpresa aqui. Indivíduos e grupos se agarram a qualquer coisa que se possa chamar de descoberta e ofereça apoio às tendências políticas do momento. A doutrina da rigidez de preços, com um mínimo de verdade a seu crédito, não é, nem de longe, o pior caso desse tipo.

4. Outra doutrina cristalizou-se em um *slogan*, a saber, que na era das grandes empresas a manutenção do valor do investimento — conservação do capital — se torna o principal objetivo da atividade empresarial e, provavelmente, interrompe quaisquer aprimoramentos que levem à redução de custos. Assim, a ordem capitalista se torna incompatível com o progresso.

O progresso implica, como vimos, a destruição dos valores de capital nas camadas com as quais concorrem a nova mercadoria ou o método de produção. Na concorrência perfeita, os investimentos antigos devem ser adaptados, com sacrifícios, ou abandonados; porém, quando não há concorrência perfeita e quando cada ramo da indústria é controlado por algumas poucas grandes empresas, estas encontram várias maneiras de combater o ataque ameaçador a sua estrutura de capital e de tentar evitar prejuízos em suas contas de capital; ou seja, podem lutar e irão lutar contra o próprio progresso.

Uma vez que essa doutrina apenas formula um aspecto particular da estratégia comercial restritiva, não há necessidade de acrescentar mais nada ao argumento já esboçado neste capítulo. Tanto em relação aos limites dessa estratégia quanto em relação às suas funções no processo de destruição criativa, só estaríamos repetindo o que já foi dito. Isso se torna ainda mais óbvio se observarmos que conservar valores de capital é o mesmo que conservar

---

125. Os teóricos se expressam da seguinte maneira: na depressão, as curvas de demanda podem descer muito mais violentamente se todas as travas forem retiradas de todos os preços.

lucros. A teoria moderna tende, de fato, a utilizar o conceito de *valor presente líquido dos ativos* (valores de capital) em lugar do conceito de *lucro*. Tanto os valores dos ativos quanto os lucros não estão sendo apenas conservados, mas, sim, maximizados.

Mas o ponto sobre a sabotagem de aprimoramentos que levem à redução de custos ainda exige comentários rápidos. Como nos mostra um pouco de reflexão, será suficiente considerar o caso de uma empresa que controla algum dispositivo tecnológico — alguma patente, digamos — cujo uso envolveria o descarte de algumas ou de todas as suas fábricas e equipamentos. Será que, para conservar seus valores de capital, a empresa deixaria de usar o dispositivo, enquanto uma administração sem os entraves dos interesses capitalistas, como uma administração socialista, poderia usá-lo e o faria em benefício de todos?

Mais uma vez é tentador levantar a questão dos fatos. A primeira coisa que uma empresa moderna faz, assim que se vê apta a pagar, é criar um departamento de pesquisa cujos membros sabem que seu pão de todo dia depende do êxito que conseguirem ter na elaboração de melhorias. Essa prática, naturalmente, não sugere alguma aversão ao progresso tecnológico. Tampouco podemos, em resposta, fazer referência aos casos em que as patentes adquiridas pelas empresas não foram utilizadas de imediato ou em nenhum momento. Pois pode haver razões perfeitamente legítimas para isso; por exemplo, o processo patenteado pode não ser bom ou pelo menos não ser adequado para garantir seu uso de forma comercial. Nem os próprios inventores, nem os economistas, nem os funcionários públicos são juízes imparciais disso; e, por meio de suas objeções ou relatórios, podemos acabar formando um quadro bastante distorcido.[126]

Mas estamos preocupados com a questão teórica. Todos concordam que as administrações privadas e socialistas introduzirão melhorias se, tendo em vista o novo método de produção, o custo total por unidade do produto for menor do que o custo principal por unidade do produto com o método ora em uso. Afirma-se que, se essa condição não for cumprida, a administração privada, então, não adotará um método de redução de custos até que a fábrica e os equipamentos existentes sejam completamente amortizados, enquanto a gestão socialista, em benefício de todos, substituiria o antigo por qualquer método novo de redução de custos assim que tal método se tornasse

---

126. Aliás, deve-se notar que o tipo de prática restritiva em discussão, admitindo que exista em grande medida, não deixa de ter efeitos compensatórios sobre o bem-estar social. De fato, os mesmos críticos que falam sobre sabotagem do progresso ao mesmo tempo enfatizam as perdas *sociais* vindas do ritmo do progresso capitalista, particularmente o desemprego que esse ritmo implica e que o avanço mais lento é capaz de mitigar até certo ponto. Bem, o progresso tecnológico é muito rápido ou muito lento para eles? Seria melhor se resolvessem logo essa questão.

disponível, ou seja, sem levar em conta os valores de capital. Entretanto, não é isso que ocorre.[127]

A administração privada, quando dirigida pelo lucro, não pode ter maior interesse em manter os valores de quaisquer edifícios ou máquinas do que uma administração socialista. Tudo o que a administração privada tenta fazer é maximizar o valor presente líquido do ativo, que é igual ao valor descontado do retorno líquido esperado. Isso equivale a dizer que ela sempre adotará um novo método de produção que acredita ser capaz de produzir um fluxo de renda futura por unidade do fluxo correspondente de despesas futuras, ambos trazidos para o valor presente, maior do que o método hoje em uso. O valor do investimento anterior, vinculado ou não por uma dívida pública baseada em obrigações e que deve ser amortizada, não entra em absoluto no cálculo subjacente às decisões, exceto no sentido e na medida em que também entraria em uma administração socialista. Tendo em vista que o uso das máquinas antigas economiza custos futuros em comparação com a introdução imediata dos novos métodos, o que resta de seu valor de serviço é, naturalmente, um elemento de decisão tanto para o administrador capitalista quanto para o socialista; de qualquer forma, ambos deixam o passado no passado, e qualquer tentativa de conservar o valor do investimento passado entraria em conflito tanto com as regras derivadas do motivo do lucro como com as regras estabelecidas para o comportamento do administrador socialista.

No entanto, não é verdade que as empresas privadas que têm equipamentos cujo valor está ameaçado por um novo método que elas também controlam — se não controlam, não há problema e nenhuma acusação — adotam o novo método apenas se, com ele, o custo unitário total for menor do que o custo primário com o antigo, ou se o investimento anterior tiver sido completamente amortizado *de acordo com o cronograma decidido antes do surgimento do novo método*. Pois, caso se espere que as novas máquinas, quando instaladas, tenham vida útil superior ao restante do período previamente estabelecido para o uso das máquinas antigas, seu valor residual descontado a partir daquela data será outro ativo a ser levado em conta. Também não ocorre, por razões semelhantes, de uma administração socialista, agindo racionalmente, adotar sempre e de imediato qualquer novo método que prometa produzir a custos unitários totais menores ou de isso deter vantagens sociais.

---

127. Deve-se observar que, mesmo que o argumento estivesse correto, ainda seria inadequado apoiar a tese de que o capitalismo é, nas condições previstas, "incompatível com o progresso tecnológico". Isso demonstraria apenas, em alguns casos, a presença de um atraso moderado na introdução de novos métodos.

No entanto, há outro elemento[128] que afeta profundamente o comportamento nesse assunto e que é invariavelmente negligenciado. É o que pode ser chamado de conservação *ex ante* (prévia) do capital na expectativa de novas melhorias. Muitas vezes, se não na maioria dos casos, uma empresa em atividade não enfrenta simplesmente a questão de adotar ou não um novo melhor método de produção que, na forma imediatamente disponível, poderá continuar sendo o melhor por algum tempo. Um novo tipo de máquina é, em geral, apenas um dos elos de uma cadeia de aprimoramentos e, em pouco tempo, pode se tornar obsoleto. Em um caso como esse, por óbvio, não seria sensato seguir a cadeia, elo por elo, independentemente das perdas de capital incorridas a cada vez. A questão real, então, é saber em que elo a empresa deve agir. A resposta será encontrada em um ponto intermediário entre considerações que, em grande parte, dependem de palpites. Mas acarretará, como regra, alguma espera para ver como a cadeia se comporta. E para alguém de fora isso pode parecer uma tentativa de sufocar as melhorias a fim de conservar os valores de capital *existentes*. No entanto, até mesmo o mais paciente dos camaradas se revoltaria se uma administração socialista fosse tão tola a ponto de seguir o conselho do teórico e continuar descartando fábricas e equipamentos todos os anos.

5. O nome que escolhi para este capítulo se explica pelo fato de sua maior parte tratar dos fatos e problemas que a linguagem comum associa ao monopólio ou à prática monopolista. Até agora abstive-me, na medida do possível, de usar esses termos para reservar para uma seção exclusiva alguns comentários sobre uns poucos tópicos especificamente relacionados a eles. Nada será dito, no entanto, que ainda não tenhamos visto de uma forma ou de outra.

(a) Começaremos pelo termo em si. *Monopolista* significa *vendedor único*. Literalmente, portanto, é um monopolista qualquer um que venda qualquer coisa que, em todos os aspectos, incluindo a embalagem, a localização e os serviços, não seja exatamente igual ao que as outras pessoas vendem, ou seja, todo merceeiro, ou todo armarinheiro, ou todo vendedor ambulante de "Good Humor"[129] que simplesmente não esteja alinhado com os vendedores da mesma marca de sorvete. No entanto, não é isso que queremos dizer quando falamos sobre monopolistas. Queremos particularizar apenas aqueles vendedores únicos cujos mercados não estão abertos à intromissão de futuros

---

128. Há, é claro, muitos outros elementos. O leitor entenderá que, ao lidar com algumas questões de princípios, é impossível fazer justiça plena a todos os tópicos abordados.

129. "Good Humor". Marca de sorvete americano criada na década de 1920 e vendida em 1961 para a Lipton, subsidiária americana da Unilever. (N.T.)

produtores da mesma mercadoria e de produtores de mercadorias similares ou, em termos um pouco mais técnicos, apenas aqueles vendedores exclusivos que enfrentam uma determinada curva de demanda que é completamente independente de sua própria ação, bem como de quaisquer reações de outras empresas à sua ação. A tradicional teoria do monopólio de Cournot-Marshall, conforme ampliada e alterada por autores posteriores, somente se sustenta se a definirmos dessa forma, e, ao que parece, não faz sentido chamar de monopólio algo a que essa teoria não se aplique.

Mas se definimos o termo dessa forma, então fica imediatamente evidente que os casos puros de monopólio de longo prazo devem ser mais raros e que, mesmo as aproximações aceitáveis aos requisitos do conceito devem ser ainda mais raras do que são os casos de concorrência perfeita. O poder de explorar à vontade uma determinada estrutura de demanda — ou uma que se modifique independentemente da ação do monopolista e das reações provocadas por ela — dificilmente persiste, sob as condições do capitalismo intacto, por um período suficientemente longo a ponto de se tornar importante para a análise da produção total, a menos que receba o apoio da autoridade pública, como, por exemplo, no caso dos monopólios fiscais. Não é fácil encontrar ou mesmo imaginar uma empresa moderna que não receba tal proteção — isto é, mesmo que protegida por taxas alfandegárias ou proibições de importação — e que, ainda assim, consiga exercer esse poder (exceto temporariamente). Mesmo as empresas ferroviárias e as de energia elétrica precisaram primeiro criar a demanda por seus serviços para depois passar a defender seu mercado contra a concorrência. Fora do campo dos serviços públicos, a posição do vendedor exclusivo pode, em geral, ser conquistada e mantida por décadas somente quando ele não se comporta como um monopolista. O monopólio de curto prazo será mencionado em breve.

Por que, então, toda essa discussão sobre monopólio? A resposta pode interessar ao analista do debate político. Claro, o conceito de monopólio está sendo usado como qualquer outro. As pessoas dizem que um país tem monopólio disso ou daquilo[130] mesmo quando a indústria em questão é extremamente

---

130. Esses, assim chamados, monopólios vieram à tona ultimamente em relação à proposta de impedir que as nações agressoras tenham acesso a determinados materiais. Por analogia, as lições dessa discussão trazem alguma relevância para o nosso problema. No início, acreditava-se muito nas possibilidades dessa arma. Depois, ao analisarem sua lista de materiais com maior atenção, as pessoas notaram que ela estava encolhendo, pois, cada vez mais, tornava-se claro que existem poucas coisas que não podem ser produzidas ou substituídas nas áreas em questão. E, por fim, começou a surgir uma suspeita no sentido de que, mesmo que se possa exercer alguma pressão sobre aquelas nações a curto prazo, os acontecimentos de longo prazo têm potencial para, em algum momento, destruir praticamente tudo o que restou das listas.

competitiva, etc. Mas isso não é tudo. Economistas, funcionários públicos, jornalistas e políticos deste país (Estados Unidos) obviamente amam a palavra porque ela passou a ser um termo de opróbrio que certamente desperta a hostilidade do público contra qualquer interesse que receba este rótulo. No mundo anglo-americano, o monopólio foi amaldiçoado e associado à exploração sem sentido desde quando, nos séculos XVI e XVII, era prática administrativa inglesa criar um grande número de posições de monopólio que, por um lado, respondiam bastante bem ao padrão teórico do comportamento monopolista e, por outro lado, justificavam plenamente a onda de indignação que impressionou até mesmo a grande Elizabeth.

Nada é tão duradouro como a memória de uma nação. Nossa época oferece outros exemplos mais importantes da reação de uma nação a fatos ocorridos há séculos. Essa prática levou o público de língua inglesa a ficar tão atento ao monopólio que este adquiriu o hábito de atribuir a esse poder sinistro praticamente tudo o que lhe desagradava nos negócios. Para os típicos burgueses liberais em particular, o monopólio tornou-se o pai de quase todos os abusos — na verdade, tornou-se seu bicho-papão de estimação. Adam Smith,[131] pensando principalmente em monopólios do tipo Tudor e Stuart, os desaprovava com uma dignidade reverente. O senhor Robert Peel[132] — que, como a maioria dos conservadores, às vezes, sabia como tomar de empréstimo o arsenal do demagogo —, no famoso episódio final de seu último período de mandato, que causou tanto mal-estar entre os seus associados, falava do monopólio de pão ou trigo, embora a produção inglesa de grãos fosse perfeitamente concorrencial, apesar do protecionismo.[133] E, neste país (Estados Unidos), o termo monopólio é praticamente sinônimo de qualquer negócio em grande escala. (b) A teoria do monopólio simples e

---

131. Era mais desculpável essa atitude acrítica no caso de Adam Smith e dos clássicos em geral do que no caso de seus sucessores, porque as grandes empresas, no sentido que damos ao termo, ainda não haviam surgido. Mas, mesmo assim, eles foram longe demais. Em parte, isso se deveu ao fato de não terem uma teoria satisfatória do monopólio, e isso os induziu não apenas a aplicar o termo de forma bastante indiscriminada (Adam Smith e até mesmo Senior interpretaram, por exemplo, a renda da terra como lucro monopolista) como também a considerar o poder de exploração dos monopolistas como praticamente ilimitado, o que é inequivocamente errado, até mesmo nos casos mais extremos.

132. Robert Peel (1788-1850), estadista conservador britânico. Foi duas vezes primeiro-ministro (1834-1835 e 1841-1846). (N.T.)

133. Esse exemplo ilustra a forma como o termo continua se insinuando em usos ilegítimos. A proteção da agricultura e o monopólio de produtos agrícolas são coisas completamente diferentes. Era uma luta contra o protecionismo e não contra o *cartel* inexistente de proprietários ou fazendeiros. Porém, lutar contra o protecionismo era como brigar por popularidade. E, evidentemente, não havia meios mais simples de fazê-lo do que chamar os protecionistas de monopolistas.

seletivo ensina que, salvo algum caso-limite, o preço do monopólio é maior e sua produção é menor do que o preço e a produção competitivos. Isso ocorre desde que o método e a organização da produção — e tudo o mais — sejam exatamente os mesmos em ambos os casos. No entanto, de fato, existem métodos superiores disponíveis para o monopolista que ou não estão disponíveis para uma multidão de concorrentes ou não estão disponíveis naquele momento para esta: pois há vantagens que, embora não completamente inatingíveis no estágio empresarial concorrencial, são, de fato, plenamente obtidas apenas no estágio monopolista, porque a monopolização pode, por exemplo, ampliar a esfera de influência dos melhores cérebros e diminuir a esfera de influência dos inferiores,[134] ou porque o monopólio goza de uma reputação financeira desproporcionalmente maior. Sempre que isso acontece, aquela proposição deixa de ser verdadeira. Em outras palavras, esse elemento de defesa da concorrência pode ser um completo fiasco porque os preços do monopólio não são necessariamente mais altos nem sua produção é menor do que seriam os preços e a produção concorrenciais nos níveis de eficiência produtiva e organizacional que estão ao alcance do tipo de empresa compatível com a hipótese da concorrência.

Não pode haver qualquer dúvida razoável de que, nas condições existentes em nossa época, tal superioridade é, na verdade, a característica dominante da típica empresa de grande escala, embora o mero tamanho não seja necessário nem suficiente para isso. Essas empresas não só surgem durante o processo de destruição criativa e funcionam de uma forma totalmente diferente do esquema estático, mas, em muitos casos de importância decisiva, também oferecem a forma necessária para o propósito. Criam grande parte daquilo que exploram. Daí, a conclusão comum sobre sua influência na produção de longo prazo seria inválida mesmo se estivéssemos diante de monopólios genuínos no sentido técnico do termo.

A motivação é bastante irrelevante. Ainda que a oportunidade de fixar preços monopolistas fosse o único objetivo, a pressão dos métodos aprimorados ou de um enorme aparato tenderia, em geral, a modificar o ponto ideal do monopolista em direção ao preço competitivo ou abaixo dele, fazendo, assim,

---

134. O leitor deve observar que, embora, como regra geral, esse tipo particular de superioridade seja simplesmente indiscutível, ocorre que os cérebros inferiores, especialmente se seus proprietários forem totalmente eliminados, não estão propensos a admitir isso e que a simpatia do público e dos economistas comuns está sempre do lado deles e não dos outros. Isso talvez tenha algo a ver com a tendência de minorar as vantagens do custo ou da qualidade da associação quase monopolista, que hoje é tão pronunciada quanto eram exagerados o que diziam delas os prospectos ou anúncios típicos dos patrocinadores de tais associações.

o trabalho — parcial, completo ou mais do que completo — do mecanismo concorrencial,[135] *mesmo que haja restrições e o excedente de capacidade esteja em evidência o tempo todo.* É claro que, se os métodos de produção, organização e assim por diante não forem aprimorados pelas práticas monopolistas ou em conexão com elas, como é o caso de um cartel comum, o teorema clássico sobre o preço do monopólio e a produção volta a fazer sentido.[136] O mesmo ocorre com outra ideia popular, a saber, de que a monopolização tem um efeito soporífero. Para isso, também, não é difícil encontrar exemplos. Mas não se deve basear nenhuma teoria geral sobre eles. Pois, especialmente na indústria manufatureira, uma posição de monopólio não costuma ser confortável. Somente é possível obtê-la e mantê-la sendo vigilante e energético. Qualquer influência soporífica que exista na economia moderna deve-se a outra causa, que será mencionada mais tarde.

(c) No curto prazo, as posições genuínas de monopólio ou próximas do monopólio são muito mais frequentes. O dono do mercadinho em uma vila de Ohio pode ser um verdadeiro monopolista por horas ou até dias durante uma inundação. Todo açambarcador de êxito pode ter um monopólio momentâneo. Uma empresa especializada em rótulos de papel para garrafas de cerveja pode encontrar-se em circunstâncias — os potenciais concorrentes percebem que os bons lucros aparentes seriam imediatamente destruídos se entrassem no mesmo campo — que lhe permitam movimentar-se à vontade em um trecho moderado e, ainda, bem definido da curva de demanda, pelo menos até que o rótulo de metal destrua essa curva de demanda.

Novos métodos de produção ou novas mercadorias, especialmente estas últimas, não conferem, por si, um monopólio, mesmo se utilizados ou produzidos por uma única empresa. O produto do novo método tem que competir com os produtos dos antigos, e a nova mercadoria tem que ser introduzida, ou

---

135. *The Aluminum Company of America* não é um monopólio no sentido técnico como definido acima, entre outras razões, porque teve que construir sua curva de demanda, o que é suficiente para excluí-la dos comportamentos previstos pelo esquema Cournot-Marshall. Contudo, a maioria dos economistas a chama assim, e pela escassez de casos genuínos faremos o mesmo em relação aos propósitos desta nota. De 1890 a 1929, o preço do produto básico deste vendedor único caiu para cerca de 12% ou, ajustando pela variação do nível de preços (índice de preços no atacado do Departamento do Trabalho dos Estados Unidos), para cerca de 8,8%. A produção passou de 30 toneladas para 103,4 mil. A proteção dada por patentes havia cessado em 1909. O argumento dos custos e dos lucros usado como crítica a esse "monopólio" deve ter por certo que inúmeras empresas concorrentes teriam sido igualmente bem-sucedidas em pesquisas de redução de custos, no desenvolvimento econômico do aparato produtivo, no ensino de novos usos para o produto e na prevenção contra colapsos ineficientes. De fato, isso tem sido presumido por esse tipo de crítica; ou seja, deixa-se de levar em consideração o fator propulsor do capitalismo moderno.

136. Veja, no entanto, supra, item 1.

seja, sua curva de demanda tem que ser construída. Via de regra, nem patentes nem práticas monopolistas modificam a situação. Mas podem modificar em casos de superioridade espetacular do novo mecanismo, particularmente se puder ser alugado, como as máquinas da indústria de calçados; ou no caso de novas mercadorias cuja curva de demanda permanente foi estabelecida antes que a patente expirasse.

Assim, é verdade que existe ou pode haver um elemento de ganho monopolista genuíno nesses lucros empresariais que são os prêmios oferecidos pela sociedade capitalista ao inovador de êxito. Mas a importância quantitativa desse elemento, sua natureza volátil e sua função no processo em que emerge o colocam em uma classe especial. Para uma empresa, o principal valor da posição de vendedora única, que é garantida por patente ou estratégia monopolista, não consiste tanto na oportunidade de se comportar temporariamente de acordo com o esquema monopolista como na proteção que ela oferece contra a desorganização temporária do mercado e o espaço que garante para o planejamento de longo prazo. Aqui, porém, o argumento se funde à análise apresentada anteriormente.

6. Em um olhar retrospectivo, percebemos que a maioria dos fatos e argumentos abordados neste capítulo tende a diminuir o halo que circundava a concorrência perfeita e, ao mesmo tempo, sugere uma visão mais favorável à sua alternativa. Reformularei brevemente nosso argumento por esse ângulo.

A própria teoria tradicional, mesmo dentro das regras escolhidas, isto é, uma economia estacionária ou em crescimento constante, vem descobrindo desde a época de Marshall e Edgeworth[137] um número cada vez maior de exceções às velhas proposições sobre a concorrência perfeita e, incidentalmente, o livre-comércio, que abalaram essa crença injustificada em suas virtudes respeitadas pela geração que floresceu entre Ricardo e Marshall — aproximadamente, a geração de J. S. Mill na Inglaterra e Francesco Ferrara na Europa continental. Em especial, as proposições de que um sistema de concorrência perfeita em geral economiza recursos e os aloca de um modo excelente no que diz respeito a uma dada distribuição de renda — proposições muito relevantes para a questão do comportamento da produção — já não podem agora ser mantidas com a velha confiança.[138]

---

137. Francis Ysidro Edgeworth (1845-1926), economista anglo-irlandês. (N.T.)

138. Como não podemos entrar no assunto, encaminharei o leitor ao artigo do senhor R. F. Kahn intitulado "Some notes on ideal output" (*Economic Journal*, março de 1935), que cobre grande parte desse assunto. (Richard Ferdinand Kahn [1905-1989], economista britânico. [N.T.])

Muito mais grave é a brecha aberta por trabalhos mais recentes no campo da teoria dinâmica (Frisch, Tinbergen, Roos, Hicks e outros).[139] Análise dinâmica é a análise de séries temporais. Ao explicar por que uma certa grandeza econômica — por exemplo, o preço — é o que achamos que seja em um dado momento, a teoria leva em consideração não apenas o estado de outras grandezas econômicas no mesmo momento, como o faz a teoria estática, mas também seu estado em momentos anteriores, e as expectativas sobre seus valores futuros. Ora, a primeira coisa que descobrimos ao resolver as proposições que relacionam grandezas pertencentes a diferentes pontos temporais[140] é o fato de que, uma vez que o equilíbrio tenha sido destruído por alguma perturbação, o estabelecimento de um novo equilíbrio não será tão garantido, rápido e econômico como propunha a velha teoria da concorrência perfeita; e a possibilidade de que a própria luta por ajustes possa distanciar mais, e não aproximar, esse sistema de um novo equilíbrio. Isso ocorrerá na maioria dos casos, a menos que a perturbação seja pequena. Em muitas situações, a demora do ajuste é suficiente para produzir esse resultado.

Tudo o que posso fazer aqui é oferecer o mais antigo, simples e conhecido exemplo. Suponha que a demanda e a oferta *pretendida* estejam em equilíbrio em um mercado em concorrência perfeita para o trigo, mas que as condições climáticas ruins reduzam a safra a uma quantidade menor do que aquela que os agricultores pretendiam fornecer. Se, em consequência disso, o preço subir e os agricultores produzirem uma quantidade de trigo que valeria produzir se esse novo preço fosse o de equilíbrio, então ocorreria uma queda no mercado de trigo no ano seguinte. Se, então, os agricultores restringirem a produção, isso poderá resultar em um preço ainda maior do que o do primeiro ano, induzindo uma expansão da produção ainda maior do que a ocorrida no segundo ano; e assim por diante (no que diz respeito à lógica pura do processo), indefinidamente. O leitor perceberá de imediato, pelo exame das suposições envolvidas, que não é preciso temer muito que preços e produções cada vez maiores se alternem até o dia do juízo final. Mas mesmo que reduzido a proporções apropriadas, o fenômeno é suficiente para mostrar algumas fraquezas gritantes do mecanismo da concorrência perfeita. Logo que são

---

139. Ragnar Anton Kittil Frisch (1895-1973), economista norueguês que desenvolveu e aplicou modelos dinâmicos para a análise de processos econômicos com Jan Tinbergen (1903-1994), economista holandês; Charles Frederick Roos (1901-1958), economista americano; John Hicks (1904-1989), economista britânico. (N.T.)

140. O termo "dinâmica" é utilizado de forma livre e tem muitos significados diferentes. A definição acima foi formulada por Ragnar Frisch.

percebidas, muito do otimismo que costumava incrementar as implicações práticas da teoria desse mecanismo desaparece.

Contudo, do nosso ponto de vista, precisamos ultrapassar isso.[141] Se tentarmos visualizar como a concorrência perfeita funciona ou funcionaria durante o processo de destruição criativa, chegaremos a um resultado ainda mais desanimador. Isso não nos surpreenderá, considerando que todos os fatos essenciais desse processo estão ausentes do esquema geral da vida econômica que produz as proposições tradicionais sobre a concorrência perfeita. Correndo o risco de me repetir, ilustrarei esse ponto mais uma vez.

A concorrência perfeita implica o livre acesso a toda indústria. É bem verdade, dentro dessa teoria geral, que o livre acesso a todas as indústrias é condição para a alocação ótima de recursos e, portanto, para a maximização da produção. Se o nosso mundo econômico consistisse em uma série de indústrias tradicionais produzindo mercadorias familiares por métodos tradicionais e praticamente invariáveis, e se nada acontecesse, exceto a combinação de mais homens e mais economias a fim de criar novas empresas, então os obstáculos para sua entrada em qualquer indústria que almejassem representariam prejuízos para a comunidade. Mas o acesso totalmente livre a uma *nova* atividade pode se tornar completamente impossível. É difícil conceber a introdução de novos métodos de produção e novas mercadorias em uma concorrência perfeita — e certamente imediata — desde o início. E isso significa que a maior parte do que chamamos de progresso econômico é incompatível com ela. Na verdade, a concorrência perfeita ficou temporariamente suspensa sempre que algo novo foi introduzido — automaticamente ou por medidas concebidas para o propósito —, mesmo em condições de concorrência perfeita.

Da mesma forma, dentro do sistema tradicional, fica mantida a acusação habitual de preços rígidos. A rigidez *é* um tipo de resistência à adaptação que a competição perfeita e rápida exclui. E, tendo em vista o tipo de adaptação e as condições tratadas pela teoria tradicional, é mais uma vez verdadeiro que

---

141. É preciso observar que a característica definidora da teoria dinâmica nada tem a ver com a natureza da realidade econômica à qual ela é aplicada. É mais um método geral de análise que um estudo de um determinado processo. Podemos utilizá-la para analisar uma economia estacionária, assim como uma economia em evolução pode ser analisada por métodos de estática ("estática comparativa"). Portanto, a teoria dinâmica não precisa levar em consideração, e de fato não levou, o processo de destruição criativa que tomamos como a essência do capitalismo. Está, sem dúvida, mais bem equipada do que a teoria estática para lidar com muitas questões de mecanismo que surgem na análise desse processo. Mas não é uma análise do processo em si, e trata os distúrbios individuais resultantes de determinados estados e estruturas da mesma forma como trata outros distúrbios. Assim, julgar o funcionamento da concorrência perfeita do ponto de vista da evolução capitalista não é a mesma coisa que julgá-lo do ponto de vista da teoria dinâmica.

tal resistência se traduza em prejuízos e redução da produção. Vimos, contudo, que nos surtos e vicissitudes do processo de destruição criativa o oposto pode ser verdadeiro: a flexibilidade perfeita e instantânea pode até produzir catástrofes inúteis. Isso, é claro, também pode ser demonstrado pela teoria dinâmica geral, que, conforme mencionado anteriormente, mostra que há tentativas de adaptação que intensificam o desequilíbrio.

Mais uma vez, sob suas próprias hipóteses, a teoria tradicional está correta ao afirmar que os lucros acima do necessário, em cada caso individual, para atrair a quantidade de equilíbrio dos meios de produção, incluindo-se a capacidade empresarial, tanto indicam quanto implicam prejuízo social líquido, e que a estratégia comercial cujo objetivo é mantê-los é contrária ao crescimento da produção total. A concorrência perfeita impediria ou eliminaria imediatamente tais lucros excedentes e não daria espaço para o uso dessa estratégia. Mas, uma vez que, no processo da evolução capitalista, esses lucros adquirem novas funções orgânicas — e não quero repetir aqui quais são —, esse fato não pode mais ser incondicionalmente atribuído ao modelo da concorrência perfeita, pelo menos em relação à taxa de crescimento secular da produção total.

Enfim, pode-se mostrar que — sob as mesmas hipóteses, equivalentes a excluir as características mais distintivas da realidade capitalista — uma economia de concorrência perfeita está relativamente livre do desperdício e, em particular, do tipo de desperdício que de forma mais imediata associamos à sua contraparte. Mas isso não nos diz nada sobre o desperdício nas condições estabelecidas pelo processo de destruição criativa.

Por um lado, muito do que, sem referência a essas condições, poderia parecer ser um completo desperdício deixa de se qualificar como tal assim que é devidamente relacionado a elas. Por exemplo, o tipo de excedente de capacidade que deve sua existência à prática de "antecipar-se à demanda" ou à prática de gerar capacidade para os picos cíclicos de demanda ficaria bastante reduzido em um regime de concorrência perfeita. Mas quando *todos* os fatos do caso são levados em consideração, não é mais correto dizer que a concorrência perfeita sai vitoriosa. Pois, embora uma empresa que é obrigada a aceitar os preços e não tem poder para fixá-los use, de fato, toda a sua capacidade suscetível de produzir a custos marginais cobertos pelos preços vigentes, não há como concluir que, em algum momento, ela chegaria a ter o volume e a qualidade da capacidade que as grandes empresas criaram e foram capazes de criar precisamente porque se encontram em posição de usá-la "estrategicamente". Esse tipo de excedente de capacidade pode constituir — em alguns casos, e não em outros — uma razão para afirmar a superioridade de uma economia socialista. Mas não deve ser, sem limitações, apontado como uma afirmação da superioridade de uma economia capitalista da espécie de concorrência perfeita em comparação com a espécie "monopoloide".

Por outro lado, funcionando nas condições da evolução capitalista, a concorrência perfeita exibe seus próprios desperdícios. A empresa do tipo compatível com a concorrência perfeita é, em muitos casos, inferior em eficiência interna, especialmente tecnológica. Nesse caso, desperdiça oportunidades. Também pode, em seus esforços para melhorar seus métodos de produção, desperdiçar capital, pois está em uma posição menos favorável para evoluir e julgar as novas possibilidades. E, como vimos antes, uma indústria em concorrência perfeita está muito mais propensa a ser destruída — e a espalhar os bacilos da depressão — sob o impacto do progresso ou da perturbação externa do que as grandes empresas. Em última análise, a agricultura americana, a mineração de carvão e a indústria têxtil inglesas são muito mais caras aos consumidores e estão afetando a produção *total* de forma muito mais prejudicial do que se cada uma delas fosse administrada por uma dúzia de bons cérebros.

***

Assim, não basta argumentar que, como a concorrência perfeita é impossível sob as condições industriais modernas — ou porque sempre foi —, a grande empresa ou unidade de controle deve ser aceita como um mal necessário, inseparável do progresso econômico, o qual é impedida de sabotar pelas forças inerentes ao seu aparato produtivo. O que temos de aceitar é que ela passou a ser o mecanismo mais poderoso desse progresso e, em particular, da expansão de longo prazo da produção total, não apenas, mas também, em grande medida, por meio dessa estratégia que parece tão restritiva quando observada num caso individual e de um determinado ponto. Nesse sentido, a concorrência perfeita não é apenas impossível, mas inferior, e não tem envergadura para ser vista como um modelo de eficiência ideal. É, portanto, um erro basear a teoria da regulamentação estatal da indústria no princípio de que as grandes empresas deveriam operar como a respectiva indústria funcionaria em um regime de concorrência perfeita. Os socialistas, por sua vez, devem estruturar suas críticas com base nas virtudes de uma economia socialista, e não nas virtudes do modelo da concorrência.

IX. PERÍODO DE DEFESO

Cabe ao leitor decidir até que ponto a análise anterior atingiu seu objetivo. A economia é apenas uma ciência baseada na observação e na interpretação;

desse modo, em questões como a nossa, o espaço para a divergência de opiniões pode ser diminuído, mas não reduzido a zero. Pela mesma razão, a solução de nosso primeiro problema só nos conduz ao pórtico de outro que, em uma ciência experimental, nunca surgiria.

O primeiro problema foi descobrir se há, como dito no segundo parágrafo do Capítulo VI, "uma relação de coerência" entre as características basilares do capitalismo conforme retratadas por vários "modelos" analíticos e o desempenho econômico conforme retratado, para o período do capitalismo intacto ou relativamente livre de entraves, pelo índice de produção total. Minha resposta afirmativa a essa questão teve como pilar uma análise realizada por métodos aprovados pela maioria dos economistas, ao menos até o ponto em que entra em cena algo que costuma ser chamado de tendência moderna para o controle monopolista. Depois disso, minha análise desviou-se dos métodos usuais em uma tentativa de mostrar que o que praticamente todos atribuem ao capitalismo de concorrência perfeita (seja uma construção teórica, seja uma realidade histórica de algum período) também deve ser atribuído, num maior grau, ao capitalismo das grandes empresas. Entretanto, uma vez que não podemos levar a força motriz e o motor a um laboratório para deixá-los funcionando em condições cuidadosamente controladas, não há como provar, de forma indubitável, sua propensão para produzir apenas o resultado em análise, a saber, o rendimento observado da produção. Tudo o que podemos dizer é que houve um desempenho bastante grande e que o arranjo capitalista foi favorável à sua produção. E é precisamente por isso que não podemos nos deter em nossa conclusão e devemos enfrentar outro problema.

A priori, ainda poderia ser possível explicar o desempenho observado pelas circunstâncias excepcionais que teriam se afirmado em qualquer modelo institucional. A única maneira de lidar com essa possibilidade é examinar a história econômica e política do período em questão e discutir as circunstâncias excepcionais que encontrarmos. Para atacarmos o problema, levaremos em consideração os candidatos ao papel de circunstâncias excepcionais não inerentes aos processos econômicos do capitalismo que foram citados por economistas ou historiadores. Há cinco candidatos.

O primeiro é a ação do governo que — embora eu concorde plenamente com Marx em considerar que a política e as políticas não são fatores independentes, mas elementos do processo social que estamos analisando — pode ser considerada, para os fins do presente argumento, como um fator externo ao mundo econômico. O período entre aproximadamente 1870 e 1914 apresenta um caso quase ideal. Seria difícil encontrar outro que estivesse igualmente livre dos estímulos ou das limitações que podem vir do setor político do processo social. A remoção dos entraves da atividade empresarial, da indústria e do comércio em geral já havia ocorrido antes. Novos e diferentes entraves e encargos — legislação social, etc. — estavam sendo impostos, mas ninguém afirmará que estes eram fatores importantes na situação econômica antes de 1914. Ocorreram guerras. Mas nenhuma delas foi, em termos econômicos, importante o suficiente para exercer consequências vitais de uma forma ou de outra. A guerra franco-prussiana que resultou na fundação do Império Alemão pode sugerir uma dúvida. Mas o acontecimento economicamente relevante foi, afinal, a fundação da *Zollverein*.[142] Ocorreram gastos com armamentos. Entretanto, nas circunstâncias da década finalizada em 1914, em que se assumiram dimensões realmente importantes, essas despesas foram mais uma desvantagem que um estímulo.

O segundo candidato é o ouro. É muita sorte não precisarmos nos embrenhar no matagal das questões que cercam o *modus operandi* do novo excedente de ouro que teve início por volta de 1890. Pois, já que nos primeiros vinte anos do período o ouro era realmente escasso e já que a taxa de crescimento da produção total não era, na época, menor do que seria mais tarde, a produção de ouro não pode ter sido um fator importante no desempenho produtivo do capitalismo, independentemente do significado que tenha para as prosperidades e depressões. Isso também é válido no que diz respeito à política monetária, que, na época, não seguia um modelo agressivo, mas, sim, um modelo adaptativo.

O terceiro foi o aumento da população que, seja causa ou consequência do progresso econômico, certamente foi um dos fatores dominantes da conjuntura econômica. A menos que estejamos dispostos a afirmar que tenha sido uma consequência *exclusiva* e supor que qualquer variação na produção sempre implica uma variação correspondente na população e, ao mesmo tempo, nos recusemos a admitir o inverso, que é naturalmente absurdo, esse fator deve ser listado como um candidato elegível. Por enquanto, basta um breve comentário para esclarecer a situação.

Em geral, um número maior de trabalhadores remunerados produzirá mais do que um número menor, qualquer que seja a organização social. Assim, se é possível presumir — e, sim, é possível — que qualquer parte da taxa real de crescimento demográfico durante aquele período tenha ocorrido independentemente dos resultados produzidos pelo sistema capitalista no sentido de que teria ocorrido em qualquer outro sistema, a população deve, nesse sentido, ser

---

142. *Zollverein*, em alemão, união aduaneira. Foi uma aliança aduaneira entre os 39 estados do império alemão que perdurou até a unificação, em 1871. (N.T.)

listada como um fator externo. Na mesma medida, o crescimento observado da produção total não mensura o desempenho capitalista, exagera-o.

Porém, nas mesmas circunstâncias, um número maior de trabalhadores remunerados produzirá, em geral, menos *per capita* de empregado ou da população do que produziria um número um pouco menor, qualquer que seja a organização social. Isso decorre do fato de que, quanto maior o número de trabalhadores, menor será a quantidade de outros fatores com os quais o trabalhador individual coopera.[143] Assim, se a produção *per capita* da população for escolhida para medir o desempenho capitalista, então o aumento observado poderá subestimar as realizações reais, pois parte dessas realizações sempre foi absorvida para compensar a queda na produção *per capita* que teria ocorrido em sua ausência. Outros aspectos do problema serão considerados mais adiante.

O quarto e quinto candidatos têm maior apoio dos economistas, mas podem ser facilmente rejeitados enquanto estivermos tratando de desempenho passado. Um deles são os novos territórios. A vasta extensão territorial que, em termos econômicos, entrou na esfera euro-americana durante esse período, o enorme volume de alimentos e matérias-primas, agrícolas ou não, que vieram dos novos território, todas as cidades e indústrias que cresceram em todos os lugares a partir da base oferecida por eles, será que tudo isso não formou um fator bastante excepcional para o desenvolvimento da produção, na verdade, o único? Será que não foi uma dádiva que teria produzido um grande aumento de riqueza, seja qual fosse o sistema econômico que tivesse afetado? Há uma escola de pensamento socialista que aceita esse ponto de vista e, de fato, explica dessa forma o fato de as previsões de Marx sobre a miséria crescente não terem se tornado realidade. Atribuem aos resultados da exploração de ambientes virgens a responsabilidade pelo fato de não vermos ainda mais exploração do trabalho; devido a esse fator, o proletariado pode aproveitar um período de defeso.

Não há dúvida sobre a importância das oportunidades proporcionadas pela existência de novos países. E é claro que eram únicas. Mas as "oportunidades objetivas" — ou seja, as oportunidades que existem independentemente de qualquer arranjo social — são sempre pré-requisitos do progresso, e cada uma delas é única no âmbito histórico. A presença de carvão e de minério de ferro na Inglaterra ou de petróleo aqui (nos Estados Unidos) e em outros países não é menos importante e constitui uma oportunidade que não é menos única. O processo capitalista, em sua íntegra, como qualquer outro

---

143. Essa afirmação está longe de ser satisfatória, mas parece suficiente para nosso propósito. A parte capitalista do mundo, tomada como um todo, certamente teria naquele momento se desenvolvido além dos limites dentro dos quais opera a tendência oposta.

processo econômico que seja evolutivo, consiste em nada mais do que explorar tais oportunidades à medida que passam a fazer parte do horizonte do empresário, e não faz sentido tentar destacar o que estamos discutindo com o objetivo de interpretá-lo como um fator externo. Há menos razão ainda para fazê-lo porque a abertura desses novos países foi conquistada passo a passo por meio da empresa comercial e porque a empresa comercial forneceu todas as condições para isso (construção de ferrovias e de usinas de energia elétrica, transporte, máquinas agrícolas, etc.) Assim, esse processo foi parte essencial da conquista capitalista e em pé de igualdade com os demais. Portanto, os resultados entram de forma justa em nossos 2%. Mais uma vez, podemos invocar o apoio do partido comunista.

O último candidato é o progresso tecnológico. O desempenho observado não seria devido mais ao fluxo de invenções que revolucionou a técnica de produção do que à busca por lucros dos empresários? A resposta é negativa. O ato de pôr em prática as novidades tecnológicas estava na essência dessa busca. E até mesmo a própria invenção, como será mais plenamente explicado logo adiante, era uma função do processo capitalista, responsável pelos hábitos mentais que levam à invenção. É, portanto, bastante errado — e também bastante antimarxista — dizer, como o fazem muitos economistas, que a empresa capitalista e o progresso tecnológico foram fatores distintos dentro do desenvolvimento observado da produção; eles eram essencialmente uma e a mesma coisa ou, como também podemos dizer, o primeiro foi a força propulsora do segundo.

Tanto as novas terras quanto o progresso tecnológico podem se tornar problemáticos logo que começamos a fazer extrapolações. Embora sejam conquistas do capitalismo, é possível que jamais possam ser repetidas. E ainda que tenhamos agora estabelecido uma argumentação razoável no sentido de que o comportamento observado da produção *per capita* da população durante o período de capitalismo pleno não foi algo acidental e que pode ser considerado como medida aproximada do desempenho capitalista, nos vemos diante de mais uma questão, isto é, saber até que ponto é legítimo assumir que a máquina capitalista irá funcionar — ou iria, se lhe fosse permitido — em um futuro próximo, digamos, por mais quarenta anos, com o mesmo êxito do passado.

X. O DESAPARECIMENTO DA OPORTUNIDADE DE INVESTIMENTO

A natureza desse problema pode ser revelada de forma mais esclarecedora no contexto da discussão contemporânea. A atual geração de economistas testemunhou não apenas uma depressão mundial de gravidade e duração incomuns, mas também um período subsequente de recuperação vacilante e insatisfatória. Eu já apresentei minha interpretação[144] desses fenômenos e anunciei as razões pelas quais não acredito que necessariamente indiquem uma ruptura na tendência da evolução capitalista. Mas é natural que muitos, se não a maioria dos meus colegas economistas, tenham um ponto de vista diferente. Na verdade, eles se sentem exatamente como alguns de seus antecessores se sentiram entre 1873 e 1896 — mesmo que na época essa opinião se restringisse principalmente à Europa —, como se uma mudança fundamental pairasse sobre o processo capitalista. De acordo com esse ponto de vista, testemunhamos não apenas uma depressão e uma recuperação ruim, acentuada, talvez, por políticas anticapitalistas, como também os sintomas de uma perda permanente de vitalidade, a qual, esperava-se, deveria ser contínua e deveria apresentar o tema principal dos movimentos restantes da sinfonia capitalista; portanto, não se pode extrair nenhuma inferência sobre o futuro a partir do funcionamento da máquina capitalista e de seu desempenho passado.

Esse ponto de vista é adotado por muitos cujo pensamento não depende das coisas que eles gostariam que fosse verdade. Mas entenderemos por que os socialistas, cujo pensamento é dependente de seus desejos, aproveitaram-se com particular alegria dessa fruta caída — alguns deles a ponto de transferir completamente a base de seu argumento anticapitalista para esse terreno. Ao fazê-lo, colheram a vantagem extra de poder se apoiar mais uma vez na tradição marxista, que, como já apontei anteriormente, os economistas habilitados entre eles se sentiam cada vez mais obrigados a descartar. Pois, no sentido explicado no primeiro capítulo, Marx previu tal estado de coisas: segundo ele, o capitalismo, antes de realmente entrar em colapso, passaria por uma fase de crise permanente, temporariamente interrompida por frágeis recuperações ou por ocorrências favoráveis casuais. E isso não é tudo. Uma forma de colocar o assunto do ponto de vista marxista é enfatizar os efeitos da acumulação e concentração de capital sobre a taxa de lucro e, por meio da taxa de lucro, sobre a oportunidade de investir. Uma vez que o processo capitalista sempre dependeu de uma grande quantidade de investimentos correntes, mesmo a sua eliminação parcial seria suficiente para tornar plausível a previsão de que o processo está a caminho do fracasso. Essa linha específica do argumento marxista, sem dúvida, parece concordar bastante não apenas com alguns fatos característicos da década passada — desemprego, excesso de reservas,

---

144. Veja o Capítulo V.

saturação nos mercados monetários, margens de lucros insatisfatórias, estagnação do investimento privado —, mas também com várias interpretações não marxistas. Certamente não existe, entre Marx e Keynes, um abismo tão grande quanto o que havia entre Marx e Marshall ou Wicksell. Tanto a doutrina marxista quanto sua contraparte não marxista estão bem representadas na expressão autoexplicativa que iremos usar: a teoria do desaparecimento da oportunidade de investimento.[145]

É preciso observar que essa teoria realmente levanta três questões distintas. A primeira questão é semelhante à questão que dá nome a esta parte. Uma vez que nada no mundo social dura para sempre[146] e como a ordem capitalista é essencialmente o quadro de um processo não só de mudança econômica, mas também de mudança social, não há muito espaço para as divergências relativas à resposta. A segunda questão se refere a analisar se as forças e os mecanismos proporcionados pela teoria do desaparecimento da oportunidade de investimento são os que devem ser enfatizados. Nos próximos capítulos, apresentarei outra teoria que acabará por matar o capitalismo, mas ainda restará uma série de paralelismos. No entanto, há uma terceira questão. Mesmo que as forças e os mecanismos enfatizados pela teoria do desaparecimento da oportunidade de investimento fossem, por si sós, adequados para estabelecer a presença no processo capitalista de uma tendência de longo prazo para o impasse final, não necessariamente se segue que as vicissitudes da última década (1930) se devam a eles e — o que é importante acrescentar para nosso propósito — que devemos esperar que vicissitudes semelhantes, portanto, se mantenham pelos próximos quarenta anos.

No momento, estamos preocupados principalmente com o terceiro problema. Mas muito do que vou dizer também serve para o segundo. Podemos dividir em três grupos os fatores que são aceitos para justificar uma previsão pessimista sobre o desempenho do capitalismo em um futuro próximo e para negar a ideia de que o desempenho passado pode ser repetido.

Há, em primeiro lugar, os fatores ambientais. Foi afirmado e ainda resta ser demonstrado que o processo capitalista produz uma distribuição do poder político e uma atitude sociopsicológica — expressando-se em políticas correspondentes — que são hostis a ele e que podem, espera-se, reunir forças para que, eventualmente, impeçam o funcionamento da máquina capitalista. Deixarei esse fenômeno de lado para ser considerado mais adiante. O que se

---

145. Veja meu livro *Business cycles* (Ciclos econômicos), cap. XV.
146. *Aere perennius,* em latim no original. Literalmente, significa "mais duradouro que o bronze". (N.T.)

segue agora deve ser lido com as necessárias ressalvas. Mas é preciso notar que essa atitude e fatores cognatos também afetam a força motriz da própria economia burguesa da economia do lucro, e que, portanto, a ressalva cobre mais do que se pode pensar à primeira vista — mais, de qualquer forma, que mera "política".

Em seguida, há a própria máquina capitalista. A teoria do desaparecimento da oportunidade de investimento não inclui necessariamente, mas, na verdade, alia-se com a outra teoria de que os negócios modernos de maior escala representam uma forma petrificada de capitalismo em que as práticas restritivas, a rigidez de preços, a atenção exclusiva à conservação dos valores de capital existentes, etc., lhe são naturalmente inerentes. Já tratamos disso anteriormente.

Por fim, há o que pode ser descrito como o "material" consumido pela máquina capitalista, ou seja, as oportunidades abertas a novas empresas e investimentos. A teoria em discussão coloca tanta ênfase nesse elemento que justifica o rótulo que afixamos a ela. As principais razões para se afirmar que oportunidades para a iniciativa privada e investimento estão desaparecendo são estas: saturação, população, novas terras, possibilidades tecnológicas e a circunstância de que as muitas oportunidades de investimento existentes pertencem à esfera do investimento público, e não privado.

1. Num estado determinado das necessidades humanas e da tecnologia (no sentido mais amplo possível do termo) há, naturalmente, para cada taxa de salário real, uma quantidade definida de capital fixo e circulante que leva à saturação. Se as necessidades e os métodos de produção tivessem sido congelados para sempre no estado em que se encontravam em 1800, tal ponto teria sido alcançado muito tempo atrás. Mas não seria possível dizer que as necessidades algum dia estarão tão completamente satisfeitas a ponto de se congelarem para sempre? Algumas implicações relativas a esse caso serão desenvolvidas mais adiante, mas, enquanto estivermos lidando com o que pode acontecer durante os próximos quarenta anos, evidentemente não precisamos nos preocupar com essa possibilidade.

Se um dia ela se concretizar, então o atual declínio da taxa de natalidade e, ainda mais, uma diminuição real da população se tornariam, de fato, um fator importante na redução das oportunidades de investimento, excetuando-se os investimentos de substituição. Pois, se as necessidades de todos estivessem satisfeitas ou quase satisfeitas, o aumento do número de consumidores seria por essa hipótese a única grande fonte de nova demanda. Porém, independentemente dessa possibilidade, a diminuição da taxa de crescimento populacional não coloca em risco *per se* a oportunidade de investimento ou a taxa de crescimento da produção total *per capita*.[147] Disso, podemos facilmente nos convencer por meio de um breve exame do argumento contrário mais usual.

Por um lado, sustenta-se que o declínio da taxa de crescimento da população total *ipso facto* (pelo próprio fato) implica no declínio da taxa de crescimento da produção e, portanto, do investimento, porque restringe a expansão da demanda. Isso não acontece. Necessidade e demanda efetiva não são a mesma coisa. Se fossem, as nações mais pobres apresentariam a demanda mais vigorosa. Como estão, os elementos da renda, liberados pela queda da taxa de natalidade, podem ser desviados para outros canais, e sujeitam-se particularmente a ser desviados em todos os casos em que o desejo de expandir demandas alternativas é o próprio motivo da falta de filhos. Um argumento modesto pode ser feito, enfatizando-se o fato de que as curvas de demanda, características de uma população crescente, são particularmente calculáveis e, portanto, oferecem oportunidades de investimento particularmente confiáveis. Mas os desejos que proporcionam oportunidades alternativas, em dado estado de satisfação das necessidades, não são menos previsíveis. É claro que o prognóstico para certos ramos individuais da produção, especialmente a agricultura, não é realmente brilhante. Mas isso não deve ser confundido com o prognóstico para a produção total.[148]

Por outro lado, podemos argumentar que o declínio da taxa de crescimento populacional tenderá a restringir a produção do lado da oferta. O rápido crescimento era, no passado, frequentemente uma das condições do desenvolvimento observado da produção, e podemos concluir *a contrario* que o aumento da escassez do fator trabalho pode ser um fator limitante. No entanto, por razões muito boas, fala-se pouco desse argumento. A observação de que, no início de 1940, a produção da indústria manufatureira nos Estados

---

147. Isso também vale para um pequeno declínio do número absoluto de pessoas, como pode ocorrer em breve na Grã-Bretanha (ver E. Charles, *London e Cambridge Economic Service*, Memo. nº 40). Um declínio absoluto considerável causaria problemas adicionais. Porém, os negligenciaremos, porque não se pode esperar que isso ocorra durante o período considerado por nós. Surgem, ainda, outros problemas econômicos, políticos e sociopsicológicos pelo envelhecimento da população. Embora estejam começando a se afirmar — já existe algo como o "*lobby* dos velhos" —, ainda não podemos abordar o tema. Mas deve-se observar que, enquanto for mantida a mesma idade para a aposentadoria, o percentual daqueles que devem receber sem contribuir não precisa ser afetado por um percentual decrescente de pessoas com menos de 15 anos. (Enid Charles [1894-1972], estatística, socialista e feminista britânica. [N.T.])

148. Parece haver uma impressão predominante entre muitos economistas no sentido de que um aumento populacional por si só fornece outra fonte de demanda de investimento. Não é verdade que todos esses novos trabalhadores devem ser equipados com ferramentas e matérias-primas que as acompanham? Isso, no entanto, não é de forma alguma óbvio. A menos que o aumento leve à diminuição dos salários, a implicação quanto à oportunidade de investimento carece de motivação, e mesmo nesse caso seria de esperar a redução do investimento por pessoa empregada.

Unidos era cerca de 120% maior que a média do período entre 1923 e 1925, enquanto o emprego nas fábricas estava em cerca de 100%, é uma resposta adequada para o futuro previsível. O volume do desemprego atual; o fato de que, com a queda da taxa de natalidade, as mulheres estão cada vez mais liberadas para o trabalho produtivo e o fato de que a queda da taxa de mortalidade significa o prolongamento do período útil de vida; o fluxo inesgotável de mecanismos que poupam o trabalho humano; a possibilidade, relativamente maior do que seria no caso do rápido crescimento demográfico, de evitar fatores complementares de produção de qualidade inferior (afastando, em parte, o efeito da lei dos rendimentos decrescentes) — tudo isso oferece amplo apoio à expectativa do senhor Colin Clark de que o rendimento por homem-hora aumentará na próxima geração.[149]

É claro que é possível tornar o fator trabalho artificialmente escasso com políticas de alto salário e de redução da jornada de trabalho e por meio da interferência política na disciplina da força de trabalho. A comparação do desempenho econômico dos Estados Unidos e da França entre 1933 e 1940 com o desempenho econômico do Japão e da Alemanha durante os mesmos anos sugere que algo desse tipo já tenha ocorrido. Mas isso pertence ao grupo dos fatores ambientais.

Como meu argumento, mais adiante, mostrará de forma abundante, estou muito longe de considerar insignificante o fenômeno em discussão. A queda da taxa de natalidade me parece ser uma das características mais significativas de nossa época. Veremos que, mesmo do ponto de vista puramente econômico, o fenômeno é de importância fundamental, tanto como sintoma quanto como causa da mudança de motivação. Este, no entanto, é um assunto mais complicado. Aqui estamos preocupados apenas com os efeitos mecânicos da queda da taxa de crescimento populacional, os quais certamente não servem de apoio a nenhuma previsão pessimista quanto ao desenvolvimento da produção *per capita* nos próximos quarenta anos. No que diz respeito a isso, aqueles economistas que preveem um "fracasso" nesse terreno simplesmente fazem o que infelizmente os economistas sempre estiveram propensos a fazer: da mesma forma como já ameaçaram o público, por motivos bastante inadequados, com os perigos econômicos de um número excessivo de bocas para alimentar,[150] agora eles o amedrontam, sem motivos melhores, com os perigos econômicos da carência.

---

149. *National Income and Outlay* (Renda e despesa nacionais), p. 21.

150. As previsões demográficas, desde o século XVII, quase sempre estiveram erradas. Para elas, no entanto, há alguma desculpa. Talvez haja até para a doutrina de Malthus. Mas não vejo nenhuma

2. Tratemos do acesso a novas terras — essa oportunidade única de investimento que nunca mais se repetirá. Mesmo que, apenas para argumentar, admitamos que a fronteira geográfica da humanidade está fechada de forma definitiva — o que não é em si muito óbvio, tendo em vista que, no momento, há desertos onde antes havia campos e cidades populosas — e mesmo que ainda admitamos que nada contribuirá mais para o *bem-estar* humano quanto os alimentos e as matérias-primas dessas novas terras — o que é mais plausível —, disso não se segue que a produção total *per capita* deva, portanto, diminuir ou aumentar a uma taxa mais baixa no decorrer do próximo meio século. Isso seria realmente esperado se as terras que, no século XIX, entraram na esfera capitalista tivessem sido exploradas no sentido de que, agora, estivessem apresentando rendimentos decrescentes. No entanto, não é esse o caso e, como acabei de apontar, a queda da taxa de crescimento populacional afasta do domínio das considerações práticas a ideia de que a resposta da natureza ao esforço humano já é ou deve se tornar menos generosa do que tem sido. O progresso tecnológico reverteu efetivamente tal tendência, e é uma das previsões mais seguras de que, no futuro previsível, viveremos em um excesso desnecessário[151] de alimentos e de matérias-primas, oferecendo à expansão da produção total o máximo de liberdade que nos seja útil. Isso também se aplica aos recursos minerais.

Há ainda outra possibilidade. Embora a produção atual *per capita* de alimentos e matérias-primas não precise diminuir e possa até aumentar, as grandes oportunidades às empresas e, portanto, aos investimentos que foram proporcionadas pela tarefa de desenvolver os novos países parecem ter desaparecido com a conclusão do trabalho, e todos os tipos de dificuldades já vêm sendo previstos por causa da consequente redução de mercados para a poupança. Presumiremos novamente, por uma questão argumentativa, que esses países estejam realmente desenvolvidos de forma definitiva e que a economia, não se adaptando a uma redução dos mercados, possa vir a causar problemas e desperdícios, a menos que outros mercados sejam abertos. Ambas as suposições são, é claro, bastante irrealistas. Mas não há necessidade de questioná-las, já que a conclusão quanto ao desenvolvimento futuro da produção depende

---

desculpa para sua sobrevivência. Na segunda metade do século XIX, já deveria estar claro para qualquer um que as únicas coisas valiosas sobre a lei de Malthus sobre a população eram suas limitações. A primeira década deste século definitivamente mostrou que a teoria era um monstrengo. Mas ninguém menos que uma autoridade da estatura do senhor Keynes tentou revitalizá-la no pós-guerra! E, no final de 1925, o senhor H. Wright, em seu livro sobre população, falou em "desperdício dos ganhos da civilização por um mero crescimento numérico". Será que a economia nunca chegará à maturidade?

151. *Embarras de richesse*, em francês no original. (N.T.)

de uma terceira suposição, que é completamente desprovida de fundamento, a saber, a ausência de outros mercados.

Essa terceira suposição é simplesmente fruto da falta de imaginação e exemplifica um erro que costuma distorcer a interpretação histórica. As características particulares de um processo histórico que impressiona o analista tendem, em sua mente, a ser vistas como causas fundamentais, seja de forma justificada ou não. Por exemplo, o que é geralmente chamado de *ascensão do capitalismo* quase coincide com o influxo de prata das minas Potosí e com uma situação política na qual os gastos dos monarcas costumavam exceder suas receitas e, por isso, eles se viam obrigados a tomar empréstimos de modo contínuo. Ambos os fatos são obviamente relevantes de várias maneiras para os acontecimentos econômicos daquela época — até mesmo as revoltas campesinas ou as religiosas podem, sem incorrermos em absurdo, estar ligadas a eles. O analista, portanto, se vê apto a concluir de imediato que a ascensão da ordem capitalista possui vínculo causal com esses acontecimentos no sentido de que sem eles (e alguns outros fatores do mesmo tipo) o mundo feudal não teria conseguido se transformar no capitalista. Mas esta é realmente outra proposição para a qual não há, aparentemente, nenhuma justificativa. Tudo o que se pode afirmar é que o caminho atravessado pelos acontecimentos foi esse. E com isso não podemos dizer que não havia outros. Nesse caso, a propósito, não se pode sequer afirmar que esses fatores favoreceram o desenvolvimento capitalista, pois embora, com certeza, tenham feito isso em alguns aspectos, obviamente retardaram-no em outros.

Da mesma forma, conforme vimos no capítulo anterior, as oportunidades para as empresas oferecidas pelas novas áreas a serem exploradas eram certamente únicas, mas apenas no sentido de que todas as oportunidades o são. Nada justifica supor não só que o "fechamento da fronteira" causará um vácuo, como também que qualquer passo que dermos nesse vácuo deverá ser necessariamente menos importante em qualquer um dos sentidos que possamos escolher dar a essa palavra. A conquista do ar pode muito bem ser mais importante do que foi a conquista da Índia — não devemos confundir as fronteiras geográficas com as econômicas.

É verdade que as posições relativas dos países ou das regiões podem mudar de modo significativo à medida que um tipo de oportunidade de investimento é substituído por outro. Quanto menor for um país ou uma região e quanto mais intimamente suas fortunas estiverem ligadas a um elemento específico do processo produtivo, menor será nossa confiança quanto ao futuro reservado para ele quando esse elemento se esgotar. Assim, os países ou as regiões agrícolas *podem* sofrer prejuízos permanentemente por causa dos produtos sintéticos competitivos (*rayon*, corantes e borracha sintética, por exemplo), e talvez não lhes conforte saber que, se o processo for tomado como um todo, talvez haja ganho líquido na produção total. Também é verdade que as possíveis consequências disso podem ficar bastante intensificadas pela divisão do mundo econômico em esferas nacionais hostis. E, por fim, é verdade que tudo o que podemos afirmar é que o desaparecimento das oportunidades de investimento por causa do desenvolvimento de novos países — se é que elas estão desaparecendo — não *precisa* causar um vazio que necessariamente afete a taxa de crescimento da produção total. Não podemos afirmar que elas serão de fato substituídas por oportunidades que sejam, ao menos, equivalentes. Podemos assinalar o fato de que, a partir desse acontecimento, outros acontecimentos surgem naturalmente nesses mesmos países ou em outros; podemos confiar na capacidade da máquina capitalista de sempre encontrar ou criar novas oportunidades, uma vez que está voltada justamente para esse propósito; mas tais considerações não nos levam além de nosso resultado negativo. E, recordando nossas razões para tratarmos do assunto, o que dissemos acima já é suficiente.

3. Um argumento semelhante aplica-se à visão amplamente aceita de que o grande avanço tecnológico já foi alcançado e que resta realizar apenas outras pequenas conquistas. Na medida em que esse ponto de vista não apenas torna as impressões concebidas a partir do estado de coisas durante e após a crise mundial — quando uma aparente ausência de novas proposições de primeira magnitude fazia parte do modelo conhecido de qualquer grande depressão —, ele exemplifica melhor ainda do que o "fechamento da fronteira da humanidade" aquele erro de interpretação que os economistas estão tão propensos a cometer. No momento, nos encontramos na parte mais baixa da onda empresarial que criou o automóvel, a usina elétrica e a indústria, os campos e os lares alimentados pela eletricidade. Achamos tudo isso maravilhoso, e, por mais que tentemos, não conseguimos imaginar de onde surgirão outras oportunidades de importância comparável. Na verdade, porém, as promessas da indústria química são muito maiores do que era possível prever em, digamos, 1880, sem mencionar o fato de que a mera utilização dos avanços da era da eletricidade e da produção de casas modernas para as massas seria suficiente para oferecer oportunidades de investimentos por um bom tempo.

As possibilidades tecnológicas são ainda um mar não mapeado. Podemos fazer o levantamento topográfico de uma região geográfica e avaliar, embora apenas com referência a uma determinada técnica de produção agrícola, a fertilidade relativa dos lotes de terras individuais. Com base nessa técnica e desconsiderando seus possíveis desdobramentos futuros, podemos então imaginar (embora isso seja historicamente errado) que os melhores lotes serão cultivados em primeiro lugar; depois deles, os de qualidade um pouco inferior, e assim por diante. Em um dado momento desse processo, apenas os lotes relativamente inferiores ainda aguardam sua exploração futura. Entretanto, não é possível raciocinar dessa forma sobre as possibilidades futuras do avanço tecnológico. Pelo fato de algumas terem sido exploradas antes das outras, não se pode inferir que aquelas eram mais produtivas que estas. E aquelas que ainda estão no colo dos deuses podem ser mais (ou menos) produtivas do que quaisquer outras que, até o momento, passaram por nosso campo de observação. Mais uma vez, isso produz apenas um resultado negativo que não pode ser transformado em positivo nem mesmo pelo fato de que o "progresso" tecnológico tende a se tornar mais eficaz e seguro por meio da sistematização e da racionalização da pesquisa e da gestão. Mas, para nós, o resultado negativo é suficiente: não há razão para esperar o afrouxamento da taxa de produção por meio do esgotamento das possibilidades tecnológicas.

4. Duas variantes desse ramo da teoria do desaparecimento da oportunidade de investimento ainda devem ser verificadas. Alguns economistas têm afirmado que, em determinado momento, a força de trabalho de cada país precisou ser aprovisionada com os equipamentos necessários. Isso, segundo eles, ocorreu aproximadamente ao longo do século XIX. Enquanto se realizava isso, o processo criava continuamente uma nova demanda por bens de capital, ao passo que, salvo os acréscimos, apenas a demanda de substituição se mantinha constante. O período do abastecimento capitalista, portanto, se tornaria um *intermezzo* único, afinal, caracterizado por uma economia capitalista que tensionava todos os seus nervos para criar para si o necessário agrupamento de ferramentas e máquinas, e assim equipar-se para produzir a um ritmo impossível de ser mantido hoje. Este é um quadro verdadeiramente impressionante do processo econômico. Será que existiam equipamentos no século XVIII ou, de fato, na época em que nossos ancestrais viviam em cavernas? E, se existiam, por que os acréscimos que ocorreram no século XIX foram mais saturadores do que quaisquer outros ocorridos anteriormente? Além disso, os acréscimos ao arsenal do capitalismo concorrem, via de regra, com as peças preexistentes. Eles destroem a utilidade econômica dessas últimas. Portanto, o fornecimento de equipamentos é uma tarefa que nunca pode ser resolvida de uma vez por todas. Os casos em que as reservas para substituição são adequadas para resolvê-la — como normalmente ocorreria na ausência de mudanças tecnológicas — são exceções. Isso fica particularmente claro nas situações em que os novos métodos de produção se incorporam às novas

indústrias; obviamente as fábricas de automóveis não foram financiadas com as contas de depreciação das ferrovias.

O leitor, sem dúvida, observará que, mesmo que pudéssemos aceitar as premissas desse argumento, delas não se seguiria necessariamente nenhuma previsão pessimista sobre a taxa de expansão da produção total. Na verdade, o leitor poderia chegar à inferência oposta, a saber, de que a posse de um grande estoque de bens de capital que passa a ter imortalidade econômica por meio da renovação contínua deve, pelo contrário, facilitar um maior aumento da produção total. Ao pensar assim, ele estará correto. O argumento depende inteiramente da perturbação que se espera quando uma economia voltada para a produção de bens de capital se vê diante da queda da taxa de crescimento da demanda correspondente. Mas essa perturbação, que não é de ocorrência súbita, pode ser facilmente exagerada. A indústria siderúrgica, por exemplo, não passou por grandes dificuldades ao deixar de ser uma indústria que produzia bens de capital de forma quase exclusiva e se transformar em uma que produz principalmente bens de consumo duráveis ou produtos semiacabados para a produção de bens de consumo duráveis. E embora a compensação possa não ser possível dentro de cada indústria particular de bens de capital, o princípio envolvido é o mesmo em todos os casos.

A outra variante é a seguinte: os grandes surtos de atividade econômica que costumavam difundir os sintomas da prosperidade por todo o organismo econômico, naturalmente, sempre estiveram associados às expansões dos gastos dos produtores que, por sua vez, estavam associados à construção de fábricas e equipamentos adicionais. Agora, alguns economistas descobriram, ou acham que descobriram, que hoje os novos processos tecnológicos tendem a exigir menos capital fixo do que no passado, particularmente na época da construção das ferrovias. A inferência é que a importância relativa dos gastos para a formação de capital diminuirá a partir de agora. Uma vez que isso afetará de forma negativa os surtos intermitentes de atividade econômica que, evidentemente, têm muito a ver com a taxa de crescimento observada da produção total, segue-se ainda que essa taxa está fadada a declinar, especialmente se a poupança for mantida em sua antiga taxa.

Essa tendência de os novos métodos tecnológicos se tornarem cada vez mais poupadores de capital não foi adequadamente demonstrada até o momento. As evidências estatísticas até 1929 — dados posteriores não se aplicam a esse propósito — apontam para o lado oposto. Tudo o que os defensores da teoria em questão ofereceram é uma série de exemplos isolados, aos quais é possível opor outros. Imaginemos, porém, que tal tendência seja real. Temos, então, diante de nós, o mesmo problema formal que ocupou tantos economistas do passado no caso dos mecanismos que poupam o trabalho humano. Eles podem afetar os interesses do trabalho de modo favorável ou adverso, mas ninguém duvida que, no geral, favorecem a expansão da produção. E isso — excluindo os possíveis distúrbios no processo poupança-investimento que hoje é moda exagerar — não é diferente do caso de mecanismos que poupam os gastos com bens de capital *por unidade de produto final*. De fato, não está longe da verdade dizer que quase qualquer novo processo economicamente viável economiza tanto trabalho quanto capital. Presume-se que as ferrovias eram poupadoras de capital quando comparadas aos gastos do transporte por diligência ou carroça do mesmo número de passageiros e das mesmas quantidades de mercadorias que hoje são transportados pelos trilhos. Da mesma forma, a produção de seda pela amoreira e pelos bichos-da-seda talvez consuma mais capital — não sei — do que a produção de uma quantidade equivalente de tecido de *rayon*, o que pode ser muito desanimador para quem já tem capital empregado no primeiro método. Isso, contudo, não significa diminuição da oportunidade de investimento. Certamente não significa necessariamente diminuição da expansão da produção. Aqueles que esperam ver o capitalismo entrar em colapso somente porque a unidade de capital chega a um efeito produtivo maior do que costumava alcançar talvez ainda tenham de esperar muito tempo.

5. Enfim, uma vez que o assunto é geralmente tratado por economistas que visam convencer o público sobre a necessidade do déficit público, outro ponto nunca deixa de surgir, a saber, que tais oportunidades de investimento são mais adequadas para a iniciativa pública do que para a iniciativa privada. Isso é verdade até certo ponto. Em primeiro lugar, com o aumento da riqueza, certos tipos de despesa, que não entram naturalmente em qualquer análise custo-lucro, provavelmente ganharão maior espaço, como os gastos com o embelezamento das cidades, com a saúde pública e assim por diante. Em segundo lugar, um setor cada vez maior da atividade industrial tende a entrar na esfera da gestão pública, como os meios de comunicação, as docas, a produção de energia, os seguros e assim por diante, apenas porque se torna cada vez mais receptivo aos métodos da administração pública. Pode-se, assim, esperar que os investimentos nacionais e municipais se expandam, absoluta e relativamente, da mesma forma como ocorreria com outras formas de planejamento público, mesmo em uma sociedade completamente capitalista.

Mas isso é tudo. Para reconhecê-lo, não é preciso formular qualquer hipótese sobre o curso dos acontecimentos no setor privado da atividade industrial. Além disso, para nosso objetivo, não importa saber se o investimento futuro e a consequente expansão da produção serão, em maior ou menor grau, financiados e administrados por órgãos públicos e não por órgãos privados, a menos que se afirme também que o financiamento público se imporá porque a empresa privada não será capaz de enfrentar os déficits esperados no futuro de *qualquer* investimento. Isso, no entanto, já foi tratado antes.

XI. A CIVILIZAÇÃO DO CAPITALISMO

Deixando o território das considerações puramente econômicas, agora nos voltaremos ao complemento cultural da economia capitalista — à sua *superestrutura* sociopsicológica, se quisermos empregar a linguagem marxista — e à mentalidade característica da sociedade capitalista e, em particular, da classe burguesa. Abreviando-os ao máximo, os fatos mais importantes podem ser relatados da forma como veremos a seguir.

Há 50 mil anos o homem enfrentou os perigos e oportunidades de seu ambiente de uma forma que alguns "pré-historiadores", sociólogos e etnólogos concordam ser aproximadamente equivalente à atitude dos primitivos modernos.[152] Dois elementos dessa atitude são particularmente importantes para nós: a natureza "coletiva" e "afetiva" do processo mental primitivo e, em superposição parcial, o papel do que chamarei, de maneira não muito correta, de magia. Pelo primeiro designo o fato de que, em grupos sociais pequenos e indiferenciados ou não muito diferenciados, as ideias coletivas impõem-se de forma muito mais rigorosa à mente individual do que em grupos grandes e complexos; e que conclusões e decisões são tomadas por métodos que, para nosso propósito, podem ser caracterizados por um critério negativo: a indiferença ao que chamamos de lógica e, em particular, à regra que exclui a contradição. Pelo segundo designo o uso de um conjunto de crenças que não está de fato completamente divorciado da experiência — nenhum mecanismo mágico pode sobreviver a uma sequência ininterrupta de fracassos —, mas se

---

152. Pesquisas desse tipo são muito antigas. Mas acredito que as obras de Lucien Lévy-Bruhl marcam uma nova fase. Veja em particular seus *Fonctions mentales dans les sociétés inférieures* (1909) e *Le surnaturel et la nature dans la mentalité primitive* (1931). Há um longo caminho entre a posição sustentada na primeira e a posição na segundo obra, cujos marcos são perceptíveis em *Mentalité primitive* (1921) e *L'ame primitive* (1927). Para nós, Lévy-Bruhl é uma autoridade particularmente útil porque compartilha plenamente nossa tese — na verdade, seu trabalho parte dela — de que as funções "executivas" do pensamento e da estrutura mental do homem são determinadas, em parte, pelo menos, pela estrutura da sociedade em que se desenvolvem. Não importa que, em Lévy-Bruhl, esse princípio não venha de Marx, mas de Comte. (Lucien Lévy-Bruhl [1857-1939], filósofo e sociólogo francês. *As funções mentais nas sociedades inferiores* [1909], *Sobrenatural e a natureza na mentalidade primitiva* [1931], *A mentalidade primitiva* [1921], *A alma primitiva* [1927]. [N.T])

insere na sequência de fenômenos observados, entidades ou influências derivadas de fontes não empíricas.[153] A semelhança desse tipo de processo mental com os processos mentais dos neuróticos foi observada por G. Dromard (1911; seu termo *délire d'interpretation* é particularmente sugestivo) e S. Freud (*Totem und Tabu*, 1913).[154] Não se pode concluir que esses elementos são estranhos à mente do homem normal de nosso próprio tempo. Pelo contrário, qualquer discussão sobre questões políticas fará com que o leitor se convença de que (para a ação) um grande e importante conjunto de nossos próprios processos tem exatamente a mesma natureza.

O pensamento ou comportamento racional e uma civilização racionalista, portanto, não implicam a ausência dos critérios mencionados, mas apenas uma lenta, embora incessante, ampliação do setor da vida social no qual indivíduos ou grupos lidam com uma determinada situação, em primeiro lugar, tentando tirar o melhor proveito dela mais ou menos — nunca totalmente — de acordo com suas próprias capacidades; em segundo, fazendo isso de acordo com as regras de consistência que chamamos de lógica; em terceiro, fazendo isso por meio de hipóteses que satisfaçam duas condições: que seu número seja mínimo e que todas possam ser expressadas em termos de experiência potencial.[155]

Tudo isso é muito inadequado, é claro, mas suficiente para o nosso propósito. Há, no entanto, mais um ponto sobre o conceito de civilizações racionalistas que mencionarei aqui para referência futura. Quando o hábito da análise e do comportamento racionais relativo às tarefas cotidianas da vida se torna suficientemente comum, ele volta-se para o volume de ideias coletivas, lhe faz críticas e, em certa medida, o "racionaliza" por meio de perguntas que questionam a função de reis e de papas, da subordinação, dos dízimos e da propriedade. Aliás, é importante notar que, embora a maioria de nós aceite tal atitude como o sintoma de um "estágio mais elevado" do desenvolvimento mental, esse julgamento de valor não é necessariamente e em todos os sentidos confirmado pelos resultados. A atitude racionalista pode operar com informações e técnicas tão inadequadas que as ações — e especialmente uma propensão cirúrgica geral — induzidas por ela podem, para um observador

---

153. Um crítico amigável discordou da passagem acima e disse que eu não poderia dizer isso porque, neste caso, eu teria que dizer que a "força" do físico é um mecanismo mágico. Isso é precisamente o que eu quero dizer, a menos que concordemos que o termo "força" seja apenas o nome de uma constante multiplicada pela derivada seguida do deslocamento. Veja no texto a frase que se segue à próxima.

154. Gabriel-René Dromard (1878-1918), psicólogo francês; Sigmund Freud (1856-1939), austríaco, fundador da psicanálise. (N.T.)

155. Esta frase kantiana foi escolhida como proteção a uma objeção óbvia.

de um período posterior, parecer, mesmo do ponto de vista puramente intelectual, inferior às ações e propensões anticirúrgicas associadas a atitudes que, na época, a maioria das pessoas se sentia inclinada a atribuir a um Q.I. baixo. Grande parte do pensamento político dos séculos XVII e XVIII ilustra essa verdade tão esquecida. Não apenas em profundidade de visão social, mas também em análise lógica, a contracrítica "conservadora" posterior era claramente superior, embora tenha se mostrado como mero motivo de riso para os autores do Iluminismo.

Ora, a atitude racional presumivelmente obrigou-se ao espírito humano principalmente pela necessidade econômica; é às tarefas econômicas cotidianas que nós, como raça, devemos nossa formação elementar em pensamento e comportamento racionais — não hesito em dizer que toda lógica deriva do modelo de decisão econômica ou, para usar uma frase minha, que o modelo econômico é a matriz da lógica. Isso parece plausível pela razão apresentada a seguir. Suponha que um homem "primitivo" use a mais elementar de todas as máquinas já desfrutadas por nossos primos gorilas, um graveto, e que esse graveto quebre em sua mão. Se quiser remediar o dano recitando uma fórmula mágica, ele poderá, por exemplo, murmurar as palavras *oferta* e *demanda* ou *planificação* e *controle* na expectativa de que, se repetir isso exatamente nove vezes, os dois fragmentos se juntarão de novo — nesse caso, ele se encontra na esfera do pensamento pré-racional. Se buscar a melhor maneira de juntar os fragmentos ou de conseguir um novo graveto, ele estará sendo racional no sentido aqui dado ao termo. Ambas as atitudes são obviamente possíveis. Mas é lógico que nessa e na maioria das outras ações econômicas o fracasso de uma fórmula mágica será muito mais óbvio do que seria o de uma fórmula que levasse nosso homem a sair vitorioso em um combate, a ter sorte no amor ou a apagar de sua consciência o peso de alguma culpa. Isso se deve à inexorável definitividade e, na maioria dos casos, ao caráter quantitativo que distingue a economia de outras esferas da ação humana, talvez também à monotonia impassível do ritmo interminável de necessidades e satisfações econômicas. Uma vez forjado, o hábito racional se espalha, sob a influência pedagógica de experiências favoráveis, às outras esferas e também nos faz abrir os olhos para algo incrível: o *fato*.

Esse processo independe de qualquer roupagem específica à atividade econômica, inclusive da roupagem capitalista. Isso também vale para a motivação do lucro e o interesse próprio. De fato, o homem pré-capitalista não é menos "apropriador" do que o homem capitalista. Os servos camponeses, por exemplo, ou os senhores guerreiros afirmam seu interesse próprio com uma energia brutal própria. Mas o capitalismo desenvolve a racionalidade e lhe acrescenta uma nova vantagem de duas maneiras interconectadas.

Primeiro, exalta a unidade monetária — que não é uma criação do capitalismo —, transformando-a em uma unidade contábil. Ou seja, a prática capitalista transforma a unidade do dinheiro em uma ferramenta de cálculos racionais de custo e lucro, cujo monumento mais imponente é a técnica contábil de partidas dobradas.[156] Sem entrar nessa questão, perceberemos que, sendo o principal produto da evolução da racionalidade econômica, o cálculo custo-lucro, por sua vez, reage a ela; cristalizando-a e definindo-a numericamente, oferece um forte impulso à lógica empresarial. E assim definido e quantificado para o setor econômico, esse tipo de método, lógica ou atitude inicia, então, sua carreira de conquistador, subjugando — racionalizando — as ferramentas e as filosofias do homem, a sua prática médica, a sua imagem do cosmos, a sua visão sobre a vida, tudo, de fato, incluindo seus conceitos sobre beleza e justiça e suas aspirações espirituais.

Nesse sentido, é muito significativo que a ciência matemático-experimental moderna tenha se desenvolvido, durante os séculos XV, XVI e XVII, não apenas ao lado do processo social geralmente chamado de *ascensão do capitalismo*, mas também fora da fortaleza do pensamento escolástico e diante de sua hostilidade desdenhosa. No século XV, a matemática se ocupava principalmente de questões de aritmética comercial e dos problemas do arquiteto. O dispositivo mecânico utilitário, inventado por artesãos, serviu de fonte à física moderna. O individualismo vigoroso de Galileu era o individualismo da classe capitalista em ascensão. O médico cirurgião passou a ser mais importante do que a parteira e o barbeiro. O artista que, ao mesmo tempo, era engenheiro e empresário — do tipo imortalizado por homens como da Vinci, Alberti, Cellini; e até mesmo Dürer[157] escreveu sobre fortificações — ilustra muito bem o que quero dizer. Amaldiçoando tudo isso, os professores escolásticos das universidades italianas mostravam ter mais senso do que lhes damos crédito. O problema não estava nas proposições individuais pouco ortodoxas.

---

156. Este elemento tem sido, e *more suo*, excessivamente sublinhado por Sombart. A técnica contábil de partidas dobradas é o último passo de uma longa e tortuosa estrada. Sua antecessora imediata foi a prática de elaborar de tempos em tempos um inventário e nele descobrir lucros ou prejuízos; ver A. Sapori em *Biblioteca Storica Toscana*, VII, 1932. O tratado de contabilidade de Luca Pacioli (1494) é, por sua data, um marco importante. Para a história e a sociologia do Estado, é um fato vital notar que a escrituração racional não se intrometeu na gestão dos fundos públicos até o século XVIII e que, mesmo assim, o fez de maneira imperfeita e na forma primitiva de uma contabilidade "cameralista". (Armando Sapori [1892-1976], historiador, político e acadêmico italiano; Luca Bartolomeo de Pacioli [1445-1517], frade franciscano e matemático italiano, foi o primeiro a descrever o método das partidas dobradas em contabilidade. [N.T.])

157. Leonardo da Vinci (1452-1519); Leon Battista Alberti (1404-1472); Benvenuto Cellini (1500-1571); Albrecht Dürer (1471-1528). (N.T.)

Qualquer bom escolástico era capaz de distorcer seus textos para adequá-los ao sistema de Copérnico.[158] Mas esses professores perceberam de forma correta o espírito por trás de tais feitos — o espírito do individualismo racionalista, o espírito gerado pelo capitalismo em ascensão.

Em segundo lugar, o capitalismo em ascensão produziu não apenas a atitude mental da ciência moderna, que consiste em fazer certas perguntas e em respondê-las de uma certa forma, mas também os homens e os meios, ao desintegrar o ambiente feudal e perturbar a paz intelectual da casa senhorial e da aldeia (embora sempre houvesse, é claro, muito pelo que se discutir e brigar dentro de um convento) e, principalmente, ao criar o espaço social para uma nova classe que valorizava a conquista individual no campo econômico e que, por sua vez, atraiu para esse campo as vontades e os intelectos mais poderosos. A vida econômica pré-capitalista não deixava margem para as realizações que ultrapassassem os limites de classe ou, para dizer de forma diferente, que fossem adequadas para criar posições sociais comparáveis às dos membros das classes então dominantes. Não que impedisse a ascensão social em geral.[159] Mas a atividade econômica era, em termos gerais, algo de caráter essencialmente subordinado, mesmo quando se chegava ao auge do êxito dentro das corporações de artesãos, e quase nunca se saía disso. Os principais caminhos para progredir e obter grandes ganhos eram a Igreja — que, durante toda a Idade Média, era quase tão acessível como agora — e os serviços administrativos dos grandes magnatas territoriais e a hierarquia dos senhores guerreiros — bastante acessível a todos os homens que estivessem física e psicologicamente aptos até meados do século XII, e não tão inacessíveis depois disso. Foi só quando a empresa capitalista — primeiro, comercial e financeira, depois, a de mineração e, por fim, a industrial — desdobrou suas possibilidades que a capacidade e a ambição acima do normal começaram a se voltar para os negócios como uma terceira via. Apesar de o êxito ser rápido e evidente, tem-se exagerado muito no que diz respeito ao peso social que carregava no início. Se examinarmos de perto a carreira de Jacob Fugger, por exemplo, ou a de Agostino Chigi,[160] perceberemos facilmente que eles tiveram muito pouco a ver com a condução das políticas de Carlos V ou do Papa Leão X e que pagaram muito alto

---

158. Nicolau Copérnico (1473-1543). (N.T.)

159. Estamos muito propensos a estudar a estrutura social medieval como estática ou rígida. Na verdade, para usar o termo de Pareto, havia uma incessante *circulation des aristocracies* (circulação das elites). Os elementos que compunham o estrato superior por volta do ano 900 praticamente desapareceram em 1500.

160. Jacob Fugger (1459-1525), empresário e banqueiro nascido na Baviera; Agostino Andrea Chigi (1466-1520), banqueiro italiano. (N.T.)

pelos privilégios de que desfrutavam.[161] No entanto, o sucesso empresarial era tão fascinante a todos, exceto aos estratos mais altos da sociedade feudal, que atraía a maioria dos melhores cérebros e, assim, gerava mais êxitos — e gerava mais energia para a máquina racionalista. Então, nesse sentido, o capitalismo — e não apenas a atividade econômica em geral — tem sido, afinal, a força propulsora da racionalização do comportamento humano.

E agora estamos finalmente diante do objetivo imediato[162] para onde esse argumento complexo, mesmo que inadequado, nos traria. Não só a fábrica moderna mecanizada e o volume da produção que dela sai, não só a tecnologia moderna e a organização econômica, mas todas as características e conquistas da civilização moderna são, direta ou indiretamente, produtos do processo capitalista. Devem ser incluídos em todo balanço dele e em quaisquer sentenças sobre seus atos ou delitos.

Há o crescimento da ciência racional e a longa lista de suas aplicações. Os aviões, as geladeiras, a televisão, etc., são prontamente reconhecidos como resultados da economia de lucros. Mas, embora a operação do hospital moderno, via de regra, não vise ao lucro, é, no entanto, produto do capitalismo não só porque o processo capitalista fornece os meios e a vontade, mas de forma muito mais fundamental porque a racionalidade capitalista forneceu os hábitos mentais que levaram ao desenvolvimento dos métodos utilizados nesses hospitais. E as vitórias, ainda não completamente conquistadas, mas quase, sobre o câncer, a sífilis e a tuberculose serão conquistas capitalistas tanto quanto os automóveis, os oleodutos e o aço produzido pelo processo de Henry Bessemer. No caso da medicina, há uma profissão capitalista por trás dos métodos, capitalista tanto porque, em grande parte, funciona em um espírito empresarial quanto porque é uma mistura da burguesia industrial e da comercial. Entretanto, mesmo que não fosse assim, a medicina e a higiene modernas ainda seriam subprodutos do processo capitalista, assim como o é a educação moderna.

Há uma arte capitalista e um estilo capitalista de vida. Se nos limitarmos à pintura como exemplo, tanto por brevidade quanto porque nesse campo minha ignorância é um pouco menor do que em outros, e se (erroneamente, acredito)

---

161. Os Médici, na verdade, não são uma exceção. Embora sua riqueza os tenha ajudado a adquirir o controle da comunidade florentina, é esse controle, e não a riqueza em si, que explica o papel desempenhado pela família. De qualquer forma, eles foram os únicos comerciantes que chegaram a se igualar ao estrato mais alto do mundo feudal. Encontramos exceções reais apenas nos locais em que a evolução capitalista *criou* um ambiente ou destruiu completamente o estrato feudal; por exemplo, em Veneza e na Holanda.

162. O objetivo *imediato*, cuja análise contida nas últimas páginas nos servirá também para outros fins, é de fato fundamental para qualquer discussão séria sobre o importante tema do *capitalismo* e do *socialismo*.

concordarmos em iniciar um período da arte pelos afrescos de Giotto na capela Arena e seguir a linha (por mais condenáveis que esses argumentos "lineares" sejam) Giotto-Masaccio-da Vinci-Michelangelo-Greco,[163] nenhuma ênfase aos ardores místicos de Greco, para quem tem olhos para ver, será capaz de destruir meu ponto de vista. E as experiências de da Vinci são oferecidas aos descrentes que desejam, por assim dizer, tocar a racionalidade capitalista com as pontas dos dedos. Se projetada, essa linha (sim, eu sei) poderia nos levar (embora talvez de maneira ofegante) ao contraste entre Delacroix e Ingres. Bem, e cá estamos; Cezanne, Van Gogh, Picasso ou Matisse[164] farão o resto. A liquidação expressionista do objeto oferece uma conclusão admiravelmente lógica. A história do romance capitalista (culminando no romance dos Goncourt,[165] estilo "documentos redigidos") ilustraria ainda melhor. Mas isso é óbvio. A evolução do estilo capitalista de vida poderia ser facilmente descrita — e talvez de forma mais reveladora — em termos da gênese do traje de passeio moderno.

Há, enfim, tudo o que pode ser agrupado em torno do cerne simbólico do liberalismo de Gladstone. O termo *democracia individualista* serviria igualmente bem — melhor, na verdade, porque com ele pretendemos tratar de alguns assuntos que Gladstone não teria aprovado e de uma atitude moral e espiritual que, por viver na cidadela da fé, ele realmente odiava. Eu poderia, aqui, deixar esse tema de lado se a liturgia radical não consistisse em grande parte de negações pitorescas daquilo que quero dizer. Os radicais podem insistir que as massas clamam pela salvação de seus sofrimentos intoleráveis e sacodem suas correntes em meio à escuridão e ao desespero, mas é claro que nunca houve tanta liberdade pessoal de espírito e corpo *para todos*, nunca tanta disposição para oferecer apoio e até mesmo para financiar os inimigos mortais da classe dominante, nunca tanta simpatia ativa pelos sofrimentos reais e falsos, nunca tanta disposição para aceitar os fardos que existem na sociedade capitalista moderna; e quaisquer que fossem as democracias existentes (excetuando-se as comunidades camponesas), estas se desenvolveram historicamente na esteira do capitalismo moderno e antigo. Mais uma vez,

---

163. Giotto (1267-1337), pintor e arquiteto italiano; Masaccio — Tommaso di Ser Giovanni di Simone (1401-1428), pintor italiano; Leonardo da Vinci (1452-1519); Michelangelo — Michelangelo di Lodovico Buonarroti Simoni (1475-1564); El Greco — Domenico Teotocopoulos (1541-1614), pintor, escultor e arquiteto grego. (N.T.)

164. Ferdinand Victor Eugène Delacroix (1798-1863) e Jean-Auguste Dominique Ingres (1780-1867), pintores franceses. Paul Cézanne (1839-1906), pintor francês; Vincent Willem van Gogh (1853-1890), pintor holandês; Pablo Ruiz Picasso (1881-1973), pintor espanhol; Henri-Émile-Benoît Matisse (1869-1954), pintor francês. (N.T.)

165. Edmond de Goncourt (1822-1896) e Jules de Goncourt (1830-1870), escritores franceses do naturalismo. (N.T.)

muitos fatos podem ser buscados no passado para compor um que seja eficaz, mas isso é irrelevante para uma discussão sobre as condições atuais e as alternativas futuras.[166] Se decidirmos embarcar em uma investigação histórica, então até mesmo muitos desses fatos, que para os críticos radicais podem parecer os mais adequados para seu propósito, poderão, muitas vezes, parecer diferentes se vistos à luz de uma comparação com os fatos correspondentes da experiência pré-capitalista. E não se pode responder que aqueles "eram outros tempos". Pois o processo capitalista é precisamente o responsável pela diferença.

Dois pontos em particular devem ser mencionados. Já indiquei aqui que a legislação social ou, de forma mais geral, a mudança institucional em benefício das massas não é apenas algo imposto à sociedade capitalista por uma necessidade inevitável para aliviar a miséria cada vez mais profunda dos pobres, mas o processo capitalista, além de elevar o padrão de vida das massas em virtude de seus efeitos automáticos, também oferece a essa legislação os meios "e a vontade". As palavras entre aspas requerem uma explicação, que é encontrada no princípio da disseminação da racionalidade. O processo capitalista racionaliza o comportamento e as ideias e, ao fazê-lo, expulsa de nossos espíritos, juntamente com a crença metafísica, todos os tipos de ideias místicas e românticas. Assim, remodela não só nossos métodos de alcançar nossos fins, mas também os próprios fins últimos. O "livre-pensamento" no sentido de monismo materialista, de laicismo e de aceitação pragmática do mundo do lado de cá do túmulo deriva disso não por uma necessidade lógica, mas como algo muito natural. Por um lado, o nosso senso herdado de dever, despido de sua base tradicional, passa a mirar as ideias utilitárias relativas ao aperfeiçoamento da humanidade que, de forma realmente ilógica, parecem resistir melhor à crítica racionalista do que, digamos, o temor a Deus. Por outro lado, a mesma racionalização da alma retira todo o *glamour* da sanção sobrenatural de quaisquer espécies de direitos de classe. Isso, então, junto ao entusiasmo tipicamente capitalista por *eficiência e serviço* — tão completamente diferente do conjunto de ideias que teria sido associado a esses termos pelo típico cavaleiro do passado —, cria aquela "vontade" dentro da própria burguesia. O feminismo, um fenômeno essencialmente capitalista, ilustra o ponto de forma ainda mais clara. O leitor perceberá que essas tendências devem ser entendidas "objetivamente" e que, portanto, nenhum discurso antifeminista ou antirreformista, nem mesmo um de oposição temporária a qualquer medida

---

166. Até mesmo Marx, que vivia numa época em que as acusações desse tipo não eram tão absurdas como são hoje, evidentemente achou aconselhável fortalecer seu caso, demorando-se no tema das condições que, mesmo naquela época, já não existiam mais ou estavam em vias de desaparecer.

específica, é capaz de provar algo contra essa análise. Essas coisas são os próprios sintomas das tendências que pretendem combater. Falarei mais sobre isso nos capítulos seguintes.

Além disso, a civilização capitalista é racionalista "e anti-heroica". Os dois elementos caminham juntos, é claro. O êxito industrial e comercial requer muita resistência; a atividade industrial e comercial, entretanto, é essencialmente não heroica no sentido do cavaleiro — não há espadas floreando nem muitas proezas físicas, muito menos alguma chance de lançar-se com o cavalo paramentado contra o inimigo, de preferência contra um herege ou pagão — e a ideologia que glorifica a ideia de lutar por lutar e da vitória pela vitória compreensivelmente murcha no escritório em meio às muitas colunas de cifras numéricas. Portanto, por ser proprietária de ativos que podem atrair o ladrão ou o coletor fiscal e por não compartilhar ou mesmo não gostar da ideologia do guerreiro que entra em conflito com seu utilitarismo "racional", a burguesia industrial e comercial é quase toda pacifista e inclinada a insistir na aplicação dos preceitos morais da vida privada às relações internacionais. É verdade que, ao contrário da maioria, mas semelhante a algumas outras características da civilização capitalista, o pacifismo e a moralidade internacional também foram defendidos em ambientes não capitalistas e por agentes pré-capitalistas, por exemplo, durante a Idade Média pela Igreja romana. O pacifismo e a moralidade internacional modernos são, no entanto, produtos do capitalismo.

Tendo em vista que a doutrina de Marx — especialmente a doutrina neomarxista e até mesmo um grupo considerável da opinião não socialista — é, conforme vimos na primeira parte deste livro, fortemente contrária a essa proposição,[167] é necessário salientar que esta não pretende negar que muitos burgueses lutaram de forma esplêndida por seu lar e sua família, ou que as comunidades quase puramente burguesas eram, muitas vezes, agressivas quando lhes parecia valer a pena — como as comunidades de Atenas ou de Veneza — ou que algum burguês rejeitasse os lucros das guerras e as vantagens do crescimento do comércio advindos das conquistas ou que tenha recusado o ensino do nacionalismo bélico oferecido por seus senhores feudais, seus líderes ou pela propaganda de certos grupos de interesse. O que afirmo é, a princípio, que tais casos de combatividade capitalista não são explicados, exclusivamente e sobretudo, como quer o marxismo, em termos de interesses ou situações de classe que sistematicamente gerem guerras capitalistas de conquista; também há uma diferença entre fazer o que consideramos ser uma atividade normal, para a qual nos preparamos durante toda a vida e em termos do que definimos nosso êxito ou

---

167. Veja nossa discussão sobre a teoria marxista do imperialismo, Parte I, Capítulo IV.

nosso fracasso, e fazer aquilo que ultrapassa nossos limites, que não se encaixa em nosso trabalho e em nossa mentalidade e cujo êxito aumenta o prestígio de uma das profissões mais não burguesas; e, por outro lado, essa diferença vai constantemente — tanto em assuntos internacionais como em assuntos internos — contra o uso da força militar e a favor das disposições pacíficas, mesmo quando o equilíbrio da vantagem pecuniária está claramente do lado da guerra, o que, nas circunstâncias modernas, não é, em geral, algo muito provável. Na verdade, quanto mais capitalistas forem a estrutura e a atitude de uma nação, poderão ser mais pacifistas e mais propensas a contar os custos da guerra. Graças à natureza complexa de cada modelo individual, isso somente poderia ser completamente relatado por meio de análises históricas detalhadas. Mas a atitude burguesa em relação aos militares (exércitos permanentes), o espírito e os métodos com os quais as sociedades burguesas travam guerras e a disposição com que, em qualquer caso sério de guerra prolongada, se submetem a uma regra não burguesa são conclusivos em si mesmos. Portanto, a teoria marxista de que o imperialismo é a última fase da evolução capitalista deixa de funcionar, independentemente das objeções puramente econômicas.

Mas eu não farei um resumo, como o leitor talvez espere que eu faça. Ou seja, não vou convidá-lo, antes que ele decida confiar em uma alternativa nunca testada defendida por homens nunca testados, a examinar mais uma vez tanto a impressionante realização econômica e a ainda mais impressionante realização cultural da ordem capitalista, como a imensa promessa defendida por ambas. Não irei argumentar que a realização e que a promessa sejam, por si sós, suficientes para sustentar um argumento que permita que o processo capitalista continue operando e, como poderia ser facilmente demonstrado, elimine a pobreza dos ombros da humanidade.

Isso não faria sentido. Mesmo que a humanidade tivesse a mesma liberdade de escolha que o homem de negócios tem para escolher entre duas máquinas concorrentes, nenhum juízo de valor exato necessariamente se segue dos fatos e das relações entre os fatos que tentei expor. No que diz respeito ao desempenho econômico, não se segue que os homens são "mais felizes" ou mesmo "mais afortunados" na sociedade industrial de hoje do que em uma casa senhorial ou uma vila medieval. No que diz respeito ao desempenho cultural, pode-se aceitar cada palavra que escrevi e, ainda assim, do fundo do coração, odiar tudo, por seu utilitarismo e pela completa destruição de *significados* inerentes ao texto. Além disso, já que precisarei sublinhar novamente nossa discussão sobre a alternativa socialista, é possível que alguém se importe menos com a eficiência do processo capitalista na produção de valores econômicos e culturais do que com o tipo de seres humanos que, gerados por ele, depois são deixados à própria sorte, livres para criar desordem em suas próprias vidas. Há um tipo de radical cuja sentença condenatória da civilização capitalista não repousa em nada além de estupidez, ignorância ou irresponsabilidade, que é incapaz ou não deseja compreender os fatos mais óbvios, muito menos suas implicações mais amplas. Porém uma sentença completamente adversa também pode ser prolatada por aqueles que se situam em um plano mais elevado.

No entanto, sejam favoráveis ou desfavoráveis, os juízos de valor sobre o desempenho capitalista são de pouco interesse, pois a humanidade não é livre para escolher. Isso ocorre não apenas porque as massas não estão em posição de comparar alternativas racionalmente e sempre aceitam o que lhes é dito. Há uma razão muito mais profunda. Os acontecimentos econômicos e sociais se movem por impulso próprio, e as situações resultantes obrigam indivíduos e grupos a se comportar de determinadas maneiras, independentemente do que queiram fazer — não, de fato, destruindo sua liberdade de escolha, mas moldando as suas mentalidades e estreitando a lista de opções do que escolher. Se essa é a quintessência do marxismo, então, todos nós temos de ser marxistas. Como consequência, o desempenho capitalista sequer é relevante para um prognóstico. A maioria das civilizações desapareceu antes de ter tido tempo de cumprir toda a sua potencialidade. Por isso, não argumentarei, com base na força desse desempenho, que o *intermezzo* capitalista poderá ser prolongado. Na verdade, chegarei a uma conclusão diametralmente oposta.

XII. MUROS EM RUÍNAS

1. A OBSOLESCÊNCIA DA FUNÇÃO EMPRESARIAL

Em nossa discussão sobre a teoria do desaparecimento da oportunidade de investimento, uma reserva foi feita em favor da possibilidade de que as necessidades econômicas da humanidade possam algum dia estar tão completamente satisfeitas que pouco motivo restaria para dar seguimento ao esforço produtivo. Tal estado de saciedade ainda se encontra, sem dúvida, muito distante, mesmo que nos mantenhamos dentro do atual esquema de necessidades; e se levarmos em conta o fato de que, à medida que padrões de vida mais elevados são alcançados, essas necessidades aumentam automaticamente e novas necessidades emergem ou são criadas,[168] a saciedade torna-se uma meta

---

168. Wilhelm Wundt chama isso de *heterogonia dos fins* (*Heterogonie der Zwecke*). (Wilhelm Maximilian Wundt [1832-1920], médico e psicólogo alemão. [N.T.])

incerta, particularmente se incluirmos o lazer entre os bens de consumo. Entretanto, vejamos de relance essa possibilidade, supondo, de modo ainda mais irrealista, que os métodos de produção já tenham chegado a um estado de perfeição que não mais admita aprimoramentos.

A isso se seguiria um estado mais ou menos estacionário. O capitalismo, sendo essencialmente um processo evolutivo, se atrofiaria. Não restaria nada para os empresários fazerem. Eles se encontrariam na mesma situação dos generais em uma sociedade em que a paz permanente estivesse garantida de forma perfeita. Os lucros e, com eles, a taxa de juros convergiriam para zero. Os estratos burgueses que vivem de lucros e juros tenderiam a desaparecer. A gestão da indústria e do comércio se tornaria uma questão da administração atual, e o seu pessoal adquiriria inevitavelmente as características de uma burocracia. Surgiria, quase automaticamente, um socialismo de tipo muito sóbrio. A energia humana se afastaria dos negócios. Outras atividades, não as econômicas, atrairiam os cérebros e seriam as responsáveis pela aventura.

Para o futuro previsível, essa visão não tem importância. A grande importância está ligada ao fato de que muitos dos efeitos sobre a estrutura da sociedade e sobre a organização do processo produtivo que poderíamos esperar de uma satisfação aproximadamente completa das necessidades ou da perfeição tecnológica absoluta também podem ser esperados de um acontecimento já claramente observável. O progresso em si pode ser mecanizado, bem como a gestão de uma economia estacionária, e essa mecanização do progresso pode afetar o empreendedorismo e a sociedade capitalista quase tanto quanto a cessação do progresso econômico. Para enxergar isso basta recapitular, em primeiro lugar, em que consiste a função empresarial e, em segundo lugar, o que isso significa para a sociedade burguesa e para a sobrevivência da ordem capitalista.

Vimos que a função dos empresários é reformar ou revolucionar o modelo de produção, explorando uma invenção ou, de maneira mais geral, uma possibilidade tecnológica ainda não experimentada para produzir uma nova mercadoria ou produzir uma antiga de maneira nova, abrindo uma nova fonte de abastecimento de materiais ou um novo mercado para os produtos, reorganizando uma indústria e assim por diante. A construção das ferrovias em seus estágios iniciais, a produção de energia elétrica antes da Primeira Guerra Mundial, o vapor e o aço, o automóvel e o empreendimento colonial oferecem exemplos espetaculares de um grande gênero que compreende inúmeras espécies mais humildes — até mesmo fazer com que um determinado tipo de salsicha ou de escova de dentes se torne um sucesso. Esse tipo de atividade é o principal responsável pelas recorrentes "prosperidades" que revolucionam o organismo econômico e pelas recorrentes "recessões" que se devem ao impacto desestabilizador dos novos produtos ou métodos. Lançar coisas tão novas é algo difícil e constitui uma função econômica distinta, a princípio, porque está fora das tarefas rotineiras compreendidas por todos e, também, porque o ambiente resiste de muitas maneiras que variam, de acordo com as condições sociais, desde a simples recusa, seja para financiar ou para comprar algo novo, até o ataque físico a quem tenta produzi-lo. A ação confiante em um espaço que ultrapassa as balizas conhecidas e a superação dessa resistência requerem aptidões que estão presentes em apenas uma pequena fração da população e que definem tanto o tipo quanto a função empresarial. Essencialmente, essa função não consiste em inventar nada nem em criar condições para que a empresa explore. Ela consiste em obter resultados.

Essa função social já vem perdendo importância e, no futuro, deverá perdê-la de forma cada vez mais rápida, mesmo que o próprio processo econômico do qual o empreendedorismo foi a principal força motriz continue de forma inabalável. Pois, por um lado, é muito mais fácil agora do que no passado fazer coisas que se encontram fora da rotina conhecida — a própria inovação vem sendo reduzida à rotina. O progresso tecnológico está se tornando cada vez mais uma atividade de equipes de especialistas treinados que produzem o que lhes é requerido e fazem o objeto funcionar de forma previsível. O romantismo da antiga aventura comercial está desaparecendo rapidamente, porque muitas outras coisas que, anteriormente, precisavam ser percebidas por meio de um lampejo de genialidade hoje são calculadas de forma exata.

Por outro lado, a personalidade e a força de vontade devem valer menos em ambientes acostumados com a mudança econômica — cujo melhor exemplo é o fluxo incessante de novos bens de consumo e de produção — e que, em vez de resistir, aceitam-na como fato definido. A resistência que se origina dos interesses ameaçados por uma inovação do processo produtivo não tem probabilidade de desaparecer enquanto a ordem capitalista persistir. Ela é, por exemplo, o grande obstáculo para a produção em massa de moradias baratas, que pressupõe mecanização radical e eliminação completa de métodos ineficientes de trabalho no canteiro de obras. Mas todos os outros tipos de resistência — em particular, a dos consumidores e produtores às inovações só por serem novidades — já não existem mais.

Assim, o progresso econômico tende a se tornar despersonalizado e automatizado. O trabalho de agências e comissões tende a substituir a ação individual. Mais uma vez, a referência à analogia militar ajudará a esclarecer o ponto.

No passado, mais ou menos até e incluindo as Guerras Napoleônicas, o generalato significava liderança e êxito significava o êxito pessoal do comandante, que recebia os "lucros" correspondentes em termos de prestígio social. Com a técnica da guerra e a estrutura dos exércitos sendo o que eram, a decisão individual e o poder de condução do líder — até mesmo sua presença, montando um cavalo vistoso — foram elementos essenciais nas situações estratégicas e nas táticas. A presença de Napoleão era e tinha de ser realmente sentida em seus campos de batalha. Isso não ocorre mais desse modo. O trabalho burocrático racionalizado e especializado acabará por apagar a personalidade, o resultado calculável e a "visão". O líder não tem mais a oportunidade de fazer parte da batalha em andamento. Ele está se tornando apenas mais um burocrata — que nem sempre é difícil de substituir.

Ou vejamos outra analogia militar. A guerra na Idade Média era um assunto muito pessoal. Os cavaleiros em suas armaduras praticavam uma arte que exigia treinamento por toda a vida, e cada um deles contava individualmente, em virtude de sua habilidade pessoal e sua coragem. É fácil entender por que esse ofício se tornou a base de uma classe social no sentido mais completo e rico desse termo. Mas as mudanças sociais e tecnológicas minaram e eventualmente destruíram tanto a função quanto a posição dessa classe. A guerra em si não cessou por conta disso. Ela simplesmente foi se tornando cada vez mais mecanizada — a tal ponto que, por fim, o êxito no que agora é uma mera profissão não carrega mais a conotação de conquista individual que elevava não só o homem como também seu grupo a uma posição duradoura de liderança social.

Agora, um processo social semelhante — em última análise, o mesmo processo social — enfraquece o papel do empresário capitalista, bem como sua posição social. Seu papel, embora menos glamoroso do que o dos senhores da guerra medievais, grandes ou pequenos, também é ou era apenas outra forma de liderança individual, atuando para obter sucesso em virtude do poder e da responsabilidade pessoais. Sua posição, como a das classes guerreiras, passa a estar ameaçada assim que sua função no processo social perde a importância, e pouco importa se isso ocorreu devido à cessação das necessidades sociais atendidas ou se essas necessidades estão sendo atendidas por outros métodos mais impessoais.

Mas isso afeta a posição de todo o estrato burguês. Embora os empresários não sejam necessariamente ou mesmo tipicamente elementos desse estrato desde o início, eles, no entanto, ingressam nele em caso de êxito. Assim, embora os empresários não sejam uma classe social, a classe burguesa os absorve juntamente com suas famílias e conexões, recrutando-se e revitalizando-se em tempo real, e, ao mesmo tempo, as famílias que romperam sua relação ativa com o "negócio" são excluídas dessa mesma burguesia após uma ou duas gerações. Entre os entrantes e os excluídos está a maior parte do que chamamos de industriais, comerciantes, financiadores e banqueiros; estão em estágio intermediário entre a aventura empresarial e a mera administração habitual da fortuna herdada. Os retornos com os quais vive essa classe e a posição social sobre a qual ela repousa são produzidos pelo êxito desse setor mais ou menos ativo — que, é claro, como acontece nos Estados Unidos, pode formar mais de 90% do estrato burguês — e pelo sucesso dos indivíduos que estão prestes a se elevar a essa classe. Econômica e sociologicamente, direta e indiretamente, a burguesia depende, portanto, do empresário e, como classe, vive e morrerá com ele, embora uma fase de transição mais ou menos prolongada — e, por fim, uma fase em que se sentirá igualmente incapaz de morrer ou de viver — provavelmente ocorrerá, como de fato ocorreu no caso da civilização feudal.

Resumindo essa parte de nosso argumento: se a evolução capitalista — o "progresso" — cessar ou se tornar completamente automática, a base econômica da burguesia industrial ficará, em algum momento, reduzida àqueles salários que são pagos pelo trabalho administrativo habitual, excetuando-se as remanescentes quase-rendas e os ganhos monopoloides que podem perdurar por algum tempo. Uma vez que a empresa capitalista, por suas próprias realizações, tende a automatizar o progresso, concluímos que ela tende a se tornar supérflua — desmoronando em ruínas sob a pressão de seu próprio êxito. A unidade industrial gigante e perfeitamente burocratizada não só expulsa a pequena ou média empresa e "expropria" seus proprietários como também, no final, elimina o empresário e expropria a burguesia como classe que, no processo, pode perder não só sua renda, mas também o que é infinitamente mais importante, sua função. Os verdadeiros líderes do socialismo não são os intelectuais ou agitadores que o pregavam, mas os Vanderbilts, os Carnegies e os Rockefellers. Esse resultado talvez não agrade, em todos os aspectos, aos socialistas marxistas, ainda menos aos socialistas de uma descrição mais popular (Marx teria dito vulgar). Mas, no que diz respeito ao prognóstico, não difere do deles.

2. A DESTRUIÇÃO DOS ESTRATOS PROTETORES

Até agora, consideramos os efeitos do processo capitalista sobre as bases econômicas dos estratos superiores da sociedade capitalista e sobre sua posição social e seu prestígio. Mas os efeitos se estendem ainda mais ao quadro institucional que os protegia. Ao demonstrar isso, tomaremos o termo em sua acepção mais ampla e incluiremos não apenas as instituições jurídicas como também as atitudes do espírito e das políticas públicas.

2.1. A evolução capitalista, a princípio, destruiu, ou fez de tudo para destruir, os arranjos institucionais do mundo feudal — a casa senhorial, a aldeia, a corporação de ofício. Os fatos e os mecanismos desse processo são por demais conhecidos para nos determos neles. A destruição ocorreu de três maneiras: o mundo do artesão foi destruído principalmente pelos efeitos automáticos da concorrência do empresário capitalista; a ação política de remoção das organizações e dos regulamentos atrofiados apenas serviu para registrar os resultados. O mundo do senhor e do camponês foi destruído principalmente pela ação política — em alguns casos, revolucionária —, e o capitalismo somente presidiu as transformações adaptativas, digamos, da organização senhorial alemã em unidades agrícolas de produção de larga escala. Mas, juntamente com as revoluções industrial e agrária, houve uma mudança não menos revolucionária na atitude geral da autoridade legislativa e da opinião pública. Junto à antiga organização econômica desapareceram os privilégios econômicos e políticos das classes ou dos grupos que nela costumavam desempenhar o papel principal, especialmente as isenções fiscais e as prerrogativas políticas de nobres e aristocratas rurais, bem como as do clero.

Economicamente tudo isso resultou para a burguesia na eliminação de muitos entraves e na remoção de muitas barreiras. Na política, significou a substituição de uma ordem na qual o burguês era um sujeito humilde por outra mais favorável à sua mente racionalista e aos seus interesses imediatos. Mas, examinando esse processo do ponto de vista atual, o observador poderia muito bem perguntar se, no final, tal emancipação completa foi boa para os burgueses e seu mundo. Pois aqueles entraves não só causavam dificuldades como também serviam de abrigo. Antes de prosseguir, devemos esclarecer e avaliar cuidadosamente esse ponto.

2.2. Os processos correlatos da ascensão da burguesia capitalista e da ascensão dos estados nacionais produziram, nos séculos XVI, XVII e XVIII, uma estrutura social que pode nos parecer híbrida, embora não fosse mais híbrida ou transitória do que qualquer outra. Considere o extraordinário exemplo oferecido pela monarquia de Luís XIV. O poder da realeza subjugou a aristocracia rural e, ao mesmo tempo, a conciliou, oferecendo emprego, pensões e aceitando condicionalmente sua pretensão a uma posição de classe dominante ou principal. O mesmo poder real subjugou e aliou-se ao clero.[169] Conseguiu, enfim, fortalecer sua influência sobre a burguesia, sua antiga aliada na luta contra os magnatas territoriais, protegendo e impulsionando suas empresas, a fim de explorá-las de forma mais eficaz. Os camponeses e o (pequeno) proletariado industrial também foram dirigidos, explorados e protegidos pela autoridade pública — embora, no caso do antigo regime francês, a

---

169. O galicanismo não era nada mais do que o reflexo ideológico disso.

proteção estivesse muito menos em evidência do que, por exemplo, na Áustria de Maria Teresa ou de José II — e, indiretamente, por proprietários de terras ou industriais. Este não era simplesmente um governo no sentido do liberalismo do século XIX, ou seja, uma entidade social criada para desempenhar algumas poucas funções, financiadas por um mínimo de receita. Em princípio, a monarquia dirigia tudo, desde as consciências até os padrões dos tecidos de seda de Lyons, e, financeiramente, visava arrecadar o máximo de renda. Embora o rei nunca tenha sido realmente absoluto, a autoridade pública recaía sobre tudo.

O diagnóstico correto desse modelo é de extrema importância para o nosso tema. O rei, a corte, o exército, a Igreja e a burocracia viviam cada vez mais da renda criada pelo processo capitalista, mesmo que as fontes de renda puramente feudais se avolumassem em consequência dos acontecimentos capitalistas contemporâneos. Cada vez mais, também, as políticas interna e externa e as mudanças institucionais eram configuradas para se adequar e impulsionar esses acontecimentos. *Assim*, os elementos feudais da estrutura da chamada monarquia absoluta podem ser apenas considerados como atavismos, o que, na verdade, seria o diagnóstico que, à primeira vista, se adotaria naturalmente.

Examinando com maior atenção, no entanto, percebemos que esses elementos significavam mais do que isso. A moldura metálica dessa estrutura ainda era formada pelo material humano da sociedade feudal, e esse material ainda se comportava de acordo com padrões pré-capitalistas. Ocupava os cargos de Estado e os de oficiais do exército, e elaborava políticas — operava como uma classe dirigente e, embora levasse em conta os interesses dos burgueses, teve o cuidado de se distanciar da burguesia. A peça central, o rei, era monarca pela graça de Deus; e a raiz de sua posição era feudal não apenas no sentido histórico, mas também no sentido sociológico, independentemente do quanto se aproveitasse das possibilidades econômicas oferecidas pelo capitalismo. Tudo isso era mais do que atavismo. Era uma simbiose ativa entre dois estratos sociais; um deles, sem dúvida, apoiava o outro economicamente, o qual, por sua vez, era apoiado pelo outro politicamente. O que quer que pensemos das conquistas ou deficiências desse acordo, o que quer que o próprio burguês pensasse disso na época ou mais tarde — e do aristocrata patife ou preguiçoso —, essa era a essência daquela sociedade.

2.3. Somente *daquela* sociedade? O curso subsequente dos eventos, mais bem exemplificado pelo caso inglês, sugere uma resposta. O elemento aristocrático continuou a deter o controle total *até o final do período do capitalismo intacto e vital*. Sem dúvida, esse elemento — embora em nenhum lugar tão efetivamente como na Inglaterra — absorveu imediatamente os cérebros de outros estratos que se viam desviados para a política; tornou-se representante dos interesses burgueses e lutou as batalhas da burguesia; precisou desistir de seus últimos privilégios legais; e, apesar dessas limitações e para fins que já não eram mais os seus, continuou a manejar a máquina política, a dirigir o Estado e a governar.

A parte economicamente ativa dos estratos burgueses não ofereceu muita oposição a isso. No geral, esse tipo de divisão de trabalho lhes caía bem e agradava. Nos momentos em que se revoltaram contra ela ou em que assumiram o poder político sem ter que se revoltar, não se destacaram pelo êxito evidente de seu governo e *não* se mostraram capazes de manter-se no poder. Resta saber se é realmente seguro presumir que fracassaram apenas por lhes faltar oportunidade para adquirir experiência e, com ela, as atitudes de uma classe politicamente dominante.

Não, não é. Há uma razão mais fundamental para esses fracassos, dentre os quais são bons exemplos as experiências francesas ou alemãs de governo pela burguesia — essa razão pode, de novo, ser mais bem entendida pelo contraste da figura do industrial ou do comerciante com a do senhor medieval. A "profissão" deste último não só o qualificava admiravelmente para a defesa de seu próprio interesse de classe — ele também era capaz de lutar fisicamente por ela — como também o rodeava com um halo e fazia dele o governador dos homens. A defesa era importante, mas o *glamour* místico e a atitude senhorial eram muito mais — essa habilidade e o hábito de comandar e ser obedecido que lhe conferem prestígio em todas as classes da sociedade e em todos os estilos de vida. Esse prestígio era tão grande, e essa atitude, tão útil, que a posição de classe superou as condições sociais e tecnológicas que lhe deram origem e se mostrou adaptável — por meio da transformação da função de classe — a condições sociais e econômicas bem diferentes. Com grande facilidade e graça, os senhores e cavaleiros se metamorfosearam em cortesãos, administradores, diplomatas, políticos e em militares de um tipo que nada tinha a ver com o cavaleiro medieval. E — um fenômeno bastante surpreendente quando pensamos nele — um resto daquele velho prestígio sobrevive até hoje, e não apenas para nossas damas.

Em relação ao industrial e ao comerciante, o oposto é verdadeiro. Certamente não há nenhum traço de *glamour* místico nele, que é o que conta para o governo dos homens. A bolsa de valores mal serve para substituir o Santo Graal. Vimos que o industrial e o comerciante, na medida em que são empresários, também ocupam uma função de liderança. Mas esse tipo de liderança econômica não se estende imediatamente, como a liderança militar do senhor medieval, à liderança das nações. Pelo contrário, o livro-razão e o cálculo de custos absorvem e limitam.

Chamei o burguês de racionalista, e não de heroico. Ele só pode usar meios racionalistas e não heroicos para defender sua posição ou sujeitar uma nação à sua vontade. Ele pode impressionar pelo que as pessoas esperam de seu desempenho econômico, ele pode defender sua causa, ele pode prometer pagar com dinheiro ou ameaçar a sua retenção, ele pode contratar os serviços desleais de um mercenário (*condottiere*), ou de um político ou um jornalista. Mas isso é tudo, e tudo isso é muito superestimado quanto ao seu valor político. Tampouco suas experiências e seus hábitos de vida são do tipo que causa fascínio pessoal. Um gênio dos negócios pode ser, e muitas vezes é, completamente incapaz, fora dele, de atitudes extrovertidas e corajosas — seja na sala de estar ou no palanque. Sabendo disso, ele quer ser deixado em paz e nada quer com a política.

É claro que o leitor pensará em exceções. Entretanto, devemos nos lembrar de que não são muitas. A aptidão, o interesse e o êxito na administração municipal são a única exceção importante na Europa, e veremos que isso fortalece nosso caso em vez de enfraquecê-lo. Antes do advento da metrópole moderna, que não é mais um tema burguês, administrar uma cidade era quase como administrar uma empresa. A compreensão de seus problemas e a autoridade dentro de seus limites eram naturais ao fabricante e ao comerciante, e os interesses locais da manufatura e do comércio constituíam a maior parte de sua política, a qual, portanto, podia ser tratada com os mesmos métodos e o mesmo espírito dos negócios comerciais. Em circunstâncias superfavoráveis, surgiam desenvolvimentos excepcionais dessas raízes, como os das repúblicas veneziana ou genovesa. O caso dos Países Baixos se encaixa no mesmo modelo, mas é particularmente instrutivo pelo fato de a república dos comerciantes invariavelmente fracassar no grande jogo da política internacional e de que, em praticamente todas as emergências, tiveram de entregar as rédeas a um senhor da guerra de aparência feudal. No que diz respeito aos Estados Unidos, seria fácil listar as circunstâncias exclusivamente favoráveis — em rápido desaparecimento — que explicam seu caso.[170]

2.4. A inferência é óbvia: salvo tais condições excepcionais, a classe burguesa está mal equipada para enfrentar os problemas, tanto nacionais quanto internacionais, que normalmente precisam ser enfrentados por qualquer país que tenha alguma importância. Os próprios burgueses percebem isso apesar de toda a fraseologia que parece negar o fato, e as massas

---

170. Essa linha de raciocínio será retomada na Parte IV.

também percebem. Dentro de um quadro protetor feito de material não burguês, a burguesia pode ter êxito não apenas na defensiva política, mas também na ofensiva, especialmente na oposição. Por algum tempo, ela se sentiu tão segura a ponto de se dar ao luxo de atacar a própria estrutura protetora; a oposição burguesa que existia na Alemanha imperial é um exemplo perfeito disso. Contudo, sem proteção de algum grupo não burguês, a burguesia fica politicamente indefesa e incapaz não só de liderar sua nação como até mesmo de cuidar de seus próprios interesses de classe, o que equivale a dizer que ela precisa de um senhor.

Entretanto o processo capitalista, tanto por sua mecânica econômica quanto por seus efeitos psicossociológicos, se desfez desse senhor protetor ou, como nos Estados Unidos, nunca deu a ele ou a um substituto dele chance de se desenvolver. As implicações disso são reforçadas por outra consequência do mesmo processo. A evolução capitalista elimina não só o rei *Dei Gratia* (pela graça de Deus) como também os redutos políticos que, se tivessem se mostrado viáveis, teriam sido formados pela aldeia e pela corporação de ofício. Claro que nenhuma dessas organizações era viável na forma precisa em que o capitalismo as havia encontrado, mas as políticas capitalistas levaram a destruição para muito além do que seria inevitável. Atacaram o artesão em territórios em que ele poderia ter sobrevivido por tempo indefinido. Impuseram ao camponês todas as bênçãos do liberalismo primitivo — o título de posse absoluta, porém sem nenhuma proteção, e toda a corda individualista que ele precisava para se enforcar.

Ao derrubar a armação pré-capitalista da sociedade, o capitalismo destruiu não apenas as barreiras que impediam seu progresso como também os arcobotantes que impediam seu colapso. Esse processo, impressionante em sua necessidade implacável, não constituía apenas a remoção da madeira podre institucional, mas também a remoção de parceiros do estrato capitalista, com os quais a simbiose era um elemento essencial da arquitetura capitalista. Tendo descoberto esse fato obscurecido por tantos *slogans*, podemos muito bem nos perguntar se é correto enxergar o capitalismo como uma forma social *sui generis* ou, de fato, como qualquer outra coisa senão a última fase da decomposição do que chamamos de feudalismo. No geral, estou inclinado a acreditar que suas peculiaridades são suficientes para constituir um tipo e aceitar, como regra e não como exceção, essa simbiose de classes, que deve sua existência a diferentes épocas e diversos processos — pelo menos essa tem sido a regra nos últimos 6 mil anos, ou seja, desde que os lavradores primitivos do solo se tornaram súditos de cavaleiros nômades. Mas não vejo grande objeção contra o aludido ponto de vista oposto.

3. A DESTRUIÇÃO DO QUADRO INSTITUCIONAL DA SOCIEDADE CAPITALISTA

Voltamos de nossa digressão com um grande volume de fatos ominosos. Eles são quase suficientes, embora não completamente, para demonstrar o nosso próximo ponto, a saber, que o processo capitalista, da mesma forma que destruiu o quadro institucional da sociedade feudal, também enfraquece o seu próprio.

Conforme foi apontado acima, o próprio êxito da empresa capitalista, paradoxalmente, tende a prejudicar o prestígio ou o peso social da classe primariamente ligada a ela, e a gigantesca unidade de controle tende a afastar a burguesia da função à qual ela deve esse peso social. A mudança correspondente do significado e a perda incidental de vitalidade das instituições do mundo burguês e de suas atitudes típicas são fáceis de rastrear.

Por um lado, o processo capitalista inevitavelmente ataca a base econômica de pequenos produtores e comerciantes. O que ele fez com os estratos pré-capitalistas também o faz — e pelo mesmo mecanismo competitivo — com os estratos mais baixos da indústria capitalista. Ponto para Marx. É verdade que os fatos da concentração industrial não correspondem totalmente àquilo que o público vem sendo ensinado a considerar sobre isso (ver Capítulo XIX). O processo não foi tão longe e está menos livre de contratempos e tendências compensatórias do que seria possível compreender das muitas exposições populares. Em particular, a empresa de grande escala não só aniquila como também, em certa medida, cria espaço para a pequena empresa de produção, e especialmente para a comercial. Além disso, no caso dos camponeses e agricultores, o mundo capitalista finalmente se mostrou disposto e capaz de perseguir uma política de conservação cara, mas, em geral, efetiva. A longo prazo, no entanto, não pode haver muitas dúvidas sobre o fato que estamos prevendo ou sobre suas consequências. Além disso, fora do campo da agricultura, a burguesia tem se mostrado pouco atenta ao problema[171] ou à sua importância para a sobrevivência da ordem capitalista. Os lucros que podem ser obtidos pela racionalização da organização da produção e, especialmente, pelo barateamento do caminho tortuoso das mercadorias desde a fábrica até o consumidor final são mais do que o espírito do empresário típico pode resistir.

Agora é importante entender precisamente no que consistem essas consequências. Um tipo muito comum de crítica social, que já vimos anteriormente, lamenta o "declínio da concorrência" e o iguala ao declínio do capitalismo por

---

171. Alguns governos demonstraram maior atenção; o governo da Alemanha imperial se esforçou bastante para combater esse tipo particular de racionalização, e agora há uma forte tendência de se fazer o mesmo nos Estados Unidos.

causa das virtudes que atribui à concorrência e aos vícios que atribui aos "monopólios" industriais modernos. Nesse esquema de interpretação, a monopolização desempenha o papel da arteriosclerose e reage sobre as fortunas da ordem capitalista por meio de um desempenho econômico cada vez mais insatisfatório. Vimos as razões para rejeitar esse ponto de vista. Economicamente, nem a conjectura a favor da concorrência nem a contrária à concentração do controle econômico são tão convincentes quanto sugere esse argumento. Convincente ou não, deixa de lado o ponto mais importante. Mesmo que as gigantes empresariais fossem todas administradas de forma tão perfeita a ponto de serem aplaudidas pelos anjos celestes, as consequências políticas da concentração continuariam sendo o que são. A estrutura política de uma nação é profundamente afetada pela eliminação de uma série de pequenas e médias empresas, cujos proprietários-administradores, juntamente com seus dependentes, assistentes e relacionamentos, contam quantitativamente nas urnas e, sobre o que podemos chamar de classe dos chefes de equipe, possuem uma influência dominadora que nenhuma administração de grande empresa jamais poderia ter; o próprio fundamento da propriedade privada e da liberdade de contratar se erode em uma nação na qual seus tipos mais vitais, mais concretos e significativos desaparecem do horizonte moral do povo.

Por outro lado, o processo capitalista também ataca seu próprio quadro institucional — vamos continuar a visualizar "propriedade" e "contratação livre" como *partes pro toto* (uma parte pelo todo) — dentro das grandes empresas. Exceto nos casos, que ainda são de importância considerável, em que uma corporação é praticamente propriedade de um único indivíduo ou de uma única família, a figura do proprietário, e, com ela, o interesse específico do proprietário, desaparece do quadro. Temos os executivos assalariados e todos os gerentes assalariados e subgerentes. Temos os grandes acionistas. E também os pequenos acionistas. O primeiro grupo tende a adquirir a atitude do empregado e raramente, ou nunca, se identifica com o interesse do acionista, mesmo nos casos mais favoráveis, ou seja, nos casos em que se identifica com o interesse da empresa como tal. O segundo grupo, mesmo que considere seu relacionamento com a empresa como permanente e mesmo que realmente se comporte da forma como a teoria financeira quer que os acionistas se comportem, está distante das funções e das atitudes do proprietário. Quanto ao terceiro grupo, os pequenos acionistas, muitas vezes, não se importam com o que, para a maioria deles, é apenas uma pequena fonte de renda e, quer eles se importem ou não, quase nunca se incomodam, a menos que o objetivo deles ou de alguns de seus representantes seja explorar seu potencial de causar incômodo; sendo, muitas vezes, maltratados e ainda mais frequentemente imaginando-se maltratados, eles quase sempre abraçam uma atitude hostil contra "suas" corporações, as grandes empresas em geral, e, particularmente, quando as coisas parecem ruins, contra a ordem capitalista como tal. Nenhum elemento desses três grupos, nos quais esquematizei a situação típica, assume incondicionalmente a atitude característica daquele curioso fenômeno, tão cheio de significação e tão passageiro, que é descrito pela palavra *propriedade*.

A liberdade de contratar está no mesmo barco. Quando estava em plena vitalidade, significava o poder individual de contratar, regulado pela escolha individual entre um número indefinido de possibilidades. O contrato estereotipado, não individualizado, impessoal e burocratizado de hoje — isso tem aplicação muito mais generalizada, mas, *a priori*, podemos atribuí-lo ao contrato de trabalho —, que oferece liberdade de escolha apenas de forma restrita e liga-se principalmente a um pegar ou largar,[172] não tem nenhuma das características antigas, das quais a mais importante se torna impossível com empresas gigantescas lidando com outras empresas gigantes ou com massas impessoais de operários ou consumidores. O vazio está sendo preenchido por um cipoal de novas estruturas legais — e um pouco de reflexão mostra que isso dificilmente poderia ser diferente.

Assim, o processo capitalista põe em segundo plano todas essas instituições, em particular a propriedade e a liberdade de contrato, que expressavam as necessidades e práticas da atividade econômica de fato "privada". Quando não as descarta, como já descartou a liberdade de contrato no mercado de trabalho, atinge o mesmo fim, ou modificando a importância relativa das formas legais existentes — por exemplo, as formas legais da sociedade anônima, em oposição às da sociedade de participação ou empresa individual — ou alterando seus conteúdos ou significados. O processo capitalista, ao substituir as paredes e as máquinas da fábrica por uma mera parcela de ações, acaba com a ideia de propriedade. Ele afrouxa o controle que antes era tão forte — o controle no sentido de um direito legal e da verdadeira capacidade de fazer o que quiser consigo mesmo; o controle também no sentido de que o detentor do título perde a vontade de lutar, econômica, física e politicamente, por "sua" fábrica e seu controle sobre ela; morrer, se necessário, em seu portão. E essa evaporação do que podemos denominar substância material da propriedade — sua realidade visível e tangível — afeta não apenas a atitude dos titulares de ações, mas também a dos operários e do público em geral. A propriedade desmaterializada, desfuncionalizada e ausente não impressiona nem invoca lealdade moral como fazia a propriedade em sua forma vital. Chegará um momento em que não restará

---

172. *C'est á prendre ou a laisser*, em francês no original (N.T.)

ninguém que realmente se importe em defendê-la — ninguém dentro ou fora das grandes empresas.

XIII. AUMENTO DA HOSTILIDADE

1. A ATMOSFERA SOCIAL DO CAPITALISMO

Analisando-se os dois capítulos anteriores, não será difícil compreender como o processo capitalista produziu essa atmosfera de hostilidade quase universal à sua própria ordem social, à qual me referi no início desta parte. O fenômeno é tão surpreendente, e as explicações marxistas e populares, tão inadequadas, que nos obriga a desenvolver um pouco mais a sua teoria.

1.1. O processo capitalista, como vimos anteriormente, acaba reduzindo a importância da função pela qual vive a classe capitalista. Também vimos que ele tende a erodir os seus estratos protetores, destruir suas próprias defesas e dispersar as guarnições de suas trincheiras. E, finalmente, vimos que o capitalismo cria um estado crítico de espírito que, depois de ter destruído a autoridade moral de tantas outras instituições, no final se volta contra a sua própria; o burguês descobre, para seu espanto, que a atitude racionalista não checa apenas as credenciais de reis e papas, mas passa a atacar a propriedade privada e todo o esquema de valores burgueses.

A fortaleza burguesa torna-se, portanto, politicamente indefesa. Fortalezas indefesas são um convite à agressão, especialmente quando protegem bens valiosos. Os agressores sentem-se encorajados em um estado de hostilidade racionalizada[173] — agressores sempre fazem isso. Sem dúvida, é possível, por um tempo, suborná-los. Mas esse último recurso fracassa assim que eles descobrem que podem ter tudo o que quiserem. Em parte, isso explica o que estamos tentando explicar. Até onde chega — e, naturalmente, não explica tudo —, esse elemento de nossa teoria é confirmado pela alta correlação que existe historicamente entre a falta de defesa da burguesia e a hostilidade à ordem capitalista: embora houvesse no início muito mais razão para a hostilidade, ela se manteve bastante controlada enquanto a posição burguesa não foi ameaçada; a hostilidade se alastrou juntamente com o desmoronamento das paredes protetoras.

---

[173] Espero que não se faça confusão com os dois significados que dou ao verbo "racionalizar". Uma fábrica está sendo "racionalizada" quando aumenta sua eficiência produtiva por unidade de despesa. "Racionalizamos" uma ação quando oferecemos a nós mesmos e aos outros razões para sua realização que satisfaçam nosso padrão de valores, independentemente de quais sejam nossos verdadeiros impulsos.

1.2. Porém, seria possível perguntar — e, de fato, é perguntado com ingênua perplexidade por muitos industriais que honestamente acham que estão cumprindo seu dever com todas as classes da sociedade: por que a ordem capitalista deveria precisar de qualquer proteção de poderes extracapitalistas ou de lealdades extrarracionais? Não poderia passar no teste com distinção? Nosso próprio argumento anterior não mostra suficientemente bem que ela possui muitas credenciais utilitárias para apresentar? Não seria possível fazer uma boa defesa dela? E esses industriais certamente não deixarão de apontar que um operário sensato, ao pesar os prós e contras de seu contrato com, digamos, uma das grandes siderúrgicas ou empresas automobilísticas, pode muito bem chegar à conclusão de que, levando tudo em consideração, ele não está em situação tão ruim e que as vantagens dessa barganha não estão todas de um lado só. Sim, certamente. Entretanto, isso tudo é bastante irrelevante.

Pois, em primeiro lugar, é um erro acreditar que o ataque político surge principalmente das queixas e que pode ser tolhido por alguma justificação. A crítica política não se resolve efetivamente com argumentos racionais. Tendo em vista que a crítica à ordem capitalista provém de uma atitude crítica do espírito, ou seja, de uma mentalidade que despreza a fidelidade a valores extrarracionais, não se segue que a refutação racional será aceita. Tal refutação pode rasgar a roupagem racional do ataque, mas nunca atingirá a força motriz extrarracional que sempre se esconde atrás dele. A racionalidade capitalista não acaba com os impulsos sub-racionais ou suprarracionais, apenas os deixa fora de controle ao remover as amarras da tradição sagrada ou semissagrada. Em uma civilização que não possui os meios — e até mesmo a vontade — para disciplina-los e guiá-los, eles se revoltarão. E, quando se revoltam, pouco importa que, em uma cultura racionalista, suas manifestações em geral sejam de alguma forma racionalizadas. Assim como nunca foram pedidas credenciais utilitárias de reis, senhores e papas em um estado de espírito judicial que aceitasse a possibilidade de uma resposta satisfatória, também o capitalismo é julgado por juízes que guardam a sentença de morte em seus bolsos. Eles vão proferi-la, seja qual for a defesa; o único êxito que uma defesa vitoriosa pode produzir é uma modificação das acusações. A razão utilitária é, em todo caso, fraca como a principal força motora de uma ação coletiva. Em nenhuma hipótese é compatível com os determinantes extrarracionais de conduta.

Em segundo lugar, o sucesso da acusação torna-se bastante compreensível assim que percebemos o que a aceitação da defesa do capitalismo implicaria. Essa defesa, se fosse ainda mais forte do que realmente é, nunca poderia ser simples. As pessoas em geral precisariam imbuir-se de uma percepção e de um poder de análise que as ultrapassam por completo. Porque praticamente todas as bobagens já ditas sobre o capitalismo foram defendidas por algum economista profissional. Mas mesmo que isso não seja levado em consideração, o reconhecimento racional do desempenho econômico do capitalismo e das esperanças que ele mantém para o futuro exigiria dos pobres uma proeza moral quase impossível. Esse desempenho só se destaca se tivermos um ponto de vista de longo prazo; qualquer argumento pró-capitalista deve se basear em considerações de longo prazo. No curto prazo, são os lucros e as ineficiências que dominam o quadro. Para aceitar sua sorte, o antigo nivelador (*leveller*) ou o cartista teria de se conformar em ter esperanças para seus bisnetos. Para se identificar com o sistema capitalista, os desempregados de hoje teriam que esquecer completamente seu destino pessoal, e o político de hoje, sua ambição pessoal. Os interesses de longo prazo da sociedade se encontram tão completamente acomodados nos estratos superiores da sociedade burguesa que é perfeitamente natural que as pessoas os vejam como os interesses dessa classe. Para as massas, é a visão de curto prazo que conta. Como Luís XV, acreditam que, *depois de nós, virá o dilúvio*,[174] e do ponto de vista do utilitarismo individualista estão, é claro, sendo perfeitamente racionais ao se sentir assim.

Em terceiro lugar, há os problemas do dia a dia e as expectativas de problemas com os quais todos têm de lutar em qualquer sistema social — os atritos e as decepções, os acontecimentos desagradáveis, maiores e menores, que machucam, incomodam e frustram. Suponho que todos nós estejamos mais ou menos habituados a atribuí-los totalmente àquela parte da realidade que está fora de nós; além disso, o apego *emocional* à ordem social — ou seja, justo o que o capitalismo é constitucionalmente incapaz de produzir — é necessário para superar o impulso hostil com que reagimos a eles. Sem esse apego emocional, o impulso traça seu próprio destino e se torna um constituinte permanente de nossa estrutura psíquica.

Em quarto lugar, os padrões de vida sempre em ascensão e particularmente o lazer que o capitalismo moderno proporciona ao operário plenamente empregado... Bem, não há necessidade de terminar a frase ou elaborar um dos argumentos mais triviais, antigos e indigestos que, infelizmente, também é um dos mais verdadeiros. O progresso secular, que é aceito como algo indiscutível, unido à insegurança individual ressentida, é, naturalmente, a melhor receita para se criar a agitação social.

---

174. Em francês no original: *"après nous, le deluge"*. (N.T.)

2. A SOCIOLOGIA DO INTELECTUAL

No entanto, nem a oportunidade de ataque nem as queixas reais ou imaginárias são, em si, suficientes para produzir, por mais que possam favorecer, o surgimento de uma hostilidade ativa contra a ordem social. Para que tal atmosfera se desenvolva é necessário que haja grupos cujo interesse seja gerar e organizar o ressentimento, nutri-lo, expressá-lo e liderá-lo. Como será mostrado na Parte IV, a massa da população nunca desenvolve opiniões definidas por iniciativa própria. E é ainda menos capaz de articulá-las e transformá-las em atitudes e ações consistentes. Tudo o que pode fazer é seguir ou recusar-se a seguir a liderança coletiva que lhe for oferecida. Até que tenhamos descoberto grupos sociais que se qualifiquem para esse papel, nossa teoria da atmosfera de hostilidade ao capitalismo estará incompleta.

Em linhas gerais, as condições favoráveis à hostilidade geral ou ao ataque específico ao sistema social tendem, em qualquer caso, a provocar o surgimento de grupos que as explorarão. Mas, no caso da sociedade capitalista, há um fato a ser observado: ao contrário de qualquer outro tipo de sociedade, o capitalismo inevitavelmente, e em virtude da própria lógica de sua civilização, cria, educa e subsidia um interesse especial na agitação social.[175] A explicação desse fenômeno, que é tão curioso quanto importante, segue nosso argumento no Capítulo XI, mas pode ser mais reveladora após um passeio pela *sociologia do intelectual*.

2.1. Esse tipo não é fácil de definir. A dificuldade é, na verdade, sintomática do caráter da espécie. Intelectuais não são uma classe social no sentido em que o são os camponeses ou os trabalhadores industriais; eles originam-se de todos os cantos do mundo social, e grande parte de suas atividades consiste em lutar uns contra os outros e em formar as pontas de lança dos interesses de classe que não os seus. Ainda assim, desenvolvem atitudes em interesses de grupo suficientemente fortes para que um grande número deles se comporte da maneira que geralmente está associada ao conceito de classe social. Mais uma vez, não podem ser simplesmente definidos como a soma total de todas as pessoas que completaram o ensino superior; isso apagaria as características mais importantes do tipo. No entanto, qualquer um que o

---

[175]. Todo sistema social é sensível à revolta, e em todo sistema social provocar revolta é uma atividade que vale a pena em caso de sucesso e, portanto, sempre atrai tanto cérebros quanto músculos. Foi bem assim no período feudal. Mas os nobres guerreiros que se revoltavam contra seus superiores atacavam pessoas ou posições individuais. Não atacaram o sistema feudal como tal. E a sociedade feudal como um todo não mostrava tendências para encorajar — intencionalmente ou não — ataques contra o seu próprio sistema social como um todo.

tenha completado — e, salvo casos excepcionais, ninguém que não o tenha completado — é um intelectual em potencial; e o fato de que suas mentes são todas semelhantes facilita o entendimento mútuo e forma um vínculo entre eles. Também não serviria ao nosso propósito tornar o conceito semelhante ao da filiação às profissões liberais; médicos ou advogados, por exemplo, não são intelectuais no sentido que lhe queremos dar, a menos que falem ou escrevam sobre assuntos alheios a sua competência profissional, o que, sem dúvida, eles costumam fazer — particularmente os advogados. Há, entretanto, uma estreita conexão entre os intelectuais e as profissões liberais. Pois *algumas* profissões — especialmente se incluirmos o jornalismo — pertencem, na verdade, quase inteiramente ao domínio do tipo intelectual; os membros de *todas* as profissões liberais podem se tornar intelectuais; e muitos intelectuais, para ganhar a vida, exercem alguma profissão liberal. Por fim, uma definição por meio do contraste com o trabalho manual seria muito ampla.[176] No entanto, a definição do Duque de Wellington,[177] a saber, "grupo de escritores", parece ser muito estreita.[178] Isso também vale para o significado de *hommes de letres* (literatos).

Mas poderíamos fazer pior do que conduzir-nos pela definição do Duque de Ferro. Os intelectuais são, na verdade, pessoas que exercem o poder da palavra falada e escrita, e um dos detalhes que os distinguem de outras pessoas que fazem o mesmo é a ausência de responsabilidade direta por temas de ordem prática. Esse detalhe costuma explicar outro — a ausência do conhecimento em primeira mão, que só pode ser obtido pela experiência real. O terceiro detalhe é a atitude crítica, decorrente tanto da situação do intelectual como espectador — na maioria dos casos, também como um estranho — quanto do fato de que sua principal chance de se afirmar reside em sua capacidade real ou potencial de causar incômodo. A profissão do não profissional? Diletantismo profissional? Pessoas que falam de tudo porque não entendem de nada? O jornalista de Bernard Shaw[179] em sua peça *The doctor's dilemma* (*O dilema do médico*)? Não, não. Eu não disse isso e não é isso que quis dizer. Esse tipo de coisa seria muito mais falso do que ofensivo. Deixemos a definição por palavras de lado e, em vez

---

176. Para minha tristeza, descobri que o *Oxford English Dictionary* não lista o significado que quero dar ao termo. Ele contém a expressão "um jantar de intelectuais", mas em conexão com "poderes superiores do intelecto", que aponta uma direção muito diferente. Fiquei bastante desconcertado e não fui capaz de encontrar outro termo que atendesse igualmente bem ao meu propósito.
177. Arthur Wellesley, primeiro duque de Wellington (1769-1852). (N.T.)
178. A frase do duque aparece em *The Croker Papers* (ed. L. J. Jennings, 1884).
179. George Bernard Shaw (1856-1950), escritor irlandês. (N.T.)

disso, busquemos uma definição "epidítica" ou exemplificativa: no museu grego somos capazes de observar o objeto rotulado de forma adequada. Sofistas, filósofos e retóricos dos séculos V e IV a.C. — por mais que se opusessem a ser classificados da mesma maneira, pertenciam todos ao mesmo gênero — ilustram bem o que quero dizer. O fato de praticamente todos eles terem sido professores não destrói o valor do exemplo.

2.2. Ao analisar a natureza racionalista da civilização capitalista (Capítulo XI), observei que o desenvolvimento do pensamento racional, naturalmente, precede a ascensão da ordem capitalista por milhares de anos; tudo o que o capitalismo fez foi oferecer um novo impulso e uma inclinação específica ao processo. Da mesma forma — deixando de lado o mundo greco-romano —, encontramos intelectuais em condições completamente pré-capitalistas, por exemplo, no reino dos francos e nos países em que este se dissolveu. Mas eles eram pouco numerosos; eram clérigos, monges em sua maioria; e seus textos eram acessíveis apenas a uma parte infinitesimal da população. Sem dúvida, indivíduos fortes eram ocasionalmente capazes de desenvolver pontos de vista pouco ortodoxos e até mesmo a transmiti-los a uma audiência mais popular. Isso, no entanto, em geral, implicava antagonizar em um ambiente organizado de maneira bastante rígida — do qual era, ao mesmo tempo, difícil de se escapar — e arriscar-se a ter o destino do herege. Mesmo assim, nada era possível sem o apoio ou a conivência de algum grande senhor ou líder, conforme exemplificam, de modo suficiente, as táticas dos missionários. No geral, portanto, os intelectuais estavam bem controlados; a insubordinação não era brincadeira, mesmo em tempos de excepcional desorganização e liberdade, como durante a peste negra (em 1348 e depois).

Mas se o mosteiro deu origem ao intelectual do mundo medieval, foi o capitalismo que o libertou e o presenteou com a imprensa. A lenta evolução do intelectual leigo foi apenas um aspecto desse processo; a coincidência do surgimento do humanismo com o do capitalismo é bastante surpreendente. Os humanistas eram sobretudo filólogos, mas — ilustrando bem o ponto acima — se expandiram rapidamente para os campos dos costumes, da política, da religião e da filosofia. Isso não decorreu apenas do conteúdo das obras clássicas que interpretavam juntamente com sua gramática — da crítica de um texto à crítica de uma sociedade, o caminho é mais curto do que parece. No entanto, ao intelectual típico não agradava a ideia da fogueira que ainda era o destino do herege. Via de regra, tinha muito mais apreço por honrarias e luxos. E essas eram coisas que, afinal de contas, só podiam ser dadas por príncipes temporais ou espirituais, embora os humanistas tenham sido os primeiros intelectuais a constituir um público no sentido moderno da palavra. A atitude crítica ficava cada dia mais forte. Mas a crítica *social* — além do que estava implícito em certos ataques à Igreja Católica e, em particular, ao seu chefe — não floresceu em tais condições.

Honrarias e emolumentos podem, no entanto, ser obtidos de diversas maneiras. Bajulação e subserviência costumam render menos que seus conceitos opostos. Embora essa descoberta não tenha sida feita por Aretino,[180] nenhum mortal jamais o superou em explorá-la. Carlos V, mesmo sendo um marido dedicado, durante as suas campanhas, que o mantinham longe de casa por muitos meses, vivia a vida de um cavalheiro de seu tempo e de sua classe. Muito bem, o público — e o que mais importava para Carlos, sua imperatriz — não precisava nunca saber disso se os argumentos do tipo e do peso certos fossem devidamente entregues ao grande crítico da política e da moral. Carlos o pagava. Mas a questão é que essa não era uma simples chantagem que, em geral, beneficia apenas uma parte e inflige grandes prejuízos a uma outra. Carlos sabia por que o pagava, pois, sem dúvida, teria sido possível garantir o silêncio por métodos mais baratos, se não mais drásticos. Ele não demonstrou ressentimento. Pelo contrário, até se deu ao trabalho de oferecer honrarias ao homem. Obviamente, ele queria mais do que o mero silêncio, e, na verdade, foi totalmente recompensado por seus presentes.

2.3. De certa forma, portanto, a caneta de Aretino era realmente mais forte que a espada. Mas, talvez por ignorância, eu não sei de exemplos semelhantes durante os cento e cinquenta anos seguintes,[181] período em que os intelectuais não parecem ter desempenhado nenhum grande papel fora e independentemente das profissões tradicionais, que eram principalmente o direito e a Igreja. Ora, esse revés quase coincide com o revés da evolução capitalista, que, na maioria dos países da Europa continental, ocorreu nesse período conturbado. E a recuperação subsequente da empresa capitalista foi igualmente compartilhada pelos intelectuais: o preço mais baixo do livro, do jornal e dos panfletos; a ampliação do público, que, em parte, era produto disso e, em parte, um fenômeno independente, impulsionado pelo acesso da burguesia industrial à riqueza e ao prestígio; e o aumento da importância política de uma opinião pública anônima — todas essas vantagens, assim como estar cada vez mais livre de restrições, são subprodutos da máquina capitalista.

Nos primeiros três quartos do século XVIII, o mecenas individual demorou a perder a importância primordial que exercia inicialmente na carreira do

---

180. Pietro Aretino (1492-1556). (N.T.)

181. Na Inglaterra, no entanto, o alcance e a importância dos panfletos aumentaram muito no século XVII.

intelectual. Mas, pelo menos nos sucessos que estavam no auge, percebemos claramente a crescente importância do novo elemento — o apoio do mecenas coletivo, do público burguês. Nesse e em todos os outros aspectos, Voltaire é um exemplo inestimável. Sua própria superficialidade, que lhe oferecia a possibilidade de falar de tudo, desde religião até a óptica newtoniana, aliada a uma vitalidade indomável, uma curiosidade insaciável, uma perfeita ausência de inibições, um instinto infalível e uma aceitação completa da forma das propensões de sua época, permitiu que esse crítico acrítico, poeta e historiador medíocre causasse fascinação — e vendesse. Ele também especulou, trapaceou, aceitou presentes e cargos, mas sempre com a independência fundamentada na base sólida de seu sucesso com o público. O caso e o tipo de Rousseau, embora sejam completamente diferentes, trariam uma discussão ainda mais instrutiva.

Nas últimas décadas do século XVIII, um episódio marcante revelou a natureza do poder de um intelectual independente que trabalhava apenas com o mecanismo sociopsicológico chamado *opinião pública*. Isso aconteceu na Inglaterra, o país que, na época, era o mais adiantado no caminho da evolução capitalista. Os ataques de John Wilkes[182] ao sistema político da Inglaterra, é verdade, foram lançados sob circunstâncias exclusivamente favoráveis; além disso, não se pode dizer que ele tenha realmente perturbado o governo do Conde de Bute,[183] o qual nunca teve qualquer chance e cairia por uma dezena de outras razões; mas o *North Briton* de Wilkes foi, no entanto, a gota d'água para quebrar... a espinha política do senhor Bute. O *North Briton* nº 45 foi a primeira tacada de uma campanha que garantiu a abolição dos mandados gerais de busca e apreensão (*general warrants*) e deu um grande passo em direção à liberdade de imprensa e às eleições. Isso não equivale a dizer que tenha feito história, criado condições para uma mudança nas instituições sociais, mas equivale a desempenhar, digamos, o papel de assistente de parteira.[184] A incapacidade que os inimigos de Wilkes tiveram de impedi-lo é o fato mais importante de tudo isso. Eles, evidentemente, tinham todo o poder de um governo organizado sob seu comando. No entanto, algo os fez recuar.

---

182. John Wilkes (1725-1797), político inglês e editor do jornal *The North Briton*. (N.T.)

183. John Stuart, terceiro Conde de Bute (1713-1792), nobre britânico. (N.T.)

184. Não temo que algum historiador da política considere que eu tenha exagerado a importância do sucesso de Wilkes, mas temo a objeção que se faça por eu o ter chamado de independente (*freelance*) e a implicação de que ele devia tudo ao mecenas coletivo e nada a nenhum mecenas individual. Inicialmente ele foi, sem dúvida, encorajado por algum círculo social exclusivo. Em análise mais profunda, no entanto, acredito ser possível perceber que isso não teve importância decisiva e que todo o apoio e todo o dinheiro e as honrarias que recebeu depois foram apenas uma consequência e um tributo ao sucesso anterior e uma posição adquirida de forma independente com o público.

Na França, os anos anteriores à revolução, e a própria revolução, trouxeram o tabloide dos demagogos (Marat, Desmoulins), que, diferentemente dos nossos, não abandonaram completamente o estilo e a gramática. Mas devemos nos apressar. O terror e, mais sistematicamente, o Primeiro Império puseram um fim nisso. Em seguida, seguiu-se um período, interrompido pelo governo do rei burguês,[185] de repressão mais ou menos resoluta que durou até que o Segundo Império se sentisse obrigado a afrouxar as rédeas — por volta da década de 1860. Na Europa central e meridional, esse período também durou mais ou menos o mesmo tempo; e na Inglaterra prevaleceram condições análogas desde o início das guerras revolucionárias até a ascensão de Canning[186] ao poder.

2.4. A impossibilidade de se conter a maré dentro do quadro da sociedade capitalista é demonstrada pelo fracasso das tentativas — algumas delas, prolongadas e determinadas — de subjugar os intelectuais, realizadas durante esse período por praticamente todos os governos europeus. A história desses governos não era nada mais do que muitas outras versões dos feitos de Wilkes. Na sociedade capitalista — ou em uma sociedade que contenha um elemento capitalista de importância decisiva —, qualquer ataque aos intelectuais deve correr contra as fortalezas privadas das atividades burguesas, as quais, ou parte das quais, abrigarão os perseguidos. Além disso, tal ataque deve ocorrer de acordo com os princípios burgueses da prática legislativa e administrativa, que, sem dúvida, podem ser dilatados e retorcidos, mas proibirão a persecução além de um certo limite. A violência sem lei pode ser aceita pelo estrato burguês ou até mesmo aplaudida quando se vê completamente provocada ou assustada, mas apenas temporariamente. Em um regime puramente burguês, como o de Luís Filipe, as tropas podem atirar em grevistas, mas, se a polícia prender um grande número de intelectuais, deverá soltá-los imediatamente; caso contrário, o estrato burguês, por mais que desaprove fortemente alguns atos desses intelectuais, os apoiará porque a liberdade que o estrato burguês desaprova não pode ser esmagada sem também esmagar a liberdade que aprova.

Observe que não estou creditando à burguesia uma dose irrealista de generosidade ou idealismo. Também não estou enfatizando de forma indevida o que as pessoas pensam, sentem e querem — sobre cuja importância eu quase concordo, embora não plenamente, com Marx. Ao defender os intelectuais como um grupo — não, naturalmente, todos os indivíduos —, a burguesia defende a si mesma e seu estilo de vida. Apenas um governo de natureza e

---

185. *Roi bourgeois*, em francês no original. (N.T.)
186. George Canning (1770-1827), estadista britânico. (N.T.)

credo não burgueses — sob as circunstâncias modernas, apenas um governo socialista ou fascista — é forte o suficiente para discipliná-los. Para isso, teria de mudar as instituições tipicamente burguesas e reduzir de forma drástica a liberdade individual de *todos* os estratos da nação. E esse governo não tem a possibilidade — e nem é capaz — de parar antes de atingir a iniciativa privada.

Daí, chegamos tanto à falta de vontade quanto à incapacidade da ordem capitalista de controlar efetivamente seu setor intelectual. A relutância em questão é a relutância em usar várias vezes métodos que são incompatíveis com a mentalidade moldada pelo processo capitalista; a incapacidade é a incapacidade de fazê-lo dentro do quadro das instituições moldadas pelo processo capitalista e sem se submeter a regras não burguesas. Assim, por um lado, a liberdade de discussão pública envolvendo a liberdade de erodir lentamente os fundamentos da sociedade capitalista é, a longo prazo, inevitável. Por outro lado, o grupo de intelectuais não é capaz de evitar esse comportamento, pois vive das críticas, e seu posicionamento depende das críticas que incomodam; e a crítica das pessoas e dos acontecimentos atuais, numa situação em que nada é sacrossanto, fatalmente se volta para a crítica das classes e das instituições.

2.5. Alguns traços completarão o quadro moderno. Temos os recursos crescentes. Temos a elevação do padrão de vida e do lazer das massas, que transformaram e ainda estão transformando a composição do mecenas coletivo cujos gostos devem ser atendidos pelos intelectuais. Tínhamos e temos o maior barateamento do livro e do jornal e a grande empresa jornalística.[187]

---

187. O surgimento e a evolução até hoje das grandes empresas jornalísticas ilustram dois pontos que estou ansioso para enfatizar: os aspectos, relações e efeitos múltiplos de *todo* elemento concreto do padrão social que impedem proposições simples e unilaterais, e a importância de distinguir fenômenos de curto e longo prazo para os quais diferentes proposições, às vezes opostas, se mantêm verdadeiras. A grande empresa jornalística de larga escala é, na maioria dos casos, simplesmente uma empresa capitalista. Isso não quer dizer que ela defende os interesses capitalistas ou de qualquer outra classe. Pode *fazê-lo*, mas apenas por um ou mais dos seguintes motivos, cuja importância limitada é óbvia: porque é subsidiada por um grupo capitalista com o propósito de defender seus interesses ou pontos de vista — quanto maior a empresa e suas vendas, menos importante é esse elemento —; porque pretende vender para um público de gostos burgueses — que era muito importante até cerca de 1914 e, agora, funciona cada vez mais em sentido contrário; porque os anunciantes preferem usar um meio que lhes seja mais favorável — mas mantém, em grande parte, uma visão muito empresarial do assunto; porque os proprietários insistem em uma certa linha, independentemente de seu interesse em relação às vendas — até certo ponto, eles o fazem e especialmente o fizeram, mas a experiência ensina que eles não se sustentam quando o conflito com seus interesses pecuniários nas vendas é muito grave. Em outras palavras, as grandes empresas jornalísticas são uma ferramenta bastante poderosa para elevar a posição e aumentar a influência do grupo de intelectuais, mas ainda hoje não está completamente sob controle. Significam emprego e um público mais amplo, mas também significam "condições". Isso é especialmente importante no curto prazo; ao lutar por maior liberdade para fazer o que quiser, o jornalista individual pode facilmente se deparar com a derrota. Mas esse

Agora temos o rádio. Tínhamos e temos a tendência para a remoção completa das restrições, destruindo incessantemente as curtas tentativas de resistência por meio das quais a sociedade burguesa se revela uma disciplinadora tão incompetente e, ocasionalmente, tão infantil.

Temos, no entanto, outro fator. Uma das características mais importantes das últimas fases da civilização capitalista é a vigorosa expansão do aparato educacional e, particularmente, das instituições de ensino superior. Esse desenvolvimento era e é não menos inevitável do que o desenvolvimento da unidade industrial de maior escala,[188] mas, ao contrário deste último, foi e é fomentado pela opinião e pela autoridade públicas, de modo a se expandir muito mais do que seria capaz por sua própria força. O que quer que pensemos disso sob outros pontos de vista e independentemente de sua causa precisa, há várias consequências relevantes ao tamanho e à atitude do grupo de intelectuais.

Em primeiro lugar, tendo em vista que o ensino superior aumenta dessa forma a oferta de serviços das profissões liberais, das quase liberais e, por fim, de todas as linhas de colarinho-branco além do ponto determinado pelas considerações de custo e retorno, isso pode criar um caso particularmente importante de desemprego setorial.

Em segundo lugar, juntamente com esse desemprego, ou no lugar dele, cria condições insatisfatórias de emprego — emprego em trabalho precário ou com salários inferiores aos dos trabalhadores manuais mais bem pagos.

Em terceiro lugar, pode criar uma inempregabilidade de um tipo desconcertante em particular. O homem que passou por uma faculdade ou universidade facilmente se torna psiquicamente inempregável em ocupações manuais sem necessariamente adquirir empregabilidade nas, digamos, profissões liberais. Seu fracasso se deve à falta de habilidade natural — perfeitamente

---

aspecto de curto prazo — assim como a lembrança que o grupo tem das condições do passado — é o aspecto que habita a mente do intelectual e que determina as cores do quadro da escravidão e do martírio que ele pinta para o público. Na realidade, deveria ser um quadro de conquista. Conquista e vitória são, nesse caso, como em tantos outros, um mosaico composto de derrotas.

188. Atualmente isso é visto pela maioria das pessoas sob o ponto de vista do ideal de tornar as instituições educacionais de qualquer tipo disponíveis a todos os que podem ser estimulados a utilizá-las. Esse ideal é tão fortemente defendido que quaisquer dúvidas sobre ele são quase universalmente consideradas nada menos que indecentes; situação não melhorada pelos comentários, muitas vezes superficiais, dos dissidentes. Na verdade, temos aqui um conjunto de problemas extremamente complexos da sociologia da educação e de ideais educacionais que não podemos criticar dentro dos limites deste esboço. É por isso que confinei o parágrafo acima a duas trivialidades incontestáveis e não comprometedoras, que são tudo o que queremos para os nossos propósitos. Contudo, está claro que elas não são capazes de afastar os problemas maiores que devem ser deixados de lado, servindo de testemunhas à incompletude de minha exposição.

compatível com a aprovação em testes acadêmicos — ou ao ensino inadequado; e ambos os casos ocorrerão, absoluta e relativamente, com mais frequência à medida que números cada vez maiores de indivíduos forem recrutados para o ensino superior e à medida que a quantidade necessária de ensino aumentar, independentemente de quantos professores e estudiosos a natureza escolher produzir. Negligenciar isso e agir com base na teoria de que escolas, faculdades e universidades são apenas uma questão de dinheiro levam a resultados óbvios demais para insistirmos no tema. Os casos em que, entre uma dezena de candidatos a um emprego, todos formalmente qualificados, não há um que possa ocupá-lo de forma satisfatória são conhecidos por todos que têm algo a ver com seleção de pessoal — ou seja, por alguém que esteja qualificado para julgar.

Todos aqueles que estão desempregados ou insatisfatoriamente empregados, ou são inempregáveis, se deslocam para as vocações cujas normas são menos definidas ou cujas aptidões e aquisições importantes são de uma ordem diferente. Eles engrossam a multidão de intelectuais no sentido estrito do termo, cujos números, portanto, aumentam desproporcionalmente. Entram no grupo já com um estado de espírito muito descontente. O descontentamento gera ressentimento. E, muitas vezes, se racionaliza naquela crítica social que, como vimos antes, é, em qualquer caso, a atitude típica do espectador intelectual em relação aos homens, às classes e instituições, especialmente em uma civilização racionalista e utilitária. Bem, aqui temos uma questão de números; uma situação de grupo bem definida de matiz proletário; e um interesse de grupo moldando uma atitude de grupo que explicará de modo muito mais realista a hostilidade à ordem capitalista do que poderia a teoria — em si, uma racionalização no sentido psicológico — segundo a qual a indignação justa do intelectual sobre os erros do capitalismo simplesmente representa a inferência lógica de fatos ultrajantes e que não é melhor do que a teoria dos amantes que acreditam que seus sentimentos não representam nada além da inferência lógica das virtudes do amado.[189] Além disso, nossa teoria também explica o fato de que essa hostilidade aumenta, em vez de diminuir, a cada conquista da evolução capitalista.

---

189. O leitor perceberá que essas teorias seriam irrealistas mesmo se os fatos do capitalismo ou as virtudes da pessoa amada fossem realmente tudo aquilo que acreditam ser o crítico social ou a pessoa que ama. Também é importante notar que, na esmagadora maioria dos casos, tanto os críticos quanto as pessoas que amam são obviamente sinceros; nem mecanismos psicossociológicos nem psicofísicos são iluminados, via de regra, pelos holofotes do ego, exceto quando mascarados de sublimação.

É claro que a hostilidade do grupo de intelectuais — que equivale à desaprovação moral da ordem capitalista — é uma coisa, e a atmosfera hostil geral que cerca a máquina capitalista é outra. Essa última representa um fenômeno realmente importante, e não é simplesmente produto da primeira, pois flui em parte de fontes independentes, algumas das quais já mencionadas anteriormente, e, enquanto tal, é a matéria-prima para o trabalho do grupo de intelectuais. Entre as duas existem relações de troca que exigiriam mais espaço do que disponho aqui para desvendar. Os contornos gerais desse tipo de análise são, no entanto, óbvios o bastante, e acredito que é seguro afirmar que o papel do grupo de intelectuais consiste principalmente em estimular, fortificar, verbalizar e organizar esse material e, apenas de forma secundária, adicionar algo a ele. Alguns aspectos particulares ilustrarão esse princípio.

2.6. A evolução capitalista produz um movimento operário que, obviamente, não é criação do grupo de intelectuais. Mas não é de surpreender que tal oportunidade e o demiurgo intelectual se encontrem. Embora o sindicalismo nunca tenha desejado liderança intelectual, os intelectuais invadiram a política sindical. Fizeram, entretanto, uma contribuição importante: verbalizaram o movimento, lhe ofereceram teorias e *slogans* — a guerra de classes é um excelente exemplo —, o tornaram consciente de si mesmo e, ao fazê-lo, mudaram seu significado. Ao realizar essa tarefa baseados no próprio ponto de vista, eles naturalmente o radicalizaram, transmitindo, por fim, um viés revolucionário às práticas sindicais mais burguesas, um viés que, no início, causou ressentimento à maioria dos líderes não intelectuais. Mas havia outra razão para isso. Ao escutar o intelectual, o operário se torna quase invariavelmente consciente de um abismo intransitável, quando não de uma desconfiança total. A fim de dominá-lo e de competir com líderes não intelectuais, o intelectual é levado a tomar caminhos completamente desnecessários para estes últimos, os quais podem se dar ao luxo de fazer cara feia. Sem ter uma autoridade genuína e temendo que, sem nenhuma cerimônia, o mandem cuidar de suas próprias coisas, ele deve lisonjear, prometer e incitar, cuidar das alas de esquerda e das minorias carrancudas, defender casos duvidosos ou submarginais, apelar para objetivos marginais, confessar-se pronto para obedecer — em suma, comportar-se diante das massas como seus antecessores se comportaram, a princípio, diante de seus superiores eclesiásticos, e, mais tarde, diante de príncipes e outros mecenas, e, ainda mais tarde, diante do mestre coletivo de compleição burguesa.[190]

---

190. Tudo isso será ilustrado e mais bem elaborado na Parte V.

Assim, embora os intelectuais não tenham criado o movimento operário, eles o transformaram em algo bastante diferente do que seria sem eles.

A atmosfera social, para cuja teoria temos reunido pedras e argamassa, explica por que a política pública se torna cada vez mais hostil aos interesses capitalistas, tanto que, ao final, se recusará, por princípio, a levar em conta as exigências da máquina capitalista e se tornará um sério obstáculo ao seu funcionamento. As atividades do grupo de intelectuais têm, no entanto, uma relação mais direta com as políticas anticapitalistas do que está implícito no que dizem sobre elas. Intelectuais raramente entram na política profissional e ainda mais raramente conquistam cargos de responsabilidade. No entanto, lotam os gabinetes políticos, escrevem panfletos e discursos partidários, agem como secretários e conselheiros, criam a reputação jornalística do político que, embora não seja tudo, poucos homens podem se dar ao luxo de negligenciar. Agindo dessa forma, em certa medida, eles imprimem sua mentalidade em quase tudo o que está sendo feito.

A influência real exercida varia muito de acordo com a situação do jogo político, desde a mera formulação até a ação para tornar uma medida politicamente possível ou impossível. Mas há sempre muito espaço para isso. Quando dizemos que políticos e partidos são expoentes dos interesses de classe, estamos, na melhor das hipóteses, enfatizando apenas metade da verdade. A outra metade, igualmente importante, senão mais, vem à tona quando consideramos que a política é uma profissão que envolve interesses próprios — interesses que podem se chocar, bem como se adequar, aos interesses dos grupos "representados" por um homem ou um partido.[191] A opinião pessoal e a partidária são, mais do que qualquer outra coisa, sensíveis aos fatores da situação política que afetam diretamente a carreira ou a posição do indivíduo ou do partido. Alguns deles são controlados pelo grupo de intelectuais quase no mesmo sentido que o faz o código moral de uma época, o qual exalta alguns interesses e, tacitamente, ignora outros.

Por fim, a atmosfera social ou o código de valores afeta não apenas as políticas — o espírito da legislação — como também a prática administrativa. Porém, novamente, há também uma relação mais direta entre o grupo de intelectuais e a burocracia. As burocracias da Europa são de origem pré-capitalista e extracapitalista. Por mais que tenham mudado de composição à medida que os séculos se passaram, elas nunca se identificaram totalmente com a burguesia, com seus interesses ou seu conjunto de valores, e nunca viram nelas algo

---

191. Isso, naturalmente, também vale para os intelectuais em relação à sua classe de origem ou à classe a qual pertencem econômica e culturalmente. O assunto será retomado no Capítulo XXIII.

mais do que um ativo a ser gerenciado no interesse do monarca ou da nação. Com exceção das inibições consequentes da formação e da experiência profissionais, os burocratas estão abertos à conversão pelo intelectual moderno, com quem, por causa de sua educação semelhante, têm muito em comum,[192] enquanto o tom de requinte que, em muitos casos, costumava erguer uma barreira entre os dois vem desaparecendo do funcionalismo público moderno durante as últimas décadas. Além disso, em tempos de rápida expansão da esfera da administração pública, grande parte do pessoal adicional necessário deve ser recrutado diretamente do grupo de intelectuais — conforme testemunham os Estados Unidos.

XIV. DECOMPOSIÇÃO

1. Confrontados pela crescente hostilidade do ambiente e pela prática legislativa, administrativa e judicial nascida dessa hostilidade, empresários e capitalistas — na verdade, todo o estrato que aceita o estilo de vida burguês — deixarão de funcionar em algum momento. Seus objetivos tradicionais estão rapidamente se tornando inatingíveis; e seus esforços, fúteis. Dentre os objetivos burgueses, o mais glamoroso, a fundação de uma dinastia industrial, já se tornou inatingível na maioria dos países, e até mesmo os mais modestos desses objetivos são tão difíceis de alcançar que podem deixar de ser considerados dignos da luta, na medida em que a permanência dessas condições é percebida de forma cada vez mais clara.

Considerando o papel da motivação burguesa na explicação da história econômica dos últimos dois ou três séculos, seu sufocamento pelas reações desfavoráveis da sociedade ou seu enfraquecimento pelo desuso, sem dúvida, constituem fator adequado para explicar o fracasso do processo capitalista — caso cheguemos a aceitá-lo como um fenômeno permanente — e, também, muito mais importante do que qualquer um daqueles fatores apresentados pela *teoria do desaparecimento da oportunidade de investimento*. Por isso é interessante observar que essa motivação não só está ameaçada por forças externas à mentalidade burguesa como também tende a desaparecer por causas internas. Há, naturalmente, uma estreita interdependência entre as duas. Mas não podemos chegar ao verdadeiro diagnóstico a menos que tentemos desembaraçá-las.

---

192. Para exemplos, veja o Capítulo XXVI.

Já nos encontramos com uma dessas "causas internas". Eu a chamei de *evaporação da substância da propriedade*. Vimos que, normalmente, o homem de negócios moderno, seja um empresário ou um mero administrador, é do tipo executivo. Por meio da lógica de sua posição ele adquire algo da psicologia do empregado assalariado que trabalha em uma organização burocrática. Seja acionista ou não, sua vontade de lutar e resistir não é e nem pode ser igual à do homem que sabia o que eram a propriedade e as responsabilidades ligadas a ela, no sentido pleno dessas palavras. Seu sistema de valores e sua concepção de dever sofrem uma profunda mudança. Meros acionistas, é claro, deixaram de ter importância — independentemente da diminuição de sua participação pelo Estado regulador e cobrador de tributos. Assim, a corporação moderna, embora seja produto do processo capitalista, socializa a mentalidade burguesa; ela estreita de forma implacável o escopo da motivação capitalista; não só isso, acabará por matar suas raízes.[193]

2. Ainda mais importante, no entanto, é outra "causa interna", a saber, a desintegração da família burguesa. Os fatos a que estou me referindo são muito conhecidos e não precisam de muitas explicações. Para homens e mulheres nas sociedades capitalistas modernas, a vida familiar e a paternidade significam menos do que significavam antes e, portanto, são formadoras de comportamento menos influentes; o filho ou a filha rebelde que professa desprezo pelos padrões "vitorianos" está, ainda que incorretamente, expressando uma verdade inegável. O peso desses fatos não fica prejudicado pela nossa incapacidade de mensurá-los estatisticamente. O número de casamentos nada prova, porque o termo *casamento* abrange tantos significados sociológicos quanto o termo *propriedade*, e o tipo de aliança que costumava ser formado pelo contrato de casamento pode desaparecer completamente sem qualquer alteração na construção legal ou na frequência do contrato. Tampouco a taxa de divórcio é mais significativa. Não importa quantos casamentos sejam dissolvidos por decreto judicial: o que importa é quantos já não mais agregam o conteúdo que definia o velho padrão. Se, nesta nossa era estatística, os leitores insistirem em uma medida estatística, a proporção de casamentos que produzem apenas uma criança ou nenhuma, embora ainda

---

[193]. Muitas pessoas negarão isso, o que se deve ao fato de que elas derivam sua impressão do passado e dos *slogans* gerados pela história durante a qual a mudança institucional, provocada pela grande sociedade anônima, ainda não havia se afirmado. Também podem pensar na importância que a sociedade anônima costumava atribuir às satisfações ilegais da motivação capitalista. Mas isso abriria caminho: o fato de que o ganho pessoal (além do salário e da gratificação) não pode, nas sociedades anônimas, ser obtido pelos executivos, exceto por práticas ilegais ou semi-ilegais, mostra precisamente que a ideia estrutural da sociedade anônima é avessa a isso.

inadequada para quantificar o fenômeno a que me refiro, talvez seja o que mais se aproxima de indicar a sua importância numérica. Nos dias atuais, o fenômeno se estende, mais ou menos, a todas as classes. Surgiu pela primeira vez, entretanto, no estrato burguês (e intelectual), e seu valor sintomático, bem como causal para nossos fins, está inteiramente ali. Pode ser atribuído inteiramente à racionalização de tudo na vida, que, conforme vimos, é um dos efeitos da evolução capitalista. Na verdade, é apenas um dos resultados da disseminação dessa racionalização para a esfera da vida privada. Todos os outros fatores que geralmente são apresentados como explicação podem ser facilmente reduzidos a esse.

Assim que homens e mulheres aprendem a lição utilitária e se recusam a aceitar a inamovibilidade das disposições tradicionais que seu ambiente social lhes oferece, assim que adquirem o hábito de pesar as vantagens e desvantagens individuais de qualquer curso de ação possível — ou, como podemos também dizer, assim que introduzem em sua vida privada uma espécie de sistema inarticulado de contabilidade de custos —, eles não conseguem mais deixar de perceber os pesados sacrifícios pessoais que implicam os laços familiares, e especialmente a paternidade, nas condições modernas da vida e, ao mesmo tempo, o fato de que as crianças, exceto para agricultores e camponeses, deixaram de ser ativos econômicos. Esses sacrifícios não consistem apenas nos itens que podem ser medidos pela régua monetária, mas compreendem, além disso, a perda em quantidade indefinida de comodidades, a ausência de preocupações e de oportunidades de desfrutar alternativas cada vez mais atrativas e variadas — alternativas a serem comparadas com as alegrias da paternidade, que estão sendo submetidas a uma análise crítica cada vez mais severa. Em vez de ser enfraquecida, a consequência disso é reforçada pelo fato de o balanço contábil estar provavelmente incompleto, talvez até mesmo errado em sua essência. Pois o maior ativo, a contribuição da paternidade para a saúde física e moral — à "normalidade", poderíamos dizer —, particularmente no caso das mulheres, quase sempre foge da busca racional dos indivíduos modernos, que, tanto na vida particular como na pública, tendem a focar sua atenção em detalhes averiguáveis de relevância utilitária imediata e a zombar da ideia de necessidades ocultas da natureza humana ou do organismo social. Acredito que o ponto que desejo explicar já está bastante claro. É possível resumi-lo pela questão que está tão clara na mente de muitos pais em potencial: "Por que devemos sacrificar nossas ambições e empobrecer nossas vidas para sermos insultados e desprezados na velhice?".

Enquanto o processo capitalista, em virtude das posturas psicológicas que cria, enfraquece progressivamente os valores da vida familiar e elimina as inibições de consciência que uma velha tradição moral colocaria no caminho de uma forma diferente de vida, ao mesmo tempo, implementa novos gostos. No que diz respeito à falta de filhos, a inventividade capitalista produz dispositivos contraceptivos de eficiência cada vez maior que superam a resistência do mais forte impulso humano. No que diz respeito ao estilo de vida, a evolução capitalista diminui a desejabilidade do lar da família burguesa e lhe oferece alternativas. Anteriormente, aludi à *evaporação da propriedade industrial*; agora, devo chamar a atenção para a *evaporação da propriedade dos bens de consumo*.

Até as últimas décadas do século XIX, a casa de campo e a da cidade eram, em todos os lugares, não apenas as estruturas agradáveis e convenientes da vida privada das classes de maior renda como também eram indispensáveis. Não só a hospitalidade, em qualquer medida e em qualquer estilo, como até mesmo o conforto, a dignidade, o descanso e o refinamento da família dependiam da posse de um *foyer* apropriado e adequadamente provido de serviçais. Portanto, os arranjos resumidos pelo termo *lar* eram aceitos como uma questão natural pelo burguês e pela burguesa comuns, exatamente da mesma forma que o casamento e os filhos — a "fundação de uma família" — eram vistos como uma questão natural.

Agora, por um lado, as comodidades do lar burguês estão se tornando menos óbvias do que seus fardos. Para o olhar crítico de uma era crítica, é provável que isso pareça ser, acima de tudo, uma fonte de problemas e despesas que frequentemente não se justificam. Isso seria dessa forma mesmo, independentemente da tributação, dos salários e da atitude dos trabalhadores domésticos modernos, os quais são resultados típicos do processo capitalista e, naturalmente, fortalecem muito o argumento contra o que, em um futuro próximo, será quase reconhecido em âmbito universal como um modo de vida fora de moda e pouco econômico. A esse respeito, como nos outros, estamos vivendo uma fase de transição. A família burguesa média tende a reduzir as dificuldades de administrar suas grandes casas da cidade e do campo, substituindo-as por pequenos estabelecimentos mecanizados e pelo máximo de serviço externo e vida externa — a hospitalidade, em particular, vai sendo cada vez mais deslocada para o restaurante ou para o clube.

Por outro lado, o lar do tipo antigo deixa de ser, na esfera burguesa, um requisito indispensável da vida confortável e refinada. O apartamento, em um edifício ou hotel, representa um tipo racionalizado de moradia e outro estilo de vida que, quando totalmente desenvolvido, sem dúvida, atenderá à nova situação e proporcionará todos os itens essenciais de conforto e refinamento. É certo que nem esse estilo nem sua estrutura estão totalmente desenvolvidos em parte alguma, e oferecem vantagem de custo apenas se levarmos em conta o incômodo e o aborrecimento de administrar um lar moderno. Mas há outras vantagens já oferecidas — a facilidade do uso integral dos variados prazeres modernos, como viagens, mobilidade fácil, transferência do peso das pequenas coisas da vida para os poderosos ombros de organizações altamente especializadas.

É fácil notar como isso, por sua vez, afeta, nos estratos superiores da sociedade capitalista, os problemas causados pelos filhos. Novamente há aqui uma interação: o desaparecimento da casa espaçosa — o único local em que a rica vida de uma família numerosa poderia se desdobrar[194] — e o atrito crescente com que funciona constituem outro motivo para se evitar as preocupações com a paternidade; mas o declínio do desejo de gerar muitos filhos, por sua vez, torna o lar espaçoso menos valoroso.

Eu disse que o novo estilo da vida burguesa ainda não oferece nenhuma vantagem decisiva de custos, mas isso se refere apenas aos custos correntes ou primários de atendimento das necessidades da vida privada. Quanto às despesas gerais, até mesmo as vantagens puramente pecuniárias já são óbvias. E, na medida em que os gastos com os elementos mais duráveis da vida doméstica — especialmente a casa, as fotos e os móveis — costumavam ser financiados principalmente por ganhos anteriores, podemos dizer que a necessidade de acumulação de "capital para bens de consumo" se reduz de forma drástica por esse processo. Isso não significa, naturalmente, que a demanda por "capital para bens de consumo" seja, no momento, ainda que relativamente, menor do que era; a crescente demanda por bens de consumo duráveis por pessoas de baixa ou média renda mais do que contrabalança esse efeito. No entanto, significa, no que diz respeito ao componente hedonista do modelo de motivos aquisitivos, que a desejabilidade de rendas que ultrapassem um certo nível foi diminuída. Para se convencer disso, o leitor precisa apenas visualizar a situação com um espírito completamente prático: o homem ou o casal bem-sucedido ou o homem ou o casal da "sociedade" que podem pagar pelo melhor quarto disponível em um hotel, navio ou trem, e pelas melhores qualidades disponíveis dos objetos de consumo e uso pessoal — qualidades que, cada vez mais, são produzidas pelas esteiras da produção em massa[195] —, terão, nas circunstâncias presentes, via de

---

194. As relações modernas entre pais e filhos são, naturalmente, condicionadas em parte pelo desmoronamento desse quadro estável da vida familiar.

195. Os efeitos da crescente disponibilidade de artigos produzidos em massa sobre os orçamentos dos consumidores são reforçados pela diferença de preços entre eles e pelos respectivos artigos personalizados que aumentam devido ao aumento dos salários *pari passu* com a diminuição da desejabilidade relativa deste último; o processo capitalista democratiza o consumo.

regra, tudo o que desejarem com qualquer intensidade para *si mesmos*. E é fácil perceber que um orçamento que se enquadre a essas linhas estará muito abaixo dos requisitos de um estilo de vida "senhorial".

3. A fim de entender o que tudo isso significa para a eficiência da máquina capitalista de produção, precisamos apenas lembrar que a família e a casa da família costumavam nortear a motivação do lucro tipicamente burguês. Os economistas nem sempre deram a devida importância a esse fato. Quando examinamos mais de perto seu conceito de interesse próprio de empresários e capitalistas, não podemos deixar de descobrir que os resultados que deveria produzir não são realmente o que se esperaria do interesse próprio racional do indivíduo desapegado ou do casal sem filhos, que não olham mais o mundo através das janelas de um lar de família. Consciente ou inconscientemente, analisaram o comportamento do homem cujos pontos de vista e motivações são moldados por tal lar e que deseja trabalhar e poupar sobretudo para sua esposa e seus filhos. Assim que desaparecem essas referências da visão moral do homem de negócios, temos um tipo diferente de *homo oeconomicus* diante de nós que se preocupa com coisas diferentes e age de maneira diferente. Para ele, e sob a óptica de seu utilitarismo individualista, o tipo antigo de comportamento seria, de fato, completamente irracional. Ele se esquece do único tipo de romance e heroísmo que resta na civilização não romântica e não heroica do capitalismo — o heroísmo do *navigare necesse est, vivere non necesse est*.[196] E ele se esquece da ética capitalista que prescreve que se trabalhe para o futuro, não querendo saber se a própria pessoa irá ou não colher os frutos.

O último ponto pode ser explicado de forma mais reveladora. No capítulo anterior, observou-se que a ordem capitalista confia os interesses de longo prazo da sociedade aos estratos superiores da burguesia. Eles são, na verdade, confiados à motivação da família que atua nesses estratos. A burguesia trabalhava principalmente para investir, e era menos pelo padrão de consumo que pelo padrão de acumulação que a burguesia lutava e tentava se defender contra governos que se pautavam por um ponto de vista de curto prazo.[197] Com o declínio da força motriz produzida pela motivação da família, o horizonte de tempo do homem de negócios reduz, proporcionalmente, a sua expectativa de vida. E então ele pode estar menos disposto do que antes a cumprir a função de ganhar, poupar e investir, mesmo que não veja razão para temer que os

---

196. "Navegar é preciso, viver não é preciso". Inscrição em uma antiga casa em Bremen.

197. Foi dito que, em questões econômicas, "o Estado pode adotar o ponto de vista de longo prazo". Mas, exceto em certos assuntos distintos da política partidária, tais como a conservação dos recursos naturais, isso dificilmente acontece.

resultados sirvam apenas para avolumar os tributos devidos por ele. Ele recai em um estado de espírito contrário à poupança e aceita com uma crescente prontidão *teorias* contrárias à poupança que são indicativas de uma *filosofia de curto prazo*.

Mas as teorias contrárias à poupança não são tudo o que ele aceita. Com uma atitude diferente em relação à empresa em que trabalha e com uma forma diferente de vida privada, ele tende a adquirir um ponto de vista diferente dos valores e dos padrões da ordem capitalista das coisas. Talvez a característica mais marcante do quadro seja saber até que ponto a burguesia, além de educar seus próprios inimigos, se permite, por sua vez, ser educada por eles. Ela absorve os *slogans* do radicalismo atual e parece bastante disposta a passar por um processo de conversão a um credo hostil à sua própria existência. De maneira hesitante e relutante, admite em parte as consequências desse credo. Isso seria mais surpreendente e realmente muito difícil de explicar se não fosse o fato de que o burguês típico está perdendo rapidamente a fé em seu próprio credo. E isso, mais uma vez, se torna totalmente compreensível assim que percebemos que as condições sociais que explicam seu surgimento estão se esvaindo.

Isso é confirmado pela maneira muito característica com que os interesses capitalistas particulares e a burguesia como um todo se comportam quando sofrem ataques diretos. Eles falam e suplicam — ou contratam pessoas para fazê-lo por eles; eles tentam agarrar todas as chances de acordo; estão sempre prontos para ceder; nunca lutaram sob a bandeira de seus próprios ideais e interesses. Nos Estados Unidos, não houve resistência real em nenhum lugar contra a imposição de encargos financeiros devastadores durante a última década nem contra a legislação trabalhista, que é incompatível com a gestão eficaz da indústria. Agora, como o leitor certamente já sabe a esta altura, estou longe de superestimar o poder político das grandes empresas ou da burguesia em geral. Além disso, estou preparado para ser bastante tolerante com a covardia. Mesmo assim, os meios de defesa ainda não estavam totalmente em falta, e a história está repleta de exemplos do êxito de pequenos grupos que, acreditando em sua causa, estavam determinados a continuar lutando. A única explicação para a mansidão que observamos é que a ordem burguesa não faz mais sentido para a burguesia em si e que, após tudo dito e nada feito, ela realmente não se importa mais.

Assim, o mesmo processo econômico que enfraquece a posição da burguesia ao diminuir a importância das funções dos empresários e dos capitalistas — ao destruir os estratos e instituições protetores, ao criar uma atmosfera de hostilidade — também decompõe por dentro as forças que movimentam o capitalismo. Nada mostra tão bem que a ordem capitalista não só repousa em suportes feitos de material extracapitalista como também deriva sua energia de modelos extracapitalistas de comportamento que, ao mesmo tempo, está prestes a destruir.

***

Redescobrimos algo que, mesmo de diferentes pontos de vista e, acredito, por motivos inadequados, já foi muitas vezes descoberto: inerente ao sistema capitalista há uma tendência à autodestruição que, em suas primeiras fases, pode muito bem afirmar-se na forma de uma tendência para o retardamento do progresso.

Não me deterei em repetir como fatores objetivos e subjetivos, econômicos e extraeconômicos, reforçando uns aos outros em um acordo imponente, contribuem para esse resultado. Também não me deterei em mostrar o que deveria ser óbvio e que, nos capítulos subsequentes, se tornará mais óbvio ainda, a saber, que esses fatores caminham não apenas para a destruição da civilização capitalista como também para o surgimento da socialista. Todos apontam para essa direção. O processo capitalista não só destrói o próprio quadro institucional como também cria condições para outro cenário. Destruição talvez não seja a palavra mais correta, afinal. Talvez eu devesse ter falado em transformação. O resultado do processo não é simplesmente um vazio que poderia ser preenchido por qualquer coisa que ali surgisse; coisas e almas são transformadas de tal forma a se tornarem cada vez mais receptivas à forma socialista de vida. Junto com cada trava retirada da estrutura capitalista desaparece uma impossibilidade do plano socialista. Em ambos os aspectos, a *visão* de Marx estava certa. Também podemos concordar com ele em vincular a transformação social específica que se descortina diante de nossos olhos a um processo econômico que é sua principal força motora. Se correta, o que nossa análise refuta é, afinal, de importância secundária, por mais essencial que seja o seu papel no credo socialista. Afinal, não há tanta diferença — como se pode pensar — entre dizer que a decadência do capitalismo se deve ao seu êxito e dizer que se deve ao seu fracasso.

Contudo, nossa resposta à pergunta que serve de título a esta parte expõe muito mais problemas do que resolve. O leitor deve ter em mente os passos apresentados a seguir.

Primeiro, que até agora nada sabemos sobre o tipo de socialismo que poderá surgir no futuro. Para Marx e para a maioria de seus seguidores — e isso foi e é uma das deficiências mais graves de sua doutrina —, o socialismo significava apenas uma coisa bem definida. Essa coisa bem definida, entretanto, não ultrapassa o ponto em que chegaríamos por meio da nacionalização da indústria, e, com isso, uma variedade indefinida de possibilidades econômicas e culturais pode ser vista como viável.

Em segundo lugar, da mesma forma, ainda nada sabemos sobre a maneira precisa pela qual o socialismo poderá surgir, exceto que haverá muitas possibilidades, desde uma burocratização gradual até a revolução mais pitoresca. Com rigor, nem mesmo sabemos se o socialismo realmente virá para ficar. Reiterando: uma coisa é perceber uma tendência e visualizar o seu objetivo, outra é prever que esse objetivo será realmente alcançado e que o estado de coisas resultante será viável ou até mesmo permanente. Antes que a humanidade sufoque (ou se delicie) no calabouço (ou no paraíso) do socialismo, ela pode muito bem se consumir nos horrores (ou nas glórias) das guerras imperialistas.[198]

Em terceiro, os vários componentes da tendência que temos tentado descrever, embora perceptíveis em todos os lugares, ainda não se revelaram totalmente. Os acontecimentos chegaram a pontos diferentes em diferentes países, mas em nenhum deles evoluiu suficientemente para nos permitir dizer, de forma confiante, até onde irão precisamente ou para afirmar que sua "tendência subjacente" se tornou muito forte para estar sujeita a algo mais sério do que retrocessos temporários. A integração industrial está longe de se completar. A concorrência, real e potencial, ainda é um fator importante em qualquer situação econômica. A empresa ainda está ativa, a liderança do grupo burguês ainda é a principal força motora do processo econômico. A classe média ainda é um poder político. Os modelos e motivações burgueses, embora cada vez mais prejudicados, ainda estão vivos. A sobrevivência das tradições — e a propriedade, pelas famílias, de ações que lhes garantem o controle das empresas — ainda faz com que muitos executivos se comportem como os antigos proprietários-administradores. A família burguesa ainda não morreu; na verdade, se apega à vida de modo tão tenaz que nenhum político responsável ousou tocá-la por qualquer método senão a tributação. Do ponto de vista da prática imediata, bem como para fins de previsão de curto prazo — e, nesses casos, um século é um "curto prazo"[199] —, todos esses acontecimentos da superfície podem ser mais importantes do que a tendência para uma outra civilização que, lentamente, vai tomando forma nas profundezas.

---

198. Escrito no verão de 1935.

199. É por isso que os fatos e argumentos apresentados neste e nos dois capítulos anteriores não invalidam meu raciocínio sobre os prováveis resultados econômicos de mais de cinquenta anos de evolução capitalista. É bastante possível que a década de 1930 acabe marcando o último suspiro do capitalismo — a probabilidade disso fica, naturalmente, bastante ampliada pela atual guerra; por outro lado, talvez isso não ocorra. De qualquer forma, não há razões *puramente econômicas* pelas quais o capitalismo não deva ter outro período de êxito, que é tudo o que eu queria demonstrar.

PARTE III
O SOCIALISMO PODE FUNCIONAR?

XV. ESCLARECIMENTOS

O socialismo pode funcionar? Claro que pode. Não há dúvida sobre isso quando supomos, a princípio, que a necessária fase do desenvolvimento industrial já foi alcançada e, também, que é possível resolver os problemas de transição com êxito. É natural que nos sintamos bastante inquietos com as próprias suposições ou com a questão de sabermos se a forma socialista da sociedade poderá ser democrática e, democrática ou não, quão bom poderá vir a ser seu funcionamento. Tudo isso será discutido mais adiante. Porém, quando aceitamos essas hipóteses e descartamos essas dúvidas, a resposta para o restante da pergunta é claramente *sim*.

Antes de tentar provar isso, eu gostaria de retirar alguns obstáculos de nosso caminho. Até agora fomos bastante descuidados com certas definições e devemos, neste momento, compensar isso. Vislumbraremos apenas dois tipos de sociedade e somente mencionaremos outros de forma incidental. Chamaremos esses dois tipos de *mercantil* e *socialista*.

A sociedade mercantil é definida por um modelo institucional do qual só precisamos mencionar dois elementos: propriedade privada dos meios de produção e regulação do processo produtivo por contrato (ou administração ou iniciativa) privado. Entretanto, esse tipo de sociedade não é, via de regra, puramente burguesa. Pois, como vimos na Parte II, uma burguesia industrial e comercial, em geral, não poderá existir, exceto na simbiose com um estrato não burguês. Tampouco a sociedade mercantil é idêntica à sociedade capitalista. Esta última, um caso especial da primeira, é definida pelo fenômeno adicional da criação de crédito — pela prática, responsável por tantas características marcantes da vida econômica moderna, de financiar empresas por meio de crédito bancário, ou seja, por dinheiro (notas ou depósitos) fabricado para esse fim. Mas como a sociedade mercantil, quando alternativa ao socialismo, na prática sempre aparece na forma particular do capitalismo, não fará grande diferença se o leitor preferir manter o contraste tradicional entre o capitalismo e o socialismo.

Por sociedade socialista designaremos um modelo institucional no qual o controle dos meios de produção e da própria produção pertence a uma autoridade central — ou, pode-se dizer, no qual, por uma questão de princípio, os assuntos econômicos da sociedade pertencem à esfera pública, não à esfera privada. O socialismo já foi chamado de Proteu intelectual. Há muitas maneiras de defini-lo — muitas maneiras aceitáveis, à exclusão das tolas, como a que diz que socialismo significa pão para todos —, e a nossa definição não é necessariamente a melhor. Porém, há nessa definição alguns pontos que devemos observar, mesmo correndo o risco de sermos acusados de pedantismo.

Nossa definição exclui o corporativismo, o sindicalismo e outros tipos. Isso porque o que pode ser chamado de *socialismo centralista* me parece manter-se proeminente de um modo tão claro que seria uma perda de tempo considerar outras formas. Mas, se quisermos adotar esse termo para indicar o único tipo de socialismo que iremos estudar, devemos ter cuidado para evitar um mal-entendido. O termo socialismo centralista visa apenas excluir a existência de uma pluralidade de unidades de controle, de tal forma que cada uma delas, em princípio, represente um interesse próprio e específico, em particular a existência de uma pluralidade de setores territoriais autônomos que acabariam reproduzindo os antagonismos da sociedade capitalista. Essa exclusão de interesses seccionais pode ser considerada irrealista. Mesmo assim, ela é essencial.

Entretanto, nosso termo não foi proposto para sugerir que centralismo indique que uma autoridade central, que, como alternativa, chamaremos de *conselho central* ou *ministério da produção*, seja necessariamente absoluta ou indique que toda a iniciativa que diga respeito ao executivo provenha apenas dela. Em relação ao primeiro ponto, o conselho ou o ministério pode ter que submeter seu plano a um congresso ou parlamento. Também pode haver uma autoridade de supervisão e controle — uma espécie de *cour des comptes* [tribunal de contas] que poderia, teoricamente, até mesmo ter o direito de vetar certas decisões específicas. Em relação ao segundo ponto, alguma liberdade de ação deve ser dada e pode-se dar liberdade quase total aos "homens que estão no local"; por exemplo, aos administradores de indústrias ou fábricas individuais. No momento farei a ousada suposição de que a quantidade racional de liberdade já foi experimentalmente encontrada e efetivamente concedida para que a eficiência não sofra com as ambições desenfreadas dos subordinados nem com o acúmulo de relatórios e perguntas sem resposta na mesa do ministro — nem com as ordens deste último, que nos fariam lembrar as normas de Mark Twain sobre a colheita de batatas.

Não defini de modo isolado o coletivismo ou o comunismo. Não utilizarei o primeiro termo e o segundo, apenas incidentalmente, para fazer referência a grupos que assim se autodenominam. Mas, se eu tivesse que usá-los, os tomaria como sinônimos de socialismo. Analisando o uso histórico, a maioria dos autores tem tentado dar-lhes significados distintos. É verdade que o termo "comunista" tem sido usado de forma bastante regular para denotar ideias mais aprofundadas ou radicais do que outras. Contudo, um dos documentos clássicos do socialismo é intitulado *manifesto "comunista"*. E a diferença de princípios nunca foi fundamental — a que existe não é menos pronunciada dentro do campo socialista do que entre ele e o campo comunista. Os bolcheviques se autodenominam comunistas e, ao mesmo tempo, os verdadeiros e únicos socialistas. Verdadeiros e únicos ou não, eles certamente são socialistas.

Evitei os seguintes termos: posse ou propriedade estatal de recursos naturais, fábricas e equipamentos. Esse ponto tem certa importância para a metodologia das ciências sociais. Há, sem dúvida, conceitos que não têm relação com nenhum período ou mundo social específico, tais como necessidade, escolha ou bem econômico. Há outros que, embora tenham tal relação em seu significado comum, foram refinados a tal ponto pelo analista que a perderam. Preço ou custo podem servir como exemplos.[200] Mas ainda há outros que, em virtude de sua natureza, não aceitam o transplante e sempre carregam o sabor de um quadro institucional específico. É extremamente perigoso e, na verdade, equivale a uma distorção da descrição histórica usá-los fora do mundo social ou da cultura de que fazem parte. Agora, posse ou propriedade — e também, acredito, tributação — são habitantes do mundo da sociedade mercantil, exatamente como cavaleiros e feudos habitam o mundo feudal.

Contudo, isso também pode ser dito sobre o Estado. Podemos, naturalmente, defini-lo pelo critério da soberania e, assim, falar de um Estado socialista. Entretanto, para que o conceito tenha substância e não seja apenas fumaça legal ou filosófica, o Estado não deve ser autorizado a intrometer-se em discussões da sociedade, seja ela feudal ou socialista — nenhuma delas jamais exibiu ou exibiria uma linha divisória entre as esferas privada e pública da qual flui a maior parte do significado desse termo. Para conservar esse significado com toda a sua riqueza de funções, métodos e atitudes, parece melhor dizer que o Estado, produto dos confrontos e compromissos entre senhores feudais e burguesia, formará parte das cinzas das quais surgirá a fênix socialista. Portanto, não o usei em minha definição de socialismo. É claro que o socialismo pode originar-se de um ato do Estado. Mas não vejo nenhum inconveniente em dizer que o Estado morre nesse ato — como foi apontado por Marx e repetido por Lenin.

Em um aspecto nossa definição finalmente concorda com todas as outras que conheço, a saber, ela gira em torno de um ponto exclusivamente

---

200. Preço, na teoria moderna, é definido como um mero coeficiente de transformação. O custo, no sentido de custo de oportunidade, é uma categoria lógica geral. No entanto, retornaremos a isso mais adiante.

econômico. Todo socialista deseja revolucionar a sociedade pelo ângulo econômico e todas as bênçãos esperadas deverão surgir de uma mudança nas instituições econômicas. Isso, é claro, implica uma teoria sobre a causalidade social — a teoria de que o padrão econômico é o elemento realmente operacional na soma total dos fenômenos que chamamos de sociedade. Duas observações, no entanto, se insinuam.

Em primeiro lugar — conforme já dito na parte anterior em relação ao capitalismo e que agora deve ser dito em relação ao socialismo —, nem para nós, os observadores, nem para as pessoas que deverão confiar no socialismo o aspecto econômico é o único ou mesmo o mais importante. Minha definição não tem a intenção de negar isso. E, para ser justo com todos os socialistas civilizados que já conheci ou li, deve-se afirmar que o mesmo pode ser dito sobre eles: que, ao enfatizarem o elemento econômico consequente da importância causal que seu credo lhe atribui, não estão sugerindo que não vale a pena lutar por nada, exceto por bifes e rádios. Há de fato conservadores insuportáveis que querem dizer exatamente isso. E, na busca por votos, muitos que não são conservadores, no entanto, darão ênfase à promessa econômica por causa de seu apelo imediato. Ao fazê-lo, distorcem e degradam seu credo. Não faremos o mesmo. Em vez disso, consideraremos que o socialismo visa a objetivos mais elevados do que barrigas cheias, exatamente como o cristianismo é muito mais do que os valores um tanto hedonistas de céu e inferno. Em primeiro lugar, socialismo significa um novo mundo cultural. Por causa disso é possível ser um socialista fervoroso e acreditar que a organização socialista será provavelmente inferior em termos de desempenho econômico.[201] Portanto, nenhum argumento meramente econômico — por melhor que seja individualmente —, a favor ou contra, pode ser decisivo, por mais êxito que detenha por si próprio.

Em segundo lugar: que mundo cultural? Podemos tentar responder a essa pergunta pesquisando as declarações reais de socialistas reconhecidos para ver se delas emerge algo que seja típico. À primeira vista, o material parece ser abundante. Alguns socialistas já estão bem prontos, tendo as mãos entrelaçadas e o sorriso dos abençoados em seus lábios, para entoar o cântico da justiça, da igualdade, da liberdade em geral e do repúdio da "exploração do homem pelo homem" em particular, da paz e do amor, dos entraves rompidos e das energias culturais liberadas, dos novos horizontes abertos e das novas dignidades reveladas; mas isso é Rousseau misturado com um pouco

---

201. O inverso também é verdade, é claro: é possível aceitar as pretensões econômicas feitas em nome do socialismo e, ainda assim, odiá-lo por motivos culturais.

de Bentham.[202] Outros simplesmente dão voz aos interesses e apetites da ala radical do sindicalismo. Outros ainda, no entanto, são notavelmente reticentes. Será que são assim por desprezar os *slogans* baratos, mas não conseguir pensar em algo melhor? Ou, se pensam em algo melhor, duvidam de seu apelo popular? Ou são assim por saber que, de forma irremediável, divergem de seus companheiros?

Não podemos continuar nessa linha. Em vez disso, precisamos enfrentar o que chamarei de *indeterminação cultural do socialismo*. De fato, de acordo com nossa definição, bem como com a maioria das outras, uma sociedade pode ser totalmente e verdadeiramente socialista e, ainda assim, liderada por um governante absoluto ou organizada da forma mais democrática possível. Pode ser aristocrática ou proletária; pode ser teocrática e hierárquica ou ateia e indiferente à religião; pode ser muito mais duramente disciplinada do que soldados de um exército moderno ou completamente carente de disciplina; pode ser ascética ou ter espírito eudemonista; energética ou de poucos movimentos; pode pensar apenas no futuro ou apenas no presente; guerreira e nacionalista ou pacífica e internacionalista; igualitária ou não; pode ter a ética dos senhores ou a ética dos escravos; sua arte pode ser subjetiva ou objetiva;[203] suas formas de vida, individualistas ou padronizadas; e — o que para alguns de nós seria por si só suficiente para ganhar nossa lealdade ou despertar nosso desprezo — pode se reproduzir de um grupo de pessoas acima do normal ou abaixo do normal e, consequentemente, gerar super-homens ou sub-homens.

Por que funciona dessa maneira? Bem, o leitor poderá escolher. Pode dizer que Marx está errado e que o modelo econômico não determina uma civilização ou, então, que o modelo econômico completo a determinaria, mas que, sem o auxílio de mais dados e hipóteses econômicos, o elemento que constitui o socialismo, no sentido que damos a ele, não o determina. A propósito, não nos sairíamos melhor com o capitalismo se tentássemos reconstruir seu mundo cultural a partir de nada além dos fatos incorporados à definição que dele fazemos. Nesse caso, temos, sem dúvida, uma impressão de determinação e consideramos possível raciocinar sobre as tendências da civilização capitalista. Mas isso só é verdade porque temos uma realidade histórica diante

---

202. Jeremy Bentham (1748-1832), filósofo e jurista inglês. Defensor do utilitarismo, teoria ética consequencialista. (N.T.)

203. Mesmo que pareça paradoxal, o individualismo e o socialismo não são necessariamente opostos. Pode-se argumentar que a forma socialista de organização garantirá a realização "verdadeiramente" individualista da personalidade. Isso, de fato, estaria bastante alinhado com o pensamento de Marx.

de nós que nos fornece todos os dados adicionais de que precisamos e, por força, exclui um número infinito de possibilidades.

Usamos, entretanto, a palavra determinação em um sentido bastante estrito e técnico e, além disso, com referência a todo um mundo cultural. Nesse sentido, a indeterminação não é uma barreira absoluta às tentativas de descobrir certas características ou tendências que o arranjo socialista, como tal, pode estar mais propenso a produzir do que os outros, especialmente as características e as tendências em pontos específicos do organismo cultural. Tampouco é impossível propor hipóteses adicionais razoáveis. Isso fica bastante óbvio por meio do levantamento das possibilidades feitas acima. Se, por exemplo, como o fazem muitos socialistas, acreditarmos — erroneamente, me parece — que as guerras não são nada além de uma das formas do conflito de interesses capitalistas, enxergaremos prontamente que o socialismo seria pacifista, e não bélico. Ou, se presumirmos que o socialismo evolui junto a um certo tipo de racionalismo e não se separa dele, concluiremos que ele é provavelmente irreligioso e até mesmo antirreligioso. Iremos, vez ou outra, nos aventurar nesse terreno, embora, em geral, seja melhor cedermos a palavra ao único grande jogador nesse campo, Platão. Mas nada disso elimina o fato de que o socialismo é certamente um Proteu cultural e que suas possibilidades culturais só podem se tornar mais definitivas se nos resignarmos a falar de casos especiais dentro do gênero socialista — cada um deles certamente é o único verdadeiro para seus defensores; entretanto, qualquer um deles pode se revelar para nós como tal no futuro.

XVI. O PROJETO SOCIALISTA

Em primeiro lugar, devemos ver se há ou não algo de errado com a lógica pura de uma economia socialista. Pois, embora nenhuma prova da solidez dessa lógica jamais possa converter alguém ao socialismo ou, de fato, sirva para mostrar o socialismo como uma proposição prática, a prova de uma incoerência lógica, ou mesmo do fracasso de tentar provar a solidez lógica, seria, em si, suficiente para condená-lo por seu absurdo inerente.

De modo mais preciso, nossa pergunta pode ser formulada da seguinte forma: dado um sistema socialista do tipo considerado, é possível derivar, de seus dados e das regras de comportamento racional, decisões exclusivamente determinadas sobre o que e como produzir? Ou, fazendo a mesma pergunta no formato da economia exata: esses dados e regras, sob as circunstâncias de uma economia socialista, geram equações independentes, compatíveis — ou seja, livres de contradição — e suficientes em número para determinar apenas as incógnitas do problema perante o conselho central ou o ministério da produção?

1. A resposta é afirmativa. Não há nada errado com a lógica pura do socialismo. E isso é tão óbvio que não teria me ocorrido insistir nisso se não fosse pelo fato de ter recebido uma resposta negativa e pelo fato ainda mais curioso de perceber que os socialistas ortodoxos, até que aprendam a tratar de seus temas com economistas de opiniões e simpatias fortemente burguesas, não conseguirão produzir uma resposta que atenda aos requisitos científicos.

A única autoridade que defende a resposta negativa e que precisamos mencionar é o professor L. von Mises.[204, 205] Partindo da proposição de que o comportamento econômico racional pressupõe cálculos racionais de custos — portanto, dos preços dos fatores de custo, e dos mercados que fixam seus preços —, concluiu que, em uma sociedade socialista, uma vez que não haveria tais mercados, os sinalizadores da produção racional não estariam presentes e, assim, caso o sistema funcionasse, operariam de forma aleatória. A essa crítica e a outras semelhantes, ou talvez a algumas dúvidas próprias, os expoentes reconhecidos da ortodoxia socialista não tinham, a princípio, muito a que se opor, exceto ao argumento de que a gestão socialista poderia partir do sistema de valores desenvolvido por sua antecessora capitalista — o que é, sem dúvida, relevante para uma discussão sobre as dificuldades práticas, mas não o é, de forma alguma, quando se trata de questão de princípios — ou louvar as glórias milagrosas de seu paraíso, no qual seria fácil dispensar completamente os truques capitalistas, como a racionalidade de custos, e no qual os camaradas resolveriam todos os problemas por meio das recompensas que lhes seriam despejadas dos armazéns sociais. Isso equivale a aceitar as críticas, e alguns socialistas parecem fazer exatamente isso ainda hoje.

O economista que resolveu a questão de maneira a deixar pouco a se fazer, exceto a elaboração e o esclarecimento de detalhes de importância secundária, foi Enrico Barone, cujo argumento eu indico aos leitores que queiram uma demonstração rigorosa.[206] Aqui, farei apenas um breve esboço.

---

204. Seu artigo, publicado em 1920, já está disponível em inglês; ver *Collectivist Economic Planning* [Planejamento Econômico Coletivista] (F. A. von Hayek, ed., 1935). Veja também sua *Gemeinwirtschaft* em tradução em inglês sob o título *Socialism* [Socialismo] (1937).

205. Ludwig Heinrich Edler von Mises (1881-1973), economista da escola austríaca de pensamento econômico. (N.T.)

206. Mais de uma dezena de economistas havia sugerido a solução antes de Barone. Entre eles estavam autoridades como (Friedrich Freiherr) von Wieser (em seu *Natural Value* [Valor natural], de 1893, original alemão de 1889) e Pareto (*Cours d'economie politique* [Curso de economia política],

Do ponto de vista dos economistas, a produção — incluindo o transporte e todas as operações relativas ao marketing — nada mais é do que a combinação racional dos "fatores" existentes dentro dos limites impostos pelas condições tecnológicas. Em uma sociedade mercantil, a tarefa de combinar fatores envolve comprá-los ou alugá-los, e essas rendas individuais típicas de tal sociedade emergem desse mesmo processo de compra ou aluguel. Ou seja, a produção e a "distribuição" do produto social são apenas aspectos diferentes de um único processo que afeta a ambos simultaneamente. Agora, a diferença lógica mais importante — ou puramente teórica — entre a economia mercantil e a socialista é que, nesta última, isso já não é mais assim. Como *prima facie* não existem valores de mercado dos meios de produção e, o que é ainda mais importante, uma vez que os princípios da sociedade socialista não admitiriam fazer deles o critério de distribuição, mesmo que existissem, o automatismo distributivo existente na sociedade mercantil não existe na socialista. O vazio tem que ser preenchido por um ato político, digamos, pela constituição da comunidade (*commonwealth*). A distribuição torna-se, assim, uma operação distinta e, pelo menos na lógica, é alheia à produção. Esse ato, ou essa decisão política, teria como resultado — e, por sua vez, ajudaria a determinar — o caráter econômico e cultural da sociedade, seu comportamento, seus objetivos e suas conquistas; mas seria completamente arbitrário quando observado do ponto de vista econômico. Como já observamos anteriormente, a comunidade (*commonwealth*) pode adotar uma regra igualitária — e isso novamente em qualquer um dos muitos significados que podem estar associados aos ideais igualitários — ou admitir desigualdades em qualquer grau desejado. Pode até mesmo distribuir com o objetivo de produzir um desempenho máximo em qualquer direção desejada — um caso particularmente interessante. Pode

---

vol. II, 1897). Ambos perceberam o fato de que a lógica fundamental do comportamento econômico é a mesma na sociedade mercantil e socialista da qual decorre a solução. Entretanto, (Enrico) Barone, um seguidor de Pareto, foi o primeiro a desenvolvê-lo. Veja seus trabalhos intitulados "Il Ministro della Produzione nello Stato Collettivista" [O ministério da produção no Estado coletivista], *Giornale degli Economisti*, 1908; Tradução em inglês incluída no livro *Collectivist Economic Planning*, mencionado na nota anterior.

Não é possível nem necessário fazer justiça à rica safra de trabalhos posteriores. Mencionarei apenas os seguintes por serem particularmente importantes, de uma forma ou de outra: Fred M. Taylor, "The Guidance of Production in a Socialist State" [Orientação da produção em um estado socialista], *American Economic Review*, março de 1929; (Kläre) Tisch, *Wirtschaftsrechnung und Verteilung im ... sozialistischen Gemeinwesen* [Cálculo e distribuição econômicos em uma comunidade socialista com organização centralizada], 1932; (Herbert) Zassenhaus, "Theorie der Planwirtschaft" [Teoria da economia planificada], *Zeitschrift für Nationalokonomie*, 1934; especialmente Oskar Lange, "On the Economic Theory of Socialism" [Economia política do socialismo], *Review of Economic Studies*, 1936-1937, republicado em formato livro em Lange e Taylor, mesmo título, 1938; e A. P. Lerner, cujos artigos serão referidos em uma nota de rodapé posterior.

estudar os desejos individuais dos camaradas ou resolver dar-lhes o que uma ou outra autoridade achar melhor para eles; o *slogan* "a cada um de acordo com suas necessidades" pode carregar algum significado. É preciso, entretanto, estabelecer *uma regra*. Para nosso propósito será suficiente considerar um exemplo bastante especial.

2. Suponha então que a tendência ética de nossa comunidade (*commonwealth*) socialista seja completamente igualitária, mas, ao mesmo tempo, prescreva que os camaradas devem ser livres para escolher livremente entre todos os bens de consumo que o ministério é capaz e está disposto a produzir — a comunidade poderá, naturalmente, recusar-se a produzir certas mercadorias; bebidas alcoólicas, por exemplo. Além disso, vamos supor que o ideal igualitário particular adotado seja satisfeito pela distribuição a cada pessoa — crianças e possivelmente outros indivíduos podem ser contados como pessoas fracionadas, de acordo com decisão da autoridade competente — de um *voucher*, representando sua pretensão a uma quantidade de bens de consumo igual ao produto social disponível em um certo período contábil dividido pelo número de pretendentes, todos os *vouchers* perderiam seu valor ao final desse período. Esses *vouchers* podem ser vistos como pretensões à enésima parte de todos os alimentos, vestuários, utensílios domésticos, casas, automóveis, filmes, etc., que foram ou estão sendo produzidos para consumo (com a finalidade de ser entregues aos consumidores) durante o período em questão. Para evitar um complexo e desnecessário volume de trocas que, de outra forma, teriam que ocorrer entre os camaradas, expressamos as pretensões não em mercadorias, mas por meio de quantidades iguais de unidades convenientemente escolhidas, mas sem qualquer significado específico; podemos simplesmente chamá-las de unidades, ou de luas, ou de sóis, ou mesmo de dólares, e declarar que as unidades de cada bem seriam entregues contra a apresentação de um determinado número de *vouchers*. Esses "preços" cobrados pelos armazéns sociais teriam sempre que cumprir a condição de que cada um deles, multiplicado pela quantidade existente da mercadoria a que se referem, deveria corresponder ao total, arbitrário em outra circunstância, das pretensões dos camaradas. O ministério, contudo, não precisa fixar os "preços" individuais exceto por meio de sugestões iniciais. Dados os diversos gostos e a igualdade de "rendimentos em dólares", os camaradas revelarão, por sua reação a essas sugestões iniciais, a que preços estão dispostos a levar todo o produto social, salvo aqueles artigos que ninguém se importa em ter, e, então, o ministério deverá aceitar esses preços caso queira que seus armazéns se esvaziem. Isso será feito dessa forma, e o princípio das parcelas iguais será, portanto, concluído de forma bastante plausível e determinada de maneira única.

Mas obviamente isso pressupõe que uma determinada quantidade de todos os bens já tenha sido produzida. O verdadeiro problema, cuja solução foi negada, é saber precisamente como isso pode ser feito de modo racional, ou seja, de forma a resultar na máxima satisfação dos consumidores,[207] dentro dos limites impostos pelos recursos disponíveis, as possibilidades tecnológicas e o restante das condições ambientais; está claro que utilizar o voto majoritário dos camaradas para decidir sobre o plano de produção não cumpriria totalmente essa[208] exigência, porque, nesse caso, certamente algumas pessoas — e, possivelmente, todas — não teriam o que quisessem e o que viessem a gostar de ter sem reduzir a satisfação das outras. Está, no entanto, igualmente claro que, nesse sentido, é possível alcançar a racionalidade econômica de outra forma. Para o teórico, isso se segue à proposta elementar de que os consumidores, ao avaliar ("demandar") os bens de consumo *ipso facto* (pelo próprio fato), também avaliam os meios de produção que entram na produção desses bens. Para o leigo, a prova da possibilidade de um plano racional de produção em nossa sociedade socialista pode ser a descrita a seguir.

3. Para facilitar, trabalharemos com a hipótese de que os meios de produção estão, no momento, presentes em quantidades inalteráveis. Presumiremos também que o conselho central seja o comitê de uma determinada indústria — ou, ainda melhor, para cada indústria —, criaremos uma autoridade para administrá-la e cooperar com o conselho central, o qual controla e coordena todos esses administradores industriais ou conselhos gestores. O conselho central faz isso ao alocar recursos produtivos — todos sob seu controle — nessas administrações industriais de acordo com certas regras. Suponha que o conselho resolva que as administrações industriais podem obter quaisquer quantidades de bens e serviços de produção que resolvam pedir desde que observem três condições. Em primeiro lugar, precisam produzir da forma mais econômica possível. Em segundo lugar, são obrigadas a transferir para o conselho central, a cada unidade de bem e serviço de produção solicitada, um número estabelecido de dólares de consumo que adquiriram por meio de entregas anteriores de bens de consumo — também poderíamos dizer que o conselho central se declara disposto a "vender" a qualquer administração industrial quantidades ilimitadas de bens e serviços de produção a "preços" estabelecidos. Em terceiro

---

207. Se os teóricos modernos se opuserem a essa figura de linguagem, peço que imaginem a quantidade de circunlóquios totalmente desnecessários de frases mais corretas que não seriam capazes de oferecer, para efeitos deste argumento, nenhuma vantagem compensatória.

208. Isso não quer dizer que não cumpriria os requisitos do ponto de vista de uma outra definição de racionalidade. Não há nenhuma afirmação aqui sobre como o acordo em discussão se compara com outros. Falaremos um pouco sobre isso mais adiante.

lugar, as administrações são obrigadas a exigir e utilizar quantidades que (e não menos) — produzindo da forma mais econômica possível — tenham capacidade de absorver sem precisar "vender" alguma parcela de seus produtos por menos "dólares" do que devem transferir ao conselho central pelas quantidades correspondentes de meios de produção. Em linguagem mais técnica, essa condição significa que a produção em todas as linhas deverá tornar os "preços" iguais (não apenas proporcionais) aos custos marginais.[209]

---

209. Esse princípio, que se segue da lógica geral da escolha, não foi universalmente aceito até que o senhor A. P. Lerner o destacou e defendeu em uma série de notas e artigos, principalmente na *Review of Economic Studies* (também no *Economic Journal* de setembro de 1937), que constituem uma importante contribuição para a teoria da economia socialista e para a qual aproveito esta oportunidade de chamar a atenção do leitor. Também é correto, como proposição dessa lógica da escolha, dizer que a condição acima deve prevalecer sobre a regra de igualar os preços ao custo total por unidade sempre que entrarem em conflito. Mas a relação entre elas ficou um tanto obscurecida por uma confusão de elementos diferentes e requer esclarecimento.

O conceito de custo marginal, ou seja, o incremento do custo total a que é preciso sujeitar-se para que a produção seja aumentada em uma pequena quantidade, é indeterminado desde que não o relacionemos a um período de tempo definido. Assim, se a questão consiste em transportar ou não um passageiro adicional em um trem que operaria em ambos os casos, o custo marginal a ser considerado pode ser zero e, de qualquer forma, seria muito pequeno. Pode-se expressar isso dizendo que, do ponto de vista de um período muito curto — uma hora ou um dia, ou até mesmo uma semana — praticamente tudo são despesas gerais, até mesmo lubrificantes e carvão, e essas despesas não entram no custo marginal. Mas, quanto maior for o período considerado, mais elementos de custos entram no cálculo do custo marginal; em primeiro lugar, tudo o que geralmente faz parte do conceito de custo primário; depois, e cada vez mais, aquilo que o empresário chama de despesas gerais; até que, a longo prazo ou do ponto de vista do planejamento de uma unidade industrial ainda inexistente, nada (ou praticamente nada) sobra para a categoria de despesas gerais, e tudo, incluindo a depreciação, passe a ser levado em conta para se encontrar o custo marginal, contanto que esse princípio não seja modificado, como no caso de alguns fatores como a via permanente de uma ferrovia, pelo fato tecnológico de que eles estão disponíveis ou são utilizáveis apenas em unidades muito grandes ("indivisibilidade"). Os custos marginais devem, portanto, ser sempre diferenciados dos custos primários (marginais).

Ora, muitas vezes associamos a condição em discussão com a regra de que as administrações socialistas, assim como as capitalistas, devem, a qualquer momento, deixar que o passado fique no passado se quiserem agir de forma racional; ou seja, em suas decisões, não devem levar em conta os valores contábeis dos investimentos existentes. Mas essa é apenas uma regra para o comportamento de curto prazo em uma determinada situação, não significa que devem desprezar *ex ante* (previamente) aqueles elementos que se cristalizarão em custos fixos ou despesas gerais. Negligenciá-los seria como comportar-se de forma irracional em relação às horas de trabalho e às unidades de recursos naturais que entram na produção das despesas gerais sempre que ocorre algum uso alternativo para elas; mas levá-los em conta significa, em geral, igualar os preços ao custo total por unidade do produto desde que as coisas se desenvolvam de acordo com os planos; e uma vez que as exceções se devem principalmente ao obstáculo tecnológico à racionalidade, representado pela indivisibilidade, ou aos desvios do curso real dos eventos dos planos, a lógica desses planos não é, afinal, mal expressada pelo último princípio mencionado. Embora, em uma situação de curto prazo, talvez fosse a coisa mais racional a se fazer, ainda assim, nunca participa dessa lógica a operação de uma indústria com déficit. É importante observar isso por duas razões.

Em primeiro lugar, foi negado. Sugeriu-se até que o bem-estar (isto é, a longo prazo) aumentaria se os preços fossem sempre equiparados aos custos marginais a curto prazo, e que as despesas gerais

A tarefa de cada conselho industrial fica, então, determinada de forma única. Exatamente como hoje, todas as empresas de uma indústria sujeita à concorrência perfeita sabem o que e quanto produzir, também sabem como produzir tão logo as possibilidades técnicas, as reações dos consumidores (seus gostos e rendimentos) e os preços dos meios de produção estejam estabelecidos, de modo que as administrações industriais de nossa comunidade socialista saberiam o que produzir, como produzir e que quantidades de fatores "comprar" do conselho central assim que os "preços" destes últimos fossem publicados, e tão logo os consumidores revelassem suas "demandas".

De certa forma, esses "preços", ao contrário dos "preços" dos bens de consumo, são fixados de forma unilateral pelo conselho central. Entretanto, também podemos dizer que os administradores industriais apresentam uma "demanda" determinada de forma única por bens de produção, tanto quanto os consumidores apresentam por bens de consumo. Tudo o que ainda precisamos para completar nossa prova é uma regra, em conformidade com o critério da maximização, para essa atividade de fixação de preços do conselho central. Mas essa regra é óbvia. O conselho deve simplesmente definir um preço único para todos os tipos e qualidades de bens de produção — se o conselho fizer alguma discriminação, ou seja, cobrar das diferentes administrações preços diferentes para o mesmo tipo e qualidade, isso precisará, em geral,[210] ser justificado por motivos não econômicos — e fazer com que esse preço "esvazie o mercado" completamente, ou seja, que nenhuma quantidade não usada de bens de produção permaneça em suas mãos e que nenhuma quantidade adicional seja requisitada por esses "preços". Essa regra costuma ser suficiente para garantir uma contabilidade de custo racional e, portanto, a alocação economicamente racional dos recursos produtivos — pois a primeira não passa de um método para garantir e confirmar a segunda — e, portanto, a racionalidade do plano de produção das sociedades

---

(o custo de uma ponte, por exemplo) deveriam ser financiadas pela tributação. Nossa regra, como explicitada no texto, não quer dizer isso, e não seria racional se quisesse.

Em segundo lugar, em um decreto de março de 1936, a autoridade central russa, ao abolir o sistema de subsídios até então em vigor para uma série de indústrias, prescreveu que os preços deveriam ser regulados de modo a se igualar ao custo total médio por unidade, mais um adicional para acumulação. Em relação à primeira parte da norma, pode-se dizer que, embora não rigorosamente correta, difere menos da correta do que as formulações incorretas dessa última poderiam levar a supor; em relação a esta última, pode-se dizer que a óbvia objeção a ela se enfraquece assim que levamos em conta as condições ou necessidades de rápido desenvolvimento — o leitor recordará o argumento apresentado na Parte II para o caso capitalista — e que é bastante concebível que o governo soviético estivesse certo tanto ao adotar sua política de subsídios, que equivalia a financiar investimentos com prejuízo, como, em parte, ao abolir a prática em 1936.

210. Há exceções importantes a isso, mas que não afetam a implicação do nosso argumento.

socialistas. A prova decorre da consideração de que, enquanto essa regra estiver sendo observada, nenhum elemento dos recursos produtivos pode ser desviado para qualquer outra linha de produção sem causar a destruição de tantos (ou mais) valores de consumo, expressos em termos de dólares de consumo, quanto esse elemento criaria em seu novo emprego. Isso equivale a dizer que, em todas as direções permitidas pelas condições gerais do ambiente da sociedade, a produção cresce até onde pode chegar de forma racional (e não mais que isso); e isso completa nosso argumento em prol da racionalidade do planejamento socialista em um processo estacionário da vida econômica em que tudo é corretamente previsto e se repete e no qual nada acontece para perturbar o plano.

4. Mas não surgem grandes dificuldades se ultrapassarmos os umbrais da teoria do processo estacionário e admitirmos os fenômenos inerentes ao processo de mudança industrial. No que diz respeito à lógica econômica, não se pode dizer que o socialismo do tipo considerado, embora teoricamente capaz de lidar com as tarefas recorrentes da administração de uma economia estacionária, seria necessariamente incapaz de solucionar os problemas apresentados pelo "progresso". Veremos mais adiante por que, para o êxito de uma sociedade socialista, é importante que ela embarque em sua carreira não apenas enriquecida ao máximo possível por seu antecessor capitalista — com experiências, técnicas e recursos —, mas também depois que este último já tiver ultrapassado sua infância e adolescência, realizado seu trabalho e estiver se aproximando de um estado estacionário. Mas a razão para isso não se encontra em alguma incapacidade nossa em elaborar um caminho racional e determinado de forma única para que a sociedade socialista sempre aproveite as oportunidades de aprimoramento do aparato industrial que surgirem.

Suponha que uma nova e mais eficiente máquina foi projetada para o processo produtivo da indústria X. A fim de excluir os problemas inerentes ao financiamento do investimento — que será considerado mais adiante — e para isolar um conjunto distinto de fenômenos, iremos supor que a nova máquina possa ser produzida pelas mesmas fábricas que até agora produziam a máquina menos eficiente e exatamente ao mesmo custo em termos de recursos produtivos. A administração da indústria X, em obediência à primeira cláusula de sua instrução — a saber, a regra de produzir da forma mais econômica possível —, adotará a nova máquina e, assim, produzirá o mesmo resultado final com uma quantidade menor de meios de produção. Consequentemente, estaria em posição de transferir para o ministério ou o conselho central uma quantidade de dólares de consumo menor do que o valor recebido dos consumidores. Chame a diferença do que achar melhor, por exemplo, D, pá ou "lucro". A administração violaria, é verdade, a condição estabelecida pela terceira cláusula de sua instrução se recebesse esse "lucro"; e se obedecer a essa cláusula e imediatamente produzir a maior quantidade agora necessária para satisfazer essa condição, esses lucros nunca surgirão. Mas sua existência potencial nos cálculos da administração é suficiente para fazê-los cumprir a única função que teriam sob nossa suposição, a saber, a função de indicar, de forma determinada e única, a direção e a extensão da realocação de recursos que agora seria racional realizar.

No momento em que os recursos disponíveis da sociedade estão plenamente empregados para oferecer um determinado nível de consumo, com uma melhoria que requeira usar fatores adicionais ou, em outras palavras, que demande maior aporte de investimento — como uma nova ponte ou uma nova ferrovia —, os camaradas teriam de trabalhar além das horas que até agora presumimos fixadas por lei, ou teriam de restringir seu consumo, ou ambos. Nesse caso, nossas hipóteses, preparadas com o propósito de resolver o problema fundamental da forma mais simples possível, afastam uma solução "automática", ou seja, uma decisão à qual o conselho central e as administrações industriais poderiam chegar se apenas seguissem de forma passiva a orientação das indicações objetivas, respeitando as três regras. Mas isso, é claro, é uma deficiência de nosso desenho e não da economia socialista. O que devemos fazer, se quisermos chegar a essa solução automática, é revogar as leis referentes às pretensões aos bens de consumo que não foram utilizadas durante o período para o qual foram emitidas, é renunciar ao princípio da igualdade absoluta de renda e conceder poder ao conselho central para oferecer prêmios por horas extras e pela — como deveríamos chamá-la? —, bem, digamos, poupança. Essa condição — de que possíveis melhorias ou investimentos sejam realizados a tal ponto que o menos tentador deles produziria um "lucro" igual aos bônus que devem ser oferecidos para atrair as quantidades de horas extras ou poupança (ou ambas) necessárias para isso — determina de forma única todas as novas variáveis que nosso problema introduz, contanto que as horas extras e a poupança sejam, no intervalo relevante, funções univalentes dos respectivos bônus.[211] Os "dólares" que são entregues na quitação deste último podem, de forma conveniente, ser considerados adicionais aos

---

211. O problema, deve ser observado, só surge com novos investimentos. Estes, que são necessários para a manutenção de um processo estacionário, podem e seriam sustentados exatamente da mesma forma como são todos os outros itens de custo. Em particular, não haveria juros. Devo aproveitar a oportunidade para observar que a postura dos socialistas em relação ao fenômeno dos juros não é uniforme. St. Simon os via quase como algo natural; Marx os excluiu da sociedade socialista; alguns socialistas modernos os readmitiram; e a prática russa os aceita.

dólares de renda emitidos anteriormente. Não nos deteremos nos reajustes que isso imporia a várias áreas.

Entretanto, esse argumento sobre investimento deixa ainda mais claro que o esquema que parecia mais bem-adaptado ao nosso propósito particular não é nem o único projeto possível de uma economia socialista nem necessariamente aquele que seria recomendado. O socialismo não precisa ser igualitário, mas nenhuma quantidade de desigualdade de *renda* que, de forma razoável, consideremos toleráveis a uma sociedade socialista é capaz de produzir a taxa de investimento que a sociedade capitalista alcança na média das fases cíclicas. Nem mesmo as próprias desigualdades capitalistas são suficientes para isso, e elas devem ser reforçadas pela acumulação das sociedades anônimas e pelo crédito bancário "criado", métodos que não são particularmente automáticos nem determinados de forma única. Se, portanto, uma sociedade socialista almejasse alcançar uma taxa semelhante ou ainda maior de investimento real — é claro que não precisa —, seriam necessários outros métodos além da poupança. A acumulação de "lucros" que poderia se materializar, deixando de ser apenas potencial ou, conforme sugerido acima, algo análogo à criação de crédito, seria bastante viável. Porém, seria muito mais natural deixar o assunto para o conselho central e para o congresso ou o parlamento, que poderiam resolver o assunto entre eles como parte do orçamento social; embora a votação sobre a parte "automática" das operações econômicas da sociedade fosse puramente formal ou talvez de caráter de supervisão, a votação sobre o item investimento — pelo menos sobre seu montante — envolveria uma decisão real e ficaria em pé de igualdade com a votação sobre as despesas militares, etc. A coordenação dessa decisão com as decisões "automáticas" sobre as quantidades e qualidades dos bens de consumo individuais não apresentaria dificuldades intransponíveis. Mas, ao aceitar essa solução, devemos renunciar um ponto muito importante do princípio básico de nosso esquema.

Outras características de nosso projeto podem ser alteradas mesmo dentro de sua estrutura geral. Por exemplo, com uma exceção condicional quanto às horas extras, não deixei aos camaradas a decisão sobre a quantidade de trabalho que deveriam realizar, embora, como eleitores e de outras formas, eles possam ter tanta influência nessa decisão quanto na distribuição de rendas e assim por diante. Tampouco lhes ofereci mais liberdade de escolha de ocupação do que o conselho central, dentro dos requisitos de seu plano geral, possa ser capaz e esteja disposto a lhes conceder. O arranjo pode ser examinado por meio da analogia com o serviço militar obrigatório; tal plano se aproxima bastante do *slogan* "a cada um de acordo com suas necessidades, de cada um segundo sua capacidade" — ou, em todo caso, pode adequar-se a ele com apenas pequenas modificações. Mas, em vez disso, podemos também deixar que os camaradas decidam sobre o volume e o tipo de trabalho que realizarão. A alocação racional da força de trabalho teria, então, que ser tentada por um sistema de incentivos: novamente com a oferta de bônus, nesse caso, não apenas para horas extras como também por todo o trabalho, de modo a, em todos os lugares, garantir a "oferta" de mão de obra de todos os tipos e graus adequada à estrutura da demanda dos consumidores e ao programa de investimento. Esses bônus precisariam ter uma relação óbvia com a natureza estimulante ou enfadonha de cada trabalho, com a habilidade que deve ser adquirida para executá-lo e, portanto, também com o cronograma salarial da sociedade capitalista. Embora a analogia entre este último e um sistema socialista de bônus não deva ser levada muito longe, podemos falar de um "mercado de trabalho". A inserção desse mecanismo faria, naturalmente, muita diferença para o nosso projeto. Mas isso não afetaria a determinabilidade do sistema socialista. A sua racionalidade formal ficaria, de fato, ainda mais destacada.

5. Isso também vale para a semelhança familiar entre a economia mercantil e a socialista que o leitor não pode ter deixado de observar até aqui. Uma vez que essa semelhança parece ter agradado aos não socialistas e a alguns socialistas e ter irritado outros socialistas, é bom reafirmar explicitamente em que consiste e qual sua causa. Assim, se verá que há pouca razão para agrado ou irritação. Na tentativa de construir um esquema racional de uma economia socialista, fizemos uso de mecanismos e conceitos tradicionalmente especificados por termos que nos são familiares por nossas discussões sobre os processos e problemas da economia capitalista. Descrevemos um mecanismo que é compreendido de imediato assim que pronunciamos as palavras "mercado", "compra e venda", "concorrência", etc. Parece que usamos, e raramente evitamos usar, termos que cheiram a capitalismo, como preços, custos, rendas (*income*) e até lucros, ao passo que renda (*rent*), juros, salários e outros, o dinheiro entre eles, têm, por assim dizer, pairado sobre nosso caminho.

Consideremos o que, para a maioria dos socialistas, pareceria certamente ser um dos piores casos, o da renda (*rent*), ou seja, os retornos do uso produtivo de agentes naturais, por exemplo, da "terra". Nosso esquema, é claro, não pode implicar que a renda da terra seja paga a algum proprietário. Então, o que deve implicar? Apenas que qualquer tipo de terra que não ultrapasse todos os requisitos de abundância no futuro previsível deverá ser usado de modo econômico ou alocado de forma racional exatamente como o trabalho ou qualquer outro tipo de recurso produtivo; e que, para tanto, deverá receber um índice de importância econômica com o qual qualquer novo uso possa ser comparado e por meio do qual a terra entre no processo de contabilidade social. Se isso não for feito, a comunidade (*commonwealth*) estará se comportando de forma irracional. Fazê-lo, contudo, não implica nenhuma concessão ao capitalismo ou ao espírito do capitalismo. Tudo o que é mercantil ou capitalista em relação à renda da terra, tanto em suas associações econômicas quanto em suas associações sociológicas, e tudo o que pode ser simpático ao defensor da propriedade privada — renda (*income*) privada, o proprietário, etc. — foram completamente removidos.

Os "rendimentos" (*incomes*) que, no início, demos aos camaradas não são salários. Na verdade, sua análise mostraria que são composições de elementos econômicos díspares, destes, apenas um pode estar ligado à produtividade marginal do trabalho. Os bônus que incluímos em seguida têm mais a ver com os salários da sociedade capitalista. Mas a contrapartida deste último realmente não existe em lugar nenhum, exceto nos livros do conselho central, e, ainda assim, consiste em um mero índice de importância que, para fins de alocação racional, está associado a todos os tipos e graus de trabalho — um índice do qual desapareceu todo um conjunto de significados que pertencem ao mundo capitalista. De passagem, vemos que, uma vez que podemos dar o nome que quisermos às unidades em que dividimos os *vouchers* que representam as pretensões do camarada a bens de consumo, também podemos chamá-las de horas de trabalho. E, uma vez que — dentro dos limites estabelecidos pela conveniência — o número total dessas unidades não é menos arbitrário, poderíamos torná-lo igual às horas realmente trabalhadas, ajustando todos os tipos e níveis de trabalho a alguma qualidade-padrão ao modo de Ricardo e Marx. Enfim, nossa comunidade (*commonwealth*) pode adotar, assim como qualquer outra, o princípio de que as "rendas" (*incomes*) devem ser proporcionais às horas do trabalho-padrão de cada camarada. Então teremos um sistema de cédulas (monetárias) de trabalho. E o ponto interessante sobre isso é que, salvo as dificuldades técnicas que não nos dizem respeito agora, tal sistema se mostraria bastante viável. Mas é fácil ver por que mesmo assim essas "rendas" (*incomes*) não seriam "salários". Não é menos óbvio que a capacidade de trabalho de tal arranjo não prova nada em prol da teoria do valor-trabalho.

Há pouca necessidade de realizarmos um exame idêntico em relação aos lucros, juros, preços e custos. A causa dessa semelhança familiar já deve estar bastante clara: nosso socialismo nada toma emprestado do capitalismo; o capitalismo, por outro lado, toma emprestado muito da lógica da escolha que é perfeitamente geral. Qualquer comportamento racional deve, naturalmente, ter certas semelhanças formais com qualquer outro comportamento racional; e acontece que, no âmbito do comportamento econômico, a influência modeladora da racionalidade simples é muito grande, pelo menos no que diz respeito à teoria pura. Os conceitos que expressam o modelo *behaviorista* ficam impregnados de todos os significados particulares de uma época histórica e tendem a reter, na mente do leigo, as cores assim adquiridas. Se nosso conhecimento histórico sobre os fenômenos econômicos tivesse sido adquirido em ambientes socialistas, daríamos a impressão de, hoje, estar utilizando conceitos socialistas para analisar um processo capitalista.

Até agora não há nada para que os economistas de mentalidade capitalista se congratulem em relação à descoberta de que o socialismo só pode, afinal, utilizar mecanismos e categorias capitalistas. Há, igualmente, pouca razão para que os socialistas se oponham. Pois apenas a mentalidade mais ingênua pode se sentir desapontada com o fato de que o milagre socialista não cria uma lógica própria, e apenas as variantes mais toscas e estúpidas do credo socialista podem se sentir ameaçadas por qualquer demonstração nesse sentido: aquelas variantes que acreditam que o processo capitalista não passa de uma confusão selvagem sem qualquer lógica ou ordem. Pessoas razoáveis de ambas as convicções podem concordar com a existência dessa semelhança e continuar tão distantes umas das outras como sempre. Mas uma objeção sobre a terminologia pode ser levantada: é possível argumentar que não é conveniente usar termos carregados de significados acidentais, ainda que muito importantes, e que não se pode esperar que sejam descartados por todos. Além disso, não podemos nos esquecer de que é possível aceitar o resultado a que se chegou sobre a igualdade essencial da lógica econômica da produção socialista e da mercantil e, mesmo assim, se opor ao esquema ou ao modelo particular por meio do qual chegamos ao resultado (veja abaixo).

Entretanto, isso não é tudo. Alguns economistas socialistas e não socialistas têm se revelado não apenas dispostos como também ansiosos por reconhecer uma semelhança familiar particularmente forte entre uma economia socialista do tipo aqui considerada e uma economia mercantil de concorrência perfeita. Podemos quase falar de uma escola de pensamento socialista que tende a glorificar a concorrência perfeita e a defender o socialismo dizendo que ele oferece o único método pelo qual os resultados da concorrência perfeita podem ser alcançados no mundo moderno. As vantagens táticas que podem ser obtidas pela defesa desse ponto de vista são, de fato, suficientemente óbvias para explicar o que, à primeira vista, parece indicar um espírito extremamente tolerante. Um socialista competente que, como qualquer outro economista, enxerga claramente todas as fraquezas dos argumentos marxistas e populares pode, assim, admitir o que ele acha que deve ser admitido sem comprometer suas convicções, porque as admissões se referem a uma fase histórica que (caso tenha existido) está seguramente morta e enterrada; ele tem a possibilidade de, limitando com critérios seu veredito condenatório ao caso em que não há concorrência, oferecer apoio limitado a algumas acusações — como a de que a produção moderna do capitalismo está a serviço do lucro e não do consumo do povo — que, em outra situação, seriam simplesmente tolas; e ele pode desconcertar e confundir os bons burgueses dizendo-lhes que o socialismo só fará aquilo que eles realmente sempre quiseram e aquilo que os seus próprios gurus econômicos sempre lhes ensinaram. Mas as vantagens analíticas de se enfatizar essa semelhança familiar já não são tão boas.[212]

Como já vimos, o conceito pálido de concorrência perfeita que a teoria econômica criou para seus fins gira em torno de saber se as empresas individuais podem ou não, por ação própria, influenciar os preços de seus produtos e de seus fatores de custo. Se não podem — isto é, se cada empresa for apenas uma gota no oceano e, portanto, estiver obrigada a aceitar os preços que governam o mercado —, o teórico fala em concorrência perfeita. E pode-se mostrar que, nesse caso, o efeito em massa da reação passiva de todas as empresas individuais resultará em preços de mercado e volumes de produção que exibem certas propriedades formais semelhantes às dos índices de importância econômica e dos volumes de produção de nosso projeto de economia socialista. No entanto, em tudo que realmente importa — nos princípios que regem a formação de rendas (*incomes*), na seleção de líderes industriais, na alocação de iniciativa e responsabilidade, na definição de sucesso e fracasso —, em tudo que constitui a fisionomia do capitalismo competitivo, o projeto é o exato oposto da concorrência perfeita e está muito mais distante dela do que do capitalismo das grandes empresas.

Embora eu não considere, portanto, que o nosso projeto possa ser contestado por meio da alegação de que se trata de um empréstimo do mercantilismo ou de que desperdiça o santo óleo socialista para ungir essa coisa profana, ainda simpatizo muito mais com aqueles socialistas que se opõem ao projeto por outros motivos. É verdade que eu mesmo tenho dito que o método de construção de um "mercado" de bens de consumo, e o de orientar a produção de acordo com as indicações derivadas dele, é o que, mais do que qualquer outro (por exemplo, o método de decisão por maioria de votos), se aproxima de entregar a cada camarada o que ele quer — não existe instituição

---

212. Ver Capítulo VIII.

mais democrática do que um mercado — e que, nesse sentido, resultará em um "máximo de satisfação". Mas esse máximo é apenas de curto prazo[213] e, além disso, está relacionado aos desejos reais dos camaradas conforme são sentidos no momento. Apenas o socialismo vulgar pode se contentar com um objetivo como esse. Não posso culpar nenhum socialista por desprezá-lo e sonhar com novas formas culturais para a argila humana, talvez mesmo com uma nova argila; a verdadeira promessa do socialismo, se existir, segue nessa direção. Os socialistas com essa mentalidade ainda podem permitir que sua comunidade seja conduzida pelos gostos reais dos camaradas em assuntos que não apresentam outro aspecto senão o hedonista. Adotarão, contudo, uma Gosplan[214] não só para sua política de investimento, como nós mesmos fizemos de forma condicional, mas para todos os fins que apresentem outros aspectos. Eles ainda podem deixar os camaradas escolherem à vontade entre ervilhas e feijões. Eles podem muito bem hesitar quanto ao leite e ao uísque, bem como quanto às drogas e às melhorias em habitação. E não permitirão que os camaradas escolham entre a vadiagem e os templos — se estes últimos forem autorizados a defender o que os alemães chamam de manifestações objetivas de cultura.

6. Portanto, é necessário perguntar: se eliminarmos nossos "mercados", a racionalidade e a determinabilidade também seguirão no mesmo caminho? A resposta é óbvia. Teria que haver uma autoridade para realizar a avaliação, ou seja, para determinar os índices de importância de todos os bens de consumo. Dado o seu sistema de valores, essa autoridade poderia fazer isso de uma maneira perfeitamente determinada, exatamente como o fez Robinson Crusoé.[215] E o resto do processo de planejamento poderia então seguir seu curso, assim como em nosso projeto original. Os *vouchers*, preços e unidades abstratas ainda serviriam aos propósitos de controle e cálculo de custos, embora perdessem sua afinidade com a renda disponível e *suas* unidades. Todos os conceitos que derivam da lógica geral da ação econômica voltariam a aparecer.

Qualquer tipo de socialismo centralista, portanto, pode ultrapassar com êxito o primeiro obstáculo — a definitividade e a consistência lógica do planejamento socialista —, e, então, também podemos imediatamente superar o seguinte: a "impossibilidade prática", sobre a qual, ao que parece, a maioria

---

213. É, no entanto, um máximo provável e, como tal, demonstra a racionalidade econômica desse tipo de socialismo exatamente como o máximo concorrencial demonstra a racionalidade da economia concorrencial. E em nenhum dos casos isso significa muita coisa.
214. Gosplan, comissão estatal de planejamento econômico da antiga URSS. (N.T.)
215. Talvez seja por isso que Marx se interessava tanto pela economia de Crusoé.

dos economistas antissocialistas parecem se debruçar hoje, após terem aceitado a derrota na questão puramente lógica. Eles sustentam que o nosso conselho central precisaria enfrentar uma tarefa de complicação incontrolável,[216] e alguns deles acrescentam que, para funcionar, o arranjo socialista precisaria passar por uma reforma completa de almas ou de comportamento — seja qual for a forma que prefiramos chamá-la —, a qual a experiência histórica e o bom senso provam estar fora de questão. Deixando para depois o exame do último ponto, podemos facilmente descartar o primeiro.

A princípio, o exame rápido da solução que demos ao problema teórico convencerá o leitor de que ela é extremamente praticável; ou seja, não só estabelece uma possibilidade lógica como, ao fazê-lo, também indica os passos para que essa possibilidade possa ser realizada na prática. Isso se sustenta mesmo que, para enfrentar a questão de forma justa, exijamos que o plano de produção seja construído do zero (*ab ovo*), ou seja, sem qualquer experiência prévia quanto a quantidades e valores e sem nenhuma base inicial além do levantamento dos recursos e das tecnologias disponíveis e do conhecimento geral sobre o tipo de pessoa que são os camaradas. Ademais, deve-se ter em mente que, em condições modernas, uma economia socialista requer a existência de uma enorme burocracia ou, pelo menos, de condições sociais favoráveis ao seu surgimento e funcionamento. Esse requisito constitui uma das razões pelas quais os problemas econômicos do socialismo nunca devem ser discutidos sem referência a determinados estados do meio social ou a situações históricas. É possível que tal aparato administrativo seja ou não merecedor de todos os comentários depreciativos que alguns de nós têm o costume de fazer à burocracia — em breve, falaremos sobre ela —, acontece que, neste instante, não estamos preocupados em saber quão bem ou mal o aparato é capaz de cumprir sua tarefa; o que importa é que não há razão para acreditar que entrará em colapso sob o peso de sua tarefa.

Em qualquer situação normal, esse aparato administrativo comandaria informações suficientes que lhe permitiriam, na primeira tentativa, aproximar-se bastante das quantidades corretas de produção nas principais linhas de produção, e o resto seria uma questão de ajustes por tentativa e erro bem-informados. Até aqui não há nenhuma grande diferença fundamental[217] entre

---

216. Essa é a linha tomada pela maioria dos autores de mentalidade não socialista que aceitam as credenciais lógicas do socialismo. Os professores (Lionel Charles) Robbins e (Friedrich August) von Hayek podem ser mencionados como as principais autoridades nessa forma de pensamento.

217. Alguns autores parecem sugerir que o processo pelo qual o equilíbrio é alcançado seria o mesmo de um estado de concorrência perfeita. No entanto, não é assim que ocorre. O ajuste passo a passo

as economias socialistas e as mercantis, seja quanto aos problemas que o teórico encontra para demonstrar como um sistema econômico caminha a um estado que poderia ser "racional" ou "ótimo" no sentido de satisfazer certas condições máximas, seja quanto aos problemas que os administradores devem enfrentar na prática real. Se admitirmos a experiência prévia como ponto inicial, como o faz a maioria dos socialistas e, especialmente, Karl Kautsky, a tarefa fica, naturalmente, bastante simplificada, particularmente se essa experiência for do tipo de experiência das grandes empresas.

Mas, em segundo lugar, outra coisa se segue de um outro exame de nosso projeto: a solução dos problemas enfrentados pela administração socialista não seria apenas tão possível quanto a solução prática dos problemas enfrentados pelas administrações mercantis, como seria mais fácil. Disso podemos facilmente nos convencer observando que uma das dificuldades mais importantes na administração de uma empresa — a dificuldade que absorve a maior parte da energia de um líder empresarial de êxito — consiste nas incertezas que se instalam em torno de toda decisão. Dentre elas há uma classe muito importante referente às incertezas sobre a reação de seus concorrentes reais e potenciais e sobre a evolução da situação econômica geral. Embora outras classes de incertezas continuem existindo em uma comunidade (*commonwealth*) socialista, as duas últimas têm a razoável possibilidade de desaparecer quase completamente. As administrações de indústrias e fábricas socializadas estariam em posição de saber exatamente o que os outros companheiros se propõem a fazer, e nada os impediria de se unir para uma ação concertada.[218] O conselho central poderia agir e, até certo ponto, iria inevitavelmente agir como centro de intercâmbio de informações e como coordenador de decisões — no mínimo, da mesma forma que agiria uma secretaria reguladora (plenipotente) da concorrência. Isso reduziria imensamente a quantidade de trabalho dos administradores das indústrias, e, para executar tal sistema, seria necessário muito menos inteligência do que para dirigir uma empresa importante em meio às ondas revoltas e aos vagalhões do mar capitalista. O que dissemos já é suficiente para demonstrar nossa proposição.

---

em reação apenas às mudanças de preço pode facilmente levar à perda total do objetivo. É por isso que no texto falo de tentativa e erro "bem-informados".

218. Na medida em que isso é realizado nas economias capitalistas, é um passo importante para o socialismo. Na verdade, reduz progressivamente as dificuldades de transição e é, por si só, um sintoma do advento da fase de transição. Combater essa tendência de forma incondicional equivale a combater o socialismo.

XVII. COMPARAÇÃO ENTRE PROJETOS

1. UM PONTO PRELIMINAR

O leitor que acompanhou até aqui naturalmente espera que eu faça uma avaliação comparativa do plano socialista. Talvez seja sábio desapontá-lo logo. Ocorre que ninguém que tenha um mínimo de senso de responsabilidade pode deixar de notar que a comparação entre um sistema em que vivemos e um sistema que ainda é apenas uma imagem mental — nenhum socialista aceitará a experiência russa como uma realização plena — deve ser extremamente perigosa. Contudo, correremos o risco e devemos levar em conta o tempo todo que para além do reino dos fatos e dos argumentos, ao qual viajaremos, encontra-se o reino das preferências, convicções e avaliações pessoais no qual não podemos entrar. E melhoraremos nossas chances de êxito ao restringir severamente nosso objetivo e reconhecer as dificuldades e as armadilhas de maneira honesta.

Em particular, não compararemos os mundos culturais da sociedade mercantil e socialista. O que eu chamei de *indeterminação cultural do socialismo* é, por si só, suficiente para obstruir a tentativa. Mas também temos outra razão para nos abster. Mesmo que a civilização socialista fosse constituída por apenas um modelo definitivo, a avaliação comparativa se mostraria duvidosa. Há idealistas e monomaníacos que não conseguem enxergar nenhuma dificuldade nisso e, como padrão de comparação, adotam com alegria alguma característica que valorizam (à exclusão de todas as outras) e que esperam ver exibida por seu socialismo. Mas se quisermos fazer algo melhor e — tanto quanto nossa visão consiga alcançar — enxergar todas as facetas de uma civilização pela luz que nasce e morre com ela, descobriremos imediatamente que cada civilização é, em si mesma, um mundo incomensurável, como qualquer outra.

Há, porém, um ponto que, além de ser relevante para a comparação entre conquistas culturais reais e possíveis, também faz parte do âmbito do nosso tipo de análise. Costuma-se afirmar que o plano socialista, ao retirar as preocupações econômicas dos ombros do indivíduo, libera energias culturais incalculáveis que hoje se perdem na luta pelo pão de cada dia. Em certa medida isso é verdade — qualquer sociedade "planejada" pode fazer isso, pois, por outras razões e em outros aspectos, também pode asfixiar as possibilidades culturais. Pode-se fazer uma objeção: que as autoridades públicas, como as conhecemos, dificilmente estão à altura da responsabilidade de descobrir e criar talentos até o estágio da fruição, e que não há nenhuma razão sólida para acreditar que teriam enxergado o valor de Van Gogh antes da sociedade capitalista. Mas essa objeção não destaca o ponto principal, pois a autoridade pública não precisa ir tão longe assim. Van Gogh precisa apenas receber sua "renda" (*income*) como todas as outras pessoas, e não ser obrigado a trabalhar de forma excessiva; isso seria suficiente em qualquer caso normal — embora, ao refletir mais sobre o assunto, não tenho certeza de que isso seria suficiente no caso de Van Gogh — e ofereceria ao artista a oportunidade necessária para que sua capacidade criativa pudesse se impor.

Contudo, outra objeção carrega um peso maior. Nessa matéria, como em outras, o defensor do socialismo irá, provavelmente, ignorar — muitas vezes, ele está fervorosamente decidido a não admitir — o grau em que certos ideais dele são saciados pelo mundo moderno. O capitalismo oferece, em extensão muito maior do que a maioria de nós acredita, degraus para a ascensão do talento. Há um elemento de verdade no *slogan* brutal dos burgueses típicos que muitos homens dignos acham tão irritante; que não vale a pena se preocupar com quem não é capaz de escalar degraus. Eles nem sempre correspondem a algum padrão escolhido por nós, mas não se pode dizer que não existam. O capitalismo moderno não só oferece sistematicamente meios para abrigar e criar quase todos os tipos de capacidades nas fases iniciais de seu desenvolvimento — tanto que, em algumas linhas, a dificuldade não está em encontrar os meios para o talento, mas encontrar alguém que tenha a pretensão de ser chamado de talento para aproveitar os meios oferecidos —, ele também, pela própria lei de sua estrutura, tende a promover o indivíduo capaz e, de forma muito mais eficaz, a família capaz. Assim, embora haja possibilidade de perdas sociais[219] particularmente na classe de gênio semipatológico, não é provável que sejam muito grandes.

2. UMA DISCUSSÃO SOBRE EFICIÊNCIA COMPARATIVA

Vamos, porém, permanecer na esfera econômica, embora, espero ter deixado bem claro, eu não lhe atribua nada além de uma importância secundária.

2.1. Os limites de nosso objetivo são extremamente óbvios, e, portanto, escapamos de armadilhas menos perigosas ao dar o primeiro passo — e com ele ainda não se tem a pretensão de traçar nada além de projetos. Adiando mais uma vez a discussão sobre as dificuldades de transição, a serem tratadas de forma isolada, e supondo provisoriamente que já foram superadas com

---

219. Os exemplos são exagerados, mesmo quando não desaparecem durante a investigação, como costumam fazer. Além disso, alguns desses prejuízos ocorrem independentemente da organização particular da sociedade; nem todos os prejuízos do arranjo capitalista são produzidos por esse arranjo.

êxito, precisamos apenas olhar rápido para as implicações de nossa prova sobre a possibilidade e a praticabilidade do esquema socialista para perceber que há motivos convincentes para se acreditar na superioridade de sua eficiência econômica.

Essa superioridade só precisa ser provada no que diz respeito ao capitalismo de grandes empresas ou "monopolista" porque, assim, a superioridade sobre o capitalismo "concorrencial" decorre *a fortiori*. Isso fica evidente em nossa análise feita no Capítulo VIII. Muitos economistas, com base no fato de que, sob condições completamente irrealistas, todos os tipos de proposições aduladoras podem ser demonstradas a respeito do capitalismo concorrencial, adquiriram o hábito de exaltá-lo à custa de seu sucessor "monopolista". Eu gostaria de repetir, portanto, que, mesmo que esses elogios fossem todos justificáveis — não são —, mesmo que a concorrência perfeita do teórico já tivesse se concretizado no campo da indústria e do transporte — nunca ocorreu — e, finalmente, mesmo que todas as acusações feitas contra as grandes empresas fossem inteiramente justificáveis — o que está longe de ser o caso —, ainda assim não haveria como negar que a eficiência real da máquina capitalista de produção foi muito maior no período das unidades de grande escala do que no período anterior das pequenas ou médias empresas. É uma questão de registro estatístico. Mas, se recordarmos a explicação teórica desse fato, ainda perceberemos que o tamanho crescente das unidades de controle e toda a estratégia de negócios que as acompanhou não foram apenas incidentes inevitáveis; também, em certa medida, criaram condições para as realizações que são mostradas por tal registro; ou seja, veremos que as possibilidades tecnológicas e organizacionais abertas para as empresas do tipo compatível com uma concorrência aproximadamente perfeita nunca poderiam ter produzido resultados semelhantes. A forma como o capitalismo moderno funcionaria sob um regime de concorrência perfeita é, portanto, uma questão sem sentido. Desse modo, deixando de lado o fato de que o socialismo herdará um capitalismo "monopolista" e não um concorrencial, não precisamos nos preocupar com o caso concorrencial, exceto incidentalmente.

Então reduziremos a eficiência econômica de um sistema à eficiência produtiva. Mesmo esta última não é, de modo algum, de fácil definição. As duas alternativas a serem comparadas devem, naturalmente,[220] referir-se a

---

220. Esta regra deve ser evidente por si mesma, mas é frequentemente violada. Por exemplo, o desempenho econômico da Rússia soviética atual é frequentemente comparado ao do regime czarista do limiar da Primeira Guerra Mundial. Mas o lapso de um quarto de século retira toda a importância desse tipo de comparação. A única comparação que poderia ser importante seria com os valores de uma tendência extrapolada com base nos números, por exemplo, do período entre 1890 e 1914.

um mesmo corte temporal — passado, presente ou futuro. Mas isso não é suficiente. Pois a questão relevante não é o que, pelo ponto de vista de um determinado corte temporal, a administração socialista poderia fazer com o aparato capitalista existente naquele corte — isso não é muito mais interessante do que o que a administração socialista poderia fazer com um dado estoque de bens de consumo —, mas, sim, que aparato produtivo existiria ou teria existido se uma administração socialista, e não uma capitalista, tivesse presidido a sua construção. O volume de informações sobre os recursos produtivos reais e potenciais que foi acumulado nos últimos vinte anos, por mais valioso que seja para outros fins, nos oferece pouca ajuda para resolver nossa dificuldade. E tudo o que podemos fazer é listar essas diferenças entre os mecanismos da economia socialista e mercantil, como as pudemos perceber, e avaliar sua importância da melhor forma possível.

Postulemos que o número, a qualidade, os gostos e a distribuição etária da população no momento da comparação sejam os mesmos em ambos os casos. E então chamaremos de sistema relativamente mais eficiente aquele em que vemos razão para esperar que, a *longo prazo*, produza o maior fluxo de bens de consumo por unidade igual de tempo.[221]

2.2. Essa definição requer comentários. Observaremos que ela não se identifica com a eficiência econômica nem com o bem-estar econômico ou com graus determinados de satisfação das necessidades. Ainda que *alguma* economia socialista concebível fosse, em nosso sentido, menos eficiente do que *alguma* economia mercantil concebível, a maioria das pessoas — todas, de fato, com quem o socialista típico se importa — poderia ainda estar "em

---

221. Já que os fluxos capitalistas e socialistas de renda real consistirão, em certa medida, de diferentes mercadorias e conterão mercadorias comuns a ambos em proporções um pouco diferentes — embora na ausência de hipóteses adicionais sobre a mudança da distribuição de rendas disponíveis, seja impossível estimar a importância da diferença —, a comparação levanta questões delicadas sobre a teoria. Se na sociedade capitalista se produz mais vinho e menos pão do que na socialista, qual dos fluxos é maior? Em qualquer tentativa de responder a tal pergunta, as dificuldades inerentes à comparação de fluxos de renda dentro de um mesmo quadro social de um ano para o outro (isto é, para a construção de algum índice de produção total) aparecem em uma escala muito ampliada. Para nosso propósito, no entanto, a seguinte definição atende suficientemente ao problema teórico: um dos fluxos deve ser chamado de maior do que o outro se, e somente se, produzir um total monetário maior do que o outro, seja qual for o sistema de preços utilizado na avaliação de ambos. Se um fluxo produzir um valor mais alto quando ambos são avaliados, por exemplo, por meio do sistema capitalista de preços e, ao mesmo tempo, um valor menor quando ambos são avaliados pelo sistema socialista de preços, então diremos que são iguais, como se realmente produzissem totais iguais em ambos os sistemas de preços — o que simplesmente significa que acreditamos que a diferença, em geral, não será muito significativa nesse caso. O problema estatístico, naturalmente, não é resolvido por essa definição, porque não podemos ter os dois fluxos diante de nós ao mesmo tempo.

A razão pela qual a expressão "a longo prazo" foi inserida na frase do texto deve estar clara por nossa análise feita no Capítulo VII.

melhores circunstâncias", ou "mais feliz", ou "mais contente" na primeira do que na segunda. Minha primeira e principal resposta é que a eficiência relativa mantém, mesmo nesses casos, um significado independente, e que, em todos os casos, deve ser considerada bastante importante. Mas, em segundo lugar, não acredito haver uma perda muito grande ao se adotar um critério que negligencie tais aspectos. Essa, no entanto, é uma questão muito controversa; por isso, devemos tratá-la de forma um pouco mais explícita.

Para começar, os socialistas convictos ficarão satisfeitos com o simples fato de viverem em uma sociedade socialista.[222] Para eles, o pão socialista é mais saboroso do que o capitalista tão somente porque é um pão socialista, e continuariam pensando assim mesmo que encontrassem ratos nele. Se, além disso, esse sistema socialista específico adotado concordar com os princípios morais da pessoa — por exemplo, se o socialismo igualitário concordar com os princípios morais de muitos socialistas —, esse fato e a consequente gratificação do senso de justiça dessa pessoa serão, naturalmente, citados na lista de títulos que tornam esse sistema superior. Para o funcionamento do sistema, tal fidelidade moral não é de forma alguma indiferente; sua importância, mesmo para a eficiência no sentido em que a usamos, terá de ser discutida mais adiante. Mas, além disso, seria melhor admitirmos que nossa fraseologia sobre justiça e semelhantes conceitos se reduz em grande medida a nossa opinião positiva ou negativa sobre determinada forma de sociedade.

Parece, no entanto, haver um argumento puramente econômico a favor do socialismo igualitário ou de qualquer socialismo cuja estrutura admita uma maior igualdade de renda. Os economistas, ou pelo menos aqueles que não sentem nenhuma complacência em tratar a satisfação das necessidades como quantidades mensuráveis e em comparar e adicionar as satisfações de diferentes pessoas, têm o direito de argumentar que um determinado estoque ou fluxo de bens de consumo produz, em geral, o máximo de satisfação quando é igualmente distribuído. Um sistema igualitário que seja tão eficiente quanto sua contraparte mercantil oferecerá, portanto, um nível mais elevado de bem-estar. Até um sistema igualitário um pouco menos eficiente poderia oferecer o mesmo. A maioria dos teóricos modernos descartaria esse argumento sob a alegação de que as satisfações não são mensuráveis ou que a comparação e a adição das satisfações de diferentes pessoas não fazem

---

222. Na verdade, às vezes somos convidados a ignorar as deficiências admitidas do plano socialista em nome do privilégio de nos tornarmos membros de uma sociedade socialista. Esse argumento, que formula com franqueza o verdadeiro sentimento socialista, não é de forma alguma tão irracional como possa parecer. Ele, de fato, torna todos os outros argumentos supérfluos.

sentido. Não precisamos ir tão longe. Basta ressaltar que o argumento igualitário é particularmente vulnerável à objeção levantada em nossa análise sobre a prática monopolista: o problema não é como distribuir uma determinada quantidade independentemente dos princípios da distribuição de renda. As rendas salariais podem ser mais elevadas em uma sociedade mercantil que admite desigualdades irrestritas do que as rendas iguais seriam no socialismo igualitário. Enquanto não houver uma certeza razoável de que a máquina de produção socialista será pelo menos tão eficiente quanto a máquina mercantil é, ou era ou poderia ser no momento da comparação, o argumento sobre a distribuição permanecerá inconclusivo — sendo, de fato, uma petição de princípio — mesmo que optemos por aceitá-lo.²²³ E, assim que a questão da eficiência produtiva for resolvida, o argumento distributivo se tornará, na maioria dos casos, supérfluo; a menos que seja baseado exclusivamente em ideais morais, o argumento somente mudará algo em casos limítrofes.

2.3. Há ainda outra razão pela qual níveis semelhantes de eficiência produtiva podem estar associados a diferentes níveis de bem-estar. A maioria dos socialistas afirmará que uma dada renda nacional seria maior na sociedade socialista do que na sociedade capitalista porque a primeira faria um uso mais poupador dela. Essas poupanças existem porque certos tipos de sociedade podem, em virtude de sua organização, ser indiferentes ou adversos a certos fins para os quais outros tipos de sociedade, também em virtude de sua organização, alocam partes consideráveis de seus recursos. Por exemplo, um socialismo pacifista pouparia em armamentos; um ateu, em igrejas; e ambos poderiam, portanto, ter mais hospitais. Isso acontece, claro. Mas, uma vez que envolve avaliações que não podem ser atribuídas ao socialismo em geral — embora sejam válidas para muitos socialistas individuais —, não nos diz respeito aqui.

Quase toda sociedade socialista — embora não a do tipo platônico — certamente efetuaria outro tipo de poupança, a saber, uma poupança originada por conta da eliminação da classe desocupada, os "ricos ociosos". Uma vez que, do ponto de vista socialista, é bastante apropriado negligenciar as satisfações das necessidades dos indivíduos pertencentes a esse grupo e avaliar suas funções culturais em zero — embora os socialistas civilizados sempre mantenham as aparências, acrescentando, no mundo atual —, há obviamente um

---

223. O argumento que assim descartamos pode ser reescrito para afirmar que, mantendo-se todas as outras coisas iguais, o máximo socialista é maior do que o máximo concorrencial. Devido à natureza puramente formal de ambos os máximos, no entanto, não há sentido em compará-los, como deve ter ficado óbvio pelas considerações anteriores.

ganho líquido a ser obtido pelo regime socialista. Quanto perdemos ao usar um teste de eficiência que negligencia isso?

É claro que a tributação moderna da renda e da herança vem reduzindo rapidamente o problema a uma insignificância quantitativa, mesmo independentemente dos métodos fiscais aplicados para o financiamento da atual guerra. Porém, essa tributação em si é a expressão de uma atitude anticapitalista e, possivelmente, precursora da eliminação completa das faixas de renda tipicamente capitalistas. Devemos, portanto, questionar uma sociedade capitalista que ainda não foi atacada em suas raízes econômicas. Para os Estados Unidos parece razoável selecionar os dados de 1929.[224]

Definamos ricos como aqueles com renda igual ou superior a 50 mil dólares. Em 1929 eles ficaram com cerca de 13 bilhões de dólares de um total nacional de cerca de 93 bilhões.[225] Desses 13 bilhões temos que deduzir impostos, poupanças e doações para fins públicos, pois a eliminação desses itens não constituiria poupanças para o regime socialista; apenas os gastos dos ricos para o seu próprio consumo seriam "poupados" no sentido apropriado da palavra.[226]

Esse gasto não pode ser estimado com precisão. Tudo o que se pode obter é apenas ideia sobre a magnitude das grandezas envolvidas. Uma vez que a maioria dos economistas que se dispuseram a assumir o risco os estimou a menos de um terço dos 13 bilhões, pode-se dizer com segurança que essa despesa não ultrapassava 4,33 bilhões, ou cerca de 4,6% da renda nacional total. Ora, esses 4,6% incluem todas as despesas de consumo das maiores rendas de empresas e profissionais liberais, de modo que os ricos ociosos não podem ter absorvido mais de 1% ou 2%, no máximo. E, na medida em que a motivação familiar ainda está em operação, nem mesmo tudo isso pode ser considerado irrelevante para o desempenho conducente à eficiência da máquina econômica.

Alguns leitores, sem dúvida, poderão considerar extremamente alto o limite de 50 mil dólares. É claro que se pouparia mais se fosse eliminada ou reduzida a um nível de subsistência a renda de todas as pessoas que são,

---

224. Os Estados Unidos são o país mais qualificado para esse teste; na maioria dos países europeus, o problema se complicaria — pelo menos em relação ao século XIX ou até mesmo até 1914 — pela presença de altas rendas de origem pré-capitalista, mas que foram aumentadas pela evolução capitalista.

225. Veja Harold G. Moulton; Maurice Levin; e Clark A. Warburton, *America's Capacity to Consume* [Capacidade de consumo dos Estados Unidos] (1934), p. 206. Esses números são reconhecidamente um tanto incompletos. Incluem rendas de ocupações e investimentos, também de vendas de imóveis e das rendas imputadas, gerados pelos imóveis ocupados por seus proprietários.

226. Veremos adiante que o fato de a autoridade socialista provavelmente usar essas poupanças e doações para diferentes propósitos não afeta o argumento.

economicamente falando, ociosas, sejam elas ricas ou pobres.[227] Seria possível poupar ainda mais, pensaria alguém, ao se racionalizar a distribuição de todas as rendas mais altas de modo a aproximá-las da correspondência com o desempenho. Mas os argumentos a serem apresentados na próxima seção sugerem que as grandes esperanças depositadas nesse tema tenderão a gerar decepção.

No entanto, não quero insistir. Pois, se o leitor der maior importância a essas poupanças do que me parece legítimo, a conclusão a que chegaremos se aplicará apenas *a fortiori*.

3. A DEFESA DA SUPERIORIDADE DO PROJETO SOCIALISTA

Assim, nosso critério de superioridade ou inferioridade, afinal de contas, abrange mais terreno do que parece. Se mantivermos esse critério, o que será daquele caso persuasivo sobre a superioridade do projeto socialista do qual falei anteriormente?

O leitor que leu atentamente a análise feita no Capítulo VIII pode, com razão, ficar em dúvida. A maioria dos argumentos geralmente feitos em apoio ao regime socialista e contra o capitalista, como vimos, falha assim que são consideradas de forma correta as condições criadas para os negócios por uma rápida taxa de progresso. Alguns desses argumentos, em uma inspeção mais minuciosa, acabam até mesmo apontando para o sentido oposto. Muito do que está sendo considerado patológico passa a ser visto como fisiológico — para cumprir funções importantes no processo de destruição criativa. Muitos desperdícios apresentam compensações que, por vezes, invalidam a inferência por completo e, em outros casos, apenas parcialmente. A alocação socialmente irracional de recursos não é tão frequente ou importante como se diz. Em alguns casos, além disso, não é menos provável que ocorra em uma economia socialista. O excedente de capacidade, também parcialmente inevitável

---

227. Deve-se observar, no entanto, que uma renda composta exclusivamente de rendimentos sobre investimentos não é indicativo de ociosidade econômica de seu receptor, pois seu trabalho pode estar incorporado em seus investimentos. O exemplo acadêmico dado em sala de aula é tão bom quanto o argumento mais longo: suponha que um homem recupere um lote de terra pelo trabalho de suas mãos; o rendimento que receberá disso é um "rendimento de um melhoramento feito pelo homem", ou, como os economistas o chamam, uma quase-renda. Se a melhoria for permanente, se tornará indistinguível da renda da terra propriamente dita e, portanto, parecerá a própria encarnação da renda imerecida, enquanto, na realidade, é uma forma de salário, caso definamos salário como rendimento atribuível ao esforço produtivo pessoal. Generalizando, podemos dizer que o esforço pode ser realizado para garantir receitas que apresentem a possibilidade — mas não a obrigação — de assumir a forma de salários.

em uma economia socialista, muitas vezes admite uma interpretação que afasta críticas. E até mesmo as faltas inescusáveis são, afinal de contas, apenas incidentes de uma conquista que é grande o bastante para perdoar uma infinidade de pecados.

A resposta a nossa pergunta nos faz rememorar o último parágrafo do capítulo anterior. Talvez sua validade se mantenha duvidosa enquanto a evolução capitalista estiver em pleno andamento, mas será decisiva assim que afrouxar *permanentemente*, seja por razões inerentes ao seu mecanismo econômico ou externas a ele.

Há casos em que as indústrias capitalistas operam em certas circunstâncias que tornam os preços e a produção teoricamente indeterminados. Podem ocorrer, embora nem sempre, toda vez que houver um oligopólio. Em uma economia socialista, tudo — excetuando-se apenas os casos-limites sem importância prática — é determinado de forma única. Entretanto, mesmo quando existe um Estado teoricamente determinado, este é muito mais difícil e custoso de alcançar na economia capitalista do que na economia socialista. No primeiro tipo de economia são necessários movimentos e contramovimentos intermináveis, e as decisões devem ser tomadas em uma atmosfera de incerteza que embota a lâmina da ação, ao passo que essa estratégia e essa incerteza não estariam presentes no segundo tipo. Isso se aplica não somente ao capitalismo "monopolista", mas, embora por outras razões, ainda mais à espécie concorrencial, como pode ser visto pelo caso do ciclo de porcos[228] e pelo comportamento de indústrias mais ou menos em regime de concorrência perfeita durante as depressões gerais ou em vicissitudes próprias a elas.

Mas isso significa mais do que parece à primeira vista. Essas soluções determinadas dos problemas de produção são racionais ou ótimas do ponto de vista de certos dados, e tudo que encurte, suavize ou proteja o caminho que leva a elas poupa energia humana e recursos materiais e reduz os custos com os quais um determinado resultado é alcançado. A menos que os recursos poupados sejam completamente desperdiçados, a eficiência, em nosso sentido, deve com certeza aumentar.

Sob o título desta seção, algumas das acusações mais abrangentes contra o sistema capitalista, que foram rapidamente examinadas acima, adquirem uma justificativa qualificada. Como exemplo, tomemos o excedente de capacidade. Não é verdade que se ausentaria totalmente no socialismo; seria absurdo para o conselho central insistir na utilização total de uma nova ferrovia em um país que ainda não está totalmente povoado. Também não é verdade que o

---

228. Ver Capítulo VIII.

excedente de capacidade sempre se traduz em prejuízo. Há, contudo, tipos de excedente de capacidade que se traduzem em prejuízo e podem ser evitados por uma administração socialista — a capacidade de reserva para fins de guerra econômica é o principal caso. Seja qual for a importância do caso particular — não creio que seja muito considerável —, ele expõe um ponto ao qual já me referi: há coisas que, dentro das condições da evolução capitalista, são, ou podem ser, perfeitamente racionais e até mesmo necessárias, e, portanto, não precisam, pelo ponto de vista da ordem capitalista, constituir imperfeições; tampouco precisam constituir fraquezas do capitalismo "monopolista" em comparação ao capitalismo concorrencial — se estiverem associados, como condições —, com conquistas do primeiro que estejam fora do alcance do último; mas, mesmo que seja assim, essas coisas ainda podem constituir fraquezas quando comparadas ao projeto socialista.

Isso é particularmente verdade para a maioria dos fenômenos que compõem o mecanismo dos ciclos econômicos. A empresa capitalista não carece de reguladores; alguns deles podem, mais uma vez, ser encontrados na operação do ministério da produção. No entanto, o planejamento do progresso, em particular a coordenação sistemática e a distribuição ordenada em períodos de inovações em todas as linhas, seria incomparavelmente mais eficaz para a prevenção de surtos em alguns momentos e reações depressivas em outros do que qualquer variação automática ou manipulada da taxa de juros ou da oferta de crédito. Na verdade, eliminaria a causa das altas e baixas cíclicas, enquanto, na ordem capitalista, só é possível atenuá-las. E o processo de descarte do obsoleto, que, no capitalismo — especialmente no capitalismo concorrencial — significa paralisia temporária e prejuízos que, em parte, não cumprem nenhuma função, poderia ser reduzido ao que "descarte do obsoleto" realmente significa para o leigo, dentro de um plano abrangente que previsse antecipadamente a transferência para outros usos de componentes não obsoletos das fábricas, das peças ou dos equipamentos obsoletos. De forma mais concreta: uma crise centrada na indústria algodoeira pode, na ordem capitalista, levar à paralisação da construção civil; na ordem socialista há também, naturalmente, a possibilidade de a produção de artigos de algodão ter de ser drasticamente reduzida no curto prazo, embora essa ocorrência não seja tão provável; mas isso seria razão para acelerar a construção civil em vez de paralisá-la.

Quaisquer que sejam os objetivos econômicos desejados por quem está em posição de realizá-los, a administração socialista poderia atingi-los com menos perturbação e prejuízos sem necessariamente incorrer nas desvantagens que acompanham tentativas de planejar o progresso no âmbito das instituições capitalistas. É possível exprimir um aspecto disso dizendo que a administração socialista seria capaz de traçar um curso que se aproximasse da tendência de longo prazo da produção, desenvolvendo, assim, uma tendência que, como vimos, não é estranha à política das grandes empresas. E todo o nosso argumento poderia ser exposto em poucas palavras afirmando-se que a socialização significa um passo que vai além das grandes empresas, mas que utiliza a trilha que foi arquitetada por elas ou, o que equivale à mesma coisa, que a administração socialista pode mostrar-se tão superior ao capitalismo da grande empresa como o capitalismo da grande empresa mostrou ser ao capitalismo do tipo concorrencial, do qual a indústria inglesa de cem anos atrás era o protótipo. É bem possível que as gerações futuras considerem os argumentos sobre a inferioridade do plano socialista da mesma forma como consideramos os argumentos de Adam Smith sobre as sociedades anônimas que, também, não eram totalmente falsas.

É claro que tudo o que eu disse até agora se refere exclusivamente à lógica dos projetos, daí as possibilidades "objetivas" que o socialismo na prática pode ser bastante incapaz de realizar. Mas, por uma questão de lógica de projeto, é inegável que o socialista esteja desenhado em um nível mais elevado de racionalidade. Essa, creio eu, é a maneira correta de apresentar a questão. Não se trata de um caso de racionalidade *versus* irracionalidade. O agricultor cuja reação aos preços dos porcos e forragens produz o ciclo dos porcos está, individualmente e do ponto de vista do momento, agindo de forma perfeitamente racional. O mesmo acontece com a administração de uma empresa que opera em uma situação de oligopólio, e também com a empresa que cresce nos períodos de alta e se retrai durante as recessões. É o tipo e o escopo da racionalidade que faz a diferença.

Isso certamente não é tudo que pode ser dito em defesa do plano socialista. No entanto, no que diz respeito à lógica pura de uma economia socialista, a maioria dos argumentos que não são comprovadamente errados está, de fato, implícita no argumento aqui apresentado.

O desemprego oferece um exemplo de grande importância. Vimos na Parte II que, em relação ao interesse dos próprios desempregados, a sociedade capitalista que atingiu uma fase suficientemente avançada para oferecer uma oportunidade de socialização exitosa não deixa e, devemos presumir, não deixará muito a desejar. Contudo, no que diz respeito ao prejuízo para a sociedade, o argumento anterior implica que, em uma sociedade socialista, o desemprego será menor, principalmente em consequência da eliminação das depressões, e que, onde ocorrer, principalmente em consequência da melhoria tecnológica, o ministério da produção estará em posição — faça o que realmente fizer — de redirecionar os homens para outros empregos que, caso o planejamento faça jus às suas possibilidades, podem já estar à espera deles.

Uma pequena vantagem que também está implícita na racionalidade superior do plano socialista resulta do fato de que, na ordem capitalista, as melhorias ocorrem, via de regra, nas empresas individuais, lentamente, e encontram resistência ao se disseminar. Se o ritmo de progresso for rápido, haverá, muitas vezes, um grande número de empresas que se apega a métodos antigos ou cuja eficiência poderá ficar abaixo do padrão. Na ordem socialista, todas as melhorias poderiam ser teoricamente difundidas por decreto, e as práticas abaixo do padrão poderiam ser prontamente eliminadas. Chamo isso de pequena vantagem porque o capitalismo, normalmente, também lida de forma bastante eficiente com a ineficiência. É claro que a probabilidade de a burocracia perceber essa vantagem específica, seja ela grande ou pequena, é outra questão; mesmo que uma burocracia decente seja sempre capaz de elevar todos os seus membros ao seu padrão, isso nada diz sobre o conteúdo desse padrão. No entanto, é preciso sempre levar em conta que as possíveis superioridades podem, na prática, se transformar em inferioridades reais.

Por sua vez, administradores ou proprietários administradores de pequenas ou médias empresas são, via de regra, engenheiros, ou vendedores, ou organizadores, e, mesmo que sejam homens bons, raramente fazem todas as coisas igualmente bem. Muitas vezes, descobrimos que mesmo as empresas bem-sucedidas são administradas de forma indiferente em um ou outro aspecto — assim dizem os relatórios dos especialistas em eficiência — e, portanto, que seus líderes estão, em parte, no lugar errado. A economia socialista poderia, como faz a grande empresa moderna, aproveitá-los ao máximo, usando-os exclusivamente nas áreas que realmente conhecem. As considerações óbvias, que não precisam nos deter aqui, não nos permitirão criar grandes expectativas a respeito disso.

Há, no entanto, uma vantagem de grande importância que não pode ser vista em nosso projeto enquanto o desenhamos. A característica marcante da sociedade mercantil é a divisão entre as esferas privada e pública — ou, se preferir, o fato de que na sociedade mercantil há uma esfera privada que contém muito mais do que a sociedade feudal ou a socialista designam a ela. Essa esfera privada é distinta da esfera pública não apenas conceitualmente, mas também de fato. As duas são, em grande medida, preenchidas por pessoas diferentes — a história do governo local autônomo oferece a exceção mais evidente — e organizadas, bem como comandadas por princípios diferentes, muitas vezes, conflitantes, que produzem padrões diferentes e, em diversas situações, incompatíveis.

O atrito costuma se ausentar apenas temporariamente nesse tipo de arranjo, cuja natureza paradoxal seria uma fonte de admiração para nós se não estivéssemos tão acostumados a ela. Na verdade, o atrito estava presente muito antes de se transformar em antagonismo, em consequência das guerras de conquista que, com êxito cada vez maior, eram travadas pelos homens da esfera pública contra o domínio burguês. Esse antagonismo resulta em luta. A maioria das atividades do Estado no campo econômico surge, então, sob uma luz que está bem caracterizada pela expressão do velho economista burguês: a *interferência* do governo. Essas atividades realmente interferem em todos os sentidos da palavra, especialmente ao dificultar e paralisar a máquina privada da produção. Não se pode dizer que costumam obter êxito nem mesmo no aumento da eficiência produtiva. Mas, quando o obtêm, a atividade do conselho central passa a ter ainda mais chances de também ser bem-sucedida, enquanto os custos e os prejuízos da luta como tal seriam inteiramente evitados no caso socialista. E esses prejuízos são consideráveis, especialmente se contarmos com toda a preocupação causada por investigações e processos infindáveis e os consequentes efeitos desanimadores sobre as energias que impulsionam os negócios.

Devemos mencionar um elemento específico desses custos. Consiste na absorção de talentos por atividades meramente protetivas. Uma parte considerável do trabalho total realizado pelos advogados é retida pela luta das empresas com o Estado e seus órgãos. É irrelevante o nome que damos a isso, seja obstrução viciosa do bem comum ou defesa do bem comum contra a obstrução viciosa. De qualquer forma, o fato é que na sociedade socialista não haveria necessidade nem espaço para essa parcela da atividade jurídica. A poupança resultante não pode ser mensurada satisfatoriamente pelos honorários desses advogados. Esse valor é insignificante. Mas não é insignificante o prejuízo social causado pelo emprego tão improdutivo de muitos dos melhores cérebros. Considerando o quão terrivelmente raros são os bons cérebros, sua transferência para outros empregos talvez detenha uma importância relevante.

O atrito ou o antagonismo entre as esferas privada e pública foi intensificado já no início pelo fato de que, desde o momento em que as rendas feudais dos príncipes deixaram de ter importância, o Estado tem vivido com uma receita que vinha sendo produzida pela esfera privada para fins privados que precisou ser desviada desses fins por meio da força política.[229] Por um lado,

---

229. A teoria que, para interpretar os impostos, utiliza a analogia das mensalidades de um clube ou da compra dos serviços de, por exemplo, um médico só prova o quão distante essa parte das ciências sociais está dos hábitos mentais científicos.

a tributação é um atributo essencial da sociedade mercantil — ou do Estado, caso aceitemos a concepção de Estado mencionada no primeiro capítulo — e, por outro lado, tem quase inevitavelmente[230] a natureza de um prejuízo para o processo produtivo. Até 1914, aproximadamente — se concordarmos em considerar apenas os tempos modernos —, esse prejuízo era limitado. Contudo, desde então, os tributos aumentaram e, de forma gradual, passaram a ser o item dominante dos orçamentos empresariais e familiares, assim como um fator importante para se explicar o desempenho econômico insatisfatório. Além disso, com o objetivo de arrancar quantias cada vez maiores de um organismo relutante em entregá-las, surgiu um enorme aparato administrativo que nada faz senão lutar contra a burguesia por cada dólar de sua renda. Em resposta, esse organismo desenvolveu órgãos de defesa e se esforça muito por sua própria proteção.

Nada mais mostra tão bem os desperdícios que resultam do conflito de princípios estruturais em um corpo social. O capitalismo moderno se baseia no princípio do lucro para o pão de cada dia e, mesmo assim, se recusa a permitir que ele prevaleça. Esse tipo de conflito e, consequentemente, esses desperdícios não existiriam na sociedade socialista. Uma vez que ela controlaria todas as fontes de renda, os impostos poderiam desaparecer com o Estado ou, caso minha concepção de Estado não agrade, com o estado burguês. Pois, por uma questão de bom senso, seria claramente absurdo o conselho central primeiro pagar rendas para, depois disso, correr atrás dos beneficiários para recuperar parte delas. Se os radicais não gostassem tanto de atormentar os burgueses dizendo que estes não veem nada de errado nos impostos, exceto que eles são muito baixos, já teria sido reconhecido que aqui temos um dos títulos de superioridade mais significativos que podem se antecipar a favor do plano socialista.

XVIII. O ELEMENTO HUMANO
UMA ADVERTÊNCIA

É bem provável que muitos opositores do socialismo aceitem o resultado a que acabamos de chegar. Mas seu parecer favorável terá, no geral, a seguinte forma: "Bem, naturalmente, se tivéssemos semideuses para dirigir a máquina socialista e arcanjos para operá-la, tudo isso seria bastante possível. Mas a

---

230. Há exceções, mas sem nenhuma importância prática.

questão é que não os temos e que, sendo a natureza humana o que é, a alternativa capitalista com seu modelo de motivações e sua distribuição de responsabilidades e recompensas oferece, afinal de contas, o arranjo mais pragmático, ainda que não seja o de melhor concepção.".
E há alguma verdade nessa resposta. Por um lado, agora precisamos nos proteger não apenas dos perigos que se escondem em alguma tentativa de comparar uma determinada realidade e uma *ideia*, mas também contra o erro ou o truque inerente a qualquer comparação entre uma determinada realidade e um *ideal*.[231] Por outro lado, a despeito de eu acreditar ter deixado bem claro que, pela natureza das coisas, nunca poderá haver uma defesa geral do socialismo, mas apenas uma defesa ligada a determinadas condições sociais e determinadas fases históricas, essa relatividade torna-se muito mais importante agora do que antes, quando ainda nos movíamos entre projetos.

1. A RELATIVIDADE HISTÓRICA DO ARGUMENTO

Ilustremos a questão por meio de uma analogia. Na sociedade feudal, muito do que todos nós, incluindo os defensores mais firmes da propriedade privada, agora pensamos como domínio exclusivo da administração pública era dirigido por meio de um arranjo que, para nós, soa como se essas funções públicas houvessem se tornado objetos de propriedade privada e fontes de ganho privado; cada cavalheiro ou senhor em uma certa hierarquia de relações de vassalagem detinha seu feudo pelo lucro e não como pagamento por serviços que prestava ao *administrá-lo*. As então chamadas funções públicas ligadas a isso eram apenas uma recompensa por serviços prestados a algum senhor feudal hierarquicamente superior. Mesmo essa descrição não expressa bem o

---

231. Uma ideia, um esquema, um modelo ou projeto também incorpora um ideal, mas apenas no sentido lógico; tal ideal significa apenas ausência de pontos não essenciais — o *design* não adulterado, por assim dizer. É claro que continua a ser uma questão discutível o que exatamente deve ser incluído nisso e o que deve, em consequência, ser considerado um desvio. Embora essa deva ser uma questão de técnica analítica, amor e ódio podem integrá-la, no entanto; os socialistas tenderão a incluir no projeto do capitalismo o maior número possível de características que são consideradas depreciativas; os antissocialistas farão o mesmo com o projeto socialista; e ambas as partes tentarão "caiar" os seus próprios projetos, listando o maior número possível de "máculas" entre os desvios não essenciais e, portanto, por implicação, evitáveis. Mesmo que concordem em rotular certos fenômenos como desvios, eles ainda podem discordar quanto ao grau em que seu próprio sistema e o de seus oponentes estão sujeitos a desvios. Por exemplo, os economistas burgueses tendem a atribuir à "interferência política" o que lhes desagrada no capitalismo; por sua vez, os socialistas afirmam que essas políticas são o resultado inevitável dos processos e situações capitalistas criados pelo modo como funciona a máquina capitalista. Mesmo reconhecendo todas essas dificuldades, não acredito que afetem minha exposição, que, como o leitor atento poderá observar, foi estruturada de modo a evitá-las.

tema: o feudo era mantido porque o cavalheiro ou senhor tinha o direito de ter um, independentemente do que fizesse ou deixasse de fazer. Esse estado de coisas é visto como um conjunto de "abusos" por aqueles que não têm uma dimensão histórica dos fatos. Mas isso é uma tolice. Sob as circunstâncias de sua própria época — como todo e qualquer quadro institucional, o feudalismo sobreviveu ao que foi verdadeiramente a "sua" época —, esse arranjo era o único viável e representava o único método pelo qual essas funções públicas poderiam ser desempenhadas. Se Karl Marx estivesse presente, digamos, no século XIV, e se tivesse sido tolo a ponto de defender outro método de administração pública, se mostraria aberto à resposta de que tal sistema era algo admirável para fazer o que, sem ele, seria impossível realizar e, em particular, que "sendo a natureza humana o que é", a motivação do lucro era indispensável para o funcionamento da administração pública; e que sua eliminação levaria, de fato, ao caos, podendo ser bem descrita como um sonho inviável.

Da mesma forma, na época em que a fábrica têxtil inglesa constituía o ponto alto da economia capitalista — até 1850, digamos —, o socialismo não era uma proposta viável, e nenhum socialista sensato sustentaria isso hoje ou o sustentou na época. É o olho do dono que engorda o gado e transforma areia em ouro. A galinha dos ovos de ouro e outras frases comuns eram, então, apenas a expressão de uma verdade inegável, cunhadas por (e para) pessoas simples e ignorantes. Informo aos amigos socialistas que há um modo melhor de enfrentá-las do que por meio da zombaria — zombar esperando que o oponente, um intelectual vaidoso e melindroso como eles mesmos, deixe de argumentar logo que perceba sua possível exposição ao ridículo; é melhor reconhecer a reivindicação legítima desses patetas dentro de seu próprio cenário histórico e limitar a negativa a outros cenários históricos. Depois disso, enfrentaremos, ao menos, a questão relevante — ou seja, o que ainda há deles neste momento —, mantendo, ao mesmo tempo, bastante espaço para nossas divergências.

Uma vez que devemos vislumbrar um modelo definido de capitalismo para que a comparação entre a realidade capitalista e as chances socialistas de êxito tenha algum significado, devemos escolher o capitalismo de nossa época, ou seja, o capitalismo *com entraves* das grandes empresas. E devemos observar, a princípio, que, embora isso defina uma época e um modelo, não define uma data específica, nem mesmo em termos de décadas, porque a questão de saber até onde o modelo do capitalismo com entraves desenvolveu e estabilizou suas características em um dado momento — por exemplo, agora — ainda teria de esperar pela investigação factual; além disso, para essa parte do nosso argumento, é irrelevante saber se esses entraves, sejam eles quais forem, evoluíram do próprio processo capitalista ou se podem ser vistos como algo imposto a este por um agente que se encontra fora dele; enfim, mesmo que agora lidemos com problemas um pouco mais práticos — a saber, até que ponto o socialismo é capaz de colher os frutos potencialmente presentes em seu projeto —, ainda estaremos falando apenas de possibilidades e da necessidade de formular hipóteses para remediar nossa ignorância sobre o tipo de socialismo que teremos no futuro.

2. SOBRE SEMIDEUSES E ARCANJOS

Voltando aos nossos burgueses que falavam sobre semideuses e arcanjos, podemos facilmente nos livrar dos primeiros; nenhum semideus será obrigado a dirigir a máquina socialista, porque, como vimos antes, a tarefa a ser resolvida — após termos descartado as dificuldades de transição — não será mais difícil do que a tarefa de um capitão da indústria no mundo moderno, e sim mais fácil. Os arcanjos representam a conhecida proposição de que a forma socialista de existência pressupõe um nível ético que não se pode esperar que os homens, sendo o que são, alcancem.

Os socialistas devem culpar a si mesmos pelo fato de seus oponentes utilizarem esses tipos de argumentos. Eles falaram dos horrores da opressão e da exploração capitalista, que deveriam apenas ser eliminadas para que a natureza humana se revelasse em toda a sua beleza ou, de qualquer modo, para iniciar um processo de educação que reformaria as almas humanas de modo a elevá-las ao nível ético desejado.[232] Assim, eles se expuseram não apenas à acusação de lisonjear as massas em um grau ridículo como também à acusação de defender um rousseaunismo que, nesse ponto, já deveria estar bastante desacreditado. Mas não há nenhuma necessidade de fazer isso. É possível fazer uma boa defesa com base no bom senso.

Para esse fim vamos adotar uma distinção que, embora seja útil, pode estimular a oposição dos psicólogos. A princípio, um determinado conjunto de propensões para sentir e agir pode ser alterado por mudanças no ambiente social, enquanto o modelo fundamental subjacente a ele (a "natureza humana") continua o mesmo. Chamaremos isso de *mudança por recondicionamento*. Ademais, ainda dentro desse modelo fundamental, o recondicionamento

---

232. Entre os neomarxistas, o principal pecador foi Max Adler (não confundir com os dois outros Adlers vienenses que ocupam um lugar de destaque na história do socialismo austríaco, Victor Adler, o grande organizador e líder do partido, e seu filho, Fritz Adler, o assassino do primeiro-ministro Conde Stürgkh).

pode afetar as propensões para sentir e agir que, embora, em última análise, sejam passíveis de sofrer alteração por meio de mudanças ambientais — particularmente se essas alterações forem realizadas de forma racional —, ainda resistem por algum tempo e criam dificuldades durante esse período. Esse fato pode ser associado ao termo *hábitos*. Por outro lado, o modelo fundamental em si pode ser modificado, seja dentro do mesmo estoque de material humano, seja por meio da eliminação de seus elementos refratários; a natureza humana é certamente maleável até certo ponto, especialmente em grupos cuja composição possa ser modificada. O alcance dessa maleabilidade é uma questão para pesquisas sérias, não é um tema que deva ser tratado em um palanque por meio de afirmações imprudentes ou negações igualmente imprudentes. Mas ainda não precisamos tomar partido porque nenhuma reforma tão fundamental da alma humana seria necessária neste momento para que o socialismo desse certo.

Em relação a isso, podemos nos convencer facilmente. Podemos, em primeiro lugar, excluir o setor agrário, que, possivelmente, nos traria as dificuldades mais sérias. Nosso socialismo continuaria sendo socialismo ainda que a administração socialista se limitasse a um tipo de planejamento agrário que pouco difere da prática que já está em desenvolvimento. Elaborar um plano de produção; racionalizar a localização (o uso da terra); fornecer aos agricultores máquinas, sementes, animais para fins de reprodução, fertilizantes, etc.; fixar o preço dos produtos e comprá-los dos agricultores a esses preços — isso é tudo o que seria necessário e, mesmo assim, deixaria o mundo agrário e suas posturas substancialmente intactas. Há outros caminhos possíveis. Mas o que nos interessa é que há um caminho que poderia ser seguido com pouquíssimo atrito e indefinidamente sem prejudicar a pretensão da sociedade de considerar-se socialista.

Também há o mundo do trabalhador e do empregado. Estes não precisam de nenhuma reforma de almas nem de nenhuma adaptação dolorosa. Seu trabalho permaneceria substancialmente o mesmo — e, com uma qualificação importante a ser adicionada mais tarde, geraria posturas e hábitos semelhantes. Após seu dia de trabalho, o trabalhador ou empregado voltaria para sua casa e para atividades que a imaginação socialista poderia chamar do que achar melhor — ele poderia, por exemplo, jogar futebol proletário, ao passo que hoje ele joga futebol burguês — e que, no entanto, seria o mesmo tipo de casa e os mesmos tipos de atividades. Não há grandes dificuldades nesse grupo.

Enfim, há o problema dos grupos que esperam ser, naturalmente, vítimas do arranjo socialista — o problema, *grosso modo*, do estrato superior. Esse problema não pode ser resolvido de acordo com a doutrina santificada que se tornou um artigo de fé que vai muito além do campo socialista; a saber, essa doutrina declara que esse estrato social consiste em nada além de aves de rapina cuja presença em suas posições econômicas e sociais é explicável apenas pela sorte e pela crueldade, e que não preenchem nenhuma outra "função" senão tomar das massas trabalhadoras — ou dos consumidores, seja qual for o caso — os frutos de sua labuta; que essas aves de rapina, aliás, estragam a própria caça por incompetência e (adicionando um toque mais moderno) produzem depressões por seu hábito de acumular a maior parte de sua pilhagem; e que a comunidade socialista não precisa se preocupar com elas senão para garantir que sejam prontamente expulsas de suas posições e para impedi-las de cometer atos de sabotagem. Independentemente da política e — no caso de quem está abaixo do normal — das virtudes psicoterapêuticas dessa doutrina, ela não engloba sequer um bom socialismo. Pois qualquer socialista civilizado, quando se comporta bem e tem a intenção de ser levado a sério por pessoas sérias, admite muitos fatos sobre a qualidade e as conquistas do estrato burguês que são incompatíveis com tal doutrina, e continua a argumentar que as camadas superiores não serão, de forma alguma, vitimadas, mas que, pelo contrário, também devem ser libertadas dos grilhões do sistema, que as oprime moralmente não menos do que oprime economicamente as massas. Desse ponto de vista, que concorda com o ensino de Karl Marx, chega-se logo à conclusão de que uma cooperação dos elementos burgueses pode fazer toda a diferença para o sucesso ou o fracasso da ordem socialista.

O problema, então, se coloca assim: essa é uma classe que, em virtude do processo seletivo de que é resultado, abriga material humano de qualidade acima do normal,[233] portanto, é sensata a utilização desse ativo nacional por

---

233. Veja o Capítulo VI. Mais precisamente, o indivíduo típico da classe burguesa é superior quanto às aptidões intelectuais e volitivas ao indivíduo típico de quaisquer outras classes da sociedade industrial. Isso nunca foi e dificilmente será demonstrado estatisticamente, mas origina-se de uma análise do processo de seleção social na sociedade capitalista. A natureza do processo também determina o sentido em que o termo superioridade deve ser compreendido. Por meio de análise semelhante de outros ambientes sociais, pode-se mostrar que o mesmo vale para todas as classes dominantes sobre as quais temos informações históricas. Ou seja, é possível demonstrar, em todos os casos, que, em primeiro lugar, as moléculas humanas ascendem e declinam dentro da classe em que surgiram, de uma maneira que se encaixa na hipótese de que o fazem por causa de suas aptidões relativas; e também pode ser demonstrado, em segundo lugar, que elas ascendem e declinam, da mesma maneira, ao longo das linhas de fronteira de sua classe. Essa ascensão e essa queda para classes mais altas e mais baixas, via de regra, levam mais de uma geração. As moléculas são, portanto, famílias, e não indivíduos. E isso explica por que os observadores cuja atenção recai nos indivíduos não costumam encontrar quaisquer relações entre capacidade e posição de classe, e chegam, até mesmo, a pô-las em oposição. Tendo em vista que os indivíduos começam com limitações muito diferentes — salvo em casos de realização pessoal incomum —, essa relação, que além disso se refere apenas a um termo médio e deixa espaço para muitas exceções, revela-se de forma muito menos clara quando deixamos

qualquer organização social. Isso, por si só, implica muito mais do que abster-se de exterminá-la. Além disso, essa classe exerce funções vitais que terão de ser cumpridas também na sociedade socialista. Vimos que ela esteve e está associada de modo causal a praticamente todas as conquistas culturais e econômicas que não se devem ao crescimento da população trabalhadora — a todo o aumento, ou seja, ao que se costuma chamar de produtividade do trabalho (produto por homem-hora).[234] E essas conquistas, por sua vez, têm sido associadas a um sistema de prêmios e punições de eficiência excepcional que o socialismo deverá abolir. Sendo assim, a questão é saber, por um lado, se o estoque burguês pode ser aproveitado pela sociedade socialista e, por outro lado, se as funções desempenhadas pela burguesia, que o socialismo retirará dela, podem ser desempenhadas por outros agentes ou por outros métodos que não sejam os burgueses, ou por ambos.

3. O PROBLEMA DA GESTÃO BUROCRÁTICA

A exploração racional do estoque burguês é, sem dúvida, o problema mais difícil de um regime socialista, e é preciso um certo otimismo para afirmar que será resolvido com êxito. No entanto, tal problema não se deve principalmente às dificuldades inerentes a ele, mas, sim, à dificuldade que os socialistas terão em reconhecer sua importância e em saber enfrentá-lo com razoabilidade. A doutrina sobre a natureza e as funções da classe capitalista a que fizemos referência acima é, em si, sintoma de uma forte aversão a esse tipo de ação, e pode ser considerada uma preparação psicotécnica para recusá-la. Isso também não é surpreendente. Seja um *freelancer*, ou um executivo do partido, ou um funcionário público, o socialista autônomo, de maneira ingênua, embora natural, vê o advento do socialismo como sinônimo de *sua* chegada ao poder. Para ele, socialização significa que "nós" iremos assumir. A substituição das administrações existentes é uma parte importante, talvez a mais importante, do espetáculo. E confesso que, ao conversar com militantes socialistas, muitas vezes, fiquei com alguma dúvida, pois não sabia se alguns, ou mesmo a maioria deles, se interessariam por um regime socialista que, embora fosse

---

de verificar toda a cadeia da qual cada indivíduo é um elo. Essas indicações não demonstram, naturalmente, o meu ponto de vista, mas apenas sugerem como eu deveria demonstrá-lo se isso fosse possível dentro dos limites deste livro. Posso, no entanto, sugerir que o leitor veja o meu "Theorie der sozialen Klassen im ethnisch homogenen Milieu" [Classes sociais em um meio étnico homogêneo], *Archiv für Sozialwissenschaft*, 1927.

234. Como indicado na Parte I, isso foi reconhecido pelo próprio Marx em uma passagem clássica do *Manifesto do partido comunista*.

perfeito em outros aspectos, era dirigido por outras pessoas. Devo acrescentar imediatamente que a atitude de outros era irrepreensível.[235]

Por si só, a solução bem-sucedida do problema exige, sobretudo, que o estoque burguês seja autorizado a trabalhar no que está qualificado por aptidão e tradição, e, portanto, que seja adotado um método de seleção para cargos gerenciais que se baseie na aptidão e não discrimine os ex-burgueses. Tais métodos são concebíveis, e alguns deles podem até se comparar favoravelmente ao método capitalista da era das grandes corporações. No entanto, a permissão de trabalhar envolve mais do que a nomeação para uma posição adequada. Após ser nomeado, é preciso, também, que haja liberdade para agir sob sua própria responsabilidade. E isso levanta a questão da *desburocratização da vida econômica*, que constitui o tema de tantas homilias antissocialistas.

Eu, por exemplo, não consigo enxergar, nas condições da sociedade moderna, uma forma de organização socialista que não seja a de aparato burocrático gigantesco e abrangente. Todas as outras possibilidades que sou capaz de conceber se traduziriam em fracasso e colapso. Mas certamente isso não deve horrorizar aqueles que percebem quanto a burocratização da vida econômica — mesmo da vida em geral — já avançou, e que sabem abrir caminho no matagal de frases germinadas em torno do assunto. Como no caso do "monopólio", grande parte dessas frases retira de sua fonte histórica muito da influência que possui sobre nossos espíritos. No período do capitalismo em ascensão, a burguesia afirmou-se principalmente pela luta contra os poderes fundiários que agiam e eram representados por uma burocracia monarquista. E quase tudo o que o comerciante e o manufaturador consideravam ser uma interferência de natureza enfadonha ou tola ficou associado, na mente coletiva da classe capitalista, a essa burocracia ou ao serviço público civil. Essa associação é algo extremamente durável, pois, em particular, mostrou-se tão duradoura que até os próprios socialistas têm medo desse bicho-papão e, muitas vezes, se dão ao trabalho de nos garantir que nada está mais distante de seus planos do que a ideia de um regime burocrático.[236]

Veremos na próxima parte que a burocracia não é um obstáculo à democracia, mas um complemento inevitável dela. Da mesma forma, é um complemento inevitável ao desenvolvimento econômico moderno e será, mais do

---

235. Sobre isso, veja os comentários a respeito das deliberações da Comissão Alemã de Socialização, cap. XXIII, p. 338.

236. Na Rússia há uma razão adicional para tais declarações. O bicho-papão tornou-se um bode expiatório que todos os líderes, especialmente Trótski, sabiam como usar. Apostando, de forma acertada, na falta de consideração tanto do público interno quanto do estrangeiro, eles simplesmente culpavam a "burocracia" por tudo que, na Rússia, consideravam pouco admirável.

que nunca, essencial em uma comunidade (*commonwealth*) socialista. O reconhecimento da inevitabilidade da burocratização abrangente, no entanto, não resolve os problemas que surgem dela, e é bom aproveitarmos a oportunidade para explicar no que consistem esses problemas.

A eliminação da motivação do lucro e do prejuízo, que costuma receber ênfase exclusiva, não é o ponto essencial. Além disso, a responsabilidade, no sentido de ter de pagar por seus erros com o próprio dinheiro, está, de qualquer modo, deixando de existir (embora não tão rapidamente quanto a imaginação de um mundo idealizado nos faria acreditar), e o tipo de responsabilidade que existe na grande empresa pode, sem dúvida, ser reproduzido em uma sociedade socialista (veja adiante). Tampouco o método de seleção dos principais executivos, algo peculiar a uma burocracia ou ao serviço público civil, é necessariamente tão ineficiente como muitas vezes se imagina. As normas de nomeação e promoção do serviço público civil não deixam de conter uma dose considerável de racionalidade. Além disso, às vezes, funcionam melhor na prática do que no papel: em particular, a opinião corporativa sobre o serviço de um determinado homem é um elemento que pode, se receber a devida importância, contribuir bastante para favorecer a capacidade — pelo menos um determinado tipo de capacidade.[237]

Ha outro ponto que é muito mais importante. O método burocrático de fazer negócios e a atmosfera moral que este propaga, sem dúvida, às vezes, exercem má influência sobre os espíritos mais ativos. Isso se deve principalmente à dificuldade, inerente à máquina burocrática, de conciliar a iniciativa individual e a mecânica de seu funcionamento. Muitas vezes, a máquina oferece pouco espaço para iniciativas e muito espaço para as tentativas cruéis de sufocá-la. Disso pode surgir um sentimento de frustração e de futilidade que, por sua vez, induz a um hábito mental que se deleita em criticar de forma perniciosa os esforços dos outros. Isso não precisa ser assim; muitas burocracias ganham quando conhecem seu trabalho mais a fundo. Mas é difícil evitar que ajam dessa forma e não há uma receita simples para isso.

Não é difícil, no entanto, inserir o estoque da extração burguesa no local correto dentro dessa máquina e remodelar seus hábitos de trabalho. Veremos mais adiante que, pelo menos no caso da socialização feita no momento certo, as condições para a aceitação moral da ordem socialista e para a transferência de lealdade a ela serão provavelmente atendidas, e que não é necessário haver comissários para impedir e insultar. O tratamento racional dos ex-burgueses, objetivando garantir seu desempenho máximo, não exigirá nada que não

---

237. Veja, adiante, o Capítulo XXIV.

seja igualmente necessário no caso de pessoal administrativo de qualquer outra extração. A questão sobre a implicação desse tratamento racional foi respondida de forma tão arrazoada e sem nenhuma demagogia por algumas autoridades socialistas que um breve exame de seus pontos mais importantes será suficiente.

É melhor reconhecermos desde o início que a dependência exclusiva de um senso de dever puramente altruísta é tão irrealista quanto seria a completa negação de sua importância e de suas possibilidades. Mesmo que se admitam todos os diversos elementos que são cognatos ao senso de dever, tal como a satisfação derivada do trabalho e do comando, presume-se que um sistema de recompensas, pelo menos na forma de reconhecimento social e prestígio, seria vantajoso. Por um lado, a experiência comum ensina que é difícil encontrar um homem ou uma mulher, por mais elevado que seja seu espírito, cujo altruísmo ou senso de dever funcione de forma completamente independente, ao menos, desse tipo de interesse próprio ou, se preferir, de sua vaidade ou do desejo de autoafirmação. Por outro lado, é evidente que a atitude subjacente a esse fato, muitas vezes pateticamente óbvio, tem raízes bem mais profundas do que as do sistema capitalista e pertence à lógica da vida dentro de qualquer grupo social. Portanto, não pode ser eliminada por meio do discurso sobre a praga do capitalismo que infecta as almas e distorce suas propensões "naturais". No entanto, é muito fácil lidar com esse tipo de egoísmo individual de modo a explorá-lo para o bem da sociedade. E uma comunidade socialista se encontra em posição particularmente favorável para fazer isso.

Na sociedade capitalista, o reconhecimento social do desempenho ou do prestígio social carrega uma conotação fortemente econômica porque o ganho pecuniário é o índice típico de êxito, de acordo com os padrões capitalistas, e também porque a maior parte da parafernália do prestígio social — em particular, o mais sutil de todos os bens econômicos, a *distância social* — tem de ser comprada. É claro que esse valor de prestígio ou de distinção da riqueza privada sempre foi reconhecido pelos economistas. John Stuart Mill, que não era nenhum mago das previsões ou da perspicácia (*insight*), foi capaz de enxergar isso. E, naturalmente, dentre os incentivos ao desempenho acima do normal, este é um dos mais importantes.

Foi demonstrado na Parte II que a própria evolução capitalista tende a enfraquecer essa motivação do desejo de riqueza em meio a todas as outras motivações. O socialismo, portanto, não exigirá uma reavaliação tão grande dos valores daqueles que hoje formam o estrato mais alto da sociedade, como teria ocorrido há cem anos. Além disso, a motivação do prestígio, mais do que qualquer outra, pode ser modelada por um simples recondicionamento: é possível que aqueles que atuam com êxito possam ficar quase tão felizes com o privilégio — se concedido com uma criteriosa parcimônia — de ser autorizados a colar um selo de 1 centavo em suas calças como estariam se recebessem 1 milhão por ano. Tampouco isso seria irracional. Pois, presumindo-se que o selo de 1 centavo causasse ao redor uma impressão que fosse suficiente para induzir outras pessoas a se comportar de forma complacente em relação a quem o usa, o selo ofereceria ao seu usuário muitas das vantagens que ele, hoje, credita ao seu 1 milhão por ano. Esse argumento nada perde pelo fato de que tal prática só faria renascer um mecanismo que no passado foi muito utilizado com excelentes resultados. Por que não? O próprio Trótski aceitou a Ordem do Estandarte Vermelho.

No que diz respeito ao tratamento preferencial em termos de renda real, deve-se observar, a princípio, que, em certa medida, é uma questão de comportamento racional em relação ao estoque existente de recursos sociais de forma bastante independente do aspecto do estímulo. Assim como os cavalos de corrida e os touros premiados são os gratos destinatários de uma atenção que não seria racional nem possível conceder a todos os cavalos e touros, também é preciso conceder tratamento especial ao trabalhador humano acima do normal, caso se queira que as regras da racionalidade econômica prevaleçam. Claro que elas não precisam prevalecer. A comunidade pode optar por aceitar ideais que excluam isso e se recusar a enxergar os homens da mesma forma como enxergariam as máquinas. E, sobre isso, um economista poderia apenas dizer que a comunidade não deveria agir sem saber que esses ideais custam alguma coisa. A questão é muito importante. Muitas rendas altas o suficiente para evocar comentários adversos não dão a quem as recebe mais do que condições de vida e trabalho — incluindo-se distância e ausência de pequenas preocupações —, as quais são suficientes para mantê-los aptos às suas tarefas.

Na medida em que esse ponto é considerado, ele resolve simultaneamente, pelo menos em parte, o problema da oferta de estímulos puramente econômicos. Acredito, porém, que, novamente por uma questão de racionalidade, a comunidade socialista ganhe muito ao ultrapassar os limites impostos pelos exemplos do cavalo de corrida ou da máquina. Mais uma vez, a razão disso decorre, por um lado, da observação do comportamento e, por outro, da análise da economia e da civilização do capitalismo, as quais não sustentam a visão de que a cupidez que a sociedade é capaz de explorar por meio do tratamento preferencial seja produto das condições capitalistas. Essa cupidez movimenta um esforço socialmente valioso. Se forem negadas todas as possibilidades de satisfação, os resultados serão um pouco menores do que poderiam ser, embora não haja como dizer em que medida e embora esse elemento diminua de importância quanto mais estacionário for o processo econômico no momento em que o poder for assumido pelo socialismo.

Isso não significa que, para fazer justiça às possibilidades de estímulo desse tipo, as rendas nominais tenham de atingir algo semelhante ao patamar atual. No momento, incluem impostos, poupança e assim por diante. A eliminação desses itens seria, por si só, suficiente para reduzir drasticamente os números que tanto ofendem a mentalidade pequeno-burguesa de nossa época. Além disso, como vimos anteriormente, as pessoas nas faixas de renda mais altas vêm sendo levadas a, cada vez mais, aceitar ideais mais modestos e, de fato, têm perdido grande parte de suas motivações — exceto a do prestígio — para continuar desejando os níveis de renda que costumavam sustentar despesas em escala senhorial; seus ideais serão ainda mais modestos no momento em que o socialismo se tornar exitoso.

Naturalmente, os fariseus econômicos continuarão lançando as mãos aos céus em santo horror. Para ajudá-los, faço mercê em salientar que já existem mecanismos para aplacar seus escrúpulos. Esses mecanismos surgiram no mundo capitalista, mas foram bastante aperfeiçoados na Rússia. Em essência, equivalem a uma combinação de pagamentos em espécie com uma provisão generosa em dinheiro para custear despesas que, supõe-se, se destinam ao cumprimento apropriado de certos deveres. Na maioria dos países, os altos escalões do serviço público são, sem dúvida, remunerados de forma bastante modesta, muitas vezes de maneira irracional, e a maioria dos grandes cargos políticos oferece salários decorosamente baixos. Mas, pelo menos em muitos casos, isso é compensado, em parte — e em alguns casos de forma bastante ampla —, não apenas por honrarias, mas também por residências oficiais com empregados pagos com verbas públicas, subsídios para hospitalidade "oficial", uso de embarcações militares ou não, provisões especiais para o serviço em comissões internacionais ou no quartel-general do exército, etc.

4. POUPANÇA E DISCIPLINA

Enfim, o que dizer das funções atualmente exercidas pela burguesia que dela serão retiradas pelo regime socialista? Sob esse título, discutiremos *poupança* e *disciplina*.

No que diz respeito à poupança — uma prática exercida quase inteiramente pela burguesia e especialmente por suas camadas mais altas —, não direi que é desnecessária ou antissocialista. Tampouco pedirei ao leitor que confie na propensão individual dos camaradas a poupar. Não é necessário negligenciar sua contribuição, mas ela seria inadequada, a menos que consideremos a economia socialista como quase estacionária. De forma muito mais efetiva, como vimos, a autoridade central pode fazer tudo o que está sendo atualmente feito por meio da poupança privada, alocando diretamente parte dos recursos nacionais para a produção de novas fábricas e equipamentos. A experiência russa pode ser inconclusiva em muitos pontos, mas é conclusiva nesse. Foram impostas dificuldades e "abstinência" em um nível que nenhuma outra sociedade capitalista teria sido capaz de alcançar. Em um estágio mais avançado de desenvolvimento econômico, não seria necessário, para garantir o progresso na velocidade capitalista, se impor tanto. Quando um estágio quase estacionário é alcançado pelo antecessor capitalista, até mesmo a poupança voluntária pode ser suficiente. O problema, ainda que sempre solucionável, mostra novamente que diferentes situações requerem diferentes socialismos, e que o tipo idílico somente prosperará se o progresso econômico for considerado desimportante — caso em que o critério econômico deixará de ser relevante — ou se o progresso econômico, embora apreciado no passado, for estimado como avançado o bastante, e, assim, passar a ser desimportante para o futuro.

No que diz respeito à disciplina, há uma relação óbvia entre a eficiência do mecanismo econômico e a autoridade sobre os empregados que, por meio das instituições da propriedade privada e da "livre" contratação, a sociedade mercantil entrega ao empregador burguês. Isso não é apenas um privilégio conferido aos *possuidores* para permitir que explorem os *despossuídos*. Por trás do interesse privado imediato há o interesse social no bom funcionamento do aparato produtivo; as opiniões podem diferir de forma justa em relação ao ponto em que, em uma determinada situação, o último é realmente servido pelo primeiro, e ao ponto em que as dificuldades sem sentido que o método de confiar o interesse social aos interesses próprios dos empregadores costuma causar sofrimento aos desfavorecidos. Historicamente, contudo, não pode haver diferença de opinião, seja quanto à existência desse interesse social ou quanto à eficácia geral desse método que, além disso, durante o período do capitalismo intacto, era evidentemente o único possível. Daí passamos a ter duas perguntas para responder. Esse interesse social será mantido no ambiente socialista? Se assim for, o plano socialista será capaz de oferecer o nível necessário de autoridade, seja ele qual for?

Será conveniente substituir o termo autoridade por seu complemento, disciplina autoritária, que significa o hábito, inculcado por agentes que não sejam os próprios indivíduos disciplinados, de obedecer a ordens e de aceitar supervisão e crítica. A partir disso, distinguimos autodisciplina — observando que, em parte, pelo menos, esta se deve à exposição prévia, até mesmo ancestral, à influência disciplinar da autoridade — e disciplina de grupo, que é o resultado da pressão da opinião do grupo sobre cada um de seus membros, que, da mesma forma, ocorre, em parte, pela disciplina autoritária sofrida no passado.

Agora, há dois fatos que podem fazer surgir uma autodisciplina e uma disciplina de grupo mais rigorosas na ordem socialista. O caso, como tantos outros, tem sido todo arruinado por idealizações tolas — o quadro absurdo dos trabalhadores que devem chegar, por meio de uma discussão inteligente (após terem descansado de jogos agradáveis), a decisões que logo passam a executar em alegre emulação. Isso, entretanto, não deve nos cegar para fatos e inferências de fatos que dão suporte a expectativas favoráveis que têm uma natureza mais arrazoada.

A princípio, a ordem socialista presumivelmente imporá um tipo de fidelidade moral que, cada vez mais, vem sendo negada ao capitalismo. Isso, que mal precisa ser sublinhado, oferecerá ao trabalhador uma atitude mais saudável em relação aos seus deveres do que ele teria em um sistema que passou a desaprovar. Além disso, sua desaprovação é, em grande parte, resultado das influências a que está exposto. Ele desaprova porque lhe dizem para fazê-lo. Ele é desencorajado da lealdade e do orgulho que tem pelo bom desempenho. Sua mentalidade diante da vida está sendo deformada pelo complexo da guerra de classes. Mas grande parte daquilo que chamei anteriormente de interesse especial na agitação social desaparecerá — ou será obrigada a desaparecer, como veremos adiante — juntamente com todos os outros interesses especiais. É claro que a isso se deve contrapor a eliminação da influência disciplinadora exercida pela responsabilidade de cada um pelo próprio destino econômico.

Além disso, um dos principais méritos da ordem socialista consiste no fato de mostrar a natureza dos fenômenos econômicos com clareza inconfundível, enquanto, na ordem capitalista, seu rosto fica encoberto pela máscara do interesse no lucro. Podemos imaginar o que quisermos sobre os crimes e loucuras que, segundo afirmam os socialistas, são perpetrados por trás dessa máscara, mas não podemos negar a importância da máscara em si. Por exemplo, em uma sociedade socialista, ninguém poderia duvidar que o que uma nação ganha pelo comércio internacional são as importações, e que as exportações são o sacrifício a que a nação deve se submeter para poder importar, enquanto, na sociedade mercantil, esse ponto de vista do bom senso, de forma geral, se esconde completamente do homem comum, que, portanto, apoia com alegria políticas que não lhe são favoráveis. Ou, independentemente dos erros que a administração socialista possa cometer, certamente não pagará nenhum prêmio a ninguém com o propósito expresso de induzi-lo a *não* produzir. Ou ninguém será capaz de se safar ao afirmar tolices sobre a poupança. Muito além do assunto em questão, a política econômica será, portanto, racionalizada, e algumas das piores fontes de desperdício serão evitadas simplesmente porque a importância econômica das medidas e dos processos será entendida por todos os camaradas. Entre outras coisas, todo camarada perceberá o verdadeiro significado da inquietação no trabalho e especialmente das greves. Pouco importa que não condene, por esse motivo e após o fato já ter ocorrido, as greves do período capitalista, desde que chegue à conclusão de que as greves seriam, "agora", apenas ataques antissociais ao bem-estar da nação. Se, mesmo assim, entrasse em greve, o faria com a consciência pesada e enfrentaria a desaprovação pública. Não haveria mais, em particular, nenhum burguês bem-intencionado de ambos os sexos que considerasse assustadoramente emocionante aplaudir os grevistas e seus líderes.

5. DISCIPLINA AUTORITÁRIA NO SOCIALISMO: A LIÇÃO DA RÚSSIA

Mas esses dois fatos nos levam além de uma inferência de que, no que diz respeito a eles, poderia haver mais autodisciplina e mais disciplina de grupo na sociedade socialista, e, portanto, menor necessidade de disciplina autoritária do que na sociedade do capitalismo com entraves. Esses fatos sugerem também que, sempre que necessário, a aplicação autoritária da disciplina será uma tarefa mais fácil.[238] Antes de apresentar as razões para se acreditar nisso, devo demonstrar as razões para se crer que a sociedade socialista não será capaz de dispensar a disciplina autoritária.

A princípio, uma vez que a autodisciplina e a disciplina de grupo são, pelo menos em um nível considerável, o resultado de aprendizados anteriores, possivelmente ancestrais, proporcionados pela disciplina autoritária, elas se desgastarão se esse treinamento for interrompido durante um período longo o bastante para isso, independentemente de a ordem socialista oferecer outras formas de manter o tipo de comportamento requerido, as

---

238. Não há como exagerar a importância disso, caso possa ser demonstrada como uma expectativa sensata para, ao menos, alguns tipos de modelo socialista. Não é que a disciplina apenas aprimore a qualidade e, se necessário, a quantidade de horas de trabalho; independentemente disso, a disciplina é um fator primordial para a economia de recursos, pois lubrifica as engrenagens do mecanismo econômico e reduz bastante o desperdício e o esforço total por unidade de desempenho. A eficiência do planejamento, bem como da atual gestão, em particular, pode ser alçada a um patamar muito superior a tudo que é possível ser realizado nas condições atuais.

quais podem apelar para o exame racional ou para a fidelidade moral de indivíduos ou grupos. Tais razões e sua aceitação são fatores importantes mais para induzir as pessoas a se submeter ao aprendizado e a um sistema de sanções do que para habilitá-las a manter padrões elevados por conta própria. Esse aspecto ganha importância quando consideramos uma disciplina inserida na rotina monótona da vida cotidiana — não glorificada pelo entusiasmo, de natureza enfadonha em alguns detalhes, quando não em todos — e com a qual a ordem socialista removerá, para dizer o mínimo, parte da pressão da motivação da sobrevivência que, em grande medida, estimula a autodisciplina na sociedade capitalista.

Além disso, aliada à necessidade de aprendizado constante do trabalhador normal, existe também a necessidade de lidar com o que está abaixo do normal. Esse termo não se refere a casos patológicos isolados, mas a uma ampla margem que talvez compreenda 25% da população. Na medida em que o desempenho abaixo do normal se deve a defeitos morais ou volitivos, é perfeitamente irrealista esperar que ele desapareça juntamente com o capitalismo. O grande problema, e grande inimigo da humanidade, o subnormal, continuará conosco tanto quanto agora. Não há como lidar com ele apenas pela disciplina do grupo *sem ajuda* — embora, é claro, o mecanismo da disciplina autoritária possa ser construído de modo a funcionar, pelo menos de forma parcial, por meio do grupo ao qual pertence o subnormal.

Por sua vez, embora, em parte, o interesse especial na agitação social possa se extinguir, há razões para se acreditar que isso não ocorrerá completamente. Provocar desordem e sabotagem ainda constituir uma carreira ou um atalho para ela; e a reação natural de idealistas e ingratos descontentes com sua posição ou com as coisas em geral será idêntica à que se vê hoje. Além disso, haverá muito por que lutar na sociedade socialista. Afinal, apenas uma das grandes fontes de controvérsia terá sido eliminada. Além da óbvia probabilidade de sobrevivência parcial dos interesses secionais — geográficos e industriais —, poderá haver embates de opinião, por exemplo, sobre o peso relativo que se deve dar ao desfrute imediato ou ao bem-estar das gerações futuras, e uma administração que defenda a causa dessas últimas pode muito bem ser oposta por uma postura não totalmente diferente daquela mantida hoje pelo movimento dos trabalhadores e pelo público em geral a respeito das grandes empresas e de sua política de acumulação. Por último, mas não menos importante, recordando o que foi dito sobre a indeterminação cultural do socialismo, teremos de entender que muitas das grandes questões da vida nacional continuarão, como sempre estiveram, em aberto, e que há poucos motivos para esperar que os homens deixem de discuti-las.

Agora, ao avaliarmos a capacidade da administração socialista de lidar com as dificuldades que podem surgir nestes três aspectos, devemos ter em mente que a comparação é feita com o capitalismo tal como se apresenta hoje ou mesmo com o capitalismo como se pode esperar que funcione em um estágio ainda mais avançado de desintegração. Ao discutirmos a importância da subordinação inquestionável dentro da empresa individual,[239] completamente negligenciada por muitos economistas desde a época de Jeremy Bentham, vimos que a evolução capitalista tende a erodir suas bases sociopsicológicas. A prontidão do operário para obedecer a ordens nunca se deveu a uma convicção racional nas virtudes da sociedade capitalista ou à percepção racional de quaisquer vantagens que obteria pessoalmente. Deveu-se à disciplina inculcada pelo antecessor feudal de seu patrão burguês. A esse patrão o proletariado transferiu parte desse respeito — mas não todo ele, de modo algum — que seus antepassados, nos casos normais, tinham por seus senhores feudais, cujos descendentes também tornavam as coisas muito mais fáceis para a burguesia ao permanecer no poder durante a maior parte da história capitalista.

Ao lutar contra o estrato protetor, ao aceitar a igualdade na esfera política, ao ensinar aos trabalhadores que eles eram cidadãos tão valiosos quanto quaisquer outros, a burguesia deixou essa vantagem de lado. Durante um tempo, foi mantido um grau suficiente de autoridade para encobrir a mudança gradual, porém contínua, que levaria à dissolução da disciplina na fábrica. Hoje, muito dela já não existe mais. A maior parte dos meios para a manutenção da disciplina e, mais que isso, o poder para usá-los também já não existem mais. O apoio moral que a comunidade costumava oferecer ao empregador que reprimia as infrações à disciplina já não existe mais. Enfim — em grande parte como consequência da retirada desse apoio —, a antiga postura das agências governamentais já não existe mais; passo a passo, podemos traçar a forma como o apoio ao patrão se tornou neutralidade e, depois de passar por várias nuances da neutralidade, se transformou em defesa ao direito do operário de ser considerado parte igual em uma disputa, daí decorrendo o apoio ao sindicato, tanto contra os empregadores quanto contra os operários individuais.[240] O quadro se completa com a postura do

---

239. Veja o Capítulo XI.

240. A tolerância, que equivale ao incentivo de práticas como os piquetes grevistas, pode servir como ponto de referência útil em um processo que não segue um caminho em linha reta. A legislação e, ainda mais, a prática administrativa nos Estados Unidos são particularmente interessantes nesse aspecto porque os problemas envolvidos destacam-se de forma ímpar, com a mudança, depois de adiada por muito tempo, tendo se concentrado em um período tão curto. A ausência de qualquer

executivo contratado que chega à conclusão — porque sabe que a defesa de uma luta pelo interesse público não despertaria nem mesmo indignação, apenas jocosidade — de que é melhor receber o elogio por ser progressista, ou por ter estado de férias, do que se expor à desonra pública ou ao perigo por fazer o que ninguém admite que seja seu dever.

Considerando esse estado de coisas, não precisamos projetar as tendências inerentes a ele muito à frente para enxergar situações em que *o socialismo pode ser o único meio de restaurar a disciplina social*. Mas, em todo caso, é evidente que as vantagens que uma administração socialista imporá nesse sentido são tão substanciais que seu peso será decisivo para o equilíbrio das eficiências produtivas.

Por um lado, a administração socialista terá à sua disposição muito mais ferramentas de disciplina autoritária do que qualquer administração capitalista jamais voltará a ter. A ameaça de dispensa é praticamente a única que lhe resta — conforme a ideia de Bentham de um contrato entre iguais a ser racionalmente celebrado e dissolvido —, e a empunhadura dessa ferramenta está construída de tal forma a cortar a mão de quem tenta utilizá-la. Contudo, a ameaça de dispensa pela administração socialista pode significar a ameaça de retirar o sustento que não pode ser garantido por um emprego alternativo. Além disso, considerando que, na sociedade capitalista, a regra geral é dispensa ou nada — porque a opinião pública, em princípio, desaprova a própria ideia de que uma das partes do contrato discipline a outra —, a administração socialista pode ser capaz de aplicar essa ameaça em qualquer grau que lhe possa parecer racional, bem como aplicar outras sanções também. Dentre as menos drásticas existem algumas que a administração capitalista não pode aplicar em virtude de sua falta de autoridade moral. Em uma nova atmosfera social, a mera advertência teria um efeito impossível de se ter hoje.

Por outro lado, a administração socialista considerará muito mais fácil usar quaisquer ferramentas de disciplina autoritária que tiver em mãos. Não haverá governo para interferir. Os intelectuais, como grupo, não mais serão hostis, e os indivíduos que o forem serão contidos por uma sociedade que, mais uma vez, acredita em seus próprios padrões. Essa sociedade, em particular, orientará sua juventude de modo firme. E, reiterando, a opinião pública

---

percepção de que o governo pode ter outros interesses sociais em sua postura relativa aos problemas trabalhistas, além do interesse de curto prazo da classe trabalhadora, é algo tão característico quanto o é a adoção sem convicção, mas significativa, de táticas de guerra de classes. Muito disso pode ser explicado pela configuração política peculiar e pela impossibilidade típica dos americanos de reunir de qualquer outra forma o proletariado em uma organização eficaz. Entretanto, o cenário da situação trabalhista dos Estados Unidos não se vê prejudicado de forma substancial por essas circunstâncias.

não mais tolerará algo que lhe pareça ser uma prática semicriminosa. Uma greve seria um motim.

Enfim, o grupo administrador terá uma motivação infinitamente maior para sustentar a autoridade do que a que tem o governo em uma democracia capitalista. Atualmente, o posicionamento dos governos em relação às empresas é semelhante àquele que, na vida política, associamos à oposição: ele é crítico, controlador e fundamentalmente irresponsável. No socialismo, isso não seria assim. O ministério da produção seria responsável pelo funcionamento da máquina. Na verdade, a responsabilidade seria apenas política, e uma boa oratória, possivelmente, encobriria muitos pecados. No entanto, o interesse de o governo opor-se será necessariamente eliminado e substituído pela forte motivação por uma operação bem-sucedida. As necessidades econômicas não serão mais motivo de riso. As tentativas de paralisar as operações e colocar as pessoas contra seu trabalho equivalerão a um ataque ao governo. E é de esperar que esse último reaja a elas.

Mais uma vez, como no caso da poupança, as várias objeções que podem ser levantadas contra as generalizações da experiência russa não prejudicam o valor de suas lições em um assunto que, numa sociedade socialista mais madura ou mais próxima do normal, deveria apresentar menos e não mais dificuldades. Pelo contrário, dificilmente podemos esperar uma melhor ilustração dos principais pontos do argumento acima.

A Revolução Bolchevique [Revolução Russa], de 1917, completou a desorganização do proletariado industrial da Rússia, que, embora fosse pequeno, era altamente concentrado. As massas saíram completamente do controle e puseram em prática a sua concepção de nova ordem de coisas por meio de inúmeras greves, como se fossem folgas, e de ocupação das fábricas.[241] A administração realizada pelos conselhos de operários ou pelos sindicatos passou a ser a ordem do dia e foi aceita por muitos líderes como algo natural. Um mínimo de respeito foi, com dificuldade, garantido aos engenheiros e ao *conselho supremo* por meio de um compromisso realizado no início de 1918, cujo trabalho completamente insatisfatório foi um dos principais motivos para a adoção da *nova política econômica* em 1921. Os sindicatos, então, durante certo tempo, retomaram certas funções e posturas que tinham em um capitalismo com severos entraves. No entanto, o primeiro *plano quinquenal* (1928) mudou tudo isso; em 1932, o proletariado industrial estava mais controlado

---

241. Até o momento, essas rupturas da disciplina ocorreram na maior parte dos casos históricos. Por exemplo, foram a causa imediata do fracasso das experiências quase socialistas efetuadas em Paris durante a Revolução de 1848.

do que sob o último czar — por mais que os bolcheviques possam ter fracassado em outros pontos, eles, desde então, certamente tiveram êxito neste. A forma como isso se realizou é altamente instrutiva.

Os sindicatos não foram suprimidos; pelo contrário, foram fomentados pelo governo: a adesão aumentou rapidamente, e já eram quase 17 milhões em 1932. Deixaram de ser expoentes dos interesses de grupo e dos obstáculos à disciplina e ao desempenho e passaram a ser expoentes dos interesses sociais e instrumentos da disciplina e do desempenho, adquirindo uma postura tão completamente diferente daquela que está associada aos sindicatos dos países capitalistas que alguns partidos trabalhistas ocidentais se recusaram a reconhecê-los como sindicatos. Já não se opunham mais às adversidades inerentes ao ritmo da industrialização. Eles passaram a defender prontamente o aumento da jornada de trabalho sem remuneração adicional. Abandonaram o princípio da igualdade salarial e adotaram um sistema de prêmios e outros incentivos ao esforço, como o *stakhanovismo* e todo o resto. Reconheceram o direito do administrador de demitir operários sempre que quisesse — ou se submeteram a ele —, desencorajaram o "reunismo democrático" — a prática de os operários discutirem as ordens recebidas e executá-las somente após a aprovação — e, cooperando com "tribunais de camaradas" e "comissões de expurgo", adotaram atitudes bastante rigorosas contra os indolentes e os subnormais. Nada mais se ouviu sobre o direito de greve e o controle da produção.

Ora, ideologicamente, não havia nenhuma dificuldade. Podemos rir da terminologia singular que rotulava como contrarrevolucionário e contrário aos ensinos de Marx tudo o que não concordasse com o interesse do governo pela utilização plena do trabalho. Mas não há de fato nada antissocialista nessa atitude: é lógico que, junto à guerra de classes, as práticas obstrucionistas deveriam desaparecer, e o caráter dos acordos coletivos precisaria ser alterado. Os críticos estão errados quando ignoram o grau de autodisciplina e disciplina de grupo que o sistema foi capaz de criar e que confirma por completo as expectativas que formamos sobre o assunto. Ao mesmo tempo, não é menos errado ignorar o papel desempenhado nessa conquista, da forma como se mostra, pela disciplina do tipo autoritário que, intensamente, apoia e complementa os outros tipos.

Os sindicatos individuais, bem como seu órgão central, o conselho geral, foram submetidos ao controle do governo e do partido comunista. O que costumava ser descrito pelo partido como oposição trabalhista foi suprimido, e os líderes trabalhistas que continuaram a reconhecer um interesse distinto dos operários foram destituídos de suas posições. Assim, desde a reorganização governamental de 1921, certamente desde 1929, os sindicatos já não estavam mais em posição de dizer ou fazer qualquer coisa que pudesse contrariar os desejos do grupo governante. Tornaram-se órgãos de disciplina autoritária — o que ilustra bem um ponto abordado anteriormente.

De novo, na medida em que a atitude insalubre do operário moderno em seu trabalho se deve às influências a que ele está exposto, mostra-se essencial notar a tremenda diferença que faz quando ele é constantemente convencido sobre o sentido de dever e orgulho de seu trabalho em vez de ser constantemente dissuadido. A circunstância de o Estado russo, ao contrário do Estado capitalista, estar em posição de impor, no ensino e na orientação dos jovens, a conformidade com seus fins e ideais estruturais aumenta incomensuravelmente a sua capacidade de criar uma atmosfera favorável à disciplina fabril. Os intelectuais, evidentemente, não têm como modificar isso. E não há opinião pública que encoraje infrações.

Enfim, a dispensa que leva à privação, as transferências que equivalem à deportação, as "visitas" das brigadas de choque e, ocasionalmente, também dos camaradas do Exército Vermelho são, qualquer que seja sua construção legal, meios praticamente independentes que o governo detém para garantir o bom desempenho. Há motivos para usá-los, e, como questão de fato universalmente aceita, o tem sido de forma inabalável. Essas sanções, que nenhum empregador capitalista pensaria em aplicar mesmo que tivesse esse poder, desaprovavam duramente todas as técnicas psicológicas mais humanas.

As conotações sinistras de tudo isso não são essenciais para o nosso argumento. Não há nada de sinistro no que estou tentando dizer. As crueldades contra indivíduos e grupos inteiros são atribuídas, em grande parte, à imaturidade da situação, às circunstâncias do país e à qualidade de seu pessoal governante; em outras circunstâncias, em outras fases de desenvolvimento e com outros governantes, não seriam necessárias. Se não for preciso aplicar quaisquer sanções, tanto melhor. A questão é que pelo menos um regime socialista foi capaz de promover a disciplina de grupo e impor uma disciplina autoritária. O que importa é o princípio, não as formas particulares assumidas na prática por ele.

***

Assim, mesmo à parte os méritos ou deméritos dos projetos, a comparação com o capitalismo com entraves não é desfavorável para a alternativa socialista. Deve ser enfatizado mais uma vez que falamos apenas de possibilidades — embora em um sentido diferente daquele que é relevante para nossa discussão sobre o projeto. Muitas hipóteses seriam necessárias para transformá-las em certezas ou mesmo em probabilidades práticas, e, sem dúvida, seria igualmente legítimo adotar outras suposições que produzissem resultados diferentes. Na verdade, só precisamos presumir que prevaleçam as ideias que constituem aquilo que chamei de socialismo idílico para nos convencermos da probabilidade de um fracasso total e até mesmo ridículo. Esse nem seria o pior resultado possível. Um fracasso tão óbvio a ponto de ser ridículo poderia ser remediado. Muito mais insidioso, bem como provável, é o fracasso não tão completo, em que as técnicas psicológicas da política fossem capazes de levar as pessoas a acreditar no êxito. Além disso, os desvios do projeto da máquina e dos princípios de funcionamento do sistema não são, naturalmente, menos prováveis do que na sociedade mercantil; podem, entretanto, se mostrar mais graves e menos autocorretivos. Contudo, se o leitor examinar mais uma vez as etapas de nosso argumento, imagino que será capaz de se convencer de que as objeções que têm raízes nessa classe de considerações não prejudicam substancialmente nossa questão — ou que, mais precisamente, são objeções não ao socialismo propriamente dito, conforme definido para o nosso propósito; são objeções às características que determinados tipos de socialismo podem apresentar. Não se segue disso que lutar pelo socialismo seja tolo ou maldoso. Pode-se deduzir apenas que a luta pelo socialismo não significa nada específico, a menos que esteja associada a uma percepção sobre o tipo de socialismo que dará certo. Se esse socialismo é compatível com o que costumamos chamar de democracia, isso se apresenta como outra questão.

XIX. TRANSIÇÃO

1. DOIS PROBLEMAS DISTINTOS

Creio que todos reconhecem, em particular, todos os socialistas ortodoxos, que a transição da ordem capitalista para a socialista sempre levantará problemas *sui generis,* quaisquer que sejam as condições em que ocorra. Entretanto, a natureza e a extensão das dificuldades esperadas diferem tanto — de acordo com a fase da evolução capitalista em que ocorre a transição e de acordo com os métodos que o grupo socializante tem à disposição ou é capaz de usar — que se torna conveniente construir dois casos distintos para tipificar dois conjuntos diversos de circunstâncias. A aplicação desse mecanismo se torna muito mais simples porque há uma conexão óbvia entre o *quando* e o *como*. No entanto, ambos os casos serão tratados apenas em referência ao capitalismo totalmente desenvolvido e "com travas"; não perderei tempo com as possibilidades ou impossibilidades apresentadas pelas fases anteriores. Levando isso em conta, chamaremos esses casos de socialização madura e socialização prematura.

Grande parte do argumento da Parte II pode ser resumida pela proposição marxista segundo a qual o processo econômico tende a *se* socializar — a alma humana também. Com isso queremos dizer que os pré-requisitos tecnológicos, organizacionais, comerciais, administrativos e psicológicos do socialismo tendem a ser cada vez mais preenchidos. Vejamos novamente o estado de coisas que se apresentará no futuro caso essa tendência seja projetada. Com exceção do setor agrário, os negócios são controlados por um pequeno número de corporações burocratizadas. O progresso vem diminuindo seu passo e tem se tornado mecanizado e planejado. A taxa de juros converge para zero não apenas temporariamente ou sob a pressão da política governamental, mas permanentemente, graças à diminuição das oportunidades de investimento. A propriedade e a administração industrial tornaram-se impessoais — a propriedade degenerou em posse de ações e títulos, os executivos passaram a ter uma mentalidade semelhante à dos funcionários públicos. A motivação e os padrões capitalistas estão quase completamente definhados. A inferência quanto à transição para um regime socialista, que ocorrerá em seu devido tempo, é óbvia. Contudo, dois pontos merecem ser mencionados.

Em primeiro lugar, pessoas diferentes — até mesmo socialistas diferentes — divergem umas das outras tanto em relação ao grau de aproximação a esse estado que lhes será satisfatório quanto em relação ao diagnóstico que fazem sobre o grau de aproximação que foi realmente alcançado em um dado momento. Isso é bastante natural, porque a progressão rumo ao socialismo, que é inerente ao processo capitalista, continua de forma lenta e gradual, e nunca ultrapassaria um semáforo vermelho que seja reconhecível por todos e que, sem deixar dúvidas, indique exatamente o momento em que a estrada está aberta. O espaço para a diferença honesta de opinião se amplia pelo fato adicional de que as condições necessárias de êxito não necessariamente evoluem *pari passu*. Por exemplo, pode-se argumentar de forma plausível que, em 1913, a estrutura industrial dos Estados Unidos, por si só, estava mais "madura" do que a da Alemanha. No entanto, poucas pessoas duvidam de que, se o experimento tivesse sido feito em ambos os países, as chances de êxito teriam sido infinitamente maiores para os alemães controlados pelo Estado, liderados e disciplinados pela melhor burocracia que o mundo jamais havia visto e por seus excelentes sindicatos. Mas, além das diferenças honestas de opinião — incluindo aquelas que podem ser explicadas pelas diferenças de temperamento, semelhantes às de médicos igualmente competentes e honestos que não concordam quanto à conveniência de uma operação —, sempre haverá uma suspeita, muitas vezes, bastante bem fundamentada, de que uma das partes da discussão não quer e nunca vai querer admitir essa maturidade porque, na verdade, não almeja o socialismo, enquanto a outra parte, por razões que podem ou não ter origem em bases idealistas, presume essa maturidade sob quaisquer circunstâncias, sejam quais forem.

Em segundo lugar, mesmo supondo que um estado inconfundível de maturidade tenha sido alcançado, ainda assim a transição exigirá ações distintas e apresentará uma série de problemas.

O processo capitalista molda coisas e almas para o socialismo. No caso--limite, pode fazer isso de modo tão completo que o passo final não seria mais do que uma formalidade. Mas, mesmo nesse caso, ordem capitalista não se transformaria em ordem socialista; tal passo final, a adoção oficial do socialismo como lei da vida da comunidade, ainda teria de ser realizado, por exemplo, por meio de uma emenda constitucional. Na prática, porém, as pessoas não esperam o surgimento do caso-limite. Tampouco seria racional que fizessem isso, pois a maturidade pode ser alcançada, para todos os efeitos, em um momento em que os interesses e as posturas capitalistas ainda não desapareceram completamente de todos os cantos mais remotos da estrutura social. Nesse caso, a aprovação da emenda constitucional seria mais do que uma formalidade. Haveria alguma resistência e algumas dificuldades a serem superadas. Antes de verificarmos isso, precisamos apresentar outra distinção.

Em essência, coisas e almas se moldam automaticamente para o socialismo, ou seja, independentemente da vontade de qualquer um e de quaisquer medidas tomadas nesse sentido. Mas, entre outras coisas, esse processo também produz a seguinte vontade e, portanto, as seguintes medidas: leis, atos administrativos, etc. A soma total dessas medidas faz parte da política de socialização que, portanto, deve ser vista como abrangente de um longo período de tempo ou, em todo caso, de muitas décadas. Contudo, sua história naturalmente se divide em dois segmentos, separados pelo ato de adoção e de organização do regime socialista. Antes desse ato, a política de socialização é preparatória — não importa se de modo intencional ou não — e, depois dele, constitutiva. Levantarei apenas uma breve discussão sobre o primeiro segmento no final deste capítulo. Agora, vamos nos concentrar no segundo.

2. SOCIALIZAÇÃO EM ESTADO DE MATURIDADE

No caso da socialização madura, as dificuldades com as quais o sistema terá de lidar como primeira tarefa da "socialização após o ato de sua adoção", além de não serem insuperáveis, nem chegam a ser muito sérias. A maturidade implica que a resistência seja fraca e que haja cooperação da maioria das pessoas de *todas* as classes — sintoma disso será precisamente a possibilidade de adoção por meio de uma emenda constitucional, ou seja, de forma pacífica e sem ruptura da ordem legal. Por hipótese, as pessoas compreenderão a natureza do passo, e mesmo a maioria daqueles que não concordam assumirão uma posição de tolerância.[242] Ninguém ficará desnorteado ou achará que seu mundo está desabando.

Mesmo assim, é claro, não há como descartar completamente a possibilidade de uma revolução. Mas há pouco perigo de que isso aconteça. Não somente a ausência completa ou parcial de resistência organizada, por um lado, e de agitação violenta, por outro, reduzirá a oportunidade de um movimento revolucionário; haverá também um grupo de homens experientes e responsáveis prontos para assumir o leme que será tanto capaz como disposto a manter a disciplina e usar métodos racionais que minimizem o choque. Esses homens serão auxiliados por burocracias públicas e empresariais bem treinadas que têm o hábito de aceitar ordens da autoridade legal, seja ela qual for, e que, de qualquer forma, não são muito favoráveis aos interesses capitalistas.

Para começar, simplificaremos os problemas de transição perante o novo ministério ou o conselho central da mesma forma como já o fizemos com seus problemas permanentes, ou seja, presumindo que os agricultores serão, de maneira substancial, deixados em paz. Isso não só eliminará uma dificuldade que poderia ser fatal — pois em nenhum outro lugar o interesse de propriedade está tão vivo como entre agricultores ou camponeses; o mundo agrário não é habitado apenas por camponeses *russos* — como também ganhará apoio adicional, pois ninguém odeia mais a grande indústria e o interesse especificamente capitalista do que o agricultor. Espera-se também que o conselho reconcilie outros grupos reduzidos de homens: nas indústrias socializadas, o pequeno artesão poderia, ao menos por um tempo, ser autorizado a realizar seus trabalhos e obter lucro, e o pequeno varejista independente, a vender como faz hoje o vendedor de tabaco em países onde o fumo e os produtos do tabaco são monopólios do Estado. Na outra extremidade, os interesses pessoais do homem cujo trabalho tem importância individualmente — o tipo executivo, digamos — poderiam ser facilmente tratados, nas linhas indicadas anteriormente, de modo a evitar quaisquer problemas sérios no funcionamento do mecanismo econômico. A afirmação drástica de ideais igualitários poderia, naturalmente, estragar tudo.

E o interesse capitalista? Em seu devido tempo, conforme assinalado antes, podemos compará-lo de forma aproximada ao interesse dos detentores de ações e obrigações — este último também representa os portadores de hipotecas e

---

242. *Tolerari posse*, termo em latim no original. (N.T)

apólices de seguro. Para o socialista que conhece apenas as *escrituras sagradas* de Marx e que acredita que esse grupo se compõe de um pequeno número de pessoas ociosas e extremamente ricas, há uma surpresa: na maturidade, esse grupo talvez chegue a compor a maioria do corpo político que, então, lançaria um olhar pouco favorável às propostas de confisco de seus direitos, mesmo que, individualmente, sejam pequenos. No entanto, pouco importa se o regime socialista poderia ou "deveria" expropriá-los sem indenização. O que importa para nós é que não haveria necessidade econômica de fazê-lo e que, caso se decida pelo confisco, seria uma escolha livre da comunidade, obedecendo, digamos, aos princípios éticos que tenha adotado, e não um caso de falta de opção. Pois o pagamento de juros sobre obrigações e hipotecas, contanto que pertençam a pessoas físicas, mais o pagamento de sinistros de contratos de seguro, mais o pagamento de juros (em vez de dividendos) de obrigações a serem emitidas aos ex-acionistas pelo conselho central — de modo que, embora perdessem seu direito de voto, esses acionistas pudessem obter uma renda mais ou menos similar a uma média, adequadamente escolhida, dos dividendos passados — não constituiriam um fardo insuportável, conforme um rápido exame das estatísticas pertinentes poderá demonstrar. Se a comunidade (*commonwealth*) socialista continuar usando a poupança privada, a manutenção desse fardo poderá ser uma boa política. Seria possível impor uma limitação temporal pela transformação de todos esses pagamentos em rendas por prazo certo ou então pelo uso adequado dos impostos sobre a renda e sobre as heranças, os quais poderiam, assim, prestar um último serviço antes de desaparecer para sempre.

Isso, assim imagino, caracteriza bem um método viável de "socialização após o ato de sua adoção" que, nas circunstâncias previstas, realizará as tarefas de transição com firmeza, segurança e tranquilidade, com um mínimo de perda de energia e de prejuízo aos valores culturais e econômicos. As gestões das grandes empresas seriam substituídas apenas nos casos em que houvesse razões específicas para isso. Se, no momento da transição, ainda existirem sociedades de participação entre as empresas a serem socializadas, elas serão, primeiro, transformadas em sociedades anônimas e depois socializadas da mesma forma que as outras. A criação de novas empresas seria, naturalmente, proibida. A estrutura das relações entre sociedades — *holdings*, em particular — seria racionalizada, ou seja, ficaria reduzida às relações que atendem à eficiência administrativa. Os bancos seriam todos transformados em filiais da instituição central e, dessa forma, ainda poderiam manter não apenas algumas de suas funções mecânicas — parte, no mínimo, da contabilidade social seria quase necessariamente transferida a eles — como possivelmente também algum poder sobre as administrações industriais, que poderia compreender o poder de conceder e recusar "créditos"; se assim for, o Banco Central poderá se tornar independente do Ministério da Produção e vir a desempenhar um papel semelhante ao de um supervisor geral.

Assim, com o conselho central caminhando lentamente no início e, gradualmente, tomando as rédeas sem solavancos, o sistema econômico teria tempo para se estabilizar e se orientar enquanto os pequenos problemas relativos à transição fossem resolvidos um a um. No início, a produção precisaria de poucos ajustes — uns 5% da produção total, no máximo. Pois, a menos que as ideias igualitárias se afirmem com muito mais robustez do que presumi, a estrutura da demanda não será afetada de modo muito significativo. É verdade que a transferência de homens, advogados, por exemplo, para outros empregos ocorreria em uma escala um pouco maior porque há funções na indústria capitalista que deixarão de existir na economia socialista. Mas nem mesmo isso criaria grandes dificuldades. Os problemas maiores da eliminação das unidades de produção subnormais, da maior concentração sobre as melhores oportunidades, da racionalização geográfica com a respectiva redistribuição da população, da padronização dos bens de consumo e de produção, etc., não surgiriam ou, em todo caso, não precisariam surgir antes que o sistema tivesse digerido a alteração orgânica e estivesse deslizando sem percalços sobre os antigos trilhos. Pode-se esperar que, com o tempo e sem incorrer em absurdo, esse tipo de socialismo realize todas as possibilidades de desempenho superior inerentes ao seu projeto.

3. SOCIALIZAÇÃO EM ESTADO DE IMATURIDADE

3.1. Tal prognóstico não é possível no segundo caso, o da adoção prematura do princípio do socialismo. Esta pode ser definida como a transição da ordem capitalista para a socialista em um momento em que é possível aos socialistas tomar o controle dos órgãos centrais do Estado capitalista, mas sem que coisas e almas já estejam preparadas para isso. Não discutiremos, devo repetir, situações tão imaturas que a esperança de sucesso pareça fantástica para qualquer pessoa sensata e que a tentativa de conquistar o poder não possa ser mais do que um golpe (*putsch*) ridículo. Por isso, não argumentarei que a socialização imatura deva inevitavelmente terminar em um grande vexame ou que o arranjo resultante esteja fadado a fracassar. Ainda levo em conta o tipo atual de capitalismo com entraves, em relação ao qual o problema pode, ao menos, ser levantado de forma razoável. Em tal cenário é até provável que, cedo ou tarde, ele venha à tona. A situação de longo prazo torna-se cada vez mais favorável às ambições socialistas. E, mais importante, podem ocorrer situações de curto prazo, em que a paralisia temporária das camadas capitalistas e seus órgãos se mostrem como oportunidades tentadoras — a situação alemã em 1918 e 1919 é um bom exemplo disso; algumas pessoas também apontariam para a situação americana de 1932.

3.2. Para compreender exatamente o que significa o despreparo ou a imaturidade de coisas e de almas, o leitor pode consultar o quadro de uma situação madura apresentado algumas páginas antes. No entanto, quero acrescentar alguns toques para o caso particular dos Estados Unidos em 1932.

Um período de atividade industrial vigorosa — embora não anormal em termos de mudanças — havia precedido uma depressão cuja própria violência foi testemunha do tamanho dos ajustes necessários para se chegar aos resultados do "progresso". O progresso, em suas linhas principais, obviamente não estava completo — basta vermos os exemplos da eletrificação rural e dos domicílios, todas as novidades da química e as possibilidades que se abriam para a indústria da construção civil. Assim, teria sido possível prever com segurança que a burocratização da socialização causaria uma perda considerável de energia empresarial, de eficiência produtiva e do futuro bem-estar das massas. É interessante observar que, durante a histeria da depressão, a opinião geral transmitida ao público pelos intelectuais de inclinações socialistas foi exatamente oposta. Isso, no entanto, está mais ligado ao diagnóstico da psicologia social dessa situação do que à sua interpretação econômica.

A imaturidade também se revelou nas organizações industriais e comerciais. Por um lado, ainda havia muitas pequenas e médias empresas, e a cooperação delas com as associações comerciais e outras semelhantes estava longe de ser perfeita; por outro lado, o desenvolvimento das grandes empresas em si, embora seja motivo de muita admiração e hostilidade acrítica, não avançou o bastante para que a aplicação de nosso método de socialização se tornasse seguro e fácil. Se assumirmos que as grandes empresas são aquelas cujos ativos excedem os 50 milhões de dólares, então apenas 53,3% do total nacional pertencia às grandes corporações, apenas 36,2% se excluirmos as instituições financeiras e as empresas de serviços públicos e apenas 46,3% na divisão de manufaturas.[243] Mas as corporações que estão abaixo desse limite, em geral, não se prestam facilmente à socialização, e não é de esperar que elas funcionem sem que se modifique sua forma atual. Se, no entanto, diminuirmos esse limite para 10 milhões de dólares, ainda não encontraremos mais do que

---

243. Veja W. L. Crum, "Concentration of Corporate Control" [Concentração do controle corporativo], *Journal of Business*, vol. VIII, p. 275.

67,5%, 52,7% e 64,5%, respectivamente. A simples tarefa de "assumir o controle" de um organismo assim estruturado teria sido impressionante. A tarefa ainda mais impressionante de fazê-lo funcionar e torná-lo melhor teria de ser enfrentada sem uma burocracia efetiva e com uma força de trabalho organizada de forma tão imperfeita e, em parte, liderada de modo tão questionável que a situação ficaria possivelmente fora de controle.

As almas estavam ainda mais despreparadas do que as coisas. Apesar do choque causado pela depressão, não só os empresários como também uma grande parte dos trabalhadores e agricultores pensavam e sentiam de acordo com as condições da ordem burguesa e, *na verdade,* não havia nenhum conceito claro sobre uma alternativa; para eles, o conceito de socialização — ou até mesmo de algo muito menor que isso — ainda era visto como "antiamericano". Não existia nenhum partido socialista efetivo e, de fato, nenhum apoio quantitativamente significativo para qualquer um dos grupos socialistas oficiais, exceto para os comunistas stalinistas. A antipatia dos agricultores pelo socialismo — apesar de todos os esforços para tranquilizá-los — só era menor que a que nutriam pelas grandes empresas em geral e ferrovias em particular. Embora o apoio fosse fraco e muito dele se mostrasse descaradamente interesseiro ou apenas morno, a resistência teria sido forte. Teria sido a resistência de pessoas que realmente acreditavam que ninguém faria melhor o que estavam fazendo, muito menos o Estado, e que, ao resistir, estavam lutando não apenas por seus interesses, mas também pelo bem comum: a luta da luz absoluta contra a escuridão absoluta. A burguesia americana estava perdendo sua vitalidade, mas não a tinha perdido por completo. Teria resistido com a consciência limpa e, assim, poderia recusar tanto a aceitação quanto a cooperação. Um sintoma da situação teria sido a necessidade de usar a força não contra indivíduos isolados, mas contra grupos e classes; outro teria sido a impossibilidade de realizar a adoção do princípio socialista por emenda constitucional, ou seja, sem ruptura da ordem legal: a nova ordem teria de ser estabelecida pela revolução, que teria uma grande probabilidade de ser violenta. É possível posicionar-se em relação a esse exemplo específico de uma situação imatura afirmando que ele se enquadra na categoria de casos absurdamente desesperados. Mas o quadro combina e ilustra as principais características apresentadas por toda socialização imatura e, portanto, servirá para fins de discussão do caso geral.

Esse é, naturalmente, o caso considerado pelos socialistas ortodoxos; a maioria deles seria incapaz de suportar nada menos fascinante que o espetacular assassinato do dragão capitalista por um São Jorge proletário. Entretanto, não é por causa da infeliz sobrevivência da antiga ideologia revolucionária burguesa que iremos examinar as consequências decorrentes da combinação entre oportunidade política e despreparo econômico, mas porque os problemas característicos do ato de socialização, como normalmente este é entendido, surgem apenas nesse caso.

3.3. Suponha então que o *povo revolucionário* — na revolução bolchevique, isso se tornou uma espécie de título oficial, como o termo *Sua Majestade Cristianíssima* — tenha tomado os órgãos centrais do governo, os partidos não socialistas, a imprensa não socialista, etc., e instalado seus homens. Os funcionários desses órgãos, bem como o pessoal das empresas industriais e comerciais, são, em parte, incentivados — por hipótese — a uma cooperação involuntária e, em parte, substituídos pelos líderes trabalhistas e intelectuais que trocam os cafés pela repartição pública. Precisaremos conceder duas coisas para o novo conselho: um exército vermelho forte o suficiente para sufocar a resistência declarada e reprimir os excessos — especialmente as socializações fora de controle[244] —, disparando imparcialmente à direita e à esquerda; e bastante bom senso para deixar camponeses ou agricultores em paz, da maneira indicada anteriormente. Não fazemos nenhuma suposição quanto ao grau de racionalidade ou humanidade do tratamento dispensado aos membros do antigo estrato dominante. Na verdade, é difícil, nessas circunstâncias, vislumbrar qualquer outro tratamento senão o mais cruel possível. Sabendo que sua ação será percebida como uma agressão brutal por seus oponentes, e que estes correm o perigo de ter o mesmo destino de Karl Liebknecht e de Rosa Luxemburgo,[245] as pessoas são rapidamente levadas a agir com uma violência que vai muito além de sua intenção original. É muito difícil que consigam deixar de se comportar com ferocidade criminosa contra oponentes que verão, também, como criminosos ferozes — aqueles oponentes que ainda defendem a velha ordem e os opositores que formam o novo partido de esquerda que certamente surgirão. No entanto, nem a violência nem o sadismo resolverão os problemas. O que o conselho central poderá fazer senão queixar-se de sabotagem e requisitar poderes adicionais para enfrentar os conspiradores e os destruidores?

---

244. Socializações fora de controle — um termo que adquiriu status oficial — são as tentativas dos trabalhadores de cada fábrica de suplantar a administração e assumir o controle. Eles são o pesadelo de todo socialista responsável.

245. Karl Paul August Friedrich Liebknecht (1871-1919), político e teórico socialista alemão; Rosa Luxemburgo (1871-1919), filósofa, revolucionária socialista e economista polonesa. Liebknecht e Luxemburgo foram cofundadores, dentre outros grupos, da Liga Spartacus durante a Primeira Guerra Mundial. Em 15 de janeiro de 1919, ambos foram capturados em Berlim, torturados, interrogados e assassinados. (N.T.)

A primeira medida a ser tomada deve ser a geração de uma inflação. Os bancos devem ser confiscados e aparelhados ou coordenados com o tesouro, e o conselho ou o ministério deve criar depósitos e cédulas usando, tanto quanto possível, os métodos tradicionais. Creio que a inflação seja inevitável porque ainda não encontrei um socialista que negue que, no caso em discussão, a revolução socialista paralisaria, ao menos temporariamente, o processo econômico ou que, em consequência, o tesouro e os centros financeiros ficariam momentaneamente com pouco dinheiro em caixa. Já que o sistema socialista de escrituração e unidade de renda ainda não estaria pronto para funcionar, nada restaria senão uma política similar à utilizada pela Alemanha durante e após a Primeira Guerra Mundial ou à da França durante e após a Revolução de 1789 [Revolução Francesa]; nesses casos, entretanto, foi precisamente a relutância em romper com o sistema de propriedade privada e com os métodos da sociedade mercantil que garantiu um período tão extenso de inflação; no que diz respeito ao "dia seguinte à revolução socialista", quando nada estaria em ordem, essa diferença não importa.

É preciso acrescentar, no entanto, que, além da necessidade, há outro motivo para seguir esse caminho. A inflação é, por si só, um excelente meio de reduzir certas dificuldades de transição e de levar a cabo a desapropriação parcial. Em relação ao primeiro, é evidente, por exemplo, que o aumento drástico dos valores nominais dos salários pode evitar, por certo tempo, os possíveis surtos de violência provocados pela queda de seus valores reais, que, pelo menos temporariamente, deverá ser imposta. Em relação ao segundo, a inflação, de forma tranquilamente simples, expropria as pretensões em dinheiro de seu titular. O conselho pode até facilitar as coisas para si mesmo pagando aos proprietários de capital real (fábricas, etc.) qualquer quantia em indenizações se, ao mesmo tempo, resolver que elas perderão o valor em breve. Por fim, não se deve esquecer que a inflação atingirá fortemente aqueles blocos de empresas privadas que precisariam ser mantidos em funcionamento por algum tempo. Pois, conforme observou Lenin, nada desorganiza tanto como a inflação: "para destruir a sociedade burguesa é preciso corromper a sua moeda".

3.4. A segunda medida a ser tomada deve ser, naturalmente, a socialização. A discussão dos problemas de transição se origina da velha controvérsia travada entre os próprios socialistas — mais precisamente entre os socialistas e os que, de forma mais apropriada, são chamados de trabalhistas — sobre a socialização imediata ou total *versus* a socialização gradual ou parcial. Muitos socialistas parecem acreditar que, graças à pureza da *fé* e à verdadeira crença na eficácia da graça socialista, seja preciso defender a primeira alternativa sob qualquer circunstância e desprezar os fracos trabalhistas, que, nesse ponto, como em outros, ficam muito prejudicados por traços bastante inconvenientes de um senso de responsabilidade. Entrego meu voto aos verdadeiros crentes.[246] Não estamos, neste momento, discutindo a política de transição em um sistema capitalista; esse é outro problema que será abordado em breve, quando virmos que, *em um enquadramento capitalista*, a socialização gradual não é apenas possível como também é o movimento mais óbvio. Estamos discutindo uma política de transição completamente diferente que deverá ser o objetivo a se perseguir *após* a criação de um regime socialista por meio de uma revolução política.

Nesse caso, mesmo que não haja mais do que o mínimo inevitável de excessos e que uma mão forte imponha um procedimento comparativamente disciplinado, é difícil imaginar uma fase em que algumas das grandes indústrias sejam socializadas enquanto outras continuem funcionando como se nada tivesse acontecido. Sob um governo revolucionário, que teria de fazer jus a pelo menos algumas das ideias propagadas durante o período de irresponsabilidade, qualquer indústria privada restante poderia muito bem deixar de funcionar. Não estou pensando predominantemente na obstrução que se pode esperar dos empresários e dos interesses capitalistas em geral. Há um exagero no que se diz hoje sobre o poder deles, e grande parte desse poder deixaria de existir sob os olhos dos comissários. Além disso, recusar-se a cumprir seus deveres regulares não faz parte do modo de vida burguês; o modo de vida burguês se apega a eles. Haveria resistência, mas esta ocorreria na esfera política e fora da fábrica, não dentro dela. As indústrias não socializadas deixariam de funcionar simplesmente porque seriam impedidas de funcionar à sua maneira — a única em que a indústria capitalista é capaz de funcionar — pelos comissários supervisores e pelo humor de seus operários e do público.

Mas esse argumento abrange apenas os casos das grandes indústrias e dos setores que podem ser facilmente transformados em grandes unidades de controle. Não cobre completamente todo o espaço existente entre a esfera agrícola, que excluímos, e as grandes indústrias. Nesse espaço, que consiste principalmente de pequenas ou médias empresas, o conselho central poderia, presumivelmente, manobrar conforme fosse conveniente e, em particular, avançar e retroceder de acordo com a variação das condições. Isso ainda seria uma socialização total de acordo com nossa definição do termo.

---

246. Entretanto, as escrituras não os apoiam de forma clara. Ao pesquisar o *Manifesto do partido comunista*, o leitor encontrará um desconcertante "de forma gradual" plantado justamente em sua passagem mais relevante.

Resta acrescentar um ponto. É óbvio que a socialização em uma situação de imaturidade tal que exija uma revolução — não apenas no sentido de uma ruptura da ordem legal, mas também no de um posterior reinado de terror — não favoreceria ninguém a curto ou a longo prazo, exceto aqueles que a arquitetaram. Instigar a paixão pela revolução e exaltar a coragem de se arriscar tudo talvez sejam dos deveres menos edificantes de um agitador profissional. Contudo, no que diz respeito ao intelectual acadêmico, a única coragem que pode lhe oferecer alguma honra é a coragem de criticar, de promover a cautela e a contenção.

4. POLÍTICA SOCIALISTA ANTES DO ATO DE ADOÇÃO: O EXEMPLO INGLÊS

Será que realmente devemos concluir que, hoje e nos próximos cinquenta ou cem anos, os socialistas sóbrios nada podem nem poderão fazer senão pregar e aguardar? Bem, o fato de que isso é mais do que se pode esperar de um partido que queira manter algum afiliado e todos os argumentos — e zombarias — que fluem dessa fonte demasiadamente humana não deve ofuscar o outro fato de que há um argumento robusto para essa conclusão. É, inclusive, possível afirmar, de forma bastante lógica, que os socialistas têm interesse em promover o tipo de desenvolvimento que lhes interessa; e, assim, desentravar o capitalismo em vez de criar mais entraves.

Não creio, porém, que isso signifique que os socialistas não devam fazer nada, pelo menos nas condições existentes em nossa época. Embora as tentativas de estabelecer o socialismo neste momento equivalham, sem dúvida, para a maioria das grandes nações e para muitas das pequenas, a cortejar o fracasso — possivelmente, o fracasso do próprio socialismo, mas certamente o fracasso dos grupos socialistas responsáveis pela ousadia, que permitirá que outro grupo, não necessariamente socialista no sentido usual, saia facilmente ileso do incidente — e, dessa forma, dado que a adoção de uma política de socialização após o ato seja provavelmente uma questão bastante duvidosa, a política de socialização antes do ato oferece chances muito melhores de êxito. Assim como os outros partidos, se bem que com uma percepção mais clara do objetivo, os socialistas podem influenciar essa socialização sem comprometer seu êxito final. Um exemplo específico dará maior destaque a tudo o que tenho a dizer sobre essa questão.

Todas as características que busco para o nosso exemplo existem na Inglaterra moderna. Por um lado, sua estrutura industrial e comercial obviamente não está madura para o êxito de uma socialização imediata, em particular porque a concentração do controle corporativo não atingiu o patamar ideal. Por isso, nem as administrações, nem os capitalistas, nem os operários estão prontos para aceitá-la — ainda existe um forte "individualismo", em quantidade suficiente para combater e recusar a cooperação. Por outro lado, aproximadamente desde o início do século, tem ocorrido um afrouxamento perceptível do esforço empresarial que, entre outras coisas, fez com que a liderança e o controle estatal de áreas importantes (por exemplo, a de produção de energia elétrica) fossem não apenas aprovados como também exigidos por *todos* os partidos. Com mais justiça do que em qualquer outro ponto, pode-se afirmar que o capitalismo cumpriu aqui grande parte de sua obra. Além disso, os ingleses, no geral, já se acostumaram a ser dominados pelo Estado. Os operários ingleses são bem organizados e, via de regra, liderados de forma responsável; contam com uma burocracia experiente, com padrões culturais e morais irrepreensíveis, que poderia ser encarregada de assimilar os novos elementos necessários para uma ampliação da esfera estatal. A integridade incomparável do político inglês e a presença de uma classe dominante singularmente capaz e civilizada facilitam muitas coisas que seriam impossíveis em outros lugares. Em particular, esse grupo dominante compatibiliza, em proporções extremamente úteis, a devoção à tradição formal e a extrema adaptabilidade a novos princípios, situações e pessoas. O grupo deseja governar, mas está disposto a governar em nome de interesses variáveis. Administra a Inglaterra industrial tão bem como administrou a Inglaterra agrária, e a Inglaterra protecionista tão bem como a Inglaterra do livre-comércio. E tem um talento inigualável para se apropriar não só dos programas da oposição como também de seus cérebros. Assimilou Disraeli, que em outro lugar teria se tornado outro Lassalle. Teria, se necessário, assimilado o próprio Trótski, ou, neste caso, o Conde de Prinkipo K. G.,[247] título que certamente receberia.

Nessas condições, é concebível uma política de socialização que, ao realizar um extenso programa de nacionalização, seja capaz de, por um lado, dar um grande passo em direção ao socialismo e, por outro lado, conseguir deixar intactos e imperturbados por tempo indeterminado todos os interesses e as atividades não incluídos nesse programa. Na verdade, estes poderiam libertar-se de muitos entraves e ônus, fiscais e outros, que, hoje em dia, os prejudicam.

---

247. *Knight of the Garter*, ou cavaleiro da jarreteira, é a mais antiga ordem militar da cavalaria britânica, fundada em 1348. Trótski escreveu a *História da Revolução Russa* quando estava exilado em Prinkipo, uma ilha situada no Mar de Mármara, na Turquia. (N.T.)

Outros setores de atividade econômica poderiam ser socializados sem grande perda de eficiência ou repercussões graves nas áreas que devem permanecer sob administração privada. A questão das indenizações poderia ser resolvida da forma sugerida por nossa discussão sobre a socialização madura; tendo em vista os modernos impostos incidentes sobre a renda e as heranças, isso não seria um problema sério.

O aparato bancário inglês, a princípio, está, sem dúvida, bastante maduro para a socialização. O Banco da Inglaterra (*Bank of England*) não é muito mais do que apenas uma divisão do Tesouro e, na verdade, é menos independente do que uma comunidade socialista bem-organizada desejaria que fosse o seu órgão financeiro. Em relação aos bancos mercantis, a concentração e a burocratização parecem ter completado sua obra. Os grandes estabelecimentos poderiam ser obrigados a absorver tantos bancos independentes quanto fosse possível e, em seguida, ser fundidos ao Banco da Inglaterra, criando uma Administração Bancária Nacional, que também poderia absorver as caixas econômicas, as sociedades de crédito imobiliário e assim por diante sem que nenhum cliente percebesse a mudança senão por meio dos jornais. O ganho com a racionalização da coordenação dos serviços poderia ser substancial. Do ponto de vista socialista, haveria também um ganho na forma de aumento da influência do governo sobre os setores não nacionalizados.

O setor de seguros é um antigo candidato à nacionalização e, hoje, já se encontra bastante mecanizado. A integração com pelo menos alguns dos ramos do seguro social poderia se mostrar viável; o preço das apólices poderia cair bastante, e os socialistas poderiam se alegrar mais uma vez com o acesso ao poder que o controle sobre os fundos das companhias de seguros ofereceria ao Estado.

Poucas pessoas estariam dispostas a criar grandes dificuldades em relação ao transporte ferroviário ou mesmo ao rodoviário. O transporte interno é, na verdade, o campo mais óbvio para uma boa administração estatal.

A nacionalização da mineração, em particular a do carvão e de todos os produtos derivados do carvão e do alcatrão, incluindo os benzenos, e também do comércio de carvão e dos produtos mencionados, poderia até resultar em um ganho imediato de eficiência e se tornar um grande êxito se os problemas trabalhistas fossem resolvidos de forma satisfatória. Do ponto de vista tecnológico e comercial, o caso parece claro. Mas parece igualmente claro que, estando a iniciativa privada ainda ativa na indústria química, não há como esperar com a mesma confiança que uma tentativa de ir além do limite indicado tenha o mesmo êxito.

No que diz respeito à energia elétrica, já que a nacionalização de sua produção, transmissão e distribuição avançou bastante, tudo o que resta a ser dito é que a indústria eletrotécnica apresenta um exemplo típico do que ainda pode ser esperado da iniciativa privada — o que prova o pouco sentido, economicamente falando, que há em posicionar-se tanto a favor da socialização geral quanto contra qualquer socialização. Mas o exemplo da produção de energia também mostra a dificuldade de fazer funcionar, com lucro, uma indústria socializada, o que seria uma condição essencial de sucesso se o Estado tivesse de absorver uma parcela tão grande da vida econômica da nação e ainda cumprir todas as tarefas de um Estado moderno.

A socialização da indústria siderúrgica será considerada uma proposição muito mais controversa do que qualquer outra feita até agora. Mas essa indústria certamente, após uma fase de ações imaturas, já está pronta, a partir de agora, para ser "administrada" — a administração inclui, é claro, um gigantesco departamento de pesquisas. A coordenação traria alguns ganhos. E praticamente não haveria perigo de se perderem os frutos por quaisquer impulsos empresariais.

Com a possível exceção da participação dos arquitetos, as indústrias da construção civil e dos materiais de construção poderiam, acredito, ser administradas com êxito pelo tipo certo de órgão público. Há uma parte tão grande delas já regulamentada, subsidiada e controlada, de uma forma ou de outra, que isso abriria a possibilidade, até mesmo, de um ganho de eficiência — mais do que suficiente, talvez, para compensar as fontes de prejuízo que possam surgir.

Esses sete casos não necessariamente encerram tudo, mas qualquer passo além desse programa teria de ser justificado por meio de razões especiais, principalmente pelas não econômicas — o que ocorreria com as indústrias-chave, por exemplo, como a de armamentos, a cinematográfica, a da construção naval e a do comércio de alimentos. De qualquer forma, esses sete itens são suficientes para serem digeridos por um bom tempo, são também suficientes para fazer com que um socialista responsável, caso consiga realizar tudo, abençoe o trabalho realizado e aceite as concessões que, simultaneamente, seria racional fazer fora do setor nacionalizado. Se ele insistir também em nacionalizar a terra — deixando, suponho, inalterado o *status* do agricultor —, ou seja, transferindo para o Estado o restante das rendas fundiárias e dos *royalties*, não tenho objeção a fazer como economista.[248]

A atual guerra alterará naturalmente *os* dados sociais, políticos e econômicos do nosso problema. Muitas coisas se tornarão possíveis, e muitas outras,

---

248. Este não é o lugar para ventilar minhas preferências pessoais. No entanto, esclareço que a declaração citada foi proferida por questão de dever profissional e não pretende dizer que sou favorável à proposta, a qual eu, se fosse inglês, deveria, pelo contrário, opor-me da melhor maneira possível.

impossíveis; serão diferentes do que eram anteriormente. Algumas páginas ao final deste livro tratarão brevemente desse aspecto. Mas me parece essencial, por uma questão de clareza do pensamento político, observar o problema independentemente dos efeitos da guerra. Caso contrário, sua natureza não terá o destaque devido. Por isso, deixo este capítulo, tanto em forma quanto em conteúdo, exatamente como o escrevi no verão de 1938.

PARTE IV
SOCIALISMO E DEMOCRACIA

PARTE IV

SOCIALISMO
E DEMOCRACIA

XX. A CONFIGURAÇÃO DO PROBLEMA
1. A DITADURA DO PROLETARIADO

Nada é tão traiçoeiro quanto o óbvio. Certos acontecimentos dos últimos vinte ou vinte e cinco anos nos ensinaram a ver o problema que se esconde por trás da ditadura do proletariado. Até meados de 1916, a relação entre socialismo e democracia teria parecido bastante óbvia para a maioria das pessoas, e para ninguém mais do que os expoentes reconhecidos da ortodoxia socialista. Dificilmente não teria ocorrido a alguém contestar a pretensão dos socialistas de filiação ao clube democrático. É claro que os próprios socialistas — exceto alguns grupos sindicalistas — chegaram a dizer que eles eram os únicos democratas de verdade, vendedores exclusivos da coisa genuína, a qual nunca deveria ser confundida com a falsa, produzida pela burguesia.

Não só era natural que tentassem acentuar os valores de seu socialismo pelos valores da democracia como também tinham uma teoria que, para eles, provava que os dois conceitos estavam indissoluvelmente unidos. De acordo com essa teoria, o controle privado sobre os meios de produção é o fundamento tanto da capacidade de exploração do trabalho pela classe capitalista quanto de sua capacidade de impor os ditames de seu interesse de classe sobre a administração dos negócios políticos da comunidade; portanto, o poder político da classe capitalista parece ser apenas uma forma particular de seu poder econômico. As conclusões são, por um lado, que não pode haver democracia enquanto esse poder existir — que a mera democracia política é uma farsa — e, por outro, que a eliminação desse poder dará fim à "exploração do homem pelo homem" e, ao mesmo tempo, dará início ao "governo do povo".

Esse argumento é essencialmente marxista, é claro. E, precisamente por ser uma decorrência lógica — tautológica, na verdade — das definições de termos do esquema marxista, terá de partilhar o destino deste último e, em particular, o destino da doutrina da "exploração do homem pelo homem".[249] Adiante, apresentarei uma análise da relação entre os grupos socialistas e o credo democrático que me parece mais realista. Mas também queremos uma

---

249. O fato de os poderes individual e coletivo não poderem ser definidos em termos puramente econômicos — conforme definido pela teoria das classes sociais de Marx — é, no entanto, uma razão ainda mais fundamental para que esse argumento seja inaceitável.

teoria mais realista da relação possível entre o socialismo e a própria democracia, ou seja, da relação que pode existir, independentemente dos desejos e *slogans*, entre a ordem socialista tal como a definimos e o *modus operandi* do governo democrático. Para resolver esse problema, devemos, a princípio, investigar a natureza da democracia. Há ainda um ponto, no entanto, que exige esclarecimentos imediatos.

Ao se tornar uma realidade, o socialismo poderá ser o próprio ideal de democracia. Mas os socialistas nem sempre são muito específicos a respeito da forma como isso deve ser trazido à realidade. As palavras *revolução* e *ditadura* saltam aos olhos nos textos sagrados, e muitos socialistas modernos têm mostrado ainda mais explicitamente que não fazem nenhuma objeção em forçar os portões do paraíso socialista por meio da violência e do terror, os quais servem de auxílio aos meios mais democráticos de conversão. A própria posição de Marx sobre o tema se mostra, sem dúvida, apta a uma interpretação que o inocentará aos olhos dos democratas. Na Parte I, ficou demonstrado como suas opiniões sobre revolução e evolução podem ser reconciliadas. Revolução não representa necessariamente a tentativa de uma minoria de impor sua vontade a um povo recalcitrante; pode ser apenas a remoção de obstáculos contrários à vontade do povo, impostos por instituições antiquadas e controladas por grupos interessados em sua preservação. A ditadura do proletariado terá uma interpretação semelhante. Para apoiar esse ponto, posso novamente fazer referência ao texto das passagens relevantes no *Manifesto do partido comunista*, em que Marx fala sobre arrancar as coisas da burguesia "de forma gradual" e sobre o desaparecimento das distinções de classe "ao longo do desenvolvimento" — frases que, apesar da ênfase na "força", parecem apontar para um procedimento que poderia abarcar o significado do termo democracia como normalmente o compreendemos.[250]

Ocorre que os fundamentos dessa interpretação, que apenas reduzem a famosa revolução social e a não menos famosa ditadura a floreios revolucionários destinados a inflamar a imaginação, não são muitos conclusivos. Muitos socialistas que foram discípulos de Marx e muitos outros que se declararam como tal tinham uma opinião diferente. Cedendo à autoridade dos verdadeiros escribas e fariseus que deveriam conhecer a *lei* melhor do que eu, e a uma impressão baseada na leitura atenta dos volumes do *Die Neue Zeit*,[251]

---

250. No Capítulo XXV, voltarei à questão sobre como o problema da democracia se apresentou pessoalmente a Marx.

251. *Die Neue Zeit (A nova era*, em alemão), revista política dedicada às teorias socialistas e marxistas, fundada por Karl Kautsky e publicada entre 1882 e 1923. (N.T.)

devo admitir a possibilidade de que, caso precisasse escolher, Marx poderia ter posto o socialismo acima da observância do procedimento democrático. Nesse caso, sem dúvida, ele teria declarado, como muitos fizeram depois dele, que não estava realmente se desviando do caminho verdadeiramente democrático porque, para fazer nascer a verdadeira democracia, é necessário remover os gases venenosos do capitalismo que a asfixiam. Ora, para o crente na democracia, a importância de observar o procedimento democrático aumenta obviamente em proporção à importância do ponto em discussão. Por isso sua observância não precisa ser mais atenta e cuidadosamente protegida por todas as garantias disponíveis do que no caso da reconstrução dos fundamentos sociais. Quem estiver disposto a afrouxar essa exigência e aceitar um procedimento francamente antidemocrático, ou algum método que garanta uma decisão formalmente democrática por meios antidemocráticos, provará definitivamente que dá mais valor a outras coisas do que à democracia. O radical democrata verá qualquer reconstrução desse tipo como arraigada, por mais que ele possa aprová-la por outros motivos. Tentar forçar a população a aceitar algo tido como bom e glorioso, mas que ela realmente não aprecie — embora se possa esperar que aprecie após experimentar seus resultados — é a característica exata de uma crença antidemocrática. Cabe ao casuísta decidir a possibilidade de se fazer uma exceção aos atos antidemocráticos que são perpetrados com o único propósito de trazer à tona a verdadeira democracia, desde que sejam o único meio para esse fim. Pois essa exceção, mesmo quando aceita, não se aplica ao caso do socialismo, que, como já vimos, provavelmente se tornará democraticamente viável no momento exato em que, na prática, puder alcançar o êxito.

De qualquer forma, no entanto, é óbvio que qualquer argumento a favor de abandonar a democracia durante o período de transição oferece uma excelente oportunidade de fugir à responsabilidade por ela. Esses arranjos provisórios podem muito bem durar um século ou mais, e o grupo governante instalado por meio de uma revolução vitoriosa tem meios para prolongá-los indefinidamente ou adotar a forma da democracia sem a sua substância.

2. A HISTÓRIA DOS PARTIDOS SOCIALISTAS

Assim que nos voltamos para o exame da história dos partidos socialistas, surgiram inevitavelmente dúvidas sobre a validez da alegação de terem defendido uniformemente o credo democrático.

A princípio, há a grande comunidade socialista, que é governada por um partido minoritário e não oferece oportunidade a nenhum outro. E os representantes desse partido, reunidos em seu 18º congresso, ouviram relatórios e aprovaram resoluções por unanimidade sem recorrer a nada parecido com o que poderíamos chamar de discussão. Acabaram afirmando — conforme oficialmente declarado — que "o povo russo [?], em devoção incondicional ao partido de Lenin-Stalin e ao grande líder, aceita o programa das grandes obras que foi esboçado no documento mais sublime de nossa época, o relatório do camarada Stalin, para cumpri-lo de forma resoluta" e que "nosso Partido Bolchevique, sob a liderança do gênio do grande Stalin, entra em uma nova fase de desenvolvimento".[252] Isso, somado às eleições com candidatos únicos, complementadas por julgamentos encenados e métodos da GPU,[253] pode, sem dúvida, constituir "a democracia mais perfeita do mundo", contanto que seja dado um significado apropriado a esse termo — mas não é exatamente o que a maioria dos americanos entenderia.

No entanto, ao menos em essência e por princípio, essa comunidade (*commonwealth*) é socialista, assim como as criações de curta duração desse tipo que tiveram a Baviera e especialmente a Hungria por cenário. Agora, sem dúvida, há grupos socialistas que até hoje mantêm de maneira consistente aquilo que, nos Estados Unidos, se entende por *ideais democráticos*; entre eles se incluem, por exemplo, a maioria dos socialistas ingleses, os partidos socialistas da Bélgica, dos Países Baixos e dos países escandinavos, o partido americano liderado pelo senhor Norman Thomas[254] e os grupos alemães no exílio. Do ponto de vista deles, bem como do ponto de vista do observador, é tentador negar que o sistema russo constitua o socialismo "verdadeiro" e defender que seja, pelo menos a respeito, uma aberração. Mas o que significa socialismo "verdadeiro" senão "o socialismo que apreciamos"? Então, o que significam essas afirmações, a não ser o reconhecimento de que existem formas de socialismo que não impõem a fidelidade de todos os socialistas, incluindo as formas não democráticas? É, de fato, inegável que um regime socialista possa ser não democrático, como vimos anteriormente, pelo motivo puramente lógico de que a característica definidora do socialismo não sugere nada sobre o procedimento político. Nesse

---

252. Não falo russo. As passagens acima foram traduzidas fielmente do jornal alemão que era publicado em Moscou e estão abertas a possíveis objeções à tradução do texto russo, embora esse jornal não estivesse, naturalmente, em posição de publicar nada que não fosse totalmente aprovado pelas autoridades.

253. GPU (na sigla em russo) é o Diretório Político do Estado, a polícia secreta soviética. (N.T.)

254. Norman Mattoon Thomas (1884-1968) foi um ministro presbiteriano e, por seis vezes, candidato à presidência pelo Partido Socialista da América. (N.T.)

sentido, resta uma única questão: saber se, e em que sentido, o socialismo *pode* ser democrático.

Por sua vez, os grupos socialistas que sempre defenderam a fé democrática nunca tiveram uma chance nem um motivo para professar qualquer outra fé. Viviam em ambientes que teriam ressentido fortemente o discurso e a prática antidemocrática e, de fato, sempre se voltaram contra os sindicalistas. Em alguns casos, eles tinham toda a razão para defender os princípios democráticos que, junto às suas atividades, os protegiam. Em outros casos, a maioria deles estava satisfeita com os resultados, políticos ou não, que o progresso em linhas democráticas prometia trazer. É fácil ver o que teria acontecido aos partidos socialistas da Inglaterra ou da Suécia, por exemplo, se tivessem apresentado sintomas graves de propensões antidemocráticas. Ao mesmo tempo, perceberam que seu poder crescia de modo constante e que, lentamente, os cargos de responsabilidade dirigiam-se a eles de forma natural. Ficaram felizes quando os conseguiram. Assim, ao professar lealdade à democracia, estavam simplesmente fazendo o que sempre pareceu mais óbvio. O fato de sua política não ter agradado a Lenin não prova que este último teria agido de forma diferente caso se visse na mesma posição. Na Alemanha, onde o partido se desenvolveu ainda melhor, mas onde, até 1918, a via da responsabilidade política parecia estar fechada, os socialistas — enfrentando um Estado forte e hostil e tendo que confiar na proteção das simpatias burguesas e no poder dos sindicatos, que, na melhor das hipóteses, eram semissocialistas — ainda tinham menos liberdade para se desviar do credo democrático, já que, ao fazê-lo, teriam caído nas mãos de seus inimigos.[255] Para eles, a adoção do título social-*democrata* constituía uma questão de simples prudência.

Além do mais, os experimentos socialistas que se mostraram favoráveis são raros e não muito convincentes.[256] É verdade, em certo sentido, que, em 1918, o Partido Social-Democrata da Alemanha fez uma escolha, optou pela democracia, e (caso isso seja prova de fé democrática) reprimiu os comunistas com energia implacável. Mas, por causa disso, o partido rachou. Sofreu grandes baixas de sua ala esquerda, e os dissidentes passaram a ter mais direito de reclamar o título de socialista do que aqueles que se mantiveram no partido. Muitos destes últimos, aliás, embora se submetessem às normas do

---

255. Essas situações serão discutidas de modo mais completo na Parte V.

256. Em relação a eles, nos limitaremos às posturas dos partidos socialistas na política nacional. Sua prática e a dos sindicatos em relação aos trabalhadores não socialistas ou não sindicalizados é, naturalmente, ainda menos convincente.

partido, as desaprovavam. E muitos dos que as aprovavam o faziam apenas porque, a partir do verão de 1919, ao menos, as chances de sucesso por caminhos mais radicais (ou seja, neste caso, antidemocráticos) se tornaram insignificantes, e porque, em particular, uma política de esquerda em Berlim teria levado a um sério perigo de secessão na Renânia e nas regiões ao sul do Rio Meno, mesmo que não tivesse sofrido imediatamente uma derrota estrondosa. Finalmente, para a maioria, ou, em todo caso, para seu elemento sindical, a democracia lhes deu tudo o que realmente queriam, incluindo os cargos. Deviam, claro, compartilhar os despojos com o *partido centrista* (católico). Mas o acordo foi satisfatório para ambos. Em pouco tempo, os socialistas se tornaram, de fato, escandalosamente democráticos. No entanto, isso ocorreu quando, contra eles, começou a surgir uma oposição associada a um credo antidemocrático.

Não culparei os sociais-democratas alemães pelo senso de responsabilidade que demonstraram nem mesmo pela complacência com que se esparramaram nas confortáveis poltronas do oficialismo. Esta última é uma falha humana comum, e aquele senso de responsabilidade pode ser integralmente creditado a eles, como tentarei mostrar na última parte deste livro. Mas é preciso certo otimismo para citá-los como testemunhas da lealdade inabalável dos socialistas ao procedimento democrático. Tampouco sou capaz de citar um experimento melhor — a menos que de fato concordemos em aceitar os casos russo e húngaro, os quais apresentam a combinação crítica da possibilidade de conquista do poder com a impossibilidade de obtê-lo por meios democráticos. Nossa dificuldade está bem ilustrada pelo caso austríaco, cuja importância é muito maior do que a importância do país pela posição excepcional do grupo dirigente (neomarxista). Os socialistas austríacos aderiram à democracia em 1918 e 1919, quando isso ainda não era, como logo depois se tornou, uma questão de autodefesa. Mas, durante os poucos meses em que a monopolização do poder parecia estar ao seu alcance, a posição de muitos deles não era inequívoca. Naquela época, Fritz Adler se referiu ao princípio majoritário como o fetichismo dos "caprichos da aritmética" (*Zufall der Arithmetik*), e muitos outros davam de ombros às normas do procedimento democrático. No entanto, estes homens não eram comunistas, e eram os membros comuns do partido. Quando a Hungria passou a ser governada pelo bolchevismo, a questão da escolha do caminho tornou-se premente. Não há como ter acompanhado a discussão desse período sem notar que o sentimento do partido não estava mal expressado pela seguinte fórmula: "Em particular, não apreciamos a perspectiva de precisar seguir o caminho à esquerda [= adotar métodos soviéticos]. Entretanto, caso sejamos obrigados a segui-lo, então, iremos todos juntos".[257] Essa avaliação, tanto da situação geral do país quanto do perigo que corria o partido, era extremamente razoável. Também o era a conclusão. A lealdade ardente aos princípios democráticos, no entanto, não estava evidente em nenhuma das duas. Ao final, os partidários acabaram sendo convertidos não pelo arrependimento, mas em consequência da contrarrevolução húngara.

Não pensem que estou acusando os socialistas de falsidade ideológica ou que os desejo rejeitar como maus democratas ou como conspiradores e oportunistas imorais. Acredito plenamente, apesar do maquiavelismo infantil adotado por alguns de seus profetas, que, em essência, a maioria deles sempre foi tão verdadeira em suas declarações como quaisquer outros homens. Além disso, não acredito em falsidade nos conflitos sociais, pois as pessoas sempre pensam o que querem pensar e o que professam a todo momento. No que diz respeito à democracia, os partidos socialistas não são presumivelmente mais oportunistas do que os outros; eles simplesmente defendem a democracia na medida em que — e quando — ela atende a seus ideais e interesses, e não em outro caso. Para que os leitores não fiquem chocados e imaginem que essa perspectiva tão imoral somente caiba aos políticos mais cruéis, faremos de pronto um experimento mental que produzirá o ponto de partida de nossa investigação sobre a natureza da democracia.

3. UM EXPERIMENTO MENTAL

Suponha que uma comunidade, para satisfazer aos critérios de democracia do leitor, tenha resolvido perseguir os dissidentes religiosos. Não se trata de uma fantasia. Comunidades que a maioria de nós reconheceria facilmente como democracias queimaram hereges na fogueira — a república de Genebra o fez na época de Calvino — ou os perseguiram de maneira odiosa aos nossos padrões morais — a colônia de Massachusetts pode servir de exemplo. Os casos desse tipo não deixam de ser relevantes quando ocorrem em Estados não democráticos. Pois é ingênuo acreditar que o processo democrático deixa de funcionar por completo em uma autocracia ou que um autocrata nunca queira agir de acordo com a vontade do povo ou render-se a ela. Sempre que o faz, podemos concluir que medidas semelhantes teriam sido tomadas também se

---

257. Em linguagem simples, essa afirmação, de um dos líderes mais importantes, significava que eles entendiam perfeitamente o risco envolvido na encenação do bolchevismo em um país inteiramente dependente de potências capitalistas para obter alimento e localizado ao alcance de tropas francesas e italianas; porém, se a pressão da Rússia por intermédio da Hungria ganhasse muita força, eles não dividiriam o partido, tentariam levar todo o rebanho ao campo bolchevique.

o padrão político fosse o democrático. Por exemplo, ao menos as primeiras perseguições aos cristãos foram certamente aprovadas pela opinião pública romana e, presumivelmente, não seriam mais brandas caso Roma fosse uma democracia pura.[258]

A caça às bruxas oferece outro exemplo. Surgiu da própria alma das massas. Era tudo, menos uma invenção diabólica de padres e monarcas, que, pelo contrário, reprimiram-na assim que se viram capazes disso. A Igreja Católica, é verdade, punia a bruxaria. Mas, se compararmos as medidas efetivamente tomadas com as tomadas contra a heresia, na qual Roma agia de forma séria, temos imediatamente a impressão de que, na questão da bruxaria, a Santa Sé mais cedeu à opinião pública do que a instigou. Os jesuítas lutaram contra a caça às bruxas sem sucesso no início. No final do século XVII e durante o século XVIII — ou seja, quando o absolutismo monárquico já estava bem consolidado no continente —, as proibições governamentais acabaram prevalecendo. A forma curiosamente cautelosa com que uma monarca tão forte como a imperatriz Maria Teresa decidiu proibir a prática mostra claramente que ela sabia que combatia a vontade popular.

Finalmente, para dar um exemplo que tenha alguma relevância para as questões modernas, o antissemitismo, dentre todas as reações populares, é uma das reações mais radicais na maioria das nações que, em relação à população total, comportava um número considerável de judeus. Nos tempos modernos, essa atitude perdeu força, em parte, ante a influência racionalizadora da evolução capitalista; entretanto, restou bastante dela para garantir o êxito popular a qualquer político que resolvesse utilizá-la. A maioria dos movimentos anticapitalistas de nossa época, exceto o socialismo puro, realmente aprendeu a lição. Quanto à Idade Média, no entanto, não é demais dizer que a sobrevivência dos judeus se deveu à proteção da Igreja e dos monarcas, que os defenderam contra a oposição popular e que, ao final, os emanciparam.[259]

---

258. Um exemplo servirá para ilustrar um tipo de evidência a favor dessa afirmação. Suetônio, em sua biografia de Nero (*De vita Caesarum*, livro VI), relata a princípio os atos do reinado deste último que ele considerava parcialmente irrepreensíveis e, por outro lado, até mesmo louváveis (*partim nulla reprereensione, partim etiam non mediocri laude digna*), e, em seguida, seus delitos (*probra ac scelera*). A perseguição de Nero aos cristãos não foi incluída no segundo título, mas, sim, no primeiro, em uma lista de medidas administrativas bastante meritórias (*afflicti suppliciis Christiani, genus hominum superstitionis novæ ac maleficæ*). Não há razão para supor que Suetônio não tenha expressado outra coisa senão a opinião (e, por inferência, a vontade) do povo. Na verdade, não haveria exagero em suspeitar de que o motivo de Nero fosse agradar o povo.

259. A postura protetora dos papas pode ser exemplificada pela bula *Etsi Judæis* (1120) e foi repetidamente confirmada pelos sucessores de Calixto II, provando tanto a continuidade dessa política quanto a resistência que encontrou. A postura protetora dos monarcas se esclarecerá se lembrarmos que, para eles, as expulsões ou os massacres de judeus significavam a perda de rendas extremamente necessárias.

Passemos agora ao nosso experimento. Transportemo-nos para um país hipotético que, de forma democrática, pratica a perseguição aos cristãos, a queima de bruxas e o massacre de judeus. É certo que não aprovaríamos essas práticas, mesmo que tivessem sido instituídas de acordo com as regras do processo democrático. Mas a questão crucial é: será que daríamos aprovação à própria constituição democrática que produziu esses resultados, preferindo-a a uma não democrática que os evitasse? Se não a aprovarmos, estaremos nos comportando exatamente como socialistas fervorosos, a quem o capitalismo é pior do que a caça às bruxas e que, portanto, estão dispostos a aceitar métodos não democráticos com o fim de suprimi-lo. Nesse sentido, nós e eles estamos no mesmo barco. Há ideais e interesses supremos que o democrata mais ardente colocaria acima da democracia, e quando professa lealdade intransigente a ela, tudo o que pretende dizer é que está convencido de que a democracia garantirá esses ideais e interesses, a saber, a liberdade de pensamento e de expressão, a justiça, o governo decente e assim por diante.

Não é tão difícil encontrar uma razão para isso. A democracia é um *método* político, ou seja, um certo tipo de arranjo institucional para chegar a decisões políticas — legislativas e administrativas —, portanto, incapaz de ser um fim por si só, independentemente de quais decisões produzirá em determinadas condições históricas. E esse deve ser o ponto de partida de qualquer tentativa de definição.

Seja qual for o traço característico do método democrático, os fatos históricos que acabamos de verificar nos ensinam algumas coisas sobre ele que são importantes o bastante para justificar uma reformulação explícita.

A princípio, esses exemplos são suficientes para impedir qualquer tentativa de questionar a proposição que acabamos de anunciar: sendo um método político, a democracia não pode, mais do que qualquer outro método, ser um fim por si só. É possível haver discordância, por uma questão de lógica, na proposição de que um método como esse pode ser um ideal absoluto ou um valor supremo. Mas, na verdade, pode. Sem dúvida, não é errado afirmar que, por mais criminoso ou estúpido que seja o objetivo do procedimento democrático em um determinado padrão histórico, a vontade do povo deve prevalecer ou, em todo caso, não deve ser contrariada, exceto na forma sancionada pelos princípios democráticos; mas parece muito mais natural, nesses casos, falar da ralé — não do povo — e lutar contra sua criminalidade ou estupidez com todos os meios disponíveis.

Em seguida, se aceitarmos que a lealdade incondicional à democracia pode ser devida apenas à lealdade incondicional a certos interesses ou ideais a que se espera que a democracia sirva, nossos exemplos também excluem a objeção de que, embora a democracia não seja, por si só, um ideal absoluto, ela, ainda assim, é um ideal indireto, em virtude do fato de que necessariamente serve, sempre e em qualquer lugar, a certos interesses ou ideais pelos quais estamos dispostos incondicionalmente a lutar e morrer. Obviamente isso não pode ser verdade.[260] Assim como qualquer outro método político, a democracia nem sempre produz os mesmos resultados ou promove os mesmos interesses ou ideais. A lealdade racional a ela pressupõe não apenas um esquema de valores hiper-racionais, mas também certos estados da sociedade em que se espera que a democracia funcione do jeito aprovado por nós. As proposições sobre o funcionamento da democracia não fazem sentido sem referência a determinados períodos, locais e situações,[261] e é claro que isso também pode ser dito em relação aos argumentos antidemocráticos.

Isso, afinal, é óbvio. Não deve surpreender e muito menos chocar alguém, pois não tem nada a ver com o fervor ou a dignidade da convicção democrática em uma situação qualquer. Perceber a validez relativa de suas convicções e ainda defendê-las de forma inabalável é o que distingue o homem civilizado do bárbaro.

4. EM BUSCA DE UMA DEFINIÇÃO

Temos um ponto de partida para prosseguir com nossa investigação. Porém, ainda não se vislumbra uma definição que nos ajude na tentativa de analisar as relações entre democracia e socialismo. Algumas dificuldades preliminares ainda nos ofuscam os olhos.

Não nos ajudaria muito examinar o termo em Aristóteles, que o utilizou para designar um dos desvios de seu ideal de uma comunidade (*commonwealth*) bem ordenada. Mas é possível lançar alguma luz sobre nossas dificuldades se nos recordarmos do significado que demos ao termo *método político*. É o método que uma nação usa para chegar a decisões. Devemos ser capazes de caracterizar tal método ao indicar quem toma essas decisões e como se chega a elas. Ao equipararmos "tomar decisões" a "governar", temos a liberdade de definir democracia como o *governo exercido pelo povo*. Por que isso não é suficientemente preciso?

---

260. Em particular, não é verdade que a democracia sempre protege a liberdade de consciência melhor do que a autocracia. Testemunha disso é o mais famoso de todos os julgamentos. Pilatos era, do ponto de vista dos judeus, certamente o representante da autocracia. No entanto, ele tentou proteger a liberdade. E cedeu à democracia.

261. Veja, adiante, o Capítulo XXIII.

Não o é porque a definição contém tantos significados quanto há combinações entre todas as definições possíveis do conceito "povo" (*demos*, o *populus* romano) e todas as definições possíveis do conceito "governo" (*kratein*), e porque essas definições não são independentes do argumento sobre democracia. No que diz respeito ao primeiro conceito, o *populus* no sentido constitucional pode excluir completamente os escravos e, de forma parcial, outros habitantes; a lei pode reconhecer qualquer número de *status* entre a escravidão e a cidadania plena ou mesmo privilegiada. E, independentemente da discriminação legal, diferentes grupos se consideraram *povo* em diferentes épocas.[262]

É claro que podemos dizer que uma sociedade democrática é aquela que não faz essa distinção, pelo menos em questões relativas a assuntos públicos, tal como o direito de voto. Entretanto, a princípio, houve nações que praticavam discriminação do tipo aludido e, ainda assim, apresentavam a maior parte das características que, em geral, estão associadas à democracia. Além disso, a discriminação nunca se ausenta totalmente. Por exemplo, em nenhum país, por mais democrático que seja, se estende o direito de voto abaixo de uma idade especificada. Se, no entanto, buscarmos uma justificativa para essa restrição, veremos que ela também se aplica a um número indefinido de habitantes acima do limite de idade. Se as pessoas abaixo do limite não podem votar, não podemos chamar de antidemocrática uma nação que, por razões idênticas ou análogas, também exclua outras pessoas. Observe: não é relevante se nós, os observadores, admitimos a validez dessas razões ou das regras práticas pelas quais excluem certas parcelas da população; tudo o que importa é que a sociedade em questão admita isso. Também não se deve contestar que, embora isso possa ser aplicado a exclusões por motivos de inadequação pessoal (por exemplo, "idade da razão"), não se aplica à exclusão generalizada por motivos que nada têm a ver com a capacidade de fazer uso inteligente do direito de voto. Pois a adequação é uma questão de opinião e de grau. Sua presença deve ser estabelecida por um conjunto de regras. Sem recair em *absurdo ou falsidade*, é possível afirmar que a adequação de um indivíduo é medida pela capacidade de prover seu próprio sustento. Em uma comunidade (*commonwealth*) de forte convicção religiosa, pode-se afirmar que — novamente

---

262. Veja, por exemplo, a definição dada por Voltaire em suas *Cartas inglesas* (publicadas em inglês em 1733; reimpressão da primeira edição publicada por Peter Davies, 1926, p. 49): "a parcela mais numerosa, mais útil e até mesmo mais virtuosa e, consequentemente, a mais respeitável da humanidade, composta por aqueles que estudam as leis e as ciências; por negociantes, por artesãos, enfim, por todos os que não eram tiranos; ou seja, aqueles que são chamados de povo". Atualmente, "povo" provavelmente significa as "massas", mas o conceito de Voltaire está muito próximo de identificar o povo para o qual a constituição dos Estados Unidos foi redigida.

sem recair em qualquer absurdo ou falsidade — a característica desqualificadora é a dissidência, ou que, em uma antifeminista, é o sexo. Uma nação com ideais raciais pode associar a adequação a considerações raciais.²⁶³ E assim por diante. O ponto importante, repito, não é o que pensamos sobre alguma ou sobre todas essas possíveis incapacidades. O ponto mais importante é que, dadas as opiniões apropriadas sobre esses e outros temas semelhantes, as desqualificações por motivos de *status* econômico, religião e sexo entram na mesma classe de desqualificações que todos consideramos compatíveis com a democracia. Podemos, na verdade, rejeitá-las, mas, se o fizermos, deveremos, logicamente, rejeitar as teorias sobre a importância da propriedade, da religião, do sexo, da raça e assim por diante, em vez de rotular tais sociedades como antidemocráticas. O fervor religioso, por exemplo, é certamente compatível com a democracia, independentemente da forma como a definimos. Há um tipo de atitude religiosa em que um herege parece ser pior do que um louco. Não podemos concluir disso que o herege deva ser impedido de participar das decisões políticas como o é o lunático.²⁶⁴ Não deveríamos deixar que cada *populus* definisse a si mesmo?

Essa conclusão inevitável é geralmente contornada pela introdução de hipóteses adicionais na teoria do processo democrático; algumas das quais serão discutidas nos próximos dois capítulos. Nesse meio-tempo, basta notarmos que isso faz se dissipar grande parte da neblina que encobre o caminho. Entre outras coisas, revela o fato de que a relação entre democracia e liberdade deve ser considerevelmente mais complexa do que costumamos acreditar.

Dificuldades ainda mais sérias surgem em relação ao segundo elemento do conceito de democracia, o *kratein*. A natureza e o *modus operandi* de qualquer "governo" são sempre difíceis de explicar. Os poderes legais nunca garantem a capacidade de usá-los; são, entretanto, travas (*pegs*) e entraves (*fetters*) importantes; o prestígio tradicional sempre serve para algo, mas nunca para tudo; o sucesso pessoal e, em parte independente do êxito, a importância pessoal agem sobre os componentes legais e tradicionais do modelo institucional, e deles sofrem reações. Nenhum monarca, ditador ou grupo de oligarcas jamais é absoluto. Eles governam não apenas sujeitos aos dados da conjuntura nacional como também sujeitos à necessidade de agir em conjunto com certas

---

263. Assim, os Estados Unidos excluem os orientais e a Alemanha exclui os judeus de sua cidadania; no sul dos Estados Unidos, os negros também são, muitas vezes, privados do direito ao voto.

264. Para o bolchevique, qualquer não-bolchevique está na mesma categoria. Assim, o governo do partido bolchevique não nos daria o direito, por si só, de rotular a República Soviética de não democrática. Temos o direito de a rotularmos assim apenas se o próprio partido bolchevique estiver sendo administrado de forma não democrática — como obviamente o é.

pessoas, de estar bem relacionado com outras, de neutralizar ainda outras e de subjugar o restante. E isso pode ser feito por meio de uma variedade quase infinita de maneiras, sendo que cada uma delas determinará o que um dado arranjo formal realmente significa para a nação em que se dá ou para o observador científico; falar de monarquia como se significasse algo definitivo é diletantismo. Mas se é o povo, independentemente da definição que se dê ao termo, que irá realizar o *kratein*, surge ainda outra questão. Como é tecnicamente possível que o "povo" governe?

Há um grupo de casos em que esse problema não surge, pelo menos não de forma efetiva. Em comunidades pequenas e primitivas com uma estrutura social simples,[265] onde não há muito do que discordar, é concebível que todos os indivíduos que formem o povo, conforme definido pela Constituição, realmente participem de todas as obrigações da legislação e da administração. É possível que, mesmo nesses casos, ainda existam certas dificuldades; e o psicólogo do comportamento coletivo ainda teria algo a dizer sobre liderança, publicidade e outras fontes de desvio do ideal popular de democracia. No entanto, haveria um sentido óbvio em se falar da vontade ou da ação da comunidade ou do povo como tal — do governo pelo povo — particularmente quando este chega a decisões políticas por meio de debates realizados na presença física de todos, como feito, por exemplo, na *polis* grega ou na assembleia geral dos habitantes (*town meeting*) da Nova Inglaterra. Este último caso, às vezes chamado de "democracia direta", tem, de fato, servido como ponto de partida para muitos teóricos políticos.

Em todos os outros casos, nosso problema se manifesta, mas podemos resolvê-lo com relativa facilidade desde que estejamos prontos para abandonar o conceito de governo pelo povo e substituí-lo pelo governo aprovado pelo povo. Há muitos motivos para agirmos assim. Muitas das proposições sobre democracia que costumamos defender são verdadeiras para todos os governos que contam com a lealdade da grande maioria de seu povo ou, melhor ainda, da grande maioria de todas as classes de seu povo. Isso se aplica, em particular, às virtudes geralmente associadas ao método democrático: a dignidade humana, a satisfação oriunda do sentimento de que, em geral, os assuntos políticos se conformam com as ideias que as pessoas têm deles, a coordenação entre política e opinião pública, a confiança depositada pelo cidadão no governo e sua cooperação com ele, a dependência do governo no respeito e no

---

265. A pequena quantidade de pessoas e a concentração local são essenciais. O primitivismo da civilização e a simplicidade das estruturas são menos importantes, mas facilitam muito o funcionamento da democracia.

apoio do homem comum: tudo isso — e muito mais —, que para vários de nós parece ser a própria essência da democracia, está satisfatoriamente coberto pela ideia de governo aprovado pelo povo. E por ser óbvio que, salvo no caso da "democracia direta", o povo como tal jamais pode realmente governar ou dirigir, a tese favorável a essa definição parece estar completa.

Mesmo assim, não podemos aceitá-la. Há muitos exemplos — em que talvez se encaixe a maioria dos casos históricos — de autocracias, tanto *dei gratia* quanto ditatoriais, de várias monarquias de tipos não autocráticos, de oligarquias aristocráticas e plutocráticas, que normalmente detinham a lealdade inquestionável, muitas vezes fervorosa, de uma maioria esmagadora de todas as classes de seu povo, e que, considerando suas condições ambientais, fizeram muito bem em garantir aquilo que a maioria de nós acredita que o método democrático deva garantir. Há razão para enfatizar isso e reconhecer o grande elemento de democracia — nesse sentido — que fez parte desses exemplos. Um tipo como esse de antídoto contra o culto a meras formas, a até mesmo meras frases de efeito, seria de fato altamente desejável. Mas isso não altera o fato de que, ao aceitarmos essa solução, perderíamos de vista o fenômeno que queremos identificar: as democracias se fundiriam em uma classe muito mais ampla de arranjos políticos, contendo indivíduos de compleição claramente não democrática.

Nosso fracasso, contudo, nos ensina uma coisa. Além da democracia "direta", reside uma riqueza infinita de formas possíveis em que o "povo" pode participar do governo ou pode influenciar ou controlar aqueles que realmente governam. Nenhuma dessas formas, particularmente nenhuma das viáveis, tem algum direito óbvio ou exclusivo a ser descrito como *governo pelo povo*, caso essas palavras tenham de ser tomadas em seu sentido natural. Se alguma delas acabar adquirindo esse título, só poderá fazê-lo em virtude de uma convenção arbitrária que definirá o significado a ser atribuído ao termo "governar". Esse tipo de convenção é obviamente sempre possível: o povo nunca governa de fato, mas é sempre possível fazê-lo governar por definição.

As "teorias" jurídicas sobre democracia desenvolvidas nos séculos XVII e XVIII tinham a intenção de oferecer definições que vinculassem certas formas reais ou ideais de governo à ideologia do *governo exercido pelo povo*. Não é difícil entendermos o porquê da imposição dessa ideologia. Naquela época, pelo menos nas nações da Europa Ocidental, o manto da autoridade divina caía rapidamente dos ombros da realeza[266] — um processo iniciado, natural-

---

266. *O patriarca* (publicado em 1680) de Robert Filmer pode ser visto como a última exposição importante da doutrina do direito divino na filosofia política inglesa.

mente, há muito mais tempo — e, por uma questão de princípio ético e explicativo, a *vontade do povo* e o *poder soberano do povo* se destacaram como um substituto mais aceitável para uma mentalidade que, embora pronta para abandonar o poder específico de autoridade máxima, não estava pronta para destituir-se de todo o poder.

Colocado o problema dessa maneira, a mente legalista revisitou o quarto de entulhos de seus constructos em busca de ferramentas que conciliassem esse postulado supremo aos modelos políticos existentes. Contratos fictícios de sujeição a um príncipe[267] pelos quais o povo soberano teria supostamente barganhado sua liberdade ou poder, ou contratos não menos fictícios pelos quais o povo teria delegado esse poder, ou parte dele, aos representantes escolhidos, eram substancialmente o que oferecia a sala de entulhos. Por mais que tais dispositivos possam ter servido a certos propósitos práticos, são completamente inúteis para nós. Não são defensáveis nem mesmo do ponto de vista legal.

Pois, para que tenha um mínimo de sentido, os termos "delegação" e "representação" devem se referir não aos cidadãos individuais — que seria a doutrina dos Estados medievais — e sim ao povo como um todo. O povo, nesse sentido, então, delegaria seu poder para, digamos, um parlamento que o representasse. Mas apenas uma pessoa (física ou moral) pode delegar ou ser representada juridicamente. Assim, as colônias ou os estados americanos que enviaram delegados aos congressos continentais que passaram a se reunir a partir de 1774 na Filadélfia — os chamados "congressos revolucionários" — eram de fato representados por esses delegados. Mas o povo dessas colônias ou desses "estados" não o eram, uma vez que um povo como tal não tem personalidade jurídica: dizer que delega poderes para um parlamento, ou é representado por ele, é dizer algo sem nenhum significado jurídico.[268] O que, então, é um parlamento? A resposta é simples: é um órgão do Estado, exatamente como o governo ou um tribunal de justiça. Se um parlamento representa o povo, deve fazê-lo em outro sentido que ainda devemos descobrir.

---

267. Esses contratos eram elaborações *juris et de jure* (de direito e por direito, isto é, não admitiam prova em contrário. [N.T.]). Mas havia uma analogia realista para eles, a saber, a sujeição voluntária e contratual — extensamente praticada entre os séculos VI e XII — de um dono de propriedade alodial a um senhor medieval. O proprietário aceitava tanto a jurisdição do senhor feudal quanto certas obrigações econômicas. Ele renunciava sua condição de homem totalmente livre. E, em troca, recebia a proteção do senhor e outras vantagens.

268. Da mesma forma, não há sentido legal em descrever um processo público como ação do "Povo contra fulano de tal". A pessoa jurídica que acusa é o Estado.

No entanto, essas "teorias" sobre a soberania do povo e sobre delegação e representação refletem algo mais do que um postulado ideológico e alguns poucos fragmentos de técnica jurídica. Elas complementam uma sociologia ou uma filosofia social do corpo político que, em parte sob a influência do renascimento das especulações gregas sobre o assunto, e em parte sob a influência dos acontecimentos da época,[269] tomou forma e atingiu seu apogeu no final do século XVIII, e realmente tentou resolver o problema. Embora esses termos gerais nunca sejam adequados ou estritamente corretos, arriscarei descrevê-los — da maneira usual — como fundamentalmente racionalistas, hedonistas e individualistas: a felicidade, definida em termos hedonistas, de indivíduos dotados de uma percepção clara — ou passíveis de uma educação capaz de lhes transmitir uma percepção clara —, tanto desse fim quanto dos meios apropriados, era entendida como o sentido da vida e como o grande princípio da ação nas esferas privada e política. Podemos, também, chamar essa sociologia ou filosofia social, produto do capitalismo primitivo, pelo termo introduzido por John Stuart Mill: *utilitarismo*. Segundo ele, o comportamento que se conformasse a esse princípio não seria meramente o único racional e justificável, mas, *ipso facto* (pelo próprio fato), seria o único "natural". Essa proposição é a ponte entre as teorias do *contrato social* muito dessemelhantes de Bentham e de Rousseau — nomes que podem nos servir de faróis ao que, no mais, deve ser deixado aqui na escuridão.

Se tal brevidade desesperada não impedir os leitores de seguir meu argumento, a relevância dessa filosofia sobre o tema da democracia deve estar clara. Ela evidentemente produziu, entre outras coisas, uma teoria da natureza do Estado e dos fins para os quais ele existe. Além disso, em virtude de sua ênfase no indivíduo racional e hedonista e em sua autonomia ética, essa filosofia parecia estar em posição de ensinar os únicos métodos políticos corretos para governar esse Estado e para alcançar seus fins — a maior felicidade para o maior número, etc. Por fim, ela ofereceu o que parecia ser um fundamento racional para a crença na *vontade do povo* (*volonté générale*) e na recomendação que resume tudo o que a democracia significava para o grupo de autores

---

269. Isso é particularmente óbvio na Inglaterra e especialmente no caso de John Locke. Como filósofo político, ele simplesmente advogava, sob o pretexto de uma argumentação genérica, contra Jaime II e a favor de seus amigos do partido *Whig* [em oposição ao conservador *Tory*] que se diziam responsáveis pela revolução "gloriosa". Isso explica o êxito de uma linha de raciocínio que, sem essa conotação prática, teria sido desprezada. O objetivo do governo é o bem do povo, e este bem consiste na proteção da propriedade privada; e é por isso que os homens "entram em sociedade". Para isso, eles se reúnem e celebram um "contrato original" de submissão a uma autoridade comum. O contrato está violado, a propriedade e a liberdade estão ameaçadas, e a resistência está justificada quando, para dizer de forma franca, os aristocratas *whig* e os comerciantes de Londres consideram esses fatos como verdade.

que ficou conhecido como *filósofos radicais*:²⁷⁰ eduque o povo e deixe-o votar livremente.

A crítica adversa a essa construção surgiu quase imediatamente como parte da reação geral contra o racionalismo do século XVIII, que se estabeleceu após as *guerras revolucionárias e napoleônicas*. Independentemente do que pensemos sobre os méritos ou deméritos do movimento geralmente chamado de *romantismo*, este certamente ofereceu uma compreensão mais profunda da sociedade pré-capitalista e da evolução histórica em geral, e, assim, revelou alguns dos erros fundamentais do utilitarismo e da teoria política para a qual o utilitarismo serviu de base. As análises histórica, sociológica, biológica, psicológica e econômica posteriores mostraram-se destrutivas para ambos, e é difícil encontrar hoje algum estudioso dos processos sociais que tenha algo de bom a dizer sobre qualquer um deles. Mas, embora pareça estranho, continuou-se a agir com base nessa teoria mesmo enquanto ela se decompunha. Quanto mais insustentável se mostrava, mais ela dominava por completo a fraseologia oficial e a retórica dos políticos. É por isso que, no próximo capítulo, nos voltaremos a uma discussão sobre o que podemos chamar de *teoria clássica da democracia*.

Contudo, nenhuma instituição, prática ou crença se mantém ou despenca com a teoria que lhe é oferecida como apoio em um determinado momento. A democracia não é exceção. É de fato possível conceber uma teoria do processo democrático que leve em conta todas as realidades da ação coletiva e da mentalidade pública. Essa teoria será apresentada no Capítulo XXII e, finalmente, poderemos descobrir como a democracia pode se sair em uma ordem socialista das coisas.

XXI. A DOUTRINA CLÁSSICA DA DEMOCRACIA

1. O BEM COMUM E A VONTADE DO POVO

A filosofia da democracia do século XVIII pode ser compreendida pela seguinte definição: o método democrático é o arranjo institucional para se chegar a decisões políticas que concretizam o bem comum, fazendo com que o próprio povo decida as questões por intermédio da eleição de indivíduos que devem se reunir para realizar sua vontade. Vamos analisar as implicações disso.

---

270. Para obter uma orientação geral, ver, especialmente, Kent, *The philosophical radical* (A radicalidade filosófica); Graham Wallas, *The life of Francis Place* (A vida de Francis Place); Leslie Stephen, *The english utilitarians* (Os utilitaristas ingleses).

Afirma-se, então, a existência de um *bem comum*, o farol óbvio da política, sempre fácil de se definir e inteligível a qualquer pessoa normal por meio de um argumento racional. Portanto, não há desculpa para não o entender e, de fato, não há nenhuma explicação para a existência de pessoas que não o compreendem, exceto a ignorância — que pode ser eliminada —, a estupidez e o interesse antissocial. Ademais, esse bem comum implica respostas definitivas a todas as questões, de modo que todo fato social e toda medida tomada ou a ser tomada possa ser inequivocamente classificada como "boa" ou "ruim". Já que todas as pessoas devem, portanto, concordar, pelo menos em princípio, há também uma vontade comum do povo (a vontade de todos os indivíduos sensatos) que coincide exatamente com o bem, ou o interesse, ou o bem-estar, ou a felicidade comum. A única coisa, exceto a estupidez e os interesses sinistros, que pode gerar discordância e justificar a presença de uma oposição é a diferença de opinião quanto à velocidade com que se deve chegar ao objetivo, que, em si, é comum a quase todos. Assim, todo membro da comunidade, consciente desse objetivo, sabendo o que quer, discernindo o que é bom e o que é ruim, participa, de forma ativa e responsável, da promoção do bom e da luta contra o ruim. E todos os membros em conjunto controlam os negócios públicos.

A administração de alguns desses negócios requer aptidões e técnicas especiais; portanto, deverá ser confiada a especialistas que tenham essas aptidões. Isso não afeta o princípio, no entanto, porque esses especialistas agem simplesmente para realizar a vontade do povo, exatamente como um médico atua para atender à vontade do paciente de se curar. Também é verdade que, em uma comunidade de qualquer porte, especialmente quando esta apresenta o fenômeno da divisão do trabalho, seria altamente inconveniente se, para participar do governo ou da administração, cada cidadão individual tivesse de se comunicar com todos os outros para falar sobre todas as questões. Seria mais conveniente reservar apenas as decisões mais importantes para que os cidadãos se pronunciassem individualmente — por referendo, talvez —, e tratassem do resto por intermédio de uma comissão nomeada por eles — uma assembleia ou um parlamento cujos membros se elegem pelo voto popular. Essa comissão, ou esse corpo de delegados, como vimos, não representará o povo no sentido jurídico, mas o fará em um sentido menos técnico — dará voz, refletirá ou representará a vontade do eleitorado. Novamente, por uma questão de conveniência, se essa comissão for grande, poderá dividir-se em grupos menores, responsáveis pelos vários departamentos dos negócios públicos. Por fim, entre essas comissões menores haverá uma de propósito geral para lidar principalmente com os negócios habituais da administração, chamada de gabinete ou governo, possivelmente presidida por um secretário-geral ou um bode expiatório, normalmente conhecido como primeiro-ministro.[271]

Assim que aceitamos todas as hipóteses feitas por essa teoria da *polity* — ou sugeridas por ela —, a democracia, de fato, adquire um significado perfeitamente inequívoco, e não há nenhum problema em relação a ela, exceto o modo de produzi-la. Além disso, precisamos apenas nos esquecer de alguns escrúpulos lógicos para acrescentar que, nesse caso, o arranjo democrático não significa apenas o melhor de todos os meios concebíveis, mas também que poucas pessoas levariam qualquer outro em consideração. Não é menos óbvio, porém, que essas hipóteses consistam em um número limitado de afirmações de fato que, uma a uma, precisariam ser provadas caso queiramos chegar a essa conclusão. E é muito mais fácil refutá-las.

Não existe, a princípio, tal coisa como um bem comum determinado de forma única que seja aceito por todas as pessoas ou que todas elas sejam obrigadas a aceitar por força de um argumento racional. Isso não se deve principalmente ao fato de que algumas pessoas podem querer coisas que não sejam o bem comum, mas ao fato muito mais fundamental de que, para diferentes indivíduos e grupos, o bem comum significa coisas diferentes. Esse fato, invisível ao utilitarista por causa da estreiteza de sua visão sobre o mundo dos valores humanos, provocará desavenças em questões de princípio que não podem ser conciliadas pelo argumento racional, porque os valores supremos — nossas concepções sobre o que deve ser a vida e a sociedade — estão além do alcance da mera lógica. Essas desavenças podem ser conciliadas por meio de acordos em alguns casos, mas não em todos. Os americanos que dizem "queremos que este país se arme até os dentes e depois lute em todo o mundo pelo que acreditamos ser o certo" e os americanos que dizem "queremos que este país resolva seus próprios problemas, que é a única maneira de servir à humanidade" lidam com diferenças irredutíveis de valores supremos cuja acomodação apenas os mutilaria e degradaria.

Além disso, mesmo que um bem comum suficientemente bem definido — como, por exemplo, o máximo de satisfação econômica do utilitarista[272] — se mostrasse aceitável para todos, isso não implicaria respostas igualmente bem

---

271. A teoria oficial das funções de um ministro do executivo sustenta de fato que ele é nomeado para garantir que, em seu departamento, prevaleça a vontade do povo.

272. O próprio significado de "maior felicidade" está aberto a sérias questões. Contudo, mesmo que essas questões pudessem ser resolvidas e um significado bem definido pudesse ser anexado à soma total da satisfação econômica de um grupo de pessoas, esse máximo ainda seria relativo a algumas situações e a determinados valores que talvez não possam ser alterados, ou transigidos, de forma democrática.

definidas para as questões individuais. As opiniões divergentes sobre eles poderiam ser tão grandes a ponto de produzir a maior parte dos efeitos de uma dissensão "radical" a respeito dos próprios fins. Os problemas centrados na avaliação das satisfações presentes *versus* as satisfações futuras, mesmo no caso do socialismo *versus* capitalismo, ainda ficariam sem resolução, por exemplo, após a conversão de cada cidadão individual ao utilitarismo. "Saúde" é algo que todos desejam; ainda assim, as pessoas discordam em relação a vacinação, vasectomia, etc.

Os pais utilitaristas da doutrina democrática não conseguiram enxergar a importância total disso simplesmente porque nenhum deles considerou seriamente qualquer mudança substancial do quadro econômico nem dos hábitos da sociedade burguesa. Eles não enxergavam muito além do mundo de um ferreiro do século XVIII.

Entretanto, por outro lado, como consequência de ambas as proposições anteriores, o conceito particular de vontade do povo ou *volonté générale*, apropriado pelos utilitários, se desfaz no ar, pois esse conceito pressupõe a existência de um bem comum determinado de forma única e discernível por todos. Ao contrário dos românticos, os utilitaristas não tinham noção dessa entidade semimística dotada de vontade própria — a "alma do povo" que a escola histórica do direito[273] tanto prezava. Eles, francamente, derivaram seu conceito de vontade do povo das vontades dos indivíduos. E, a menos que haja um centro, o bem comum, para o qual, a longo prazo, pelo menos, *todas* as vontades individuais gravitem, não teremos esse tipo particular de *volonté générale* "natural". O centro de gravidade utilitarista, por um lado, unifica as vontades individuais, tende a, por meio da discussão racional, fundi-las à vontade do povo e, por outro lado, confere a esta a dignidade ética exclusiva reivindicada pelo credo democrático clássico. *Esse credo não consiste simplesmente em adorar a vontade do povo como tal*, mas se baseia em certas hipóteses sobre o objeto "natural" dessa vontade, o qual é sancionado por razão utilitarista. Tanto a existência quanto a dignidade desse tipo de *volonté générale* desaparecem assim que a ideia do bem comum nos falta. E os pilares da doutrina clássica, de forma inevitável, se desfazem em pó.

2. A VONTADE DO POVO E A VONTADE INDIVIDUAL

É claro que, por mais que esses argumentos militem de forma conclusiva contra essa concepção particular da vontade do povo, eles não nos impedem de

---

273. Escola histórica do direito, isto é, a escola crítica do jusnaturalismo do século XVII. (N.T.)

tentar construir outro mais realista. Não pretendo questionar nem a realidade nem a importância dos fatos sociopsicológicos que nos vêm à mente quando falamos da vontade de uma nação. Sua análise é certamente o pré-requisito para que haja progresso em relação aos problemas da democracia. No entanto, seria melhor não manter o termo, pois ele tende a obscurecer o fato de que, assim que separamos a vontade do povo de sua conotação utilitarista, passamos a construir não apenas uma teoria diferente da mesma coisa como também a teoria de uma coisa completamente diferente. Temos todas as razões para nos proteger das armadilhas que se encontram no caminho desses defensores da democracia, que, embora aceitando, sob pressão do acúmulo de evidências, cada vez mais os fatos do processo democrático, ainda assim, tentam ungir os resultados gerados pelo processo com o óleo retirado dos jarros do século XVIII.

Contudo, embora ainda se possa dizer que uma vontade comum ou uma opinião pública de algum tipo surja da mistura infinitamente complexa das situações, volições, influências, ações e reações individuais e coletivas do "processo democrático", o resultado carece não apenas de unidade, mas também de sanção racional. A opinião pública indica que, embora, do ponto de vista da análise, o processo democrático não seja simplesmente caótico — para o analista nada que possa ser explicado é caótico —, ainda assim, os resultados não teriam, exceto por acaso, sentido por si só — como o teria, por exemplo, a realização de qualquer fim ou ideal definido. Quanto à vontade comum, não sendo mais congruente com qualquer "bem", para se alegar dignidade ética ao resultado, será necessário recorrer a uma confiança injustificada nas formas democráticas de governo como tal — confiança que, em princípio, teria de ser independente da desejabilidade dos resultados. Como vimos, não é fácil adotar um ponto de vista. Entretanto, mesmo que o façamos, o abandono do bem comum utilitarista ainda deixaria em nossas mãos muitas dificuldades.

Em particular, por necessidade prática, ainda nos vemos obrigados a atribuir à vontade do *indivíduo* uma independência e uma qualidade racional que são completamente irrealistas. Se quisermos argumentar que a vontade dos cidadãos em si é um fator político digno de respeito, ela deve, em primeiro lugar, existir, ou seja, deve ser algo mais do que um amontoado indeterminado de impulsos vagos ocupando-se de maneira frívola com *slogans* prontos e impressões equivocadas. Cada um precisaria saber de maneira bem definida o que quer defender. Essa vontade bem definida teria de ser implementada pela capacidade de observar e interpretar corretamente os fatos que são diretamente acessíveis a todos e de peneirar criticamente as informações sobre os fatos que não o são. Enfim, com base nessa vontade bem definida e nesses fatos comprovados, uma conclusão clara e *imediata* sobre questões particulares teria de ser derivada de acordo com as regras da inferência lógica — e, além disso, com um grau tão alto de eficiência geral que se poderia afirmar, sem incorrer em absurdos gritantes, que a opinião de uma pessoa é aproximadamente tão boa quanto a de qualquer outra.[274] E tudo isso o cidadão médio precisaria realizar para si mesmo e independentemente dos grupos de pressão e da propaganda,[275] pois as vontades e as inferências que são impostas ao eleitorado, obviamente, não podem ser vistas como dados finais do processo democrático. Quando se procura saber se essas condições são cumpridas na medida necessária para que a democracia funcione, não se pode emitir uma afirmação imprudente nem uma negativa igualmente imprudente. É preciso efetuar uma avaliação laboriosa em meio a um labirinto de evidências conflitantes.

Antes de embarcar nisso, no entanto, quero ter certeza de que o leitor entenda plenamente outro ponto já observado. Repito, portanto, que, mesmo que as opiniões e os desejos dos cidadãos individuais fossem dados perfeitamente bem definidos e independentes para serem utilizados pelo processo democrático, e se todos agissem de acordo com eles, com racionalidade e rapidez ideais, não se seguiria necessariamente que as decisões políticas produzidas

---

274. Isso explica o caráter fortemente igualitário tanto da doutrina clássica da democracia quanto das crenças democráticas populares. Indicaremos, mais adiante, como a *igualdade* pode adquirir o *status* de um postulado ético. Como uma declaração factual sobre a natureza humana, ela não pode ser verdadeira em nenhum sentido concebível. Reconhecendo isso, o postulado em si costuma ser reformulado de modo a significar "igualdade de oportunidades". Porém, desconsiderando até mesmo as dificuldades inerentes à palavra "oportunidade", essa reformulação não nos ajuda muito, porque a igualdade real, e não a potencial, de execução em questões de comportamento político é necessária para que o voto de cada homem tenha o mesmo peso na decisão das questões.

Deve-se notar de passagem que a fraseologia democrática tem sido fundamental para promover a associação da desigualdade de qualquer tipo à "injustiça", que é um elemento tão importante para o modelo psíquico do fracassado e para o arsenal do político que usa este último. Um dos sintomas mais curiosos disso foi a instituição ateniense do ostracismo, ou melhor, o uso que às vezes se fazia dela. O ostracismo consistia em banir um indivíduo pelo voto popular, não necessariamente por qualquer razão particular: às vezes, servia como método para eliminar um cidadão descaradamente destacado, que parecia "valer mais do que um".

275. O termo é usado aqui em seu sentido original, e não no sentido que, atualmente, vem adquirindo, que sugere a seguinte definição: propaganda é toda afirmação originada de uma fonte que não nos agrada. Suponho que o termo derive do nome da comissão de cardeais encarregada de assuntos relativos à disseminação da fé católica: *congregatio de propaganda fide*. Por si só, portanto, não guarda nenhum significado depreciativo e, em particular, não implica distorção dos fatos. Por exemplo, é possível fazer propaganda de um método científico. Significa simplesmente a apresentação de fatos e argumentos com o objetivo de influenciar as ações ou opiniões das pessoas em uma direção definida.

por esse processo com base na matéria-prima dessas vontades individuais representassem qualquer coisa que pudesse, num sentido convincente, ser chamada de vontade do povo. Não é apenas concebível, mas — sempre que as vontades individuais estão muito divididas — é muito provável que as decisões políticas produzidas não estejam em conformidade com "o que as pessoas realmente querem". Tampouco se pode afirmar que, mesmo não obtendo exatamente o que quer, o povo terá um "acordo justo". Talvez isso aconteça. E as chances de isso ocorrer são maiores com as questões de natureza quantitativa ou que admitem gradação, como a questão de quanto deve ser gasto em auxílio-desemprego, desde que todos aprovem as despesas para esse fim. Tratando-se de questões qualitativas, como a questão de perseguir hereges ou entrar em uma guerra, o resultado alcançado pode muito bem ser igualmente desagradável a todas as pessoas, embora por diferentes razões, enquanto a decisão imposta por uma agência não democrática pode lhes ser muito mais aceitável.

Vejamos um exemplo. Acredito que posso descrever o governo de Napoleão, quando foi primeiro cônsul, como uma ditadura militar. Uma das necessidades políticas mais urgentes naquele momento era um acordo religioso que resolvesse o caos deixado pela revolução e pelo diretório e trouxesse paz a milhões de corações. Isso ele conseguiu realizar por meio de uma série de golpes de mestre, culminando em uma concordata com o papa (1801) e nos "artigos orgânicos" (1802), que, conciliando o irreconciliável, ofereceram a quantidade certa de liberdade religiosa enquanto, ao mesmo tempo, mantinham a autoridade do Estado de maneira vigorosa. Ele também reorganizou e refinanciou a Igreja Católica francesa, resolveu a delicada questão do clero "constitucional" e lançou, com grande êxito, um novo sistema com um mínimo de atrito. Se alguma vez houve alguma justificativa para afirmar que as pessoas realmente querem algo bem definido, esse arranjo oferece um dos melhores exemplos da história. Isso é algo óbvio para quem quer que examine a estrutura de classe da França da época, e é amplamente confirmado pelo fato de essa política eclesiástica ter contribuído muito para a popularidade quase universal desfrutada pelo regime consular. Mas é difícil enxergar como esse resultado poderia ter sido obtido de forma democrática. O sentimento antieclesiástico não havia desaparecido e não estava de forma alguma restrito aos derrotados jacobinos. As pessoas com essa convicção, ou seus líderes, não poderiam ter cedido a esse ponto.[276] Do outro lado da balança, uma forte

---

276. Os órgãos legislativos, embora estivessem acovardados, não foram capazes de apoiar Napoleão nessa política. E alguns de seus paladinos mais confiáveis se opuseram a ela.

onda de sentimentos católicos furiosos vinha ganhando cada vez mais força. As pessoas que compartilhavam desse sentimento, ou os líderes que dependiam de sua boa vontade, não tinham como ter parado no limite ditado por Napoleão; em particular, não tinham como lidar de forma tão firme com a Santa Sé, para a qual, além disso, não havia motivo para ceder, tendo em vista o rumo que as coisas estavam tomando. E a vontade dos camponeses que, mais do que tudo, queriam seus sacerdotes, suas igrejas e suas procissões teria sido paralisada pelo medo natural de que a solução revolucionária da questão agrária pudesse estar ameaçada assim que o clero — especialmente os bispos — voltasse ao poder. O impasse ou a luta interminável, gerando crescente irritação, teria sido o resultado mais provável de qualquer tentativa de resolver a questão de maneira democrática. Mas Napoleão foi capaz de resolvê-la de forma arrazoada, precisamente porque todos aqueles grupos que não tinham mais como ceder por conta própria estavam dispostos e, ao mesmo tempo, queriam aceitar o acordo, caso lhes fosse imposto.

Esse exemplo, evidentemente, não é um caso isolado.[277] Se os resultados que, no longo prazo, se mostram satisfatórios para o povo em geral servem de teste do governo *para o povo*, então, o governo *pelo* povo, conforme concebido pela doutrina clássica da democracia, raramente os alcançaria.

3. A NATUREZA HUMANA NA POLÍTICA

Resta responder a nossa pergunta sobre a definitividade e a independência da vontade do eleitor, sua capacidade de observação e interpretação dos fatos, e sua capacidade de fazer inferências racionais, de forma clara e imediata, a respeito de ambas. Esse assunto pertence a um capítulo da psicologia social que poderia ser chamado de "Natureza humana na política".[278]

---

277. Outros poderiam, de fato, ser retirados da prática de Napoleão. Ele era um autocrata que, sempre que seus interesses dinásticos e sua política externa não estavam em jogo, simplesmente se esforçava para fazer o que julgava ser o desejo ou a necessidade do povo. Foi isso que ele quis dizer em seu conselho a Eugène Beauharnais sobre a administração deste no norte da Itália.

278. Esse é o título de um livro honesto e elegante escrito por um dos radicais ingleses mais adoráveis que já existiram, Graham Wallas. Apesar de tudo o que já foi escrito sobre o assunto e, especialmente, apesar de todos os detalhados estudos de caso que agora tornam possível enxergar muito mais claramente, esse livro ainda pode ser recomendado como a melhor introdução à psicologia política. No entanto, após ter exposto com honestidade admirável suas conjecturas contra a aceitação acrítica da doutrina clássica, o autor não consegue chegar a uma conclusão óbvia. Isso é ainda mais notável porque ele insiste corretamente na necessidade de uma postura científica e porque ele não deixa de censurar Lorde Bryce por ter, em seu livro sobre a comunidade (*commonwealth*) americana, confessado-se "sombriamente" resolvido a ver uma ponta de céu azul em meio a nuvens de fatos decepcionantes. Graham Wallas parece exclamar: Ora essa! O que deveríamos pensar de

Durante a segunda metade do século passado (XIX), a ideia da personalidade humana como uma unidade homogênea e a ideia de uma vontade bem definida que serve de força motora principal da ação vêm definhando de forma ininterrupta — mesmo antes de Théodule Ribot e de Sigmund Freud.[279] Em particular, essas ideias passaram a ser cada vez mais desacreditadas no campo das ciências sociais, para as quais a importância do elemento extrarracional e irracional de nosso comportamento vem recebendo cada vez mais atenção, como vemos em *Mente e sociedade*, de Pareto. Das muitas fontes de evidências que se acumularam contra a hipótese da racionalidade, mencionarei apenas duas.

A primeira — apesar de trabalho posterior muito mais cuidadoso — ainda pode estar associada ao nome de Gustave Le Bon, o fundador ou, de qualquer forma, o primeiro expoente efetivo da psicologia das multidões (*psychologie des foules*).[280] Ao mostrar, embora de maneira exagerada, as realidades do comportamento humano quando sob a influência da aglomeração — em particular, o desaparecimento repentino, em um estado de excitação, de restrições morais e dos modos civilizados de pensar e sentir, a erupção repentina de impulsos primitivos, de infantilismos e de propensões criminosas —, ele nos fez encarar esses fatos terríveis, que, mesmo sendo conhecidos por todos, ninguém queria ver, e, assim, Le Bon desferiu um sério golpe na imagem da natureza humana que serve de base para a doutrina clássica da democracia e para o folclore democrático sobre as revoluções. Sem dúvida, há muito a ser dito sobre a estreiteza da base factual das inferências de Le Bon, que, por exemplo, não se ajusta bem ao comportamento normal de uma multidão inglesa ou anglo-americana. Os críticos, especialmente aqueles que não gostavam das implicações desse ramo da psicologia social, aproveitaram-se ao máximo de seus pontos vulneráveis. Mas, por outro lado, não se deve esquecer que os fenômenos da psicologia da multidão não estão confinados a multidões que se rebelam nas ruas estreitas de uma cidade latina. Todo parlamento, todo comitê, todo conselho de guerra composto de uma dúzia de generais sexagenários apresentam, mesmo que levemente, algumas dessas características que

---

um meteorologista que, desde o início, teimasse ter visto uma parcela de céu azul? No entanto, na parte construtiva de seu livro, ele adota aproximadamente a mesma base.

279. Théodule-Armand Ribot (1839-1916), psicólogo francês. Sigmund Schlomo Freud (1856-1939), médico neurologista e psiquiatra, considerado o criador da psicanálise. (N.T.)

280. O termo alemão *Massenpsychologie* sugere uma advertência: a psicologia das multidões não deve ser confundida com a psicologia das massas. A primeira não carrega necessariamente qualquer conotação de classe e, por si só, não tem nenhuma relação com o estudo das formas de pensar e sentir, por exemplo, da classe trabalhadora.

se destacam de modo tão flagrante no caso da ralé, em particular um senso reduzido de responsabilidade, um menor grau de energia intelectual e maior sensibilidade a influências não lógicas. Além disso, esses fenômenos não se limitam a uma multidão no sentido de uma aglomeração física de muitas pessoas. Os leitores de jornais, as audiências de rádio, membros de um partido, mesmo que não fisicamente reunidos, são terrivelmente fáceis de ser transformados em uma multidão psicológica e instigados a um estado de frenesi no qual a tentativa de argumento racional apenas encoraja ainda mais a selvageria de seus espíritos.

A outra fonte de evidências decepcionantes que mencionarei é muito mais humilde — não há vida nela, apenas absurdos. Os economistas, ao aprender a observar os fatos de forma mais detalhada, começaram a descobrir que, mesmo nos aspectos mais ordinários do cotidiano, os consumidores não correspondiam à ideia que os manuais de economia costumavam passar. Por um lado, suas necessidades não são, de forma alguma, bem definidas, e as respostas a elas não são nada racionais nem imediatas. Por outro lado, são tão suscetíveis à influência da publicidade e de outros métodos de persuasão que, muitas vezes, parece que são os produtores que dão as ordens aos consumidores, em vez de serem dirigidos por eles. A técnica da boa publicidade é particularmente instrutiva. Há, de fato, quase sempre algum apelo à razão. Entretanto, a simples afirmação repetida muitas vezes conta mais do que o argumento racional, e isso também vale para o ataque direto ao subconsciente, que tenta evocar e cristalizar associações agradáveis de uma natureza completamente extrarracional e, algumas vezes, até sexual.

Embora a conclusão seja óbvia, chegamos a ela com cuidado. Na tomada ordinária de decisões muitas vezes repetidas, o indivíduo está sujeito à influência salutar e racionalizante das experiências favoráveis e desfavoráveis. Também se encontra sob a influência de motivações e interesses relativamente simples e não problemáticos que apenas ocasionalmente sofrem interferência das emoções. Historicamente, o desejo dos consumidores por sapatos pode, pelo menos em parte, ter ganhado forma pela ação dos produtores que ofereciam calçados atraentes e faziam propaganda deles; porém, é sempre um desejo genuíno, cuja definitividade vai além dos "sapatos em geral" e cuja experiência prolongada afasta grande parte das irracionalidades que podem originalmente ter sido parte desse desejo.[281] Além disso, sob o estímulo dessas motivações simples, os

---

281. Na passagem acima, irracionalidade significa não agir racionalmente em relação a determinado desejo. Não se refere à razoabilidade do próprio desejo na opinião do observador. É importante observar isso porque os economistas, ao avaliar a extensão da irracionalidade dos consumidores,

consumidores aprendem a agir com base nos conselhos de especialistas imparciais sobre determinadas coisas (casas, automóveis), e se tornam, eles mesmos, especialistas em outras. Simplesmente não é verdade que as donas de casa são facilmente enganadas no que diz respeito aos alimentos, aos artigos domésticos *familiares* e ao vestuário. E, como todo vendedor sabe por experiência, a maioria delas costuma exigir exatamente o produto que quer.

Isso, é claro, é uma verdade ainda mais óbvia para os produtores. Sem dúvida, um fabricante pode ser indolente, um mau juiz de oportunidades ou incompetente de alguma outra forma; mas há um mecanismo eficaz que o tornará melhor ou o eliminará. Mais uma vez, o taylorismo se baseia no fato de que o homem pode realizar operações manuais simples por milhares de anos e, ainda assim, realizá-las de maneira ineficiente. Mas nem a intenção de agir da forma mais racional possível nem a pressão constante em relação à racionalidade podem ser seriamente questionadas em qualquer nível de atividade industrial ou mercantil que resolvamos examinar.[282]

O mesmo acontece com a maior parte das decisões da vida cotidiana que abarcam o pequeno campo que a mente do cidadão individual é capaz de abranger com um entendimento pleno de sua realidade. Em termos gerais, consiste nas coisas que, diretamente, dizem respeito a si mesmo, a sua família, seus negócios, seus *hobbies*, seus amigos e inimigos, seu município ou distrito, sua classe, sua igreja, seu sindicato ou qualquer outro grupo social do qual ele seja um membro ativo — as coisas sob sua observação direta, as coisas que lhe são familiares independentemente do que diz o seu jornal, as quais ele pode influenciar ou administrar diretamente e pelas quais desenvolve o tipo de responsabilidade que é induzida por uma relação direta com os efeitos favoráveis ou desfavoráveis de uma linha de ação.

Mais uma vez, definitividade e racionalidade de pensamento e ação[283] não são garantidas por essa familiaridade com os homens e as coisas ou por

---

às vezes, exageram, confundindo as duas coisas. Assim, as roupas elegantes de uma operária talvez pareçam para algum acadêmico um indício de comportamento irracional para o qual não há outra explicação senão as técnicas dos anunciantes. Na verdade, no caso dela, isso talvez seja seu grande desejo. Se assim for, suas despesas com vestimentas podem ser, sobretudo, racionais nesse sentido.

282. Esse nível varia, naturalmente, não apenas entre épocas e lugares, mas também em um determinado momento e local, como entre diferentes setores industriais e classes. Não existe nada que se assemelhe a um padrão universal de racionalidade.

283. A racionalidade do pensamento e a racionalidade da ação são coisas diferentes. A racionalidade do pensamento nem sempre garante a racionalidade da ação. E esta última pode ocorrer sem uma deliberação consciente e independentemente da capacidade de formular corretamente a lógica da ação das pessoas. O observador, particularmente o observador que usa os métodos da entrevista e do questionário, muitas vezes ignora isso e, portanto, forma uma ideia exagerada

esse senso de realidade ou responsabilidade. Muitas outras condições, que muitas vezes não são cumpridas, seriam necessárias para isso. Por exemplo, várias gerações podem sofrer devido ao seu comportamento irracional em questões de higiene e, ainda assim, não relacionar seus sofrimentos a seus hábitos nocivos. Enquanto não conseguirem relacionar um fato ao outro, é claro que as consequências objetivas, por mais regulares que sejam, não produzirão uma experiência subjetiva. Esse motivo explica por que foi incrivelmente difícil para a humanidade perceber a relação entre a infecção e as epidemias: os fatos apontavam para isso de maneira inconfundível; mesmo assim, no final do século XVIII, os médicos não faziam quase nada para impedir que pessoas acometidas por doenças infecciosas, como sarampo ou varíola, se aproximassem umas das outras. É de se esperar que as coisas sejam ainda piores sempre que, além da incapacidade, houver relutância em reconhecer as relações de causa e efeito ou quando um interesse qualquer combater o reconhecimento delas.

No entanto, e apesar de todas as limitações que se impõem, há para todas as pessoas, dentro de um horizonte muito mais amplo, um campo mais estreito — muito diferente em extensão entre os diferentes grupos e indivíduos, e limitado por uma região ampla, não por uma linha bem definida —, que se distingue por um senso de realidade ou familiaridade ou responsabilidade. E esse campo abriga vontades individuais relativamente bem definidas. Muitas vezes, estas podem nos parecer estúpidas, estreitas e egoístas; e pode não ser óbvio para todos porque, quando se trata de decisões políticas, deveríamos frequentar o culto de seu santuário, pois deveríamos nos sentir obrigados a contar cada uma delas como se fosse uma, e nenhuma delas como se fosse mais de uma. Se, no entanto, resolvermos ir ao culto, pelo menos não encontraremos o santuário vazio.[284]

---

sobre a importância da irracionalidade no comportamento. Essa é outra fonte dos exageros que encontramos com tanta frequência.

284. Deve-se observar que, ao se falar de vontades definidas e genuínas, não quero elevá-las à categoria de dados finais para todos os tipos de análises sociais. Claro que são produto do processo social e do meio social. Tudo o que quero dizer é que podem servir de dados para o tipo especial de análise que o economista tem em mente quando fundamenta os preços nos gostos ou nas necessidades, que são "realidades" de um determinado momento e que não precisam ser novamente analisadas a cada vez. Da mesma forma, podemos, para o nosso propósito, falar de vontades genuínas e definidas que são realidades de um determinado momento, independentemente das tentativas de fabricá-las, embora reconheçamos que essas vontades genuínas são resultado de influências ambientais do passado, incluindo as da propaganda. Essa distinção entre vontade genuína e fabricada (veja adiante) é difícil e não pode ser aplicada em todos os casos e para todos os efeitos. Para nosso propósito, no entanto, basta indicar que ela, obviamente, toma o bom senso por base.

Agora, essa definitividade comparativa da vontade e da racionalidade do comportamento não desaparece subitamente à medida que nos afastamos dessas preocupações da vida cotidiana no lar e nos negócios, que nos educam e nos disciplinam. No domínio dos negócios públicos há setores que estão mais ao alcance da mente do cidadão do que outros. Isso é verdade, a princípio, em relação aos assuntos locais. Mesmo nesse ponto encontramos uma baixa capacidade de discernir os fatos, uma disposição reduzida para agir de acordo com eles e um reduzido senso de responsabilidade. Todos nós conhecemos o homem — normalmente, um espécime muito bom — que diz que a administração local não é da sua conta e, friamente, dá de ombros a práticas que ele preferiria morrer a deixar que ocorressem em seu local de trabalho. Cidadãos bem-intencionados e com humor exortatório, que pregam a responsabilidade do eleitor ou do contribuinte individual, descobrem invariavelmente que esse eleitor não se sente responsável pelo que os políticos locais fazem. Ainda assim, especialmente em comunidades que não sejam tão grandes a ponto de afastar os contatos pessoais, o patriotismo local pode ser um fator muito importante para o "funcionamento da democracia". E os problemas de uma cidade menor são, em muitos aspectos, semelhantes aos problemas de uma grande empresa industrial. O homem que entende estes últimos também entende, até certo ponto, os primeiros. O fabricante, o comerciante ou o operário não precisam sair de seu mundo para obter um ponto de vista racionalmente defensável (que, naturalmente, pode estar certo ou errado) sobre a limpeza das ruas ou sobre os prédios do executivo local e da câmara municipal.

Além disso, há muitas questões nacionais que dizem respeito a indivíduos e grupos tão direta e inequivocamente que acabam por provocar vontades bastante genuínas e bem definidas. O exemplo mais importante é oferecido por questões que envolvem vantagem pecuniária imediata e pessoal para os eleitores individuais e para grupos de eleitores, como os pagamentos diretos, as tarifas protetoras, as políticas para a prata, etc. A experiência que remonta à Antiguidade mostra que, em geral, os eleitores reagem de maneira imediata e racional a essas chances. Mas a doutrina clássica da democracia, evidentemente, pouco tem a ganhar com demonstrações de racionalidade desse tipo. Nessas questões, os eleitores, então, acabam se revelando maus juízes e, de fato, corruptos,[285] e, muitas vezes, acabam se revelando maus juízes até mesmo

---

285. Os benthamistas ignoraram completamente esse fato porque não levaram em consideração as possibilidades de corrupção em massa do capitalismo moderno. Cometendo em sua teoria política o mesmo erro que cometeram em sua teoria econômica, eles não sentiram nenhuma culpa em

de seus próprios interesses de longo prazo, pois apenas a promessa de curto prazo é politicamente evidente e apenas a racionalidade de curto prazo pode se impor de maneira efetiva.

No entanto, quando nos afastamos ainda mais das preocupações privadas do lar e do escritório comercial e nos voltamos para a esfera dos assuntos nacionais e internacionais que carecem de uma relação direta e inconfundível com essas preocupações privadas, a vontade individual, o domínio dos fatos e o método de inferência logo deixam de cumprir os requisitos da doutrina clássica. O que mais me impressiona e me parece ser o cerne do problema é o fato de se ter perdido completamente o senso de realidade.[286] Em geral, as grandes questões políticas dividem espaço, na economia psíquica do cidadão típico, com interesses das horas de lazer que não são qualificados como *hobbies* e com os assuntos de conversas inconsequentes. Essas coisas parecem bastante oblíquas; não são nada semelhantes a uma proposta comercial; é possível que os perigos não se materializem e, caso isso ocorra, talvez acabem não sendo tão graves; temos a impressão de que caminhamos em um mundo fictício.

Esse senso reduzido de realidade explica não apenas o senso reduzido de responsabilidade como também a ausência de uma vontade efetiva. Cada indivíduo possui sua fraseologia própria, é claro, e seus desejos, devaneios e queixas; e, em especial, cada indivíduo tem seus gostos e desgostos. Mas normalmente isso tudo não equivale ao que chamamos de vontade — a contrapartida psíquica da ação responsável e intencional. De fato, ao cidadão privado que pondera sobre assuntos nacionais não há campo de atuação para tal vontade e nenhuma tarefa em que possa se desenvolver. Ele é membro de uma comissão inviável, a comissão formada por toda a nação, e é por isso que o esforço disciplinado que faz para dominar um problema político é menor do que aquele utilizado em uma partida de *bridge*.[287]

---

postular que "o povo" era o melhor juiz de seus próprios interesses individuais, e que estes deveriam coincidir necessariamente com os interesses de todas as pessoas tomadas em conjunto. É claro que isso era mais fácil para eles porque, na verdade, embora não intencionalmente, eles filosofavam em termos de interesses burgueses, que tinham mais a ganhar com um estado parcimonioso do que com o suborno direto.

286. O "senso pungente de realidade" de William James. Graham Wallas concedeu ênfase particular à relevância desse ponto.

287. Para ajudar a esclarecer o ponto, podemos nos perguntar por que vemos muito mais inteligência e clareza em uma mesa de *bridge* do que em, digamos, uma discussão política entre não políticos. Na mesa de *bridge* temos uma tarefa definida; temos regras que nos disciplinam; sucesso e fracasso estão claramente definidos; e somos impedidos de nos comportar de forma irresponsável porque cada erro que cometemos não só nos delatará como também será imediatamente atribuído a nós. Essas

O senso reduzido de responsabilidade e a ausência de vontade efetiva, por sua vez, explicam a ignorância e a falta de julgamento do cidadão comum em questões de política interna e externa, que são mais chocantes em pessoas educadas e em outras que atuam com sucesso em carreiras não políticas do que naquelas que não tiveram educação e atuam em profissões mais comuns. A informação é abundante e prontamente disponível. Mas isso parece não fazer nenhuma diferença. Tampouco devemos ficar admirados com isso. Para entendermos o problema, devemos apenas comparar a postura de um advogado em relação à sua argumentação legal e a postura do mesmo advogado em relação às afirmações sobre fatos políticos apresentadas em seu jornal. No primeiro caso, o advogado, para apreciar a relevância dos fatos, qualificou-se durante anos de trabalho obstinado, realizado sob o estímulo bem definido pelo interesse em sua competência profissional; e, sob um estímulo que não é menos poderoso, ele então sujeita conquistas, seu intelecto e sua vontade ao conteúdo de sua argumentação legal. No segundo caso, ele não se deu ao trabalho de se qualificar nem se importa em absorver a informação ou aplicar a ela os cânones da crítica que conhece tão bem; e fica impaciente com argumentos longos ou complicados. Tudo isso mostra que, sem a iniciativa que deriva da responsabilidade imediata, a ignorância persistirá diante de um grande volume de informações, por mais completo e correto que este seja. Persiste mesmo diante dos esforços meritórios que são despendidos, em palestras, aulas e grupos de discussão, para se ir além da apresentação das informações e do ensino de como usá-las. Os resultados não são nulos; contudo, são pequenos. Não há como carregar as pessoas escada acima.

Assim, o cidadão típico cai para um nível mais baixo de desempenho mental quando entra no campo político. Ele argumenta e analisa de uma forma que reconheceria imediatamente como infantil dentro da sua esfera de interesses reais. Torna-se primitivo novamente. Seus pensamentos passam a ser associativos e afetivos.[288] E isso implica outras duas consequências com significado sinistro.

Em primeiro lugar, mesmo que não houvesse grupos políticos tentando influenciá-lo, o cidadão típico tenderia, em questões políticas, a ceder a preconceitos e impulsos extrarracionais ou irracionais. A fragilidade dos processos racionais que ele aplica à política e a ausência de um controle lógico efetivo sobre os resultados a que chega seriam suficientes para explicar isso.

---

condições, que não são preenchidas pelo comportamento político do cidadão comum, mostram por que na política lhe falta todo o alerta e o julgamento que ele pode apresentar em sua profissão.
288. Veja o Capítulo XII.

Além disso, simplesmente por não ser "mentalmente competente", ele acabará relaxando, também, seus padrões morais habituais e, ocasionalmente, cederá a impulsos sombrios que as condições da vida privada o ajudam a reprimir. Mas, em relação à sabedoria ou à racionalidade de suas inferências e conclusões, seria igualmente ruim se ele cedesse a uma explosão de indignação generosa. Nesse caso, teria mais dificuldade para enxergar as coisas em suas proporções corretas ou mesmo para enxergar mais de uma coisa por vez. Assim, se ele emergir de uma só vez de sua imprecisão habitual e passar a exibir a vontade bem definida postulada pela doutrina clássica da democracia, provavelmente se tornará ainda mais estulto e irresponsável do que normalmente é. Em certas conjunturas, isso pode ser fatal para a sua nação.[289]

Um segundo ponto, porém, é que, quanto mais frágil o elemento lógico nos processos da mentalidade pública e mais completa a ausência de crítica racional e de influência racionalizadora da experiência e da responsabilidade pessoais, maiores são as oportunidades para os grupos que tenham algum tipo de plano não revelado. Estes podem ser formados por políticos profissionais, ou por expoentes de interesses econômicos, ou por idealistas de um ou outro tipo, ou por pessoas simplesmente interessadas em montar e dirigir espetáculos políticos; a sociologia desses grupos é irrelevante para nossa argumentação. O único fator importante é que, sendo a *natureza humana na política* o que é, os grupos podem modelar e, dentro de limites muito amplos, até mesmo criar a vontade do povo. Na análise de processos políticos não somos confrontados, em grande medida, com uma vontade genuína, mas, sim, com uma vontade fabricada. E, muitas vezes, esse resultado forjado é tudo o que na realidade corresponde à *volonté générale* da doutrina clássica. Tendo se observado isso, concluímos que a vontade do povo é o produto do processo político, e não a sua força motriz.

As formas como as questões e a vontade popular sobre qualquer assunto estão sendo fabricadas é exatamente análoga aos métodos da publicidade comercial. Encontramos as mesmas tentativas de entrar em contato com o subconsciente. Encontramos a mesma técnica de criar associações favoráveis e associações desfavoráveis que são tanto mais eficazes quanto menos racionais forem. Encontramos as mesmas evasivas e reticências e o mesmo truque de

---

289. Não há como pôr em dúvida a importância de tais explosões, mas é possível duvidar de sua autenticidade. A análise mostrará em muitos exemplos que elas são induzidas pela ação de algum grupo e não surgem espontaneamente nas pessoas. Nesse caso, entram em uma (segunda) classe de fenômenos com a qual lidaremos em seguida. Pessoalmente, acredito que existem exemplos genuínos, porém, não tenho muita certeza de que uma análise mais completa não revele, no fundo, algum esforço psicotécnico.

criar uma opinião pela afirmação reiterada, que obtém êxito precisamente na medida em que evita o argumento racional e o perigo de despertar as faculdades críticas do povo; e assim por diante. Só que todas essas técnicas têm campo de atuação infinitamente maior na esfera dos negócios públicos do que na esfera da vida privada e profissional. No longo prazo, a foto da garota mais linda de todos os tempos não será capaz de manter as vendas de um cigarro ruim. Não há salvaguarda igualmente eficaz no caso das decisões políticas. Muitas decisões de importância decisiva são de tal natureza que se torna impossível para o público experimentá-las quando quiser e a um custo moderado. Mesmo que isso seja possível, no entanto, não é tão fácil formar um juízo como no caso do cigarro, pois os efeitos são mais difíceis de interpretar.

Mas essas técnicas também viciam, numa medida bastante desconhecida no campo da publicidade comercial, as formas de publicidade política que afirmam se dirigir à razão. Para o observador, o apelo antirracional ou, em todo caso, o extrarracional e a falta de proteção da vítima se destacam mais claramente, e não menos, quando disfarçados de fatos e argumentos. Vimos por que é tão difícil transmitir ao público informações imparciais sobre problemas políticos e as inferências logicamente corretas decorrentes delas e por que as informações e os argumentos em questões políticas só serão "registrados" pela mente do cidadão quando estiverem vinculados às suas ideias preconcebidas. Via de regra, no entanto, essas ideias não são suficientemente definidas para que determinem conclusões específicas. Uma vez que elas próprias podem ser fabricadas, o argumento político eficaz implica, de maneira quase inevitável, a tentativa de distorcer as premissas volitivas existentes a uma forma particular, e não apenas a tentativa de implementá-las ou de ajudar o cidadão a se decidir.

Assim, informações e argumentos que são realmente entendidos podem servir a um fim político. Uma vez que a primeira coisa que o homem faz por seu ideal ou interesse é mentir, esperaremos, e na verdade descobrimos, que as informações eficazes são quase sempre adulteradas ou seletivas[290] e que esse raciocínio efetivo na política consiste principalmente em tentar elevar certas proposições à condição de axiomas e eliminar outras; e, então, se reduz à psicotécnica mencionada acima. O leitor que me acha indevidamente pessimista só precisa se perguntar se nunca ouviu — ou não disse a si mesmo — que este ou aquele fato embaraçoso não deve ser exposto publicamente ou que uma certa linha de raciocínio, embora válida, é indesejável. Se os homens que, de acordo com qualquer padrão atual, são perfeitamente

---

290. A informação seletiva, mesmo que correta por si só, é uma tentativa de mentir falando a verdade.

honrados ou mesmo bem-intencionados aceitam essas implicações, não mostram, assim, o que pensam sobre os méritos ou mesmo sobre a existência da vontade do povo?

Há, é claro, limites para tudo isso.[291] Há verdade nas palavras de Jefferson, segundo o qual o povo, no final, é mais sábio do que qualquer indivíduo isolado, ou nas de Lincoln sobre a impossibilidade de "enganar todas as pessoas o tempo todo". Mas as duas frases destacam a questão do longo prazo de forma extremamente significativa. É sem dúvida possível argumentar que, após certo período, a psique coletiva desenvolverá opiniões que com muita frequência nos parecerão muito razoáveis e até mesmo perspicazes. A história, no entanto, consiste em uma sucessão de situações de curto prazo que podem alterar o curso dos acontecimentos para sempre. Se, a curto prazo, todas as pessoas podem ser "enganadas" e, aos poucos, levadas a algo que realmente não querem, e se isso não é um caso excepcional que pode ser ignorado, então nenhum volume de bom senso retrospectivo alterará o fato de que, na realidade, elas não propõem nem decidem questões, mas que as questões que moldam seu destino são normalmente propostas e decididas em nome delas. Mais do que ninguém, o amante da democracia tem todas as razões para aceitar esse fato e afastar a difamação de que o fundamento de seu credo é um faz de conta.

4. RAZÕES PARA A SOBREVIVÊNCIA DA DOUTRINA CLÁSSICA

Mas como é possível que uma doutrina tão claramente contrária aos fatos tenha sobrevivido até hoje e continue tendo um lugar no coração do povo e na linguagem oficial dos governos? Os fatos que a refutam são conhecidos por todos; todo mundo os aceita com franqueza perfeita, frequentemente cínica. A base teórica — isto é, o racionalismo utilitarista — está morta; ninguém a aceita como uma teoria correta do corpo político. No entanto, não é difícil responder a essa pergunta.

Em primeiro lugar, embora a doutrina clássica da ação coletiva possa não ser sustentada pelos resultados da análise empírica, ela recebe forte apoio de sua associação com a crença religiosa, conforme já mencionado anteriormente. Isso talvez não seja óbvio à primeira vista. Os líderes utilitaristas eram tudo menos religiosos no sentido comum do termo. Na verdade,

---

291. É possível que se mostrassem com mais clareza se as questões fossem decididas por referendo com mais frequência. É possível que os políticos saibam por que são quase sempre hostis a essa instituição.

acreditavam ser antirreligiosos, e assim eram considerados de maneira quase universal. Orgulhavam-se do que achavam ser precisamente uma postura não metafísica e tinham bastante antipatia pelas instituições religiosas e pelos movimentos religiosos de sua época. Porém, precisamos apenas reexaminar o quadro do processo social que eles desenharam para descobrir que este detinha características essenciais do cristianismo protestante e que era, de fato, derivado dessa fé. Para o intelectual que havia abandonado sua religião, o credo utilitarista funcionava como substituto dela. Para muitos daqueles que mantiveram sua crença religiosa, a doutrina clássica passou a ser o seu complemento político.[292]

Assim, transposta para as categorias da religião, essa doutrina — e, em consequência, o tipo de persuasão democrática que se baseia nela — muda sua própria natureza. Não há mais necessidade de escrúpulos lógicos sobre o *bem comum* e os *valores supremos*. Tudo isso está resolvido para nós pelo plano do Criador, cujo propósito define e sanciona tudo. O que parecia indefinido ou desmotivado antes passa, de repente, a ser bastante definido e convincente. A voz do povo, por exemplo, é a voz de Deus. Ou vejamos o caso da *igualdade*: seu significado próprio é duvidoso, e quase não há nenhuma garantia racional para transformá-la em postulado, contanto que nos movimentemos apenas no âmbito da análise empírica. Mas o cristianismo abriga um forte elemento igualitário. O redentor morreu por todos: ele não fez diferença entre indivíduos de diferentes *status* sociais. Ao se comportar dessa maneira, ele provou o valor intrínseco da alma individual, um valor que não admite nenhuma gradação. Não será isso uma sanção — e, me parece, a única sanção possível[293] — de que "todos valem um e ninguém vale mais do que um"? Uma sanção que derrama um significado supramundano aos artigos do credo democrático, para os quais dificilmente encontraremos qualquer outro? Na verdade, essa interpretação não cobre todo o terreno; contudo, até onde chega,

---

292. Observe a analogia com a fé socialista, que também é um substitutivo da fé cristã para alguns e um complemento dela para outros.

293. Pode-se argumentar que, por mais difícil que seja atribuir um significado geral à palavra *igualdade*, na maioria das vezes, se não em todas, o contexto acaba por explicá-la. Por exemplo: é possível inferir, das circunstâncias em que o discurso de Gettysburg foi proferido, que, ao afirmar que "todos os homens foram criados livres e iguais", Lincoln referia-se simplesmente à igualdade do *status* jurídico em oposição ao tipo de desigualdade que está implícito no reconhecimento da escravidão. Esse significado seria suficientemente bem definido. Mas se perguntarmos por que essa proposição deve ser moral e politicamente vinculante e se nos recusarmos a responder "porque todo homem é por natureza exatamente igual a qualquer outro homem", então só nos restará recorrer à sanção divina oferecida pela fé cristã. Essa solução está concebivelmente implícita na expressão "foram criados".

parece explicar muitas coisas que de outra forma seriam inexplicáveis e, de fato, sem sentido. Em particular, esclarece a postura do crente em relação à crítica: mais uma vez, como no caso do socialismo, a dissidência fundamental é vista não apenas como erro, mas como pecado; provoca não apenas o contra-argumento lógico, mas também a indignação moral.

Podemos reformular nossa questão e dizer que a democracia, quando motivada dessa forma, deixa de ser um mero método que pode ser discutido racionalmente, como um motor a vapor ou um desinfetante. Na verdade, torna-se algo que, de outro ponto de vista, considerei incapaz de se tornar, a saber, um ideal ou a melhor parte de um esquema ideal de coisas. A própria palavra pode se tornar uma bandeira, um símbolo de tudo o que o homem mais aprecia, de tudo o que ele ama sobre sua nação, conscientemente ou não. Por um lado, a questão sobre como as várias proposições implícitas na crença democrática estão relacionadas aos fatos da política se tornará tão irrelevante para ele como é, para o católico fervoroso, a questão da correspondência entre as ações de Alexandre VI e o halo sobrenatural que paira sobre o cargo de papa. Por outro lado, esse tipo de democrata, enquanto aceita postulados que carregam grandes implicações sobre igualdade e fraternidade, estará em posição também de aceitar, com toda a sinceridade, um sem-número de desvios desses princípios que seu próprio comportamento ou sua posição possa envolver. Isso não chega nem mesmo a ser ilógico. A mera distância dos fatos não constitui argumento contra uma máxima ética ou uma esperança mística.

O segundo ponto é que há o fato de que as formas e frases da democracia clássica estão, para muitas nações, associadas a acontecimentos e decorrências de sua história que são aprovados com entusiasmo por grandes massas. Qualquer oposição a um regime estabelecido provavelmente usará essas formas e frases, sejam quais forem o seu significado e as suas raízes sociais.[294] Se ela prevalecer e se os seus desdobramentos se mostrarem satisfatórios, então essas formas se enraizarão na ideologia nacional.

Os Estados Unidos são um excelente exemplo. Sua própria existência como Estado soberano está associada a uma luta contra a Inglaterra monárquica e aristocrática. Excetuando-se uma minoria de legalistas, os americanos da época do governo de Grenville[295] já tinham, provavelmente, deixado

---

294. Talvez pareça que uma exceção deva ser feita para as oposições que desembocam em regimes abertamente autocráticos. Mas mesmo a maioria delas surgiu, por uma questão histórica, de formas democráticas, e basearam seu governo na aprovação do povo. César não foi assassinado por plebeus, mas os oligarcas aristocráticos que o mataram também utilizavam frases democráticas.

295. George Grenville (1712-1770) foi primeiro-ministro da Grã-Bretanha entre 1763 e 1765, durante o reinado de Jorge III.

de enxergar o monarca inglês como seu rei e a aristocracia inglesa como sua aristocracia. Durante a Guerra da Independência, eles combateram um monarca e uma aristocracia que haviam se transformado, tanto factualmente quanto em sua percepção, em estrangeiros que interferiam em seus interesses políticos e econômicos. Ainda assim, desde as primeiras fases do conflito, eles apresentavam sua causa, que era realmente nacional, como uma causa do "povo" contra os seus "regentes", em termos de direitos inalienáveis do homem e à luz dos princípios gerais da democracia clássica. A linguagem da *declaração de independência* e da *constituição* adotou esses princípios. Seguiu-se um crescimento prodigioso que absorveu e satisfez a maioria das pessoas, e, assim, pareceu justificar a doutrina preservada nos documentos sagrados da nação.

As oposições raramente vencem quando os grupos dominantes estão no auge de seu poder e sucesso. Na primeira metade do século XIX surgiram as oposições que professavam o credo clássico da democracia que, ocasionalmente, prevaleceram contra governos; alguns dos quais — especialmente na Itália — estavam obviamente em decadência e haviam se tornado sinônimos de incompetência, brutalidade e corrupção. De forma natural, embora não muito lógica, isso beneficiou esse credo, que, além disso, parecia mais bem posicionado quando comparado às superstições ignorantes patrocinadas por aqueles governos. Nessas circunstâncias, a revolução democrática significou o advento da liberdade e da decência; e o credo democrático, um evangelho da razão e da prosperidade. Na verdade, essa vantagem estava fadada a ser perdida, e o abismo entre a doutrina e a prática da democracia estava prestes a ser descoberto. Mas o encanto desse amanhecer só desapareceria lentamente.

Em terceiro lugar, não se deve esquecer que existem modelos sociais nos quais a doutrina clássica realmente corresponderá aos fatos com um bom grau de aproximação. Conforme mencionado, esse é o caso de muitas sociedades pequenas e primitivas que, de fato, serviram de protótipo para os autores daquela doutrina. Pode ser o caso também de sociedades que não são primitivas, desde que não sejam muito diferenciadas e não abriguem problemas graves. O melhor exemplo é a Suíça. Há muito pouco para se disputar em um mundo de camponeses que não abriga nenhuma grande indústria capitalista, exceto hotéis e bancos, e onde os problemas das políticas públicas são tão simples e estáveis que serão presumivelmente compreendidos e aceitos pela maioria esmagadora da população. No entanto, se pudermos concluir que, nesses casos, a doutrina clássica se aproxima da realidade, devemos acrescentar imediatamente que o faz não porque descreve um mecanismo eficaz de decisão política, mas apenas porque não há grandes decisões a serem tomadas. Enfim, o caso dos Estados Unidos pode ser novamente invocado para mostrar que a doutrina clássica, às vezes, parece se ajustar aos fatos, mesmo em uma sociedade grande e altamente diferenciada e na qual há grandes temas a serem resolvidos, desde que condições favoráveis os tornem menos incômodos. Até a entrada dos Estados Unidos na Primeira Guerra Mundial, a mentalidade pública estava voltada principalmente para a exploração das possibilidades econômicas do país. Desde que essa exploração não sofresse nenhuma grande interferência, nada importava fundamentalmente para o cidadão comum que via as travessuras dos políticos com desprezo bem-humorado. Talvez alguns setores se irritassem com as tarifas aduaneiras, com a política sobre a prata, com o desgoverno local ou com uma disputa ocasional com a Inglaterra. O povo em geral não se importava muito, exceto em um único caso de grave discordância, que, de fato, acabou produzindo um desastre nacional, a *Guerra Civil americana*.

E, por fim, concluindo, é claro, os políticos apreciam uma fraseologia que lisonjeia as massas e oferece uma excelente oportunidade não só para fugir da responsabilidade como também para aniquilar os adversários em nome do povo.

XXII. OUTRA TEORIA DA DEMOCRACIA

1. COMPETIÇÃO POR LIDERANÇA POLÍTICA

Acredito que a maioria dos estudiosos de política já aceita as críticas lançadas à doutrina clássica da democracia no capítulo anterior. Acredito também que a maioria deles concorda, ou logo concordará, em aceitar outra teoria que seja muito mais próxima da realidade e, ao mesmo tempo, resgata muito do que os partidários do método democrático realmente querem dizer com esse termo. Assim como a teoria clássica, a nossa pode ser definida em poucas palavras.

Devemos nos lembrar de que nossas principais dificuldades em relação à teoria clássica se concentravam na proposição de que "o povo" tem uma opinião definida e racional sobre toda questão individual e põe essa opinião em prática — em uma democracia — ao escolher "representantes" que podem cuidar de sua execução. Assim, a escolha dos representantes é secundária ao objetivo primário do arranjo democrático, que é dar ao eleitorado o poder de decidir sobre questões políticas. Invertamos os papéis desses dois elementos; nesse caso, a decisão das questões pelo eleitorado se tornará secundária à eleição daqueles que deverão tomar decisões. Em outras palavras, nosso ponto de vista agora será o de que o papel do povo é produzir um governo, ou então um órgão intermediário, que, por sua vez, produzirá um executivo nacional[296] ou um governo. E, então, definimos: o método democrático é o arranjo institucional para chegar a decisões políticas por meio do qual os indivíduos adquirem o poder de decidir, por meio de uma luta competitiva, pelo voto do povo.

A defesa e a explicação dessa ideia mostrarão rapidamente que, tanto em relação à plausibilidade das hipóteses quanto à defensibilidade das proposições, ela traz uma enorme melhoria à teoria do processo democrático.

A princípio, ganhamos critério razoavelmente eficiente para fazer a distinção entre governos democráticos e outros governos. Vimos que a teoria clássica encontra dificuldades nesse sentido porque tanto a vontade quanto o bem do povo podem ser, e foram em muitos casos históricos, igualmente ou mais bem atendidos por governos que não podem ser descritos como democráticos de acordo com os usos aceitáveis do termo. Agora estamos em uma posição um pouco melhor, em parte porque estamos decididos a enfatizar um *modus procedendi* (procedimento) cuja existência ou ausência é, na maioria dos casos, fácil de ser verificada.[297]

Por exemplo, uma monarquia parlamentar como a inglesa cumpre os requisitos do método democrático porque o monarca é praticamente obrigado a nomear para o gabinete as mesmas pessoas que seriam eleitas pelo parlamento. Uma monarquia "constitucional" não se qualifica como democrática porque seus eleitores e as seções parlamentares, embora detenham todos os outros direitos dos eleitores e seções parlamentares das monarquias parlamentares, não têm o poder de impor sua escolha quanto à comissão de governo: os ministros do gabinete, nesse caso, são servidores do monarca, tanto em seus elementos essenciais quanto no nome do cargo, e podem, em princípio, ser demitidos, bem como nomeados por ele. Tal arranjo pode agradar ao povo. O eleitorado pode reafirmar esse fato votando contra qualquer proposta de mudança. O monarca pode ser tão popular a ponto de ser capaz de derrotar toda competição pelo cargo supremo. Mas, como não há mecanismos para que essa competição se realize, o exemplo não se inclui em nossa definição.

O próximo ponto é que a teoria incorporada nessa definição nos oferece muito espaço para que reconheçamos de forma apropriada o fato vital da liderança. Isso não ocorre na teoria clássica, mas, como vimos, atribui ao

---

296. A palavra "executivo" é, no caso, um termo enganoso que, na verdade, aponta para a direção errada. No entanto, deixa de ser ambígua se a utilizamos no sentido em que falamos dos "executivos" de uma sociedade anônima, que fazem muito mais do que "executar" a vontade dos acionistas.

297. Veja, no entanto, o ponto a seguir.

eleitorado um grau de iniciativa completamente irrealista que quase equivale a ignorar a liderança. Mas os coletivos agem quase exclusivamente pela aceitação da liderança — esse é o mecanismo dominante de praticamente qualquer ação coletiva que seja mais do que um reflexo. As proposições sobre o funcionamento e os resultados do método democrático que levam isso em conta são, necessariamente, muito mais realistas do que as proposições que não o fazem. Eles não se contentarão com a execução de uma *volonté générale*; irão um pouco além para mostrar a origem desta ou como pode ser substituída ou falsificada. O que chamamos de *vontade fabricada* não fica de fora da teoria, uma aberração por cujo desaparecimento oramos piedosamente; ela entra no andar térreo, como deveria.

No entanto, enquanto existirem vontades coletivas genuínas — por exemplo, a vontade dos desempregados de receber o auxílio-desemprego ou a vontade de outros grupos de ajudar —, nossa teoria não as negligenciará. Pelo contrário, agora, somos capazes de inseri-las exatamente no papel que de fato desempenham. Essas vontades, via de regra, não se afirmam diretamente. Mesmo quando fortes e definidas, permanecem latentes, muitas vezes, por décadas, até serem chamadas à vida por algum líder político que as transforme em fatores políticos. Isso ele faz, ou então seus agentes o fazem por ele, organizando essas vontades, estimulando-as e incluindo itens apropriados em sua oferta competitiva. A interação entre os interesses setoriais e a opinião pública e a forma como produzem o padrão que chamamos de conjuntura política surgem, nesse ângulo, em uma luz nova e muito mais clara.

Nossa teoria não é, naturalmente, mais bem-definida do que o conceito de competição pela liderança. Esse conceito apresenta dificuldades semelhantes ao conceito de concorrência na esfera econômica com a qual a competição pela liderança pode ser comparada de maneira proveitosa. Na vida econômica, a concorrência nunca está totalmente ausente, mas quase nunca é perfeita.[298] Da mesma forma, na vida política há sempre alguma competição, embora talvez apenas potencial, pela lealdade do povo. Para simplificar, restringimos o tipo de competição por liderança que define a democracia à livre concorrência pelo voto livre. A justificativa disso é que a democracia parece implicar um método reconhecido para a condução da luta competitiva, e que o método eleitoral é praticamente o único disponível para todos os tamanhos de comunidades. Porém, embora isso exclua muitas formas de assegurar a

---

298. Há, na Parte II, exemplos dos problemas que surgem disso.

liderança, que, na verdade, devem ser excluídas,²⁹⁹ como a competição pela insurreição militar, não exclui os casos que são notavelmente análogos aos fenômenos econômicos que rotulamos de concorrência "desleal" ou "fraudulenta", ou de restrição da concorrência. E não podemos excluí-los porque, se o fizéssemos, nos restaria apenas um ideal completamente irrealista.³⁰⁰ Entre esse caso ideal, que não existe, e os casos em que toda a concorrência com o líder estabelecido é afastada pela força existe uma área contínua de variação dentro da qual o método democrático de governo se transforma, por meio de passos imperceptíveis, em método autocrático. Mas se quisermos entender e não filosofar, é assim que deve ser. O valor do nosso critério não fica seriamente prejudicado por essa variação.

Além disso, nossa teoria parece esclarecer a relação que subsiste entre democracia e liberdade individual. Se por esta última queremos dizer a existência de uma esfera de autonomia individual cujos limites são historicamente variáveis — *nenhuma* sociedade tolera a liberdade absoluta, mesmo de consciência e de expressão, *nenhuma* sociedade reduz essa esfera a zero —, a questão se torna claramente uma questão de grau. Vimos que o método democrático não garante necessariamente maior quantidade de liberdade individual do que seria permitido por outro método político em circunstâncias semelhantes. Pode perfeitamente ser o contrário. Mas ainda há uma relação entre as duas. Se, pelo menos por princípio, todos são livres para competir pela liderança política³⁰¹ apresentando-se ao eleitorado, isso significará (na maioria dos casos, embora não em todos) um volume considerável de liberdade de discussão *para todos*. Em particular, normalmente significará uma quantidade considerável de liberdade de imprensa. Essa relação entre democracia e liberdade não é absolutamente rigorosa e pode ser modificada. Mas, do ponto de vista do intelectual, é, no entanto, muito importante. Ao mesmo tempo, isso é tudo que existe nessa relação.

Deve-se observar também que, ao dizer que a função primária do eleitorado é produzir um governo (diretamente ou por meio de um órgão intermediário),

---

299. Também exclui métodos que não devem ser desprezados, por exemplo, a aquisição de liderança política pela aceitação tácita do povo ou por uma eleição *quasi per inspirationem*. Essa última difere da eleição por voto apenas por um tecnicismo. Mas não falta importância à primeira, nem mesmo na política moderna; a influência de um chefe de partido *dentro de seu partido* se baseia muitas vezes em nada além da aceitação tácita de sua liderança. Comparativamente falando, no entanto, esses são detalhes que podem, acredito, ser negligenciados em um esboço como este.

300. Do mesmo modo como ocorre no campo econômico, *algumas* restrições estão implícitas nos princípios jurídicos e morais da comunidade.

301. Livre, isto é, no mesmo sentido em que todos são livres para abrir uma outra fábrica de tecidos.

eu também quis incluir nessa frase a função de dissolvê-lo. A primeira significa apenas a aceitação de um líder ou de um grupo de líderes, a segunda significa apenas a retirada dessa aceitação. Isso cuida de um elemento que pode ter escapado do leitor. Talvez tenha imaginado que o eleitorado tanto controla quanto instala um governo. Contudo, como os eleitores normalmente não controlam seus líderes políticos de forma alguma, exceto recusando-se a reelegê-los ou a reeleger as maiorias parlamentares que os apoiam, convém reduzir nossas ideias sobre esse controle da maneira indicada por nossa definição. Ocasionalmente ocorrem revoltas espontâneas que derrubam diretamente um governo ou um ministro, ou então impõem uma certa linha de ação, mas esses eventos não são apenas excepcionais, eles são, como veremos, contrários ao espírito do método democrático.

Enfim, nossa teoria lança uma luz bastante fundamental sobre uma velha controvérsia. Quem quer que aceite a doutrina clássica da democracia e, consequentemente, acredite que o método democrático deve garantir que as questões sejam decididas e as políticas, formuladas de acordo com a vontade do povo, se verá impactado pelo fato de que, mesmo que essa vontade seja inegavelmente real e definida, a decisão por maiorias simples, em muitos casos, mais a distorce que a torna efetiva. Evidentemente, a vontade da maioria é a vontade da maioria e não a vontade do "povo". Esta última constitui um mosaico que a primeira não consegue "representar". Equiparar ambas por definição não resolve o problema. No entanto, foram realizadas tentativas de soluções reais pelos autores dos diversos esboços de *representação proporcional*.

Esses esboços têm recebido críticas adversas por motivos práticos. É de fato óbvio que a representação proporcional não só oferecerá oportunidades para todos os tipos de idiossincrasias se afirmarem como também poderá impedir a democracia de produzir governos eficientes e, assim, mostrar-se um perigo em momentos de pressão.[302] Mas antes de concluir que a democracia se torna inviável se o seu princípio é executado de forma consistente, seria bom nos perguntarmos se esse princípio realmente sugere a representação proporcional. Na verdade, não a sugere. Caso a aceitação da liderança seja a verdadeira função do voto do eleitorado, a defesa da representação proporcional entra em colapso, porque suas premissas deixam de ser imperativas. O princípio da democracia, então, significa apenas que o governo deve ser

---

302. O argumento contrário à representação proporcional está bem exposto pelo professor Ferdinand A. Hermens em "The Trojan Horse of Democracy" (O cavalo de Troia da democracia), *Social Research*, nov. 1938.

entregue àqueles que têm mais apoio do que qualquer um dos indivíduos ou das equipes concorrentes. E isso, por sua vez, parece assegurar a posição do sistema majoritário dentro da lógica do método democrático, embora ainda possamos condená-lo por motivos alheios a essa lógica.

2. A APLICAÇÃO DO PRINCÍPIO

Em relação à teoria descrita na seção anterior, testaremos agora algumas das características mais importantes da estrutura e do funcionamento da máquina política em países democráticos.

2.1. Em uma democracia, conforme dito anteriormente, a principal função do voto do eleitor é produzir governo. Isso pode significar a eleição de um conjunto completo de funcionários individuais. Essa prática, no entanto, é a principal característica de um governo local e será ignorada a partir de agora.[303] Considerando apenas o governo nacional, podemos dizer que a produção de um governo equivale praticamente a decidir quem será o líder.[304] Assim como fizemos anteriormente, iremos chamá-lo de *primeiro-ministro*.

Há apenas um país democrático no qual o voto do eleitorado faz isso diretamente, a saber, os Estados Unidos.[305] Em todos os outros casos, o voto do

---

303. Faremos isso apenas para simplificar. O fenômeno se encaixa perfeitamente em nosso esquema.

304. Isso é apenas uma meia verdade. O voto do eleitor realmente põe no poder um grupo que, em geral, reconhece um líder individual; há, porém, via de regra, líderes de segunda e terceira importância que carregam armas políticas próprias e sobre os quais o líder não tem escolha a não ser investi-los em cargos apropriados. Veremos isso em breve.
Devemos manter outro ponto em mente. Embora haja razões para supor que um homem que chega a uma posição de comando supremo seja, de fato, alguém com considerável força pessoal, independentemente do que mais possa ser — voltaremos mais tarde a esse tema —, disso não se segue que esse será sempre o caso. Portanto, o termo "líder" (*leader* ou *leading man*) não implica que os indivíduos assim designados são necessariamente dotados de qualidades de liderança ou que eles sempre confiram quaisquer direcionamentos pessoais. Há situações políticas favoráveis à ascensão de homens sem liderança (e outras qualidades) e contrárias ao estabelecimento de posturas individuais fortes. Um partido ou uma combinação de partidos, portanto, podem ser ocasionalmente acéfalos. Todos, contudo, reconhecem que esse é um estado patológico e que é uma das causas típicas de derrota.

305. Podemos, suponho, desconsiderar o colégio eleitoral. Ao chamar o presidente dos Estados Unidos de primeiro-ministro, gostaria de salientar a semelhança fundamental de sua posição com a dos primeiros-ministros de outras democracias. Mas não quero minimizar as diferenças, embora algumas delas sejam mais formais do que reais. A menos importante delas é que o presidente também cumpre aquelas funções, em grande parte, cerimoniais, dos presidentes franceses, por exemplo. Muito mais importante é que ele não pode dissolver o congresso — mas nem o primeiro-ministro francês poderia fazer isso. Por outro lado, sua posição é mais forte do que a do primeiro-ministro inglês em virtude do fato de que sua liderança não depende de ter maioria no congresso — ao menos no sentido legal; pois, na verdade, ele acaba sendo derrotado se não tiver maioria. Além disso, ele tem o direito de nomear e demitir os funcionários do gabinete (quase) à vontade. Não há como

eleitorado não produz governo de forma direta, mas um órgão intermediário, daqui em diante chamado de parlamento,[306] ao qual transfere a função de produzir governo. Poderia parecer fácil explicar a adoção, ou melhor, a evolução desse arranjo, tanto por motivos históricos quanto por motivos de conveniência, bem como pelas várias formas que assumiu em diferentes modelos sociais. Ocorre que não se trata de um constructo lógico; é um desenvolvimento natural cujos significados e resultados sutis escapam completamente às doutrinas oficiais, e mais ainda às legais.

Como o parlamento produz governo? O método mais óbvio é elegê-lo ou, mais realisticamente, eleger o primeiro-ministro e, em seguida, votar a lista de ministros apresentada por ele. Esse método é raramente usado,[307] mas revela a natureza do procedimento melhor do que qualquer um dos outros. Além disso, todos esses outros podem ser reduzidos ao primeiro caso, porque o homem que se torna primeiro-ministro é, em todos os casos normais, aquele que seria eleito pelo parlamento. A forma como ele é realmente nomeado para o cargo — por um monarca, como na Inglaterra; por um presidente, como na França; ou por uma agência ou um comitê especial, como no Estado Livre da Prússia do período da República de Weimar — consiste apenas em uma questão de forma.

A prática clássica dos ingleses é a seguinte: após uma eleição geral, o partido vitorioso costuma deter a maioria dos assentos no parlamento e, portanto, pode lançar um voto de desconfiança contra todos, exceto seu próprio líder, que dessa forma negativa é indicado "pelo parlamento" para assumir a liderança do país. Ele é nomeado pelo monarca — pelo rito de "beijar as mãos" — e apresenta a este sua lista de ministros, da qual faz parte a lista de ministros de seu gabinete. Nesta ele inclui, a princípio, alguns veteranos do partido que recebem o que poderia ser chamado de cargo honorífico;

---

chamarmos estes últimos de ministros no sentido inglês da palavra, pois, na verdade, não passam de "secretários", no sentido dado a essa palavra pelo linguajar comum. Podemos dizer, portanto, que, de certa forma, o presidente não é apenas um primeiro-ministro, mas o único ministro, a menos que encontremos uma analogia entre as funções de um ministro do gabinete inglês e as funções dos líderes do governo no congresso.

Não há dificuldade em interpretar e explicar essas e muitas outras peculiaridades dos Estados Unidos ou de qualquer outro país que use o método democrático. Mas, a fim de economizar espaço, pensaremos principalmente no modelo inglês e consideraremos todos os outros casos como "desvios" mais ou menos importantes da teoria de que, até agora, a lógica do governo democrático desenvolveu-se de maneira mais completa na prática inglesa, se bem que não em suas formas legais.

306. É preciso recordar que defini parlamento como um órgão do Estado. Embora tenha feito isso simplesmente por razões de lógica formal (legal), essa definição se encaixa particularmente bem em nossa concepção do método democrático. Ser membro do parlamento é, portanto, um cargo.

307. Por exemplo, foi adotado na Áustria após o colapso de 1918.

na sequência, os líderes do segundo escalão, os homens com os quais conta para os embates regulares no parlamento e que devem sua preferência, em parte, ao seu valor político positivo e, em parte, ao seu valor como potenciais incômodos; também, os homens em ascensão que ele convida para o círculo encantado do governo, a fim de "atrair os cérebros que não fazem parte do governo (*below the gangway*)";[308] e às vezes, enfim, alguns homens que ele considera particularmente bem qualificados para preencher certos cargos.[309] Mas, reitero, em todos os casos normais essa prática tende a produzir o mesmo resultado que a eleição efetuada pelo parlamento. O leitor também verá que, como na Inglaterra, o primeiro-ministro tem o poder real de dissolver ("*go to the country*", em inglês, "apelar ao país", isto é, realizar eleições gerais), o resultado se aproxima, em certa medida, do resultado que se poderia esperar de uma eleição direta do gabinete pelo eleitorado, desde que este o apoie.[310] Isso pode ser ilustrado por um exemplo famoso.

2.2. Em 1879, quando o governo Beaconsfield (Disraeli),[311] depois de quase seis anos de um próspero mandato, culminando no espetacular êxito do Congresso de Berlim,[312] contava com todas as razões para acreditar em um êxito nas

---

308. Na Câmara dos Comuns (Câmara Baixa), os ministros do governo ocupam as cadeiras no bloco de assentos mais próximo ao presidente da casa (à sua direita). Os membros do partido de oposição, formando o gabinete sombra (ou paralelo), ocupam assentos semelhantes em frente aos dos membros do governo. Há um corredor ao lado desses assentos em ambos os lados da casa (ou seja, mais distantes do presidente). "No final do corredor" (*below the gangway*) estão os assentos dos dois lados da casa, ocupados por membros dos respectivos partidos do governo e da oposição, que não fazem parte do governo ou do gabinete sombra. (N.T.)

309. Lamentar, como algumas pessoas fazem, a pouca importância que se dá à adequação ao cargo nesses arranjos não é pertinente à descrição; é da essência do governo democrático que os valores políticos tenham importância primária enquanto a adequação apresentar apenas importância incidental. Veja o capítulo XXIII.

310. Se, como é no caso na França, o primeiro-ministro não tem tal poder, os parlamentares adquirem tanta independência que este paralelismo entre a aceitação de um homem pelo parlamento e a aceitação do mesmo homem pelo eleitorado fica enfraquecido ou é destruído. É nessa situação que o *jogo de salão* da política parlamentar fica fora de controle. Pensamos que esse é um desvio do projeto da máquina. Raymond Poincaré tinha a mesma opinião.

Naturalmente, essas situações também ocorrem na Inglaterra. Pois o poder de dissolução do primeiro-ministro — mais precisamente, seu poder de "aconselhar" o monarca a dissolver a Câmara dos Comuns — é inoperante se o círculo interno de seu partido se opõe a ele ou se não há chance de que as eleições fortaleçam seu domínio sobre o parlamento. Isto é, ele pode ser mais forte (embora possivelmente ainda fraco) no parlamento do que no país. Tal estado de coisas tende a ocorrer com certa regularidade quando um governo já está no poder há alguns anos. Porém, no sistema inglês, esse desvio do projeto não pode durar muito tempo.

311. Benjamin Disraeli, 1º Conde de Beaconsfield (1804-1881), político britânico que foi duas vezes primeiro-ministro do Reino Unido. (N.T.)

312. Não quero dizer que a solução temporária das questões levantadas pela guerra russo-turca e a aquisição de Chipre, uma ilha completamente inútil, fossem, em si, obras-primas da estadística.

urnas, Gladstone, de forma repentina, inflamou o país com uma série de discursos de força insuperável (a campanha Midlothian), que destacou as atrocidades turcas com tanto êxito que isso o colocou na crista de uma onda de entusiasmo popular *por ele pessoalmente*. O partido oficial não teve nada a ver com isso. Na verdade, vários de seus líderes desaprovavam a atitude de Gladstone. Ele havia renunciado à liderança anos antes e agora conquistava sozinho o país. Mas quando o partido liberal, movido por esse ímpeto, obteve uma vitória esmagadora, ficou óbvio para todos que seria preciso aceitá-lo novamente como líder do partido — ou melhor, todos entenderam que a liderança fora reconquistada em razão de ser ele o líder nacional; simplesmente não havia espaço para ninguém mais. Ele chegou ao poder envolto em glória.

Esse caso nos ensina muito sobre o funcionamento do método democrático. Para começar, deve-se perceber que o exemplo é único apenas em sua qualidade dramática e em nada mais. É o exemplar agigantado de um gênero normal. Os casos dos dois Pitts, de Peel, de Palmerston, de Disraeli, de Campbell Bannerman[313] e de outros diferem deste apenas em grau.

Primeiro, quanto à liderança política do primeiro-ministro,[314] nosso exemplo mostra que ela é composta de três elementos distintos que não devem ser

---

Mas realmente digo que, do ponto de vista da política doméstica, elas eram apenas o tipo de êxito vistoso que normalmente lisonjearia a vaidade do cidadão médio e aumentaria muito as perspectivas do governo em um clima de patriotismo excessivamente fanático. Na verdade, a opinião geral era de que Disraeli venceria se tivesse dissolvido o parlamento imediatamente ao regressar de Berlim.

313. William Pitt (1º conde de Chatham), primeiro-ministro entre 1766 e 1768; William Pitt, o Jovem, primeiro-ministro de 1783 a 1801 e de 1804 a 1806; Robert Peel, primeiro-ministro de 1834 a 1835 e de 1841 a 1846; Henry John Temple (3º Visconde Palmerston), primeiro-ministro de 1855 a 1858 e de 1859 a 1865; Benjamin Disraeli, primeiro-ministro em 1868 e de 1874 a 1880; Henry Campbell-Bannerman, primeiro-ministro entre 1905 e 1908. (N.T.)

314. É característico da maneira inglesa de fazer as coisas que o reconhecimento oficial da existência do cargo de primeiro-ministro tenha sido adiado até 1907, quando lhe foi permitido comparecer na ordem oficial de precedência da corte. O cargo, contudo, é tão antigo quanto o governo democrático. No entanto, uma vez que o governo democrático nunca foi introduzido por uma lei específica, mas evoluiu lentamente como parte de um processo social abrangente, não é fácil indicar nem mesmo um dia ou período aproximado de seu nascimento. Há um longo trecho que apresenta casos embrionários. É tentador datar a instituição a partir do reinado de Guilherme III, cuja posição, muito mais fraca do que a dos governantes nativos, parece dar aparência de plausibilidade à ideia. A objeção a isso, porém, não é tanto no sentido de que a Inglaterra não era uma "democracia" naquela época — o leitor se lembrará de que não definimos democracia pela extensão do direito de voto — e, sim, que, por um lado, o caso embrionário de Danby havia ocorrido durante o reinado de Carlos II e que, por outro lado, Guilherme III nunca se reconciliou com o arranjo e manteve com êxito determinados assuntos em suas mãos. Não devemos, naturalmente, confundir os primeiros-ministros com meros conselheiros, por mais poder que tivessem sobre os seus soberanos e por mais firmemente entrincheirados no centro da máquina política que estivessem — homens como Richelieu, Mazarin ou Strafford, por exemplo. Godolphin e Harley, durante o reinado da rainha Ana, participaram claramente de casos de transição. O primeiro homem a ser reconhecido por todos na época e por

confundidos e que, em cada caso, se misturam em diferentes proporções: a mistura, então, determina a natureza do governo de cada primeiro-ministro individualmente. Diante disso, ele toma posse como o líder do seu partido *no parlamento*. Assim que é instalado, no entanto, torna-se, de certa forma, o *líder do parlamento*, diretamente da Câmara [Câmara dos Comuns ou Câmara dos Lordes] da qual é membro e, indiretamente, também da outra. Isso é mais do que um eufemismo oficial e mais do que sugere o domínio que detém sobre seu próprio partido. Ele influencia ou gera antipatia dos outros partidos e também dos membros individuais dos outros partidos, e isso faz muita diferença para as suas oportunidades de êxito. No caso-limite, bem exemplificado pela prática de Robert Peel, ele pode coagir seu próprio partido por meio de outro. Enfim, embora em todos os casos normais ele também seja o chefe de seu partido *no país*, o exemplar bem desenvolvido do gênero primeiro-ministro terá, no país, uma posição distinta da que ele automaticamente conquista ao ser líder do partido. Ele liderará a opinião partidária de maneira criativa — dará forma a ela — e, por fim, se erguerá em direção a uma liderança formativa da opinião pública que ultrapassa as linhas partidárias, em direção à liderança nacional que pode, em certa medida, tornar-se independente da mera opinião partidária. É desnecessário dizer quão pessoal é essa conquista e quão grande é a importância de tal posição fora do partido e do parlamento. É como entregar um chicote ao líder, cujo estalido pode subjugar seus seguidores relutantes e conspiradores, embora suas tiras firam cruelmente as mãos que o usam de maneira desastrosa. Isso sugere uma restrição importante para a nossa proposição de que, em um sistema parlamentar, a função de produzir um governo é transferida ao parlamento. Em geral, é o parlamento que escolhe o primeiro-ministro, mas essa ação não é completamente livre. A escolha é feita por aceitação, e não por iniciativa.

---

historiadores políticos foi Robert Walpole. Mas ele, bem como o Duque de Newcastle (ou seu irmão Henry Pelham ou ambos em conjunto) e, de fato, todos os líderes até o lorde Shelburne (incluindo Pitt, o Velho, que, mesmo como secretário de *relações exteriores*, chegou muito perto de cumprir a essência de nossos requisitos) careciam de uma ou outra característica. O primeiro exemplar completo foi Pitt, o jovem.

É interessante notar que, no caso de Robert Walpole (e, mais tarde, no de lorde Carteret), sua própria época não reconhecia que ali se encontrava um órgão essencial para o governo democrático que se impunha ao rasgar tecidos atrofiados. Pelo contrário, a opinião pública o via como um câncer extremamente cruel, cujo tumor constituía uma ameaça ao bem-estar nacional e à democracia — "ministro único" ou "primeiro-ministro" era uma injúria lançada a Walpole por seus inimigos. Esse fato é significativo. Isso não só indica a resistência que as novas instituições costumam encontrar como também sugere que essa instituição era considerada incompatível com a doutrina clássica da democracia, a qual, na verdade, não coaduna com o termo "liderança política" em nosso sentido; daí, da mesma forma, não coaduna com as realidades do cargo de primeiro-ministro.

Com exceção de casos patológicos como o da *chambre* francesa, os desejos dos membros não são, via de regra, os dados finais do processo do qual surge o governo. Os deputados não estão apenas algemados pela obrigações partidárias; eles também são conduzidos pelo homem que "elegem" — conduzidos ao ato da própria "eleição" exatamente como são conduzidos por ele depois de "eleito". Todo cavalo é, naturalmente, livre para não responder aos arreios e nem sempre cavalga de acordo com as ordens dadas. Mas a revolta ou a resistência passiva contra a direção do líder é apenas evidência da relação normal existente. E essa relação normal é da essência do método democrático. A vitória pessoal de Gladstone em 1880 é a resposta à teoria oficial de que o parlamento cria e dissolve governos.[315]

2.3. Observemos, em seguida, a natureza e o papel do gabinete.[316] Trata-se, curiosamente, de algo com duas faces; é o produto conjunto do parlamento e do primeiro-ministro. Este último designa seus membros para nomeação, como vimos, e o primeiro os aceita, embora também influencie a sua escolha. Do ponto de vista do partido, é uma assembleia de sublíderes que, em maior ou menor grau, reflete sua estrutura. Do ponto de vista do primeiro-ministro, trata-se não apenas de um agrupamento de companheiros de armas, mas de homens do partido que têm seus interesses e suas perspectivas a considerar: um parlamento em miniatura. Para que a combinação aconteça e funcione, é necessário que os futuros ministros do gabinete resolvam

---

315. O próprio Gladstone defendia vigorosamente essa teoria. Em 1874, quando foi derrotado nas urnas, ele ainda argumentava em favor de ouvir o parlamento, pois a este caberia aprovar a sentença de destituição. Isso, naturalmente, nada significa; assim como quando professava de forma interessada uma deferência ilimitada à Coroa. Todos os seus biógrafos haviam ficado impressionados com essa postura cortês do grande líder democrático. Mas, certamente, a rainha Vitória mostrou mais discernimento do que aqueles biógrafos, como é possível avaliar pela forte antipatia que exibiu por Gladstone a partir de 1879 e que os biógrafos atribuem apenas à influência nociva de Disraeli. Será que é realmente necessário salientar que declarações de deferência podem significar duas coisas diferentes? O homem que trata sua esposa com uma cortesia complexa não é, via de regra, alguém que aceita a camaradagem entre os sexos em termos de igualdade. Na verdade, a postura cortês é precisamente um método para evitar isso.

316. Ainda mais nebulosa do que a evolução do cargo de primeiro-ministro, a do gabinete está obscurecida pela continuidade histórica que encobre as mudanças na natureza de uma instituição. Até hoje o gabinete inglês é, juridicamente, o órgão operativo do Conselho Privado, que, naturalmente, foi um instrumento de governo de uma época decididamente pré-democrática. Mas, em seu plano de fundo, ocorreu a evolução de um órgão completamente diferente. Assim que percebemos isso, torna-se mais fácil datar seu surgimento do que o do primeiro-ministro. Embora tenham existido gabinetes embrionários na época de Carlos II (o ministério "cabal" foi um deles e a comissão dos quatro, formada em conexão com o experimento de Temple, foi outro), a facção Whig, conhecida como "Junto" durante o reinado de Guilherme III, é uma boa candidata para o primeiro lugar. A partir do reinado de Ana, restam apenas discordâncias em pequenos pontos sobre filiação ou funcionamento.

— não necessariamente por amor entusiástico — servir sob o senhor X, e que o senhor X dê forma ao seu programa para que os colegas no gabinete não sintam o constante desejo de "reconsiderar sua posição" (conforme o fraseado oficial) ou de iniciar uma greve. Assim, o gabinete — e isso também se aplica ao ministério em geral, que engloba os funcionários políticos que não fazem parte do gabinete — tem no processo democrático uma função distinta da do primeiro-ministro, do partido, do parlamento e do eleitorado. Essa função de liderança intermediária está associada aos assuntos correntes — mas não é de forma alguma baseadas neles — negociados pelos funcionários individuais do gabinete nos vários departamentos para os quais são nomeados; isso tem como objetivo manter as mãos do grupo dirigente na máquina burocrática. Com a expressão "garantir que a vontade do povo seja realizada em cada um deles", essa função tem apenas uma relação distante, quando esta existe. Precisamente nos melhores exemplos, são apresentados ao povo resultados nunca imaginados e que não teriam sido aprovados com antecedência.

2.4. Mais uma vez, falemos do parlamento. Defini o que me parece ser sua função primária e delimitei essa definição. Mas pode-se alegar que minha definição não faz justiça às suas outras funções. O parlamento, obviamente, faz muitas outras coisas além de criar e derrubar governos. Ele legisla. E até administra. Pois, embora todo ato de um parlamento, exceto as resoluções e as declarações de política, se tornem "lei" em um sentido formal, há muitos atos que devem ser considerados como medidas administrativas. O orçamento é o exemplo mais importante. Sua elaboração é uma função administrativa. No entanto, neste país, isso fica a cargo do Congresso. Mesmo quando é produzido pelo ministro das finanças com a aprovação do gabinete, como na Inglaterra, o parlamento deve votá-lo, e, por essa votação, torna-se um ato do parlamento. Isso não refuta nossa teoria?

Quando dois exércitos operam um contra o outro, seus movimentos individuais estão sempre centrados em objetos específicos que são determinados pela conjuntura estratégica ou pela tática de cada um. Eles podem lutar por uma determinada faixa de terra ou uma colina. Mas a desejabilidade de conquistar essa faixa ou essa colina deve originar-se do propósito estratégico ou tático, que é derrotar o inimigo. Seria obviamente absurdo fazer com que se originasse de quaisquer propriedades extramilitares que o trecho ou a colina pudessem ter. Da mesma forma, o primeiro e mais importante objetivo de cada partido político é vencer os outros para chegar ao poder ou nele permanecer. Assim como a conquista do trecho de terra ou da colina, a decisão das questões políticas é, do ponto de vista do político, não o fim, mas apenas a matéria-prima da atividade parlamentar. Uma vez que os políticos disparam palavras em vez de balas, e uma vez que essas palavras são inevitavelmente oferecidas pelas questões em debate, é possível que isso nem sempre fique tão claro, como ocorre no caso militar. A vitória sobre o adversário é, contudo, a essência de ambos os jogos.[317]

Fundamentalmente, então, a produção ordinária de decisões parlamentares sobre questões nacionais é o próprio método pelo qual o parlamento mantém ou se recusa a manter um governo no poder ou pelo qual o parlamento aceita ou se recusa a aceitar a liderança do primeiro-ministro.[318] Com as exceções que relataremos em breve, cada voto é um voto de confiança ou de falta de confiança, e os votos que são tecnicamente assim chamados revelam *in abstracto* o elemento essencial que é comum a todos. Podemos nos convencer disso observando que a iniciativa de apresentar questões para deliberação do parlamento cabe, via de regra, ao governo ou, então, ao gabinete sombra (também chamado de gabinete paralelo) da oposição, mas não a membros individuais.

É o primeiro-ministro que, do fluxo incessante de problemas correntes, escolhe aqueles que se tornarão questões parlamentares, ou seja, aqueles sobre os quais seu governo proporá a introdução de projetos de lei ou, ao menos, resoluções — se ele não estiver certo de sua posição. É claro que todo governo recebe de seu antecessor um legado de questões pendentes que talvez seja incapaz de engavetar; outras são aceitas como uma questão de política rotineira; e é apenas no caso de alguma conquista mais brilhante que um primeiro-ministro estará em posição de impor medidas sobre uma questão política que ele mesmo tenha criado. De qualquer forma, a escolha ou a liderança do governo, seja livre ou não, é o fator que domina a atividade parlamentar. Se um projeto de lei é apresentado pela oposição, isso significa que esta se mostra preparada para a batalha: tal movimento é um ataque que o governo deve frustrar ao se apropriar da questão, ou

---

317. Às vezes, os políticos emergem de névoas fraseológicas. Para citar um exemplo ao qual nenhuma objeção pode ser oposta por motivo de frivolidade: um grande político como Robert Peel caracterizou a natureza de seu ofício quando, após sua vitória parlamentar sobre o governo Whig, disse sobre a questão da política deste último na Jamaica: "A Jamaica foi um bom cavalo para começar". O leitor deve refletir sobre isso.

318. Isso, é claro, aplica-se tanto às práticas pré-Vichy da França quanto à prática pré-fascista da Itália ou à inglesa. Pode, no entanto, haver dúvida no caso dos Estados Unidos, onde a derrota do governo em uma questão importante não implica a renúncia do presidente. Mas isso se deve apenas ao fato de a Constituição, que incorpora uma teoria política diferente, não ter permitido que a prática parlamentar se desenvolvesse de acordo com sua lógica. Na verdade, essa lógica pôde afirmar-se parcialmente. As derrotas em questões importantes, embora não levem à substituição do presidente, em geral, enfraquecem seu prestígio, a ponto de removê-lo de uma posição de liderança. Por algum tempo, isso cria uma situação de anormalidade. Mas, com a vitória ou a derrota na eleição presidencial subsequente, o conflito se resolve de uma forma que não difere fundamentalmente da maneira como um primeiro-ministro inglês lida com situação semelhante quando dissolve o parlamento.

então deve derrotar. Se um projeto de lei importante, que não faça parte da lista do governo, é apresentado por um grupo do partido do governo, isso significa uma revolta, e é desse ponto de vista que ele é analisado pelos ministros, não com base em méritos extratáticos do caso. Isso se aplica até mesmo à proposta de um debate. A menos que seja sugerido ou sancionado pelo governo, eles são sintomas de que aquele está perdendo controle do poder. Enfim, se uma medida é aprovada por um acordo interpartidário, pode representar uma batalha não decidida ou uma batalha evitada por motivos estratégicos.[319]

2.5. As exceções a esse princípio de liderança governamental em assembleias "representativas" servem apenas para mostrar o quão realista essa liderança é. As exceções podem ser de dois tipos.

A princípio, nenhuma liderança é absoluta. A liderança política exercida de acordo com o método democrático é ainda menos absoluta que as outras por causa desse elemento competitivo que é da essência da democracia. Uma vez que, teoricamente, todo seguidor tem o direito de substituir seu líder, e como quase sempre há alguns seguidores com chance real de fazê-lo, o membro privado e o ministro — se acreditarem que podem alcançar cargos mais altos —, dentro e fora do círculo dirigente, adotam uma linha intermediária entre a lealdade incondicional ao padrão do líder e a instauração incondicional de um padrão próprio, equilibrando riscos e oportunidades com uma sutileza que, às vezes, é verdadeiramente admirável.[320] O líder, por sua vez, responde adotando uma linha intermediária entre insistir na disciplina e permitir certa oposição. Ele tempera a pressão com concessões mais ou menos

---

319. Outro exemplo muito significativo da técnica inglesa pode ser mencionado nesse sentido. Um projeto de lei importante, em geral, não recebe ou não recebia seguimento se a maioria a seu favor caísse a um número muito baixo na segunda leitura. Essa prática, antes de tudo, reconhecia uma limitação importante do princípio majoritário tal como é realmente aplicado em democracias bem administradas: não seria correto dizer que em uma democracia a minoria é sempre obrigada a resignar-se. Mas há um segundo ponto. Embora a minoria nem sempre seja obrigada a ceder à maioria sobre a questão específica em debate, é praticamente sempre — houve exceções até mesmo para isso — obrigada a ceder a ela na questão da permanência ou não do gabinete no poder. Pode-se dizer que tal voto, na segunda leitura de uma importante medida do governo, consiste na combinação de um voto de confiança e um voto pelo arquivamento do projeto de lei. Se tudo o que importasse fosse o conteúdo do projeto, dificilmente faria sentido votar a seu favor se não se desejasse que fosse transformado em lei. Mas se a principal preocupação do parlamento é a manutenção do gabinete, então tais táticas se tornam imediatamente compreensíveis.

320. Um dos exemplos mais instrutivos pelos quais o que dissemos acima pode ser ilustrado é proporcionado pela linha tomada por Joseph Chamberlain no que diz respeito à questão irlandesa durante a década de 1880. Ele finalmente venceu Gladstone, embora tenha iniciado a campanha enquanto era, oficialmente, um ardente adepto. E o caso é excepcional apenas pela força e pelo brilhantismo do homem. Como sabe todo líder político, da lealdade espera-se apenas mediocridades. É por isso que alguns desses grandes líderes, Disraeli, por exemplo, cercavam-se de homens completamente desimportantes.

criteriosas, as desaprovações, com elogios, e as punições, com benefícios. Esse jogo resulta, de acordo com a força relativa dos indivíduos e de suas posições, em um volume de liberdade muito variável, mas considerável na maioria dos casos. Em particular, os grupos suficientemente fortes para fazer com que sua insatisfação seja sentida, mas não tão fortes para fazer com que a inclusão de seus protagonistas e seus programas no arranjo governamental seja vantajosa, serão, em geral, livres para lidar com questões menores ou, de qualquer modo, com questões que o primeiro-ministro possa ser induzido a considerar como de menor importância ou apenas de importância regional. Assim, os grupos de seguidores ou mesmo os membros individuais podem ocasionalmente ter a oportunidade de apresentar seus próprios projetos de lei e, naturalmente, haverá tolerância ainda maior à mera crítica ou à recusa a votar automaticamente a favor de cada medida do governo. Mas precisamos apenas examinar as concessões com um espírito prático para perceber, pelos limites impostos ao uso dessa liberdade, que elas incorporam não o princípio do funcionamento de um parlamento, mas os seus desvios.

Por outro lado, há casos em que a máquina política não consegue absorver certas questões, ou porque os altos comandos do governo e das forças da oposição não entendem seus valores políticos ou porque esses valores são, de fato, duvidosos.[321] Tais questões podem, então, ser assumidas por pessoas de fora que preferem empenhar-se pelo poder de forma independente a servir nas alas de um dos partidos existentes. Isso, é claro, faz parte da política. Mas há outra possibilidade. Um homem pode sentir-se tão fortemente tomado por uma questão particular que é capaz de entrar na arena política apenas para resolvê-la à sua maneira, sem guardar nenhum desejo de iniciar uma carreira política normal. Isso, contudo, é tão incomum que dificilmente encontraremos exemplos de suma importância. Talvez Richard Cobden tenha sido um. É verdade que exemplos de importância secundária são mais frequentes, especialmente os do tipo cruzadista, mas ninguém afirmará que eles são nada além de desvios da prática-padrão.

Podemos resumir da seguinte maneira. Via de regra, ao observarmos as sociedades humanas, não nos parece difícil especificar, pelo menos de acordo com um certo bom senso, os vários fins almejados pelas sociedades em estudo. Pode-se dizer que esses fins oferecem a lógica ou o significado das atividades

---

321. Uma questão que nunca foi levada a plenário é o exemplo típico da primeira classe de problemas. As razões típicas pelas quais o governo e o gabinete paralelo da oposição podem concordar tacitamente em deixar uma questão de lado, apesar de perceber suas potencialidades, são as dificuldades técnicas para lidar com ela e o medo de que cause dificuldades setoriais.

individuais correspondentes. Mas disso não se segue que o significado social de um tipo de atividade oferecerá necessariamente a força motriz e, daí, sua explicação. Se não oferecer, então, uma teoria que se satisfaz com uma análise do fim ou da necessidade social a ser atendida não pode ser aceita como uma explicação adequada das atividades que a servem. Por exemplo, a razão pela qual existe uma atividade econômica é, naturalmente, que as pessoas querem comer, vestir-se e assim por diante. Oferecer os meios para satisfazer a essas necessidades é o fim ou o significado social da produção. Entretanto, todos nós concordamos que essa proposta seria um ponto de partida extremamente irrealista para uma teoria da atividade econômica em uma sociedade mercantil e, mais, que seria muito melhor se partíssemos de proposições sobre lucros. Da mesma forma, o significado, ou a função social, da atividade parlamentar é, sem dúvida, produzir legislação e, em parte, medidas administrativas. Mas, para entender como a política democrática serve a esse fim social, devemos partir da luta competitiva pelo poder e pelos cargos e perceber que a função social é cumprida, por assim dizer, incidentalmente — no mesmo sentido que a produção é incidental à obtenção do lucro.

2.6. Finalmente, quanto ao papel do eleitorado, precisamos mencionar apenas mais um ponto. Vimos que os desejos dos membros de um parlamento não são os dados finais do processo que leva à produção de um governo. Uma afirmação semelhante deve ser feita em relação ao eleitorado. A escolha que faz — ideologicamente glorificada pela frase *chamado do povo* — não se origina de sua iniciativa, mas está sendo formada, e essa formação é uma parte essencial do processo democrático. Os eleitores não decidem questões, mas também não escolhem, com mente aberta, os membros do parlamento entre a população elegível. Em todos os casos normais, a iniciativa cabe ao candidato que concorre a um cargo de membro do parlamento e à liderança local que isso pode implicar. Os eleitores limitam-se a aceitar ou não aceitar essa candidatura em detrimento das outras. Até mesmo a maior parte dos casos excepcionais em que um homem é genuinamente recrutado pelos eleitores entra na mesma categoria por duas razões: naturalmente um homem não precisa concorrer à liderança se já for líder; ou pode acontecer de um líder local — que é capaz de controlar ou influenciar o voto, mas não pode ou não quer concorrer à eleição — designar outro homem que, então, pode parecer ter sido procurado pelos eleitores, que teriam agido por iniciativa própria.

Mas até mesmo o alto grau de iniciativa eleitoral que, por si só, estaria implícito pela aceitação de um dos candidatos concorrentes ficaria ainda mais restrito pela existência dos partidos. Um partido não é, como a doutrina clássica (ou Edmund Burke) nos faria acreditar, um grupo de homens que pretendem promover o bem-estar público "com base em um princípio sobre o qual todos estão de acordo". Essa racionalização é muito perigosa porque é muito tentadora. Pois todos os partidos, claro, em determinado momento, adotam um conjunto de princípios ou plataformas que pode ser tão característico do partido que os adota e tão importante para o seu êxito quanto as marcas dos produtos vendidos por uma loja de departamentos são características dela e importantes para o seu êxito. Mas a loja de departamentos não pode ser definida em termos de suas marcas, e um partido não pode ser definido em termos de seus princípios. Um partido é um grupo cujos membros agem de forma planejada em sua luta competitiva pelo poder político. Se não ocorresse dessa forma, seria impossível que diferentes partidos adotassem exatamente ou quase exatamente o mesmo programa. Ainda assim, isso, como todos sabem, acontece. O partido e a máquina política são simplesmente a resposta ao fato de que a massa eleitoral é incapaz de qualquer ação senão a debandada, e constituem uma tentativa de regular a competição política exatamente igual às práticas correspondentes de uma associação comercial. A psicotécnica da gestão partidária e da propaganda partidária, *slogans* e músicas de marcha não são acessórios. Tudo isso é da essência da política; assim como o é o chefe político.

XXIII. CONCLUSÃO

1. ALGUMAS IMPLICAÇÕES DA ANÁLISE ANTERIOR

A teoria da liderança competitiva tem se mostrado uma interpretação satisfatória dos fatos do processo democrático. Por isso, nós, naturalmente, a utilizaremos em nossa tentativa de desvendar a relação entre a democracia e uma ordem socialista de coisas. Conforme dito anteriormente, os socialistas não apenas afirmam a existência da compatibilidade como também alegam que a democracia sugere o socialismo e que não existe democracia verdadeira senão no socialismo. Por outro lado, não há como o leitor desconhecer pelo menos alguns dos inúmeros panfletos publicados nos Estados Unidos nos últimos anos que buscavam provar que uma economia planejada, para não falar do socialismo pleno, é completamente incompatível com a democracia. Naturalmente, ambos os pontos de vista são de fácil entendimento com base no contexto psicológico da disputa e do desejo natural de ambas as partes de garantir o apoio de um povo cuja grande maioria acredita fervorosamente na democracia. Mas suponha que perguntemos: onde está a verdade?

A nossa análise, realizada nesta parte do livro e nas anteriores, imediatamente nos oferece uma resposta. Entre os conceitos de socialismo, como o definimos, e o de democracia, como a definimos, não há relação necessária: um pode existir sem o outro. Ao mesmo tempo, não há incompatibilidade; nas circunstâncias apropriadas do ambiente social, a máquina socialista é capaz de funcionar com princípios democráticos. Mas observe que essas afirmações simples dependem de nossa visão sobre o que é o socialismo e o que é a democracia. Portanto, elas significam não apenas menos, mas também algo diferente do que qualquer das partes da disputa tem em mente. Ainda temos muito o que explicar, tanto por essa razão como também porque a questão da mera compatibilidade traz, inevitavelmente, a questão adicional de se saber se o método democrático funcionará mais ou menos efetivamente em um regime socialista em comparação com um regime capitalista. Em particular, devemos tentar formular as condições sob as quais se pode esperar que o método democrático seja satisfatório. Isso será feito na segunda seção deste capítulo. Agora, analisaremos algumas das implicações de nossa análise do processo democrático.

Em primeiro lugar, de acordo com o ponto de vista que tomamos, a democracia não significa e não pode significar que o povo realmente governa em qualquer sentido óbvio dos termos "povo" e "governar". Democracia significa apenas que o povo tem a oportunidade de aceitar ou recusar aqueles que os governarão. Mas, como o povo também pode decidir isso de forma totalmente antidemocrática, tivemos de restringir nossa definição adicionando outro critério para identificar o método democrático: a competição livre entre os possíveis líderes pelo voto dos eleitores. Ora, é possível expressar um aspecto disso dizendo que a democracia é o governo do político. É de extrema importância entender claramente o que isso acarreta.

Muitos expoentes da doutrina democrática têm se esforçado para retirar da atividade política qualquer conotação profissional. Defendem fortemente, às vezes de forma apaixonada, que a política não deve ser uma profissão, e que, sempre que isso ocorre, a democracia se degenera. Mas isso é somente ideologia. É verdade que, por exemplo, homens de negócios ou advogados podem ser eleitos para servir no parlamento e até mesmo tomar posse ocasionalmente e, ainda assim, continuar sendo principalmente homens de negócios e advogados. Também é verdade que muitos que se tornam principalmente políticos continuam dependendo de outras atividades para seu sustento.[322] Contudo, em geral, o sucesso pessoal na política, mais

---

322. Os exemplos, é claro, são muitos. Uma classe particularmente instrutiva é a dos advogados do *chambre* e do *sénat* franceses. Alguns dos líderes políticos de destaque também foram grandes *avocats*: pense, por exemplo, em Waldeck-Rousseau e em Poincaré. Mas, via de regra (e se resolvermos

do que a ocasional ascensão a um cargo no gabinete em particular, resultará em uma concentração do tipo profissional e relegará as outras atividades de um homem para a posição de serviços paralelos ou de afazeres necessários. Se quisermos encarar os fatos de maneira honesta, devemos reconhecer que, em democracias modernas de qualquer tipo que não sejam a Suíça, a política será inevitavelmente uma carreira. Isso, por sua vez, significa o reconhecimento de um nítido interesse profissional no político em si e de um nítido interesse coletivo na profissão política como tal. É essencial inserir esse fator em nossa teoria. Muitos enigmas são resolvidos assim que levamos isso em conta.[323] Entre outras coisas, deixamos imediatamente de nos perguntar por que é que os políticos, muitas vezes, não servem ao interesse de sua classe ou dos grupos aos quais estão pessoalmente conectados. Em termos políticos, o homem estará ainda no berçário se não tiver absorvido, para nunca mais esquecer, o dito atribuído a um dos políticos mais bem-sucedidos que já existiram: "O que os homens de negócios não entendem é que, exatamente como eles negociam com petróleo, eu negocio com votos".[324]

Observe que não há razão para acreditar que tudo isso será melhor ou pior em uma sociedade socialista. Ainda será do tipo distinto de homem e terá um padrão distinto de interesses o médico ou o engenheiro que desejar preencher o copo de suas ambições por meio do êxito como médico ou engenheiro; esses profissionais que desejam trabalhar ou reformar as instituições de seu país continuarão sendo de outro tipo e terão outro padrão de interesses.

Em segundo lugar, os estudiosos das organizações políticas sempre tiveram dúvidas quanto à eficiência administrativa da democracia em sociedades grandes e complexas. Em particular, argumentou-se que, em comparação com outros arranjos, a eficiência do governo democrático é prejudicada de forma

---

negligenciar os casos em que os escritórios de advogados serão milagrosamente administrados por si mesmos quando um de seus sócios for um líder político; e, com frequência, esses advogados dispõem de cargos políticos), o êxito nos tribunais e o sucesso na política não caminham juntos.

323. Deve-se observar como esse argumento se liga a nossa análise da posição e do comportamento dos intelectuais no Capítulo XIII, Seção 2.

324. Esse ponto de vista é, às vezes, considerado frívolo ou cínico. Penso, pelo contrário, que frívolo ou cínico é apoiar falsamente os *slogans* para os quais, privadamente, as pessoas nada têm a oferecer senão um sorriso de agouro. Mas é bom ressaltar que o ponto de vista em questão não é tão depreciativo para o político quanto parece. Não exclui ideais ou um senso de dever. A analogia com o homem de negócios ajudará mais uma vez a esclarecer o ponto. Como já foi dito em outra passagem, nenhum economista que entenda um pouco sobre as realidades da vida empresarial afirmaria, por um só instante, que esse senso de dever e os ideais sobre serviço e eficiência não desempenham algum papel na formação do comportamento dos homens de negócios. No entanto, o mesmo economista tem todo o direito de basear sua explicação sobre esse comportamento em um esquema que dependa da motivação do lucro.

inevitável pela enorme perda de energia que a batalha incessante no parlamento e fora dele impõe aos dirigentes. Pela mesma razão, fica ainda mais prejudicada pela necessidade de sujeitar as políticas às exigências da guerra política. Nenhuma das proposições pode ser posta em dúvida. Ambas são apenas corolários de nossa afirmação anterior de que o método democrático produz legislação e administração como subprodutos da luta por cargos políticos.

Vejamos, por exemplo, a situação de um primeiro-ministro. Quando os governos são tão instáveis quanto foram na França de 1871 até o colapso em 1940, sua atenção deve voltar-se quase inteiramente a uma tarefa que se assemelha à tentativa de construir uma pirâmide com bolas de bilhar. Em tais condições, apenas homens de força bastante incomum podem ter tido qualquer energia de sobra para o trabalho administrativo ordinário, os projetos de lei e assim por diante; e apenas homens extremamente excepcionais seriam capazes de ter alguma autoridade sobre seus subordinados do serviço civil que, como todo mundo, sabem que seu chefe sairá em breve. Claro que, no caso inglês, isso não é tão ruim. As combinações governamentais instáveis são exceções, e, normalmente, um governo pode contar com uma vida útil de cerca de cinco ou seis anos. Os ministros podem se apegar a seus cargos, e não é tão fácil destituí-los do cargo no parlamento. Mas isso não quer dizer que estão isentos da luta. Há sempre uma disputa em curso, e, se os governos não estão reiteradamente em julgamentos terminais é apenas porque são, via de regra, capazes de sufocar os ataques em curso antes que estes se tornem perigosos. O primeiro-ministro deve vigiar seus oponentes o tempo todo, liderar seu próprio rebanho incessantemente, estar pronto para assumir tarefas cujos responsáveis deixem, a qualquer momento, de realizar, manter-se envolvido com as medidas em debate, controlar seu gabinete — tudo isso equivale a dizer que, quando o parlamento está em sessão, o primeiro-ministro tem sorte quando consegue um par de horas pela manhã para pensar e trabalhar de verdade. Os erros individuais e as derrotas de um governo como um todo ocorrem, não raramente, em consequência da exaustão física do líder ou dos líderes.[325] Como ele seria capaz, pode-se perguntar, de se comprometer a

---

325. Um grande exemplo disso: nenhum estudioso das origens da Guerra Mundial de 1914-1918 pode deixar de notar a passividade do governo inglês, desde o assassinato do arquiduque até as declarações de guerra. Não se diz com isso que nenhum esforço foi empreendido para evitar a conflagração, mas eles foram singularmente ineficazes e ficaram muito aquém de suas possibilidades. É claro que se pode explicar isso com base na hipótese de que o governo de Asquith não queria realmente evitar a guerra. Mas se essa hipótese for considerada insatisfatória, como creio que deva ser, então, seremos levados de volta a outra: é possível que os senhores da bancada do tesouro tenham sido absorvidos de tal forma por seu jogo político que não se conscientizaram dos perigos da situação internacional até que fosse tarde demais.

liderar e supervisionar um organismo administrativo que deve abranger todos os problemas da vida econômica?

Mas esse desperdício de energia governamental não é tudo. A infindável luta competitiva para chegar ao poder ou permanecer nele transmite a todas as deliberações sobre políticas e medidas a tendência tão admiravelmente expressa pela frase "negociar com votos". O fato de um governo democrático ter de atender principalmente aos valores políticos de uma diretiva, de um projeto de lei ou de um ato administrativo — ou seja, o próprio fato que impõe o princípio democrático da dependência do governo nos votos do parlamento e do eleitorado — provavelmente distorce todos os prós e contras. Em particular, impõe aos homens em comando uma visão de curto prazo, e lhes torna extremamente difícil servir aos interesses de longo prazo da nação que exigem trabalho contínuo para fins longínquos; a política externa, por exemplo, corre o risco de se degenerar em política interna. E isso não torna menos difícil dosar as medidas de maneira racional. A dosagem decidida por um governo, pensando em suas chances políticas, não é necessariamente a que produzirá os resultados mais satisfatórios para a nação.

Assim, em uma democracia, o primeiro-ministro pode ser comparado a um cavaleiro que está tão absorto em tentar se manter na sela que não consegue planejar sua cavalgada, ou a um general tão ocupado em garantir que seus soldados aceitem suas ordens que acaba deixando a estratégia de lado. E isso continua sendo verdadeiro (e, no caso de alguns países como a França e a Itália, deve ser francamente reconhecido como uma das fontes que espalharam o sentimento antidemocrático), apesar dos fatos que podem ser invocados como atenuantes.

Há, para começar, o fato de que os casos nos quais essas consequências se mostram desproporcionais a ponto de serem consideradas insuportáveis podem, muitas vezes, ser explicados sob a alegação de que o modelo social não condiz com a tarefa de fazer as instituições democráticas funcionarem. Como nos esclarecem os exemplos da França e da Itália, isso pode acontecer em países muito mais civilizados do que alguns que tiveram êxito nessa tarefa. Mas, no entanto, o peso da crítica reduz-se à afirmação de que o funcionamento satisfatório do método democrático depende do cumprimento de certas condições — um assunto que será analisado em breve.

Há, em seguida, a questão da alternativa. Essas fraquezas não estão, é claro, ausentes nos modelos não democráticos. Pavimentar o próprio caminho a uma posição de liderança, por exemplo, por meio de um tribunal, pode absorver energia e distorcer as opiniões tanto quanto o esforço democrático, embora esse desperdício ou essa distorção não se destaque muito claramente. Isso quer dizer que as tentativas de avaliação comparativa das engrenagens de governo terão de levar em conta muitos outros fatores além dos princípios institucionais envolvidos.

Além disso, alguns de nós responderão ao crítico que um nível mais baixo de eficiência governamental talvez seja exatamente o que queremos. Certamente não desejamos ser objetos da eficiência ditatorial, meros elementos de jogos mais profundos. No momento atual, algo como o *Gosplan* poderia ser impossível nos Estados Unidos. Mas será que isso não prova exatamente que, assim como o *Gosplan* russo, seu análogo hipotético nos Estados Unidos violaria o espírito da comunidade (*commonwealth*), bem como sua estrutura orgânica?

Por fim, algo pode ser feito para reduzir a pressão sobre os líderes por meio de dispositivos institucionais apropriados. O arranjo americano, por exemplo, aparece em vantagem nesse ponto. O "primeiro-ministro" dos Estados Unidos deve, sem dúvida, ficar de olho em seu tabuleiro de xadrez político, mas não precisa sentir-se responsável por todas as medidas individuais. E, ao não tomar assento no Congresso, está pelo menos livre da pressão física que isso envolveria. Ele tem todas as oportunidades de que necessita para nutrir suas forças.

Por sua vez, nossa análise do capítulo destaca a questão da qualidade dos homens que o método democrático seleciona para cargos de liderança. O bem conhecido argumento sobre o tema mal precisa ser relembrado: o método democrático cria políticos profissionais, os quais, em seguida, transforma em administradores amadores e "estadistas". Faltando-lhes todas as habilidades necessárias para lidar com as tarefas que os confrontam, eles nomeiam os "juízes que não conhecem o direito e diplomatas que não sabem francês" de Lorde Macaulay, arruinando o serviço público e desencorajando todos os seus melhores funcionários. Pior ainda, há outro ponto, distinto de qualquer questão de competência e experiência especializadas: as qualidades intelectuais e morais de um bom candidato não são necessariamente as mesmas de um bom administrador; e a seleção por meio do sucesso nas urnas pode funcionar contra as pessoas que teriam êxito à frente dos negócios. E mesmo que os produtos dessa seleção sejam importantes nos êxitos para o cargo, é possível que esses êxitos resultem em fracassos para a nação. O político que for um bom estrategista pode sobreviver com sucesso a qualquer quantidade de erros administrativos.

O reconhecimento dos elementos de verdade em tudo isso deve, mais uma vez, ser temperado pelo reconhecimento dos fatos atenuantes. Em particular, a defesa da democracia ganha com a consideração das alternativas:

nenhum sistema de seleção, independentemente da esfera social — com a possível exceção do capitalismo concorrencial — testa exclusivamente a capacidade de desempenho e seleciona da maneira como uma estrebaria escolhe seu melhor cavalo para uma corrida. Embora em graus variados, todos os sistemas também premiam outras qualidades, que, muitas vezes, são hostis ao desempenho. Mas talvez possamos ir mais longe. Não é bem verdade que, nos casos comuns, o sucesso político nada signifique para um homem ou que o político não passe de um amador. Há uma coisa muito importante que ele conhece profissionalmente, o jeito de lidar com os homens. E, pelo menos como uma regra muito geral, a capacidade de obter uma posição de liderança política estará associada a uma certa medida de força pessoal e também de outras aptidões que serão úteis para o gabinete de um primeiro-ministro. Há, afinal, muitas pedras no córrego que leva os políticos aos altos cargos da nação, as quais não são completamente ineficazes para impedir o avanço do idiota ou do demagogo.

Em tais assuntos, é de esperar que o argumento geral, de uma forma ou de outra, não leve a um resultado bem definido. É muito mais curioso e significativo o fato de que as evidências factuais não são, pelo menos à primeira vista, mais conclusivas. Nada é mais fácil do que compilar uma lista impressionante de falhas do método democrático, especialmente se incluirmos não apenas casos em que houve colapso ou decepção nacional reais, mas também aqueles em que, embora a nação tenha levado uma vida saudável e próspera, o desempenho do setor político ficou claramente abaixo do padrão em relação ao de outros setores. Mas é igualmente fácil reunir provas não menos impressionantes favoráveis ao político. Citemos um excelente exemplo: é verdade que na Antiguidade a guerra não era tão técnica como veio a se tornar mais tarde. Ainda assim, seria coerente pensar que a capacidade de alcançar êxito nessa área, mesmo naquela época, tinha muito pouco a ver com a capacidade de ser eleito para um cargo político. Todos os generais romanos da era republicana, no entanto, eram políticos, e todos eles subiram a seus postos diretamente por meio dos cargos eletivos que ocupavam ou que haviam ocupado anteriormente. Alguns dos piores desastres foram causados por isso. No geral, contudo, esses políticos-soldados atingiram um êxito notável.

Por que é assim? Só pode haver uma resposta para essa pergunta.

2. CONDIÇÕES PARA O ÊXITO DO MÉTODO DEMOCRÁTICO

Quando um físico observa que um mesmo mecanismo funciona de forma diferente em momentos diferentes e em lugares diferentes, ele conclui que isso depende de condições alheias a ele. Não há o que fazer senão chegar à mesma conclusão. E é tão fácil observar quais são essas condições quanto era ver em quais condições se podia esperar que a doutrina clássica da democracia se ajustasse à realidade em um nível aceitável.

Essa conclusão nos leva definitivamente àquele ponto de vista estritamente relativista que viemos indicando em todo o livro. Assim como não existe um argumento a favor ou contra o socialismo que seja válido em todos os momentos e lugares, também não há um argumento absolutamente geral a favor ou contra o método democrático. E, da mesma forma como no socialismo, isso dificulta a argumentação por meio de uma cláusula *ceteris paribus* (isto é, mantendo-se inalteradas todas as outras coisas), pois "outras coisas" *não podem* ser iguais como entre situações em que a democracia é um arranjo viável (ou o único viável) e situações em que não o é. A democracia prospera em modelos sociais que exibem determinadas características, e é certamente possível duvidar que haja algum sentido em perguntar como se sairia em outros modelos que não tenham essas características — ou como as pessoas nesses outros modelos lidariam com ela. As condições que, segundo acredito, devem ser cumpridas para que o método democrático tenha êxito[326] — nas sociedades em que tem a possibilidade de funcionar — foram reunidas sob quatro títulos; e me limitarei às grandes nações industriais do tipo moderno.

A primeira condição é que o material humano da política — as pessoas que operam as máquinas partidárias, que são eleitas para servir no parlamento, que chegam ao gabinete — seja de qualidade bastante elevada. Isso significa mais do que a existência de um número suficiente de indivíduos com capacidade e moral adequadas. Como dito anteriormente, o método democrático não seleciona os indivíduos simplesmente entre os populares, mas, sim, entre os elementos da população com vocações políticas ou, mais precisamente, aqueles que se oferecem para a eleição. É claro que todos os métodos de seleção fazem isso. Portanto, todos eles, de acordo com o nível com que atrai talentos e caráter uma determinada vocação, podem produzir um nível de desempenho acima ou abaixo da média nacional. Mas a luta competitiva por cargos de responsabilidade é, por um lado, um desperdício de pessoal e de energia; por outro, o processo democrático pode facilmente criar condições no setor político que, uma vez estabelecidas, repelirão a maioria dos homens

---

326. Por "êxito" não quero dizer apenas que o processo democrático se reproduz constantemente sem criar situações que recorram a métodos não democráticos e que lida com os problemas atuais de modo a todos os interesses politicamente importantes serem vistos como aceitáveis no longo prazo. Não quero dizer que cada observador, do seu ponto de vista individual, precise aprovar os resultados.

capazes de lograr êxito em outras áreas. Por essas duas razões, a adequação do material é particularmente importante para o sucesso do governo democrático. Não é verdade que, em uma democracia, o povo sempre tem o tipo e a qualidade do governo que quer ou merece.

Pode haver muitas formas de garantir políticos de qualidade suficientemente boa. Até agora, porém, a experiência parece sugerir que a única garantia efetiva disso está na existência de um estrato social, em si, produto de um processo severamente seletivo que aceita a política como algo natural. Se tal estrato não for extremamente exclusivo nem de acesso fácil para alguém estranho a ele, e se for forte o suficiente para assimilar a maioria dos elementos que normalmente absorve, não só apresentará para a carreira política produtos de confiança que passaram com sucesso por muitos testes em outros campos — fizeram, por assim dizer, seu aprendizado em negócios privados —, mas também aumentará sua adequação, dotando-os de tradições que unem a experiência a um código profissional e a um fundo comum de pontos de vista.

Não é mera coincidência que a Inglaterra, único país a cumprir completamente nossa condição, também seja o único país a ter uma sociedade política nesse sentido. Ainda mais instrutivo é o caso da Alemanha no período da República de Weimar (1918-1933). Conforme espero mostrar na Parte V, os políticos alemães daquele período não tinham nada que normalmente consideraríamos um defeito gritante. Os membros do parlamento, o primeiro-ministro e os ministros do gabinete eram, na média, honestos, razoáveis e conscientes. Isso se aplica a todos os partidos. No entanto, com o devido respeito aos raros talentos que surgiam aqui e ali, embora raramente em uma posição de alto-comando ou próximo deste, deve-se adicionar que a maioria deles se mostrava claramente abaixo da média; e, em alguns casos, lamentavelmente abaixo. Obviamente isso não ocorria em virtude de falta de capacidade e energia da nação como um todo. Porém, capacidade e energia eram qualidades que desprezavam a carreira política. E não havia classe ou grupo cujos membros enxergassem a política como sua carreira predestinada. Tal sistema político fracassou por muitas razões. Mas o fato de, ao final, ter sofrido uma derrota esmagadora nas mãos de um líder antidemocrático é, no entanto, indicativo da falta de liderança democrática inspiradora.

A segunda condição para o sucesso da democracia é que o alcance efetivo da decisão política não seja estendido para muito longe. O quanto pode ser estendido depende não apenas das limitações gerais do método democrático que se seguem da análise apresentada na seção anterior, mas também das circunstâncias particulares de cada caso. De forma mais concreta, o alcance não depende apenas da espécie e do volume de assuntos que podem ser tratados com êxito por um governo sujeito à tensão de uma luta incessante por sua vida política; também depende, em determinado momento e lugar, da qualidade dos homens que formam esse governo e do tipo de máquina política e do modelo de opinião pública com que devem trabalhar. Do ponto de vista de nossa teoria da democracia, não é necessário exigir, como seria do ponto de vista da teoria clássica, que sejam tratadas pelo aparato político apenas as questões que as pessoas em geral podem compreender plenamente e sobre as quais podem ter uma opinião séria. Mas uma exigência menos rigorosa da mesma natureza ainda se impõe. E requer comentários adicionais.

É claro que não pode haver limites legais para os temas que um parlamento, liderado pelo primeiro-ministro, pode submeter à sua decisão, se necessário, por meio de uma emenda constitucional. Mas, conforme Edmund Burke argumentou ao discutir o comportamento do governo inglês e do parlamento em relação às colônias americanas, esse parlamento todo-poderoso, a fim de funcionar adequadamente, deve impor limites a si mesmo. Da mesma forma, podemos argumentar que, mesmo dentro do leque de matérias que devem ser submetidas à votação parlamentar, muitas vezes é necessário que o governo e o parlamento aprovem medidas sobre as quais a sua decisão é puramente formal ou, no máximo, de natureza puramente fiscalizadora. Caso contrário, o método democrático pode produzir aberrações legislativas. Tomemos, por exemplo, um caso tão notável e tão técnico como o de um código penal. O método democrático será aplicado para saber se um país deve, de fato, ter ou não um código. Também se aplicará a certas "questões" das quais o governo deseja mais do que a formalização da decisão política — por exemplo, se determinadas práticas das associações de trabalhadores ou patronais devem ou não ser consideradas criminosas. Mas, de resto, governo e parlamento devem aceitar o conselho dos especialistas, seja lá o que pensem. Pois o crime é um fenômeno complexo. O termo, na verdade, abrange muitos fenômenos que têm muito pouco em comum. Os *slogans* populares sobre o tema estão, quase sempre, errados. E seu tratamento racional exige que a legislação nesse assunto seja protegida tanto dos arroubos de vingança quanto dos ímpetos de sentimentalismo, aos quais os leigos no governo e no parlamento estão propensos a ceder de forma alternada. Isto é o que eu queria dizer ao sublinhar as limitações do alcance efetivo da decisão política — o alcance dentro do qual os políticos decidem sobre o conteúdo, bem como sobre a forma.

Mais uma vez, a condição em questão pode, de fato, ser cumprida por meio de uma limitação correspondente das atividades do Estado. Mas seria um erro grave se o leitor pensasse que tal limitação é uma consequência necessária. A democracia não exige que todas as funções do Estado estejam sujeitas ao seu método político. Por exemplo, na maioria dos países democráticos, concede-se aos juízes um grande grau de independência dos órgãos políticos. Outro exemplo é a posição ocupada pelo Banco da Inglaterra até 1914. Algumas de suas funções eram de fato de natureza pública. No entanto, essas funções foram atribuídas ao que, no âmbito jurídico, era apenas uma sociedade comercial independente o suficiente do setor político a ponto de constituir uma política própria. Alguns órgãos federais dos Estados Unidos também são bons exemplos. A Comissão Interestadual de Comércio (*Interstate Commerce Commission*) é uma tentativa de ampliar a esfera do poder público sem estender a esfera da decisão política. Ou, para apresentar mais um exemplo, alguns de nossos Estados financiam universidades estaduais "sem imposição de condições", ou seja, sem interferências; algo que, em alguns casos, equivale à concessão de uma autonomia quase total.

Assim, quase qualquer tipo de atividade humana pode ser incluído na esfera do Estado sem fazer parte do material da luta competitiva pela liderança política — além do que está implícito na aprovação da medida que concede o poder e cria o órgão que irá exercê-lo e além do contato com o governo investido em seu papel de supervisor geral. É verdade, claro, que essa supervisão pode degenerar-se em uma influência nociva. O poder do político de nomear o pessoal dos órgãos públicos não políticos, se usado sem critério, muitas vezes, será, por si só, suficiente para corrompê-los. Mas isso não afeta o princípio em questão.

Como terceira condição, o governo democrático na sociedade industrial moderna deve ser capaz de impor, para todos os efeitos incluídos na esfera da atividade pública — independentemente de isso ser muito ou pouco —, os serviços de uma burocracia bem treinada, de boa reputação e tradição, dotada de um forte senso de dever e de um espírito de corpo não menos forte. Tal burocracia é a principal resposta ao argumento sobre o governo de amadores. Potencialmente, é a única resposta à pergunta tão frequentemente ouvida nos Estados Unidos: já que a política democrática se mostrou incapaz de produzir governos municipais decentes, que tipo de desempenho podemos esperar da nação se tudo — incluindo, ao final, todo o processo produtivo — for entregue a ela? E, por fim, essa também é a resposta principal para a pergunta sobre como cumprir nossa segunda condição[327] quando a esfera de controle público for ampla.

---

327. A referência a alguns comentários sobre o tema da burocracia no Capítulo XVIII convencerá o leitor de que, nos três aspectos, a resposta oferecida pela burocracia não é considerada ideal em

Não basta que a burocracia cumpra as tarefas da administração habitual de maneira eficiente e seja competente para dar conselhos. Também deve ser bastante forte para orientar e, se necessário, instruir os políticos que chefiam os ministérios. Para poder fazê-lo, precisa ter condições de criar princípios próprios e ser independente o suficiente para impô-los. Deve ser um poder por si só. Isso equivale a dizer que, de maneira factual, embora não formalmente, a nomeação, a posse e a promoção devem depender bastante — dentro das regras do serviço público que os políticos hesitam em violar — de sua opinião corporativa, apesar de todo o clamor que decerto surgirá sempre que os políticos ou o público forem contra essa opinião, como ocorre com frequência.

Mais uma vez, como no caso do pessoal da política, a questão do material humano disponível tem importância fulcral. A habilitação, embora essencial, é bastante secundária aqui. E, repito, tanto o material quanto o código tradicional necessários para o funcionamento de uma classe oficial desse tipo podem ser mais facilmente garantidos se houver um estrato social de qualidade adequada e prestígio correspondente do qual seja possível recrutar servidores — um estrato que não seja muito rico, nem muito pobre, nem muito exclusivo, nem muito acessível. As burocracias da Europa, apesar do fato de terem atraído críticas hostis o suficiente para manchar sua reputação, exemplificam muito bem o que quero dizer. São produto de uma longa evolução que começou com os *ministeriales* dos magnatas medievais (originalmente, servos selecionados para executar funções administrativas e militares que, assim, adquiriram o *status* de pequena nobreza) e que prosseguiu ao longo dos séculos até o surgimento da máquina poderosa que hoje contemplamos. Não pode ser criada às pressas. Não pode ser "alugada" por dinheiro. E, contudo, cresce em todos os lugares, qualquer que seja o método político adotado por uma nação. Sua expansão é uma das certezas sobre nosso futuro.

O quarto conjunto de condições pode ser resumido pelo termo *autocontrole democrático*. Todos concordarão, naturalmente, que o método democrático não pode funcionar sem percalços a menos que todos os grupos importantes de uma nação estejam dispostos a aceitar quaisquer medidas legislativas, desde que já integradas à legislação, e todas as ordens executivas emitidas por autoridades legalmente competentes. O autocontrole democrático, entretanto, abrange muito mais do que isso.

---

nenhum sentido. Por outro lado, os leitores não devem permitir ser indevidamente influenciados pelas associações que o termo carrega em linguagem popular. De qualquer forma, essa resposta é a única realista.

Acima de tudo, os eleitores e o parlamento devem ter um nível intelectual e moral razoavelmente alto para que possam resistir às oferendas de velhacos e valentões; caso contrário, os homens que não são nem um nem outro destes serão levados aos caminhos de ambos. Além disso, erros que levarão a democracia ao descrédito e minarão a lealdade a ela também podem ocorrer sempre que forem aprovadas medidas que não levem em conta as pretensões dos outros ou a conjuntura nacional. As propostas individuais de reforma legislativa ou de ação executiva devem, por assim dizer, contentar-se em permanecer numa fila organizada; não devem tentar apressar o vendedor. Lembrando o que foi dito no capítulo anterior sobre o *modus operandi* do método democrático, o leitor perceberá que isso envolve muita subordinação voluntária.

Em particular, os políticos no parlamento devem resistir à tentação de perturbar ou envergonhar o governo todas as vezes em que surgir a oportunidade. Não haverá nenhuma possibilidade de política de êxito se assim se comportarem. Isso significa que os partidários do governo devem aceitar sua liderança e permitir-lhe criar e executar um programa, enquanto a oposição deve aceitar a liderança do "gabinete sombra" e permitir-lhe manter a guerra política dentro de certas regras. O cumprimento dessa exigência, cuja violação habitual significa o início do fim de uma democracia, exige, como será visto adiante, apenas a quantidade exata de tradicionalismo, não muito excessivo nem muito moderado. Proteger esse tradicionalismo é, de fato, um dos motivos para a existência das regras de ética e conduta parlamentar.

É necessário que os eleitores, fora do parlamento, respeitem a divisão do trabalho entre eles e os políticos que elegem. Os primeiros não devem retirar muito facilmente sua confiança no período entre eleições e precisam entender que, uma vez que elegem um indivíduo, a ação política passa a ser a atividade dele, e não a dos eleitores. Isso significa que instruir aquele sobre o que fazer não faz parte dos direitos destes — um princípio que tem sido universalmente reconhecido por constituições e pela teoria política desde o tempo de Edmund Burke. Mas suas implicações não são geralmente compreendidas. Por um lado, poucas pessoas percebem que esse princípio se choca contra a doutrina clássica da democracia; na verdade, significa seu abandono. Pois, se o povo deve governar no sentido de decidir questões específicas, o que poderia ser mais natural para ele do que instruir seus representantes, da mesma forma como faziam os eleitores dos estados-gerais franceses em 1789 e antes disso? Por outro lado, é ainda menos reconhecido que, se o princípio for aceito, deve-se banir não apenas as instruções mais formais, como a dos *cahiers* franceses, mas também as tentativas menos formais de restringir a liberdade de ação dos parlamentares — a prática de bombardeá-los com cartas e telegramas, por exemplo.

Não há como analisarmos os vários e delicados problemas que isso levanta sobre a verdadeira natureza da democracia, conforme definida por nós. O que importa aqui é apenas que a prática democrática bem-sucedida em sociedades grandes e complexas tem sido invariavelmente hostil à tentativa de condução por terceiros — a ponto de recorrer à diplomacia secreta e à mentira sobre intenções e compromissos —, e que o cidadão precisa ter muito autocontrole para se afastar dessas tentativas.

Finalmente, a competição efetiva pela liderança requer um alto grau de tolerância pelas diferenças de opinião. Já dissemos anteriormente que essa tolerância não é nem nunca poderá ser absoluta. Todo aspirante a líder que não esteja legalmente impedido deve poder apresentar seu caso sem gerar desordem. E isso pode sugerir que o povo aguarde pacientemente quando alguém estiver atacando seus interesses mais vitais ou ofendendo seus ideais mais almejados ou, como alternativa, que o aspirante a líder que tenha essas opiniões se contenha na mesma proporção. Nenhuma das duas é possível sem o respeito genuíno às opiniões dos concidadãos, que equivale à vontade de subordinar as próprias opiniões.

Todo sistema é capaz de suportar práticas divergentes até certo ponto. Mas mesmo o mínimo necessário de autocontrole democrático evidentemente requer caráter nacional e hábitos nacionais de um determinado tipo, dos que não tiveram oportunidade de se desenvolver e cuja produção não pode ser confiada ao método democrático em si. E em nenhum lugar esse autocontrole suportará ser testado além de um grau variável de gravidade. Na verdade, o leitor só precisa rever nossas condições para compreender que o governo democrático funcionará com o máximo de vantagem apenas se todos os interesses importantes forem praticamente unânimes não apenas em sua lealdade ao país, mas também em sua lealdade aos princípios estruturais da sociedade existente. Sempre que esses princípios forem questionados e surgirem questões que dividam a nação em dois campos hostis, a democracia funcionará de maneira desvantajosa. Além disso, ela é capaz de deixar de funcionar assim que envolve interesses e ideais sobre os quais as pessoas se recusam a chegar a um acordo.

É possível generalizar dizendo que o método democrático estará em desvantagem nos períodos conturbados. De fato, democracias de todos os tipos reconhecem com unanimidade prática que há situações em que torna-se razoável abandonar a liderança concorrencial e adotar a monopolista. Na Roma Antiga, a constituição previa um cargo não eletivo que, em períodos de emergência, conferia esse tipo de monopólio da liderança. O titular era chamado de *magister populi* (mestre do povo) ou *dictator* (ditador). Cláusulas semelhantes são conhecidas por praticamente todas as constituições, inclusive pela dos Estados Unidos: o presidente dos Estados Unidos adquire, em certas condições, um poder que, para todos os efeitos, o torna um ditador no sentido romano, por maiores que sejam as diferenças tanto na construção jurídica quanto nos detalhes práticos. Se o monopólio se limitar realmente a um período definido (como era originalmente em Roma) ou à duração de uma emergência definida de curto prazo, o princípio democrático da liderança concorrencial ficará apenas suspenso. Se o monopólio, seja de direito ou de fato, não for constituído por um período certo — e, se não houver limite temporal, tenderá naturalmente a se tornar tão ilimitado quanto em todos os outros aspectos —, o princípio democrático ficará revogado e teremos o caso da ditadura em seu sentido moderno.[328]

3. DEMOCRACIA NA ORDEM SOCIALISTA

3.1. Ao expormos nossas conclusões, preferimos começar pela relação entre a democracia e a ordem capitalista.

A ideologia da democracia, refletida pela doutrina clássica, repousa em uma concepção racionalista da ação humana e dos valores da vida. Em virtude de um argumento anterior (Capítulo XI), esse fato seria, por si só, suficiente para sugerir que essa ideologia tem origem burguesa. A história confirma claramente esta sugestão: historicamente, a democracia moderna surgiu ao lado do capitalismo e em conexão causal com ele. Mas algo semelhante também pode ser dito em relação à prática democrática: a democracia no sentido de nossa teoria da liderança concorrencial comandou o processo de mudança política e institucional pelo qual a burguesia se remodelou e, com base em seu próprio ponto de vista, racionalizou a estrutura social e política que precedeu sua ascensão: o método democrático foi o instrumento político dessa reconstrução. Vimos que o método democrático funciona, particularmente bem, também em certas sociedades extra e pré-capitalistas. Mas a democracia moderna é um produto do processo capitalista.

---

328. Na Roma Antiga, cujos termos costumamos usar mal, houve o desenvolvimento de uma autocracia que, por vários séculos, mostrou certas características não diferentes das que são apresentadas pelas ditaduras modernas, embora a analogia não deva ser empurrada para muito longe. Mas essa autocracia não fez uso do gabinete republicano do ditador, exceto em um caso, o de Caio Júlio César. A ditadura de Sula foi simplesmente uma magistratura temporária criada para um propósito definitivo (reforma constitucional). Não há mais casos senão os mais regulares.

Saber se a democracia é ou não um dos produtos do capitalismo que deveriam morrer com ele consiste, naturalmente, em outra questão. E ainda outra questão é o quão bem ou mal preparada está a sociedade capitalista para a tarefa de fazer funcionar o método democrático que desenvolveu.

Quanto à última questão, é evidente que a sociedade capitalista está bem-preparada em um aspecto: a burguesia tem uma solução peculiar para o problema de como reduzir a esfera da decisão política a proporções que podem ser administradas por meio do método de liderança concorrencial. O esquema burguês, ao limitar a esfera da autoridade pública, limita a esfera da política; sua solução situa-se no ideal do Estado parcimonioso que existe principalmente para garantir a legalidade burguesa e oferecer uma estrutura firme à iniciativa individual autônoma em todos os campos. Se, além disso, levarmos em conta as tendências pacifistas — antimilitaristas, de qualquer forma — e de livre-comércio que descobrimos ser inerentes à sociedade burguesa, veremos que a importância do papel desempenhado pela decisão política no Estado burguês pode, ao menos em princípio, ser reduzida a quase qualquer medida que as deficiências do setor político possam exigir.

Ora, esse tipo de Estado, sem dúvida, deixou de nos interessar. A democracia burguesa é certamente um caso histórico muito especial, e quaisquer pretensões que possam ser feitas em nome dela dependem, obviamente, da aceitação de padrões que não são mais nossos. Mas é absurdo negar que essa solução que nos desagrada seja uma solução e que a democracia burguesa seja uma democracia. Pelo contrário, à medida que suas cores minguam, torna-se ainda mais importante reconhecer como era colorida na época de sua vitalidade; como eram amplas e *iguais* as oportunidades que oferecia às famílias (se não aos indivíduos); como era grande a liberdade pessoal que concedia àqueles que passavam em seus testes (ou aos seus filhos). Também é importante reconhecer o quão bem ela resistiu, pelo menos por algumas décadas, à tensão das condições adversas e quão bem funcionou quando precisou enfrentar demandas estranhas e hostis aos interesses burgueses.

Também em outro aspecto, a sociedade capitalista em seu apogeu mostrava-se bastante apta a fazer da democracia um sucesso. A prática da autocontenção democrática é mais fácil para uma classe cujos interesses são mais bem atendidos quando ela não sofre intervenções do que para as classes que, de forma natural, tentam viver do Estado. O burguês, absorto primariamente em suas preocupações privadas, está, em geral — desde que essas preocupações não sejam seriamente ameaçadas —, muito mais propenso a demonstrar tolerância às diferenças políticas e respeito pelas opiniões que ele não compartilha do que qualquer outro tipo de ser humano. Além disso, enquanto os padrões burgueses forem dominantes em uma sociedade, essa postura tenderá também a se espalhar para as outras classes. Os interesses agrários dos ingleses aceitaram relativamente bem a derrota de 1845. O trabalhador inglês lutou pela remoção das desvantagens; porém, até o início deste século, mostrou-se bastante lento em reivindicar privilégios. É verdade que em outros países tal autocontenção era muito menos evidenciada. Esses desvios do princípio nem sempre foram graves nem estiveram associados apenas aos interesses capitalistas. Mas, em alguns casos, a vida política se transformou quase inteiramente em uma luta de grupos de pressão, e, em outros casos, as práticas que não se conformavam com o espírito do método democrático ganharam importância suficiente para distorcer seu *modus operandi*. No entanto, é um óbvio exagero dizer que "não há" como existir uma verdadeira democracia na ordem capitalista.[329]

Em ambos os aspectos, no entanto, o capitalismo está perdendo rapidamente as vantagens a que tinha acesso. A democracia burguesa, que está vinculada a esse ideal de Estado, há algum tempo, vem funcionando com atritos cada vez maiores. Em parte, isso se deve ao fato de que, como vimos anteriormente, o método democrático nunca funciona da melhor forma quando as nações estão muito divididas no que diz respeito a questões fundamentais de estrutura social. E essa dificuldade, por sua vez, se mostra particularmente grave porque a sociedade burguesa, de forma notável, não conseguiu cumprir uma outra condição de funcionamento do método democrático. A burguesia produziu indivíduos que se tornaram líderes políticos de sucesso ao entrar em uma classe política de origem não burguesa, mas não produziu um estrato político próprio e bem-sucedido, embora, seria de imaginar, a terceira geração das famílias industriais tivesse toda a oportunidade de criá-lo. A causa disso foi explicada à exaustão na Parte II. Em conjunto, todos esses fatos parecem sugerir um prognóstico pessimista para esse tipo de democracia. Também sugerem uma explicação para a facilidade aparente com que, em alguns casos, se rende à ditadura.

3.2. A ideologia do socialismo clássico é filha da ideologia burguesa. Em particular, compartilha plenamente do passado racionalista e utilitarista desta última, bem como de muitas das ideias e dos ideais da doutrina clássica da

---

[329]. O que deve ser dito é que existem alguns desvios do princípio da democracia que se ligam à presença de interesses capitalistas organizados. Mas, assim corrigida, a afirmação é verdadeira tanto do ponto de vista da teoria clássica da democracia quanto do ponto de vista de nossa própria teoria. No âmbito da teoria clássica, o resultado confirma que os meios à disposição dos interesses privados são frequentemente usados para frustrar a vontade do povo. Com base em nossa teoria, o resultado mostra que esses meios privados são frequentemente usados para interferir no funcionamento do mecanismo da liderança concorrencial.

democracia. Nesse sentido, os socialistas, de fato, não tiveram dificuldade em se apropriar dessa parte da herança burguesa e em estabelecer a defesa da proposição de que os elementos da doutrina clássica que o socialismo é incapaz de absorver — a ênfase na proteção da propriedade privada, por exemplo — estão realmente em desacordo com seus princípios fundamentais. Crenças desse tipo poderiam sobreviver mesmo em formas totalmente não democráticas de socialismo, e podemos confiar que os escribas e fariseus saberão conectar, por meio de frases adequadas, quaisquer lacunas entre crença e prática. Mas é a prática que nos interessa — o destino da prática democrática conforme interpretada pela doutrina da liderança concorrencial. E assim, após vermos que o socialismo não democrático é perfeitamente possível, a verdadeira questão é, novamente, saber quão bem ou mal se qualifica o socialismo para a tarefa de fazer o método democrático funcionar, caso tente fazê-lo.

O ponto essencial que deve ser entendido é o seguinte: nenhuma pessoa responsável pode ver com calma as consequências da extensão do método democrático, ou seja, da esfera da "política", a todos os temas econômicos. Acreditando que o socialismo democrático significa precisamente isso, essa pessoa naturalmente concluirá que esse socialismo deve fracassar. Mas essa não é uma conclusão necessária. Conforme já apontado anteriormente, a extensão do alcance da administração pública não implica a extensão correspondente do alcance da administração política. Possivelmente, o primeiro pode ser estendido de modo a absorver todos os temas econômicos de uma nação, enquanto o segundo ainda permanece dentro das fronteiras estabelecidas pelas limitações do método democrático.

Segue-se, no entanto, que na sociedade socialista essas limitações levantarão um problema muito mais sério. Pois à sociedade socialista faltam as restrições automáticas impostas à esfera política pelo esquema burguês. Além disso, na sociedade socialista não será mais possível encontrar conforto no pensamento de que as ineficiências do procedimento político são, afinal, uma garantia de liberdade. A falta de uma administração eficiente levará à falta de pão. No entanto, as agências responsáveis pela operação do mecanismo econômico — o Conselho Central que encontramos na Parte III, bem como os órgãos subordinados, encarregados da administração de indústrias ou empresas individuais — podem ser organizadas e dirigidas de forma a ficar isentas o suficiente, no cumprimento de suas funções habituais, da interferência de políticos ou, aliás, por meio de ruidosos comitês de cidadãos ou por intermédio de seus operários. Ou seja, podem estar tão distantes da atmosfera dos conflitos políticos a ponto de não exibir outras ineficiências além daquelas associadas ao termo *burocracia*. E mesmo estas podem ser diminuídas por uma concentração adequada de responsabilidade sobre os indivíduos e por um sistema de incentivos e penalidades bem escolhidos, dentre os quais os métodos de nomeação e promoção são os mais importantes.

Os socialistas sóbrios, quando não estão atrás de votos e se encontram com disposição responsável, sempre estiveram cientes desse problema e também do fato de que a "democracia" não é resposta para ele. Um exemplo interessante nos é proporcionado pelas deliberações da Comissão Alemã de Socialização (*Sozialisierungs Kommissiori*). Em 1919, quando o partido social-democrata alemão se colocou definitivamente contra o bolchevismo, os mais radicais entre seus membros ainda acreditavam estar na iminência de alguma medida de socialização, por uma questão de necessidade prática, e, assim, uma comissão foi nomeada para a definição de objetivos e a recomendação de métodos. A comissão não era formada exclusivamente por socialistas; havia, entretanto, o domínio da influência socialista. Karl Kautsky era seu presidente. Foram feitas recomendações bem definidas apenas sobre o carvão e, mesmo essas, que surgiram em um momento de sentimento antissocialista, não são muito interessantes. Ainda mais interessantes são as opiniões que entraram em discussão quando ainda prevaleciam esperanças mais ambiciosas. Condenou-se franca e unanimemente a ideia de que os administradores das fábricas deveriam ser eleitos por seus respectivos operários. Os conselhos operários que cresceram durante os meses de colapso universal foram objeto de antipatia e suspeita. A comissão, tentando manter-se o mais distante possível das ideias populares sobre *democracia industrial*,[330] fez tudo o que pôde para torná-las inócuas, e pouco se importava com o desenvolvimento de suas funções. Além disso, se preocupou em fortalecer a autoridade e salvaguardar a independência do pessoal administrativo. Muito se pensou em como evitar que os gestores perdessem a vitalidade capitalista e afundassem em rotinas burocráticas. De fato — se fosse possível falar de resultados de discussões que em breve perderiam importância prática —, esses administradores socialistas não teriam divergido muito de seus antecessores capitalistas, e em muitos

---

330. *Democracia industrial* ou *econômica* é uma expressão que figura em tantas quase-utopias que acabou adquirindo um significado muito impreciso. Acredito que signifique principalmente duas coisas: primeiro, o domínio sindical sobre as relações industriais; segundo, a democratização da fábrica monárquica pela representação dos operários em conselhos ou outros mecanismos criados para garantir-lhes influência na introdução de melhorias tecnológicas, na política de negócios em geral e, claro, na disciplina na fábrica em particular, incluindo os métodos de "admissão e demissão". A participação nos lucros é o placebo de um subgrupo de esquemas. É possível dizer com segurança que grande parte dessa democracia econômica desaparecerá como fumaça em um regime socialista. Isso também não é tão grave quanto pode parecer, pois muitos dos interesses que esse tipo de democracia pretende salvaguardar terão deixado de existir.

casos os mesmos indivíduos teriam sido renomeados. Assim, chegamos, por um caminho diferente, à conclusão já obtida na Parte III.

Contudo, agora estamos em posição de ligar essa conclusão a uma resposta para o problema da democracia no socialismo. De algum modo, é claro, as formas e os órgãos atuais do processo democrático são produto da estrutura e das questões do mundo burguês, tanto quanto o é o próprio princípio fundamental da democracia. Mas isso não é razão para que desapareçam com o capitalismo. As eleições gerais, os partidos, os parlamentos, os gabinetes e os primeiros-ministros ainda podem ser os instrumentos mais convenientes para cuidar da agenda que a ordem socialista queira reservar para uma decisão política. A lista dessa agenda será dispensada de todos os itens que, hoje, decorrem do embate de interesses privados e da necessidade de regulá-los. Eles serão substituídos por novos itens. Haverá questionamentos para decidir qual deve ser o volume de investimento ou como as regras existentes para a distribuição do produto social devem ser alteradas, e assim por diante. Os debates gerais sobre eficiência, comissões de investigação, similares às comissões reais inglesas, continuariam a cumprir suas funções atuais.

Assim, os políticos do gabinete, e em particular o político à frente do Ministério da Produção, sem dúvida, garantiriam a influência do elemento político, tanto por suas medidas legislativas relativas aos princípios gerais de execução do mecanismo econômico quanto por seu poder de nomear, que não poderia se ausentar de todo nem ser totalmente formal. Mas eles não precisam fazer isso até o ponto em que se torne incompatível com a eficiência. E o ministro da produção não precisa interferir no funcionamento interno das indústrias individuais mais do que os ministros ingleses da saúde ou da guerra interferem no funcionamento interno de seus respectivos ministérios.

3.3. Não é preciso dizer que operar a democracia socialista da maneira indicada seria uma tarefa sem nenhuma esperança, exceto no caso de uma sociedade que preencha todos os requisitos de "maturidade" listados na Parte III, incluindo, em particular, a capacidade de estabelecer a ordem socialista de forma democrática e a existência de uma burocracia de reputação e experiência adequadas. Mas uma sociedade que cumprisse esses requisitos — não falarei de nenhuma outra —, em primeiro lugar, imporia uma vantagem importante e possivelmente decisiva.

Sublinhei que não se pode esperar que a democracia funcione satisfatoriamente a menos que a grande maioria das pessoas de todas as classes esteja decidida a cumprir as regras do jogo democrático, e que isso, por sua vez, pressuponha que elas estejam substancialmente de acordo sobre os fundamentos de sua estrutura institucional. No momento, esta última condição não foi cumprida. Tantas pessoas renunciaram, e tantas outras renunciarão, a sua lealdade aos padrões da sociedade capitalista que, por essa única razão, a democracia já se vê obrigada a funcionar com atrito crescente. Na fase visualizada, no entanto, o socialismo pode eliminar essa fenda. Pode restabelecer sua concordância com os princípios tectônicos do tecido social. Se isso acontecer, então, os antagonismos restantes serão exatamente do tipo com o qual o método democrático está bem afeito.

Também foi dito na Parte III que esses antagonismos restantes diminuirão em número e importância pela eliminação dos interesses capitalistas em conflito. As relações entre a agricultura e a indústria, a indústria de pequeno e de grande porte, entre as produtoras e as consumidoras de aço, entre as indústrias protecionistas e as exportadoras deixarão de ser — ou poderão deixar de ser — questões políticas a serem resolvidas pelos pesos relativos dos grupos de pressão e se tornarão questões técnicas às quais os técnicos seriam capazes de oferecer respostas desapaixonadas e inequívocas. Embora possa ser utópico esperar que não haja interesses econômicos distintos ou conflitos entre eles, e ainda mais utópico esperar que não haja questões não econômicas para discordar, pode-se, com boas razões, esperar que a soma total de temas controversos diminua, mesmo em relação ao que representava no capitalismo intacto. Não haveria, por exemplo, os lobistas da prata (*silver man*). A vida política seria purificada.

À primeira vista, o socialismo não tem soluções óbvias para oferecer ao problema que foi resolvido em outras formas de sociedade pela presença de uma classe política de tradições estáveis. Já foi dito anteriormente que haverá um político profissional. Talvez surja um grupo político sobre cujas qualidades é ocioso especular.

Até agora o socialismo está em vantagem. Ainda se tem a possibilidade de argumentar que essa vantagem pode ser facilmente contrabalançada pela importância e probabilidade de possíveis desvios. Até certo ponto previmos isso ao insistir na maturidade econômica, o que, entre outras coisas, significa que não é necessário nenhum grande sacrifício de uma geração para beneficiar uma outra posterior. Mas mesmo que não haja necessidade de fazer o povo suar por meio de um *Gosplan*, a tarefa de se manter no caminho democrático pode ser extremamente delicada. As circunstâncias em que os indivíduos no comando normalmente a resolveriam com êxito talvez não sejam mais fáceis de imaginar do que as circunstâncias em que, diante de um espetáculo de paralisia que se espalha do setor político para toda a economia do país, eles podem ser levados a uma linha de ação que deve sempre conter alguns atrativos para os homens que percebem o tremendo poder da organização socialista sobre o povo. Afinal, uma administração efetiva da economia socialista significa ditadura na fábrica, não do proletariado, mas sobre o proletariado. Esses homens tão estritamente disciplinados seriam, é verdade, soberanos nas eleições. Entretanto, assim como eles podem usar essa soberania para relaxar a disciplina na fábrica, os governos — precisamente os governos que se preocupam com o futuro da nação — também podem aproveitar-se dessa disciplina para restringir a soberania. Por uma questão de necessidade prática, a democracia socialista pode eventualmente tornar-se uma farsa maior do que a democracia capitalista.

De qualquer forma, essa democracia não levará ao aumento da liberdade pessoal. E, mais uma vez, não levará a uma maior aproximação dos ideais consagrados na doutrina clássica.

PARTE V
UM ESBOÇO HISTÓRICO DOS PARTIDOS SOCIALISTAS

PRÓLOGO

Não me cabe escrever uma história dos partidos socialistas. Tanto os cenários em que surgiram e decaíram como as maneiras pelas quais lidaram com seus problemas exigem uma tela maior e um pincel mais poderoso que os meus. Além disso, ainda não chegou a hora de realizar essa tentativa: embora os últimos vinte anos tenham trazido à tona muitas monografias valiosas que lançam toda a luz necessária em determinadas situações ou fases, ainda precisamos de um vasto volume de pesquisas antes que se possa escrever uma história do socialismo moderno em ação que atenda aos requisitos dos estudos acadêmicos. Mas certos fatos são necessários para complementar e oferecer a perspectiva adequada a muito do que foi dito nas partes anteriores deste livro. E desejo apresentar alguns outros pontos que me ocorreram com o estudo ou a observação pessoal,[331] pois parecem ser interessantes por conta própria. Para esse propósito duplo, reuni os fragmentos que se seguem, e espero que possam indicar os contornos do todo.

Nem todos os leitores — nem mesmo todos os leitores socialistas — aprovarão a posição central dada a Marx e ao marxismo por esse fragmento. Eu confesso imediatamente um viés pessoal no assunto. Para mim, o mais fascinante sobre a política socialista — aquilo que lhe garante uma atenção especial e uma dignidade única tanto intelectual quanto moral — é sua relação clara e próxima com uma base doutrinária. Em princípio, pelo menos, é teoria implementada pela ação ou inação e que depende da percepção, verdadeira ou falsa, de uma necessidade histórica (ver Parte I). Até mesmo as considerações de conveniência e simples táticas têm esse *character indelibilis* [caráter sacramental, em latim no original] e sempre foram discutidas à luz desse princípio. Ocorre que tudo isso é verdadeiro apenas para o traço marxiano; não mais verdadeiro, é claro, do que é, dentro do complexo burguês, para o dos radicais benthamitas — os "filósofos" radicais, como eram chamados de maneira significativa. Todos os grupos socialistas não marxianos são mais ou menos como os outros grupos e partidos; apenas os marxistas convictos caminhavam de forma consistente segundo uma doutrina que, para eles, continha todas as respostas para todas as perguntas. Conforme veremos, não admiro essa postura de forma incondicional. Ela pode ser chamada de estreita com razão,

---

331. Um desses pontos foi tratado em outras passagens. Ver capítulo XX.

e até mesmo de ingênua. Mas os doutrinadores de todos os tipos, quaisquer que sejam suas deficiências práticas, têm certas qualidades estéticas que os colocam acima dos profissionais políticos comuns. Além disso, eles contam com fontes de força que os simples profissionais nunca serão capazes de entender.

XXIV. A MENORIDADE

As doutrinas socialistas, em algumas de suas raízes presumivelmente tão antigas quanto o pensamento articulado, ainda seriam sonhos, belos ou odiosos — anseios impotentes sem contato com as realidades sociais —, enquanto não contassem com meios para convencer que o processo social trabalhava para a realização do socialismo. O esforço socialista equivaleu a uma pregação no deserto enquanto não estabeleceu contato com uma fonte de poder social existente ou potencial — a uma pregação do tipo platônica sobre a qual nenhum político precisava se preocupar e que nenhum observador de processos sociais precisava listar entre fatores operativos.

Essa é a essência da crítica de Marx à maioria dos socialistas que o precederam ou que, em sua época, ofereciam ensinamento similar, e é a razão pela qual ele os chamava de utópicos. A questão não era tanto que muitos de seus esquemas fossem aberrações óbvias ou intelectualmente inferiores, e, sim, que esses esquemas eram essencialmente inaplicados e inaplicáveis. Alguns exemplos ilustrarão o caso e substituirão a longa pesquisa de uma vasta literatura. Além disso, serão satisfatórios para mostrar o quão longe a opinião de Marx estava de se encontrar errada.

A *Utopia* de Sir Thomas More (1478-1535), lida, admirada e até mesmo copiada ainda no século XIX — veja o sucesso de Cabet e de Bellamy[332] —, mostra o quadro de uma sociedade frugal, moral e igualitária, isto é, o oposto da sociedade inglesa da época de More. Esse ideal talvez seja apenas uma forma literária de crítica social. Talvez não precisemos aceitá-lo como uma apresentação da opinião de More sobre os objetivos do planejamento social prático. No entanto, se for entendido no último sentido — como realmente ocorreu —, seu problema não está em sua impraticabilidade. Em alguns aspectos, é menos inviável do que certas formas atuais de socialismo idílico. Por exemplo,

---

332. Étienne Cabet (1788-1856), filósofo e socialista utópico francês. Em 1839, publicou *Viagem à Icária*, cuja proposta era a substituição da produção capitalista por cooperativas de trabalhadores. Edward Bellamy (1850-1898), escritor americano. Ele descreve um estado socialista utópico em seu romance *Looking Backward 2000* (1887). (N.T.)

enfrenta a questão da autoridade e aceita francamente a perspectiva — elevada, sem dúvida, a uma virtude — de um padrão de vida modesto. O problema real é que não há tentativa de mostrar como a sociedade deve evoluir para chegar a esse estado ideal (exceto possivelmente pela conversão) nem quais são os fatores reais que podem ser forjados para produzir esse efeito. Podemos gostar ou não do ideal, mas não há muito o que fazer sobre isso. Para melhor explicá-lo: não há nada nele que leve à fundação de um partido e à elaboração de algum programa.

Outro tipo pode ser exemplificado pelo socialismo de Robert Owen (1771-1858). Fabricante e reformador prático, ele não se contentava em conceber — ou adotar — a ideia de pequenas comunidades autossuficientes que produzissem e consumissem seus meios de subsistência de acordo com princípios comunistas, na acepção mais ousada do termo. Ele, na verdade, tentou concretizá-la. Primeiro, esperou uma ação do governo, depois, tentou dar o exemplo. Então seu plano talvez pareça mais factível do que o de More: não havia apenas um ideal, mas também uma ponte que levava a ele. Na verdade, no entanto, esse tipo de ponte só serve para ilustrar a natureza do utopismo de maneira mais precisa. Pois tanto a ação do governo quanto os esforços individuais são introduzidos como um *dei ex machina* — a medida se realizaria apenas porque algum agente acreditou que valeria a pena. Nenhuma força social que se esforçasse pelo objetivo foi indicada ou poderia ter sido indicada. Não se ofereceu terra para as roseiras — foram deixadas para que se alimentassem de beleza.[333]

Isso também se aplica ao anarquismo de Proudhon (1809-1865), exceto o fato de que, no seu caso, o erro econômico está muito mais evidente do que na maioria dos outros clássicos do anarquismo, que desprezavam o argumento econômico e, seja enfatizando o ideal da cooperação livre e apátrida dos indivíduos, seja evidenciando a tarefa de destruição a ser realizada a fim de lhe abrir caminho, evitavam os erros de raciocínio em grande parte porque evitavam o raciocínio. Como "o poeta, o lunático e o amante, todos feitos de

---

333. O mesmo se aplica ao plano semelhante de Charles Fourier (1772-1837), que ninguém chamará de socialista, uma vez que o trabalho deveria receber apenas 5/12 do produto social, distribuindo-se o restante para o capital e para a administração. Embora tenha sido, por si só, uma boa tentativa de levar em conta as realidades, é interessante notar que o trabalhador, nesse estado ideal de coisas, teria ficado em situação realmente pior do que na sociedade capitalista. Na Inglaterra do pré-guerra, por exemplo (ver A. Bowley, *The division of the product of industry*, 1921, p. 37), salários e vencimentos abaixo de 160 libras absorviam, na manufatura e na mineração, 62% do valor da produção líquida ou, incluindo os salários acima de 160 libras, 68%. É claro que os ideais de Fourier não eram primariamente econômicos; mas, naquilo em que eram, ilustram bem a imensidão da ignorância sobre os fatos capitalistas que é inserida nos credos reformistas.

imaginação",³³⁴ eles eram constitucionalmente incapazes de fazer qualquer coisa, exceto perturbar os planos socialistas e criar mais confusão em momentos de agitação revolucionária. Não é difícil simpatizar com o desgosto de Marx — que às vezes não deixava de se misturar com desespero — pelas atitudes de M. Bakunin.

Mas o anarquismo era utopismo mesclado à vingança. A espécie patológica foi mencionada apenas para deixar bem claro que tais ressurgimentos da mentalidade do século XIV não devem ser confundidos com a marca genuína do socialismo utópico, cuja melhor forma é exibida pelos textos de Saint-Simon (1760-1825). Ali encontramos bom senso e responsabilidade aliados a um considerável poder analítico. Seu objetivo não era absurdo nem visionário. O que lhe faltava era o caminho: novamente, o único método sugerido era a ação do governo — ação de governos que, na época, eram essencialmente burgueses.

Se esse ponto de vista for aceito, a grande ruptura que pôs fim à menoridade do socialismo deve, de fato, estar associada ao nome e à obra de Karl Marx. Podemos então datá-lo, na medida em que tais temas podem realmente ser datados, pela publicação do *Manifesto do Partido Comunista* (1848) ou pela fundação da Primeira Internacional (1864): foi nesse período que tanto os critérios doutrinários quanto os critérios políticos sérios foram satisfeitos. Mas, por um lado, essa conquista apenas resumia os desenvolvimentos dos séculos da minoridade e, por outro lado, formulava-os de uma maneira particular que talvez fosse a única possível na prática, mas com certeza não em termos lógicos. Até determinado limite, portanto, é preciso rever o julgamento proferido pelo socialismo ortodoxo em relação aos homens da minoridade.

Em primeiro lugar, se os esquemas socialistas desses séculos consistiam em sonhos, a maioria deles era racionalizada. E o que os pensadores com maior ou menor grau de perfeição conseguiram racionalizar não foi simplesmente um sonho individual, mas os sonhos das classes não governantes. Assim, esses pensadores não viviam inteiramente no mundo das nuvens; eles também ajudaram a trazer à tona o que, abaixo, dormia e se preparava para acordar. A esse respeito, até mesmo os anarquistas, voltando-se aos seus antecessores medievais que floresceram em muitos conventos e ainda mais nos grupos terciários da Ordem Franciscana, adquirem um significado que os marxistas geralmente não lhes conferem. Por mais desprezíveis que suas crenças possam

---

334. *Sonho de uma noite de verão*, de Shakespeare: "the lunatic, the lover and the poet are of imagination all compact". (N.T.)

parecer para o socialista ortodoxo, grande parte da força propulsora do socialismo vem, ainda hoje, daqueles anseios irracionais da *alma* faminta — não da barriga — que por meio deles ganhava voz.[335]

Em segundo lugar, os pensadores socialistas da menoridade ofereceram muitos tijolos e muitas ferramentas que, mais tarde, se mostraram úteis. Afinal, são eles os criadores da própria ideia de uma sociedade socialista e foi devido aos seus esforços que Marx e seus contemporâneos puderam discuti-la como algo conhecido de todos. Mas muitos dos utopistas foram muito além disso. Eles elaboraram os detalhes do plano socialista ou de certas variantes dele, formulando problemas — ainda que de maneira inadequada — e limpando muito terreno. Mesmo sua contribuição para a análise puramente econômica não pode ser negligenciada, pois ofereceu o fermento necessário para um bolo que, sem ele, seria pesado e indigesto. Muito disso, também, tratou-se simplesmente de trabalho profissional que melhorou a teoria existente e, entre outras coisas, foi muito útil para Marx. Os socialistas e quase socialistas ingleses que elaboraram a teoria do valor-trabalho — como William Thompson — oferecem o melhor exemplo disso.

Em terceiro lugar, nem todos aqueles que os marxistas incluem entre os utopistas careciam de contato com movimentos de massa. Algum contato resultou inevitavelmente do fato de que as condições sociais e econômicas que põem em movimento a caneta do intelectual também colocarão em movimento algum grupo ou uma classe do povo — os camponeses, os artesãos, os trabalhadores agrícolas ou simplesmente os vadios e a ralé. Mas muitos dos utopistas estabeleceram um contato muito mais íntimo. As demandas dos camponeses durante as revoluções do século XVI já eram formuladas por intelectuais; a coordenação e a cooperação foram se tornando cada vez mais próximas com o decorrer dos séculos. "Gracchus" Babeuf,[336] líder do único movimento puramente socialista da Revolução Francesa, foi considerado suficientemente importante para que o governo lhe fizesse o agrado de executá-lo em 1797. Mais uma vez, a Inglaterra é o país que ilustra isso da melhor forma.

---

335. É por isso que os esforços do socialista qualificado para se livrar de algo que ele próprio admite ser absurdo ou visionário no credo do religioso não qualificado nunca serão totalmente bem-sucedidos. O apelo popular do socialismo *não* se deve ao que pode ser racionalmente demonstrado sobre ele, mas precisamente às heresias místicas que os economistas burgueses e socialistas condenam em uníssono. Ao tentar se distanciar, o socialista não está sendo apenas ingrato com a onda que o conduz, mas também está cortejando o perigo de que suas forças possam ser utilizadas para outro serviço.

336. François Noël Babeuf (1760-1797), chamado de "Gracchus" Babeuf, participou da Revolução Francesa e do movimento igualitário Conspiração dos Iguais; este propunha, em 1796, a comunidade dos bens e do trabalho. O diretório reprimiu o movimento e condenou todos os seus participantes à pena de morte. (N.T.)

Precisamos apenas comparar, desse ponto de vista, a história do movimento dos niveladores (*levellers*) do século XVII e o movimento cartista do século XIX. No primeiro caso, Winstanley[337] juntou-se ao movimento e liderou-o como indivíduo; no segundo caso, grupos de intelectuais reagiram em grupo, e — embora sua cooperação tenha se afunilado no socialismo cristão — isso não se tratava apenas de um tema estudantil totalmente desassociado de um movimento contemporâneo de massa. Na França, o melhor exemplo nos é oferecido por meio das atividades de Louis Blanc[338] em 1848. Portanto, nesse e em outros aspectos, o socialismo utópico diferia do socialismo "científico" mais em grau que em espécie: a relação dos socialistas da minoridade com os movimentos de classe era ocasional e não, via de regra, uma questão de princípio fundamental, ao passo que, com Marx e com o socialismo pós-marxiano, tornou-se precisamente uma questão de princípio fundamental e semelhante à relação de um governo com seu exército permanente.

Ainda falta ressaltar um ponto muito importante — espero que não seja um obstáculo. Foi dito aqui que a doutrina que declara a presença de uma tendência ao socialismo[339] e o contato permanente com uma fonte de poder social real ou potencial — os dois requisitos do socialismo como um fator político sério — foram estabelecidos definitivamente em meados do século XIX de uma forma que, logicamente, não era a única possível. Marx e a maioria de seus contemporâneos ofereceram um ponto de vista particular à sua doutrina afirmando que a classe trabalhadora era a única que estava ativamente associada a essa tendência ao socialismo, e que, portanto, era a única fonte de poder a ser explorada pelo socialista. Para eles, o socialismo significava principalmente libertar o trabalho da exploração, e que "a emancipação dos trabalhadores deve ser tarefa da própria classe trabalhadora".

---

337. Gerrard Winstanley (1609-1676) fez parte do movimento escavador (*diggers*) durante a Revolução Inglesa (1640-1660). Os *diggers* (escavadores) ou *levellers* (niveladores) eram um grupo de protestantes radicais que acreditava na igualdade econômica e desejava criar pequenas comunidades rurais igualitárias. (N.T.)

338. Louis Jean Joseph Charles Blanc (1811-1882), político e historiador francês. Após a Revolução de 1848, Blanc tornou-se membro do governo provisório e passou a defender cooperativas que, mesmo controladas pelos trabalhadores, receberiam, no início, ajuda do governo. Blanc não obteve êxito, pois suas ideias estacionaram entre as tendências radicais dos operários e a guarda nacional. (N.T.)

339. Para entender um significado preciso dessa frase, o leitor deve voltar-se novamente às nossas discussões nas partes I e II. Aqui, significa duas coisas: primeiro, que as verdadeiras forças sociais, independentemente de desejabilidades ou indesejabilidades, caminham para o socialismo, que, portanto, irá adquirir cada vez mais o caráter de uma proposição prática; segundo, que, assim sendo, há, de fato, espaço para as atividades partidárias ao longo das linhas socialistas. Esse último ponto será discutido no capítulo XXV.

Agora há mais facilidade para entender por que, como uma proposição prática, a conquista do interesse operário deve ter atraído Marx mais do que qualquer outro rumo, e por que motivo sua doutrina teve de ser formulada como foi. Mas a ideia se tornou tão firmemente enraizada até mesmo em algumas mentes não socialistas que excluiu completamente alguns fatos que carecem de muitas explicações: que o movimento operário, embora muitas vezes aliado ao socialismo, tem permanecido distinto dele até hoje, e que, para os socialistas, não foi nada fácil estabelecer no mundo dos trabalhadores esferas de influência em que seu credo é aceito como algo natural. Independentemente de como interpretamos esses fatos, é preciso deixar claro que o movimento operário não é essencialmente socialista, assim como o socialismo não é necessariamente trabalhista ou proletário. Nada disso é surpreendente. Pois, como vimos na Parte II, embora o processo capitalista socialize lentamente a vida econômica e muito mais, isso significa uma transformação de todo o organismo social do qual todas as partes são igualmente afetadas. A renda real e o peso social da classe trabalhadora aumentam nesse processo, e a sociedade capitalista se torna cada vez mais incapaz de lidar com as dificuldades trabalhistas. Mas esse é um substituto humilde ao quadro marxiano de um operário instigado a fazer parte da grande revolução por causa de seu sofrimento cada vez mais intolerável. Se descartarmos esse quadro e percebermos que o que realmente aumenta é a participação do operário no sistema capitalista, inevitavelmente pensaremos menos no chamamento particular endereçado à classe trabalhadora pela lógica da evolução. Ainda menos convincente é o papel que o marxismo atribui ao proletariado na catástrofe do drama social. O grupo não tem muito o que fazer se a transformação for gradual. E, se houver uma grande revolução, o proletariado será simplesmente persuadido e obrigado a consentir. A ponta de lança será formada por intelectuais assistidos pela ralé semicriminosa. E as ideias de Marx sobre o assunto são apenas "ideologias" — tão utópicas quanto qualquer crença dos utopistas.

Assim, embora seja substancialmente verdade que, ao contrário da maioria de seus antecessores, Marx pretendia racionalizar um movimento existente e não um sonho, e também que ele e seus sucessores realmente obtiveram um controle parcial desse movimento, a diferença é menor do que os marxistas nos fariam acreditar. Havia, como vimos, mais realismo no pensamento dos utopistas e mais sonhos irreais no pensamento de Marx do que eles admitem.

À luz desse fato, podemos dar maior crédito aos socialistas da menoridade, porque não enfatizaram exclusivamente o aspecto do proletariado. Em particular, seu apelo aos governos ou a classes diferentes do proletariado nos parecerá menos visionário e mais realista do que parecia para Marx. Pois o

Estado, sua burocracia e os grupos que põem em funcionamento a máquina política são perspectivas bastante promissoras para o socialista em busca de sua fonte de poder social. Como já deve estar evidente agora, é provável que eles se movam na direção desejada com necessidade não menos "dialética" do que as massas. E essa excrescência do estrato burguês que vamos denominar (*a posteriori*) de socialismo fabiano[340] também é sugestiva. Marx, ao escolher a motivação social como força propulsora, produziu, assim, um caso especial que, mesmo sendo, na prática, o mais importante, ainda está logicamente em pé de igualdade com outros que os ortodoxos veem como fraudes e heresias.

XXV. A SITUAÇÃO ENFRENTADA POR MARX

1. Segundo Engels, em 1847, Marx adotou o termo "comunista", preferindo-o ao termo "socialista", porque o socialismo, naquele momento, adquirira ares de respeitabilidade burguesa. Independentemente de ter ocorrido assim e de resolvermos explicar esse fato, se é que foi um fato — mais de uma vez, vimos uma boa razão para interpretar o socialismo como um produto da mentalidade burguesa —, não há dúvida de que Marx e Engels eram típicos intelectuais burgueses, exilados de origem e tradição burguesas. Essa fórmula explica muito do pensamento de Marx e das políticas e táticas políticas recomendadas por ele. É surpreendente o quanto suas ideias prevaleceram.

Em primeiro lugar, o intelectual desarraigado, tendo o espírito para sempre marcado pela experiência formativa de 1848, abandonou sua própria classe e foi abandonado por ela. Da mesma forma, os intelectuais desarraigados e, indiretamente, as massas proletárias eram agora tudo a que ele tinha acesso e no que podia confiar. Isso explica a doutrina que, como vimos no capítulo anterior, precisa de explicação: a de que os trabalhadores "se emanciparam".

Por outro lado, o mesmo intelectual desarraigado naturalmente tornou-se internacionalista em seu coração. Isso significava mais do que não se preocupar

---

340. Veja o Capítulo XXVI. Os marxistas naturalmente responderão que esses fenômenos são meros derivados dos fenômenos genuínos, apenas efeitos do avanço do proletariado. Isso será verdadeiro se significar que este último é um dos fatores da situação que produziu e está produzindo o primeiro. Mas, nesse sentido, essa proposição não constitui uma objeção. Se isso significa que há uma relação unidirecional ou puramente de causa e efeito entre o proletariado e o socialismo de Estado, aí então constituirá uma objeção, mas esta será uma postura equivocada. O processo sociopsicológico descrito na Parte II produzirá, sem nenhuma pressão de baixo, o socialismo estatal e fabiano, os quais até ajudarão a produzir essa pressão. Como veremos em breve, é justo questionar onde o socialismo estaria sem seu companheiro de viagem. É certo que o socialismo (em oposição ao movimento operário do tipo sindical) não chegaria a lugar algum sem o líder intelectual de extração burguesa.

primariamente com os problemas e as vicissitudes de algum país em particular — mesmo os de proletariados nacionais individuais — e mantê-los sempre na periferia de seus interesses. Isso significava que era muito mais fácil criar a religião socialista hipernacional e conceber um proletariado internacional cujas partes componentes estavam, em princípio, muito mais intimamente ligadas umas às outras do que cada uma delas estava em relação aos seus compatriotas de uma classe diferente. Qualquer um poderia, usando uma lógica fria, ter criado essa concepção obviamente irrealista, juntamente com tudo o que ela implica para a interpretação da história passada e para as opiniões dos partidos marxistas sobre a política externa. Teria, entretanto, de lidar com todas as influências afetivas exercidas pelos ambientes nacionais e nunca poderia ser abraçado de forma passional por um homem ligado a um país por inúmeros laços — esses laços não existiam para Marx. Como ele mesmo não pertencia a nenhum país, convenceu-se imediatamente de que o proletariado também não pertencia.

Veremos mais adiante por que — e até onde — esse ensinamento sobreviveu e o que, em diversas circunstâncias, passou a significar. O próprio Marx, sem dúvida, aceitou suas implicações não intervencionistas e pacifistas. Ele decerto pensou não só que as "guerras capitalistas" não causavam nenhuma preocupação para o proletariado como também que elas eram os meios de subjugá-lo ainda mais. A concessão que Marx pode ter feito, ou seja, que a participação na defesa do próprio país contra um ataque não é incompatível com os deveres dos fiéis, obviamente não era mais do que um mecanismo tático bastante necessário.

Por sua vez, qualquer que fosse sua doutrina,[341] o burguês desarraigado tinha a democracia em seu sangue. Ou seja, a crença na parte do esquema burguês de valores que se concentra na democracia era para ele não apenas uma questão de percepção racional das condições peculiares ao modelo social de seu tempo ou de qualquer outro. Tampouco era apenas uma questão de tática. É verdade que as atividades socialistas (e seu trabalho pessoal) não poderiam ter sido realizadas, pelo menos não com algum conforto, em um ambiente que professasse outros princípios que não os democráticos — conforme eram entendidos na época. Salvo em casos muito excepcionais, toda oposição deve defender a liberdade — que para esse burguês significava democracia — e jogar-se à mercê do "povo". É claro que esse elemento era, e até hoje é, muito importante em alguns países. É precisamente, como já afirmei, por isso que as declarações democráticas dos partidos socialistas

---

341. Ver capítulos XX e XXIII.

não significam muito até que seu poder político se torne suficientemente grande para lhes dar a opção de escolher uma alternativa; é também por isso que esses partidos não aproveitam, em particular, para estabelecer qualquer relação fundamental entre a lógica do socialismo e a lógica da democracia. No entanto, pode-se dizer de forma acertada que para Marx a democracia estava acima da discussão, e que qualquer outro modelo político era inferior a ela. Deve-se conceder isso ao tipo de revolucionário de 1848.[342] Claro que estava fora de questão para ele aceitar, da forma como se encontrava, um artigo tão importante da fé burguesa. Isso teria deixado descoberta uma área inconvenientemente extensa de terreno comum. Mas vimos na parte anterior que ele sabia como enfrentar essa dificuldade, afirmando corajosamente que apenas a democracia socialista era a verdadeira democracia, e que a democracia burguesa não era uma democracia.

2. Tal era então o *apriorismo* político de Marx. Não há necessidade de enfatizar que era totalmente diferente dos apriorismos do socialista inglês médio não só de sua época como de qualquer outra — tão diferente a ponto de tornar a simpatia mútua e até mesmo o entendimento mútuo pleno quase impossível, independentemente do hegelianismo e de outras barreiras doutrinárias. Essa diferença se destacará ainda mais se compararmos Marx a outro intelectual alemão de origem muito semelhante: Ferdinand Lassalle (1825-1864). Descendente da mesma raça, produto do mesmo estrato, moldado por uma tradição cultural bastante parecida, igualmente condicionado pelas experiências de 1848 e pela ideologia da democracia burguesa, ainda assim, Lassalle difere de Marx de uma forma que não pode ser explicada por completo com uma equação pessoal. Muito mais importante do que isso era o fato de Marx ser um exilado e Lassalle não. Este nunca se desligou de seu país nem das classes diferentes do proletariado; nunca foi um internacionalista como Marx. Por proletariado ele entendia principalmente o proletariado alemão. Não apresentava objeção à cooperação com o Estado existente; não se opôs ao contato pessoal com Bismarck[343] nem com o rei da Baviera. Esses elementos são de muita importância, mais até, talvez, do que as mais profundas

---

342. A postura emocional assumida em 1848 também lhe impossibilitou de entender o regime não democrático que o exilou e também de fazer-lhe justiça. A análise desapaixonada não deixaria de revelar suas conquistas e possibilidades, mas essa capacidade de análise estava, nesse caso, muito além do seu alcance.

343. Otto Eduard Leopold von Bismarck-Schönhausen (1815-1898), diplomata e político prussiano, foi chanceler imperial da Alemanha entre 1871 e 1890, durante o reinado de três imperadores: Guilherme I (1871-1888), Frederico III (1888) e Guilherme II (1888-1890); foi também ministro-presidente da Prússia entre 1873 e 1890. (N.T.)

diferenças doutrinárias; são tão importantes que produziram diferentes tipos de socialismo e antagonismos irreconciliáveis.

Vamos então nos posicionar sobre o apriorismo de Marx e examinar os dados políticos enfrentados por ele.

No início, as enormes massas industriais sobre as quais Marx escreveu e pensou não existiam em lugar nenhum, exceto na Inglaterra. Mesmo ali, com a perda de força do movimento cartista no momento em que ele encontrou seu rumo, a classe trabalhadora estava se tornando cada vez mais realista e conservadora. Decepcionados com o fracasso de atividades radicais anteriores, os homens se afastavam de programas que muito ostentavam e das canções que lhes prometiam direito ao produto total. De forma sóbria, eles aderiram a uma tentativa de aumentar sua participação no produto total. Os líderes tentavam cautelosamente estabelecer, fortificar e aumentar o *status* legal e o poder econômico dos sindicatos no âmbito político da sociedade burguesa. Por princípios e considerações táticas óbvias, esses líderes foram obrigados a enxergar as ideias ou as atividades revolucionárias como um incômodo e como uma sabotagem estúpida ou frívola aos negócios sérios dos operários. Além disso, eles se preocupavam com o estrato superior da classe trabalhadora; pela classe inferior, abrigavam sentimentos que se assemelhavam ao desprezo.

De todo modo, porém, Marx e Engels, nas circunstâncias em que se encontravam e sendo quem eram, nunca teriam pensado em organizar o proletariado industrial, ou qualquer grupo específico dele, de acordo com suas próprias ideias. Tudo o que podiam esperar era o contato com os líderes e com a burocracia sindical. Ao contemplar, por um lado, a postura do operário "respeitável" e, por outro, a postura da multidão (na época) inorganizável das grandes cidades com as quais não desejavam atuar,[344] eles enfrentaram um dilema desagradável. Não podiam deixar de reconhecer a importância do movimento sindical que estava prestes a realizar, aos poucos, a tarefa gigantesca de organizar as massas em algo semelhante a uma classe articulada, ou seja, resolver o problema que eles próprios consideravam o mais importante de todos. Mas, estando completamente fora do movimento e percebendo o perigo de essa classe acabar adquirindo um *status* burguês e adotar uma postura burguesa, eles seriam obrigados a não simpatizar e desconfiar dos sindicatos tanto quanto os sindicatos não simpatizavam e desconfiavam deles — na medida em que chegavam a ser notados. Foram, então, reconduzidos à posição que se tornou característica do socialismo clássico e que, embora de

---

344. É preciso lembrar que os marxianos costumam falar de uma massa proletária (*Lumpenproletariat*). (Há, em português, os vocábulos "lumpemproletariado" e "lumpesinato". [N.T.])

importância muito reduzida, expressa até hoje o antagonismo fundamental entre os intelectuais socialistas e os operários (que, nos casos importantes, pode ser, de forma aproximada, equiparado ao antagonismo entre os partidos socialistas e os sindicatos). Para eles, o movimento sindical era algo que precisava ser convertido à doutrina da guerra de classes; como meio de tal conversão, a cooperação ocasional com o movimento era adequada para os fiéis sempre que os problemas dos operários radicalizavam as massas e preocupavam ou entusiasmavam os funcionários dos sindicatos o suficiente para induzi-los a ouvir o evangelho. Mas enquanto a conversão não estivesse completa e, em particular, enquanto a opinião sindical permanecesse em princípio avessa à ação revolucionária ou simplesmente à ação política, o movimento não estaria em estado de graça; pelo contrário, estaria errado, confundindo seus objetivos verdadeiros, iludindo-se com trivialidades que iam muito além da futilidade; daí, exceto para o propósito de "minar por dentro",[345] os fiéis tiveram de se manter distantes.

Essa situação mudou já durante a vida de Marx e ainda mais durante a vida de Engels. O crescimento do proletariado industrial que, por fim, o tornou também um poder no continente, e o desemprego consequente das depressões daquele período aumentaram sua influência junto aos líderes trabalhistas, embora nunca tivessem adquirido qualquer influência direta sobre as massas. Até o fim, porém, foram principalmente os intelectuais que lhes forneceram o material com o qual trabalhar. Embora seu sucesso nessa área fosse considerável, os intelectuais lhes oferecia ainda mais problemas do que a indiferença dos trabalhadores, que, ocasionalmente, chegava à hostilidade. Havia uma corrente periférica de intelectuais socialistas que não tinham objeção em identificar-se com os sindicatos ou com a reforma social do burguês radical ou mesmo do conservador. E, naturalmente, eles propunham um socialismo muito diferente, que, fazendo promessas de benefícios imediatos, era um concorrente perigoso. Havia, além disso, intelectuais, dentre os quais Lassalle era o principal, que haviam conquistado entre as massas posições ainda mais diretamente competitivas. E, também, havia intelectuais que foram bastante longe no que diz respeito ao ardor revolucionário, mas a quem Marx e Engels viam, com razão, como os piores inimigos do socialismo sério — os "putschistas" como Blanqui,[346] os sonhadores, os anarquistas, entre outros. As considerações doutrinárias, bem

---

345. Em inglês, "*boring from within*": ocorre quando alguém filia-se ao partido de oposição ou a um grupo com posicionamento político contrário ao seu com o objetivo de subvertê-lo ou convertê-lo. (N.T.)

346. Louis Auguste Blanqui (1805-1881), socialista e ativista político francês. Sua teoria revolucionária ficou conhecida como blanquismo. (N.T.)

como as táticas, tornavam imperativo receber todos esses grupos com um inflexível "não".

3. Esse contexto doutrinário e essa situação tática tornaram extremamente difícil para Marx encontrar respostas para duas questões vitais que seriam feitas por todos os seguidores, atuais e futuros: a questão da postura em relação às políticas dos partidos burgueses e a do programa de ação imediata.

Em relação ao contexto doutrinário, os partidos socialistas não podiam ser aconselhados a assistir à política burguesa em silêncio. Sua tarefa óbvia era criticar a sociedade capitalista, expor a farsa dos interesses de classe, apontar o quanto tudo seria melhor no paraíso socialista e buscar recrutas: criticar e organizar. No entanto, nenhum partido com alguma importância política conseguiria manter uma postura completamente negativa, embora, como princípio, esta fosse bastante satisfatória. A postura colidiria inevitavelmente com a maioria das verdadeiras aspirações do trabalho organizado e, se persistisse por algum período, teria reduzido os seguidores a um pequeno grupo de ascetas políticos. Considerando a influência que as lições de Marx exerceu, até 1914, sobre o grande partido alemão e sobre muitos grupos menores, é interessante ver como ele lidou com essa dificuldade.

Enquanto considerou possível fazê-lo, ele manteve a única posição que era logicamente inatacável. Os socialistas tinham de recusar-se a participar das falsas melhorias por meio das quais a burguesia tentava enganar o proletariado. Essa participação — mais tarde, chamada de *reformismo* — significava o abandono da *fé*, a traição dos verdadeiros objetivos e uma tentativa insidiosa de remendar o que deveria ser destruído. Discípulos como Bebel,[347] que realizaram a peregrinação ao santuário após terem se desviado do caminho certo, receberam uma profunda consideração. É verdade que Marx e Engels, na época de seu partido comunista de 1847, haviam pensado em cooperar com grupos burgueses de esquerda. Além disso, o *Manifesto do partido comunista* reconhecia a necessidade de acordos e alianças ocasionais, assim como permitia que se utilizassem diferentes táticas de acordo com as circunstâncias do tempo e do lugar. Tudo isso estava implícito na máxima prescrita aos fiéis, segundo a qual era preciso aproveitar-se de todos os antagonismos entre as burguesias de diferentes países e entre os grupos burgueses dentro de cada país — pois seria difícil fazer isso sem um certo grau de cooperação com

---

347. Ferdinand August Bebel (1840-1913) foi um dos fundadores do Partido Social-Democrata dos Trabalhadores. Com o fim das Leis Antissocialistas, em 1890, esse partido passou a se chamar Partido Social-Democrata da Alemanha. (N.T.)

alguns deles. Mas tudo isso levava apenas à limitação de um princípio para conseguir defendê-lo de forma mais eficaz. Em cada caso, a exceção tinha de ser examinada de forma bastante rigorosa, sendo a presunção sempre contra ela. Além disso, a cooperação estava prevista para algumas emergências bem definidas, preferencialmente nas revoluções, não para uma aliança mais duradoura envolvendo negociações nas ocorrências ordinárias da vida política, as quais poderiam colocar em risco a pureza do credo.

Como os marxistas devem se comportar quando confrontados por uma política particular do inimigo burguês que, de forma clara, beneficia o proletariado? Podemos inferir a resposta por meio do exemplo do próprio mestre em um campo muito importante. O livre-comércio foi um dos principais pontos da plataforma do liberalismo inglês. Marx era um economista muito bom para não enxergar o benefício, nas circunstâncias daquela época, que isso conferia à classe trabalhadora. O benefício podia ser menosprezado, os motivos dos livres comerciantes burgueses podiam ser repreendidos. Mas isso não resolveria o problema, pois os socialistas, certamente, teriam de apoiar o livre-comércio, particularmente o dos produtos alimentícios. Bem, então eles teriam de apoiar o livre-comércio, mas não, é claro, porque o pão barato fosse um benefício — nada disso! —, e sim porque o livre-comércio aceleraria o ritmo da evolução social e, portanto, o advento da revolução social. O truque tático é admirável. Além disso, o argumento é bastante verdadeiro e admite a aplicação a muitos casos. O oráculo não disse, no entanto, o que os socialistas devem fazer com as políticas que, ao mesmo tempo que beneficiam o proletariado, não promovem a evolução capitalista — como a maioria das medidas de melhoria social, seguro social e afins — ou que, ao promover a evolução capitalista, não beneficiam diretamente o proletariado. Mas, embora o campo burguês se dividisse a respeito dessas questões, o caminho estava aberto em virtude do preceito de fazer uso das dissidências capitalistas. Desse ângulo, Marx também teria lidado com reformas patrocinadas, em oposição à burguesia, por meio de elementos extraburgueses, como a aristocracia e a nobreza rural, embora, em seu esquema, não houvesse lugar especial para o fenômeno.

A segunda questão não era menos espinhosa. Nenhum partido consegue sobreviver sem um programa que ofereça a promessa de benefícios imediatos. Mas, pela lógica, o marxismo não tinha esse tipo de programa a oferecer. Qualquer coisa positiva feita ou a ser feita na atmosfera viciada do capitalismo estava, pelo próprio fato, contaminada. Na verdade, Marx e Engels estavam preocupados com isso e sempre desencorajaram programas que envolvessem políticas construtivas dentro da ordem capitalista e que, inevitavelmente, tivessem sabor de radicalismo burguês. No entanto, quando eles mesmos precisaram enfrentar a questão em 1847, cortaram o nó górdio de forma decidida. O *Manifesto do partido comunista*, sem muita lógica, lista uma série de objetivos imediatos da política socialista simplesmente colocando a barcaça socialista ao lado do transatlântico liberal.

Educação gratuita, sufrágio universal, eliminação do trabalho infantil, imposto de renda progressivo, nacionalização da terra, dos bancos e dos transportes, expansão da iniciativa estatal, recuperação de terras devolutas, *serviço industrial obrigatório para todos*, difusão de centros industriais pelo país — tudo isso mostra claramente até que ponto (na época) Marx e Engels se permitiram ser oportunistas, embora estivessem inclinados a negar o privilégio a outros socialistas. Pois o que surpreende nesse programa é a ausência de qualquer palanque que pudesse ser reconhecido como típica ou exclusivamente socialista se o encontrássemos em outras circunstâncias; qualquer um dos objetivos poderia aparecer em um programa não socialista — mesmo a nacionalização de terras tem sido defendida, por motivos especiais, por escritores burgueses —, e a maioria deles é simplesmente retirada do pote de temas radicais. Esse era o caminho natural, a única coisa sensata a se fazer, mas, ainda assim, uma via improvisada — por óbvio, destinada ao propósito de encobrir uma fraqueza prática e embaraçosa. Se Marx estivesse interessado nesses itens por si mesmo, não teria alternativa a não ser se ligar à ala radical do liberalismo burguês. De certo modo, para ele, esses itens pouco importavam, e ele não se sentia obrigado a sacrificar o que quer que fosse por eles; se os radicais burgueses tomassem todos para si, isso presumivelmente causaria uma surpresa muito desagradável para ele.

4. Os mesmos princípios, as mesmas táticas e dados políticos similares produziram a *mensagem inaugural da associação internacional dos trabalhadores* (a "Primeira Internacional") em 1864. A fundação desta significou de fato um grande passo além do *arbeiterbildungsverein* alemão [Associação para a Educação dos Trabalhadores] de 1847 ou do pequeno grupo internacional do mesmo ano. Claro que não era uma organização de partidos socialistas — embora, por exemplo, os dois da Alemanha tivessem se juntado, o *Allgemeiner Deutscher Arbeiterverein* [Associação Geral dos Trabalhadores Alemães] de Lassalle retirou-se rapidamente — e muito menos uma organização internacional do proletariado, mas grupos operários de muitos países e de muitos tipos foram realmente representados e até mesmo os sindicatos ingleses mostraram bastante interesse em tolerar por um tempo — de uma forma bastante não comprometida e de olho em possíveis vantagens imediatas — uma aliança um tanto quanto incompatível.

George Odger[348] figurava entre os fundadores.[349] As grandes reivindicações feitas pela *Associação* e por alguns de seus historiadores, acerca de seu papel nos movimentos revolucionários, e os principais problemas do operariado da época foram recebidos com parcimônia. Mas se essa *Associação* teve pouco efeito e nunca liderou ou obteve o controle, pelo menos ofereceu uma fraseologia unificada. Além disso, estabeleceu contatos que, no final, poderiam tê-la elevado — com a gentil ajuda de seus inimigos burgueses que eram suficientemente tolos para divulgá-la — a uma posição de real importância. No início, tudo correu muito bem, e os quatro primeiros "congressos" foram claramente bem-sucedidos; certos incidentes não socialistas, como a votação que defendia o princípio da herança, foram diplomaticamente ignorados pelos membros ortodoxos. A invasão (em 1869) e a expulsão de Bakunin (em 1872), no entanto, constituíram um golpe do qual a *Associação* se mostrou incapaz de se recuperar, embora tenha continuado a funcionar até 1874.

Desde o início, Marx esteve ciente das possibilidades e dos perigos inerentes àquele caravançará onde conviviam intelectuais de posição duvidosa e trabalhadores obviamente determinados a usar a *Associação* ou a renegá-la de acordo com as circunstâncias. Eram as possibilidades pelas quais e os perigos contra os quais ele sempre lutou. A primeira tarefa era manter a organização unida; a segunda, incutir nesta a inclinação marxiana; e ambas as questões deveriam ser resolvidas apesar de seus seguidores pessoais constituírem sempre uma minoria e de sua influência sobre os outros membros ser muito menor do que poderia ser inferida por ter sido chamado — ou melhor, por terem lhe dado a permissão — para entregar a mensagem do programa. Em consequência, essa mensagem continha concessões a visões não marxianas semelhantes às que chocaram o próprio Marx quando ele as encontrou no programa de Gotha do Partido Social-Democrata Alemão (1875). Da mesma forma, manobras e acordos prudentes estiveram muito em evidência desde então — o tipo de coisa que, certa vez, fez Marx exclamar em desespero semi-humorístico: *Je ne suis pas Marxiste* [Não sou marxista]. Mas o significado de um acordo depende de quem o celebra e com qual mentalidade o faz. Quem se importa apenas com a tendência pode tolerar muitos desvios. Marx confiou em si mesmo para que sua tendência

---

348. George Odger (1813-1877) foi um dos pioneiros do sindicalismo inglês, o primeiro presidente da Primeira Internacional. (N.T.)

349. Odger chegou a atuar como presidente do *Conselho da Internacional*. Isso significou muito, uma vez que fora um dos promotores mais importantes da federação e da união entre os sindicatos, organizador do *London Trade Council* e um dos principais funcionários da liga reformista que promovia o direito de voto dos trabalhadores urbanos.

permanecesse à vista a fim de poder encontrar o caminho de volta a ela após cada desvio. Mas entenderemos que ele se sentiu apreensivo quando viu outros jogando o mesmo jogo. Havia, portanto, mais do que simples egoísmo tanto em sua evasiva tática quanto em suas denúncias venenosas sobre a evasiva dos outros.

É claro que tanto as táticas quanto o princípio daquilo que, desde então, passou a ser a política clássica do socialismo ortodoxo estão sujeitos à crítica. O exemplo tático dado por Marx deixou seus seguidores livres para justificar quase toda linha de ação ou inação causada por algum movimento ou dito do mestre. Esse princípio foi acusado de apontar um caminho que não levou a lugar algum. Ainda mais importante é entender sua lógica: Marx acreditava na revolução proletária e também acreditava que — embora sua própria doutrina devesse tê-lo feito duvidar disso — o momento certo não estava longe, assim como a crença da maioria dos primeiros cristãos em relação à iminência do juízo final. Portanto, seu método político fundava-se, de fato, em um erro de diagnóstico. Os intelectuais que exaltam sua perspicácia política[350] são completamente incapazes de perceber a quantidade de idealizações que integravam seu juízo prático. Mas, admitindo os fatos dentro de seu horizonte e as inferências deles tiradas, esse método surge como conclusão, bem como suas opiniões sobre os resultados imediatos e sobre comensalidade com os reformadores burgueses. Fundar um partido homogêneo, com base no proletariado organizado de todos os países, que marcharia em direção ao seu objetivo sem perder sua fé revolucionária nem molhar sua pólvora no caminho, era, por esse ponto de vista, de fato, uma tarefa de suma importância; diante dela, todo o resto se apequenava.

XXVI. DE 1875 A 1914

1. ACONTECIMENTOS INGLESES E O ESPÍRITO DO FABIANISMO

Há um certo significado simbólico nessas duas datas. O ano de 1875 testemunhou o nascimento do primeiro partido puramente socialista que teve suficiente força para ser contado como um fator na política. Esse importante acontecimento se deu quando os dois grupos alemães — o grupo de Lassalle

---

350. Veja, por exemplo, Benedetto Croce, *Materialismo storico ed economia marxista*. Tradução para o inglês de C. M. Meredith, 1914.

e o outro fundado por Bebel e Liebknecht em 1869 — se fundiram no Partido Social-Democrata, que, embora na época (programa de Gotha) tenha feito concessões consideráveis ao credo de Lassalle,[351] acabou por abraçar o marxismo (programa de Erfurt, 1891) e lutou de forma contínua para chegar à orgulhosa posição que ocupava em 1914, quando, como todos os partidos socialistas, mergulhou na crise de seu destino.[352] Antes de comentar sobre o desenvolvimento surpreendente que levou um partido marxista, sem comprometer qualquer um de seus princípios, a se aproximar da liderança parlamentar, veremos os acontecimentos em outros países; em primeiro lugar, os do socialismo inglês desse período, que, superficialmente, oferece um contraste tão marcante e instrutivo.

Abaixo da superfície há, naturalmente, processos sociais substancialmente similares e, como partes deles, movimentos operários substancialmente similares. As diferenças entre os casos inglês e alemão quanto ao tom, à ideologia e às táticas podem ser facilmente explicadas. Desde o colapso do *Grande Sindicato Nacional Consolidado* de inspiração owenita, em 1834, ou desde o gradual desaparecimento do cartismo, o movimento operário inglês havia deixado de provocar qualquer tipo específico de hostilidade. Alguns de seus objetivos econômicos eram defendidos pelo partido liberal, e outros, pelo conservador.[353] As leis dos sindicatos de 1871, 1875 e 1876, por exemplo, foram passadas sem nada que instigasse o movimento operário à militância. Além disso, a batalha pelo direito de voto era travada por grupos não socialistas, enquanto as massas não tinham muito a fazer além de aplaudir e vaiar. Em tudo isso a qualidade superior dos operários ingleses se destaca bem. Também se destaca a qualidade superior da sociedade política inglesa; depois de ter se mostrado capaz de evitar um movimento análogo à Revolução Francesa e eliminar os perigos ameaçadores do pão caro, continuou a saber como gerenciar conjunturas sociais de crescente dificuldade e como se render com alguma graça — veja a lei das Disputas Comerciais de 1906.[354] Em consequência, o

---

351. A principal panaceia de Lassalle foi a organização dos operários em cooperativas de produtores assistidas pelo Estado que deveriam competir e, no final, eliminar a indústria privada. Isso, obviamente, cheira tanto a utopismo que não é difícil entender a aversão de Marx.

352. Ocupava, na época, 110 dos 397 assentos no *Reichstag*, e, devido à incapacidade dos grupos burgueses de organizar grandes partidos homogêneos, isso significava muito mais do que sugerem os números por si só.

353. O surgimento de uma postura pró-operária no campo conservador é especialmente impressionante. Por um lado, o grupo liderado por Lorde Ashley e, por outro, o grupo *Young England* [Jovem Inglaterra] (A Democracia *Tory* de Disraeli) podem ser mencionados como exemplos.

354. É difícil, agora, perceber como essa medida deve ter impressionado as pessoas que ainda acreditavam em um Estado e em um sistema jurídico baseados na instituição da propriedade privada.

proletariado inglês demorou mais para ganhar uma "consciência de classe" ou para chegar ao ponto em que Keir Hardie[355] foi capaz de organizar o *Partido Trabalhista Independente* (1893). Mas a ascensão do *Novo Sindicalismo*[356] levou ao anúncio de um estado de coisas que, excetuando-se a expressão, não diferia essencialmente do alemão.

A natureza e o alcance de tal diferença ficarão mais claros se observarmos, por um instante, o grupo cujos métodos e metas os expressam perfeitamente — a Sociedade Fabiana. Os marxistas sorrirão com desprezo para o que, do ponto de vista deles, parece ser um exagero grosseiro da importância de um pequeno grupo de intelectuais que nunca desejou ser outra coisa. Na realidade, os fabianos na Inglaterra, ou as posturas que encarnavam, foram tão importantes quanto os marxistas na Alemanha.

Os fabianos surgiram em 1883 e, durante todo o nosso período, mantiveram-se como um pequeno grupo de intelectuais burgueses.[357] Suas ideias provinham de Bentham e Mill e davam continuidade a essa tradição. Tinham as mesmas esperanças generosas para a humanidade que os filósofos radicais

---

Pois, ao flexibilizar a lei da conspiração em relação ao piquete pacífico — que, na prática, equivalia à legalização da ação sindical implicando a ameaça do uso da força — e ao isentar os fundos sindicais de responsabilidade em ações de indenização por ilícitos civis (*torts*) — que, na prática, equivalia a decretar que os sindicatos não poderiam ser responsabilizados por nada —, essa medida, de fato, transferiu aos sindicatos parte da autoridade do Estado e lhes concedeu uma posição de privilégio que era incapaz de ser afetada pela extensão formal dessa mesma isenção aos sindicatos patronais. No entanto, o projeto de lei foi o resultado do relatório de uma Comissão Real criada em 1903, quando o partido conservador estava no poder. E o líder conservador (Balfour), ao discursar durante o procedimento da terceira leitura, aceitou-o sem mostrar nenhum desconforto. A situação política de 1906, sem dúvida, explica muito dessa postura. Mas isso não invalida meu ponto de vista.

355. James Keir Hardie (1856-1915), sindicalista e político escocês que fundou o Partido Trabalhista e foi seu primeiro líder no parlamento entre 1906 e 1908. (N.T.)

356. O Novo Sindicalismo significava a disseminação de organizações regulares e estáveis que, em meados da década de 1890, estavam substancialmente confinadas aos ofícios especializados e haviam desenvolvido posturas de orgulho profissional e respeitabilidade burguesa (alguns líderes da década de 1880, como Crawford, frequentemente enfatizavam o abismo que separava as pessoas respeitáveis nos sindicatos da massa proletária) para as camadas mais ou menos não qualificadas abaixo deles. Estas se sentiam muito menos seguras de seu poder de barganha e, portanto, estavam mais sujeitas à propaganda socialista e ao argumento de que as greves, quando isoladas, eram armas inseguras e que deveriam ser complementadas pela ação política. Há, portanto, um importante elo entre essa disseminação descendente do sindicalismo e a mudança de postura dos sindicatos em relação à atividade política, por um lado, e ao socialismo, por outro. Foi nessa época — alguns anos após a grande greve portuária de 1889 — que os congressos sindicais começaram a aprovar resoluções socialistas.

357. O grupo, que nunca contou com mais de 3 mil ou 4 mil membros, era, na realidade, ainda menor do que indicava a sua filiação. Pois o núcleo operativo não compreendia mais de 10% ou 20% disso. Esse núcleo era burguês em sua origem, tradição e também em outro aspecto: a maioria de seus membros era economicamente independente, pelo menos no sentido de que possuía um mínimo suficiente para sobreviver.

tiveram antes deles. Eles passaram a trabalhar pela reconstrução e melhoria racionais com o mesmo espírito de progressismo prático.

Eram cuidadosos com os fatos que alguns deles não poupavam esforços para coletar por meio de extensas pesquisas, também eram críticos dos argumentos e das medidas. Eram, contudo, bastante acríticos quanto aos fundamentos, culturais e econômicos, de seus objetivos. Estes eram aceitos como verdadeiros, o que é apenas outra maneira de dizer que, como bons ingleses, viam-se a si mesmos desse mesmo modo. Não eram capazes de enxergar a diferença entre uma favela e a Câmara dos Lordes. Ora, segundo o bom senso, esses dois elementos eram obviamente "coisas ruins", não? Agora, maior igualdade econômica, autogoverno na Índia, sindicatos e livre-comércio eram, de forma não menos óbvia, "coisas boas". Quem poderia duvidar disso? O único pensamento necessário era sobre como afastar as coisas ruins e sobre como manter as coisas boas; tudo o mais era apenas futilidade incômoda. A devoção determinada ao serviço público estava tão evidente em tudo isso quanto a intolerância em relação a outras visões sobre valores individuais e nacionais — à sua maneira, tão pronunciada quanto a dos marxistas — e um elemento de ressentimento pequeno-burguês contra tudo que fosse aristocrático, incluindo a beleza.

A princípio, não havia nada por trás dos fabianos. Tentavam persuadir quem quer que os escutasse. Discursavam para a classe trabalhadora e para as multidões burguesas. Faziam panfletos de forma hábil e extensiva. Recomendavam ou lutavam contra políticas, planos e projetos de lei específicos. O mais importante de todos os seus meios de influência, no entanto, era o contato com "homens-chave", ou melhor, com indivíduos que faziam parte das lideranças políticas, industriais e operárias. Seu país e a própria posição social e política que detinham dentro de seu país ofereciam uma oportunidade única para estabelecer e explorar tais contatos.

A sociedade política inglesa nem sempre aceita conselhos de forasteiros, mas, muito mais do que qualquer outra sociedade, está pronta para ouvi-los. E alguns dos fabianos não eram meros forasteiros. Entre eles havia os capazes de aproveitar-se de conexões formadas em grêmios e salões estudantis de Oxford e Cambridge. Não viviam, moralmente falando, em outro planeta. Em sua maioria, não eram inimigos diretos da ordem estabelecida. Todos preferiam demonstrar vontade de cooperar à hostilidade. Não queriam criar um partido e não gostavam muito da fraseologia da guerra de classes e da revolução. Sempre que possível, preferiram ser prestativos a se fazerem incômodos. E tinham algo a oferecer ao parlamentar e ao administrador, que muitas vezes recebiam sugestões sobre o que fazer e como fazê-lo.

Um ministro moderno pode, em geral, encontrar dentro de seu próprio ministério a maioria das informações e sugestões de que precisa. Em particular, jamais ficará sem estatísticas. Não era assim nas décadas de 1880 e 1890. Com raras exceções, os funcionários públicos de todos os níveis conheciam pouco mais que sua própria rotina. Fora das linhas das políticas estabelecidas, o parlamentar em exercício, e ainda mais o parlamentar fora do exercício, não costumava lidar com fatos ou ideias, especialmente no campo dos "novos" problemas sociais. Um grupo que os tivesse em estoque — sobre o tesouro ou qualquer outro órgão — e estivesse sempre disposto a oferecê-los organizados e prontos para uso tinha admissão garantida, especialmente pela porta dos fundos. O funcionalismo aceitou isso. E não apenas isso! Tendo bastante simpatia pelos objetivos dos fabianos, ao menos pelos imediatos, permitiu-se ser educado por eles. Os fabianos, por sua vez, também aceitaram esse papel de servidores públicos não oficiais. Na verdade, combinava perfeitamente com eles. Não eram pessoalmente ambiciosos. Gostavam de trabalhar nos bastidores. A ação por meio da burocracia, cujo crescimento em número e em poder eles previam e aprovavam, se encaixava muito bem no esquema geral de seu socialismo de Estado democrático.

Mas de que forma — como Marx teria perguntado e como realmente perguntou o pequeno grupo de marxistas ingleses (a Federação Democrática de Hyndman, criada em 1881) — esse tipo de conquista poderia resultar em algo senão, de fato, em uma conspiração com os expoentes políticos dos interesses burgueses? Como poderia ser chamado de socialista e, se fosse, será que não se tratava apenas de outra edição do socialismo utópico (no sentido marxista definido acima)? É fácil perceber o quão perfeitamente nauseantes os fabianos e marxistas devem ter sido uns aos outros e quão sinceramente eles devem ter desprezado as ilusões uns dos outros, embora fosse prática dos fabianos evitar as discussões sobre princípios e táticas fundamentais, as quais eram adoradas pelos marxistas, e, em relação a estes últimos, assumir uma atitude de simpatia ligeiramente condescendente. No entanto, o observador distanciado não tem dificuldade para responder a essas perguntas.

O esforço socialista do tipo fabiano não teria resultado em nada em qualquer outra época. Porém, obteve grandes resultados nas três décadas anteriores a 1914, porque coisas e almas estavam prontas para esse tipo de mensagem, não para uma menos radical nem para uma mais. A formulação e a organização da opinião existente eram as únicas coisas necessárias para transformar as possibilidades em políticas articuladas; e os fabianos proporcionaram essa "formulação organizadora" de forma bastante competente. Eles eram reformadores. O espírito da época os tornou socialistas. Eram socialistas genuínos porque desejavam ajudar na reconstrução fundamental da sociedade que, no final, pretendia tornar as preocupações econômicas um negócio público. Eram socialistas voluntaristas e, portanto, eles teriam, em qualquer período anterior, se adequado ao conceito marxiano de utopistas. Tinham, entretanto, um norte que os aguardava e, por isso, as implicações desse conceito não se encaixavam em seu caso. Do ponto de vista deles, não teria sido nada menos do que loucura falar sobre revoluções e guerras de classes e, assim, tornar sua vítima burguesa consciente do perigo. O despertar da consciência de classe era precisamente o que eles queriam evitar, pelo menos em um primeiro momento, uma vez que teria tornado impossível a propagação pacífica, mas eficaz, de seus princípios a todos os órgãos políticos e administrativos da sociedade burguesa. Quando as coisas já estavam bastante maduras, eles não hesitaram em ajudar a criar o Partido Trabalhista Independente, em cooperar com o (e no) Comitê de Representação Trabalhista de 1900, em lançar os sindicatos em sua carreira política, em dar forma ao partido progressista no Conselho do Condado de Londres, em pregar primeiro o socialismo municipal e, logo em seguida, o geral — e, eventualmente, as virtudes do sistema soviético.

Sem dúvida, há um lado de tudo isso que poderia facilmente se tornar assunto de comentários adversos. Mas, afinal de contas, se eles jamais declararam, de forma retumbante, uma guerra *more marxiano* e nunca disseram às vítimas exatamente o que iriam fazer com elas, também nunca se comprometeram a protegê-las. Outra crítica que poderia ser feita contra os fabianos do ponto de vista oposto — a saber, que seu *modus procedendi* (procedimento) cortejou o perigo de ficar entalado nas defesas externas do sistema capitalista e que isso talvez não levasse nunca à grande batalha campal — não leva em conta sua atitude peculiar. Em seu favor pode-se responder que se, contra todas as probabilidades, seu ataque ao sistema capitalista conseguisse reformá-lo suficientemente sem matá-lo, ora, isso seria motivo apenas para congratulações. E quanto à batalha campal, eles responderam aos seus críticos revolucionários antecipadamente, adotando, com felicidade singular, o nome do general romano que, por toda a sua circunspecção, fez mais do que qualquer um de seus impetuosos antecessores para expulsar Hannibal da Itália.

Assim, embora possa-se dizer com razão que, na questão da guerra de classes e em outras, o fabianismo é o oposto do marxismo, é também possível afirmar que os fabianos eram, em certo sentido, mais marxistas do que o próprio Marx. Concentrar-se nos problemas que estão dentro do âmbito da política prática, mover-se no mesmo passo da evolução dos temas sociais e deixar que o objetivo final cuide de si mesmo estão realmente mais de acordo com a doutrina fundamental de Marx do que a ideologia revolucionária que ele próprio deu a ela. Não ter ilusões sobre uma catástrofe iminente do capitalismo e perceber que a socialização é um processo lento que tende a transformar as posturas de *todas* as classes da sociedade significam até mesmo superioridade da doutrina fundamental.

2. A SUÉCIA E A RÚSSIA

Cada país tem seu próprio socialismo. Entretanto, as coisas não diferem muito do paradigma inglês nos países do continente europeu cujas contribuições para o fundo de valores culturais da humanidade são tão surpreendentemente desproporcionais ao seu tamanho — os Países Baixos e os países escandinavos em particular. Vejamos a Suécia, por exemplo. Assim como sua arte, sua ciência, sua política, suas instituições sociais e muito além disso, seu socialismo e seus socialistas devem sua distinção não a nenhuma característica peculiar de princípio ou intenção, mas ao estofo de que a nação sueca é feita e à sua estrutura social excepcionalmente equilibrada. Por isso que é tão absurdo que outras nações tentem copiar os exemplos suecos; a única maneira eficaz de fazê-lo seria importar os suecos e colocá-los no comando.

Sendo os suecos as pessoas que são e sendo sua estrutura social o que é, não teremos dificuldade em entender as duas características marcantes de seu socialismo. O partido socialista, quase sempre liderado de forma habilidosa e diligente, cresceu lentamente em resposta a um processo social muito normal, sem nenhuma tentativa de avançar além do desenvolvimento normal e de antagonizar apenas para antagonizar. Daí, sua ascensão ao poder político não gerou convulsões. Os cargos de responsabilidade passaram de forma natural aos líderes que eram capazes de negociar com os líderes dos outros partidos em termos de igualdade e, em grande parte, em um terreno comum: até hoje, embora um grupo comunista tenha se desenvolvido de forma natural, as diferenças na política atual se reduzem a questões como, por exemplo, a de se saber se é preciso gastar alguns milhões a mais ou a menos de coroas em algum propósito social aceito por todos. E, dentro do partido, o antagonismo entre intelectuais e operários pode ser visto apenas por meio de um microscópio, precisamente porque, em virtude do nível de ambos, não há um grande abismo cultural entre eles, e porque, tendo em vista que o organismo social sueco produz uma oferta relativamente menor de intelectuais inempregáveis do que outros organismos sociais, os intelectuais frustrados e frustráveis não são tão numerosos quanto em outros lugares. Isso é por vezes chamado de "controle enervante", exercido pelos sindicatos sobre o movimento socialista em geral e sobre o partido em particular. Para observadores mergulhados na fraseologia do radicalismo atual, pode muito bem ser assim. Porém, esse diagnóstico não faz jus ao ambiente social e racial cujo produto não são apenas os operários, mas também os intelectuais, e que impede ambos de transformar seu socialismo em uma religião. Embora exista espaço na doutrina de Marx para tais modelos, não podemos esperar que o marxista médio enxergue um partido socialista do tipo sueco de forma favorável, ou mesmo admita que o partido encarna um caso genuíno de esforço socialista. Os socialistas suecos, por sua vez, estavam apenas muito levemente tingidos de marxismo, embora costumassem utilizar uma linguagem que se conformava com o que, então, era considerado a etiqueta socialista, especialmente em suas relações internacionais com outros grupos socialistas.

Do outro lado da balança, na Rússia, encontramos um socialismo quase puramente marxista e que, portanto, desfrutou plenamente dessa vantagem, mas que também não é menos fácil de ser compreendido por seu ambiente. A Rússia czarista era um país agrário com fortes características pré-capitalistas. O proletariado industrial, na medida em que era acessível ao socialista profissional, formava apenas uma pequena parte da população total de cerca de 150 milhões.[358] A burguesia mercantil e industrial, apesar de fraca em termos numéricos, não era muito mais eficiente do que qualquer outra, embora a evolução capitalista promovida pelo governo ganhasse impulso rapidamente. Inserida nessa estrutura estava uma *intelligentsia* cujas ideias eram tão estranhas ao local quanto os vestidos parisienses das mulheres da sociedade russa.

Para muitos dos intelectuais, a forma de governo então predominante — uma monarquia absolutista, autocrata, que liderava uma enorme burocracia e era aliada à aristocracia rural e à Igreja — era, naturalmente, uma abominação. E a opinião pública de todo o mundo aceitou essa interpretação da história. Mesmo os autores mais hostis ao regime que se seguiu ao dos czares acabaram por se precipitar, demonstrando aos seus leitores o horror que sentiam pela monstruosidade do czarismo. Assim, a verdade simplesmente ficou encoberta, perdida em um labirinto de frases vazias. De fato, essa forma de governo não era menos apropriada ao modelo social que a havia produzido do que a monarquia parlamentarista na Inglaterra e a república democrática nos Estados Unidos. O desempenho da burocracia, considerando as condições nas quais esta se via obrigada a funcionar, era muito superior àquele em que o mundo foi levado a acreditar; suas reformas sociais, agrárias e outras, e seus passos hesitantes em direção a um tipo diluído de constitucionalismo, eram

---

358. Em 1905, as fábricas empregavam cerca de um milhão e meio de pessoas.

tudo o que se poderia esperar naquelas circunstâncias. Foram o radicalismo importado e o interesse de grupo dos intelectuais que entraram em conflito com o espírito da nação, e não a monarquia czarista, que, pelo contrário, tinha forte apoio da vasta maioria de todas as classes.

A partir disso é possível tirar duas conclusões que, à primeira vista, parecem paradoxais, embora nenhum estudioso sério da história as considere assim. Por um lado, qualquer movimento grandioso ou repentino na direção desejada por advogados, médicos, professores e funcionários públicos liberais que formaram o partido Kadet (o Partido dos Democratas Constitucionais) era impossível não tanto porque seu programa era inaceitável para a monarquia, mas porque eles eram muito fracos. Admiti-los no poder significaria aceitar um elemento sem mais apoio entre as massas (e, sim, menos) e que não tinha maior simpatia por seus sentimentos e interesses (e, sim, menos) do que os grupos que dirigiam o czarismo. Não havia espaço para um regime burguês e muito menos para um socialista. Tampouco havia analogia entre a situação francesa de 1789 e a situação russa de 1905. A estrutura social que desmoronou em 1789 era obsoleta, obstruía o caminho de quase tudo que tivesse alguma vitalidade na nação e era incapaz de cuidar dos problemas fiscais, econômicos e sociais mais importantes do momento. Essa não era a situação da Rússia em 1905. Houve perda de prestígio devido à derrota sofrida nas mãos do Japão e, como consequência, havia descontentamento e desordem. O Estado, porém, mostrou-se competente não apenas para as tarefas de sufocar a desordem, mas também para atacar os problemas que deram origem a ela. Na França, o resultado foi Robespierre; na Rússia, Stolypin.[359] Isso não seria possível se a força do czarismo estivesse completamente exaurida, como estava a do antigo regime na França. Não há razão para supor que, exceto pela tensão imposta pela Guerra Mundial ao tecido social, a monarquia russa não teria conseguido se transformar de forma pacífica com êxito e em sintonia com o desenvolvimento econômico do país e sob a influência deste.[360]

---

359. Pyotr Arkadyevich Stolypin (1862-1911) foi o terceiro primeiro-ministro da Rússia e ministro do Interior do Império Russo de 1906 até 1911, quando foi assassinado. (N.T.)

360. Essa análise, é claro, levanta questões de grande interesse sobre a natureza do que temos o hábito de chamar de necessidade histórica e do papel da qualidade da liderança individual no processo histórico. Imagino que seria difícil afirmar que a Rússia foi conduzida a entrar na guerra por uma necessidade inexorável. Os interesses em jogo na disputa sérvia não tinham importância vital, para dizer o mínimo. A situação interna em 1914 não era tal que impusesse uma política de agressão militar como último recurso. Mas um pouco de prudência comum e firmeza do último dos czares poderia, sem dúvida, ter evitado a participação na guerra. Teria sido mais difícil, mas não impossível, evitar uma catástrofe mais tarde, quando a situação piorou e quando, após a batalha de Gorlice, toda a esperança de êxito militar havia se esvaído. Mesmo após a queda da monarquia, não é, de forma

Por outro lado, foi precisamente por causa da estabilidade fundamental da estrutura social que os intelectuais, sem qualquer esperança de prevalecer por métodos normais, foram levados a um radicalismo desesperado e a ações de violência criminosa. Seu radicalismo era do tipo cuja intensidade se dá em proporção inversa às suas possibilidades práticas: o radicalismo da impotência. Assassinatos podiam ser inúteis e produzir apenas repressão, mas não havia muita escolha. A brutalidade dos métodos de repressão, por sua vez, produziu retaliação e, assim, essa tragédia se espalhou, a tragédia da crueldade e do crime que, de forma contínua, se reforçavam mutuamente; isso era tudo o que o mundo via e sentia e que diagnosticou conforme o esperado.

Marx nunca foi golpista. Diante dos comportamentos burlescos dos revolucionários russos, especialmente daqueles do tipo de Bakunin, ele sentia tanto ódio quanto seria compatível com o desprezo. Além disso, ele deveria ter visto — e talvez tenha — que a estrutura social e econômica da Rússia não conseguiu cumprir nenhuma das condições que, segundo sua própria doutrina, são essenciais para o êxito e até mesmo para o surgimento de seu tipo de socialismo. Mas se, por razões lógicas, isso deveria ter impedido que os intelectuais russos abraçassem seus ensinamentos, entenderemos prontamente por que, pelo contrário, foram um tremendo sucesso entre eles. Esses intelectuais eram — mais ou menos seriamente — revolucionários, e não tinham nada o que fazer. Encontravam agora um evangelho revolucionário de força insuperável. As frases brilhantes de Marx e sua profecia milenarista eram exatamente do que precisavam para sair do deserto sombrio do niilismo. Além disso, esse composto de teoria econômica, filosofia e história se adequava perfeitamente ao gosto russo. Não importa que o evangelho fosse bastante inaplicável ao seu caso e realmente não lhe oferecesse nenhuma promessa. O discípulo sempre

---

alguma, certo que o governo Kerensky não pudesse ter salvado a situação por meio da administração cuidadosa de seus recursos e pela recusa de ceder à importunidade dos aliados, em vez de ordenar aquele último ataque desesperado. Mas a sociedade czarista antes da revolta burguesa e a sociedade burguesa depois dela assistiram à destruição que se aproximava, enquanto se encontravam em um estado de paralisia tão inconfundível quanto difícil de explicar. Ora, a presença da incompetência coletiva em um campo e de habilidade e energia no outro não pode, naturalmente, ser atribuída ao acaso. Mas, neste caso, a incompetência do velho regime significava apenas que ele não se igualava a uma situação de completa desorganização. Situação que, sem dúvida, poderia ter sido evitada. O leitor não deve esperar que minha análise do socialismo russo e suas condições ambientais concordem com a de Trótski (*History of the Russian Revolution* [História da Revolução Russa]. Tradução em inglês por M. Eastman, 1934). Ainda mais significativo é o fato de que as duas não diferem *toto coelo* [integralmente, completamente] e que, em particular, Trótski considerou a questão do que teria acontecido se o movimento revolucionário tivesse encontrado um "czar diferente". É verdade que ele descarta a óbvia inferência de tal ordem de considerações. Reconhece, entretanto, que a doutrina marxista não nos obriga a negligenciar o elemento da personalidade, embora não pareça admitir sua importância plena para um diagnóstico da Revolução Russa.

ouve o que quer ouvir, não importa o que o profeta diga. Quanto mais a situação real se distanciasse do estado de maturidade enxergado por Marx, mais dispostos se punham os intelectuais russos — não apenas os socialistas declarados — a buscar nele a solução de seus problemas.

Assim, já em 1883 surgiu um grupo marxista que se transformaria no Partido Social-Democrata em 1898. A liderança e, no início, os filiados eram principalmente intelectuais, claro, embora houvesse suficiente sucesso na atividade organizadora clandestina entre as "massas" para permitir que observadores simpatizantes falassem de uma fusão de grupos operários sob liderança marxista. Isso explica a ausência de muitas das dificuldades encontradas por outros grupos marxistas em países com sindicatos fortes. De qualquer forma, no início, os operários que entravam na organização aceitavam a liderança dos intelectuais com muita docilidade e provavelmente não pretendiam decidir qualquer coisa por si mesmos. Em consequência, a evolução da doutrina e da ação seguiu linhas estritamente marxianas e de alto nível. Naturalmente, isso atraiu as bênçãos dos defensores alemães da fé que, contemplando tal virtude sedutora, sentiram evidentemente que devia haver algumas exceções à tese marxiana de que o socialismo sério somente brotaria do capitalismo pleno. No entanto, Plekhanov, o fundador do grupo de 1883 e principal figura das duas primeiras décadas, cujas contribuições competentes e eruditas para a doutrina marxista impunham respeito universal, realmente aceitou essa tese e, portanto, não tinha como esperar a realização precoce do socialismo. Enquanto lutava bravamente contra o reformismo e todas as outras heresias contemporâneas que ameaçavam a pureza da fé e, ao mesmo tempo, defendia a crença no objetivo e no método revolucionário, esse verdadeiro marxista deve ter se sentido apreensivo com a ascensão, dentro do partido, de um grupo que parecia empenhado em agir no futuro imediato, embora simpatizasse com o grupo e com seu líder, Lenin.

O conflito inevitável que dividiu o partido em bolcheviques e mencheviques (em 1903) significou algo muito mais sério do que a mera discordância em relação às táticas, como sugerem os nomes dos dois grupos. Na época, nenhum observador, por mais experiente que fosse, teria sido capaz de compreender plenamente a natureza das desavenças. Hoje, o diagnóstico é óbvio. A fraseologia marxista mantida por ambos os grupos obscureceu o fato de que um deles havia rompido com o marxismo clássico de forma irrevogável.

Lenin, evidentemente, não se iludia com a situação russa. Ele viu que o regime czarista só poderia ser atacado com êxito quando estivesse temporariamente enfraquecido pela derrota militar, e que, durante a consequente desorganização, um grupo resoluto e bem disciplinado poderia, por meio de um terror implacável, derrubar qualquer outro regime que tentasse substituí--lo. Pensando nessa contingência, cuja probabilidade ele parece ter percebido de forma mais clara do que qualquer outra pessoa, resolveu preparar o instrumento apropriado. De nada lhe servia a ideologia semiburguesa sobre os camponeses — que, naturalmente, constituíam o principal problema social da Rússia — e muito menos as teorias sobre a necessidade de esperar que os operários se insurgissem por iniciativa própria e realizassem a grande revolução. O que ele precisava era de uma guarda pessoal de janízaros[361] revolucionários bem treinados, surdos a qualquer argumento, menos aos seus, livres de todas as inibições, imunes às vozes da razão ou da humanidade. Nessas circunstâncias e dentro das qualidades requeridas, tal tropa poderia ser recrutada apenas no estrato intelectual, e o melhor material disponível seria encontrado dentro do partido. Sua tentativa de obter o controle deste equivalia, portanto, a uma tentativa de destruir a própria alma. A maioria e seu líder, L. Martov,[362] devem ter percebido isso. Ele não criticou Marx nem defendeu nenhuma nova ação. Resistiu a Lenin em nome de Marx e defendeu a doutrina marxista de um partido proletário de massas. A nova nota foi soada por Lenin.

Desde tempos imemoriais, os hereges afirmam invariavelmente que não desejam destruir o evangelho, mas, pelo contrário, que estão tentando restaurar sua pureza intocada. Lenin, adotando a antiga prática, exaltou e superou o marxismo de Marx em vez de renunciar à sua lealdade a ele. No máximo, agiu de acordo com o implícito na frase que se tornou tão célebre entre Trótski e Stalin, "o marxismo na época do imperialismo". E o leitor verá prontamente que, até um certo ponto crucial, não era difícil para Lenin adotar tanto a forma quanto a substância de um marxismo não adulterado. No entanto, não é menos fácil ver que, partindo dessa trincheira, em um ataque repentino, ele passou a ocupar uma posição essencialmente não marxiana. A socialização por *pronunciamento* em uma situação obviamente imatura não era apenas uma ideia não marxiana; muito mais não marxiana era a ideia de que a "emancipação" não seria, de acordo com o dogma marxista, trabalho do próprio proletariado, mas de um bando de intelectuais que comandaria a população.[363] Isso significou muito

---

361. Os janízaros formavam a elite do exército dos sultões otomanos no século XIV. A força, criada pelo sultão Murade I, por volta de 1365, era constituída de crianças cristãs capturadas em batalha, levadas como escravas e convertidas ao Islã. O grupo tinha um código de conduta muito rigoroso. (N.E.)

362. Julius Martov ou L. Martov, pseudônimo de Yuli Osipovich Tsederbaum (1873-1923), político e revolucionário marxista socialista russo. (N.T.)

363. Na verdade, houve contato com elementos criminosos, embora não por intermédio do próprio Lenin, mas, regionalmente, por meio dos tenentes. Isso levou à atividade dos "ex" (grupos de choque envolvidos em "expropriações" práticas, ou seja, assaltos) tanto na Rússia propriamente dita quanto

mais do que uma visão diferente sobre os acordos e as práticas da agitação, mais do que uma discordância sobre pontos secundários da doutrina marxista. Significou divorciar-se de seu significado mais profundo.[364]

3. OS GRUPOS SOCIALISTAS NOS ESTADOS UNIDOS

Nos Estados Unidos, um modelo social totalmente diferente mostrou-se tão desfavorável quanto o russo ao crescimento de um movimento de massas genuinamente socialista. Assim, os dois casos apresentam semelhanças não menos interessantes do que suas diferenças. Se o mundo agrário da Rússia, apesar da veia de comunismo inerente à estrutura da aldeia russa, era praticamente imune à influência do socialismo moderno, o mundo agrário dos Estados Unidos oferecia uma força antissocialista disposta a destruir rapidamente quaisquer atividades com tendências marxistas que fossem suficientemente importantes para ser notadas por tal força. Se o setor industrial da Rússia não conseguiu produzir um importante partido socialista de massas por ter uma evolução capitalista lenta, o setor industrial dos Estados

---

na Polônia. Era puro gangsterismo, embora os intelectuais ocidentais tenham engolido uma "teoria" apologética sobre o tema.

364. Para nosso propósito, não é necessário comentar mais sobre os detalhes de uma história bem conhecida. As observações a seguir serão suficientes. Lenin não conseguiu subjugar o Partido Socialista Russo, cujos líderes, pelo contrário, se afastaram dele com o passar do tempo; a dificuldade da situação deles, decorrente do desejo que tinham de manter algo como uma frente unida sem lançar mão de seus princípios, é bem ilustrada pelas vacilações de Plekhanov. Mas Lenin conseguiu manter seu grupo unido, reduzindo-o à obediência e ajustando sua linha de ação aos problemas levantados pela revolta de 1905 e suas consequências, incluindo a presença de um elemento leninista na Duma. Ao mesmo tempo, ele conseguiu manter contato com a Segunda Internacional e nela manter-se (veja abaixo), da qual participou de três congressos e em cujo gabinete ele representou por um tempo o Partido Russo. Isso dificilmente teria sido possível se suas opiniões e atividades tivessem permitido impressionar os representantes das outras nações da mesma forma que impressionaram a maioria dos socialistas russos. Sendo como era, aquele organismo, e a opinião socialista ocidental em geral, o via simplesmente como a figura central da ala esquerda da ortodoxia e se entediava com ele e seu extremismo inflexível, admirando-o em alguns aspectos e não levando-o muito a sério em outros. Assim, em sua esfera política, ele desempenhou um papel duplo ao qual não faltava analogia com o papel duplo do regime czarista, cujas posturas internacionais (como está exemplificado por sua defesa da arbitragem e segurança internacionais) também diferiam consideravelmente de suas posturas domésticas.

Nem essas conquistas nem suas contribuições para o pensamento socialista — a maioria delas distintamente medíocre (como, por sinal, foram as de Trótski) — lhe teriam assegurado um lugar nas primeiras fileiras de socialistas. A grandeza veio após o colapso da Rússia na Guerra Mundial e foi resultado tanto de uma combinação única de circunstâncias que tornaram adequadas as suas armas como de sua suprema habilidade em manuseá-las. A esse respeito, embora em nenhum outro, o *prosquínese* do professor Laski na *Encyclopaedia of the Social Sciences* [Enciclopédia das Ciências Sociais] (verbete Ulyanov) é totalmente compreensível, já que os intelectuais devem se prostrar diante dos ídolos de sua época.

Unidos não conseguiu fazê-lo porque sua evolução capitalista seguiu em um ritmo vertiginoso.[365]

A diferença mais importante era aquela entre os respectivos grupos de intelectuais: ao contrário do que houve na Rússia, os Estados Unidos não produziram, até o final do século XIX, um grupo de intelectuais subempregados e frustrados. O esquema de valores que surgiu do esforço nacional para desenvolver as possibilidades econômicas do país atraiu quase todos os cérebros para os negócios e gravou as posturas do homem de negócios na alma da nação. Fora de Nova York, os intelectuais, no nosso sentido, não eram suficientemente numerosos para serem contados. A maioria deles, aliás, aceitava esse esquema de valores. Se não o fizessem, a *Main Street* se recusaria a ouvi-los e instintivamente os desaprovaria, e isso era muito mais eficaz para discipliná-los do que os métodos da polícia política russa. A hostilidade da classe média às ferrovias, aos serviços públicos e a grandes empresas absorvia, em geral, quase toda a energia "revolucionária" existente.

O operário medianamente competente e respeitável era um homem de negócios, e isso era perceptível. Ele se dedicou com êxito a explorar suas oportunidades individuais, a progredir ou, em todo caso, a vender seu trabalho do modo mais vantajoso possível. Ele entendia a forma de pensar de seu empregador e, em grande parte, compartilhava dela. No momento em que lhe parecia útil aliar-se a seus pares dentro de uma mesma empresa, ele o fazia com o mesmo espírito. Desde meados do século XIX, essa prática foi, cada vez mais, assumindo a forma de comitês de empregados, os precursores dos sindicatos do pós-guerra, que adquiriram seu pleno significado econômico e cultural nas vilas operárias das empresas.[366]

---

365. A presença da "fronteira", naturalmente, reduzia muito as possibilidades de atrito. É provável, no entanto, que a importância desse elemento, embora grande, esteja superestimada. Esse ritmo da evolução industrial criava incessantemente novas fronteiras industriais, e esse fato era muito mais importante do que a oportunidade de fazer as malas e ir para o oeste.

366. O bom senso do arranjo e sua adequação particular às condições dos Estados Unidos são tão óbvios quanto o fato de que era um espinho na carne dos sindicatos e também na de um tipo posterior de intelectual radical. Os *slogans* de nossa época — recentemente oficializados — estigmatizaram os sindicatos das empresas como produto de uma tentativa diabólica dos empregadores para frustrar os esforços de uma representação efetiva dos interesses dos operários. Embora essa opinião também seja perfeitamente compreensível do ponto de vista que enxerga a organização militante do proletariado como um axioma moral — e do ponto de vista do estado corporativo que cresce diante de nossos olhos —, ela vicia a interpretação histórica. O fato de os empregadores oferecerem espaço para esse tipo de organização, muitas vezes, tomar a iniciativa e tentar influenciá-la para poder se relacionar bem com ela, não exclui ou refuta outro fato: os sindicatos da empresa e seus precursores cumpriam uma função muito necessária e, em geral, serviam muito bem aos interesses dos homens.

Além disso, costumava ser um bom negócio para o operário juntar-se em escala nacional com os outros membros de seu ofício para melhorar ainda mais seu poder de barganha diretamente contra os empregadores e, indiretamente, contra outros ofícios. Esse interesse deu forma a muitos sindicatos tipicamente americanos, que justificam, em grande parte, a adoção do princípio do ofício, que é muito mais eficaz do que qualquer outro princípio para manter afastados os potenciais candidatos, e que de fato produziram cartéis de operários. Naturalmente, os cartéis demonstravam essa falta de radicalismo que foi e é tão eloquentemente lamentada por socialistas e companheiros de viagem, tanto domésticos quanto estrangeiros. Nada importava a eles senão as taxas de salário e as jornadas de trabalho, e, além disso, estavam bastante dispostos a estudar os desejos do público ou mesmo dos empregadores em todo o resto, particularmente em sua fraseologia. Isso é muito bem ilustrado pelo tipo e pelo comportamento dos líderes, tanto dos sindicatos individuais como da Federação Americana do Trabalho, que encarnavam esse espírito, bem como pelas tentativas da burocracia sindical de, com fundos sindicais, entrar na esfera da empresa industrial e financeira pelas quais sentiam bastante simpatia.[367]

Na verdade, o fato de os credos e *slogans* — as ideologias — serem tão antirrevolucionários e tão contrários à guerra de classes carrega, em si mesmo, uma importância limitada. Os sindicalistas americanos não eram muito afeitos à teorização. Se fossem, poderiam ter dado uma interpretação marxista à sua prática. No entanto, deixando a barganha de lado, eles não consideravam estar em posição diversa da anterior em todos os temas, e a cooperação — que aqueles de nós que não a aprovam chamarão de conluio — com os empregadores estava de acordo não apenas com seus princípios como também com a lógica de sua situação. Fora um pequeno número de questões, a ação política era desnecessária e até mesmo sem sentido para eles. E, em relação à influência que era capaz de exercer, o êxito do intelectual radical seria tão bom quanto se tentasse converter o conselho de diretores da Estrada de Ferro da Pensilvânia.

---

367. A figura de Warren Sanford Stone, da *Brotherhood of Locomotive Engineers* [Fraternidade dos Maquinistas], oferece uma excelente ilustração (embora tardia) do último aspecto mencionado, bem como dos outros. Mais exemplos da época de Samuel Gompers [1850-1924] ocorrerão tão prontamente ao leitor que não há necessidade de mencioná-los. Mas o que foi dito acima não deve ser interpretado no sentido de que os sindicatos que apresentam altas taxas de admissão e longas listas de espera, o que se parece tão estranhamente como o encurralamento do mercado de cobre (*copper corner*), são ou eram o único tipo de sindicato dos Estados Unidos. Pelo contrário, os imigrantes importaram todas as variedades europeias; independentemente disso, foram desenvolvidas, sempre que as condições as favoreciam, formas semelhantes às encontradas na Europa, ou seja, especialmente nos locais e nos ramos da indústria relativamente antigos e consolidados.

Mas havia outro mundo dentro do universo do operário americano. Juntamente com os elementos de qualidade acima do normal, a imigração também incluía, desde o início, alguns abaixo do normal, cujos números relativos e absolutos aumentaram após a Guerra Civil. Esses números foram ampliados por indivíduos que, embora não estivessem abaixo do normal no tocante à aptidão física, inteligência ou energia, ainda gravitavam em torno daquele grupo em razão de infortúnios do passado ou da persistência da influência de ambientes desfavoráveis de onde provinham, ou simplesmente em virtude de inquietações, temperamento inadaptável ou tendências criminosas. Todos esses tipos eram presas fáceis para a exploração, que era facilitada pela ausência de vínculos morais, e alguns deles reagiram com um ódio cego e impulsivo que rapidamente se transformava em crime. Em muitas comunidades industriais novas e em rápido crescimento, nas quais pessoas das mais variadas origens e propensões se viam reunidas e nas quais era necessário manter a ordem pública por ações que estavam, elas mesmas, fora da lei, pessoas brutas se tornavam ainda mais brutalizadas pelo tratamento que recebiam e enfrentavam seus empregadores ou agentes de seus empregadores, que ainda não tinham desenvolvido um senso de responsabilidade e, muitas vezes, eram levados a atitudes violentas por medo não apenas de perder a propriedade como também a vida.

Haveria, como estaria inclinado a dizer o observador socialista, guerra de classes no sentido mais literal — com o uso de armas reais para ilustrar o conceito marxista. Na verdade, nada disso existiu. É difícil imaginar um conjunto de condições menos favoráveis ao desenvolvimento do trabalhismo político ou do socialismo sério, e muito pouco de ambos foi visto enquanto duraram essas condições.

A história dos Cavaleiros do Trabalho (*Knights of Labor*),[368] a única organização realmente importante e nacional de todos os trabalhadores assalariados, independentemente da habilidade ou do ofício — e, de fato, de todos os que resolveram se filiar —, cobre cerca de uma década de força e atividades importantes (1878-1889). Em 1886, a filiação à Nobre Ordem era de quase 700 mil membros. A parte de operários do grupo — principalmente os não qualificados — participou ativamente e até iniciou as greves ou os boicotes que acompanharam as depressões da época. Um escrutínio dos programas e pronunciamentos revela uma mistura um tanto incoerente de todos os tipos

---

368. *Noble and Holy Order of the Knights of Labor*, ou seja, Nobre e Sacra Ordem dos Cavaleiros do Trabalho, organização (inicialmente secreta) de operários americanos fundada na Filadélfia em 1869. Terence Vincent Powderly (1849-1924) foi um de seus grandes líderes. (N.T.)

de ideias socialistas, cooperativistas e, ocasionalmente, anarquistas, as quais podemos identificar, se quisermos, em uma grande variedade de fontes — dentre elas, Owen, os socialistas agrários ingleses, Marx e os fabianos. A abordagem política apresentava-se de forma muito evidente, assim como a ideia de planejamento geral e de reconstrução social. Mas tal definitividade de objetivos, conforme podemos descobrir, se deve, na verdade, à nossa leitura retrospectiva sob a luz de nossa época. Não havia objetivos definidos de fato, e era precisamente o caráter abrangente da ideologia da *boa vida* (*good life*) — Uriah S. Stephens,[369] seu fundador, havia estudado para ser pastor protestante — e da Constituição dos Estados Unidos que atraía tantas pessoas, incluindo agricultores e profissionais liberais. A Ordem, portanto, funcionava como uma espécie de intercâmbio para os planos de todos os tipos de reformadores. Nesse sentido, preencheu realmente uma função que seus líderes tinham em mente quando enfatizaram o aspecto educacional de suas atividades. Mas uma organização formada por elementos tão diferentes era constitucionalmente incapaz de agir. Quando se insistiu em uma profissão de fé definitivamente socialista, ela se estilhaçou. Os movimentos semelhantes (*populistas*, o de Henry George e outros) contam a mesma história.

A inferência óbvia é que no ambiente dos Estados Unidos da época não havia e não podia haver o material ou o poder motivador necessário para um movimento socialista de massas. Isso se verifica seguindo o fio que nos conduz dos Cavaleiros (*Knights of Labor*) aos Trabalhadores Industriais do Mundo (*Industrial Workers of the World*). Esse fio é personificado pela carreira de um intelectual marxista, Daniel De Leon,[370] e, portanto, deve ter, para os fiéis, um peso específico considerável.[371] Foi sob seu comando que, em 1893, os socialistas da Ordem dos Cavaleiros se levantaram contra o antigo líder, Powderly,[372] resultando, como se viu depois, em um golpe mortal na organização. A ideia era criar um instrumento para a ação política em linhas mais ou menos marxianas. A guerra de classes, a revolução, a destruição do Estado capitalista e tudo o mais seriam patrocinados por um partido proletário. Mas nem o Partido Socialista do Trabalho (*Socialist Labor Party*) (1890) nem a Aliança Socialista do Trabalho e Comércio (*Socialist Trade and*

---

369. Uriah Smith Stephens (1821-1882) foi o fundador dos Cavaleiros do Trabalho. (N.T.)

370. Daniel De Leon (1852-1914), editor, político, teórico do marxismo e sindicalista americano. (N.T.)

371. Ainda mais quando o próprio Lenin se deu ao trabalho de prestar homenagem, o que era bastante incomum da parte dele, ao trabalho e ao pensamento de De Leon.

372. Terence Vincent Powderly (1849-1924) substituiu Uriah Smith Stephens como líder dos Cavaleiros do Trabalho em 1879. (N.T.)

Labor Alliance) de De Leon (1895) demonstravam alguma vitalidade. Não só a classe trabalhadora que os seguia era pequena — por si só, isso não teria sido decisivo — como também não se alcançou sequer o êxito do tipo russo, ou seja, a conquista de um núcleo dirigente de intelectuais. O Partido Socialista do Trabalho primeiro se dividiu e depois perdeu a maior parte do terreno restante para o novo partido socialista.

Este último chegou tão perto de se tornar um êxito ortodoxo quanto qualquer outro grupo nos Estados Unidos. Para começar, sua origem era ortodoxa. Surgiu das lutas trabalhistas ocorridas entre 1892 e 1894, quando as greves eram combatidas pelo uso da força, enquanto o governo federal e o judiciário ofereciam um apoio firme aos empregadores.[373] Isso converteu muitos homens que anteriormente haviam sido sindicalistas "conservadores". De todo modo, converteu Eugene V. Debs,[374] de início, ao sindicalismo industrial e, depois, ao princípio da ação política. Na época, a postura geral adotada pelo Partido Socialista era ortodoxa. O partido tentou trabalhar com os sindicatos e "miná-los por dentro". Entregou a si mesmo uma organização política apropriada. Era, em princípio, revolucionário no mesmo sentido em que o eram os grandes partidos socialistas da Europa. Sua doutrina não era muito ortodoxa. Na verdade, não sublinhava muito os aspectos doutrinários — seja sob o comando de Debs ou posteriormente — e permitia uma abertura considerável para as atividades de ensino dentro de suas fileiras. Porém, embora nunca tenha conseguido absorver os pequenos partidos operários locais, que continuaram aparecendo em todo o país, desenvolveu-se bastante bem até o período pós-guerra, quando a concorrência comunista se afirmou. A maioria dos socialistas concordaria em chamá-lo de o único partido socialista verdadeiro dos Estados Unidos. Sua força eleitoral, embora inflada por

---

373. Observa-se que isso foi feito numa época em que a maioria dos governos europeus vinha rapidamente adotando outra postura. No entanto, isso não significa simplesmente um "atraso" neste lado do Atlântico. É verdade que o prestígio social e político do interesse empresarial era, nos Estados Unidos, muito maior do que em qualquer outro país, e que, como consequência, a democracia dos Estados Unidos adotou um ponto de vista muito mais estreito sobre os problemas do operariado do que, digamos, o governo *junker* da Prússia. Mas é possível reconhecer isso e até julgar de acordo com o padrão moral ou humanitário de cada um e, ao mesmo tempo, também reconhecer que — em parte por conta do estado não desenvolvido da administração pública, em parte devido à presença de elementos com os quais nenhum método mais brando teria funcionado, e em parte por causa da determinação da nação de progredir no que diz respeito ao desenvolvimento econômico — os problemas realmente se apresentaram sob um aspecto diferente e teriam se apresentado assim até mesmo para uma agência governamental completamente livre de antolhos burgueses.

374. Eugene Victor Debs (1855-1926), líder sindical dos Estados Unidos. Foi membro fundador do sindicato *Industrial Workers of the World* (IWW, na sigla em inglês —Trabalhadores Industriais do Mundo) e candidato por cinco vezes à presidência dos Estados Unidos pelo Partido Socialista da América.

simpatizantes não socialistas (como ocorria na maioria dos partidos socialistas), mostra a amplitude que havia para um esforço socialista sério.

De Leon, no entanto, teve outra chance. Esta veio e se foi junto com a Federação de Mineiros do Oeste (*Western Federation of Miners*), cujo radicalismo, bastante independente de qualquer fundo doutrinário, não passava de produto de um povo bruto reagindo a um ambiente bruto. Esse sindicato foi a pedra angular da estrutura dos Trabalhadores Industriais do Mundo (1905). De Leon e seus associados adicionaram os seus próprios destroços e estilhaços e os de outras organizações mal-sucedidas, a maioria de caráter duvidoso — intelectuais, proletários ou ambos —, provenientes de todos os lugares e de lugar nenhum. Mas a liderança — e, em consequência, a fraseologia — era forte. Além do próprio De Leon, também tínhamos Haywood, Trautmann, Foster[375] e outros.

Táticas de choque ousadas e o espírito de guerra intransigente explicam uma série de sucessos paralelos; e a ausência de qualquer outra coisa além de frases e táticas de choque explica o fracasso final, que foi acelerado pelas querelas com os comunistas e deserções a estes, bem como pelas incessantes dissidências internas. Mas não preciso repetir uma história que já foi contada tantas vezes e de todos os pontos de vista possíveis. O que nos importa é o seguinte: a organização tem sido chamada de sindicalista — e até mesmo de anarquista — e, ao longo do tempo, se aplicaram a ela as leis penais contra o sindicalismo que foram promulgadas em vários estados. O princípio da ação "direta" imediata e a concessão doutrinária à Federação de Mineiros do Oeste, que atribuíram aos sindicatos industriais um papel essencial para a construção da sociedade socialista — a contribuição ou o distanciamento de De Leon para o marxismo clássico —, sem dúvida, sugerem isso. No entanto, parece mais correto falar da inserção de elementos sindicalistas no que substancialmente era e continuou sendo um ramo do caule marxiano do que basear o diagnóstico inteiramente nesses elementos.

Assim, aquele grande sociólogo, o homem comum, estava correto mais uma vez. Ele disse que o socialismo e os socialistas eram antiamericanos. Se eu o entendi bem, isso equivale, de maneira menos sucinta, ao que tenho tentado expressar. O desenvolvimento americano praticamente pulou a fase do socialismo que testemunhou o marxismo não adulterado e a *Segunda Internacional*. Seus

---

375. William Dudley Haywood (1869-1928) e William Ernst Trautmann (1869-1940) foram membros fundadores do *Industrial Workers of the World* (IWW [Trabalhadores Industriais do Mundo]). William Edward Foster (1881-1961) foi um sindicalista e político americano, membro do Partido Socialista da América e do *Industrial Workers of the World*. (N.T.)

problemas essenciais mal eram compreendidos. As posturas adequadas a eles existiam apenas como importações esporádicas. Os problemas e as posturas dos Estados Unidos tomavam emprestado esses artigos importados apenas ocasionalmente. Isso, porém, foi tudo. E os acontecimentos da fase seguinte afetaram os intelectuais e um proletariado que não haviam passado pela escola marxiana.

4. O CASO FRANCÊS: ANÁLISE DO SINDICALISMO

O quadro francês nos mostrará melhor o que o sindicalismo realmente é.[376] Antes de tentar traçá-lo, observaremos brevemente algumas coisas sobre o socialismo francês em geral.

A princípio, sua história ideológica é mais antiga e talvez seja mais distinta do que qualquer outra. Mas nenhuma de suas variedades se cristalizou tão completamente e impôs tanta fidelidade de forma tão ampla como o fez, digamos, o socialismo do tipo fabiano, por um lado, e o do tipo marxiano, por outro. O socialismo fabiano requer o tipo de sociedade política da Inglaterra, e nada como isso surgiu na França — a grande revolução e o subsequente fracasso dos elementos aristocráticos e burgueses em se unir impediram tal desenvolvimento. O socialismo marxiano requer um movimento operário amplo e unificado; ou, na forma de credo mobilizador para os intelectuais, requer tradições culturais bastante desagradáveis à *limpidité*[377] francesa. Entretanto, todos os outros credos socialistas que surgiram até agora apelam apenas para as mentalidades e locais sociais específicos e, além disso, são sectários por natureza.

Além disso, a França era o típico país do camponês, do artesão, do funcionário e do pequeno rentista. A evolução capitalista prosseguiu de forma vagarosa, e a indústria de grande porte se limitou a alguns poucos centros. Quaisquer que fossem as questões que dividissem essas classes, elas eram economicamente conservadoras no início — em nenhum outro lugar o conservadorismo repousava em bases tão amplas — e, mais tarde, deram apoio cada vez maior a grupos que patrocinavam a reforma da classe média, entre eles, os *radicaux-socialistes* (radicais socialistas), um partido que pode ser bem descrito se dissermos que não era nem radical nem socialista. Muitos operários tinham o mesmo tipo sociológico e a mesma mentalidade. Muitos

---

376. O sindicalismo italiano e o espanhol serviram quase igualmente bem. Apenas, proporcionalmente ao número de analfabetos, o elemento anarquista aumenta a ponto de distorcer o que eu acredito ser os verdadeiros traços. Esse elemento existe, mas a ele não se deve dar tanta ênfase.

377. Mantive como no original, em francês; *limpidité* significa transparência, clareza, simplicidade (N.T.)

profissionais liberais e intelectuais se adaptaram a isso, o que explica o fato de a superprodução e o subemprego dos intelectuais, embora existissem, não terem conseguido se afirmar, como era de esperar. Havia agitação. Mas, entre os descontentes, os católicos, que desaprovavam as tendências anticlericais trazidas ao primeiro plano por várias circunstâncias durante a Terceira República, eram mais importantes do que os que estavam descontentes com a ordem de coisas capitalista. Foi do primeiro grupo e não deste último que o verdadeiro perigo para a república burguesa surgiu na época do caso Dreyfus.

Por sua vez, segue-se que, embora novamente por diferentes razões, não havia na França muito mais espaço para o socialismo sério do que na Rússia ou nos Estados Unidos. Por isso o país tinha uma variedade de socialismos e quase socialismos que não eram sérios. O partido blanquista, cuja esperança dependia da ação de "alguns poucos homens resolutos", pode servir de exemplo: um pequeno grupo de intelectuais com uma inclinação para a conspiração e revolucionários profissionais juntamente com a multidão de Paris e de duas ou três outras grandes cidades era tudo o que se encontrava no horizonte de grupos como esse. Em certo momento, no entanto, um partido operário francês (*parti ouvrier français*) marxista foi fundado por Guesde e Lafargue[378] com um programa de guerra de classes (em 1883) que havia recebido a sanção do próprio Marx. Desenvolveu-se em linhas ortodoxas, combatendo o "putschismo" do tipo de Hervé e o anarquismo em uma frente e, na outra, o reformismo de Jaurès,[379] assim como o fez seu homólogo alemão. Mas nunca adquiriu importância semelhante e não significou a mesma coisa para as massas ou para os intelectuais, apesar da fusão de grupos socialistas ocorrida na *chambre* (senado)[380] em 1893 (48 assentos em comparação com os 300 ocupados pelos republicanos governistas), o que, por fim, levou à formação do Partido Socialista Unificado (em 1905).

Enfim, eu simplesmente apresentarei o fato, sem tentar me aprofundar, de que o modelo social analisado brevemente aqui impediu o surgimento de partidos grandes e disciplinados do tipo inglês. Em vez disso, como todos sabem, a política parlamentar tornou-se um berço de grupos pequenos e instáveis que se combinavam e se dissolviam reagindo a situações momentâneas e interesses e

---

378. Jules Bazile (1845-1922), conhecido como Jules Guesde, foi um jornalista e político socialista francês. Paul Lafargue (1842-1911) foi um revolucionário francês, jornalista, político, escritor e ativista político; foi casado com a segunda filha de Karl Marx, Laura. (N.T.)

379. Auguste Marie Joseph Jean Léon Jaurès (1859-1914), conhecido como Jean Jaurès, foi um político socialista francês que propunha uma revolução social democrática e não violenta. (N.T.)

380. O parlamento francês é formado pela Câmara Alta (Senado), composta de 348 assentos, e pela Câmara Baixa (Assembleia Nacional), com 577 assentos. (N.T.)

intrigas individuais, formando e derrubando gabinetes de acordo com os princípios, como eu disse anteriormente, de um jogo de salão. Uma das consequências disso foi a ineficiência governamental. Outra foi que o gabinete se aproximou do alcance de grupos socialistas e quase socialistas mais cedo do que em países cujos partidos socialistas eram muito mais poderosos, mas cuja política era dirigida de acordo com métodos um pouco mais racionais. Até a crise nacional de 1914, Guesde e seu grupo se mostraram imunes à tentação e recusaram de forma consistente a cooperação com partidos burgueses no melhor estilo ortodoxo. Mas o grupo reformista que, em todo caso, foi absorvido pelo radicalismo burguês, cujo princípio era o da reforma sem revolução, não via razão para condenar a cooperação. Jaurès, portanto, não sentiu nenhum remorso, na época da crise de Dreyfus (1898), por apoiar um governo burguês para defender a República. Assim, um velho problema de princípio e tática socialista — que não era, de forma alguma, exclusivo da Inglaterra ou da Suécia, mas um problema fundamental em todos os outros países — explodiu de repente sobre o mundo socialista de uma forma bastante prática. Adquiriu sua força específica por uma outra circunstância: apoiar um governo burguês era uma coisa, até ruim do ponto de vista da ortodoxia rígida, mas compartilhar suas responsabilidades ao realmente fazer parte dele era outra coisa bem diferente. Isso foi exatamente o que fez M. Millerand. Em 1899 ele passou a integrar o gabinete de Waldeck-Rousseau — juntamente com M. de Galliffet, um general conservador que era mais conhecido do público por sua participação vigorosa na repressão à Comuna de Paris em 1871.[381]

Dois patriotas sacrificando opiniões pessoais para unir forças em uma emergência nacional — e daí? Suponho que essa será a reação de grande parte de meus leitores. Não preciso assegurar-lhes que, pessoalmente, não sinto o menor desejo de dizer que os dois cavalheiros se desonraram. Além disso, cabe com razão questionar se, mesmo assim, M. Millerand deveria ser chamado de socialista.[382] Enfim, a classe operária francesa tem todos os motivos

---

381. Alexandre Millerand (1859-1943) foi primeiro-ministro da França de 20 de janeiro a 23 de setembro de 1920 e presidente da França entre 23 de setembro de 1920 e 11 de junho de 1924. Fez parte do gabinete do primeiro-ministro Waldeck-Rousseau (Pierre Marie René Ernest Waldeck-Rousseau [1846-1904]) entre 1899 e 1902, junto ao marquês de Galliffet (Gaston Alexandre Auguste [1830-1909]), o general francês que, em 1871, comandou a repressão da Comuna de Paris. Este último fato gerou, na Seção Francesa da Internacional Operária (SFIO) e na Segunda Internacional, grandes discussões sobre a participação de socialistas nos governos burgueses. (N.T.)

382. É verdade que ele havia se destacado entre os "esquerdistas" ao defender os líderes grevistas; e, quando passou a fazer parte do gabinete de Waldeck-Rousseau, passou a ser a figura principal entre os sessenta membros do que ficou conhecido como "esquerda socialista". No entanto, ele não fez nada que não pudesse ter sido realizado igualmente bem por um radical burguês. Sua postura

para se lembrar com gratidão do que, no âmbito legislativo e administrativo, ele fez por esta enquanto esteve no gabinete.

Ao mesmo tempo, devemos tentar entender como o "millerandismo" se viu obrigado a entrar em choque com os guesdistas na França e os socialistas ortodoxos em toda a Europa: para eles, significava declínio e pecado, traição ao objetivo, contaminação da fé. Isso era muito natural, assim como o foi o anátema lançado sobre ele pelo congresso internacional de Amsterdã (1904). Mas para além e por trás do anátema doutrinário havia alguma medida de simples bom senso. Para que o proletariado não precisasse oferecer suas costas a políticos ambiciosos que as usassem como escada no intuito de subir ao poder, todo desvio da prática aprovada tinha de ser vigiado com zelo máximo. O truque de falar sobre crises nacionais sempre que os carreiristas buscavam o poder — afinal, será que já houve alguma situação que os políticos não consideraram como uma crise? — era muito conhecido e desacreditado demais para impressionar alguém, particularmente o proletariado francês, que tinha aprendido a entender o verdadeiro valor das frases feitas da política. Havia o perigo de que as massas se afastassem do socialismo político por desprezo.[383]

Na verdade, havia mais do que um mero perigo. As massas realmente se afastavam. Assistindo, junto com o resto da nação, ao triste espetáculo da ineficiência, da incompetência e da frivolidade políticas, que resultou do modelo sociológico imperfeitamente esboçado acima, elas não depositavam confiança no Estado, no mundo político, nos autores, e não tinham respeito por nenhum deles, tampouco por qualquer coisa ou pessoa, exceto pela memória de algumas grandes figuras do passado. Parte do proletariado industrial conservava sua fé católica. O resto estava à deriva. E para aqueles que haviam superado suas propensões burguesas, o sindicalismo era muito mais atraente do que qualquer uma das espécies de socialismo puro disponíveis, cujos defensores previam poder reproduzir, em menor escala, os jogos dos partidos burgueses. A tradição revolucionária do tipo francês, da qual o sindicalismo era o principal herdeiro, claro, ajudava muito.

Pois o sindicalismo não é simplesmente um sindicalismo (*trade-unionism*) revolucionário. Este pode significar muitas coisas que têm pouco a ver com o primeiro. O sindicalismo é apolítico e antipolítico no sentido de que despreza

---

posterior como ministro de obras públicas (1909) e como ministro da guerra (1912), portanto, não significava uma ruptura tão grande quanto seus inimigos fizeram crer. Sua subsequente aliança com o *bloc national* e seu conflito com o *cartel des gauches* durante seu mandato presidencial, após 1920, foram assuntos diferentes; ainda assim, eles também admitem justificativas plausíveis.

383. Os socialistas italianos de fato recusaram o convite para ingressar no gabinete, convite feito três vezes a eles por Giolitti (em 1903, 1906, 1911, respectivamente).

a ação efetuada pelos órgãos da política tradicional em geral e dos parlamentos em particular. É anti-intelectual, tanto no sentido de que despreza programas construtivos baseados em teorias quanto no sentido de que despreza a liderança de intelectuais. De fato, apela aos instintos do operário — e não, como no marxismo, à ideia do intelectual a respeito de quais devem ser os instintos do trabalhador —, prometendo-lhe o que ele pode entender: a tomada da oficina em que trabalha, a tomada pela violência física, em última instância, pela greve geral.

Agora, ao contrário do marxismo ou do fabianismo, o sindicalismo não pode ser defendido por qualquer um que tenha algum traço de formação econômica ou sociológica. Não há fundamento racional para ele. Os autores que, agindo sobre a hipótese de que tudo é suscetível à racionalização, tentam construir uma teoria para o sindicalismo acabam por castrá-lo. Alguns o ligaram ao anarquismo, que, como filosofia social, é completamente estranho a ele em suas raízes, seus objetivos e sua ideologia — por mais semelhante que o comportamento dos seguidores operários de Bakunin (entre 1872 e 1876) possa nos parecer. Outros tentaram subordiná-lo — como um caso especial caracterizado por uma inclinação tática especial — ao marxismo, descartando tudo o que é mais essencial a ambos. Outros ainda construíram uma nova espécie socialista para funcionar como a ideia platônica dele — o socialismo de guilda —, mas, ao fazê-lo, precisaram mergulhar o movimento em um esquema definido de valores finais, cuja ausência é uma de suas características mais importantes. Os homens que organizaram e lideraram a *Confédération Générale du Travail* [Confederação Geral do Trabalho] durante sua fase sindicalista (1895-1914) eram em sua maioria proletários genuínos ou dirigentes sindicais, ou ambos. Eles estavam extremamente ressentidos e queriam brigar. Não estavam preocupados com o que fariam com os destroços se vencessem. Isso não é suficiente? Por que deveríamos nos recusar a reconhecer a realidade com a qual nos deparamos diariamente na vida cotidiana — que nos mostra que existe uma combatividade abstrata, a qual não dá atenção a nenhum argumento e não precisa deles, e não se importa com nada, exceto com a própria vitória?

Mas qualquer intelectual pode preencher o vazio por trás dessa violência bruta da maneira que lhe agrade. E a violência, em si, combinada com o anti-intelectualismo e o viés antidemocrático, adquire uma conotação significativa se vista no quadro de uma civilização em desintegração que tantas pessoas odeiam por todos os tipos de razões. Aqueles que, na época, se sentiam assim, mas não odiavam tanto os arranjos econômicos da sociedade capitalista quanto seu racionalismo democrático, não podiam contar com o socialismo ortodoxo, o qual prometia ainda mais racionalismo. Para o seu anti-intelectualismo intelectual — nietzschiano ou bergsoniano —, o anti-intelectualismo sindicalista dos punhos cerrados pode muito bem ter surgido como complemento — no mundo das massas — de seu próprio credo. Assim, fez-se uma aliança realmente muito estranha, e o sindicalismo encontrou finalmente seu filósofo em Georges Sorel.[384]

É lógico que todos os movimentos revolucionários e as ideologias que coexistem num dado momento sempre têm muito em comum. São produtos do mesmo processo social e devem, em muitos aspectos, reagir de forma semelhante a necessidades semelhantes. Além disso, não há como evitar que tomem empréstimos uns dos outros ou que respinguem uns aos outros com suas cores em suas próprias disputas. Finalmente, indivíduos e grupos muitas vezes não sabem a que lugar pertencem, se é que pertencem a algum, e, em algumas ocasiões, por ignorância e, em outras, por uma percepção correta de uma vantagem, misturam princípios contraditórios e formam credos híbridos próprios. Tudo isso confunde os observadores e explica a grande variedade de interpretações correntes. O caso é particularmente confuso em relação ao sindicalismo que prosperou apenas por um breve momento e foi rapidamente abandonado por seus expoentes intelectuais. No entanto, podemos avaliar o que o sindicalismo significava para Sorel e o que Sorel significava para o sindicalismo, suas *Réfléxions sur La Violence* e suas *Illusions du Progrès* [Reflexões sobre a violência e as ilusões do progresso] nos ajudam a fazer um diagnóstico. O fato de sua teoria econômica e de sua sociologia serem completamente diferentes das de Marx pode, por si só, não significar muito. Porém, colocada como está, bem no meio da torrente anti-intelectualista, a filosofia social de Sorel lança muita luz sobre a primeira manifestação prática de uma força social que foi e é revolucionária em um sentido no qual o marxismo não era.

5. O PARTIDO E O REVISIONISMO ALEMÃES: OS SOCIALISTAS AUSTRÍACOS

Mas por que as táticas e os métodos ingleses não prevaleceram na Alemanha? Por que o êxito marxista acentuou os antagonismos e dividiu a nação em dois campos hostis? Não seria difícil entender isso se não houvesse grupos extrassocialistas trabalhando pela reconstrução social ou se o estrato dirigente tivesse se fingido de surdo para suas propostas. Isso se torna um enigma assim que percebemos que a autoridade pública alemã estava mais (e não menos)

---

384. Georges Eugène Sorel (1847-1922), teórico francês do sindicalismo revolucionário. (N.T.)

desperta para as exigências sociais da época do que a sociedade política inglesa, e que um trabalho semelhante ao dos fabianos estava sendo realizado de forma mais efetiva (e não menos) por um grupo muito semelhante.

A Alemanha não estava atrasada, mas, até a aprovação da legislação [inglesa] de seguridade, associada primariamente ao nome de Lloyd George,[385] era líder em questões de "política social". Além disso, foi por iniciativa do próprio governo que essas medidas de melhoramento social se tornaram leis, e não por alguma pressão vinda de baixo que se afirmasse por meio de lutas exasperantes. Bismarck deu início à legislação previdenciária. Os homens que a desenvolveram e acrescentaram outras linhas de melhoramento social eram funcionários públicos conservadores (von Berlepsch, Conde Posadowsky),[386] executando as diretivas de Guilherme II.[387] As instituições criadas eram conquistas verdadeiramente admiráveis e assim foram consideradas em todo o mundo. Simultaneamente, a atividade sindical se viu livre de entraves, e ocorreu uma mudança significativa na postura do poder público em relação às greves.

Não há dúvida de que a roupagem monarquista com a qual tudo isso surgiu constitua uma diferença em relação ao procedimento inglês. Mas essa diferença levou a um maior (e não menor) êxito. A monarquia, depois de ter se entregado por um tempo ao liberalismo econômico (o "manchesterismo", conforme chamado por seus críticos), simplesmente retornou às suas antigas tradições, fazendo pelos operários o que havia feito anteriormente pelos camponeses, *uma vez efetuadas as devidas mudanças*. O serviço público civil, muito mais desenvolvido e muito mais poderoso do que na Inglaterra, oferecia uma excelente máquina administrativa, bem como as ideias e a habilidade necessárias para a redação das leis. E esse serviço público civil era, no mínimo, tão receptivo às propostas de reforma social quanto o inglês. Formado em grande parte por *junkers*[388] pobres — muitos dos quais sem outros meios de subsistência senão seus salários verdadeiramente espartanos — inteiramente dedicados ao seu dever, bem-educados e informados, altamente críticos da burguesia capitalista, o grupo estava tão afeiçoado às tarefas quanto um peixe está à água.

Ideias e propostas normalmente chegavam à burocracia por meio de seus professores nas universidades, os "socialistas de cátedra". Seja qual for a ideia

---

385. David Lloyd George (1863-1945) foi primeiro-ministro do Reino Unido entre 1916 e 1922. (N.T.)

386. Arthur, conde de Posadowsky-Wehner (1845-1932), foi secretário de Finanças (1893-1897) e do Interior (1897-1907) do Império Alemão. (N.T.)

387. Guilherme II (1859-1941) foi o último imperador alemão e rei da Prússia entre 1888 e 1918. (N.T.)

388. Os *junkers* eram os membros da nobreza latifundiária alemã até o final do Segundo Reich. (N.T.)

que tenhamos sobre as conquistas científicas dos professores que se organizaram na *Verein für Sozialpolitik*[389, 390] e cujos trabalhos costumavam carecer de refinamento científico, eles radiavam um ardor genuíno pela reforma social e tiveram grande êxito em sua difusão. De forma resoluta, enfrentaram o descontentamento burguês não apenas encontrando medidas individuais de reforma prática como também propagando o espírito de reforma. Assim como os fabianos, seu interesse principal era a tarefa a ser realizada; desprezavam a guerra de classes e a revolução. Porém, também como os fabianos, eles sabiam para onde estavam indo — sabiam e não temiam que o socialismo pairasse de forma ameaçadora no final de seu caminho. Claro, o socialismo de Estado que eles imaginavam era nacional e conservador. Jamais falso ou utópico.

O mundo em geral nunca entendeu esse modelo social e a natureza da monarquia constitucional produzida por ele. De qualquer forma, esqueceu o que quer que possa já ter conhecido. Mas, assim que tivemos um vislumbre da verdade, achamos ainda mais difícil entender como, naquele ambiente não plutocrático, foi possível que o maior de todos os partidos socialistas ganhasse corpo com um programa puramente marxista e com uma fraseologia marxista de virulência insuperável, que pretendia lutar contra a exploração implacável e um Estado que era escravo de feitores. Isso, certamente, não pode ser explicado pela "lógica da conjuntura social objetiva".

Bem, parece-me que devemos reconhecer mais uma vez que, no curto prazo — e, em tais assuntos, quarenta anos é curto prazo —, métodos e erros, a falta *de savoir faire* individual e coletivo, podem ser muito mais relevantes do que essa lógica. Tudo o mais que eu pudesse indicar seria obviamente inadequado. Houve, é claro, a luta pela extensão do direito de voto nos legislativos dos estados individuais. Mas muito do que era mais importante para as massas industriais fazia parte da competência do parlamento imperial (*Reichstag*) e, para este, Bismarck havia estabelecido o sufrágio universal para os homens desde o início. O mais importante era a proteção à agricultura — o bom pão. Sem dúvida, isso contribuiu muito para envenenar a atmosfera, especialmente porque seus principais beneficiários eram as grandes e médias propriedades no leste da Prússia, e não os camponeses. No entanto, quanto à pressão real

---

389. Eu realmente gostaria de poder induzir o leitor a estudar atentamente a curta história dessa organização ímpar, tão característica do que realmente era a Alemanha imperial, embora não tenha sido e provavelmente nunca virá a ser traduzida. Seu autor foi secretário da *Verein* por décadas, e sua história é ainda mais impressionante por ser tão despretensiosa. (Franz Boese, *Geschichte des Vereins für Sozialpolitik*, Berlim, 1939.)

390. Associação de economistas alemães fundada em 1872; buscava respostas para a questão social. (N.T.)

gerada, há o fato conclusivo de que, por volta de 1900, a emigração praticamente cessou. Não — a explicação não se encontra nessa via.

Mas e a falta de *savoir faire* unida às maneiras alemãs? Podemos esclarecer as coisas por meio da analogia óbvia com o comportamento da Alemanha em matéria de relações internacionais. Antes de 1914, as ambições estrangeiras da Alemanha (coloniais e outras) eram — parece certo dizer isso, dado o tempo já decorrido — claramente modestas, especialmente se as compararmos com os movimentos organizados e eficazes pelos quais Inglaterra e França ampliaram seus impérios naquela época. Nada que a Alemanha tenha realmente feito ou indicado a intenção de fazer pode ser comparado com, por exemplo, Tel-El-Kebir, a Guerra dos Bôeres, nem com a conquista da Tunísia ou da Indochina francesa. No entanto, a fala adotada pelos alemães era muito menos modesta e muito mais agressiva, e era insuportável a forma arrogante com que apresentavam até mesmo as suas reivindicações arrazoadas. Pior do que isso, não seguiam nenhuma linha específica; os avanços precipitados em direções cambiantes, alternados com retiradas jactantes, conciliações indignas com recusas desnecessárias, até que todos os fatores que compõem a opinião mundial tornassem os indivíduos completamente revoltados e inquietos.[391] As coisas não eram diferentes nos assuntos internos.

O erro fatal foi realmente de Bismarck. Consistiu na tentativa, explicável apenas pela hipótese de que ele não compreendera a natureza do problema, de suprimir as atividades socialistas por coerção, culminando em uma lei especial (*Sozialistengesetz*)[392] aprovada em 1878 que se manteve em vigor até 1890 (quando Guilherme II insistiu na sua revogação), ou seja, tempo suficiente para educar o partido e submetê-lo, pelo resto do período pré-guerra, à liderança de homens que conheceram a prisão e o exílio, e que adquiriram

---

391. É preciso deixar bem claro que o acima exposto não se destina a atribuir essa política, de forma total ou exclusiva, a Guilherme II. Ele não foi um governante insignificante. Além disso, fazia jus ao comentário feito sobre ele pelo príncipe Bülow na defesa mais incomum já feita a um monarca num parlamento: "Digam o que quiserem, ele não é um filisteu". Se ele brigou com o único homem que poderia ter lhe ensinado a técnica de seu ofício, os críticos de seu comportamento em relação a Bismarck não devem esquecer que a briga tinha como tema principal a perseguição aos socialistas, que o imperador desejava suspender, e o início de um grande programa de legislação social. Quando se desconsidera o discurso e, simplesmente, se tenta reconstruir as intenções, seguindo os atos do imperador ano após ano, não se pode deixar de chegar à conclusão de que ele estava frequentemente certo em suas opiniões sobre as grandes questões de seu tempo.

392. *Sozialistengesetz*em em alemão; oficialmente, *Gesetz gegen die gemeingefährlichen Bestrebungen der Sozialdemokratie*, ou seja, Lei contra o perigo público das tentativas social-democratas. (N.T.)

muito da mentalidade do prisioneiro e do exilado. Por uma infeliz combinação de circunstâncias, isso acabou viciando todo o curso dos acontecimentos subsequentes. Pois as únicas coisas que aqueles homens formados pelo exílio não suportavam eram o militarismo e a ideologia da glória militar. E a única atitude que a monarquia não tolerava era que se zombasse do exército e das glórias de 1870; exceto isso, simpatizava com grande parte daquilo que os socialistas razoáveis consideravam seus objetivos práticos imediatos. Mais do que qualquer outra coisa, era isso que, para ambos, definia o inimigo em oposição ao mero adversário. Adicione a fraseologia marxiana — ainda que obviamente acadêmica — nas convenções do partido, por um lado, e a jactância acima citada, por outro, e tem-se o quadro. Nenhuma quantidade de boas leis sociais e nenhuma quantidade de comportamentos cumpridores da lei serviram contra esse *non possumus* recíproco, aquela barreira de papelão através da qual os dois bandos se insultavam, faziam as mais terríveis caretas um para o outro, devoravam-se um ao outro, em princípio — faziam tudo isso sem querer realmente causar nenhum dano grave.

A partir desse estado de coisas, desenvolveu-se uma situação que, sem dúvida, tinha seus perigos — um grande poder sem responsabilidade é sempre perigoso —, mas não era nada tão desconfortável quanto parecia. Os governos federal e estaduais — ou os antigos funcionários públicos que foram promovidos ao gabinete nesses governos — se interessavam principalmente por uma administração honesta e eficiente, por uma legislação benéfica e, no geral, progressista, e pelo orçamento do exército e da marinha. Nenhum desses objetivos ficava seriamente prejudicado pelos votos contrários dos socialistas, em particular, a aprovação dos orçamentos do exército e da marinha, que costumava ser garantida pelo apoio da grande maioria da população. O partido social-democrata, por sua vez, bem-organizado e brilhantemente liderado por August Bebel, concentrava-se na consolidação e na ampliação de seu eleitorado, que, de fato, aumentou muito rapidamente. Não havia interferência séria dos governos, pois a burocracia observava escrupulosamente a letra da lei que pregava toda a liberdade de ação realmente necessária para a atividade partidária.[393] E tanto a burocracia dirigente quanto o partido tinham motivos para ser gratos um ao outro,

---

393. Os aborrecimentos administrativos, sem dúvida, não se ausentavam, e os socialistas, naturalmente, aproveitaram ao máximo tudo o que pudesse, de alguma forma, ser chamado de aborrecimento. Mas esse tipo de coisa não resultou em nada importante; de fato, a história da atividade socialista entre 1890 e a Primeira Guerra Mundial é, em si, suficiente para provar esse fato. Além disso, aborrecimentos desse tipo têm realmente a natureza de um serviço prestado ao partido "perseguido".

especialmente durante o mandato de Bülow,[394] por fornecerem saídas para o excedente de capacidade oratória, da qual ambos estavam precisando.

Assim, o partido não só se desenvolveu de maneira satisfatória como também se estabeleceu. Promoveu uma burocracia partidária, uma imprensa partidária e uma equipe de estadistas mais velhos, todas devidamente financiadas — via de regra, seguras em suas posições e, em geral, muito respeitáveis em todos os sentidos da palavra, inclusive no âmbito burguês. Formou-se um núcleo de operários filiados para os quais a adesão não era mais uma questão de escolha, mas algo natural. Cada vez mais pessoas "nasciam no partido" e eram educadas para aceitar sem questionamentos sua liderança e seu catecismo, o que, então, para alguns deles, significava exatamente o que o catecismo religioso significa para o homem ou a mulher médios de hoje.

Isso tudo era facilitado pela incapacidade dos partidos não socialistas de competir efetivamente pelo voto operário; mas havia uma exceção. O partido centrista (católico), por um lado, detinha todo o talento necessário, pois obteve o apoio de um sacerdócio de qualidade excepcionalmente alta e, por outro lado, estava preparado para conquistar o voto operário, avançando o máximo na direção da reforma social à medida que se sentia capaz de seguir sem afrontar sua ala direitista, e escorando sua posição nas doutrinas das encíclicas *Imortale Dei* (1885) e *Rerum Novarum* (1891).[395] Mas todos os outros partidos, embora por razões diferentes e em diferentes graus, estavam em pé de desconfiança mútua, se não de hostilidade, com o proletariado industrial, e nunca chegaram a tentar atrair algum volume significativo de eleitores operários. Estes, a menos que fossem católicos ativos, quase não tinham nenhum partido a que recorrer senão ao partido social-democrata. Por mais inacreditável que essa inaptidão pareça à luz das experiências inglesa e americana, ainda é fato que ao exército socialista foi permitido, em meio ao clamor sobre os perigos horríveis que isso representava, marchar em um território politicamente desprotegido.

Estamos agora em posição de entender o que, diante disso, parece tão incompreensível: descobrir por que os socialistas alemães se agarraram de

---

394. Bernhard Heinrich Karl Martin von Bülow (1849-1929) foi chanceler imperial da Alemanha entre 1900 e 1909. (N.T.)

395. Observemos de passagem um fenômeno interessante (e quase americano): aqui temos um partido político que compreendia dentro de si quase todas as nuances de opinião sobre questões econômicas e sociais que é possível ter, desde o conservadorismo mais gritante até o socialismo radical; e, ainda assim, era uma máquina política muito poderosa. Homens dos mais diferentes tipos, das mais diferentes origens e com os mais diversos desejos, democratas extremos e autoritários extremos, cooperaram com uma suavidade que poderia ter despertado a inveja dos marxistas, unicamente pela força de sua lealdade à Igreja Católica.

forma tenaz ao credo marxiano. Para um partido poderoso, que podia dar-se ao luxo de um credo distinto, mesmo estando completamente excluído não só da responsabilidade política como também de qualquer perspectiva imediata de exercê-la, era natural conservar a pureza da fé marxiana, uma vez que a tivesse abraçado. Essa postura puramente negativa em relação à reforma não socialista e a todos os atos do Estado burguês — que, como vimos acima, era o princípio tático recomendado por Marx a todos os casos, menos aos excepcionais — foi realmente imposta a ele. Os líderes não eram irresponsáveis nem bandidos. Porém, perceberam que na situação dada o partido não tinha muito que fazer, exceto criticar e manter a bandeira hasteada. Qualquer sacrifício de princípio revolucionário teria sido perfeitamente gratuito. Só teria desorganizado seus seguidores sem dar ao proletariado muito mais do que conseguiria em qualquer caso, não pela iniciativa dos outros partidos, mas pela iniciativa da burocracia monarquista. Esses pequenos êxitos adicionais que estavam ao alcance mal justificavam o risco do partido. Assim, homens sérios, patrióticos e cumpridores da lei continuaram a repetir *slogans* irresponsáveis sobre revolução e traição — cujas implicações sanguinárias vinham tão estranhamente de muitos semblantes pacíficos e respeitáveis — exatamente porque sabiam ser improvável pô-los em prática.

Em pouco tempo, porém, começou a surgir em alguns deles a suspeita de que a fala revolucionária poderia em algum momento encontrar a arma mais mortal da controvérsia política: os sorrisos. Talvez fosse uma apreensão desse tipo, ou simplesmente a percepção da discrepância quase ridícula entre a fraseologia marxiana e a realidade social daqueles tempos, que, por fim, levou um personagem como o velho Engels a pronunciar *ex cathedra* — isto é, em um prefácio que escreveu para uma nova edição do *As lutas de classes na França*, de Marx[396] — que, afinal, a luta nas ruas apresentava certos inconvenientes, e que o religioso não precisava necessariamente se sentir comprometido com ela (1895).

Esse ajuste oportuno e modesto despertou a ira de uma pequena minoria formada por pessoas completamente furiosas; a senhora Rosa Luxemburgo, em particular, superou-se em ataques coléricos ao velho homem. Mas o partido consentiu — possivelmente com um suspiro de alívio —, e talvez tenham sido dados alguns outros passos cautelosos na mesma direção. Quando, no entanto, Eduard Bernstein friamente começou a "revisar" toda a estrutura do

---

396. Foi demonstrado por Ryazanov que o editor desse livro tomou liberdades com o texto de Engels, mas o argumento acima não fica afetado nem mesmo por maior que tenha sido a devastação criada por seu lápis. Veja Ryazanov, *Karl Marx and Friedrich Engels*. Traduzido por Kunitz, 1927.

credo partidário, surgiu uma grande disputa. Depois do que foi dito aqui sobre a conjuntura, isso não deve ser motivo de surpresa.

Até mesmo o partido mais mundano está ciente dos perigos envolvidos na alteração de qualquer um dos pontos mais importantes de sua plataforma. No caso de um partido cujo programa e cuja própria existência tinham como base um credo em que todos os detalhes foram produzidos com fervor teológico, a reforma radical levaria necessariamente a um choque terrível. Esse credo era objeto de reverência quase religiosa. Fora mantido por um quarto de século. Sob sua bandeira, o partido marchou em direção ao êxito; era tudo o que tinha para mostrar. E agora a amada revolução — que, para eles, equivalia ao que a segunda vinda de Cristo era para os primeiros cristãos — deveria ser cancelada sem nenhuma cerimônia. Era o fim da guerra de classes, o fim dos gritos de guerra emocionantes. Em vez disso, haveria cooperação com os partidos burgueses. Tudo isso vindo de um membro da velha guarda, um ex-exilado e, de forma surpreendente, um dos membros mais queridos do partido!

Mas Bernstein[397] foi mais longe ainda. Ele colocou as mãos sacrílegas sobre as fundações santificadas da doutrina; atacou o fundamento hegeliano. A teoria do valor-trabalho e a teoria da exploração também foram criticadas. Ele duvidava da inevitabilidade do socialismo e reduziu-o a uma mera "desejabilidade". E viu com desconfiança a interpretação econômica da história. As crises não matariam o dragão capitalista; pelo contrário, com o tempo, o capitalismo ganharia mais estabilidade. A miséria crescente era obviamente um absurdo. O liberalismo burguês havia produzido valores duradouros que valiam tentar conservar. Ele disse até mesmo que o proletariado não era tudo. Pense nisso!

Claro, era mais do que o partido podia suportar. Teria sido intolerável mesmo se Bernstein estivesse incontestavelmente correto em todos os pontos, pois credos incorporados em uma organização não podem ser reformados por meio de holocaustos. Entretanto, Bernstein não estava correto. Ele era um homem excelente, mas não chegava ao nível intelectual de Marx. Vimos na Parte I que ele foi longe demais na questão da interpretação econômica da história, que ele mal dever ter compreendido por completo. Também foi longe demais em sua afirmação de que os desenvolvimentos no setor agrário refutam a teoria de Marx sobre a concentração do controle econômico. E havia outros pontos aos quais era preciso dar uma resposta efetiva, tanto que o defensor

---

397. Seus dois livros mais relevantes para o nosso propósito são *Die Voraussetzungen des Sozialismus und die Aufgaben der Soziaidemokratie* (1899) e *Zur Geschichte und Theorie des Sozialismus* (1901).

da ortodoxia, Karl Kautsky,[398] não teve dificuldade para manter sua posição, ou parte dela. Também não está tão claro se teria sido vantajoso ao partido se as recomendações táticas de Bernstein houvessem prevalecido. Uma ala teria certamente se desintegrado. O prestígio do partido teria sofrido muito, e, como já foi dito antes, não haveria nenhum ganho imediato. Portanto, muito poderia ser dito a favor da visão "conservadora".

Dadas as circunstâncias, o curso tomado por Bebel não era tão obviamente imprudente nem tão obviamente tirânico, como relataram na época seus companheiros de viagem e outros críticos. Ele condenou o revisionismo de forma vigorosa, e fez isso com contundência suficiente para manter controlados os esquerdistas. Conseguiu excomungá-lo das convenções de Hanôver (1899) e Dresden (1903), mas garantiu que as resoluções que reafirmavam a guerra de classes e outros artigos de fé fossem elaborados de forma a possibilitar a sujeição dos "revisionistas". Houve sujeição, e nenhuma outra sanção foi tomada contra eles, embora houvesse, acredito, alguns estalidos de chicote. O próprio Bernstein foi autorizado a entrar no *Reichstag* com o apoio do partido. Von Vollmar[399] permaneceu no rebanho.

Os líderes sindicais deram de ombros e resmungavam sobre as ruminações doutrinárias. Eles já eram revisionistas havia muito tempo, mas enquanto o partido não interferisse em suas preocupações imediatas e desde que não os convocasse a fazer qualquer coisa de que realmente não gostassem, eles não se importavam muito. Ofereceram proteção a alguns revisionistas e também a alguns de seus órgãos literários. Deixaram bem claro que, qualquer que fosse a filosofia do partido, negócios eram negócios. Mas isso foi tudo.

Os revisionistas intelectuais, para os quais a doutrina não era uma questão de indiferença, e os simpatizantes não socialistas, alguns dos quais gostariam de se filiar a um partido socialista que não enfatizasse a guerra de classes e a revolução, pensavam de forma diferente, é claro. Foram eles que alertaram sobre uma crise partidária e titubearam ao pensar sobre o futuro do partido. Tinham toda a razão para fazê-lo, pois o seu futuro dentro e em torno do partido realmente fora comprometido. Na verdade, Bebel, que não era intelectual

---

398. A partir desse momento, Kautsky, fundador e editor do *Neue Zeit* e autor de vários tratados sobre a teoria marxista, manteve uma posição que só pode ser descrita em termos eclesiásticos, defendendo a doutrina "revolucionária" contra o revisionismo, assim como, mais tarde, defenderia a ortodoxia contra os hereges bolcheviques. Ele era o mais professoral dos homens, e muito menos agradável do que Bernstein. No geral, porém, ambas as seções do partido devem ser parabenizadas tanto pelo nível moral quanto pelo nível intelectual de seus defensores.

399. Georg Heinrich Ritter (Chevalier) von Vollmar (1850-1922), político social-democrata da Baviera. Foi um dos dirigentes da ala oportunista do Partido Social-Democrata da Alemanha, ideólogo do reformismo. (N.T.)

e nem amigo de socialistas de salão, não perdeu tempo em expulsá-los. Os membros comuns do partido, no entanto, não se preocupavam com tudo isso. Eles seguiam seus líderes e repetiam seus *slogans* até que, sem nenhum remorso em relação ao que Marx ou, nesse caso, Bebel diriam, correram para pegar em armas a fim de defender seu país.

Alguma luz interessante é lançada sobre os eventos que acabamos de examinar por intermédio dos eventos paralelos, ainda que diferentes, ocorridos na Áustria.[400] Como se espera de um ritmo muito mais lento de desenvolvimento capitalista, este levou vinte anos a mais para se tornar um fator político de importância. Ao crescer lentamente de um início simplório e pouco confiável, acabou se estabelecendo em 1888 (Congresso de Hainfeld) sob a liderança de Victor Adler,[401] que havia obtido êxito na tarefa quase desesperada de unir os socialistas de todas as nações que habitavam aquele país e que ele iria liderar com perfeita habilidade por mais trinta anos.

Ora, esse partido também era oficialmente marxista. O pequeno círculo de brilhantes judeus que formava o seu núcleo intelectual,[402] os neomarxistas, contribuiu substancialmente inclusive para o desenvolvimento da doutrina marxiana, como vimos na Parte I — seguindo linhas ortodoxas, alterando-as sem dúvida no processo, mas combatendo, de maneira implacável e habilidosa, qualquer outra pessoa que tentasse fazer o mesmo, e mantendo sempre a ideologia revolucionária em sua forma mais intransigente. As relações com o partido alemão eram próximas e cordiais. Ao mesmo tempo, todos sabiam que Adler não toleraria disparates. Tendo, por razões culturais e raciais, muito mais autoridade sobre seus extremistas intelectuais do que Bebel jamais teve sobre os dele, foi capaz de lhes permitir todo o marxismo que quisessem em seus bistrôs e fazer uso dele sempre que lhes aprouvesse; sem deixá-los interferir no que realmente importava: a organização e a imprensa do partido, o sufrágio universal, a legislação progressista e, sim, o bom funcionamento do Estado. Essa combinação de doutrina marxista e prática reformista foi uma solução admirável. Os governos austríacos logo descobriram que se tratava

---

400. Por Áustria, aqui, me refiro à metade ocidental da monarquia austro-húngara, que, desde 1860, tinha parlamento e governo próprios (faltava-lhe, no entanto, os departamentos de relações exteriores e da guerra), que eram coordenados em uma base de igualdade com o parlamento e o governo da metade oriental: a Hungria ou, para usar a linguagem oficial, "os países da Santa Coroa de São Estêvão". O partido social-democrata húngaro tomou o austríaco como modelo, mas nunca alcançou a mesma importância quantitativa.

401. Victor Adler (1852-1918) foi um dos fundadores e dirigentes da social-democracia austríaca, reformista; pai de Friedrich Adler. (N.T.)

402. Trótski, ainda sob o nome de Bronstein, ocasionalmente aparecia entre eles e parece ter sentido sua influência.

de um fator não menos importante do que a Igreja ou o exército, que, por seu próprio interesse, se via obrigado a apoiar a autoridade central em sua luta perene com as oposições nacionalistas obstrucionistas, particularmente a alemã e a tcheca. Esses governos — em sua maioria formado por gabinetes de funcionários públicos como na Alemanha, embora a coroa tenha tentado incessantemente incluir políticos, ao menos como ministros sem pasta — passaram a estender favores ao partido, que os retribuía integralmente.[403] E quando um governo (um gabinete de funcionários públicos chefiado pelo Barão Gautsch)[404] assumiu a causa do sufrágio universal, Adler, sem encontrar qualquer oposição entre seus seguidores, foi capaz de declarar publicamente que, por enquanto, os socialistas eram um "partido governamental" (*Regierungspartei*), embora a eles os ministérios do gabinete não tenham sido oferecidos; de qualquer forma, nem teriam sido aceitos.[405]

6. A SEGUNDA INTERNACIONAL

A plataforma internacionalista do programa dos partidos marxistas exigia uma organização internacional como a extinta *Primeira Internacional*. Os outros grupos socialistas e trabalhistas não eram internacionalistas no sentido do credo marxiano, mas, em parte pela herança do radicalismo burguês e, em parte, pela aversão aos governos da classe alta de suas respectivas nações, todos eles adquiriram, embora em diferentes graus, ideias e simpatias internacionalistas e pacifistas para que a cooperação internacional ocorresse de forma imediata para eles. A *Segunda Internacional* (fundada em 1889), mesmo incorporando um compromisso que realmente tentava conciliar o irreconciliável, funcionou até 1914. Faremos apenas algumas observações sobre o tema.

---

403. Um mecanismo que os socialistas usaram muitas vezes para ajudar o governo foi o seguinte: Quando os obstrucionistas nacionalistas paralisavam o parlamento e todos os negócios ficavam congelados, eles pediam "urgência" para o orçamento. A moção de urgência, quando devidamente aprovada, significava na prática que a medida declarada urgente tramitaria se houvesse maioria para ela (o que ocorria sempre no caso do orçamento) independentemente das regras formais do procedimento parlamentar que os obstrucionistas tornavam impossível observar.

404. Paul Gautsch Freiherr (1851-1918), estadista austríaco. Foi ministro-presidente da Cisleitânia (Cisleitânia era a parte austríaca da Áustria-Hungria, a Transleitânia era a parte húngara) por três vezes. (N.T.)

405. A principal dificuldade residia, suponho, na forte posição assumida pelo partido alemão em relação ao assunto. Os escrúpulos dos próprios socialistas austríacos tinham importância secundária. A aversão da burocracia austríaca ou do antigo imperador, se existia, era um mau terceiro fator entre os que impediram tal consumação.

Existia um *bureau* internacional; e havia os congressos, com seus debates completos sobre questões de táticas e de princípios. Medida pelas conquistas tangíveis, a importância da Segunda Internacional pode muito bem igualar-se a zero. E, de fato, igualou-se a zero segundo a avaliação de ativistas revolucionários e de trabalhadores. O fato, no entanto, é que ela não pretendia realizar nenhum tipo de ação imediata; na época, a ação, fosse revolucionária ou reformista, poderia ter ocorrido apenas no âmbito nacional. Seu objetivo era organizar pontos de contato entre os partidos e grupos afiliados, padronizar as opiniões, coordenar linhas de avanço, conter os irresponsáveis e incitar o retardatário, e criar, até onde fosse possível, uma opinião socialista internacional. Tudo isso era, sob a óptica socialista, muito desejável e importante, ainda que, pela natureza das coisas, os resultados positivos viessem a levar muitas décadas para amadurecer.

Assim, o chefe e os membros do *bureau* podiam ser qualquer coisa menos um conselho diretor do socialismo internacional. Não havia política alguma para dar forma e nenhum programa a impor, tal como havia ocorrido no caso da Primeira Internacional. Os partidos nacionais e os grupos trabalhistas eram perfeitamente autônomos e livres para se juntar a outras organizações internacionais que pudessem se adequar aos seus objetivos particulares. Os sindicatos — também as cooperativas e as entidades educacionais — foram recebidos e até cortejados, mas não desempenharam o papel principal. Os partidos nacionais, no entanto, eram mantidos em um terreno comum e suficientemente amplo para que Stauning e Branting,[406] de um lado, e Lenin e Guesde, de outro, seguissem em frente. Alguns dos membros desse instituto internacional, sem dúvida, zombavam da reserva covarde de alguns, e estes se opunham ao radicalismo cabeça quente dos primeiros. Às vezes, as coisas chegavam perigosamente quase a um confronto. Em geral, no entanto, todos eles realizaram um curso de diplomacia socialista uns com os outros. Uma vez que esse *modus vivendi* — com muita liberdade para concordar em discordar — consolidou-se como o único possível, isso, por si só, foi uma grande realização.

Por mais estranho que possa parecer, os alemães foram — com o apoio russo e guesdista — os principais responsáveis por isso. Eles formavam o único grande partido marxista e deram ao terreno comum um revestimento de marxismo. Mas perceberam claramente que a maior parte dos homens que

---

406. Thorwald Stauning (1873-1942), estadista e publicista dinamarquês. Foi dirigente de direita do Partido Social-Democrata da Dinamarca e da Segunda Internacional. Karl Hjalmar Branting (1860-1925) foi dirigente oportunista do Partido Social-Democrata da Suécia e um dos dirigentes da Segunda Internacional. (N.T.)

representavam as forças socialistas fora da Alemanha não era marxista. Para a maioria desses homens, era preciso assinar os trinta e nove artigos e, ao mesmo tempo, reservar uma liberdade ilimitada à interpretação. Naturalmente, os fiéis mais fervorosos ficaram chocados com isso e se pronunciaram, afirmando que a fé seria degradada a uma questão de forma sem qualquer conteúdo. Os líderes alemães, no entanto, suportavam isso. Eles toleravam até mesmo uma heresia direta, que, em seu país, teriam atacado furiosamente. Bebel sabia até onde poderia ir, e que sua tolerância, imediatamente correspondida pela tolerância inglesa, valeria a pena no final, como certamente teria valido se não fosse a guerra. Assim, ele manobrava para cimentar a frente proletária com o objetivo de vitalizá-la a tempo, e, ao fazê-lo, demonstrou uma habilidade que, se a diplomacia alemã seguisse, poderia ter evitado a Primeira Guerra Mundial.

Alguns resultados amadureceram. As discussões um pouco indefinidas da primeira década passaram, no fim, a transferir o foco para a política externa, e começou a surgir algo que se assemelhava a um ponto de vista comum. Era uma corrida contra o tempo, e ela foi perdida. Todo jornalista que agora faz algum relato sobre a época se sente no direito de condenar a Internacional, afirmando ser o fracasso do socialismo internacional diante do recrudescimento da catástrofe; mas isso é muito superficial. O congresso extraordinário da Basileia (1912) e seu apelo aos trabalhadores de todas as nações para que se esforçassem pela paz foi certamente a única coisa a se fazer em tais circunstâncias. A convocação de uma greve geral feita a um proletariado internacional que não existe em lugar nenhum, exceto na imaginação de alguns intelectuais, não seria mais eficaz; ao contrário, teria sido menos eficaz. Realizar o possível não é fracasso, mas êxito, por mais inadequado que esse êxito seja no final. Se houve fracasso, este ocorreu nas frentes domésticas dos partidos nacionais individuais.

XXVII. DA PRIMEIRA À SEGUNDA GUERRA MUNDIAL

1. O "GRAN RIFIUTO" (A GRANDE RECUSA)[407]

Como membros de sua organização internacional, os partidos socialistas fizeram todo o possível para evitar a guerra. Quando, no entanto, ela eclodiu, se

---

407. *Che fece per viltade il gran rifiuto* (que fez por covardia a grande recusa), verso 60 do canto III do *Inferno* de Dante Alighieri. (N.T.)

voltaram para suas causas nacionais com uma disposição verdadeiramente surpreendente. Os marxistas alemães hesitaram ainda menos que os trabalhistas ingleses.[408] É claro que se deve ter em mente que todas as nações beligerantes estavam plenamente convencidas de que travavam uma guerra puramente defensiva — toda guerra é defensiva ou pelo menos "preventiva" aos olhos das nações que as travam.[409] Ainda assim, se pensarmos que os partidos socialistas tinham o direito constitucional indubitável de votar contra os orçamentos de guerra e que, dentro do esquema moral geral da democracia burguesa, não há obrigação de se identificar com a política nacional — e, de fato, homens distantes do antimilitarismo socialista desaprovavam a guerra em todos os países beligerantes —, parece que enfrentamos um problema que não se resolve com referências duvidosas a Marx ou a declarações anteriores de Bebel e Von Vollmar dizendo que defenderiam seu país se atacados. Não deveria ser tão difícil recordar o verdadeiro ensinamento de Marx sobre o assunto. Além disso, defender o país significa apenas cumprir seu dever no exército; isso não implica votar com o governo e entrar em *unions sacrées*.[410] Guesde e Sembat[411] na França e Vandervelde[412] na Bélgica, que aceitaram cargos em gabinetes de guerra — e os socialistas alemães que votaram os orçamentos da guerra — fizeram, assim, mais do que exigia a lealdade às suas nações, da forma como era entendida na época.[413]

Há somente uma solução para o enigma. Independentemente de a maioria dos políticos socialistas acreditar ou não no internacionalismo marxiano — talvez essa crença tivesse, na época, encontrado o destino da crença cognata em uma revolução espetacular —, eles certamente perceberam que qualquer posição tomada em relação ao evangelho teria lhes custado os seus seguidores. As massas teriam, primeiro, olhado fixamente para eles e, em seguida, renunciado à fidelidade, refutando *via facti* (pela ação) a doutrina marxiana de que o proletário não tem pátria e que a guerra de classes é a única guerra

---

408. O partido trabalhista inglês foi, de fato, o único a se posicionar a favor da paz em 1914, embora tenha se juntado à coalizão de guerra mais tarde.

409. É por isso que a tentativa dos vencedores de decidir a questão moral por meio de uma cláusula em um tratado de paz imposto não é apenas muito injusta, mas também muito tola.

410. Tampouco é verdade que não conseguir fazê-lo teria enfraquecido a causa nacional. A renúncia de lorde Morley claramente não prejudicou a Inglaterra.

411. Marcel Sembat (1862-1922) foi um dos dirigentes reformistas do Partido Socialista Francês e membro da Assembleia Nacional da França entre 1893 e 1922. (N.T.)

412. Emile Vandervelde (1866-1938) foi um dos dirigentes do Partido Operário Belga e presidente do Bureau Socialista Internacional da Segunda Internacional (1929-1936). (N.T.)

413. Muitos de nós pensarão diferente hoje. Mas isso apenas mostra o quão distante estamos dos antigos ancoradouros da democracia liberal. Transformar a unidade nacional em um preceito moral significa aceitar um dos princípios mais importantes do fascismo.

que lhe diz respeito. Nesse sentido, e com a ressalva de que as coisas poderiam ter sido diferentes se a guerra tivesse ocorrido após um período mais longo de evolução dentro de um quadro burguês, um pilar vital da estrutura marxiana desmoronou em agosto de 1914.[414]

Isso foi, de fato, sentido de maneira ampla. Foi sentido no campo conservador: os conservadores alemães começaram a se referir repentinamente ao partido socialista em uma linguagem que constituía o garbo da cortesia. Foi sentido naquela parte do campo socialista em que a fé ainda mantinha seu velho ardor. Mesmo na Inglaterra, MacDonald[415] perdeu a liderança do partido trabalhista, e, por fim, seu assento, ao não se juntar à coalizão de guerra. Na Alemanha, Kautsky e Haase abandonaram a maioria (março de 1916), e, em 1917, organizaram o Partido Social-Democrata Independente, ainda que a maioria de seus membros importantes tenha retornado ao rebanho em 1919.[416] Lenin declarou que a Segunda Internacional estava morta e que a causa do socialismo havia sido traída.

Havia um elemento de verdade nisso. De fato, no que diz respeito às maiorias dos partidos marxistas, o socialismo, em seu ponto de inflexão, não resistiu ao teste. Não se escolheu a via marxista. Os credos, os *slogans*, os objetivos finais, as organizações, as burocracias e os líderes não mudaram. No dia seguinte do *gran rifiuto* (grande recusa), continuaram sendo os mesmos que na véspera. Mas o que queriam dizer e o que defendiam havia mudado ainda mais. Depois desse *experimentum crucis*,[417] nem os socialistas nem os antissocialistas poderiam olhar para esses partidos com a mesma perspectiva de antes. Os próprios partidos tampouco poderiam manter seus velhos comportamentos burlescos. Para o bem e para o mal, eles tinham saído de sua torre de marfim. Mostraram que, para eles, o destino de seus países significava mais para eles do que o objetivo socialista.

O caso era diferente, porém, para aqueles que, como os partidos social-democratas dos países escandinavos, nunca estiveram em uma torre de marfim.

---

414. Em certa medida, isso também deve ser atribuído ao sucesso das reformas não socialistas.

415. James Ramsay MacDonald (1866-1937) foi um dos fundadores do Partido Trabalhista (1900) e o primeiro trabalhista a se tornar primeiro-ministro do Reino Unido, entre 1929 e 1935. (N.T.)

416. Vale ressaltar que os independentes não foram recrutados somente entre os marxistas intransigentes. Kautsky e Haase pertenciam a esse setor, mas muitos que se juntaram a eles não. Bernstein, por exemplo, juntou-se a eles, assim como vários outros revisionistas cujo motivo não pode ter sido o respeito pela fé marxiana. Mas não há nenhuma surpresa aqui. O marxismo ortodoxo não era, naturalmente, a única razão que um socialista poderia ter para desaprovar o caminho tomado pela maioria. Esses revisionistas simplesmente partilhavam das ideias de Ramsay MacDonald.

417. Experimento capaz de determinar de forma clara se uma hipótese é superior a todas as outras. (N.T.)

E mesmo para os outros, o caso parecerá diferente aos observadores que nunca levaram esses comportamentos (burlescos) revolucionários a sério. No que diz respeito ao partido alemão em particular, talvez seja mais certo dizer que os "sociais-traidores" — como foram apelidados — simplesmente baixaram das nuvens irrealistas, e que a emergência nacional os ensinou a ficar em pé, não de ponta-cabeça — o que, como alguns de nós acrescentarão, foi bom para eles, não um *rifiuto* (recusa). Mas, seja qual for o ponto de vista que adotemos, não pode haver dúvida de que a nova postura de responsabilidade encurtou drasticamente o enorme espaço que, antes de 1914, parecia existir entre eles e o objetivo natural de cada partido — o cargo. Estou longe de atribuir aos sociais-democratas alemães qualquer cálculo desse tipo ou de duvidar da sinceridade de sua decisão de não aceitar cargos na sociedade burguesa. Mas é óbvio que, como resultado da posição que adotaram no início da guerra, eles estavam — se me permitem dizer — "bem-posicionados" no final dela. Ao contrário dos outros partidos, eles não tinham se comprometido com um grande alarde, mas também não abandonaram sua nação na hora do perigo.

2. OS EFEITOS DA PRIMEIRA GUERRA MUNDIAL SOBRE O DESTINO DOS PARTIDOS SOCIALISTAS DA EUROPA

2.1. Qualquer grande guerra que termine em derrota abalará o tecido social e ameaçará a posição do grupo dominante; a perda de prestígio resultante da derrota militar é uma das maiores dificuldades para a sobrevivência de um regime. Não conheço nenhuma exceção a essa regra. A proposição inversa, entretanto, não é tão certa. A menos que o êxito seja rápido ou, em todo caso, impressionante e claramente associado ao desempenho do estrato dominante — como ocorreu, por exemplo, na Alemanha em 1870 —, o esgotamento econômico, físico e psicológico pode muito bem produzir, mesmo no caso de vitória, efeitos sobre a posição relativa das classes, dos grupos e dos partidos que não diferem essencialmente dos efeitos da derrota.

A Primeira Guerra Mundial oferece um exemplo do caso. Nos Estados Unidos, o esforço não foi suficientemente prolongado e exaustivo para que seus efeitos fossem percebidos. Mesmo assim, a administração responsável pela guerra sofreu uma derrota esmagadora nas urnas. Mas, em todos os outros países vitoriosos, o prestígio dos estratos dominantes e seu domínio sobre o povo foram prejudicados, e não reforçados. Por sorte dos partidos socialistas alemães e ingleses, isso significava a ascensão ao poder ou, em todo caso, o acesso aos cargos. Na Alemanha, o controle dos órgãos centrais da sociedade foi imposto ao partido: ainda que, a fim de manter o respeito doutrinário, alguns deles e outros partidos antissocialistas tenham insistido em falar de uma revolução, o fato é que eles assumiram o governo por solicitação — uma solicitação humilde. Na Inglaterra, o voto trabalhista, cuja soma perfazia pouco mais de meio milhão em janeiro de 1910 e aproximadamente dois milhões e um quarto em 1918,[418] passou para 4.236.733 em 1922 e para 5.487.620 em 1924 (8.362.594 em 1929). MacDonald reconquistou a liderança, e, em 1924, o partido ganhou cargos públicos, ou realmente o poder. Na França, a estrutura do mundo político impediu uma consumação tão clara, mas os contornos gerais eram os mesmos: houve um renascimento sindical imediatamente após a guerra, mas a Confédération Générale du Travail — deixando a recém-fundada Confédération Générale du Travail Syndicaliste e a comunista Confédération Générale du Travail Unitaire para absorver os elementos inadaptáveis — desencorajou as vias revolucionárias e lentamente se preparou para assumir um papel político dominante.

Além disso, os partidos socialistas ou quase socialistas que, em seguida, assumiram a responsabilidade que lhes coube podem muito bem ter sentido que continham quase um monopólio de muitas das qualificações necessárias para que sua aventura se tornasse um êxito. Melhores do que qualquer outro grupo, eles eram capazes de lidar com as massas que se agitavam descontentes. Como mostra o exemplo alemão, estavam até em uma posição melhor do que qualquer outro grupo para enfrentar firmemente os surtos revolucionários — se necessário, à força. De toda forma, eram as pessoas mais indicadas para administrar a dose certa de reforma social, para executá-la e para fazer com que as massas a aceitassem. O mais importante é que eles tinham, de seu próprio ponto de vista, bastante razão em acreditar que também eram as pessoas que curariam as feridas abertas pela "guerra imperialista", que restaurariam as relações internacionais e reorganizariam a bagunça que, não por culpa deles, os governos puramente burgueses haviam feito com a paz. Nisso cometeram o mesmo tipo de erro que, de um ponto de vista diferente, foi cometido por seus concorrentes burgueses que acreditavam na segurança coletiva, na Liga das Nações, na reconstrução do padrão-ouro e na remoção de barreiras comerciais. Mas, uma vez que aceitamos a premissa errônea, devemos também admitir que os socialistas estavam certos em esperar o sucesso, particularmente no campo da política externa.

2.2. As conquistas dos dois governos MacDonald — o trabalho de MacDonald e Henderson no ministério das relações exteriores (*foreign office*)

---

418. O aumento de 1910 a 1918 é explicado completamente pela concessão de voto às mulheres e pela simplificação das restrições eleitorais.

— são suficientes para ilustrar isso. Mas o caso alemão é ainda mais significativo. A princípio, apenas os sociais-democratas estavam em posição moral para aceitar o tratado de paz e oferecer apoio a uma política que visasse a cumprir suas disposições. Eles lamentavam a catástrofe nacional, é claro, e os fardos trazidos por ela, mas, sentindo o que sentiam pela glória militar, nem a derrota em si nem a paz significavam uma humilhação insuportável para eles. Alguns quase aceitavam a teoria anglo-francesa da guerra. A maioria não se importava muito com rearmamento. Enquanto outros alemães observavam com desgosto mal-humorado, eles trabalhavam pelo acordo pacífico com os vencedores em um espírito perfeitamente livre se não do ressentimento, pelo menos do ódio passional. Na questão do que, para os outros, era uma democracia imposta, eles até tinham pontos de vista semelhantes aos das nações ocidentais; após terem eliminado as revoltas comunistas de 1918-1919, e tendo, por meio de um compromisso criterioso, adquirido um papel dominante na política interna, se viam em seu humor mais democrático.

Por sua vez, seu domínio sobre as massas era forte o bastante para tornar essa atitude politicamente eficaz. No momento, grande parte da população via as coisas sob a mesma luz. Os pontos de vista que havia sobre a conjuntura e a maneira correta de lidar com ela se tornaram temporariamente a visão oficial, independentemente da política adotada pelo governo que estivesse no poder. Eles ofereceram apoio político para as coalizões que negociaram o plano Dawes e o pacto de Locarno e que nunca poderiam ter sido formadas ou, se formadas, nunca poderiam ter tomado essa linha sem eles. Stresemann[419] não era socialista. Ainda assim, a política associada ao seu nome era a do partido social-democrata — a política pela qual receberiam todo o crédito durante uma década e toda a punição durante outra.

Além disso, eles tinham uma vantagem em suas relações com a opinião política no exterior. O mundo sabia pouco sobre a Alemanha, mas compreendia duas coisas: por um lado, percebia que havia um partido que estava disposto a aceitar de maneira definitiva muitos dos arranjos do pós-guerra, e, de fato, até aprovava alguns deles — um partido que era inimigo daquilo que França e Inglaterra convenceram a si mesmas ser seu inimigo —; por outro lado, percebia que a social-democracia alemã não precisava ser temida por outros motivos — por mais conservador que um governo fosse, não havia necessidade de se opor ao socialismo alemão como se opunha ao russo. A longo prazo, isso constituía uma fraqueza. Tinha muito a ver com o tratamento dilatório dado às queixas

---

419. Gustav Ernst Stresemann (1878-1929), estadista alemão. Foi chanceler por 102 dias em 1923 e ministro das relações exteriores entre 1923 e 1929. (N.T.)

alemãs, pois induzia os ministérios de relações exteriores da Inglaterra e da França a acreditar que a Alemanha permaneceria de forma indefinida como a suplicante submissa que se podia fazer feliz com promessas de que algum dia ela poderia ser promovida a uma posição de igualdade com as nações superiores. No curto prazo, no entanto, e especialmente durante os dias sombrios da invasão do Ruhr, foi uma vantagem: o partido — ou melhor, os governos conhecidos por depender do apoio do partido — detinha uma aceitação que seria negada a outros.

Enfim, havia os antigos contatos do partido social-democrata com os partidos correspondentes em outros países que datam da Segunda Internacional. Esses contatos não foram completamente cortados pela guerra. Afinal, a Segunda Internacional nunca foi oficialmente dissolvida, e muitos indivíduos e grupos dentro dela — especialmente, mas de forma alguma exclusiva, os dos países neutros — mantiveram suas crenças internacionalistas intactas. O secretário (C. Huysmans)[420] continuou a agir e, em 1917, por sugestão dos socialistas escandinavos, até tentou convocar um congresso, que fracassou apenas porque os poderes aliados, naquela época determinados a esmagar seu adversário, se recusaram a conceder passaportes.[421] Assim, era natural que muitos socialistas considerassem normal revivê-la.

2.3. Foi revivida, mas não sem dificuldades. As primeiras conferências realizadas para este fim em 1919 e 1920 tiveram êxito apenas moderado. A (terceira) Internacional Comunista que havia surgido nesse ínterim (veja a seguir) exerceu uma atração que mostrou ser um sério obstáculo à unidade entre os partidos trabalhistas e socialistas do mundo. E vários grupos importantes que não estavam dispostos a lançar-se à sorte com os comunistas ainda queriam algo mais atualizado do que a Segunda Internacional. Essa situação foi resolvida com sucesso por meio de um mecanismo tático inteligente. Por iniciativa dos socialistas austríacos, aos quais se uniram os Independentes Alemães e o Partido Trabalhista Independente Inglês, formou-se uma nova organização — a União Internacional Operária de Partidos Socialistas (conhecida como Internacional de Viena) — com a finalidade de radicalizar os

---

420. Camille Huysmans (1871-1968) foi um dos veteranos do movimento operário belga e, de 1904 a 1919, secretário do Bureau Socialista Internacional da Segunda Internacional; manteve uma posição centrista. Também foi várias vezes membro do governo da Bélgica. Ocupou o cargo de primeiro-ministro de agosto de 1946 a março de 1947. (N.T.)

421. Antes disso, houve, na verdade, duas conferências na Suíça — em Zimmerwald (1915) e em Kienthal (1916) — que adquiriram, ao contrário da intenção original, uma matiz diferente devido ao fato de a presença dos partidos oficiais não ter sido representativa. Mais adiante, retornarei brevemente a isso.

grupos da renascida Segunda Internacional, conter os grupos que se inclinavam demais para o comunismo e alinhar ambos por meio de formulações criteriosas dos objetivos.[422]

O significado da aventura está muito bem representado pela alcunha imediatamente dada a ela pelos comunistas: a "Internacional número dois e meio". Foi precisamente por isso que ela pôde atender às necessidades da época. No Congresso de Hamburgo (1923), a Segunda Internacional e a Internacional de Viena se uniram para formar a Internacional Trabalhista e Socialista, para tachar a paz como "imperialista" e para convocar uma frente única contra a reação internacional — que, de qualquer forma, soava bem —, pela jornada de trabalho de oito horas e pela legislação social internacional. A redução das indenizações de guerra da Alemanha a um valor definido e razoável, a abolição das dívidas interaliadas e a evacuação do território alemão foram declaradas necessárias um ano antes (Resoluções de Frankfurt, 1922). À luz dos eventos subsequentes, não há como deixar de notar que foi uma grande realização — e um grande serviço.

3. O COMUNISMO E O ELEMENTO RUSSO

3.1. Enquanto isso, os partidos comunistas se desenvolviam rapidamente. Em si, isso era apenas o que se podia esperar; e não era perigoso. Qualquer partido que experimente a influência sóbria da responsabilidade terá que, de maneira inevitável, dar espaço para o desenvolvimento de grupos mais à esquerda (ou à direita), e esse espaço provavelmente não permanecerá desocupado por muito tempo. Desde que se possa limitar as deserções, isso não precisa ser mais do que uma inconveniência — pode até ser preferível a manter elementos indisciplinados no rebanho. Os partidos socialistas sempre tiveram problemas com alas hiper-radicais.[423] Que tais grupos "esquerdistas" ganhassem terreno nos

---

422. Algumas dessas formulações teriam sido uma honra a qualquer diplomata do século XVIII. O grande obstáculo era a guerra de classes. Os grupos continentais não viviam sem ela, os ingleses não conseguiam conviver com ela. Assim, quando a fusão foi consumada no Congresso de Hamburgo, o *Klassenkampf* e a *lutte des classes* foram mantidos nos textos em alemão e em francês, mas, nos textos em inglês, os termos foram substituídos por uma circunlocução irreconhecível.

423. As divisões ocorridas na Inglaterra e na Alemanha por causa da guerra se deram, naturalmente, por questões diferentes e de importância apenas temporária. Até mesmo a Liga Spartacus alemã, fundada em 1916 por Karl Liebknecht e Rosa Luxemburgo, embora tenha ido muito mais longe em sua oposição à guerra do que os Independentes aprovavam, demorou para desenvolver uma postura definitivamente hostil, e, mesmo assim, não foi, pelo menos oficialmente, além da insistência no antigo programa de Erfurt. Até onde sei, nem Liebknecht nem a senhora Luxemburgo chegaram a romper totalmente com o partido. Esta última foi uma das críticas mais implacáveis da prática bolchevista.

dias conturbados que se seguiram à guerra e que aproveitassem a oportunidade para adquirir o *status* de partidos distintos não é mais surpreendente do que seguirem o sistema clássico e se denominarem "comunistas", ou do que mostrar uma inclinação internacionalista muito mais forte do que a dos partidos oficiais da época.

Devemos nos lembrar que todos esses fatos são completamente independentes do aspecto russo do caso. Existiriam partidos comunistas e existiria uma Internacional Comunista mesmo que os czares ainda governassem a Rússia. Mas como o elemento russo se tornou um fator formativo do destino do socialismo e do comunismo em todo o mundo — na verdade, formativo para a história social e política de nossa época —, é essencial informar, mais uma vez, como ele se desenvolveu e avaliar sua natureza e importância. Para isso, dividiremos seu desenvolvimento em três fases.

3.2. No início — isto é, até que os bolcheviques tomassem o poder em 1917 — não havia nada particularmente russo em relação ao desenvolvimento dos grupos comunistas, exceto que o líder mais poderoso era russo e que traços de despotismo mongol se apresentavam em seu esquema de pensamento. Quando, no início da guerra, a Segunda Internacional foi suspensa *via facti*, e quando Lenin declarou que ela estava morta e que havia chegado o momento para se usar métodos mais eficazes, era natural que os que se sentiam como ele se unissem. A oportunidade se apresentou nas duas conferências realizadas na Suíça, em Zimmerwald (1915) e em Kienthal (1916). Como praticamente todos aqueles que defenderam as causas de suas nações permaneceram afastados, os militantes presentes encontraram pouca dificuldade para — mais ou menos — juntar-se ao programa de Lenin de converter a guerra imperialista em uma revolução internacional. Havia nisso mais do que uma mera profissão de fé no marxismo imaculado e na sua promessa messiânica. Também havia alguns indivíduos com a percepção clara da verdade, para a qual os burgueses de todos os países estavam completamente cegos, a saber, de que o tecido da sociedade burguesa não estava apto a lidar com tensões e estresses da guerra "total" prolongada, e que, pelo menos em alguns países, ocorreriam colapsos. Para além disso, no entanto, a liderança de Lenin não foi aceita. A maioria dos presentes pensava em convencer, intimidar e usar os partidos socialistas existentes, não em destruí-los. Outrossim — e Lenin concordava com isso —, a revolução internacional deveria ser realizada por ações individuais do proletariado de cada país e, em primeiro lugar, nos países "avançados".

A segunda fase, eu a fixo entre 1917 e 1927, ou seja, desde a ascensão dos bolcheviques ao poder na Rússia até a expulsão de Trótski do Comitê Central do partido bolchevique (outubro de 1927). Essa década testemunhou o surgimento de partidos comunistas e de uma Internacional Comunista (a "Terceira"). Também testemunhou a ruptura (por um período) com os partidos socialistas e trabalhistas, o que, no caso da Alemanha, amargou de forma irremediável, como consequência das medidas severamente repressivas adotadas pelos sociais-democratas que estavam no poder durante o inverno de 1918 a 1919. E, finalmente, testemunhou a forja da corrente russa.

Mas, durante toda essa década, a corrente não foi elevada nem distorcida. Deve-se lembrar que a conquista do poder pelos bolcheviques na mais atrasada de todas as grandes nações não foi nada mais do que um golpe de sorte.[424] Até certo ponto, o próprio Lenin reconheceu isso. Ele repetiu diversas vezes que a vitória final só seria obtida pela ação das forças revolucionárias em países mais avançados e que esta ação era a coisa realmente importante. É claro que ele ainda comandava os comunistas como havia feito antes e insistia em uma organização estritamente centralista da Internacional Comunista — cujo *bureau* ganhou poder para prescrever todos os movimentos dos partidos individuais —, mas o fazia em seu papel de líder comunista e não em seu papel de déspota russo. Isso fez toda a diferença. A sede da Internacional estava em Moscou, o verdadeiro líder era russo, mas a política era dirigida com um espírito completamente internacionalista, sem qualquer referência particular aos interesses nacionais russos e baseada em princípios com os quais os comunistas de todos os países concordaram substancialmente. Embora a relação pessoal entre o *bureau* da Internacional e o *bureau* político do poder soviético[425] fosse então muito mais próxima do que seria posteriormente, os dois eram, no entanto, agências completamente distintas. Assim, a própria Internacional e os partidos individuais não se comportaram de forma diferente do que teriam se comportado na ausência do vínculo com a Rússia.

Durante essa década, portanto, a importância das relações com a Rússia, embora fosse significativa, não era nada mais do que isso. Em primeiro lugar, havia o fato importante de que, por mais insignificante que fossem a qualidade e a quantidade dos membros de um grupo comunista e por menor que fosse a pretensão de serem levados a sério, podiam desfrutar da glória

---

424. Por esse golpe de sorte, o bolchevismo estava possivelmente em dívida com o estado-maior alemão, por cuja ordem Lenin foi transportado para a Rússia. Embora isso seja considerado um exagero de sua participação pessoal nos eventos de 1917, a situação apresentou outros fatores fortuitos, suficientes para nos ensinar sobre a estranheza deste momento da história.

425. Na época de Lenin, a autoridade administrativa era exercida pelo *bureau* político, dirigido pelo próprio Lenin, pelo Conselho Militar, domínio de Trótski, e pela Tcheka, então administrada por Dzerzhinsky. Todos os três corpos eram desconhecidos da Constituição do Estado soviético, que atribuía essa autoridade ao "Soviete dos Comissários do Povo". Talvez devessem teoricamente ser chamados de órgãos do partido; no entanto o partido era o Estado.

refletida por aquele outro grupo que havia conquistado um império, e poderiam receber o encorajamento vindo de tal apoio. Em segundo lugar, não obstante a realidade bolchevique — o terror, a miséria, a confissão de fracasso implícita na adoção da *nova política econômica* (NEP, na sigla em inglês), após a revolta de Kronstadt —, foi possível, daí em diante, indicar um sistema socialista que "funcionava". Os bolcheviques provaram ser mestres na arte de explorar o fato de que a opinião pública na Inglaterra e nos Estados Unidos engoliria qualquer coisa desde que fosse servida nas roupagens de *slogans* familiares. Isso, é claro, também redundava em vantagens para os outros partidos comunistas. Em terceiro lugar, enquanto os comunistas de todos os países (incluindo o próprio Lenin) acreditassem na iminência de uma revolução mundial, o exército russo significaria tanto para eles quanto o exército do czar Nicolau I significara para os grupos reacionários durante o segundo trimestre do século XIX.[426] Em 1919, tais esperanças eram menos irracionais e estavam mais próximas de ser concretizadas do que as pessoas estão hoje dispostas a acreditar. É verdade que foram fundadas repúblicas comunistas apenas na Baviera e na Hungria,[427] mas na Alemanha, na Áustria e na Itália a estrutura social estava em perigo, o desmoronamento era iminente, e não há dúvida de que isso ocorreria nesses países e possivelmente mais a oeste se a máquina de guerra de Trótski estivesse em ordem naquela época e não estivesse envolvida nas guerras civil e da Polônia.[428] Não se deve esquecer que a Internacional Comunista foi fundada quando parecia clara a aproximação de uma luta de vida e morte. Muitas coisas que adquiriram posteriormente um significado diferente — como a administração centralizada

---

426. Deve-se notar que os comunistas abandonaram o antimilitarismo e o não intervencionismo tão facilmente quanto deram as costas à democracia.

427. O caso húngaro (o governo de Béla Kun) é altamente instrutivo. A paralisia das classes superiores e a indiferença dos camponeses permitiram que um pequeno grupo de intelectuais tomasse o poder sem encontrar resistência significativa. Formavam uma multidão estranha — alguns deles exibiam (e isso também pode ser dito a respeito da Baviera) sintomas patológicos inequívocos — e totalmente desigual para esta ou qualquer outra tarefa séria. O grupo, entretanto, era formado por pessoas com confiança ilimitada em si mesmas e em seu credo, e que não se opunham a métodos terroristas. E isso se mostrou suficiente. Elas foram autorizadas a encenar sua ópera e poderiam ter continuado por tempo indeterminado se os aliados não tivessem permitido (ou ordenado) que o exército romeno as expulsasse.

428. Portanto, talvez não seja correto dizer que as potências ocidentais agiram de forma tola e ineficiente ao apoiar sem muita convicção as várias contrarrevoluções ensaiadas na Rússia, particularmente as aventuras de Denikin e Wrangel. Parece-me que, seja por uma avaliação astuta da situação ou por sorte, elas alcançaram exatamente o que desejavam: neutralizar o poder soviético em um momento crucial e, assim, impedir o avanço do bolchevismo. Menos do que isso colocaria em xeque seus próprios sistemas sociais; mais do que isso envolveria esforços prolongados, caros e talvez inúteis, que poderiam facilmente ter arruinado seus objetivos.

que tem poder ilimitado sobre os partidos individuais e os priva de toda a liberdade de ação — podiam, então, parecer bastante razoáveis.

A terceira fase começa com a expulsão de Trótski (1927), por ser um marco conveniente da ascensão de Stalin ao poder absoluto. Depois disso, todas as decisões reais em questões de política parecem ter sido dele, ainda que tenham encontrado alguma oposição do *bureau político* e de outros organismos até o "julgamento" de Kamenev e Zinoviev (1936)[429] ou mesmo até o reinado de terror de Yezhov (1937).[430] Para nosso propósito, isso significa que, daquele momento em diante, toda decisão vinha de um estadista russo agindo em nome dos interesses nacionais russos, vistos sob o ponto de vista de um despotismo simplificado. E isso, por sua vez, se correto, define qual deve ter sido sua postura em relação ao "Comintern" (Internacional Comunista) e aos partidos comunistas estrangeiros. Tornaram-se instrumentos da política russa, ocupando um lugar no enorme arsenal de tais instrumentos e, de maneira realística, sendo avaliados uns em relação aos outros de acordo com as circunstâncias. Até a guerra atual, que pode revivê-la, a revolução mundial foi um ativo congelado. Os veteranos sobreviventes, bem como os neófitos do comunismo internacionalista, podem ter sido desprezíveis, mas ainda eram úteis. Eles podiam predicar as glórias do regime russo e servir para alfinetar os governos hostis. Eles aumentavam o poder de barganha da Rússia. Assim, valia a pena esforçar-se para mantê-los submissos, supervisioná-los por agentes da polícia secreta e lotar o *bureau* do Comintern com funcionários absolutamente obsequiosos que obedeceriam, repletos de medo e tremor.

3.3. Em tudo isso (e ao se apoiar nisso) Stalin seguia a prática estabelecida por antigos costumes. A maioria dos governos nacionais agiu como ele, e é pura hipocrisia demonstrar indignação específica em seu caso. Os exemplos mais óbvios são oferecidos pela prática daqueles governos que adotavam um credo religioso. Enquanto os respectivos credos se mantiveram suficientemente fortes para motivar a ação, esses governos usaram, muitas vezes, grupos estrangeiros do mesmo credo para seus propósitos. Porém, conforme nos prova de maneira suficiente a história dos anos de 1793 a 1815, a prática é muito mais geral do que esses exemplos sugerem. Não menos padronizada é a reação — fraseológica ou outra — dos governos que são afetados por ela:

---

429. Lev Borisovich Kamenev (1883-1936), revolucionário bolchevique e político soviético. Foi um dos mentores da Revolução Russa de 1917; Grigori Evséievíteh Zinoviev (1883-1936), revolucionário bolchevique e político soviético. Ambos foram julgados por conspirar com Trótski contra Stalin. (N.T.)

430. Nikolai Ivanovich Iejov (ou Yezhov) (1895-1940) foi oficial da polícia secreta soviética sob Josef Stalin e chefe do (Comissariado do povo para assuntos internos) NKVD entre 1936 e 1938, período mais ativo do Grande Expurgo, também chamado de Grande Terror. (N.T.)

políticos de todos os tipos e todas as classes ficam bastante felizes quando veem uma oportunidade de chamar um oponente de traidor.

Mas para os partidos comunistas de fora da Rússia era um problema sério receber ordens de um *caput mortuum* das mãos de um czar modernizado. Seu abjeto servilismo levanta duas questões, uma sobre suas causas e outra quanto à sua possível influência sobre o caráter futuro e o destino do socialismo revolucionário.

A primeira questão talvez seja menos difícil de responder do que parece. Tudo o que temos de fazer é nos sentar na cadeira do comunista e, levando em conta seu tipo, examinar sua situação com um espírito prático. Ele não se oporia ao regime de Stalin por considerações humanitárias, e talvez até mesmo exaltasse o massacre — alguns degenerados neurastênicos fazem exatamente isso; já outros, os comunistas do fracasso e do ressentimento, sentem satisfação com o sofrimento de uma certa classe de vítimas. Além disso, por que ele deveria se ressentir de crueldades que não impedem pessoas completamente burguesas de idolatrar o regime? Por que, por tal motivo, ele deveria condenar o bolchevismo quando o Decano de Canterbury não o faz?[431] Por que, de fato?

Mais uma vez, quase não havia razão para a oposição dos comunistas com base no "termidorismo". Essa palavra foi usada pela primeira vez pelos opositores da *nova política econômica* (NEP), mas Trótski a adotou mais tarde para tachar o regime de Stalin como "reacionário" no sentido de que a ação dos homens que derrubaram Robespierre em 1794 foi "reacionária"; mas isso não faz nenhum sentido. Afinal, foi Stalin quem coletivizou a agricultura, "liquidou" os cúlaques[432] e aboliu a *nova política econômica*. Na verdade, como um bom estrategista, ele suprimiu a oposição e cumpriu substancialmente o programa da oposição.

Finalmente, o que o poder protetor faz em seu próprio país não tem importância primária para o comunista em outro país, desde que esse poder seja justo com ele. E, mesmo que não seja justo com ele, o que fazer? A corrente recuava e avançava, mas também oferecia apoio. Os partidos socialistas não a aceitariam. Os operários comuns e mentalmente saudáveis a rejeitariam com

---

431. Os sentimentos expressos no livro por esse eclesiástico não podem ser defendidos imaginando que os princípios do "experimento russo" são uma coisa e o modo de sua execução, outra. Pois o ponto realmente terrível sobre o regime de Stalin não é o que ele fez a milhões de vítimas, mas o fato de que ele tinha de fazê-lo se desejasse sobreviver. Em outras palavras, esses princípios e essa prática são inseparáveis.

432. Cúlaque é um termo pejorativo usado no linguajar político soviético para se referir a camponeses relativamente ricos do Império Russo que possuíam extensas fazendas e faziam uso de trabalho assalariado em suas atividades. (N.E.)

um lamento. Assim como Trótski, ele não teria o que fazer. Ele não estava em posição de agir sem a corrente,[433] e, ao aceitar sua escravidão, poderia esperar — e ainda pode esperar — que surgissem circunstâncias em que fosse possível escapar... depois da atual Guerra Mundial, talvez...

Este último ponto, de certa maneira, responde à segunda questão. Certamente há a possibilidade de que o despotismo russo se espalhe pelas ruínas da civilização europeia — ou mesmo para além delas — e que, nesse caso, os partidos comunistas de todo o mundo se transformem em guarnições russas, mas há muitas outras possibilidades. E uma delas é que o regime russo naufrague no processo ou que, ao se espalhar para outros países, adquira traços mais aceitáveis para as características individuais de cada país. Um caso especial desse tipo seria aquele em que, ao final, o elemento russo não mude nada do caráter futuro do socialismo revolucionário. Apostar nisso é arriscado, não há dúvida. Mas não é tão tolo quanto esperar que nossa civilização saia ilesa da conflagração atual — a menos, é claro, que essa conflagração termine mais rapidamente do que poderíamos esperar.

4. ADMINISTRANDO O CAPITALISMO?

4.1. Até agora, então, não vimos nenhuma razão convincente para que os experimentos de responsabilidade política realizados pelos partidos socialistas após 1918 não devessem ter sido perfeitamente bem-sucedidos. Repito: em alguns países — na Suécia, por exemplo — os socialistas simplesmente continuaram a consolidar um poder que haviam adquirido anteriormente; em outras nações, o poder havia chegado naturalmente a eles sem que houvesse a necessidade de conquistá-lo pela ação revolucionária; em todos os países, os socialistas pareciam muito mais preparados para lidar com os grandes problemas de seu tempo do que qualquer outro partido. Como já foi dito, pareciam quase monopolizar as condições essenciais do sucesso. Além disso, embora, em sua maioria, eles não tivessem uma participação anterior no poder, haviam obtido uma experiência

---

433. Isso, é claro, se aplica particularmente ao grupo ou aos grupos comunistas nos Estados Unidos. As condições da política dos Estados Unidos não são favoráveis ao crescimento de um partido comunista oficial — algumas tesourarias de condado não conseguem ir além do recrutamento, mas a importância do elemento comunista não deve ser medida pela filiação ao partido oficial. Aqueles intelectuais que são comunistas declarados ou companheiros de viagem não têm realmente nenhum motivo para se juntar a ele. Aliás, têm todos os motivos para ficar fora, pois aqueles são muito mais capazes de servir se, sem carregar o emblema, conquistarem posições em comissões ou órgãos administrativos formuladores de opinião e outros, ficando livres para negar, com toda a verdade, que sejam comunistas em um sentido partidário. Tais grupos invisíveis são incapazes de ação concertada, exceto pela orientação de Moscou.

muito mais útil em organização, negociação e administração. Na verdade, deve-se afirmar de uma vez que eles quase nunca realizaram ações absolutamente tolas. Enfim, nem o inevitável surgimento de um novo partido à esquerda dos socialistas nem a conexão daquele partido com Moscou foram tão graves para eles quanto seus oponentes tentaram fazer parecer.

Mas, apesar de tudo isso, a situação deles era precária em todos os lugares. Para o radical fervoroso, poderia ter até mesmo parecido impossível. Pois todas essas vantagens táticas escondiam uma dificuldade fundamental que eram incapazes de remover. A guerra e a revolta causada pela guerra levaram os socialistas ao poder; mas, abaixo dos farrapos do velho traje, o organismo social e, em particular, o processo econômico continuavam sendo os mesmos. Ou seja, os socialistas precisavam governar em um mundo essencialmente capitalista.

Marx via a conquista do poder político como pré-requisito para a socialização que deveria ser realizada imediatamente. Entretanto, isso implicava, como de fato o fazia o argumento de Marx, que a oportunidade para essa conquista ocorreria quando o capitalismo tivesse chegado ao fim ou, para mais uma vez usar nosso próprio fraseado, quando coisas e almas estivessem maduras. A ruptura imaginada por essa conquista era o colapso do mecanismo econômico do capitalismo com base em causas internas.[434] A ruptura política do mundo burguês seria um mero incidente de tal colapso. Mas agora a ruptura política — ou algo parecido com isso — ocorrera e a oportunidade política surgira, enquanto o processo econômico ainda não estava nem perto da maturidade. A "superestrutura" moveu-se mais rapidamente do que o mecanismo de propulsão. Era uma situação extremamente não marxiana.

O estudioso, fechado em seu gabinete, pode especular sobre o que teria acontecido se os partidos socialistas, reconhecendo o estado de coisas, tivessem recusado o cavalo de Troia do poder, permanecido na oposição e permitido que a burguesia lidasse com os destroços deixados pela guerra e pela paz. Talvez tivesse sido melhor para eles, para o socialismo, para o mundo — quem sabe? Mas, para os homens que naquela época tinham aprendido a se identificar com suas nações e a aceitar o ponto de vista da responsabilidade, não havia escolha. Eles enfrentaram com firmeza o que era fundamentalmente um problema insolúvel.

Havia um sistema social e econômico que não funcionaria exceto dentro de um quadro capitalista. Os socialistas poderiam controlá-lo, regulamentá-lo pelo interesse dos trabalhadores, espremê-lo a ponto de prejudicar sua

---

434. Isso explica, em parte, a preferência dos Estados Unidos por teorias que visam mostrar que o capitalismo está, de fato, se desfazendo por causas internas. Ver capítulo X.

eficiência — mas tomar alguma atitude especificamente socialista não estava ao seu alcance; se quisessem dirigir esse sistema, precisariam fazê-lo de acordo com a lógica dele, teriam de "administrar o capitalismo". E foi isso o que fizeram. Revestiram suas medidas com frases socialistas e, com algum sucesso, utilizaram uma lente para, em cada caso, ampliar quaisquer diferenças entre sua política e a suposta alternativa burguesa. Em essência, no entanto, eles tinham de fazer o que liberais ou conservadores também teriam feito nas mesmas circunstâncias. Mas, mesmo que esse fosse o único caminho possível,[435] era extremamente perigoso para os partidos socialistas.

Não que o caminho fosse uma causa completamente perdida ou, do ponto de vista da crença socialista, totalmente indefensável. No início da década de 1920, os socialistas da Europa podiam almejar, com sorte e manejo cuidadoso, conseguir se estabelecer nos centros de poder político ou próximo a estes para evitar qualquer perigo de "reação", e reforçariam a posição do proletariado até o dia em que fosse possível socializar a comunidade sem qualquer ruptura violenta; eles presidiriam a eutanásia da sociedade burguesa e, ao mesmo tempo, garantiriam que o processo de morte corresse bem e que a vítima não ressuscitasse. Excetuando-se a presença de outros fatores além daqueles que entram no quadro da sociedade do socialista ou do trabalhador, essa esperança poderia ter se tornado real.

A defesa do ponto de vista da *crença* tem explicação possível pela proposição feita acima de que a situação era nova e que Marx não a previra. A vítima burguesa recorreu aos socialistas para se abrigar — esse caso evidentemente não estava previsto em seu esquema. Serviria como argumento que, sob as circunstâncias, mesmo o mero "capitalismo administrado" representava um grande passo adiante. Não se tratava também de uma questão de administrar o capitalismo pelo interesse capitalista, mas de realizar um trabalho honesto no campo da reforma social e de construir um Estado que girasse em torno dos interesses do operário. De qualquer forma, essa seria a única coisa a fazer caso se optasse pelo caminho democrático, pois a imaturidade da conjuntura afirmava-se precisamente pelo fato de que não havia maiorias favoráveis à alternativa socialista. Não é à toa que os partidos socialistas que aceitaram o poder sob tais circunstâncias proclamassem em voz alta sua lealdade à democracia!

Assim, o apetite do oportunista político pelo poder encontrava justificativa nos fundamentos mais elevados da doutrina e do interesse proletário. O

---

435. Não proponho discutir, como outra possibilidade, uma tentativa de reconstrução fundamental nas linhas russas. Pois me parece muito óbvio que qualquer tentativa desse tipo terminaria rapidamente em caos e contrarrevolução.

leitor não terá grande obstáculo à sua frente para ver como essa concordância confortável deve ter impressionado os críticos radicais. Mas como os acontecimentos posteriores induziram tantas pessoas a falar do fracasso daquela política e a dar lições aos líderes daquela época sobre o que deveriam ter feito, desejo enfatizar tanto o fundamento lógico de suas opiniões quanto a natureza convincente do modelo dentro do qual tiveram de atuar. Se houve fracasso, é preciso buscar suas causas em motivos outros que não sejam a estupidez ou a traição. Para nos convencermos disso, precisamos apenas verificar os casos inglês e alemão.

4.2. Assim que a orgia do sentimento nacionalista que acompanhava o fim da guerra diminuiu, uma situação genuinamente revolucionária surgiu na Inglaterra; a irritação das massas afirmava-se, por exemplo, por greves políticas. Socialistas e trabalhistas responsáveis foram tão completamente levados a se reunir por esses acontecimentos — e pelo perigo de a nação ser instigada a um humor verdadeiramente reacionário — que, desde esse ponto, aceitaram uma liderança comum, pelo menos no que diz respeito às manobras parlamentares. A parte do leão do peso combinado ficou com o interesse trabalhista e, no âmbito do interesse trabalhista, com a burocracia de alguns poucos grandes sindicatos; desse modo, uma oposição de intelectuais descontentes se desenvolveu quase imediatamente. Estes se opuseram ao caráter trabalhista da aliança e se declararam incapazes de ver nela qualquer ponto socialista. O oportunismo ideológico dos trabalhistas dá alguma cor a esse ponto de vista, mas, valorizando mais os fatos da situação do que os *slogans*, precisaremos equiparar as forças políticas trabalhistas — na medida em que aceitavam a liderança de MacDonald — ao partido social-democrata da Alemanha.

Tendo emergido com êxito dessa situação revolucionária, o partido melhorou de maneira constante sua posição até o início do governo MacDonald, em 1924. Ele e seus homens tiveram uma atuação tão respeitável que até mesmo intelectuais descontentes foram temporariamente refreados. Em matéria de política externa e colonial, esse governo foi capaz de deixar uma contribuição própria — particularmente no que diz respeito à Rússia. Nos assuntos internos, isso foi menos fácil de se fazer, principalmente porque o radicalismo fiscal mantivera-se (e continuou a ser mantido) — tanto quanto possível naquelas circunstâncias — por governos conservadores que dependiam de uma parcela do voto trabalhista. Porém, embora o governo trabalhista, em termos de legislação, não tivesse ultrapassado os detalhes comparativos, mostrou-se qualificado para administrar os negócios da nação. O excelente desempenho de Snowden no cargo de ministro da Fazenda teria sido suficiente para mostrar à nação e ao mundo que os trabalhistas eram capazes de governar. E isso era em si um serviço à causa do socialismo.[436]

É claro que esse *êxito* foi muito facilitado, e qualquer outro tipo de êxito se tornaria mais difícil ou até mesmo impossível; o fato é que o governo trabalhista estava em minoria e precisava confiar não apenas na cooperação dos liberais — com os quais eles tinham muito em comum, como as opiniões sobre o livre-comércio — como também, em certa medida, na tolerância dos conservadores. Eles se encontravam na mesma situação que os conservadores experimentaram durante os períodos curtos em que assumiram o poder nas décadas de 1850 e 1860. Não teria sido tão fácil para eles tomar uma atitude responsável se compusessem a maioria. Mas, conforme afirmado anteriormente, o próprio fato de que não tinham essa maioria devia ter provado até mesmo a um tribunal marxista que o momento ainda não chegara para a tomada de ações mais fortes — ao menos em qualquer plano que precisasse responder às exigências democráticas.

As massas, no entanto, não gostaram disso. E entenderam menos ainda que deviam ao partido trabalhista não apenas o que o próprio partido conquistou, mas também parte do que estava sendo feito para elas por seu concorrente conservador com o objetivo de obter o voto trabalhista. Essas massas sentiam falta de propostas espetaculares de reconstrução e promessas de benefícios imediatos, e não sabiam o quão injustas eram quando perguntavam ingenuamente "Por que, agora que estão no poder, os socialistas não fazem algo por nós?". Os intelectuais, que, naturalmente, não gostam de ser deixados de lado, aproveitaram a oportunidade proporcionada por esse estado de espírito para atacar a influência dos trabalhistas sobre os verdadeiros socialistas e transformar as queixas atuais em injustiças horríveis, insensivelmente negligenciadas pelos burocratas sindicais tirânicos. Sob sua influência, o partido trabalhista independente tornou-se cada vez mais inquieto durante os anos subsequentes de oposição, especialmente quando MacDonald se mostrou resistente aos seus argumentos favoráveis a um programa mais radical.[437] Assim, para muitas pessoas, o êxito se assemelhava muito ao fracasso, e a responsabilidade, à covardia.

---

436. Além disso, do ponto de vista das táticas partidárias, tornou as coisas muito mais complicadas para os conservadores do que as tornaria o radicalismo obstinado.

437. Esse programa funcionava principalmente em termos de socialização bancária e de certas indústrias-chave, portanto, realmente não seguia as linhas do socialismo ortodoxo. Mas, naquela conjuntura, foi anunciado como verdadeiro, enquanto o de MacDonald foi considerado "reformista" — um termo que, de acordo com o uso clássico, aplica-se igualmente bem ao programa do Partido Trabalhista Independente.

No entanto, isso era inevitável. Os perigos inerentes a uma política de partidos socialistas, que envolvem aceitar o poder em condições de "imaturidade", ainda são mais bem ilustrados pela história do segundo governo de MacDonald.[438] Os historiadores aprenderam a fazer justiça à competência estadista de Sir Robert Peel.[439] Acredito que aprenderão a fazer justiça à competência estadista de MacDonald. Ele passou pelo infortúnio ímpar de assumir o poder bem no início da depressão mundial, esta que, aliás, foi a causa imediata do colapso do sistema internacional representado pela Liga das Nações.

Homens mais limitados poderiam ter pensado — e realmente pensaram — que havia chegado uma oportunidade de reconstrução fundamental. Isso teria dividido a nação em duas, e não há dúvida sobre qual teria sido o resultado. Sem uma reconstrução fundamental, no entanto, recomendava-se amplamente uma política de expansão monetária combinada com uma reforma social nada fundamental — medidas individuais de nacionalização, por exemplo, e leis adicionais de seguridade — e o recurso a políticas mercantilistas no campo das relações internacionais. Mas parte desse programa intensificaria a depressão, e o restante dele — o abandono padrão-ouro da libra e do mercantilismo — significaria uma ruptura tão radical com a tradição nacional e com a tradição do próprio partido trabalhista que os socialistas dificilmente teriam sido capazes de executá-lo, e ainda menos de fazer com que obtivesse êxito; para que fosse executado com segurança e eficácia, o programa deveria ser executado por consenso, ou seja, por meio de uma coalizão.

---

438. Talvez os leitores sintam falta de um comentário sobre a greve geral de 1926. Conquanto fosse do interesse de ambos os partidos em disputa minimizar sua importância sintomática e, embora as teorias oficiais a seu respeito tenham sido moldadas com isso em mente, essa greve foi muito mais do que uma série de erros táticos cometidos em uma situação em que o congresso sindical precisava "blefar" e o governo conservador precisava "pagar para ver". Precisamos apenas nos perguntar quais foram as consequências do êxito para a autoridade do governo e para a democracia a fim de percebermos que a greve foi um acontecimento histórico de enorme importância. Se essa arma tivesse se mostrado eficaz, os sindicatos teriam se tornado senhores absolutos da Inglaterra, e nenhum outro poder político, judicial ou econômico poderia ter continuado a existir ao lado deles, exceto por tolerância. E nessa posição não poderiam continuar sendo o que eram. Mesmo que de forma relutante, os líderes teriam de usar o poder absoluto que lhes seria imposto.
Para nosso propósito, apenas dois pontos precisam ser destacados. Primeiro, a situação descrita acima, em particular o descontentamento que se difundiu entre as massas e foi diligentemente fomentado por muitos elementos irresponsáveis, teve muito a ver com a causa da greve. Segundo, a greve não prejudicou o poder do partido como poderia ter feito. Pelo contrário, a derrota parece ter produzido uma radicalização das massas que, em parte, explica o êxito do partido em 1929.

439. A analogia se estende desde certas características das situações políticas e econômicas enfrentadas pelos dois (embora Peel tivesse a vantagem de ter assumido o cargo após uma crise de 1836-1839) até a questões de detalhes políticos. Em ambos os casos houve uma divisão partidária, corajosamente arriscada e, por fim, corajosamente aceita; também nos dois casos os líderes foram considerados "traidores".

Já que a coalizão não era possível, MacDonald e seus homens se aplicaram à tarefa de fazer o sistema funcionar da maneira como o haviam encontrado. Naquelas condições, essa era a tarefa mais difícil que poderiam ter realizado. Enquanto todos clamavam por "algo" a ser feito imediatamente, enquanto os irresponsáveis de todos os tipos tinham a palavra, enquanto as massas reclamavam e os empresários se desesperavam, enquanto os intelectuais gritavam, aquele grupo de MacDonald lutava incessantemente por cada centímetro de seu chão. No país, mantiveram as finanças em ordem, sustentaram a libra e se abstiveram de acelerar a máquina legislativa. No exterior, se esforçaram com energia desesperada — e considerável sucesso — para fazer com que o sistema de Genebra funcionasse e para reduzir os perigos e as tensões de toda parte. Quando chegou o momento em que o interesse nacional parecia justificar o risco partidário, eles deram o passo seguinte e ajudaram a criar o Governo Nacional.

É melancólico refletir que, em muitos casos importantes, quanto mais sensata é uma política, mais impopular será com o público e com o crítico intelectual. Esse caso é um exemplo. Para o crítico radical que não consegue ligar essa política à correspondente suavidade da depressão na Inglaterra e à firmeza de sua recuperação subsequente, não havia nada nela, exceto fraqueza, incompetência e tradicionalismo inflexível, além do abandono traiçoeiro da causa socialista. O que foi provavelmente uma das melhores atuações na história da política democrática e um dos melhores exemplos de ação responsavelmente decidida com base em uma percepção correta de uma situação econômica e social, o crítico via com "vergonha e nojo". Na melhor das hipóteses, considerava MacDonald simplesmente um jóquei ruim que destruíra seu cavalo. Mas a hipótese que mais o atraía era a de que o governo MacDonald havia cedido aos sussurros diabólicos (ou pior) dos banqueiros ingleses ou à pressão de seus patrocinadores americanos.

Infelizmente, esse absurdo é um fator de real importância e deve ser levado em conta em qualquer tentativa de prognóstico. Pode interferir seriamente na capacidade dos partidos socialistas de servir à causa da civilização durante a era de transição em que vivemos. Mas se descartarmos esse elemento e também o truísmo de que qualquer partido que fizer um sacrifício pelo interesse nacional sofrerá por isso no curto prazo, teremos pouca dificuldade para reconhecer que, no longo prazo, a influência trabalhista pode muito bem ter sido reforçada pelo segundo governo de MacDonald. Mais uma vez, a analogia com o segundo governo de Sir Robert Peel ajudará a ilustrar isso. A maioria conservadora de Peel dividiu-se por causa da questão da revogação das leis dos cereais (*corn laws*). A ala de Peel, embora muito mais numerosa e importante do que a dos seguidores pessoais de MacDonald, desintegrou-se rapidamente. O partido conservador foi mutilado e mostrou-se incapaz de chegar ao poder — embora o tenha assumido por três vezes — até a grande vitória de Disraeli em 1873. Mas, depois disso e até a vitória de Henry Campbell-Bannerman em 1905, manteve-se no poder por cerca de dois terços do tempo. Mais importante do que isso, a aristocracia e a nobreza inglesas, politicamente falando, mantiveram-se sempre em uma posição muito melhor do que aquela que teriam ocupado se o estigma do pão caro não fosse removido.

Na verdade, o partido trabalhista se recuperou rapidamente e consolidou sua posição no país durante os anos que se seguiram à divisão. Seguramente, mesmo no curso normal das coisas — isto é, sem contar a guerra —, os socialistas assumiriam novamente o comando em pouco tempo, com poder maior e melhores chances de êxito, e teriam sido capazes de adotar uma linha mais forte do que a anterior. Mas também é seguro afirmar que, tanto em relação ao seu programa quanto em relação à sua capacidade de executá-lo, a política do partido trabalhista diferiria apenas em grau da política MacDonald — principalmente em algumas medidas individuais de socialização.

4.3. A trajetória pós-guerra do partido social-democrata alemão, naturalmente, difere da trajetória do partido trabalhista inglês em muitos pontos. Porém, assim que os socialistas alemães que permaneceram no partido social-democrata aceitaram o poder e decidiram lutar contra o comunismo, passaram a estar tão comprometidos em "administrar o capitalismo" quanto seus colegas ingleses. Se aceitarmos essas premissas e levarmos em conta o fato de que eles não tinham, e não poderiam esperar ter no futuro previsível, a maioria no parlamento federal, ou na dieta prussiana, ou na população, todo o resto se segue com uma lógica inexorável. Em 1925, a população total era de cerca de 62 milhões. O proletariado (trabalhadores e suas famílias; incluo os empregados domésticos) não chegava a 28 milhões, e parte dos votos dessa classe era entregue a outros partidos. A população "independente" não era muito menor — cerca de 24 milhões —, e a maioria dos seus integrantes era imune à persuasão socialista. Mesmo excluindo o estrato superior — digamos, um milhão — e nos limitando aos grupos que contam nas urnas — camponeses, artesãos e varejistas —, não havia muito a ser conquistado ali não apenas no momento como até mesmo no futuro próximo. Entre esses dois grupos estavam os trabalhadores de colarinho-branco, não menos que 10 milhões deles, incluindo suas famílias. O partido social-democrata, é claro, percebeu que essa classe ocupava uma posição muito importante, e se esforçou bastante para conquistá-la. Mas, apesar do êxito considerável, esses esforços só serviram para mostrar que os trabalhadores de colarinho-branco constituem uma barreira muito mais séria do que a prevista na teoria marxiana das classes sociais.[440]

Assim, mesmo que os comunistas tivessem sido aliados dos sociais-democratas, em vez de terem se tornado seus piores inimigos, o partido continuaria sendo minoria. É fato que a maioria não socialista não era ativamente hostil em todas as suas matizes: os liberais de esquerda (o partido democrático popular), mais talentosos do que numerosos, estavam sempre dispostos a cooperar (até certo ponto). Também é fato que essa maioria se dividia em muitos grupos bastante incapazes de agir em uníssono e cujos membros e apoiadores não eram nada disciplinados quando comparados aos sociais-democratas. Ocorre que as pessoas sensatas que não eram capazes nem estavam dispostas a embarcar em aventuras arriscadas percebiam, entretanto, que havia para elas apenas um caminho a seguir — o da democracia — e que esse caminho era o da coalizão.

O partido que mais se qualificava para o papel de aliado era o partido católico (o centro). Era poderoso. Antes de Hitler, parecia que nada seria capaz de abalar a lealdade de seus partidários. Sua organização era excelente. Desde que os interesses da Igreja estivessem protegidos, o partido estava disposto a seguir os mesmos passos dos socialistas, em relação à reforma social imediatamente prática, e, em alguns aspectos, a realizar ainda mais. Já que não abrigava sentimentos particularmente fervorosos pelas dinastias depostas, ofereceu apoio diretamente à constituição de Weimar. Por fim, aceitou fazer acordos de partilha dos despojos que garantiriam a manutenção de tudo o que já havia ganhado. Assim, chegou-se a um entendimento que, ao observador externo, poderia parecer surpreendentemente óbvio. Os socialistas trataram a Igreja Católica com a máxima deferência e o máximo tato; não criaram nenhum empecilho em relação a uma concordata com o papa, que deu ao clero muito mais do que este recebera sob os heréticos Hohenzollerns. Quanto às políticas, quase não havia divergências.

Contudo, embora essa aliança fosse fundamental, nenhum partido que professasse fidelidade à Constituição de Weimar estava excluído do governo.

---

440. Quando confrontados com esse fato, os socialistas geralmente encontram certo consolo nos argumentos de que os empregados não socialistas são apenas ovelhas errantes que ainda não encontraram sua verdadeira posição política, mas que certamente a encontrarão eventualmente, ou que são impedidos de se filiar ao partido pela pressão implacável exercida por seus empregadores. O primeiro argumento não convence ninguém além do rebanho marxiano — conforme vimos, a teoria das classes sociais é um dos elos mais fracos da corrente marxiana. O segundo argumento é falso. Independentemente dos fatos ocorridos em outras épocas, os empregadores alemães da década de 1920 não estavam, salvo exceções sem importância quantitativa, em posição de influenciar o voto de seus empregados.

Democratas, nacionais-liberais, nacionalistas (conservadores) foram todos admitidos, mesmo para cargos de alto-comando. A coalizão como princípio universal representava o compromisso como princípio universal. As concessões necessárias quanto às medidas foram, de fato, imediatamente realizadas. Não se mexeu no exército, que foi deixado praticamente sob a administração que considerasse melhor, recebendo os meios adequados. A Prússia Oriental recebeu subvenções, e a agricultura era objeto de cuidados atenciosos. Para que algumas implicações disso, que podiam não estar muito alinhadas com as profissões de fé socialistas, fossem mais palatáveis ao proletariado (que pagava a conta), esse tipo de coisa foi chamado de *planejamento* — talvez o leitor sinta que não há nada de novo sob o Sol.

Em sua atitude em relação às massas industriais e em direção ao seu próprio programa, o partido social-democrata se revestiu de características trabalhistas. No início, realizou-se um pagamento simbólico pela aprovação de um projeto de lei muito moderado cuja característica mais radical consistia na palavra *socialização* inserida em seu título (1919). Mas os socialistas logo arquivaram tudo isso e passaram a se dedicar à legislação trabalhista do tipo que se tornou popular para os americanos pelo *New Deal*. Isso satisfez os sindicatos, cuja burocracia cada vez mais se via autorizada a formar a seção operativa da máquina de formulação de políticas do partido.

Portanto, pode-se imaginar que isso tenha sido difícil para um partido com uma tradição marxiana que continuava prevalecendo em suas escolas. Mas não foi. Exceto por um certo grau de deserção comunista, os intelectuais, que poderiam ter criado uma oposição interna, foram mantidos sob controle. Ao contrário do partido inglês, o alemão havia se estabelecido no aparato administrativo do *Reich*, dos estados e dos municípios. Além disso, tinha muitos empregos próprios para oferecer em sua imprensa e em outros serviços. Essa patronagem foi largamente usada. Obediência significava promoção no serviço público, na carreira acadêmica, nas inúmeras empresas públicas e assim por diante. Esses meios foram eficazes para subjugar os radicais.

O controle firme que os sociais-democratas adquiriram em todas as partes da máquina da administração pública não só criou uma disciplina mais rigorosa como também ajudou a aumentar a filiação e, para além da filiação, os votos com os quais o partido podia contar. Isso naturalmente também ampliou seu poder de outras formas. Por exemplo, os socialistas garantiram poder dominante no Estado Livre da Prússia, o que lhes proporcionou o controle da força policial, e eles tiveram o cuidado de escolher membros do partido ou carreiristas de confiança para os cargos de administradores (chefes) de polícia das grandes cidades. Assim, reforçaram o campo até que sua posição parecesse inexpugnável de acordo com todos os padrões comuns. E, novamente, conforme todas as regras comuns de análise política, mesmo um marxista ortodoxo poderia ter-se consolado com o argumento de que, nessas trincheiras, eles poderiam viver confortavelmente até que as coisas, em seu curso secular, transformassem a minoria em maioria e abrissem as cortinas que, momentaneamente, escondiam o *objetivo final*. Citação do *Manifesto do Partido Comunista*...

Independentemente da mecânica de poder do partido, a configuração política e a situação social geral pareciam bastante estáveis. Além disso, mesmo que se pudesse argumentar contra muitas medidas legislativas e administrativas individuais, as políticas da coalizão, em geral, favoreciam a estabilidade, não a contrariavam. Muito do que foi realizado merece nosso sincero respeito. Nada do que foi feito serve de explicação para algo pior do que a medida normal de descontentamento provocado por todo regime que carece de autoridade e centralidade. A única exceção possível a isso situa-se na esfera financeira. Parte das conquistas culturais e políticas desse sistema governamental estava associada ao grande e rápido aumento dos gastos públicos. Além disso, essa despesa foi financiada por métodos — embora houvesse entre eles um imposto sobre vendas altamente bem-sucedido — que drenavam as fontes de acumulação. Enquanto o fluxo de capital estrangeiro foi mantido, tudo correu relativamente bem, embora as dificuldades orçamentárias e até mesmo as de caixa tenham começado a aparecer mais de um ano antes que ele cessasse. Quando cessou, surgiu aquela situação bem conhecida que teria minado a posição dos líderes mais influentes. Em suma, porém, os críticos socialistas do partido e de sua conduta durante esse período no poder teriam por que se gabar de conquistas nem tão ruins se eles, caso já estivessem instalados no governo, se saíssem igualmente bem.

5. A GUERRA ATUAL E O FUTURO DOS PARTIDOS SOCIALISTAS

A forma como a guerra atual afetará a sorte dos grupos socialistas depende naturalmente de sua duração e de seu resultado. Para os nossos fins, não vejo motivos para especular sobre isso. Entretanto, como exemplo, consideremos dois casos, dentre muitos possíveis.

Mesmo agora (julho de 1942), muitos observadores parecem esperar que a Rússia saia da guerra com bastante poder e prestígio, na verdade, que Stalin saia como o verdadeiro vencedor. Se assim for, não se segue necessariamente que uma revolução mundial comunista surja como consequência ou mesmo que haverá uma "russificação" da Europa continental acompanhada do extermínio dos estratos superiores e do acerto de contas com grupos socialistas não comunistas (e trotskistas). Pois, mesmo para barrar uma possível resistência anglo-americana à expansão do poder russo, não há certeza de que o interesse próprio da autocracia russa siga nessa direção. Mas há certeza de que as chances de tal consumação — a realização do programa completo de Lenin — aumentarão de forma incomensurável. No entanto, essa revolução mundial talvez seja diferente daquela que consta nas ideias de Marx; não há dúvida de que deixaria de ser um devaneio para aqueles que estão dispostos a aceitá-la como um substitutivo. E não só no que diz respeito à Europa.

Nesse caso, o destino do socialismo ortodoxo e tudo o que ele representa seria selado. E o mesmo ocorreria no continente europeu se as potências fascistas tivessem êxito. Se, no entanto, presumirmos novamente a vitória completa da aliança russo-anglo-americana — ou seja, uma vitória que impusesse a rendição incondicional, mas com todas as honras, à Inglaterra e aos Estados Unidos —, então veremos imediatamente que o socialismo ortodoxo, do tipo social-democrata alemão ou de um tipo ainda mais trabalhista, tem uma chance muito melhor de sobreviver no continente europeu, pelo menos por algum tempo. Uma das razões para se acreditar nisso é que o povo, quando encontra as rotas bolchevistas e fascistas fechadas, pode muito bem recorrer à república *social-democrata* como a mais óbvia das opções restantes. Mas há uma razão muito mais importante: o socialismo trabalhista será favorecido pelos vencedores. Pois a consequência de uma vitória tão completa como a que agora imaginamos será a administração anglo-americana dos negócios do mundo — uma espécie de governo anglo-americano que, sob a luz das ideias que vêm tomando forma diante de nossos olhos, pode ser chamada de *imperialismo ético*. Uma ordem mundial desse tipo, na qual os interesses e as ambições de outras nações contariam apenas na medida em que fossem entendidos e aprovados pela Inglaterra e pelos Estados Unidos, só pode ser estabelecida pela força militar e mantida pela disposição permanente para usar essa força. Talvez seja desnecessário explicar por que, nas condições políticas e econômicas de nosso tempo, isso significaria para esses dois países uma organização social que seria mais bem descrita como *socialismo militarista*. Mas é evidente que a tarefa de controlar e policiar o mundo seria mais simples — por um lado, pela recriação e pela nova criação de estados pequenos e ineficientes na Europa, e, por outro lado, pela instalação de governos dos tipos trabalhista ou social-democrata. Especialmente na Alemanha e na Itália, os destroços dos partidos sociais-democratas constituiriam o único material político com o qual construir governos que pudessem, talvez, aceitar essa ordem mundial por mais tempo do que um período de prostração e cooperar com os agentes do protetorado mundial sem reservas mentais. Mesmo que não seja considerado seu valor, essa é a chance do *socialismo liberal*.

Do ponto de vista do tema deste livro, no entanto (embora de nenhum outro), a importância disso é secundária. Seja qual for o destino de determinados grupos socialistas, não pode haver qualquer dúvida de que a atual conflagração significará — de forma inevitável, em todos os lugares e independentemente do resultado da guerra — outro grande passo em direção à *ordem* socialista. Basta apelar à nossa experiência dos resultados da Primeira Guerra Mundial sobre o tecido social da Europa para demonstrar esse prognóstico. Desta vez, no entanto, o grande passo será dado também nos Estados Unidos.

Mas embora essa experiência seja um guia valioso, é inadequada. Já se passou um quarto de século, o que não é um intervalo insignificante, mesmo no que diz respeito às forças seculares que representam o socialismo no sentido explicado na Parte II. Mesmo sem levar em conta todo o resto, seremos confrontados no final desta guerra com uma conjuntura econômica, uma atmosfera social e uma distribuição do poder político substancialmente diferentes das de 1918. No entanto, aconteceram muitas coisas durante esses 25 anos que não poderiam ter sido previstas somente com a análise das tendências seculares. Entre outras, ocorreu a grande depressão, que, impactando uma situação já delicada, abalou as bases das estruturas sociais, e em nenhum outro lugar mais do que nos Estados Unidos. Ainda mais eficazes em minar essas estruturas foram as políticas com as quais se enfrentou a depressão. E isso deve ser atribuído em grande parte a configurações políticas parcialmente acidentais. As consequências são óbvias; em particular, surgiram burocracias gigantescas que são hoje poderosas o bastante para manter sua posição e implementar políticas de reconstrução fundamental.

Em nenhum país a tributação de guerra sobre o comércio e a classe de comerciantes será reduzida na proporção em que foi depois de 1919. Isso pode, por si só, ser suficiente para paralisar os motores do capitalismo para sempre e, assim, oferecer mais um argumento a favor da administração pelo governo. A inflação — ainda que não ultrapasse o patamar, nos Estados Unidos, por exemplo, inevitável no atual modelo político — deve fazer o resto, seja diretamente, seja indiretamente, por meio da radicalização dos detentores expropriados de títulos e apólices de seguro. Além disso, em nenhuma parte os controles de guerra serão liquidados na medida em que a experiência dos anos após 1918 pode nos levar a acreditar. Eles serão utilizados de outras formas. Nos Estados Unidos já estão sendo tomadas medidas para preparar a opinião pública para a administração governamental dos ajustes do pós-guerra e para abandonar a alternativa burguesa. Por último, não há razão para acreditar que os governos jamais relaxarão o poder que obtiveram sobre o mercado de capitais e o processo de investimento. Na verdade, isso não leva ao socialismo. Mas o socialismo pode, sob tais condições, impor-se como a única alternativa viável aos impasses e atritos constantes.

Detalhes e frases serão, naturalmente, diferentes em diferentes países. Isso também pode ser dito em relação às táticas políticas e aos resultados econômicos. Os acontecimentos ingleses não são difíceis de prever. Os trabalhistas entraram no governo Churchill em resposta ao chamado de emergência. Mas, conforme já apontado anteriormente, eles já estavam, na época, bem adiantados na estrada que leva ao governo e ao poder, independentemente de qualquer emergência. Portanto, estarão naturalmente em posição de administrar a reconstrução do pós-guerra sozinhos ou — o que pode ser o método mais eficaz — em uma coalizão controlada por eles. A economia de guerra terá realizado alguns de seus objetivos imediatos. Em grande parte, eles só precisarão manter o que já conseguiram. Espera-se que um novo avanço em direção ao objetivo socialista seja relativamente fácil em condições nas quais, aos capitalistas, não reste muito por que lutar. E talvez seja possível ser bastante franco sobre isso e realizar a socialização de maneira sóbria, ordenadamente e, em grande parte, por consentimento; por muitas razões, mas principalmente por causa da fraqueza do partido socialista oficial, o prognóstico é mais complexo no caso dos Estados Unidos. Mas é provável que os resultados finais não sejam diferentes, embora os *slogans* quase certamente o sejam — assim como os custos em termos de bem-estar social e valores culturais.

Reiterando: somente o socialismo no sentido definido neste livro é tão previsível. Nada mais o é. Em particular, há poucos motivos para se crer que esse socialismo significará o advento da civilização com que sonham os socialistas ortodoxos. É muito mais provável que apresente características fascistas. Essa seria uma resposta estranha às orações de Marx, mas a história às vezes se entrega a piadas de gosto questionável.

XXVIII. AS CONSEQUÊNCIAS DA SEGUNDA GUERRA MUNDIAL

MUNDUS REGITUR PARVA SAPIENTIA (O MUNDO É GOVERNADO POR UMA EXÍGUA SABEDORIA)

Um pouco mais pode ser acrescentado agora (em julho de 1946) ao que foi dito na última seção a respeito dos efeitos da guerra sobre a estrutura social de nossa época e sobre a posição e as perspectivas dos grupos socialistas ortodoxos (ou seja, não comunistas). Em julho de 1942, era óbvio que, qualquer que fosse o destino de determinados *grupos* socialistas, haveria outro grande passo em direção à *ordem* socialista, e que dessa vez o passo seria dado também nos Estados Unidos. Também estava claro que a sorte dos grupos socialistas existentes dependeria da duração e do resultado da guerra. Foi, por fim, sugerido que, no caso da vitória completa (implicando a rendição incondicional do inimigo) da aliança russo-anglo-americana, os resultados para o socialismo ortodoxo seriam diferentes se Stalin emergisse como verdadeiro vencedor ou se todos os louros fossem entregues à Inglaterra e aos Estados Unidos. Nesse último caso, o socialismo ortodoxo do tipo social-democrata alemão, ou o trabalhista do tipo inglês, teriam uma boa chance de melhorar sua posição no continente europeu.

Stalin emergiu como senhor da Europa Oriental. A Inglaterra e os Estados Unidos estão lutando para manter alguma influência na Europa Central e Ocidental. A sorte dos partidos socialistas e comunistas reflete essas condições. Mas há outro elemento que pode afetar substancialmente a conjuntura social em todo o mundo, ou seja, os desenvolvimentos econômicos nos Estados Unidos que podem, talvez, favorecer a ordem capitalista. Este capítulo tratará, portanto, em primeiro lugar, da posição do socialismo ortodoxo e do trabalhismo e, em particular, da situação inglesa; em segundo lugar, dos possíveis efeitos do notável êxito industrial dos Estados Unidos; em terceiro, dos possíveis efeitos do sucesso político da Rússia. Nosso argumento, portanto, se divide naturalmente em três partes, a saber:

1. A Inglaterra e o socialismo ortodoxo;
2. As possibilidades econômicas dos Estados Unidos;
3. O imperialismo e o comunismo russos.

1. A INGLATERRA E O SOCIALISMO ORTODOXO

Muitos fatos mostram que, independentemente do elemento russo no caso, os efeitos da Segunda Guerra Mundial sobre a conjuntura social da Europa teriam sido semelhantes aos da Primeira Guerra Mundial, apenas mais fortes. Ou seja, presenciaríamos a aceleração da tendência existente a uma organização socialista de produção *no sentido definido neste livro*.

O mais importante desses fatos é o êxito do partido trabalhista inglês. Conforme apontado no último capítulo, esse êxito já era esperado e não deveria ter surpreendido ninguém. Tampouco foi mais completo do que dele se esperava. Por causa do sistema eleitoral inglês, a redistribuição real dos assentos tende a oferecer um quadro exagerado. Contaram-se aproximadamente 12 milhões de votos trabalhistas contra cerca de 10 milhões de votos conservadores. Os dias do liberalismo acabaram, é claro, mas mesmo a dúzia de membros liberais sobreviventes representa mais votos do que 72 membros trabalhistas tomados aleatoriamente. Em outras palavras, em um sistema de representação proporcional, o Partido Trabalhista não teria obtido maioria parlamentar sobre os conservadores e liberais combinados, embora uma coalizão trabalhista-liberal tivesse desfrutado uma margem confortável. A própria lógica do sistema eleitoral inglês é produzir governos fortes e evitar impasses. Foi o que fez nesse caso. Mas a conjuntura nacional, em oposição à parlamentar, não é, no entanto, motivo para desprezar a apreciação do que é, e do que não é, politicamente possível. A inferência óbvia é reforçada pelo fato de que os grupos à esquerda do partido trabalhista oficial, claramente, não conseguiram melhorar sua posição parlamentar: o Partido Trabalhista Independente conseguiu apenas manter seus três assentos, e os partidos Commonwealth e Comunista perderam uma das quatro posições que ocupavam anteriormente. Em vista das muitas razões pelas quais podia-se esperar uma "radicalização", essa é uma prova verdadeiramente notável e impressionante da maturidade política da Inglaterra.

É certo que essa situação se afirmará. Na verdade, já se afirmou, tanto na constituição do gabinete quanto nas medidas tomadas ou previstas. Peço ao leitor que reveja o texto deste livro intitulado *Política socialista antes do ato de adoção* (Capítulo XIX, seção 4). Observe, em primeiro lugar, que tudo o que o governo trabalhista faz, ou se propõe a fazer, está no espírito e nos princípios do programa ali delineado; e, em segundo lugar, a prática real não chega tão longe. A nacionalização do Banco da Inglaterra, em particular, é um símbolo altamente significativo, e pode, portanto, se destacar como um marco histórico. Mas sua importância prática possivelmente se equipara a zero: desde 1914, o banco tem atuado na prática como um departamento do Tesouro, e, nas condições modernas, nenhum banco central pode ser qualquer outra coisa. Temas como as camadas de carvão e sobre a legislação do pleno-emprego já não são mais controversos — na Inglaterra. A maneira como o governo trabalhista lida ou lidará com os problemas provavelmente vai impor um consentimento quase universal. Os debates sobre questões de princípio fundamental, sem dúvida, animarão o trabalho sério, mas não porque essas questões ou diferenças sejam muito importantes, e sim porque governos e parlamentos não conseguem viver sem discorrer sobre elas. Tudo isso é como deveria ser. Sem dúvida, trata-se de mais um caso de administração do capitalismo, mas, tanto por causa da guerra quanto do tempo decorrido, isso será feito com um propósito mais claro, mão mais firme do que antes e com a liquidação definitiva da empresa privada mais claramente à vista. Três pontos, no entanto, merecem atenção especial.

A princípio, é precisamente essa conformidade quase ideal da ação política com os dados da conjuntura social e econômica que é tão importante e, do ponto de vista da sociedade da propriedade privada, tão perigosa. O que quer que digam os extremistas intelectuais — e, é claro, a postura do governo trabalhista lhes oferece um tema abrangente —, o passo em direção a uma Inglaterra socialista será ainda mais substancial, porque há nisso muito pouco absurdo. Medidas tomadas com tanta responsabilidade não precisarão ser refeitas. Excetuando-se as perturbações externas, o desastre social, político e econômico pode ser evitado com êxito. Se o governo conseguir manter sua linha, cumprirá exatamente a tarefa que se põe entre os programas dos governos trabalhistas sem poder (como o de McDonald, veja o Capítulo XXVII, seção 4) e os programas dos governos trabalhistas do futuro, cuja maioria parlamentar se igualará à maioria dos votos dos eleitores. Essa é a única esperança do socialismo democrático. Tal esperança, que existe no continente europeu, reforça-se naturalmente pelo paradigma inglês.

Por outro lado, observamos no capítulo anterior que os antigos pensadores socialistas não previram, e não se pode esperar que fossem capazes de prever, uma situação em que o poder político fosse empurrado ao trabalhador e em que a vítima burguesa recorresse a ele para ser protegida. Notamos também outro ponto que não previram e nem conseguiriam prever: até que ponto seria possível expropriar a estrutura burguesa sem destruir *formalmente* o arcabouço jurídico da ordem capitalista e por meio de métodos tão não revolucionários como as políticas tributárias e salariais. A tributação e os controles de guerra certamente não podem ser mantidos de modo integral. Mas a retirada deles pode ser interrompida em um ponto no qual alguns dos itens mais populares do programa socialista sejam automaticamente cumpridos. A equalização da renda após os impostos já é realizada para prejudicar a eficiência, usando a frase russa de "especialistas" como médicos ou engenheiros. Isso é de fato feito por meio de um aparato desajeitado e caro, e talvez, em breve, ocorra às pessoas que teria sido melhor limitar as rendas distribuídas àquilo que sobrava após os impostos diretos em vez de distribuir algo que deveria ser novamente recuperado. De qualquer forma, no entanto, a laranja a ser espremida, e com ela muita retórica radical, está prestes a secar.

Enfim, suponha que nas próximas eleições os trabalhistas melhorem sua posição atual e ganhem o apoio de uma maioria substancial do eleitorado; o que o governo deve fazer? Pode avançar um pouco mais em direção à equalização das rendas; pode melhorar os serviços sociais, na linha do plano Beveridge e em outras, um pouco além do que qualquer governo faria; pode avançar bastante na socialização das indústrias. Mas nada disso será fácil. Vimos que, nas condições da Inglaterra moderna, há pouca objeção puramente econômica a uma grande medida de socialização. Tampouco é provável que a resistência burguesa seja um obstáculo grave. A Inglaterra depende do trabalho de seus industriais muito mais do que a Rússia em 1917, mas, a menos que eles sejam antagonizados de forma desnecessária, sua cooperação estará garantida. Tampouco, por fim, precisamos dar muita importância ao argumento, que tanto agrada aos devotos mais ardentes da socialização, de que o sistema de gabinete não é adequado à execução da socialização: os intelectuais que se deleitam com a visão de métodos ditatoriais têm direito, de fato, a duvidar de sua eficiência; mas aquele é, entretanto, o único sistema disponível para se realizar a socialização de forma democrática — a administração real das indústrias socializadas exigirá, naturalmente, órgãos semiautônomos com os quais os gabinetes teriam de cooperar da mesma forma como fazem, por exemplo, com o estado-maior, de seus exércitos. Mas o verdadeiro problema é o trabalho. A menos que a socialização signifique ruptura econômica, um governo socializante não pode tolerar a atual prática sindical. O mais irresponsável dos políticos teria, no caso em tela, de enfrentar o problema básico da sociedade moderna que só a Rússia resolveu, o problema da disciplina industrial. Um governo que queira realizar uma socialização ampla precisará socializar os sindicatos. E, na situação atual, a socialização do trabalho é o ponto mais difícil. Não que o problema seja insolúvel. As chances de a Inglaterra encontrar uma boa solução por meio do método político da democracia são maiores do que as de qualquer outro país. Mas o caminho que leva à solução pode ser tortuoso e longo.

Com exceção do elemento russo, a situação política no continente europeu é basicamente semelhante. Nos locais onde há livre escolha, observamos uma forte tendência para que as massas mantenham ou revertam a sua lealdade aos partidos sociais-democratas ou católicos. Os casos mais óbvios são os dos países escandinavos. No entanto, uma tendência semelhante pode ser percebida até mesmo na Alemanha; é seguro afirmar que, se esta fosse livre e isenta de influências, algo muito parecido com a República de Weimar surgiria de toda a miséria atual. Embora as evidências nesse sentido sejam, em parte, invalidadas pela simpatia demonstrada aos sociais-democratas pelas autoridades inglesas e americanas, elas são reforçadas pelo fato de a autoridade russa também ter permitido a reconstrução de uma organização social-democrata em sua região. Condições políticas e econômicas impossíveis, irracionalmente impostas ao povo alemão, naturalmente desacreditarão os governos trabalhistas e aniquilarão suas chances de se estabelecer. Porém, mesmo assim, se, em nome de um experimento mental, optarmos por negligenciar o elemento russo do caso e resolvermos postular que os Estados Unidos e a Inglaterra ajam com a Alemanha da maneira ditada pela decência e pelo bom senso, este seria o diagnóstico geral e o prognóstico a se adotar. Um prognóstico semelhante se sugere para outros países, embora com várias restrições: os regimes trabalhistas — nos países católicos, frequentemente em coalizão com os partidos católicos —, junto com grupos comunistas domésticos não muito importantes à esquerda deles, e uma política mais avançada do que a da década de 1920, mas ainda na mesma linha, com tudo que isso implica na área econômica, política e cultural. O pequeno exemplo da Áustria é instrutivo. Os socialistas cristãos (partido católico, compreendendo os elementos conservadores) se saíram bem, os comunistas se saíram mal, os sociais-democratas quase recuperaram sua antiga posição, com a maioria de seus antigos líderes sobreviventes bem entrincheirados no alto-comando do partido. Mesmo os programas não mudaram muito no que diz respeito aos princípios gerais. O recente movimento em direção à socialização não foi feito com base em uma escolha. Os casos dos outros países pequenos, até agora independentes da Rússia, incluem-se no mesmo tipo, assim como o da Itália. O caso francês difere desse tipo em virtude da força dos comunistas (veja a seguir, seção 3). E somente nossa incapacidade para entender qualquer modelo, exceto o nosso, nos impede de perceber que o caso espanhol é, na verdade, o menos problemático de todos.[441]

2. AS POSSIBILIDADES ECONÔMICAS DOS ESTADOS UNIDOS

2.1. Ao discutirmos o caso inglês, notamos que, nas condições modernas — em uma medida inimaginável para os socialistas do século XIX — é possível

---

441. O regime de Franco simplesmente reproduz um modelo institucional que, por necessidades que deveriam ser fáceis de entender, estabeleceu-se firmemente na Espanha do século XIX. Franco fez e faz o que anteriormente já fora feito por Narvaez, O'Donnell, Espartero e Serrano. O fato de a infeliz Espanha ter se tornado a bola da vez de um jogo de poder da política internacional em que ela não tem qualquer participação é responsável por uma propaganda que obscurece um estado de coisas muito simples.

extrair do estrato burguês, por meio de políticas tributárias e salariais, a maior parte do que na terminologia marxista é chamado de *mais-valia*.[442] A mesma observação se aplica aos Estados Unidos. Até uma extensão que não costuma ser reconhecida, o *New Deal*, foi capaz de expropriar as camadas de renda mais altas mesmo antes da guerra. Um único indicador deverá ser suficiente, um que não mostre mais do que os efeitos do aumento na renda (pessoal) e a *sobretaxa* somente até 1936: em 1929, quando o *total da renda distribuída* foi estimado em 80,6 bilhões de dólares, as faixas acima de 50 mil dólares (renda tributável) retiveram 5,2 bilhões após a renda e a sobretaxa; em 1936, quando o total da renda distribuída foi estimado em 64,2 bilhões de dólares, a estimativa era de pouco menos de 1,2 bilhão.[443] A renda tributável acima de 100 mil dólares foi, mesmo então, totalmente absorvida, caso levássemos em conta os tributos sobre a transferência *causa mortis* de patrimônio (*estate taxes*). Do ponto de vista do radicalismo ingênuo, o único problema dessas medidas de confisco e de outras subsequentes é que elas não foram suficientemente longe. Mas isso não altera o fato que nos preocupa no momento, a saber, que, independentemente da guerra, uma enorme transferência de patrimônio foi efetivamente realizada, uma transferência que quantitativamente pode ser comparada à que foi feita por Lenin. A atual distribuição das rendas disponíveis se compara bem com a que existe hoje na Rússia, particularmente tendo em vista o fato de que — graças à maior importância, nas camadas mais altas da renda, dos serviços pessoais e das mercadorias que, relativamente, agregam muito trabalho — o poder aquisitivo da camada superior caiu muito mais do que o da camada inferior.[444] Além disso, podemos também repetir

---

442. O leitor, é claro, observará que a proposição nada afirma a respeito dos efeitos de tal política sobre o tamanho — e taxa de crescimento a longo prazo — da renda nacional. Em particular, não exclui a possibilidade de que, se as rendas forem completamente igualadas, a força de trabalho possa receber menos renda real, em quantidade total e no longo prazo, do que receberia se o total da mais-valia marxista fosse aprovisionado ao estrato "capitalista".

443. Veja o artigo altamente instrutivo de I. de Vegh "Savings, Investment, and Consumption" [Poupança, investimento e consumo], *American Economic Review* (Papers and Proceedings of the Annual Meeting, fevereiro de 1941, p. 237 ss.). Conforme explica, os dados a partir dos quais se calcularam as somas retidas excluem as rendas de títulos públicos isentos de impostos e incluem ganhos de capital. Além disso, essas somas não são, claro, estritamente equivalentes aos valores da renda total distribuída (estimativas comerciais), que podem, no entanto, ser considerados como índices dos valores equivalentes. A razão pela qual eu simplesmente não tome este último (do *Statistics of Income*) é óbvia, mas a escolha dos anos de comparação precisa de explicação: 1929 foi o ano em que as rendas acima de 50 mil dólares, após o imposto de renda e a sobretaxa, estavam em seu ponto máximo; escolhi 1936 porque este foi o último ano que, em primeiro lugar, não foi afetado pela recessão de 1937-1938 e, em segundo lugar, estava completamente livre das influências da guerra que se afirmaram a partir de 1939.

444. A comparação entre diferentes países é, naturalmente, difícil, e talvez nunca seja muito convincente. Mas a lei russa de 4 de abril de 1940, relativa ao imposto de renda, revela que as rendas

outra observação feita anteriormente sobre a Inglaterra. A pressão sobre as camadas mais altas não se limita, naturalmente, aos "50 mil dólares ou mais". Em um grau decrescente, estende-se até as rendas de 5 mil dólares. E não pode haver dúvida, especialmente no caso de médicos pertencentes às camadas médias do êxito profissional, de que isso, às vezes, leva à perda da tão necessária eficiência.

Até agora, então, o efeito da guerra e dos problemas trabalhistas que foram consequência natural da guerra sobre a estrutura social parece ser bastante semelhante ao produzido na Inglaterra. O fato de não haver nos Estados Unidos um partido trabalhista nacional bem-organizado pode nos levar a especular sobre a possibilidade de um desenvolvimento nas linhas do corporativismo, e não no sentido do socialismo centralista. De resto, esse fato apenas fortalece a defesa do prognóstico que vem sendo elaborado neste livro, pois os grupos de pressão são tão poderosos quanto os partidos e muito menos responsáveis, e, daí, aríetes mais eficazes.

2.2. Mas há outro fato sobre a situação social nos Estados Unidos que não tem par em nenhum outro lugar do mundo e tem a possibilidade de afetar nosso diagnóstico sobre as chances do sistema de empresa privada, pelo menos por um curto período de cinquenta anos ou mais, ou seja, o colossal êxito industrial que estamos presenciando. Alguns observadores parecem acreditar que esse

---

superiores a 1.812 rublos anuais estavam sujeitas à tributação. Também revela a existência de rendas acima de 300 mil rublos, que foram então tributadas à taxa de 50%. Agora, não levaremos em consideração o imposto sobre as rendas menores e aceitaremos uma moda estatística de 2 mil rublos para o grupo de rendas entre 1.812 e 2.400 rublos; além disso, aceitaremos também que a moda estatística dos lucros retidos do grupo mais alto seja, no máximo, 150 mil rublos (embora esses 300 mil rublos antes dos impostos fossem um limite menor). Então descobrimos que a renda modal mais alta era 75 vezes maior que a mais baixa. Mesmo se aceitarmos que o equivalente americano para 1940 (não, é claro, em relação ao poder aquisitivo, mas no sentido de posição equivalente na escala de renda) da moda inferior fosse de mil dólares, evidentemente não encontraremos nos Estados Unidos, em sua distribuição de renda de lucros retidos (mesmo além das reduções especificamente motivadas pelas exigências do financiamento da guerra), muita base para oferecer apoio, à luz do paradigma russo, às frases atuais sobre as desigualdades atrozes, sobre "concentração de poder" medida pela concentração de renda e afins. As evidências apresentadas no conhecido livro de Bienstock, Schwarz e Yugov sobre gestão industrial na Rússia tendem a apoiar essa opinião. Muitos outros detalhes apontam na mesma direção, por exemplo, o fato de os profissionais liberais que antes podiam ter empregados domésticos nos Estados Unidos (pois agora não podem mais) desfrutarem desse privilégio — que vale o mesmo que uma tonelada de aparelhos domésticos elétricos — na Rússia. Tudo isso ainda não leva em conta as vantagens que não entram nos cálculos da renda. O poder e a posição social — duas das principais razões para se dar valor a uma alta renda — do administrador industrial, especialmente se for líder da unidade local do partido bolchevique, são muito maiores que os de um industrial americano.

Fenômeno interessante é esse *atraso das ideias*! Muitas pessoas bem-intencionadas neste país agora professam horror ou indignação em relação às desigualdades sociais que existiam há cinquenta anos e não mais existem. As coisas mudam, os *slogans* permanecem.

êxito, que venceu a guerra e, além disso, protegeu o trabalhador americano da privação, dominará também a situação do pós-guerra e poderá aniquilar toda a defesa do socialismo, na medida em que esta seja de natureza puramente econômica. Coloquemos esse argumento em sua forma mais otimista.

Negligenciando, por enquanto, o labirinto de problemas de transição e fixando 1950 como o primeiro ano "normal" — uma prática bastante comum entre aqueles que fazem previsões —, estabeleceremos o *produto nacional bruto* — o valor de todos os bens e serviços produzidos antes das cotas de depreciação e de exaustão — avaliado hipoteticamente em 200 bilhões por meio do índice *Bureau of Labor Statistics* (BLS) [Instituto de Estatística do Trabalho] de nível de preços para 1928. Esta não é, naturalmente, uma previsão do volume real de produção a ser esperado naquele ano. Não é sequer uma estimativa do que será a produção potencial em uma condição de alto ou mesmo de "pleno" emprego. Trata-se de uma estimativa de qual será essa produção potencial caso sejam cumpridas certas condições que serão apresentadas mais à frente. Como tal, é uma estimativa alta, mas não incomum — números mais altos já foram mencionados — nem irracional. Está de acordo com a experiência passada do desempenho médio de longo prazo do sistema: se aplicarmos nossa "taxa normal de crescimento de 3,7% ao ano" (veja o Capítulo V) ao valor do produto nacional bruto de 1928, que foi de cerca de 90 bilhões, chegaremos a pouco menos de 200 bilhões em 1950. Não se deve dar uma importância indevida a isso. Repito, no entanto, que uma objeção de que essa extrapolação não tem sentido *porque* a produção deixou de aumentar a essa taxa na década de 1930 estaria saindo do foco e só provaria a incapacidade do opositor de entendê-la. No entanto, no que diz respeito à produção potencial, as indicações proporcionadas pelo desempenho real do sistema durante a guerra são certamente mais convincentes: caso as estatísticas de guerra sejam confiáveis, o produto nacional bruto, reduzido ao nível de preços de 1928, foi, em 1943, mais ou menos o que deveria ter sido para atingir a meta de 200 bilhões até 1950.

Agora, suponha que essa possibilidade, de fato, se realize.[445] E façamos, na rubrica substituição de bens e novos "investimentos" (incluindo moradias), a

---

445. Supõe-se que a realização dessa possibilidade envolve uma semana de trabalho de quarenta horas, mais horas extras nos gargalos, mas não se supõe o pleno-emprego. As definições de pleno--emprego e as estimativas da quantidade de emprego que satisfaz qualquer definição variam amplamente e envolvem não apenas questões estatísticas como também algumas questões teóricas bastante delicadas. Devo me contentar em afirmar que, nas condições do mercado de trabalho dos Estados Unidos, assumindo que a força de trabalho total será algo como 61 milhões em 1950 (contando com 2 milhões ou 3 milhões nas forças armadas), não acredito que o número de mulheres e homens estatisticamente desempregados possa ser, naquele ano, inferior a 5 milhões ou 6 milhões, um número que inclui, além do desemprego genuinamente involuntário (ou seja, desemprego involuntário que

ampla dedução de 40 bilhões (20% — igual à média do professor Kuznets por década — para o período entre 1879 e 1979).[446] Para o nosso tema, o significado dos 160 bilhões restantes recai sobre dois fatos. Em primeiro lugar, a menos que haja uma má administração atroz, o enorme volume de mercadorias e serviços disponíveis que essa cifra (que ainda não inclui novos domicílios) representa promete um nível de satisfação das necessidades econômicas até mesmo dos membros mais pobres da sociedade, incluindo idosos, desempregados e doentes, que eliminaria (com uma semana de quarenta horas) tudo que pudesse ser descrito como sofrimento ou privação. Foi destacado neste livro que a defesa do socialismo não é totalmente econômica e, também, que o aumento da renda real até agora não conseguiu conciliar as massas ou os seus aliados intelectuais. Contudo, nesse exemplo, a promessa não é apenas espetacular, mas também imediata; seu cumprimento não envolve muito mais do que as capacidades e os recursos que já demonstraram sua força durante a guerra, convertendo a produção para fins bélicos — incluindo as exportações de bens de consumo aos países aliados — para a produção destinada ao consumo interno; após 1950, o argumento se aplicaria *a fortiori*. Em segundo lugar — novamente, excluindo-se a má administração atroz —, tudo isso pode ser realizado sem violar as condições orgânicas de uma economia capitalista, incluindo os altos prêmios pelo êxito industrial e todas as outras desigualdades de renda que podem ser necessárias para que a máquina capitalista funcione de acordo com seu projeto. Nos Estados Unidos não há necessidade de espreitar, por trás dos programas modernos de aperfeiçoamento social, aquele dilema fundamental que em todos os outros lugares paralisa a vontade de todo homem responsável, o dilema entre o progresso econômico e o aumento imediato da renda real das massas.

---

contaria como desemprego involuntário de acordo com qualquer definição), uma grande margem para o desemprego semi-involuntário e o meramente estatístico. O número não inclui o desemprego "oculto". Acredito que seja compatível com a meta de 200 bilhões para aquele ano. Tem pouco a ver com vícios específicos do sistema capitalista, mas muito com a liberdade que a sociedade capitalista concede à força de trabalho. Mesmo no livro de William Beveridge sobre pleno-emprego há sugestões cuidadosamente veladas sobre regulamentação e coação. Deve-se acrescentar, no entanto, que vejo 1950 como um ano de prosperidade cíclica. Se não for, então deve-se entender que nossa discussão se refere ao próximo ano de prosperidade. Em uma média dos anos bons e ruins, o desemprego (estatístico) deve ser superior a 5 milhões ou 6 milhões — 7 ou 8 milhões, talvez. Isso não é motivo para que alguém fique horrorizado, pois, como será explicado, é possível tomar medidas adequadas em favor dos desempregados. Mas as flutuações cíclicas da economia capitalista são as principais responsáveis por qualquer excesso acima do desemprego "normal".

446. Uma cota de depreciação de cerca de 10% a 12% não é elevada demais para um sistema que funciona em um nível de produção tão alto; 8 a 10% para "novos" investimentos é certamente muito e, de acordo com a maioria das pessoas que fazem previsões, excessivo. Veja, adiante, subseção 2.5.

Além disso, com um produto nacional bruto de 200 bilhões, não há dificuldade para arrecadar uma receita pública de 40 bilhões sem prejudicar o mecanismo econômico. A cifra de 30 bilhões é suficiente, a preços de 1928, para financiar todas as funções efetivamente realizadas pelos governos federal, estadual e local em 1939, mais uma organização militar muito ampliada, mais o serviço da dívida e outras obrigações permanentes incorridas desde então.[447] Sobrariam cerca de 10 bilhões — a preços de 1928 ou um valor correspondentemente maior a qualquer nível mais elevado de preços que acabe prevalecendo[448] — para 1950, e muito mais do que isso para outra década, para o financiamento de novos serviços sociais ou de melhorias nos já existentes.

2.3. Mas é aqui, a saber, na esfera das finanças e da administração públicas, que o significado de nossa ressalva — "excluindo-se a má administração atroz" — se torna mais claro para nós. Pois, nessa esfera, temos realmente uma administração dos recursos nacionais que é verdadeiramente atroz. Levando em conta os princípios e as práticas atuais, *não* é verdade que, com um produto nacional bruto de 200 bilhões, seja possível arrecadar 40 bilhões sem prejudicar o mecanismo econômico. E *não* é verdade que os 30 bilhões — ou seu equivalente a níveis de preços diferentes dos de 1928 — atendam aos requisitos mencionados. Isso só será verdade se toda a administração pública for racionalizada com o objetivo de eliminar atividades de via dupla e tríplice — como temos no caso do imposto de renda, para mencionar apenas um exemplo — sobrepondo-se a órgãos federais, estaduais e locais — falta de coordenação efetiva e responsabilidade individual bem definida — que, no caso federal, deve-se principalmente à inexistência de "ministérios" robustos e à existência de um grande número de "autoridades" ou "conselhos" semi-independentes — e muitas outras coisas que são fontes de desperdício e obstáculos à eficiência, mas, acima de tudo, esse espírito de desperdício que se deleita em gastar 1 bilhão onde bastariam 100 milhões. O estado atual de coisas revela apenas um mau augúrio para a administração pública das finanças e da indústria, e, de fato, é em si mesmo uma razão boa e suficiente para que muitos — que são tudo menos "realistas econômicos" — se oponham a ela.

---

447. Neste momento, não é necessário distinguir entre os gastos públicos com bens e serviços e as "transferências". Mas supõe-se que, de modo geral, os 30 bilhões se dividem em 25 bilhões para os primeiros e 5 bilhões para as últimas. Deve-se observar que isso não leva em conta (para 1950) as pensões e outros benefícios dos veteranos, um problema que deve ser tratado à parte.

448. Em geral não se pode presumir que a renda pública (*revenue*) varie em proporção ao nível dos preços. No entanto, para nosso propósito, que consiste apenas em obter uma ideia aproximada, podemos adotar essa hipótese simplificadora.

E isso não é tudo. A *economia* — quão impopular essa palavra se tornou! — pode, de certa forma, ser menos necessária em um país rico do que em um país pobre, ou seja, no sentido de que o desperdício gera uma ameaça de escassez no último e não no primeiro. Mas, em outro sentido, a economia — isto é, a economia real e não a economia falsa da burocracia e do Congresso, estes sempre dispostos a economizar alguns centavos e, ao mesmo tempo, desperdiçar bilhões — é tão necessária em um país rico, para que este utilize sua riqueza de maneira eficiente, quanto o é em um país pobre, a fim de garantir a mera subsistência.[449] E isso se aplica não só ao custo da administração pública como também ao uso de recursos que devem ser distribuídos a diversos benefícios. O exemplo clássico é, naturalmente, o auxílio-desemprego, contanto que consista em pagamentos a indivíduos. A menos que o comportamento dos operários, no emprego e fora dele, esteja sob um controle público tão rígido como acontece na Rússia, o uso econômico dos recursos disponíveis para auxílio aos desempregados significa inevitavelmente que o benefício será substancialmente mais baixo que os salários esperados pelos desempregados. Como sugerem as estatísticas dos Estados Unidos sobre a rotatividade da força de trabalho, normalmente há no país uma grande margem de desemprego semivoluntário e semi-involuntário, cujo fardo deverá aumentar por causa da administração frouxa do auxílio-desemprego ou das taxas que são altas em relação aos salários, de modo a acabar com a possibilidade de se atingir a meta de 200 bilhões.

Há ainda outra condição que teria de ser cumprida para justificar essa possibilidade: a "política" e a burocracia não devem nos impedir de alcançá-la. Nada precisa ser mais óbvio do que o fato de que o organismo empresarial não pode funcionar de acordo com seu projeto quando seus "parâmetros de ação" mais importantes — salários, preços, juros — são transferidos para a esfera política e ali são tratados de acordo com as exigências do jogo político ou, que às vezes é mais grave ainda, de acordo com as ideias de alguns planejadores. Três exemplos devem ser suficientes para ilustrar o caso. Em primeiro lugar, a situação atual da força de trabalho, caso persista, é em si suficiente para obstruir a marcha rumo à meta de um produto nacional bruto de 200 bilhões e, ainda mais, a marcha para além desse valor. As taxas de salário resultantes são apenas uma razão para isso; a ruptura do planejamento empresarial e a desorganização dos trabalhadores, mesmo quando empregados, são igualmente importantes. Além de impedirem a expansão da produção, que de outra forma seria possível, essas condições reduzem o emprego abaixo

---

449. A teoria que afirma exatamente o oposto disso será discutida adiante, na subseção 2.5.

do nível que seria viável ao oferecer um prêmio fora do normal a qualquer um que empregar a menor força de trabalho possível — o que induz a uma espécie de "fuga da mão de obra".[450]

Em segundo lugar, independentemente do que o leitor imagine ser suas virtudes, o controle de preços como praticado até aqui é outro obstáculo para a expansão da produção. Ouvi dizer que o regime stalinista incentiva as críticas à sua burocracia. Evidentemente, não é o que ocorre entre nós. Aceitarei a etiqueta predominante, admitindo abertamente que muitos homens competentes realizaram um excelente serviço no *Office of Price Administration* (OPA) [Departamento de Administração de Preços], que muitos outros, não tão competentes, ainda fizeram o melhor que podiam, e reprimirei quaisquer dúvidas que possam existir em minha mente sobre seus méritos até o momento presente, especialmente porque seus fracassos mais evidentes estão ligados a circunstâncias sobre as quais não havia controle. Mas deve-se realmente admitir, ao menos para o presente e o futuro, que a política de incentivar o aumento das taxas de salário, combinada com o controle de preços, a menos que *pretenda* impor a rendição da empresa privada, é irracional e inimiga da rápida expansão da produção; que a perturbação do sistema de preços relativos resultante do fato de que a agência reguladora pode manter o controle de alguns preços — os preços dos produtores com pouca influência política — de maneira muito mais eficaz do que o de outros — os preços dos produtores com muita influência política — reduz o grau de eficiência

---

450. Observa-se que o aumento da produção e o aumento do emprego não são tratados como sinônimos. É, de fato, possível, dentro de certos limites, diminuir o emprego sem diminuir a produção ou aumentar a produção sem aumentar o nível de emprego. A razão pela qual a literatura atual muitas vezes faz a produção e o emprego variarem de modo proporcional pode ser encontrada em uma das características fundamentais do sistema keynesiano. Esse sistema se restringe a lidar com cadeias de causalidade com prazos bastante curtos, presumindo que a quantidade e a qualidade dos equipamentos industriais permaneçam constantes para que a combinação dos fatores de produção não possa variar de maneira significativa. Se fosse assim (e é aproximadamente assim no prazo mais curto), então, é claro que variariam juntos, embora, em geral, não proporcionalmente.
Também será observado que nosso argumento significa que variações nas taxas salariais monetárias podem causar variações no emprego no sentido oposto. Acredito, de fato, que o alto nível das taxas salariais monetárias dos Estados Unidos sempre, e especialmente na década de 1930, foi uma das principais causas do desemprego no país, e que se esperem consequências semelhantes no futuro caso se dê continuidade às políticas de salários altos. Essa proposição contradiz a doutrina da ortodoxia keynesiana, bem como a de alguns outros economistas, e não pode ser demonstrada aqui. É, portanto, uma sorte que, para o nosso propósito atual, e no que diz respeito a 1950 e a nenhum acontecimento posterior, uma proposta mais fraca sirva, a qual teria recebido o parecer favorável do falecido lorde Keynes: nas condições que provavelmente prevalecerão nos Estados Unidos durante os próximos quatro anos, e a menos que sejam compensadas por aumentos adicionais nos preços, as taxas salariais mais altas afetarão negativamente tanto a produção quanto o emprego; e o segundo mais do que o primeiro.

econômica do sistema; e que a fixação de preços por si só não define toda a extensão dos danos causados: igualmente importante é o prêmio que a prática de "subsidiar" os produtores de alto custo e "espremer" os de baixo custo coloca em ineficiência.[451]

A persistente hostilidade da burocracia, fortemente apoiada pela opinião pública, ao autogoverno industrial — auto-organização, autorregulação, cooperação — é um terceiro obstáculo para o progresso ordenado e, aliás, para um desenvolvimento capaz de resolver muitos problemas da política de ciclos econômicos e, eventualmente, também o problema da transição para um regime socialista. Os porta-vozes da burocracia negam invariavelmente a existência de qualquer fundamento para esse ponto de vista, porque a ação conjunta dos empresários se torna ilegal e passível de processo apenas se resultar em "restrição colusiva" ao comércio. Entretanto, mesmo que essa interpretação legalista da prática predominante fosse aceita — e caso também fossem aceitas as teorias oficiais do que constitui restrição colusiva ou, em geral, a prática antissocial[452] —, ainda seria verdade que (a) o conceito de "restrição" inclui a maior parte das tentativas de cooperação industrial no que diz respeito à política de preços e produção, mesmo que tal cooperação cumpra uma função extremamente necessária; (b) não há garantia de que os casos

---

451. Não pretendo saber qual será, ao final, o resultado da confusão ocasionada pelo veto presidencial à primeira Lei de Controle de Preços e pela aprovação de outra, um mês depois, prevendo uma rápida liberação dos preços. Uma vez que, no entanto, estou preparado para argumentar que o OPA, tal como realmente funcionava, foi obrigado a obstruir o caminho a uma economia de paz eficiente e, uma vez que as possíveis consequências dessa confusão certamente serão apresentadas como prova positiva da necessidade de manter o controle de preços, devo pedir ao leitor que considere duas coisas. Em primeiro lugar, um argumento favorável à revogação do controle de preços não é um argumento para deixá-lo caducar sem nenhuma preparação ou um substituto de transição, quando ninguém esperava nem parecia estar preparado para isso. Em segundo lugar, se, em resposta à sua derrota, o governo ataca vingativamente os alvos escolhidos por sua impopularidade e não por qualquer razão defensável, podem ocorrer consequências que não estejam completamente ligadas à caducidade do controle de preços em si. Quanto ao problema da inflação, veja adiante na subseção 2.4.

452. Na verdade, contudo, não há como aceitar essas teorias. Elas encobrem, de fato, uma série de práticas que, todos concordam, devem ser banidas por qualquer sistema legal. Mas, além dessas, há outra série de práticas em relação às quais a mente legalista simplesmente adota a postura ditada pelos preconceitos populares. Uma fonte importante de exemplos é a discriminação. Mesmo o economista mais competente terá dificuldades consideráveis em analisar *todos* os efeitos a longo prazo de um determinado caso. Se a justiça for administrada por nada mais que *slogans* legais ou populares gerais e por "ataques" de demonstração, o elemento do bom senso contido na postura antidiscriminatória pode desaparecer por completo. E o método bem-intencionado do processo judicial seletivo, que serve para autorizar casos em que a discriminação formalmente ilegal beneficia todas as partes envolvidas — todos que já frequentaram um curso fundamental de economia conhecem, ou devem conhecer, esses casos —, pode, então, servir apenas para acrescentar uma arbitrariedade extremamente irritante. É apenas em uma observação rápida que podemos indicar métodos para remediar tal estado das coisas.

limítrofes e os casos em que o elemento de restrição entra sem constituir o ponto principal de um acordo sejam considerados com imparcialidade por um grupo composto de homens que estão familiarizados de maneira inadequada com a natureza dos problemas comerciais e alguns outros que se opõem violentamente ao sistema que devem regulamentar ou pelo menos ao seu setor de "grandes empresas" deste; e que (c) a ameaça sempre presente de processos por crimes que nem sempre são distintos da prática empresarial legal pode ter efeitos não desejados, por todos, sobre a condução dos negócios.

O último ponto ilustra um aspecto dos problemas trabalhistas, dos problemas do OPA e dos problemas "antitruste" que nunca recebe atenção devida, ou seja, o consequente esgotamento da energia empresarial e gerencial. O homem de negócios que, constantemente, é afastado de sua atividade não só por ter de enfrentar situações institucionais cada vez mais novas, mas também por ter de estar presente em diversos conselhos administrativos, acaba não tendo mais força para lidar com seus problemas tecnológicos e comerciais. É altamente revelador da postura mecanicista dos economistas e de seu afastamento da "vida real" o fato de que nem um décimo deles reconhece esse "elemento humano" particular do que é, afinal, um organismo humano — embora nenhum indivíduo sensato possa deixar de, por exemplo, vincular o desempenho relativamente ruim do índice de volume físico da produção industrial de 1945 com esse elemento como uma de suas muitas causas. E isso não é tudo. O êxito na condução de uma empresa depende, nas condições atuais, muito mais da capacidade de lidar com lideranças trabalhistas, políticos e funcionários públicos do que da capacidade empresarial no sentido próprio do termo. Assim, exceto no caso das maiores empresas que podem empregar todo tipo de especialista, as posições de liderança tendem a ser preenchidas por "reparadores" e "solucionadores de problemas" e não por "homens da produção".

Talvez pareça ao leitor que a política nas linhas indicadas acima esteja fora de questão — que esteja fadada a se destroçar em uma tempestade de indignação virtuosa ou fundadora sobre as rochas da sabotagem e outras formas de resistência, e que, portanto, a meta de 200 bilhões em si não passe de um devaneio. Mas não é bem isso o que ocorre. Por um lado, o mecanismo econômico dos Estados Unidos é bastante forte para suportar *certa medida de* desperdício e irracionalidade — incluindo, como sabemos, certa quantidade de desemprego evitável, o preço da liberdade individual. Por outro lado, os políticos e o público têm mostrado alguns sinais de "convencimento". E não devemos esquecer a maleabilidade da natureza humana, que tem sido tão sublinhada neste livro (ver especialmente o capítulo XVIII, seção 2). A experiência do

New Deal e dos períodos de guerra pode ser inconclusiva porque a burguesia industrial nunca esperou que essas condições perdurassem, mas, provavelmente, "ensinou" alguma coisa. Assim, talvez sejam necessários apenas ajustes relativamente pequenos na tributação existente, se não para a eficiência máxima, ao menos para um grau adequado dela.[453] Em outra direção, um incremento relativamente pequeno da proteção jurídica — a ser concedido, talvez, por meio de uma codificação adequada do direito industrial — abre a possibilidade de se acabar com o tormento ou a ameaça diária de vexação arbitrária do homem de negócios, enquanto a experiência crescente dos órgãos reguladores e a melhor capacitação de seus funcionários podem fazer

---

453. Por exemplo — isso não se destina a ser mais do que um exemplo dentro de um conjunto de métodos possíveis —, as seguintes medidas podem ser substancialmente suficientes. (a) Eliminação da dupla tributação da parcela da renda das sociedades anônimas industriais que é paga na forma de dividendos; no caso da prática britânica, isso dificilmente justificaria uma "tempestade de justa indignação": a nossa prática é a alemã, e o argumento puramente formal a favor dela se deve ao economista alemão Adolf Wagner (1835-1917). (b) Permissão para deduzir da renda tributável a parcela da renda individual que é investida. Pessoalmente, concordo com a opinião do professor Irving Fisher de que a parcela poupada deve ser deduzida (particularmente em vista do perigo da inflação). Mas, para poupar as suscetibilidades keynesianas, limito-me à parcela investida. As dificuldades técnicas não são graves ou, ao menos, não são insuperáveis. (c) A adoção de um dos vários métodos disponíveis que permitem a dedução total das perdas ao longo do tempo. (d) A nacionalização, sistematização e elaboração de tributos sobre as vendas ou sobre a renda bruta. Isso talvez atraia os admiradores da Rússia, em vez de levá-los a paroxismos de raiva. De fato, a taxas como as russas (por exemplo, 31 centavos por libra da farinha de trigo de melhor qualidade [em Moscou, e em 1940]) ou, uma vez que a conversão de rublos em dólares é uma questão duvidosa, 62% do preço de varejo das batatas, 73% do açúcar, 80% do sal (ver P. Haensel, P. Haensel, "Soviet Finances". In: *Openbare Financiën*, n. 1, 1946); e em uma população tão desesperadamente pobre quanto a russa, o imposto sobre vendas pode, de fato, ser um flagelo terrível; porém, a taxas moderadas e em um país rico como os Estados Unidos, é um instrumento de finanças públicas excelente e perfeitamente inofensivo, e especialmente útil para o financiamento de objetivos que beneficiem exclusivamente os grupos de baixa renda. Assim seria possível levantar 5 bilhões ou 6 bilhões sem que ninguém sentisse o peso da medida. Entretanto, já que os governos estaduais e locais teriam de ser compensados pela perda de receita decorrente da nacionalização do imposto — não é estritamente correto, é claro, falar em "introdução" — e como, além disso, seriam necessários certos ajustes aos tributos existentes, o ganho líquido do Tesouro Nacional não poderia ser estimado em mais de 2 bilhões a 3 bilhões de dólares, de modo que o tributo sobre vendas somado a outros tributos específicos pode gerar algo como 9 bilhões a 10 bilhões no total. (e) A nacionalização e a drástica revisão para baixo, em favor de esposas e filhos, dos tributos sobre a transferência *causa mortis* de patrimônio (*estate taxes*): o motivo disso é o fato de a legislação existente eliminar, por meio do confisco de rendas acima de cifras muito moderadas, um dos elementos essenciais do esquema capitalista. Aquele que aprova esse confisco por razões extraeconômicas está, do seu ponto de vista, muito certo em defender uma emenda constitucional nesse sentido; aquele que aprova esse confisco com base no argumento econômico encontrado na p. 373 da *General Theory of Employment, Interest and Money* (Teoria geral do emprego, do juro e do dinheiro) do falecido lorde Keynes — ou num seu derivativo — está completamente enganado. Não estamos preocupados com a questão do que, politicamente, satisfaria os interesses afetados. De fato, porém, a maioria das propostas de reforma tributária que, até o momento, vieram das organizações dos homens de negócios é claramente modesta, fato que, se não tiver outra relevância para o nosso argumento, parece mostrar que a classe empresarial tem sido "educada" de forma efetiva.

o resto.⁴⁵⁴ Além disso, o país tem dado provas, não há muito tempo, de sua disposição de aceitar legislações como a da *National Recovery Administration* (NRA). E, no que diz respeito à situação trabalhista, talvez possamos obter algum conforto no fato de que a política nas linhas indicadas não só não precisa renunciar a um único item do que a maioria das pessoas considera a principal conquista da reforma social do *New Deal* como também forneceria a base econômica para outros avanços. Deve-se notar, em particular, que o salário anual será uma ameaça à chance de atingir nosso objetivo apenas se for introduzido, administrado e financiado de forma a causar o máximo de prejuízo. Em si, é uma proposta perfeitamente possível.⁴⁵⁵

Ainda assim, é preciso muito otimismo para esperar que esses ajustes necessários sejam efetuados — ou mesmo que as condições da política do país possam produzir a vontade de realizar um trabalho tão sério e abnegado, sem o louvor dos *slogans*, repleto de dificuldades minuciosas e eminentemente ingrato. A maioria da população dos Estados Unidos gostaria do resultado desse trabalho, mas odiaria o seu executor.

2.4. Ainda não mencionamos os problemas de transição. Eles não são realmente relevantes para o nosso tema, exceto a este respeito: problemas de transição podem produzir situações e induzir medidas capazes de impedir a expansão da produção de maneira quase permanente e de invalidar por completo a nossa "estimativa de possibilidades". O exemplo mais óbvio, bem como mais grave, é o perigo da inflação. O índice de preços por atacado de 1920 foi cerca de 2,3 vezes o de 1914. Isso ocorreu em consequência de um esforço

---

454. Refiro-me aqui a um ponto que é importante para muitos outros tópicos além do que agora tratamos. Uma boa burocracia é produto de um crescimento lento e não pode ser criada sempre que há vontade. Os órgãos burocráticos dos Estados Unidos mostram as fraquezas do crescimento rápido de forma tão contundente que torna a política temporária de diminuição desse ritmo uma questão não só de interesse público, mas também de interesse próprio. Entre outras coisas, a burocracia de Washington ainda não descobriu seu lugar. É comum ver seus membros individuais lançando programas próprios, sentindo-se reformadores e negociando com deputados, senadores e membros de outras agências, passando por cima da autoridade de seus chefes. Algumas ideias podem de repente adquirir uma força tamanha cuja origem é desconhecida por todos. Esse caminho leva ao caos e ao fracasso.

455. Para ilustrar esse ponto, pensemos um pouco na história recente. Os defensores do *New Deal*, no início da década de 1930, adotaram a prática de zombar do *slogan* "Reforma *versus* recuperação". O escárnio prova perfeitamente a ciência daqueles com relação ao elemento da verdade contido nesse *slogan*. Na verdade, como *slogan* político, esse era perfeitamente justo. Mas deve-se entender que se referia à maneira desordenada e irresponsável com a qual a "reforma" foi realizada, não a nenhum de seus objetivos declarados. Estamos em uma posição semelhante agora, e o azar é que o dano que causa ao processo econômico do capitalismo é precisamente a característica da reforma que mais agrada a certas pessoas. A reforma sem esse dano seria pouco atraente para eles. E a reforma acompanhada de uma política que assegurasse o sucesso capitalista seria o pior que poderia acontecer àquelas pessoas.

de guerra que não apenas foi muito menor e mais breve do que o recente em termos de bens e serviços como também foi financiado de forma mais responsável por unidade de bens e serviços. Não havia nada semelhante ao atual acúmulo de demanda. E os privilégios tributários foram um bom motivo para que os investidores guardassem grandes quantidades de seus bônus de guerra por um tempo indefinido. No estado atual, os *depósitos totais ajustados* (à vista e a prazo, distintos dos depósitos interbancários e do governo dos Estados Unidos, menos os itens em fase de cobrança) e a *moeda em circulação* chegaram a 174 bilhões em abril deste ano (55,17 em junho de 1929 e 60,9 em junho de 1939), e não há quem saiba dizer que parte dos títulos do governo em poder do público será convertida em dinheiro para fins diversos do reembolso de dívidas. Qualquer pessoa sensata é capaz de formar uma opinião acerca do que isso significa nas atuais circunstâncias, especialmente se considerarmos o incentivo, ou a conivência, do governo à demanda imprudente, mas universal, por taxas de salário mais elevadas — pois a inflação origina-se da folha de pagamento.[456] A mesma pessoa sensata não deve ter dificuldade em formar uma opinião a respeito dos autores que pregam "não" haver perigo de inflação[457] e também daqueles que veem a proximidade de uma inflação descontrolada. A fim de enfatizar o ponto relevante de nosso argumento e diante da impossibilidade de tratar aqui o problema de maneira satisfatória, deixe-me oferecer minha opinião apenas por uma questão de conclusividade. Parece-me possível — *possível* — visar, para 1950, um nível de preços cerca de 50% superior ao de 1928 (com surtos ainda mais altos durante o intervalo); parece-me *racional* usar, nessa medida, os movimentos do nível de preços como instrumento de adaptação; e me parece que os temores de tal aumento nos preços gerais, bem como os de uma queda nos anos seguintes, são muito exagerados.

Mas, para manter o inevitável aumento dos preços dentro daquele limite, são necessárias várias medidas altamente impopulares e que, para produzir seus efeitos, exigem experiência e capacidade que não vejo; algumas delas reduzirão, em certa medida, a velocidade da expansão da produção; ninguém é capaz de se opor à ameaça da inflação sem também interferir na produção.

---

456. O leitor observará que essa afirmação em particular é bastante keynesiana, e deve, portanto, contar com o consentimento dos economistas de Washington.

457. Devemos incluir aqui algumas das pessoas que fizeram previsões sobre a demanda do pós--guerra que disseram que, imediatamente após a cessação de grande parte da demanda de guerra do governo, certamente haveria um declínio e um desemprego generalizado, exigindo um maior déficit público. Sobre essas previsões (de curto prazo), consulte o artigo de E. Schiff em uma edição subsequente da *Review of Economic Statistics*. As previsões de longo prazo correspondentes serão discutidas adiante, na subseção 2.5.

Ora, se, em vez disso, nada for feito exceto a criação de outro OPA e a tributação pesada precisamente daquelas rendas que — mesmo de acordo com a doutrina defendida por nossos radicais — *não* geram ameaça de inflação, e se, além disso, as taxas de salário forem aumentadas sem levar em conta as consequências, pode surgir uma situação em que, em desespero, Washington recorra a medidas desastradas e brutais, como a desvalorização, o "congelamento" de depósitos, a assunção do "controle direto", a punição de "aproveitadores" e "monopolistas" ou de alguns outros bodes expiatórios, mantendo-se cautelosamente distante dos agricultores. E isso pode perturbar os planos a ponto de nos aproximar não de nossa meta de 200 bilhões, mas de algum socialismo incompleto. *Pode.* Há, naturalmente, outras possibilidades.

2.5. Resta avaliar o que para muitos economistas é o problema por excelência do pós-guerra: como garantir o consumo adequado. Até agora vimos muitas razões para se duvidar de que a meta prevista — o produto nacional bruto de 200 bilhões em valores de 1928 — seja realmente atingida em 1950. Mas todas tinham como fundamento a possibilidade ou probabilidade de que obstáculos externos ao processo econômico pudessem obstruir o caminho. A possibilidade de o próprio processo econômico produzir esse resultado tem sido, no entanto, questionada por muitos economistas, mas nem todos se identificam com certos artigos de fé política e científica. Vamos nos referir a eles por um termo que ganhou alguma notoriedade: estagnacionistas.[458]

O tipo relevante de teoria estagnacionista foi desenvolvido pelo falecido lorde Keynes. Com sua aplicação no caso em tela, o leitor pode se familiarizar melhor ao estudar uma ou mais estimativas da demanda do pós-guerra que foram produzidas nos últimos anos.[459] Seus autores concordam conosco em estimar a produção *potencial* de 1950 em valores cuja ordem de magnitude é igual à nossa, motivo pelo qual podemos, por uma questão de simplicidade, continuar a falar de um produto nacional bruto de 200 bilhões. Eles são até mesmo mais otimistas do que nós, pois não insistem na necessidade de condições ambientais favoráveis às conquistas capitalistas,[460] mas raciocinam com base na hipótese tácita de que as atuais práticas políticas, administrativas e trabalhistas serão mantidas. Além disso, afastarei quaisquer objeções que eu possa ter contra suas estimativas do mínimo inevitável de desemprego, ou a

---

458. Sobre alguns aspectos gerais da tese estagnacionista, veja o Capítulo X.

459. A mais importante foi analisada criticamente por A. G. Hart em seu artigo "Model Building and Fiscal Policy", *American Economic Review*, set. 1945. Outras referências são, portanto, desnecessárias.

460. Confesso que me pergunto ocasionalmente se eles estão cientes do tremendo elogio à empresa privada a que isso conduz.

validade de seus métodos estatísticos, e também aceitarei as várias hipóteses por meio das quais calculam os valores da renda nacional líquida e da renda disponível (a soma total das rendas individuais após os impostos e os pagamentos não tributários obrigatórios). Suponhamos uma renda disponível de aproximadamente 150 bilhões e lucros não distribuídos das sociedades anônimas de cerca de 6 bilhões.[461]

A demanda do pós-guerra, ou seja, a soma total do que se espera que as famílias gastem com bens de consumo (exceto novas residências), é então obtida — tomando-se os dados do período anterior à guerra, digamos, 1923-1940 — pelo cálculo da relação média entre a despesa *per capita* com esses bens de consumo e a renda disponível *per capita*, ambas deflacionadas pelo índice de custo de vida, e aplicando essa relação a uma renda disponível de 150 bilhões.[462] Se desse procedimento se obtiver, por exemplo, o valor de 130 bilhões, ficamos com um resíduo de 20 bilhões para as poupanças ou, se somarmos os lucros não distribuídos das sociedades anônimas, com 26 bilhões. O argumento, em geral, continua com a pesquisa dos escoadouros disponíveis para essa soma, as oportunidades de investimento (novas residências, adições a estoques, fábricas e equipamentos, investimento estrangeiro), e segue concluindo ou sugerindo que eles não têm a capacidade de absorver o volume, já que as pessoas desejarão poupar no nível de renda do pleno-emprego de 1950, pelo menos não sem a ajuda do governo. Daí a necessidade de gastos governamentais internos ou de ações do governo para forçar o "investimento estrangeiro". Ultimamente, porém, tem se dado preferência a outra recomendação. Uma vez que, nas condições atuais, qualquer um que defenda o financiamento do déficit público corre o risco óbvio de se tornar ridículo, os economistas de Washington deram um guinada repentina e passaram a recomendar orçamentos equilibrados, mas orçamentos equilibrados em um nível muito alto de

---

461. Esses números se aproximam dos oferecidos por uma das pessoas que fizeram previsões pós--guerra. Eles não são meus. Tampouco são compatíveis com os números experimentais sobre os quais argumentamos na seção 2. Sobre o procedimento aplicado a períodos passados — em que as hipóteses naturalmente são substituídas por fatos —, veja, por exemplo, *Federal Reserve Bulletin*, abr. 1946, p. 436. Deve-se, no entanto, observar, em primeiro lugar, que esses números estão em dólares atuais e, em segundo, que a enorme quantidade de "poupança líquida de pessoas físicas" nada prova quanto aos percentuais de poupança dos tempos "normais", e que, mesmo os valores de 1937, 1938, 1939 e 1940 não devem ser aceitos de forma acrítica e especialmente sem referência à definição de poupança adotada pelo Departamento de Comércio.

462. Na verdade, o procedimento é um pouco mais complicado do que isso. As equações de regressão utilizadas também contêm um fator de tendência que deve levar em conta possíveis variações da relação ao longo do tempo. Além disso, deve-se, em certa medida, levar em conta os efeitos da demanda diferida e da acumulação de meios líquidos. Mas, para nos concentrarmos no ponto mais importante, não entramos em toda essa discussão.

tributação, devendo os tributos serem altamente progressivos para eliminar as altas rendas de onde provém, principalmente, a ameaça da poupança. Isso concorda com o *slogan* de que (por causa da poupança retida por aqueles que têm alta renda), "nas sociedades modernas, a principal causa do desemprego é a desigualdade de renda".

Assim, o alto nível de renda nacional para o qual buscamos a solução de muitos problemas econômicos e sociais é, em si, considerado o problema mais grave de todos. Uma vez que a alta renda significa altas poupanças, e uma vez que essas poupanças não serão totalmente compensadas pelos gastos em investimento, a economia não tem como manter esse alto nível de renda e de emprego — a menos que seja mantido assim por meio de uma política fiscal —, se é que esse alto nível pode, de fato, ser alcançado. Deve-se observar que, pelo menos em parte, essa teoria recebe o apoio da opinião pública e, em particular, das opiniões dos homens de negócios. Nada é mais comum do que a opinião de que tudo ficará bem se ao menos pudermos induzir as pessoas a "gastar o total de suas rendas" ou se apenas pudermos "obter uma demanda de consumo suficiente". Há algum interesse em tentar entender por que pessoas inteligentes que, embora certamente não tenham qualquer participação em nenhum programa político envolvendo despesas governamentais ou equalização de renda, sentem-se preocupadas com o assunto. A mentalidade de vendedor, juntamente com a experiência dos vinte anos anteriores à guerra do país, é toda a explicação que posso oferecer pelo fato surpreendente de a teoria em questão não ser simples motivo de imperdoável ridicularização.

Os opositores dessa teoria perdem o foco quando tentam argumentar que o produto nacional bruto, portanto, a renda, será menor e que as oportunidades de investimento serão maiores do que supõe os que fazem estimativas, que são tão otimistas quando se trata de estimar o primeiro e tão pessimistas quando estimam o segundo. Pode haver muita verdade nos argumentos feitos ao longo dessas linhas e de outras similares. Em particular, pode-se ressaltar que, em 1830, ninguém previa nem poderia ter previsto as exigências de capital da era da estrada de ferro ou, cinquenta anos depois, as exigências de capital da era da eletricidade. Mas o argumento decisivo é muito mais simples do que tudo isso. A teoria repousa sobre o postulado de que os indivíduos poupam, de acordo com uma lei psicológica estável,[463] independentemente da

---

463. Essa lei psicológica diz que as despesas da comunidade com o consumo, C (daí também o montante que deseja poupar S), depende da renda nacional, Y, de tal forma que, quando Y aumenta por ΔY, C aumenta por $\Delta C < \Delta Y$ (ou $\Delta C/\Delta Y < 1$). Essa é a hipótese keynesiana genuína sobre o que se conhece como Função de Consumo. Mas o próprio Keynes usava ocasionalmente, e seus seguidores usam com frequência, a suposição mais forte de que, à medida que aumenta a renda, aumenta a

presença ou ausência de oportunidades de investimento. Evidentemente esse não é o caso normal. Em geral, as pessoas poupam visando a algum retorno, em dinheiro ou em serviços de algum "bem de investimento". Não é apenas porque a maior parte das poupanças individuais — e, claro, praticamente todas as poupanças das empresas que, por sua vez, constituem a maior parte da poupança total — seja feita com um propósito específico de investimento em vista. A decisão de economizar é precedida, como regra, pela decisão de investir, e, com frequência, pelo ato de investir. Mesmo nos casos em que alguém poupa sem a finalidade específica de investir, qualquer demora em se tomar uma decisão de investimento é punida com a perda de retorno do período. Parece então que, em primeiro lugar, a menos que as pessoas vejam oportunidades de investimento, elas normalmente não pouparão, e que uma situação de desaparecimento de oportunidades de investimento provavelmente também será uma situação de desaparecimento de poupanças; e também que, por outro lado, quando notamos que as pessoas manifestam "preferência por liquidez", ou seja, um desejo de poupar desacompanhado do desejo de investir — o desejo de acumular —, isso deve ser explicado por razões especiais sem apelar para qualquer lei psicológica postulada *ad hoc*.

Tais razões existem, no entanto, e há uma entre elas que é de considerável importância na profundidade das depressões cíclicas — em média, uma a cada dez anos. Quando as coisas parecem ruins e as pessoas não esperam nada além de prejuízo em quaisquer compromissos que imaginarem, então é claro que elas se recusarão a investir sua poupança corrente (e até mesmo a reinvestir quantias que retornam a ela naquele momento devido ao término de compromissos anteriores) ou adiarão o investimento para lucrar com novas reduções nos preços. Ao mesmo tempo, a poupança não só não se reduzirá como, ao contrário, aumentará, movida por todos aqueles que esperam perdas iminentes de renda em seus negócios ou pelo desemprego. Esse é um elemento importante do mecanismo das depressões, e as despesas com déficit público são, de fato, um dos meios mais óbvios para interromper essas "espirais viciosas". No entanto, nenhuma defesa de qualquer teoria de "superpoupança" pode ser baseada nelas, porque ocorrem apenas como consequência de uma depressão que, portanto, não pode ser explicada por elas. Mas oferece uma explicação psicológica da lei psicológica keynesiana. A grande depressão de

---

porcentagem de poupança. A nós interessa apenas a hipótese genuína. Deve-se, no entanto, observar que a frase lei psicológica constitui um uso indevido desses termos. Em economia, as leis psicológicas são, na melhor das hipóteses, clientes duvidosos. Mas a proposição em questão não tem sequer o direito de ser exaltada pelo termo como o tem, por exemplo, a proposta de que a intensidade de nosso desejo por mais uma fatia de pão diminui à medida que comemos mais e mais fatias.

1929-1932 e sua lenta recuperação ainda estão na memória de todos. E a lei psicológica, e a teoria do entesouramento que nela se baseia, são simplesmente generalizações dessa experiência.[464]

O entesouramento na depressão não é, portanto, uma verdadeira exceção à nossa proposta geral, a saber, que as decisões de poupar pressupõem decisões de investir e dependem destas, embora o inverso não seja verdadeiro, porque é obviamente possível financiar um investimento com um empréstimo bancário, caso em que não faz sentido nenhum falar em poupança de pessoa alguma.[465] Há exceções genuínas, além das aparentes. Mas nenhuma delas é importante. Exemplos de exceções genuínas são a acumulação com a intenção de reunir um tesouro, que, como todos sabem, tem sido feita extensivamente na Índia, na China e no Egito; e poupar temporariamente, um hábito que, uma vez criado, pode sobreviver aos seus motivos racionais, assim como qualquer outro hábito.[466] Os exemplos de exceções aparentes, semelhantes ao nosso exemplo de entesouramento na depressão, são as acumulações com o propósito de financiar um investimento muito pesado, um caso possível, mas evidentemente sem

---

464. Espera-se que a adaptação do argumento acima, juntamente com certos fatores do período de guerra, explique as acumulações de meios líquidos do período bélico sem recorrer à hipótese da fome insaciável por tesouros que é inerente à natureza humana.

465. Nossa proposição, no entanto, não é tão simples quanto pode parecer aos leitores que não estão familiarizados com a discussão que vem sendo realizada desde a publicação da Teoria Geral de Keynes (1936). Ela se assemelha, em vez de o repetir, a um antigo teorema da "teoria clássica" (Turgot, A. Smith, J. S. Mill) e não pode ser sustentada pelo raciocínio que se mostrou satisfatório para os clássicos. Seria necessário elaborar um argumento longo e tedioso para prová-la plenamente, um argumento cuja solução é muito desanimadora porque produz apenas poucos resultados novos e interessantes e, além disso, simplesmente destrói o que foi construído com tanta dificuldade durante a década de 1930. A falta de espaço nos impede, no entanto, de abordá-la Mas é preciso mencionar um ponto para evitar um mal-entendido que seria tão lamentável quanto natural. Embora nossa proposição mostre que a tese da estagnação não pode ser baseada no elemento poupança, e mesmo que isso se possa expressar dizendo que, nesse sentido, não existe problema de poupança, isso não significa dizer que não há problemas com a poupança em outros sentidos; eles existem. A maioria deles gira em torno do caso em que as poupanças individuais, por meio da compra de títulos, são utilizadas para a amortização de dívidas bancárias incorridas pelas empresas durante o processo de expansão de suas fábricas e de aquisição de equipamentos. Mas essa é outra questão.

466. A persistência dos hábitos de poupança, profundamente enraizada no esquema de vida burguês, especialmente em sua variante puritana, pode não parecer irrelevante, mas o desaparecimento das oportunidades de investimento que tornariam esses hábitos irracionais seria, se fatores externos estivessem ausentes, um processo lento durante o qual a adaptação poderia e teria tempo para fazer o seu trabalho. Os economistas de Washington que desejam afirmar, no entanto, que a persistência dos hábitos de poupança que se tornaram irracionais é um fator da conjuntura econômica se veem, assim, confrontados por uma alternativa invejável: eles teriam de admitir ou que a situação da década de 1930 era de entesouramento na depressão — o que significa rejeitar a tese da estagnação secular — ou que a atratividade do investimento foi reduzida com relativa rapidez por um fator externo que não poderia ser outro senão as políticas que eles mesmos apoiavam. Se adotarem esse último ponto de vista, certamente não me caberá opor objeção.

importância; ou a "poupança", que é realizada com o propósito de cobrir contingências, velhice, etc., e seria realizada mesmo que não houvesse oportunidade de adquirir nenhum outro "retorno" senão a sensação de segurança.[467]

Assim, se os lamentos dos estagnacionistas fossem a única coisa a nos incomodar, não nutriríamos quaisquer dúvidas de que o produto nacional bruto de 200 bilhões será alcançado. E se 20 bilhões fossem mais do que seria possível reinvestir, a uma taxa de retorno satisfatória ao poupador marginal, então as pessoas ficariam extremamente felizes em consumir o excesso. Não precisaríamos nos preocupar com medidas para fazê-las "gastar o total de suas rendas" nem com escoadouros para as poupanças corporativas e individuais. Em particular, não consideraríamos necessário forçar o investimento estrangeiro, cuja defesa, nas condições atuais, não passa de uma tentativa de tornar palatável para o país o que realmente equivale à imposição de uma indenização de guerra.[468]

Por outro lado, devemos concordar com os defensores do déficit público no seguinte ponto: sempre que houver perigo, seja por causas inerentes ao mecanismo do ciclo econômico ou por quaisquer outras, de um "processo cumulativo descendente", ou seja, sempre que a ameaça de surgir uma situação em que a restrição da produção de A induza B a restringir, e assim por diante, em toda a economia, na qual os preços caem porque caem, em que o desemprego se alimenta de si mesmo, o déficit público interromperá essa "espiral viciosa"; portanto, se optarmos por negligenciar todas as outras considerações, essa

---

467. A irrelevância disso se dá por dois fatos principais: primeiro, que essas acumulações se encontram esgotadas (porém, com a mudança da renda nacional e da distribuição etária da população, os acréscimos e decréscimos populacionais não ficarão, em geral, exatamente equilibrados); e, segundo, que, enquanto houver poupança motivada por rendimentos monetários, a presença na "oferta" total de um elemento que não seja motivado da mesma forma não prova qualquer tendência ao excesso de poupança. Esse caso não precisa ser reforçado. Mas, na verdade, pode-se reforçá-lo observando que, nas condições modernas, o seguro reduz consideravelmente os valores necessários para que sejam alcançados os objetivos de uma poupança para contingências; antigamente, a provisão, por exemplo, para a velhice e para as necessidades de esposas e filhos costumava implicar a acumulação de uma "fortuna" (ainda que, é claro, esses investimentos não tenham sido deixados de lado); hoje, essa provisão é efetuada por meio da "abstenção do consumo" no montante dos prêmios dos seguros. O aumento do seguro nos últimos 25 anos, portanto, indica exatamente o oposto do que fazem crer os textos estagnacionistas.

468. Longe de mim dizer ou insinuar que, por razões morais ou políticas, não seja possível defender grandes sacrifícios por parte da população dos Estados Unidos. Mas a defesa deve ser feita por meio de fundamentos morais e políticos, e não pela negação da realidade desses sacrifícios, com base em uma teoria economia questionável. A sugestão de que parte da poupança excessiva poderia ser direcionada para canais em que, evidentemente, não há esperança de amortização, muito menos de lucros, é a mais insidiosa, porque a classe cuja tarefa devia ser se opor a tal política irá aceitá-la prontamente: pois, em um sistema de garantias públicas, o empresário individual arrisca pouco ou nada. E dá pouca ou nenhuma importância ao prejuízo nacional — especialmente quando lhe é dito que esse prejuízo, devido ao emprego que garante, constitui, na realidade, um lucro nacional.

pode ser chamada, com justiça, de remédio eficiente.[469] A verdadeira objeção não é contra as despesas governamentais geradoras de renda para emergências já existentes, mas contra as políticas que criam as emergências para as quais esses gastos se impõem.

2.6. Infelizmente, porém, se fosse uma questão de prever o que realmente acontecerá, nosso resultado não seria tão diferente daquele dos estagnacionistas, como o leitor poderia esperar. Embora não haja nada a temer da propensão das pessoas a poupar, há muito a temer de outros fatores. A agitação trabalhista, a regulação dos preços, a administração vexatória e a tributação irracional são suficientes para produzir resultados para a renda e o emprego que se parecerão exatamente com uma confirmação da teoria estagnacionista, e podem, de fato, produzir situações em que o déficit público se mostre necessário. Podemos até observar algo semelhante a um excesso de poupança, ou seja, condições em que as pessoas estarão relutantes em realizar suas decisões de investimento. Estamos discutindo uma possibilidade. Descobrimos que não há causas inerentes ao processo econômico em si que a impeçam de se realizar. Também vimos que existem causas externas ao processo econômico que podem fazê-lo. Para além disso, não pretendo saber qual será o resultado real. Seja qual for, será um fator dominante na situação social não só dos Estados Unidos como também do mundo. Mas apenas no próximo meio século, de modo aproximado. O diagnóstico de longo prazo elaborado neste livro não será afetado.

3. O IMPERIALISMO E O COMUNISMO RUSSOS

O outro fator relevante para o nosso diagnóstico é a vitória da Rússia sobre seus aliados. Ao contrário do êxito econômico dos Estados Unidos, esta vitória não é apenas uma possibilidade, mas, por enquanto, um fato consumado. Partindo de uma posição que não era muito forte — uma posição na qual a Rússia, de acordo com todas as regras ordinárias do jogo político, teria que aceitar o que seus aliados consideravam adequado impor e teria que aceitar um papel menos importante na nova ordem internacional —, ela ergueu-se a uma posição de poder muito superior a qualquer outra que tenha alcançado

---

469. É por isso que o projeto de lei de Murray, em sua forma original (não apenas na forma em que foi promulgado), era inatacável *no que diz respeito a considerações puramente econômicas*. A condenação total das despesas governamentais geradoras de renda em quaisquer circunstâncias é compreensível e pode ser justificável para aqueles que pensam que, uma vez aceito o uso desse instrumento, se abrirá uma porta para todos os tipos de irresponsabilidades legislativas e administrativas. Mas não pode ser defendida por meio de razões puramente econômicas.

durante o período dos czares, independentemente de tudo que se possa presumir que a Inglaterra e os Estados Unidos possam ter desejado fazer ou defender. E — realização suprema! — os métodos peculiares ao seu sistema de governo permitiram que estendesse seu poder real para além de suas conquistas oficiais e, ao mesmo tempo, que o fizessem parecer muito menor do que é — de modo que essas concessões falsas em pontos perigosos que tanto satisfazem os escapistas e os apaziguadores nunca envolvem um sacrifício real, mesmo quando não significam, como às vezes é o caso, um ganho real.[470] Se o leitor recordar os objetivos que motivaram a política do governo dos Estados Unidos a partir de 1939 — democracia, direito de estar livre da guerra e de viver sem pobreza, pequenas nações, etc. —, perceberá que o que ocorreu equivale a uma rendição não muito menos completa do que se poderia esperar de uma vitória militar da Rússia sobre seus dois principais aliados.

Esse resultado, em primeiro lugar, requer uma explicação. Temo que aqueles analistas de história que somente reconhecem fatores impessoais — e também, talvez, um elemento do acaso — não se saíssem muito bem nessa tarefa. Os fatores impessoais ou objetivos estavam todos contra a Rússia. Mesmo seu enorme exército não era simplesmente o produto de uma população numerosa e de uma economia rica, mas obra de um homem forte o bastante para manter a população em pobreza e submissão abjetas e para concentrar todas as forças de um aparato industrial não desenvolvido e falho em seu objetivo militar. Mas isso não teria sido suficiente. Aqueles que nunca entendem como a sorte e o gênio se misturam apontarão, naturalmente, os acasos felizes daquela longa lista de acontecimentos que levou a esse estupendo êxito. Mas essa série de acontecimentos contém muitas situações desesperadas em que o regime bolchevista teve todas as chances de perecer. O gênio político consiste precisamente na capacidade de explorar possibilidades favoráveis e neutralizar as desfavoráveis de forma tão integral que, após o fato, o observador superficial não vê nada a não ser as primeiras. Seguindo os acontecimentos daquele primeiro golpe de mestre — o "entendimento" com a Alemanha —, contemplamos a obra de um mestre. É verdade que Stalin nunca encontrou um homem de habilidade semelhante, mas isso apenas reforça a defesa de uma filosofia da história que abre espaço suficiente para a qualidade do grupo governante e nesse caso especial — a qualidade do governante individual. A

---

470. Por exemplo, a concessão de uma falsa independência a países totalmente controlados, como a Polônia, que insistimos em tratar como agentes independentes, aumenta os votos disponíveis para a Rússia em organismos internacionais, bem como os subsídios e empréstimos que o governo russo pode receber; a Rússia seria mais fraca do que é se tivesse anexado toda a Polônia.

única concessão que a análise realista pode fazer à "teoria impessoal" é a seguinte: um autocrata está, em questões de política externa, livre de todas essas considerações que distraem a atenção de um líder democrático.[471]

Mas, em segundo lugar, embora possamos entender como, ao acompanharmos o rumo dos acontecimentos de forma detalhada, essa situação inacreditável surgiu, isso não nos ajuda a descobrir como o mundo a tolera agora que está diante dos olhos de todos. O problema reduz-se à postura dos Estados Unidos, porque os países da Europa continental, exaustos, famintos e expostos à retaliação russa como estão, certamente não podem ser levados em conta para uma resistência significativa. O único país continental realmente independente da Rússia é a Espanha — um fato que a política da Rússia em relação ao país recentemente mostrou à maioria de nós. A França, que podia ser quase igualmente independente, abriga a mais forte guarnição russa na forma de seu partido comunista.[472] No que diz respeito à Inglaterra, há muitos sintomas para mostrar que os fatos teriam sido bastante diferentes se o país

---

471. Alguns leitores observarão que estamos neste momento revendo uma velha controvérsia entre sociólogos da história e também entre historiadores. Portanto, é necessário afirmar que não estou pregando a adoração ao herói ou adotando o *slogan* "a história é feita por indivíduos". A metodologia envolvida no argumento de nosso texto não vai além do seguinte: ao explicar um processo histórico de acontecimentos, fazemos uso de uma grande variedade de dados. Entre esses dados temos o clima, a fertilidade, o tamanho, entre outros fatores, dos países, mas também as qualidades — invariáveis no curto prazo — de suas populações. E uma vez que a qualidade da população não determina de maneira exclusiva a qualidade de seus políticos, e esta, por sua vez, não determina de maneira exclusiva a qualidade da liderança, essas duas devem ser tratadas separadamente. Em outras palavras, em uma determinada situação, a mente e os nervos do homem no leme são fatos tão objetivos quanto a quantidade de ferro no minério do país e a presença ou ausência de molibdênio ou vanádio.

472. Esse fato é extremamente interessante. Provavelmente alguns americanos acreditavam que os franceses considerariam sua libertação com arroubos de alegria e gratidão e que começariam imediatamente a reconstruir uma França democrática. Na verdade, estamos diante do que León Blum chamou eufemisticamente de *convalescence fatiguée* ou, numa linguagem clara, a relutância geral em operar o método democrático. Há três partidos de igual força numérica e igualmente incapazes de produzir um governo eficaz em linhas democráticas: o *mouvement republicain populaire* (MRP), o partido católico e gaullista, os socialistas regulares e os comunistas. Para nós, apenas três pontos são relevantes: primeiro, a ausência praticamente completa de grupos "liberais"; segundo, a ausência de qualquer grupo com o qual o político dos Estados Unidos pudesse cooperar de maneira sincera; terceiro, e mais importante, a força dos comunistas. Obviamente, essa força não pode ser explicada pela conversão aos princípios comunistas de um número tão grande de franceses. Muitos deles não podem de forma alguma ser comunistas no sentido doutrinário. E, se não são assim, são comunistas *ad hoc*, ou seja, comunistas em virtude de sua concepção da situação nacional. Mas isso significa que eles são simplesmente pró-russos. Eles veem a Rússia como "o grande acontecimento do dia", o poder que (dólares de reconstrução à parte) realmente importa, o poder ao qual *il faut s'accrocher* [você tem que aguentar] e ao lado de quem, para renascer, a França deve se manter, contra a Inglaterra e os Estados Unidos, em qualquer luta futura — que, precisamente por isso, deve ser transformada em algo denominado revolução mundial. Que fascinante conjunto de problemas se abre neste momento! Porém, meu lamento pela impossibilidade de abordá-los fica um pouco atenuado pela convicção de que meus leitores se recusariam a seguir o argumento.

tivesse agido da forma que desejava durante todos os acontecimentos desde 1941 e que toda a Inglaterra que conta politicamente vê a situação atual com repulsa e apreensão. Entretanto, se o país não tomar uma atitude firme, isso se dará apenas pelo fato de que, nessa hipótese, correria um risco terrível, o risco de ter de, sozinho, travar uma guerra contra a Rússia. Pois, embora seja muito provável que os Estados Unidos ajude o país, *não há como ter certeza disso*. Por quê?

Para um observador de outro planeta, nada poderia ser mais óbvio, por todas as considerações de honra e interesse, do que perceber que os Estados Unidos não toleram uma situação na qual grande parte da humanidade fica privada do que consideramos ser direitos humanos elementares, na qual exista mais crueldade e ilegalidade do que a guerra pretendeu conter, na qual muito poder e prestígio fiquem concentrados nas mãos de um governo que incorpora a negação de princípios que significam algo para a grande maioria das pessoas dos Estados Unidos. Certamente não valeria a pena para esse povo fazer sacrifícios e seguir em um conflito em que foram infligidos horrores incontáveis a milhões de mulheres e crianças inocentes se o resultado principal fosse livrar o mais poderoso de todos os ditadores dos dois exércitos que o cercaram. Certamente esse é um caso em que o trabalho realizado pela metade é pior do que nada. Além disso, a outra metade teria sido não só possível como relativamente fácil, porque, após a rendição do Japão, as forças e técnicas militares desse país, para não falar de seu poder econômico para dar ou negar, lhes garantia uma superioridade incontestável. Mas se aquele observador de outro planeta argumentasse dessa maneira, deveríamos responder que ele não entende de sociologia política. Na Rússia stalinista, política externa é política externa como era no período dos czares. Nos Estados Unidos, política externa é política interna. Há, de fato, uma tradição que vem do conselho de Washington. Mas é uma política essencialmente isolacionista. Não há tradição e nem órgãos para jogar o jogo complexo da política externa. Quando instigado de forma violenta pela propaganda, o país pode fazer ou aceitar um papel de interferência ativa no ultramar. Mas logo se cansa disso; e, no momento, o vemos cansado — cansado dos horrores da guerra moderna, dos sacrifícios, dos impostos, do serviço militar, das regulações burocráticas, dos *slogans* de guerra, dos ideais de governo mundial — e muito ansioso para voltar à vida de antes. Incitar o país a novos esforços vigorosos — na ausência de qualquer perigo imediato de ataque — seria um mau negócio político para qualquer partido ou grupo de pressão que pretendesse fazê-lo. Mas nenhum partido ou grupo parece ter tal desejo. Aqueles que são provocados por um ódio apaixonado contra a Alemanha ou pelo regime nacional-socialista estão satisfeitos. Com os mesmos argumentos que usavam para estigmatizar os escapistas, eles agora apoiam a política em relação à Rússia que tachavam de apaziguamento no caso da Alemanha de Hitler. E, se verificarmos toda a lista de interesses que formam o padrão da política americana, veremos que todos concordam, embora por razões diferentes, com o apaziguamento. Os agricultores não se importam muito. A força de trabalho organizada pode ou não ser significativamente influenciada por uma ala genuinamente pró-russa e pode ou não ser verdade que os sindicatos, ou alguns deles, seriam ativamente contrários a uma guerra contra a Rússia. Não precisamos entrar nessa questão — geralmente tratada por negações ou afirmações imprudentes — porque tudo o que importa para a situação que se apresenta no momento para o político é o fato de que ninguém duvida, a saber, que a força de trabalho que não era pró-guerra em 1940 passou a ser definitivamente contra ela. No entanto, a observação mais interessante a ser feita é que isso também pode ser dito em relação aos homens de negócios, e que sua postura, embora naturalmente não pró-russa em sentimento ou intenção, na verdade, é pró-russa em efeito. Os intelectuais radicais adoram atribuir à burguesia a intenção de se lançar contra a República Soviética. Eles certamente descreveriam uma guerra com a Rússia como uma guerra travada pelas grandes empresas contra o socialismo. Nada é mais irreal que isso. A classe dos homens de negócios também está cansada dos *slogans* de guerra, dos impostos, dos regulamentos. Uma guerra com a Rússia deteria uma maré que, no momento, corre a favor dos interesses dessa classe e significaria ainda mais tributação e ainda mais regulamentos. Colocaria a força de trabalho em uma posição ainda mais forte. Além disso, não só perturbaria os negócios internos como também interromperia a perspectiva de negócios muito bons. A Rússia Soviética pode se tornar um grande cliente; o país nunca deixou de pagar em dia. Esse fato tem enfraquecido muitas das boas convicções antissocialistas dos burgueses. É assim que a mente burguesa funciona — e sempre funcionará, mesmo quando se vê diante do laço do carrasco. Mas não é difícil racionalizar essa visão desagradável. Deixe que a Rússia engula um ou dois outros países, e daí? Deixe que esteja bem abastecida com tudo de que precisa, e ela deixará de fazer cara de má. Depois de vinte anos, os russos serão tão democráticos e pacíficos quanto nós — e pensarão e sentirão como nós. Além disso, Stalin estará morto até lá.

Uma vez mais, o objetivo deste livro não é levar os leitores a conclusões práticas bem definidas, mas apresentar análises que lhes possam ser úteis para que elaborem conclusões práticas. Além disso, em assuntos sujeitos ao acaso e à intrusão de fatores novos e inesperados, a previsão não passa de uma profecia, portanto, não tem validade científica. Mesmo acreditando que isso está plenamente entendido, eu agora, resumindo essa parte de nosso argumento, adotarei o que parece ser uma inferência razoável, mas por nenhum outro motivo senão para *fixer les idées* [fixar as ideias]. Em outras palavras, faremos exatamente o que fizemos em todo o livro com referência ao grande tema do socialismo em geral: extrapolaremos tendências observáveis.

Os fatos que vimos sugerem que, a menos que Stalin cometa o primeiro erro de sua vida, não haverá guerra nos próximos anos e a Rússia ficará livre para desenvolver seus recursos, para reconstruir sua economia e para construir o que será de longe a maior máquina de guerra, em termos absolutos e relativos, que o mundo já viu. A ressalva inserida restringe, mas, ao que me parece, não aniquila o valor prático dessa inferência; significa o seguinte: um ato *espetacular* de agressão — um ato de agressão tão espetacular que até mesmo os companheiros de viagem tenham dificuldade em explicá-lo como uma "defesa" perfeitamente justificável — pode, sem dúvida, precipitar a guerra a qualquer momento. Mas contra essa possibilidade devem ser colocados os fatos, em primeiro lugar, de que nada na política externa do regime stalinista é mais marcante do que sua paciência cautelosa; em segundo lugar, de que esse regime tem tudo a ganhar sendo paciente; em terceiro, de que, agindo com base no auge do êxito imperialista, pode se dar ao luxo de ser paciente e entregar seus postos avançados sempre que houver um sinal de perigo real ou sempre que enfrentar "um tom mais firme", como aconteceu recentemente.[473] As perspectivas, no entanto, mudarão de forma significativa após um período de reconstrução de, digamos, dez anos. A máquina de guerra estará pronta para uso e será cada vez mais difícil não a utilizar. Além disso, a menos que a Inglaterra abrace o bolchevismo e renuncie todas as suas posições tradicionais, a mera existência dessa ilha independente poderá se mostrar tão insuportável para a autocracia russa quanto foi para a autocracia napoleônica — e vice-versa. A percepção desse fato constitui, naturalmente, a essência das advertências de Churchill[474] e a lógica da corrida armamentista que já começou.

---

473. Deve-se observar, para ilustrar a força do argumento, que nenhum desses três fatos estava presente no caso alemão, tal como se encontrava em 1939. Alguns leitores negarão isso em relação ao terceiro fato, pelo menos para a situação que prevaleceu após Munique. Mas isso ocorre apenas porque nossa postura em relação às ambições alemãs é bem diferente da que temos hoje em relação às ambições russas. O ponto decisivo, visto por um ângulo político, é que a Alemanha ainda não havia recuperado totalmente seu território nacional, enquanto o regime stalinista precisa fazer acordos, ou nem mesmo isso, sobre posições em territórios estrangeiros, o que é uma coisa muito mais fácil de fazer. Além disso, "o tom mais firme" mencionado no texto só foi usado para evitar novas intrusões.

474. Winston Leonard Spencer-Churchill (1874-1965), político e estadista britânico. Foi primeiro-ministro de 1940 a 1945 e de 1951 a 1955. (N.T.)

Mas para apreciar tudo isso outra coisa deve ser considerada. Em tempos de paz e em uma possível guerra futura e, mais ainda, nas situações intermediárias que não constituem uma guerra, mas são dominadas pela ameaça de guerra, os grupos e os partidos comunistas de todo o mundo são naturalmente da maior importância para a política externa russa.[475] Em consequência, não há nada surpreendente no fato de que o stalinismo oficial tenha voltado recentemente à prática de anunciar a proximidade de uma luta entre o capitalismo e o socialismo — a iminente revolução mundial —, a impossibilidade de uma paz permanente enquanto o capitalismo existir e assim por diante. Ainda mais essencial é perceber que tais *slogans*, por mais úteis ou necessários que sejam do ponto de vista russo, distorcem a verdadeira questão que é o imperialismo russo,[476] e que, afora as considerações sobre a quinta-coluna, nada tem a ver com o socialismo. O problema da Rússia não é ser socialista, mas ser a Rússia. Na verdade, o regime stalinista é essencialmente uma autocracia militarista que, por governar por meio de um partido único e totalmente disciplinado e que não admite a liberdade de imprensa, possui uma das características definidoras do fascismo[477] e explora as massas no sentido marxista. É

---

475. Para o propósito do argumento que se segue, felizmente não é necessário entrar na questão de quão forte a quinta-coluna comunista realmente é nos Estados Unidos. É, de qualquer forma, muito mais forte do que possa sugerir qualquer estatística ou quaisquer declarações oficiais de porta-vozes de grupos operários e, certamente, não é nada insignificante. A discussão desse ponto e das possíveis consequências das posturas pró-russas sobre a eficiência de um possível esforço de guerra é, penso eu, quase sem valor, não apenas pela prevalência de excessos ou eufemismos interessados, mas também porque os participantes não conseguem definir claramente a questão. É possível ter uma postura pró-russa, como vimos, sem ser pró-russo em sentimento ou intenção. E é possível ser comunista sem ser efetivamente pró-russo. Todas essas variantes — algumas das quais não são relevantes para o comportamento de um indivíduo se a guerra for realmente declarada — devem ser cuidadosamente distinguidas.

476. Já que a palavra imperialismo é uma das mais mal utilizadas em todo o conjunto de termos da teoria política popular, é necessário definir o significado que se pretende empregar aqui. Para nosso propósito limitado, no entanto, não é necessário analisar o fenômeno, como tentei fazer em uma monografia publicada há cerca de trinta anos, nem adotar a definição adequada a uma análise elaborada. Em vez disso, a seguinte definição será suficiente, embora eu a considere totalmente inadequada (é, no entanto, compatível com o uso que fizemos do termo nos capítulos IV e XI deste livro): imperialista é a política que visa ampliar o controle de um governo sobre outros grupos, além dos concidadãos, contra sua vontade. Foi isso que a Rússia fez antes da guerra nos casos da Mongólia Exterior e da Finlândia e, durante e depois da guerra, em todos os casos. A questão é que essa política não conhece nenhum limite inerente. Frases de motivação são irrelevantes.

477. Essa é outra palavra que pelo uso indevido perdeu todo o significado definido. Seu uso nos Estados Unidos em linguagem comum sugere de fato a definição: fascista é qualquer política, grupo ou país do qual o orador ou autor que usa o termo não gosta. Em nosso texto, no entanto, significa, de acordo com a teoria política apresentada neste livro (Capítulo XXII), o método político de liderança monopolista em oposição à concorrencial. Observa-se que isso não significa dizer que em todo ou qualquer outro aspecto o stalinismo seja "a mesma coisa" que o hitlerismo ou o fascismo italiano.

possível entender e simpatizar com o intelectual americano que por suas circunstâncias é obrigado a chamar isso de socialismo democrático — pelo menos em perspectiva —, mesmo que reprovemos o insulto à nossa inteligência que é sua expectativa de que acreditemos nele. Mas é evidente que a tendência visível desse regime, que é estender sua influência sobre toda a Europa e Ásia, não pode ser simplesmente identificada com uma tendência de expansão do socialismo. Tampouco significa que a expansão do governo russo contribuirá para o socialismo em qualquer dos sentidos mais comuns da palavra. Se contribuirá ou não, isso depende inteiramente dos interesses reais e supostos da autocracia russa (ver última seção do capítulo anterior). Isso pode ser ilustrado pelo caso análogo da política religiosa do stalinismo: enquanto serviu ao autocrata, a religião era o ópio do povo; assim que percebeu que a Igreja Ortodoxa poderia, em algumas partes do mundo, ser uma ferramenta de política externa mais útil do que o comunismo ou a Federação Sindical Mundial (1945), a Rússia foi declarada uma "nação amante de Cristo" e, no lugar do "procurador-chefe do Santo Sínodo" dos czares, surgiu, juntamente com um novo patriarca — que, prontamente, mostrou ser um turista zeloso nos países orientais —, um presidente comunista do "conselho para os assuntos da Igreja Ortodoxa". É verdade que há uma forte razão para se esperar a nacionalização da indústria em todos os países em que a Rússia estiver livre para agir sem se sentir prejudicada por considerações táticas da política externa: para o conquistador, uma indústria nacionalizada é mais fácil de gerenciar e explorar e não pode se tornar fonte de oposição. Mas não há nenhuma outra razão. E é impossível dizer se esse motivo prevalecerá ou não sobre outros possíveis.[478] É até concebível que um avanço adicional do poder russo possa eventualmente se tornar um obstáculo para o progresso rumo ao que a maioria das pessoas pensa e sente quando pronuncia a palavra "socialismo".

Confundir a questão russa com a socialista — a menos que seja um truque perpetrado a serviço da Rússia — é, portanto, entender mal a conjuntura social do mundo. Apenas dois pontos tornam a questão russa relevante para a questão socialista. Em primeiro lugar, em virtude da lógica de sua situação,

---

478. O leitor notará que todas as declarações, de fato, feitas pelo argumento acima ou nele implícitas podem ser confirmadas, se necessário, por fontes oficiais russas. Na verdade, tudo o que é importante para o nosso argumento, especialmente para o nosso diagnóstico sobre a natureza do regime russo, pode ser provado sem que seja necessário recorrer a qualquer declaração de fato que possa ser contestada. Eu, propositalmente, me abstive de mencionar qualquer coisa, por mais valiosa que pudesse parecer para uma melhor ilustração sobre a natureza do regime, que levantasse questões de fato, como os assassinatos nos países conquistados ou controlados, o trabalho compulsório de prisioneiros na Geórgia, os campos de concentração. Nosso argumento não seria afetado em nada mesmo que não existisse qualquer coisa que pudesse ser chamada de atrocidade.

a presença de grupos comunistas e de alas pró-comunistas em grupos não comunistas tenderá a radicalizar a política trabalhista. Isso nem sempre é assim — os comunistas franceses, por exemplo, votaram contra duas medidas importantes de socialização. Mas, em geral, e se não for para outro propósito senão o de desorganizar os países capitalistas, essa lógica da situação poderá se afirmar. Em segundo lugar, no caso de uma guerra, teremos as consequências sociais e políticas de qualquer guerra nas condições modernas — o fato de ser uma guerra entre um país supostamente socialista e um país supostamente capitalista fará pouca diferença.

ÍNDICE

Acumulação primitiva, teoria da, 33-34
Adler, F., 272
Adler, M., 68, 231n
Adler, V., 231n, 394
Alocação de recursos, 206
Anarquismo, 347
Antigo regime, estrutura social do, 159
Anti-intelectualismo, bergsoniano, 385
Antissemitismo, 274
Aristóteles, 39n
Autoridade, 240
Aventura de Wrangel, 407n
Aventura de Denikin, 407n

Babeuf, G., 349
Bailey, S., 43n
Bakunin, M., 348, 360
Barone, E., 199
Bauer, O., 31n, 68
Bebel, A., 357, 362, 389
Bem comum, 283-287
Bem-estar econômico, 218
Bentham, J., 197n, 244
Berlepsch, V., 386
Bernstein, E., 28, 391-393, 393n
Bismarck, Príncipe, 386
Blanc, L., 350
Blanquista, partido, 381
Bolcheviques, 371
Bortkiewicz, L. V., 46n
Burke, E., 319, 329, 332
Burns, A. F., 83n
Burocracia, problema da, 235-236, 330-331

Caça às bruxas, 274
Capital,
  composição orgânica do, 46
  definição de Marx de, 63-64
Capitalismo,
  desempenho do, 94-96;
  e ação governamental, 129;
  e aumento populacional, 136;
  e novos países, 131-132;
  e ouro, 130;
  e progresso tecnológico, 132;
  natureza evolutiva do, 102;
  teoria clássica do, 96-98
Capitalismo com entraves, 230
Catástrofe do capitalismo; ver
  Zusammenbruchstheorie
Cavaleiros do trabalho, 376-377
Chamberlin, E. H., 99n
Chigi, A., 148
Civilização racionalista, 145, 178
Clark, C., 137
Clark, J. B., 97n
Classes sociais, a teoria de Marx de, 29, 34-36
Cobden, R., 318
Colapso do capitalismo, 82
Colarinho-branco, classe alemã, 417
Comissão alemã de socialização, 338
Competição imperfeita, 98n
Comte, A., 144n
Comunismo, 194, 404-410
Concentração de poder econômico, 165
Concorrência
  imperfeita 102;
  modus operandi da, 104;
  monopolista, 99;
  perfeita, 97-99, 100-102;
  predatória ou cruel, 100
Concorrência monopolista, 99
Confédération Générale du Travail, 384, 401
Congressos continentais, 281
Conselho central, 194
Contabilidade de custos no socialismo, 183
Cournot, A., 98
Crises, teoria de Marx sobre as, 56-60
Croce, B., 361n

De Leon, D., 377-379
Debs, E. V., 378
Délire d'interpretation, 145
Democracia industrial, 338

Democracia *Tory*, 362n
Democracia,
  burguesa, 335, 336, 354;
  condições para o êxito da, 326-334;
  definição de, 321;
  dificuldade da definição, 276-280;
  direta, 279-280;
  doutrina clássica da, 283-286;
  e desperdício de energia, 324, 327;
  e grupos socialistas, 267-271;
  na ordem socialista, 334-341;
  teorias jurídicas da, 280
Desemprego, 89-91, 225
Dinâmica, 125
Disciplina, 239-249
Disputas comerciais, 362
Disraeli, B., 311
Ditadura, 334;
  do proletariado, 267
Dobb, M., 56n
Dromard, G., 145
Durkheim, E., 30

Economistas clássicos, 94n
Edgeworth, F. Y., 124
Eficiência definida, 217-218
Eleitorado, papel do, 304-305
Empresário, função do, 157
Encíclica Rerum novarum, 390
Engels, F., 20n, 23n, 26, 29n, 46n, 68, 352, 391
Equilíbrio, 100
Estratégia econômica, 104
Estratos protetores, 158-163
Evolução rumo ao socialismo, 75
Ex, 372n
Excedente de capacidade, 123
Exército de reserva, industrial, teoria do, 53-55
Exploração, 32-33, 42-45
Expropriação, teoria da, 51, 60
Extrapolação, 91-92

Fabianos, Os, 363-366
Família, a desintegração da, 182
Federação Americana do Trabalho, 375
Federação democrática, 365
Ferrara, F., 124

Filhos, falta de, 184
Filmer, R., 280n
Filósofos radicais, 283
Fisher, Irving, 97n
Fourier C., 57n, 347n
Freud S., 145, 291
Frisch, R., 125
Fugger, J., 148

Gabinete, 284, 315
Gabinete, ministros do, 305
Galicanismo, 159n
Gettysburg, discurso de, 301n
Gladstone, W. E., 150, 312, 314, 314n
Gobineau, Conde, 30
Goncourt, E. e J., 150
Gotha, programa, 360, 362
Governo pelo povo, 279-280
Grandes empresas e o padrão de vida, 101-102
Greve portuária de 1889, 363n
Greve geral de 1926, 415n
Guerra de classes, 31
Guerra Mundial, Primeira, efeitos sobre o destino dos partidos socialistas, 400-404
Guesde, J., 381, 382, 396, 398
Guilherme (William) II, 386, 388n

Hamburgo, Congresso de, 404
Hayek, F., 199n
Hegelianismo, 25
Hermens, F. A., 308n
Heterogonia dos fins, 154n
Hicks, J. R., 125
Hilferding, R., 60, 68, 75
Hungria, episódio bolchevista na, 394n
Huysmans, C., 403

Igualdade, 288n
Imiserização, 38, 51, 53
Imperialismo ético, 421
Imperialismo, teoria marxista sobre o, 68-72
Incentivos, 237
Inevitabilidade do socialismo, significado da, 392

Inovações poupadoras de capital, 143
Intelectuais,
  definição, 170-171;
  desemprego e inempregabilidade
    de, 177;
  história inicial, 172-173;
  influência dos, 180;
  sociologia dos, 170-181
Internacional de Viena, 403
Internacional trabalhista e socialista, 404
Interpretação econômica da história,
  26-30
Interpretação materialista da história. *Ver*
  interpretação econômica da história
Investimento, salvaguarda do, 69, 107

James, W., 296n
Jaurès, J., 381-382
Jovem Inglaterra, grupo, 362n
Juglar, C., 59
Junkers, os, e o serviço público civil
  alemão, 386

Kahn, R. F., 124n
Kautsky, K., 68, 214, 338, 393, 399
Keir Hardie, 363
Keynes, J. M., 134
Kienthal, conferência em, 403n, 405
Kondratiev, N. D., 59n, 87n

Lafargue, 381
Lange, O., 200n
Lar, a decadência do, 184-185
Lassalle F., 33n, 354, 356, 359
Le Bon, G., 291
Lei de ferro dos salários, 44
Lenin, N., 195, 258, 371-373, 396
Lerner, A. P., 200n, 203n
Lévy-Bruhl, L., 144n
Liberdade de contrato, 166
Liderança concorrencial, 333-337
Liebknecht, K., 257, 404n
Liebknecht, W., 362
Liga Spartacus, 404n
Livre acesso, 126
Locke, J., 282
Luxemburgo, R., 68, 257, 391, 404n

Mais-valia, 37
Malthus, T. R., 137-138n
Manchesterismo, 386
Manifesto do partido comunista, 23, 25,
  29, 31, 57, 69, 75, 234n, 259n, 348, 357,
  359, 420
Mannheim, K., 26n
Marshall, A., 67n, 96-99
Martov, L., 372
Marx, K., 17-78, 96, 102, 129, 131, 133,
  144n, 151-152, 158, 164, 175, 188, 195,
  206n, 212n, 230, 231n, 247, 267-268,
  345, 346, 348-350, 352-360, 411
Marxismo, caráter religioso do, 20n
Mason, E. S., 112n
Maturidade, 251-254
McDonald, R., 426
Médici, os, 149n
Mencheviques, 371
Mill, J. S., 39, 124, 237, 282
Millerandismo, 383
Mills, F. C., 83n
Ministério da Produção, 194, 339
Mises, L. V., 199
Monarquia constitucional, 287
Monopólio
  de curto prazo, 120;
  natureza do, 120;
  teoria do, 120-121
More, T., 346
Motivação da família, o, 186
Movimento cartista, 350, 355
Multidões, psicologia das, 291

Nacionalização, possibilidades inglesas
  de, 262
Napoleão, e a vontade do povo, 289
Neomarxistas, 52n, 60, 69, 72, 231, 394
Nova Política Econômica, 246, 407, 409

Odger, G., 360n
Oligopólio, 99
Oportunidade de investimento,
  e a taxa de natalidade em declínio,
    135-137;
  e avanço tecnológico, 140-141;
  e novas terras, 138;
  e saturação, 135

Ostracismo, 288n
Owen R., 347

Pacifismo, 152
Pacioli, L., 147n
Padrões vitorianos, 182
Pareto V., 85n, 148n, 199n, 291
Parlamento,
  função do, 315;
  natureza jurídica do, 281
Partidas dobradas, técnica contábil de, 147
Partido centrista (católico), 272
Partido político, natureza do, 320
Partido Social-Democrata da Alemanha, 271, 257, 292, 360, 385, 413, 417
Partido Social-Democrata da Rússia, 371
Partido Socialista Austríaco, 385-386
Partido Socialista Unificado (na França), 381
Partido Socialista da América, 378, 379n
Partido Trabalhista Independente, 363
Partido trabalhista inglês, 417, 424
Partidos socialistas e a Primeira Guerra Mundial, 400-404
Peel, Robert, 121, 312, 415, 416
Pensamento racional, evolução do, 172
Persons, W. M., 83, 83n
Perspectivas para os partidos socialistas, 423-424
Pigou, A. C., 89n
Plano quinquenal de 1928, 246
Plekhanov, G. V., 29n, 371, 373n
Poincaré, 311n, 321n
Políticas do New Deal, 84, 429
Políticas trabalhistas russas, 246-247
Populacional, excesso, 54
Posadowsky, Conde, 386
Poupança, 239
Práticas monopolistas, 106-128
Preços rígidos, 112, 126
Presidente dos Estados Unidos, 309n
Primeira Internacional, 348, 359, 360n
Primeiro-ministro, 285, 309-316, 323
Produção, índice de, 83
Programa de Erfurt, 362, 404n
Propaganda, 288
Propriedade, evaporação da, 182, 184

Protecionismo, teoria neomarxista sobre, 73
Proudhon, P. J., 347

Quesnay, F., 38

Radicaux-socialistes, 380
Representação proporcional, 308
Resoluções de Frankfurt, 404
Restrições ao comércio, 111
Revisionismo, 385-387
Revolução industrial, 87
Revolução marxista, 77
Revolução mundial, 407, 408
Rhodes, C., 71
Ribot, T., 291
Ricardo, D., 38, 39, 40, 41, 53, 54, 124
Ricos ociosos, 220, 221
Robbins, L., 213n
Robinson, J., 99n
Rodbertus, K., 33n, 38, 41, 56
Romantismo, 283
Roos, C .F., 125

Sapori, A., 147n
Say, J. B., 58
Schmoller, G. 30, 61
Segunda Internacional, 395-397
Senior, N. W., 50n
Shaw J. B., 171
Sindicalismo, 380-385
Sismondi, J. C., 38, 56
Smith, A., 94n, 121
Socialismo,
  definição de, 193;
  e o regime concorrencial, 217;
  indeterminação cultural do, 197;
  lógica pura do, 198-214
Socialismo centralista, 194
Socialismo científico, 24, 75
Socialismo cristão, 350
Socialismo inglês no governo, 362
Socialismo liberal, 422
Socialismo militarista, 421
Socialismo russo antes de 1914, 367-373
Socialismo sueco, 367-368
Socialismo utópico, 75, 348, 350

Socialistas da cátedra, 386
Socialização, 251-260
Socialização, comissão alemã de, 338
Sociedade mercantil, 200
Sombart, W., 34n
Sorel, G., 385
St. Simon, H., 206n, 348
Stakhanovismo, 247
Stalin, J., 270, 408-409
Stamp, Lord, 85n
Stephens, U. S., 377
Sternberg, F., 68
Stone, W. S., 375n
Suetônio, 274n
Superestrutura sociopsicológica, 144

Taussig F. W., 39, 97n
Taylor, F. M., 200n
Taylorismo, 293
Teoria do desaparecimento da
 oportunidade de investimento, 134, 141
Terceira (Comunista) Internacional, 403, 406
Termidorismo, 409
Thomas, N., 270
Thompson, W., 349
Tinbergen, J. 125
Tisch, K. 200n
Trabalhadores Industriais do Mundo, 377-379
Transição, dois problemas de, 249

Trótski, L., 288, 370n, 406n, 407-409
Tugan-Baranowsky, M., 56n

Utilitarismo, 152, 143, 169, 282

Valor, a teoria de Marx do, 39-41
Verein für Sozialpolitik, 387
Verelendung, 38, 51
Vinci, L. da, 147
Vollmar, G. V., 393, 398
Voltaire, F., 174, 277n
Vontade do povo, 286, 287, 289

Wallas, G., 283n, 290n
Walras, L., 67n
Weber, M., 26, 47
Weimar, República de, 310, 328
Wellington, Duque de, 171
Wicksell, K., 97, 134
Wieser, F., 199n
Wilkes, J., 174
Wissenssoziologie, 26
Wundt, W., 154n

Zassenhaus, H., 200n
Zimmerwald, convenção em, 403n, 405
Zusammenbruchstheorie, 60